Hot Stuff

Stefan Münz
Wolfgang Nefzger

JavaScript Referenz

Mit 17 Abbildungen

Franzis'

Wichtiger Hinweis

Alle Angaben in diesem Buch wurden vom Autor mit größter Sorgfalt erarbeitet bzw. zusammengestellt und unter Einschaltung wirksamer Kontrollmaßnahmen reproduziert. Trotzdem sind Fehler nicht ganz auszuschließen. Der Verlag und der Autor sehen sich deshalb gezwungen, darauf hinzuweisen, daß sie weder eine Garantie noch die juristische Verantwortung oder irgendeine Haftung für Folgen, die auf fehlerhafte Angaben zurückgehen, übernehmen können. Für die Mitteilung etwaiger Fehler sind Verlag und Autor jederzeit dankbar.
Internet-Adressen oder Versionsnummern stellen den bei Redaktionsschluss verfügbaren Informationsstand dar. Verlag und Autor übernehmen keinerlei Verantwortung oder Haftung für Veränderungen, die sich aus nicht von ihnen zu vertretenden Umständen ergeben.
Evtl. beigefügte oder zum Download angebotene Dateien und Informationen dienen ausschließlich der nichtgewerblichen Nutzung. Eine gewerbliche Nutzung ist nur mit Zustimmung des Lizenzinhabers möglich.

Satz: DTP-Satz A. Kugge, München
Cover: www.adverma.de, Rohrbach
Druck: Legoprint S.p.A, Lavis (Italia)
Printed in Germany

ISBN 3-7723-6520-5

Vorwort

Die JavaScript-Referenz macht ausführlich von Symbolen Gebrauch. Sie zeigen an, in welchen Standards die Kommandos definiert sind, welche Browser sie ab welcher Version unterstützen und welche Details es zu beachten gilt.

HTML 2.0 Das beschriebene Feature gehört seit der Version 2.0 zum HTML-Standard.

HTML 3.2 Das beschriebene Feature gehört seit der Version 3.2 zum HTML-Standard.

HTML 4.0 Das beschriebene Feature gehört seit der Version 4.0 zum HTML-Standard.

DOM 1.0 Objekt, Eigenschaft oder Methode nach den Vorgaben des Document Object Model, Version 1.0. Kommt innerhalb der vorliegenden Dokumentation in der Objekt-Referenz vor, um Objekte, Eigenschaften und Methoden auszuzeichnen.

DOM 2.0 Objekt, Eigenschaft oder Methode nach den Vorgaben des Document Object Model, Version 2.0. Kommt innerhalb der vorliegenden Dokumentation in der Objekt-Referenz vor, um Objekte, Eigenschaften und Methoden auszuzeichnen.

JS 1.0 Das beschriebene Feature ist seit der Version 1.0 von JavaScript verfügbar.

JS 1.1 Das beschriebene Feature ist seit der Version 1.1 von JavaScript verfügbar.

JS 1.2 Das beschriebene Feature ist seit der Version 1.2 von JavaScript verfügbar.

JS 1.3 Das beschriebene Feature ist seit der Version 1.3 von JavaScript verfügbar.

JS 1.5 Das beschriebene Feature ist seit der Version 1.5 von JavaScript verfügbar.

JS Von Microsoft eingeführter Sprachbestandteil. Solche Bestandteile werden in der Regel nur vom MS Internet Explorer ab V4.x interpretiert; es wurden nur einige wichtige solcher Elemente in die Objekt-Referenz mit aufgenommen, nämlich solche, die eine Grundlage für Dynamisches HTML nach dem Ansatz des MS Internet Explorers ab V4.0 darstellen.

Lesen Sie können den Wert der Eigenschaft auslesen, aber nicht ändern. Sie können den Wert zum Beispiel in einer selbst definierten Variablen speichern. So können Sie beispielsweise den URI der angezeigten HTML-Datei durch `var Adresse = window.location.href` in einer Variablen namens `Adresse` speichern. Das heißt, Sie weisen einer Variablen den Wert der Objekteigenschaft zu. Die Variable können Sie nach Belieben weiterverarbeiten.

Lesen Ändern

Sie können die Objekteigenschaft auslesen, ihr aber auch selbst einen neuen Wert zuweisen. So können Sie zum Beispiel den URI der angezeigten HTML-Datei durch window.location.href = "http://selfhtml.teamone.de/" ändern. Das heißt, Sie weisen der Objekteigenschaft einen Wert zu. Im Beispiel hat das zur Folge, dass der Web-Browser einen Sprung zu dem angegebenen URI ausführt.

1.0 Das beschriebene Feature unterstützt der MS Internet Explorer ab Version 1.0.

2.0 Das beschriebene Feature unterstützt der MS Internet Explorer ab Version 2.0.

3.0 Das beschriebene Feature unterstützt der MS Internet Explorer ab Version 3.0.

4.0 Das beschriebene Feature unterstützt der MS Internet Explorer ab Version 4.0.

5.0 Das beschriebene Feature unterstützt der MS Internet Explorer ab Version 5.0.

5.x Das beschriebene Feature unterstützt der MS Internet Explorer ab Version 5.0 oder 5.5.

N 1.0 Das beschriebene Feature unterstützt Netscape seit Version 1.0.

N 1.1 Das beschriebene Feature unterstützt Netscape seit Version 1.1.

N 2.0 Das beschriebene Feature unterstützt Netscape seit Version 2.0.

N 3.0 Das beschriebene Feature unterstützt Netscape seit Version 3.0.

N 4.0 Das beschriebene Feature unterstützt Netscape seit Version 4.0.

N 4.x Das beschriebene Feature unterstützt Netscape seit Version 4.01, 4.5, 4.6, 4.7.

N 6.0 Das beschriebene Feature unterstützt Netscape seit Version 6.0.

Inhaltsverzeichnis

1 Grundlagen ... 9
1.1 JavaScript und HTML ... 9
1.2 Standards, Sprachvarianten und -versionen ... 11
1.2.1 JavaScript, JScript & Co ... 11
1.2.2 Das Document Object Model ... 12
1.3 Hinweise für die Praxis ... 14
1.4 JavaScript in HTML einbinden ... 15
1.4.1 JavaScript-Bereiche in HTML definieren ... 15
1.4.2 Noscript-Bereich definieren ... 16
1.4.3 JavaScript-Anweisungen in HTML-Tags ... 18
1.4.4 JavaScript in separaten Dateien ... 18

2 Sprachelemente ... 21
2.1 Allgemeine Regeln für JavaScript ... 21
2.1.1 Anweisungen notieren ... 21
2.1.2 Anweisungsblöcke notieren ... 22
2.1.3 Selbst vergebene Namen ... 23
2.1.4 Kommentare in JavaScript ... 24
2.2 Variablen und Werte ... 24
2.1.1 Variablen definieren ... 24
2.1.2 Werte von Variablen ändern ... 26
2.3 Objekte, Eigenschaften und Methoden ... 27
2.3.1 Vordefinierte JavaScript-Objekte ... 27
2.3.2 Vordefinierte JavaScript-Objekte verwenden ... 28
2.3.3 Eigene Objekte definieren ... 29
2.3.4 Eigenschaften von Objekten ... 31
2.3.5 Objekt-Methoden ... 32
2.3.6 Abfragen, ob ein Objekt existiert ... 32
2.3.7 Mehrere Anweisungen mit einem Objekt ausführen (with) ... 34
2.3.8 Auf aktuelles Objekt Bezug nehmen (this) ... 34
2.4 Funktionen ... 35
2.4.1 Funktion definieren ... 35
2.4.2 Funktion aufrufen ... 36
2.4.3 Funktion mit Rückgabewert aufrufen ... 38
2.4.4 Vordefinierte JavaScript-Funktionen ... 39
2.5 Steuerzeichen und besondere Notationen ... 40
2.5.1 Steuerzeichen bei Zeichenketten ... 40
2.5.2 Notation numerischer Werte ... 40
2.6 Operatoren ... 41
2.6.1 Zuweisungsoperator ... 41

2.6.2 Vergleichsoperatoren ... 41
2.6.3 Berechnungsoperatoren ... 42
2.6.4 Logische Operatoren ... 43
2.6.5 Bit-Operatoren ... 44
2.6.6 Operator zur Zeichenkettenverknüpfung ... 44
2.6.7 Operatorenrangfolge ... 44
2.6.8 Operator zur Typenbestimmung ... 45
2.6.9 void-Operator ... 46
2.6.10 Operator zum Löschen von Objekten ... 46
2.7 Bedingte Anweisungen (if-else/switch) ... 47
2.7.1 Wenn-dann-Bedingungen mit »if« ... 47
2.7.2 Einfache Entweder-oder-Abfrage ... 48
2.7.3 Fallunterscheidung mit »switch« ... 49
2.8 Schleifen (while/for/do-while) ... 50
2.8.1 Schleifen mit »while« ... 50
2.8.2 Schleifen mit »for« ... 51
2.8.3 Schleifen mit »do-while« ... 53
2.8.4 Kontrolle innerhalb von Schleifen – break und continue ... 54
2.9 Reservierte Wörter ... 56
2.10 Event-Handler ... 57

3 Objekt-Referenz ... 75
3.1 Objekt-Referenz verwenden ... 75
3.2 Objekthierarchie ... 76
3.3 Besondere Objekte und Funktionen ... 78
3.3.1 HTML-Elementobjekte ... 78
3.3.2 Objektunabhängige Funktionen ... 80
3.4 Objekt-Referenz ... 80

A Anhang ... 453
A.1 Mime-Typen ... 453
A.1.1 Allgemeines zu Mime-Typen ... 453
A.1.2 Übersicht von Mime-Typen ... 454
A.2 Sprachenkürzel ... 458
A.2.1 Sprachenkürzel nach RFC 1766 ... 458
A.2.2 Übersicht zu Sprachenkürzeln nach ISO 639-1 ... 459
A.2.3 Übersicht zu Länderkürzeln nach ISO 3166 ... 460
A.2.4 Beispiele für zusammengesetzte Sprachenkürzel ... 463
A.3 Client-Identifikationen ... 464
A.3.1 Allgemeines zu Client-Identifikationen ... 464
A.3.2 Client-Identifikationen von Netscape-Browsern ... 465
A.3.3 Client-Identifikationen des MS Internet Explorers ... 466
A.3.4 Client-Identifikationen anderer Browser ... 467
A.3.5 Client-Identifikationen von Such-Robots und Proxy-Agenten ... 467

Stichwortverzeichnis ... 469

1 Grundlagen

1.1 JavaScript und HTML

JavaScript ist kein direkter Bestandteil von HTML, sondern eine eigene Programmiersprache. Diese Sprache wurde jedoch eigens zu dem Zweck geschaffen, HTML-Autoren ein Werkzeug in die Hand zu geben, mit dessen Hilfe sich Web-Seiten optimieren lassen.

JavaScripts werden wahlweise direkt in der HTML-Datei oder in separaten Dateien notiert. Sie werden zur Laufzeit vom Web-Browser interpretiert. Dazu besitzen moderne Web-Browser entsprechende Interpreter-Software.

Ein paar praktische Beispiele für die Anwendung von JavaScript können Sie in der HTML-Version dieses Buches auf der Buch-CD ausprobieren. So sind beispielsweise die *kleinen Helferlein* JavaScript-Anwendungen, ebenso die *Quickbar* und die *Suche*. Letztere ist allerdings eine ziemlich anspruchsvolle Anwendung, die schon weit über das übliche Maß dessen hinausgeht, wie JavaScript üblicherweise eingesetzt wird.

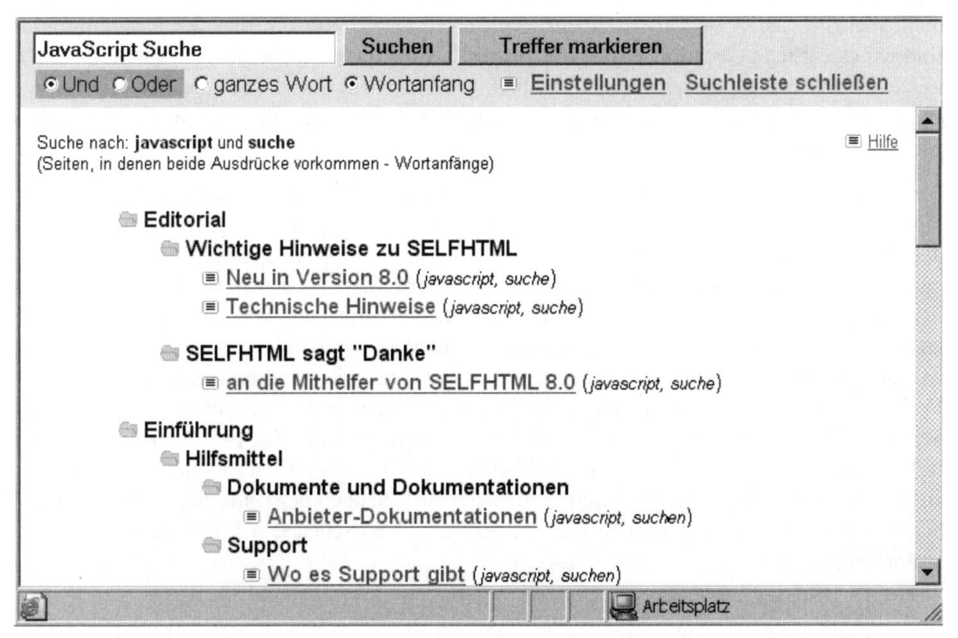

Bild 1.1: Die Suchfunktion auf der Buch-CD liefert schnell die gewünschten Ergebnisse.

In einer Programmiersprache wie JavaScript gibt es für Anfänger viele verwirrende Elemente: Sonderzeichen, Variablen, Wenn-dann-Anweisungen, Schleifen, Funktionen, Methoden, Parameter, Objekte, Eigenschaften und anderes mehr. Um mit diesen Elementen richtig umgehen zu können, müssen Sie lernen sich vorzustellen, was im Computer passiert, wenn der Programmcode ausgeführt wird. Das ist ein langwieriger Lernprozess, den Anfänger nur durch viel Übung bewältigen. JavaScript ist dazu allerdings hervorragend geeignet, weil es eine vergleichsweise einfache Sprache ist, bei der viele Aufgabenbereiche einer »großen« Programmiersprache fehlen, z.B. Dinge wie Arbeitsspeicherverwaltung oder Dateioperationen. Außerdem setzt JavaScript auf einer bestimmten Umgebung auf, nämlich auf einer anzuzeigenden oder angezeigten Web-Seite.

JavaScript läuft in einer so genannten »Sandbox«. Das ist eine Art Sicherheitskäfig, in dem die Programmiersprache eingesperrt ist. Sie wird dabei um typische Möglichkeiten anderer Programmiersprachen beschnitten, vor allem um die Möglichkeit, beliebig Daten aus Dateien lesen und in Dateien schreiben zu können. So soll verhindert werden, dass JavaScript-Programmierer auf den Rechnern von Anwendern, die eine JavaScript-unterstützte Web-Seite aufrufen, Unfug treiben können. Nach einigen Anfangsproblemen der Vergangenheit funktioniert das mittlerweile auch ganz gut. Wer also JavaScript in seinem Browser deaktiviert aus Angst, dass seine Festplatte damit formatiert werden könnte, sollte sich am besten ganz vom Internet fernhalten, denn schon beim Abruf von E-Mails lauern Gefahren, die wesentlich größer sind als diejenigen, die von JavaScript ausgehen. Doch leider gibt es andere gute Gründe, die nicht wenige Anwender dazu veranlassen, JavaScript in ihrem Browser abzuschalten. Dazu gehören vor allem die »Nervereien« mancher Programmierhelden, die meinen, eine Web-Seite sei um so toller, je mehr sie den Anwender gängelt. Da wird dann beispielsweise mit JavaScript die Unterstützung der rechten Maustaste abgewürgt, der Anwender kann die aufgerufene Seite nicht mehr verlassen und allerlei mehr. Solche Hirngeburten kontrollgeiler Programmierer sind das eigentliche Übel und der Grund, warum JavaScript nicht bei allen Anwendern beliebt ist. Wer JavaScript einsetzt, sollte sich darüber im Klaren sein und die Möglichkeiten der Sprache so einsetzen, dass der Anwender einen Mehrwert davon hat, und nicht so, dass ihm etwas genommen wird.

Bevor Sie sich also in die Tiefen von JavaScript stürzen, sollten Sie sich auch darüber bewusst sein, dass JavaScript wirklich nur als Ergänzug zu normalem HTML gedacht ist, aber nicht als dessen Ersatz. Es ist zwar durchaus möglich, Web-Seiten ausschließlich in JavaScript zu programmieren, sodass man kaum mehr davon reden kann, dass JavaScript in HTML eingebettet ist, sondern eher davon, dass der HTML-Code der Seite mit Hilfe von JavaScript dynamisch erzeugt wird. Doch solche Seiten funktionieren nur dort, wo JavaScript im Browser aktiviert ist und wo der Browser all das versteht, was Sie programmiert haben (ansonsten endet der Versuch, die Seite anzuzeigen, sehr schnell in einer nüchternen Fehlermeldung). Für Web-Seiten, bei denen Information im Vordergrund steht und die auch von Suchmaschinen-Robots und Benutzerrandgruppen wie Sehbehinderten erfasst werden sollen, müssen Sie darauf achten, JavaScript nur so einzusetzen, dass die Web-Seiten auch ohne eingeschaltetes JavaScript ordentlich angezeigt werden und die Navigation zwischen den Seiten auch ohne JavaScript funktioniert.

1.2 Standards, Sprachvarianten und -versionen

JavaScript ist eine Sprache, die 1995 von Netscape eingeführt und lizenziert wurde. Es war also eine firmeneigene, proprietäre Angelegenheit, und Netscape diktierte, woraus das »offizielle« JavaScript bestand. Mittlerweile ist die Situation aus verschiedenen Gründen unübersichtlicher geworden – aber JavaScript gibt es nach wie vor und erfreut sich bei Web-Seiten-Gestaltern großer Beliebtheit.

1.2.1 JavaScript, JScript & Co

Netscape versuchte schon frühzeitig, JavaScript nicht als willkürliche Eigenentwicklung dastehen zu lassen, sondern der Sprache den Charakter eines Standards zu verleihen. Dazu spannte man die Organisation ECMA (European Computer Manufacturers Association, *www.ecma.ch/*) ein. Unter dem Namen **ECMAScript** ließ sich Netscape von dieser Organisation JavaScript als Industriestandard deklarieren. In der Spezifikation »ECMA-262« wurde dieser Standard festgeschrieben.

Microsoft konterte auf seine Weise. Der MS Internet Explorer interpretiert zwar JavaScript, daneben aber auch die Microsoft-eigene Sprachvariante **JScript**. Diese Sprache implementierte Microsoft nicht zuletzt, um sich aus den Lizenzvorgaben von Netscape herauszuwinden und das, was bei Netscape unter JavaScript lief, selbstständig erweitern zu können. JScript umfasst die ganze Palette von JavaScript, doch daneben auch noch etliche spezielle Befehle für den Zugriff auf das Dateisystem und Betriebssystem Windows (das Ganze bezeichnet Microsoft als »Windows Scripting Host«). JScript ist insgesamt also viel mächtiger als JavaScript, doch es ist auch für andere Aufgaben gedacht. Es hat eine ganz eigene Versionenpolitik, die nichts mit der von JavaScript gemein hat. Bekannter als die JScript-Versionen sind jedoch nach wie vor die JavaScript-Versionen, und wenn Sie JavaScript verwenden, geben Sie in der Regel auch »JavaScript« als Sprache an und nicht »JScript«. Der Internet Explorer kommt damit klar.

- Netscape 2.0 interpretiert den seinerzeit eingeführten JavaScript-Sprachstandard 1.0 (Ende 1995). Der MS Internet Explorer versteht diesen Sprachstandard weitgehend seit der Version 3.0 (1996).
- Netscape interpretiert seit Version 3.0 den JavaScript-Standard 1.1 (ebenfalls 1996). Der MS Internet Explorer interpretiert diesen Sprachumfang von JavaScript weitgehend seit der Produktversion 4.0 (1997).
- Netscape interpretiert seit Version 4.0 den JavaScript-Standard 1.2 (1997). Einige Befehle dieser Sprachversion werden auch vom MS Internet Explorer seit Version 4.0 interpretiert.
- Die JavaScript-Version 1.3 ist in Netscape in den heute am meisten verbreiteten Netscape-Versionen 4.06 bis 4.7 implementiert (1998-2001). Der Internet Explorer versteht diese Sprachversion weitgehend seit Produktversion 5.0.
- In die völlig neu programmierte Netscape-Version 6.0 wurde eine Version 1.5 von JavaScript integriert (2000-2001), die neben einigen wenigen JavaScript-eigenen Neuerungen vor allem das Document Object Model (DOM) umsetzt – mehr dazu weiter unten.

- Beim Internet Explorer gibt es zum Teil nicht ganz unbeträchtliche Unterschiede, was die Editionen für die einzelnen Plattformen betrifft. So kann es durchaus sein, dass die Windows-Version eines Internet Explorers mit der Produktversion 5.5 JavaScript-Befehle versteht, die eine Macintosh-Ausgabe mit gleicher Produktversionsnummer nicht versteht. Dazu kommen andere Browser-Produkte, die ebenfalls JavaScript implementiert haben, wie beispielsweise Opera, wobei auch dort jede Produktversion wieder ein bisschen mehr JavaScript kann als die Vorgängerversion. In der Praxis ist eigentlich nicht mehr wirklich nachvollziehbar, was nun welcher Browser genau kann. Es ist deshalb ratsam, benutzte Sprachbestandteile von JavaScript-Versionen jenseits der V1.2 besonders sorgfältig zu testen.

Das Gerangel zwischen Netscape und Microsoft um die bessere JavaScript-Unterstützung bewirkte auf jeden Fall eine Menge Frustation bei Web-Programmierern und Anwendern. Viele Dinge mussten und müssen immer noch ziemlich umständlich programmiert werden, weil die Fähigkeiten und Eigenheiten der verschiedenen JavaScript-Interpreter der verschiedenen Browser und Browser-Versionen lauter Wenns und Abers erfordern, was sich im Quellcode von JavaScript niederschlägt. Vor allem bei komplexeren JavaScript-Anwendungen, etwa bei dynamischem HTML, wurde das »Doppeltprogrammieren« zur lästigen Pflicht.

1.2.2 Das Document Object Model

Um diesem Missstand auf Dauer abzuhelfen, wurde das W3-Konsortium eingeschaltet, damit für eine allgemeine Sprachnorm gesorgt wird. Das W3-Konsortium erarbeitete dabei jedoch keinen konkreten JavaScript-Standard, sondern ein allgemeines Modell für Objekte eines Dokuments. Dieses Modell sollte eine Script-Sprache, die sich als Ergänzungssprache zu Auszeichnungssprachen wie HTML versteht, vollständig umsetzen. Vom W3-Konsortium erhielt das Modell die Bezeichnung **Document Object Model (DOM)**. Am 1. Oktober 1998 wurde das DOM eine offizielle W3-Empfehlung (*recommendation*) in der Version 1.0, die seit dem 29. September 2000 in einer zweiten Ausgabe vorliegt. Seit 13. November 2000 ist die Version 2.0 des DOM eine offizielle W3-Empfehlung. Das entsprechende Dokument ist jedoch aufgesplittet in mehrere Einzeldokumente. Version 3.0 ist in Arbeit.

Der MS Internet 5.0 unterstützt einiges von DOM 1.0, die Version 5.5 schon mehr, ebenso wie Netscape 6.x. Die JavaScript-Version, die DOM erstmals umsetzt, ist die Version 1.5.

Ein wichtiger Aspekt des DOM ist, dass es nicht nur für HTML- ergänzende Script-Sprachen konzipiert ist, sondern auch für Script-Sprachen, die jegliche XML-gerechte Auszeichnungssprache erweitern sollen. Das DOM orientiert sich daher in seinem Kern nicht mehr an bestimmten HTML-Elementen. Stattdessen geht es in abstrakter Weise von einem »Dokument« aus (das in XHTML geschrieben sein kann, aber auch in einer anderen XML-basierten Sprache). Es definiert, wie sich auf die einzelnen Elemente dieses Dokuments zugreifen lässt und welche Manipulationsmöglichkeiten es gibt. Da man aber bei der Entwicklung des DOM auch auf die Gegebenheiten und die Verbreitung von HTML und JavaScript Rücksicht nehmen wollte, wurde dem so genannten »Kern-DOM« ein »HTML-Anwendungs-DOM« zur Seite gestellt. Letzteres versucht, Teile des »gewachsenen« JavaScript und MS-JScript zu sanktionieren und Bestandteile des »Kern-DOM« darin zu integrieren.

DOM 1.0 grenzt jedoch noch einige wichtige Aspekte aus, wie etwa das Event-Handling (Behandlung von Anwenderereignissen wie Mausklicks, Tastatureingaben usw.) oder die Integration von Stylesheets in das, was Programmierer dynamisch verändern können. In den Versionen 2.0 und 3.0 behandelt das DOM auch diese Aspekte.

Seit das DOM vorliegt, überbieten sich die Browser-Anbieter gegenseitig mit Versprechungen, die Vorgaben des DOM in JavaScript umzusetzen. Abgesehen davon, dass es noch immer Uneinheitlichkeiten bei der Umsetzung gibt, ähnlich wie in HTML und CSS, haben JavaScript-Programmierer nun ein zusätzliches Problem: Wo sie zunächst häufig eine Doppellösung für die beiden verbreitetsten Browser-Typen benötigten, müssen sie nun manchmal sogar drei Lösungen programmieren, wenn sie nämlich Rücksicht auf die 4er-Versionen von Netscape und Internet Explorer Rücksicht nehmen und gleichzeitig DOM-gerecht programmieren wollen.

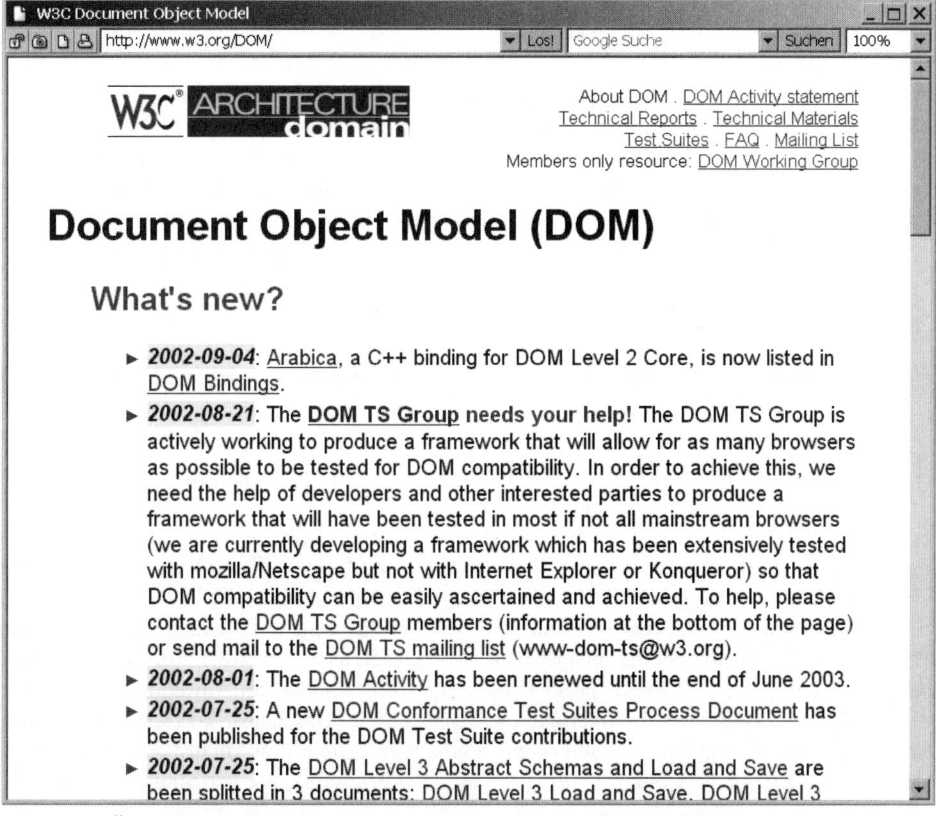

Bild 1.2: Über die W3-Einstiegsseite zum DOM (www.w3.org/DOM/) können Sie die aktuelle Weiterentwicklung des Document Object Models beim W3-Konsortium verfolgen.

In der Praxis von JavaScript auf HTML-basierten Web-Seiten ist es jedoch so, dass meistens noch mit den herkömmlichen, von Netscape eingeführten JavaScript-Objekten gearbeitet wird. In Zukunft ist allerdings zu hoffen, dass die DOM-gerechte JavaScript-Programmierung das klassische JavaScript verdrängen wird.

Zur Kennzeichnung der Sprachversionen von JavaScript und von DOM verwendet dieses Buch folgende Symbole:

Symbol	*Bedeutung*
JS 1.0	Bestandteil der ersten JavaScript-Version
JS 1.1	Bestandteil der JavaScript-Version 1.1
JS 1.2	Bestandteil der JavaScript-Version 1.2
JS 1.3	Bestandteil der JavaScript-Version 1.3
JS 1.5	Bestandteil der JavaScript-Version 1.5
JS	Von Microsoft eingeführter Sprachbestandteil. Solche Bestandteile werden in der Regel nur vom MS Internet Explorer ab V4.x interpretiert; es wurden nur einige wichtige solcher Elemente in die Objekt-Referenz mit aufgenommen, nämlich solche, die eine Grundlage für Dynamisches HTML nach dem Ansatz des MS Internet Explorers ab V4.0 darstellen.
DOM 1.0	Objekt, Eigenschaft oder Methode nach den Vorgaben des Document Object Model, Version 1.0.
DOM 2.0	Objekt, Eigenschaft oder Methode nach den Vorgaben des Document Object Model, Version 2.0.

1.3 Hinweise für die Praxis

Bevor Sie daran gehen, neuen, eigenen JavaScript-Code zu programmieren, müssen Sie sich exakt darüber im Klaren sein, welches Problem Sie damit lösen wollen. Dazu müssen Sie erst einmal wissen, was man mit HTML selbst alles machen kann und wo die Grenzen von HTML liegen. Von JavaScript müssen Sie dann so viel wissen, dass Sie entscheiden können, ob das Problem mit JavaScript überhaupt lösbar ist. Mit JavaScript können Sie z.B. **nicht** die typischen Aufgaben von CGI lösen! JavaScripts werden im Browser des Anwenders ausgeführt, nicht auf dem Server, wo die Web-Seiten abgelegt sind. Das heißt, JavaScript kann vom Browser erst dann ausgeführt werden, wenn er eine Web-Seite gerade einliest oder nachdem er sie eingelesen hat – dann z.B. auch ausgelöst durch Benutzerereignisse wie Mausklicks usw.

Aus diesem Grund können Sie mit JavaScript also keine Anwendungen wie Gästebücher oder Web-Foren programmieren. Denn solche Anwendungen müssen die Daten aller beitragenden Anwender zentral auf dem Server speichern. Wohl aber kann JavaScript unterstützend eingesetzt werden bei solchen Anwendungen. So ist es beispielsweise sinnvoller, Formulareingaben des Anwenders vor dem Absenden mit Hilfe von JavaScript zu überprüfen, als den Server-Rechner mit dieser Arbeit zusätzlich zu belasten.

Wenn Sie etwas mit JavaScript lösen möchten, lohnt es sich durchaus, sich im Web umsehen, ob es nicht schon frei verfügbare JavaScript-Beispiele gibt, die genau Ihr Problem lösen. Denn es ist immer besser, auf Code zurückzugreifen, der sich im Einsatz bereits bewährt hat, als neuen Code zu erstellen, dessen »heimliche Tücken« einem noch nicht bekannt sind. In vielen Fällen genügt es, vorhandene JavaScripts den eigenen Erfordernissen anzupassen. Bei vorhandenen JavaScripts müssen Sie allerdings so viel von der Sprache verstehen, dass Sie genau wissen, welche Variablen oder festen Werte Sie verändern oder welche Funktion Sie ergänzen wollen.

Im Linkverzeichnis des Online-Angebots von SELFHTML (*selfaktuell.teamone.de*) aktuell finden Sie Links zu Anbietern frei verfügbarer JavaScripts. Wenn Sie JavaScript auf eigenen Web-Seiten verwenden wollen, sollten Sie auf jeden Fall mehrere Browser zum Testen einsetzen. Denn leider sind die JavaScript-Interpreter der JavaScript-fähigen WWW-Browser wie schon erwähnt sehr unterschiedlich in ihrer Leistung.

Stellen Sie keine Web-Seiten mit ungeprüftem JavaScript-Code öffentlich zur Verfügung. Für einen Anwender ist es sehr ärgerlich, wenn er Fehlermeldungen des JavaScript-Interpreters am Bildschirm erhält und in schlimmeren Fällen einen Programmabsturz des Web-Browsers oder gar einen Systemabsturz hat, was bei Online-Sitzungen besonders unangenehm ist. Solche Anwender besuchen Ihre Seiten mit Sicherheit so schnell nicht wieder.

1.4 JavaScript in HTML einbinden

1.4.1 JS 1.0 N 2.0 3.0 JavaScript-Bereiche in HTML definieren

Für JavaScript-Programmabschnitte können Sie in HTML Bereiche definieren. Ein Beispiel:

```
<html>
<head><title>Test</title>
<script type="text/javascript">
<!-
 alert("Hallo Welt!");
//->
</script>
</head>
<body>
</body>
</html>
```

Bild 1.3: Die minimale JavaScript-Anwendung aus dem Beispiel öffnet eine Dialogbox.

Mit <script type="text/javascript"> leiten Sie einen Bereich für JavaScript innerhalb einer HTML-Datei ein (*script* = *Quelltext, type* = Mime-Type). Die Angabe zum Mime-Type ist seit HTML 4.0 Pflicht. Mit type="text/javascript" bestimmen Sie den typischen Mime-Type für JavaScript-Dateien.

Zusätzlich können Sie zur Kennzeichnung der JavaScript-Sprachversion das language-Attribut verwenden (z.B. language="JavaScript" oder language="JavaScript1.2"). Jedoch gehört dieses Attribut zu den missbilligten Attributen und wird auch nicht von allen Browsern korrekt interpretiert.

Dahinter – am besten in der nächsten Zeile – sollten Sie mit <!- einen HTML-Kommentar einleiten. Dadurch erreichen Sie, dass ältere WWW-Browser, die JavaScript nicht kennen, den folgenden JavaScript-Code ignorieren und nicht irrtümlich als Text innerhalb der HTML-Datei interpretieren.

Den JavaScript-Bereich schließen Sie mit einem einzeiligen JavaScript-Kommentar //, gefolgt vom schließenden HTML-Kommentar -> und </script> ab. Der JavaScript-Kommentar ist erforderlich, um Fehlermeldungen in scriptfähigen Browsern zu unterdrücken. Berücksichtigen Sie, dass vor und nach dem HTML-Kommentar ein Zeilenumbruch zwingend erforderlich ist.

Beachten Sie: Es gibt keine festen Vorschriften dafür, an welcher Stelle einer HTML-Datei ein JavaScript-Bereich definiert werden muss. Es ist unter JavaScript-Programmierern zur Gewohnheit geworden, einen solchen Bereich im Kopf der HTML-Datei, also zwischen <head> und </head> zu definieren. Dadurch ist am ehesten sichergestellt, dass der Code vom WWW-Browser bereits eingelesen ist und zur Verfügung steht, wenn er ausgeführt werden soll.

JavaScript-Code kann automatisch beim Einlesen der HTML-Datei ausgeführt werden. Das ist dann der Fall, wenn JavaScript-Befehle in einem JavaScript-Bereich außerhalb jeder selbst definierten Funktion stehen, so wie im obigen Beispiel. In solchen Fällen ist es manchmal auch erforderlich, den Script-Bereich innerhalb des HTML-Dateikörpers, also innerhalb von <body>...</body>, zu notieren, zum Beispiel wenn Sie am Ende der Datei mit JavaScript dynamisch Datum und Uhrzeit der letzten Änderung an der Datei schreiben wollen.

1.4.2 HTML 4.0 XHTML 1.0 N 2.0 3.0 Noscript-Bereich definieren

Sie können einen Bereich definieren, der nur angezeigt wird, wenn die verwendete Script-Sprache nicht verfügbar ist, das Script also nicht ausführbar ist. Dies ist der Fall, wenn der Browser die Scriptsprache nicht kennt, oder wenn der Anwender das Interpretieren der Scriptsprache in den Einstellungen seines Browsers ausgeschaltet hat.

Wichtig ist eine solche Angabe beispielsweise, wenn Ihre Seiten intensiv JavaScript benutzen, um Inhalte anzuzeigen oder Verweise auszuführen. In solchen Fällen ist ein Projekt ohne JavaScript kaum nutzbar. Mit einem Noscript-Bereich können Sie einen entsprechenden Hinweis einbauen.

Ein Beispiel:

```
<!DOCTYPE HTML PUBLIC "-//W3C//DTD HTML 4.01 Strict//EN"
     "http://www.w3.org/TR/html4/strict.dtd">
<html>
<head>
<title>Text des Titels</title>
<script type="text/javascript">
<!-
function Zeit() {
 var Jetzt = new Date();
 var Tag = Jetzt.getDate();
 var Monat = Jetzt.getMonth() + 1;
 var Jahr = Jetzt.getYear();
 if(Jahr < 999) Jahr += 1900;
 var Vortag  = ((Tag < 10) ? "0" : "");
 var Vormon  = ((Monat < 10) ? ".0" : ".");
 var Datum = Vortag + Tag + Vormon + Monat  + "." + Jahr;
 document.write("<h1>" + Datum + "<\/h1>")
}
//->
</script>
</head>
<body>

<script type="text/javascript">
<!-
Zeit();
//->
</script>
<noscript>
<h1>Guten Tag!</h1>
</noscript>

<p>Aktuelle Nachrichten ...</p>

</body>
</html>
```

Das Beispiel enthält genau die gleichen Scripts wie weiter oben bei Script-Bereich definieren beschrieben. Diesmal wurde jedoch zusätzlich an Browser gedacht, die kein JavaScript kennen, oder bei denen JavaScript ausgeschaltet ist. Für solche Browser wird an der Stelle, an der bei script-fähigen Browsern die script-erzeugte h1-Überschrift mit dem aktuellen Datum eingesetzt wird, einfach eine gewöhnliche h1-Überschrift mit dem Inhalt Guten Tag! notiert.

Mit <noscript> leiten Sie einen Noscript-Bereich ein, mit </noscript> beenden Sie ihn. Dazwischen werden Block-Elemente erwartet, also beispielsweise Überschriften, Textabsätze oder div-Bereiche.

Web-Browser, die das noscript-Element kennen, zeigen den Inhalt dazwischen nur dann an, wenn der Anwender die benutzte Scriptsprache, etwa JavaScript, deaktiviert hat. Web-Browser, die gar keine Scriptsprachen kennen, kennen zwar auch das noscript-Element nicht, aber einer alten Regel gemäß ignorieren sie die Auszeichnung einfach und zeigen den Inhalt des Elements ganz normal an.

1.4.3 JavaScript-Anweisungen in HTML-Tags

JavaScript kann auch innerhalb herkömmlicher HTML-Tags vorkommen. Das ist dann kein komplexer Programmcode, sondern in der Regel nur der Aufruf bestimmter Methoden, Funktionen, Objekte, Eigenschaften. Für den Aufruf gibt es so genannte Event-Handler (Kapitel 2.10). Das sind Attribute in HTML-Tags, über die sich JavaScripts aktivieren lassen. Für jeden der möglichen Event-Handler ist festgelegt, in welchen HTML-Tags er vorkommen darf. Ein Beispiel:

```
<html>
<head>
<title>Test</title>
<script type="text/javascript">
<!-
function Quadrat() {
  var Ergebnis = document.Formular.Eingabe.value * document.Formular.Eingabe.value;
alert("Das Quadrat von " + document.Formular.Eingabe.value + " = " + Ergebnis);
}
//->
</script>
</head>
<body>
<form name="Formular" action="">
<input type="text" name="Eingabe" size="3">
<input type="button" value="Quadrat errechnen" onClick="Quadrat()">
</form>
</body>
</html>
```

Das obige Beispiel zeigt eine komplette HTML-Datei. Im Dateikopf ist ein JavaScript-Bereich definiert. Innerhalb dieses Bereichs steht eine selbst definierte Funktion, die Funktion mit dem Namen Quadrat(). Die Funktion errechnet das Quadrat einer Zahl, die der Anwender in dem weiter unten notierten Formular im Eingabefeld mit dem Namen Eingabe eingibt. Der JavaScript-Code dieser Funktion wird aber nicht automatisch ausgeführt, sondern nur dann, wenn die Funktion explizit aufgerufen wird. Im obigen Beispiel erfolgt der Aufruf mit Hilfe eines Klick-Buttons. Wenn der Anwender auf den Button klickt, wird das Quadrat zur eingegebenen Zahl ausgegeben. Dazu ist im HTML-Tag des Klick-Buttons das Attribut onClick= notiert – ein Event-Handler mit der Bedeutung »beim Anklicken«.

Beachten Sie: Im Abschnitt 2.10 Event-Handler wird beschrieben, welche Event-Handler es außer onClick= noch gibt und in welchen HTML-Tags sie vorkommen dürfen.

1.4.4 JavaScript in separaten Dateien

Seit der Sprachversion 1.1 von JavaScript (und auch seit HTML 4.0) ist es möglich, JavaScript-Code in separaten Dateien zu notieren. Das ist sehr nützlich, wenn Sie gleiche JavaScript-

Funktionen in mehreren HTML-Dateien verwenden wollen. Denn so brauchen Sie den Code nur einmal notieren und können ihn in mehreren HTML-Dateien referenzieren.

Bild 1.4: Das Beispiel berechnet das Quadrat einer Zahl und zeigt das Ergebnis als Dialogbox an.

Beispiel: JavaScript-Datei *quadrat.js*

```
function Quadrat() {
  var Ergebnis = document.Formular.Eingabe.value * document.Formular.Eingabe.value;
alert("Das Quadrat von " + document.Formular.Eingabe.value + " = " + Ergebnis);
  }
```

Beispiel: HTML-Datei

```
<html>
<head>
<title>JavaScript-Test</title>
<script src="quadrat.js" type="text/javascript">
</script>
</head>
<body>
<form name="Formular" action="">
<input type="text" name="Eingabe" size="3">
<input type="button" value="Quadrat errechnen" onClick="Quadrat()">
</form>
</body>
</html>
```

Hier handelt es sich um das gleiche Beispiel wie im Abschnitt zuvor. Der Unterschied ist lediglich, dass der JavaScript-Code in einer separaten Datei steht. Dazu notieren Sie im einleitenden <script>-Tag die Angabe src= (*src = source = Quelle*). Als Wert weisen Sie den URI der separaten Datei mit dem Quellcode zu. Dabei gelten die Regeln zum Referenzieren in HTML. Die Datei mit dem Quellcode muss eine reine ASCII-Datei sein und sollte die Dateinamenerweiterung *.js* erhalten. Die Datei darf nichts anderes als JavaScript-Code enthalten.

Beachten Sie: Es kann passieren, dass ein JavaScript, das in einer separaten Datei notiert ist, lokal wunderbar funktioniert, aber nach dem Hochladen der Dateien auf einen WWW-Server plötzlich nicht mehr. Bitten Sie in diesem Fall den Provider oder Webmaster des Servers, den Mime-Type text/javascript für Dateien mit der Endung *.js* in die Konfiguration des Web-Servers mit aufzunehmen. Ansonsten können Sie im einleitenden <script>-Tag beim type-Attribut auch mal den Mime-Type application/x-javascript anstelle von text/javascript ausprobieren. Bei einigen Servern funktioniert es dann.

2 Sprachelemente

2.1 Allgemeine Regeln für JavaScript

2.1.1 JS 1.0 N 2.0 3.0 Anweisungen notieren

JavaScript besteht letztendlich aus einer kontrollierten Anordnung von Anweisungen. Das sind Befehle, die der JavaScript-Interpreter des WWW-Browsers bewertet und in Maschinencode umsetzt, der auf dem Rechner des Anwenders ausführbar ist. Es gibt einfache und komplexere Anweisungen.

Beispiel 1:

```
Zahl = 42;
```

Beispiel 2:

```
Quadrat = Zahl * Zahl;
```

Beispiel 3:

```
if(Zahl > 1000)
  Zahl = 0;
```

Beispiel 4:

```
alert("Das Quadrat von " + Zahl + " = " + Ergebnis);
```

Eine Anweisung in JavaScript besteht immer aus einem Befehl, der mit einem Strichpunkt ; oder einem Zeilenumbruch abgeschlossen wird. In neueren Netscape-Dokumentationen zu JavaScript wird der Strichpunkt am Ende von einfachen Anweisungen zwar häufig weggelassen, aber um unnötige Fehler zu vermeiden, ist es ratsam, sich von vorneherein anzugewöhnen, alle Anweisungen auf diese Weise abzuschließen. Eine Anweisung ist zum Beispiel,

- wenn Sie einer Variablen einen Wert zuweisen, wie in Beispiel 1;
- wenn Sie mit Variablen oder Werten eine Operation durchführen, wie in Beispiel 2;
- wenn Sie einen Befehl nur unter bestimmten Bedingungen ausführen, wie in Beispiel 3 (siehe hierzu die Abschnitte über bedingte Anweisungen und über Schleifen, Kapitel 2.7 und 2.8);
- wenn Sie eine selbst definierte Funktion oder eine Objektmethode aufrufen bzw. wenn Sie eine Objekteigenschaft auslesen oder ändern (siehe hierzu den Abschnitt 2.3 *Objekte, Eigenschaften und Methoden*), wie in Beispiel 4.

2.1.2 JS 1.0 N 2.0 3.0 Anweisungsblöcke notieren

Ein Anweisungsblock besteht aus einer oder mehreren Anweisungen, die innerhalb einer übergeordneten Anweisung oder innerhalb einer Funktion stehen. So können Anweisungsblöcke beispielsweise unterhalb einer bedingten Anweisung oder einer Schleife stehen. Auch alle Anweisungen, die innerhalb einer selbst definierten Funktion stehen, bilden einen Anweisungsblock.

Beispiel 1:

```
if(Zahl > 1000) {
  Zahl = 0;
  Neustart();
}
```

Beispiel 2:

```
while(i <= 99) {
  Quadrat(i);
  i = i + 1;
}
```

Beispiel 3:

```
function SageQuadrat(x) {
  var Ergebnis = x * x;
  alert(Ergebnis);
}
```

Beispiel 4:

```
function SagEinmaleins(x) {
  var Ergebnis = x * x;
  if(Ergebnis > 100) {
    Ergebnis = 0;
    Neustart();
  }
  alert(Ergebnis);
}
```

Ein Anweisungsblock wird durch eine öffnende **geschweifte** Klammer { begonnen und durch eine schließende geschweifte Klammer } beendet. Sie können die geschweiften Klammern jeweils in eine eigene Zeile schreiben, so wie in den obigen Beispielen. Es ist aber auch erlaubt, die Klammern in der gleichen Zeile zu notieren wie die Anweisungen.

Bei bedingten Anweisungen (wie in Beispiel 1) oder bei Schleifen (wie in Beispiel 2) müssen Sie solche Anweisungsblöcke notieren, sobald mehr als eine Anweisung von der Bedingung oder der Schleifenbedingung abhängig ausgeführt werden soll. Bei Funktionen (wie in Beispiel 3) müssen Sie Anfang und Ende der Funktion durch geschweifte Klammern markieren. Alles, was innerhalb der Funktion steht, ist daher ein Anweisungsblock. Anweisungsblöcke können auch verschachtelt sein, so wie in Beispiel 4 oben.

2.1.3 JS 1.0 N 2.0 3.0 Selbst vergebene Namen

An vielen Stellen in JavaScript müssen Sie selbst Namen vergeben, zum Beispiel für selbst definierte Funktionen, eigene Objekte oder Variablen. Ein Beispiel:

```
<html>
<head>
<title>Test</title>
<script type="text/javascript">
<!-
function Schlaue_Frage() {
 var i = 1;
 var Eingabe = "";
 while(Eingabe != "SELFHTML" && i <= 3) {
   Eingabe = window.prompt("Wie heißt dieses Dokument?","");
   i++;
 }
}
//->
</script>
</head>
<body>
<a href="javascript:Schlaue_Frage()">wollen Sie eine Frage beantworten?</a>
</body>
</html>
```

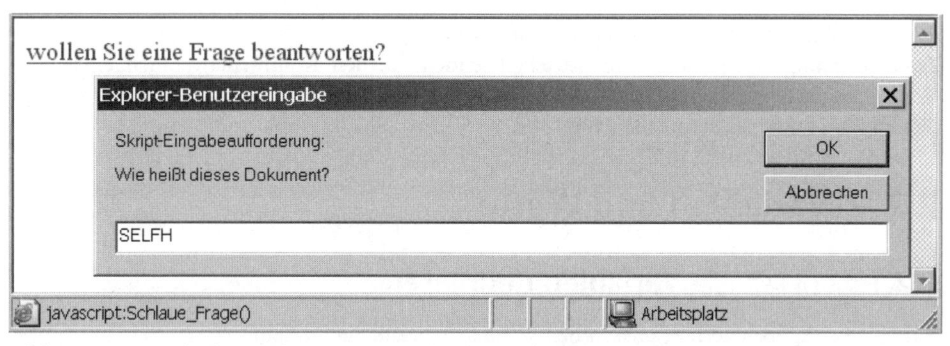

Bild 2.1: Die Dialogbox erfragt eine Zeichenkette vom Benutzer.

Im Beispiel ist in einem JavaScript-Bereich eine Funktion mit Namen Schlaue_Frage notiert. Darin werden zwei Variablen mit den Namen i und Eingabe deklariert und verwendet. Das Beispiel ruft beim Anklicken des HTML-Verweises die Funktion Schlaue_Frage auf. Darin wird ein Dialogfenster ausgegeben, in dem der Anwender bis zu dreimal auf die Frage antworten kann, wie dieses Dokument heißt. Namen vergeben müssen Sie also recht häufig in JavaScript.

Bei selbst vergebenen Namen gelten folgende Regeln:

- Sie dürfen keine Leerzeichen enthalten.

- Sie dürfen nur aus Buchstaben und Ziffern bestehen – das erste Zeichen muss ein Buchstabe sein; es sind Groß- und Kleinbuchstaben erlaubt. Groß- und Kleinschreibung werden unterschieden!
- Sie dürfen keine deutschen Umlaute oder scharfes S enthalten.
- Sie dürfen als einziges Sonderzeichen den Unterstrich »_« enthalten.
- Sie dürfen nicht mit einem reservierten Wort identisch sein (Kapitel 2.9).

Vergeben Sie sprechende Namen, die Ihnen auch ein halbes Jahr, nachdem Sie das Script geschrieben haben, noch signalisieren, welche Bedeutung sie haben. Es dürfen ruhig auch deutschsprachige Wörter sein, solange die genannten Regeln eingehalten werden.

2.1.4 JS 1.0 N 2.0 3.0 Kommentare in JavaScript

Bei komplexeren Programmteilen können Sie Kommentare benutzen, um einzelne Anweisungen zu erklären. Auch wenn Sie Ihre Copyright-Angaben innerhalb eines selbst geschriebenen JavaScript-Codes unterbringen wollen, können Sie dies mit Hilfe eines Kommentars tun. Kommentare werden vom JavaScript-Interpreter des WWW-Browsers ignoriert. Ein Beispiel:

```
while(i <= 99) {
  Quadrat = i * i;      /* solange i kleiner gleich 99, Quadrat von i bilden */
  i = i + 1;            // i um eins erhoehen
}
```

Einen wahlweise ein- oder mehrzeiligen Kommentar leiten Sie mit /*, also einem Schrägstrich, gefolgt von einem Stern-Zeichen, ein. Mit der umgekehrten Folge */, also einem Stern-Zeichen, gefolgt von einem Schrägstrich, beenden Sie den Kommentar. Einen einzeiligen Kommentar starten Sie mit der Zeichenfolge //. Der Browser ignoriert dann den nachfolgenden Text bis zum nächsten Zeilenende.

2.2 Variablen und Werte

2.2.1 JS 1.0 N 2.0 3.0 Variablen definieren

Variablen sind Speicherbereiche, in denen Sie Daten, die Sie im Laufe Ihrer Programmprozeduren benötigen, speichern können. Der Inhalt, der in einer Variablen gespeichert ist, wird als »Wert« bezeichnet. Sie können den Wert einer Variablen jederzeit ändern. Um mit Variablen arbeiten zu können, müssen Sie die benötigten Variablen zuerst definieren.

Ein Beispiel:

```
<html>
<head>
<title>Test</title>
<script type="text/javascript">
<!-
  var Hinweis = "Gleich werden Quadratzahlen ausgegeben";
  alert(Hinweis);
```

```
  function SchreibeQuadrate() {
    var SinnDesLebens = 42;
    var i, x;
    var Satzteil = "Das Quadrat von ";
    for(i=1; i <= SinnDesLebens; ++i) {
      x = i * i;
      document.write(Satzteil + i + " ist " + x + "<br>");
    }
  }
//->
</script>
</head>
<body onLoad="SchreibeQuadrate()">
</body>
</html>
```

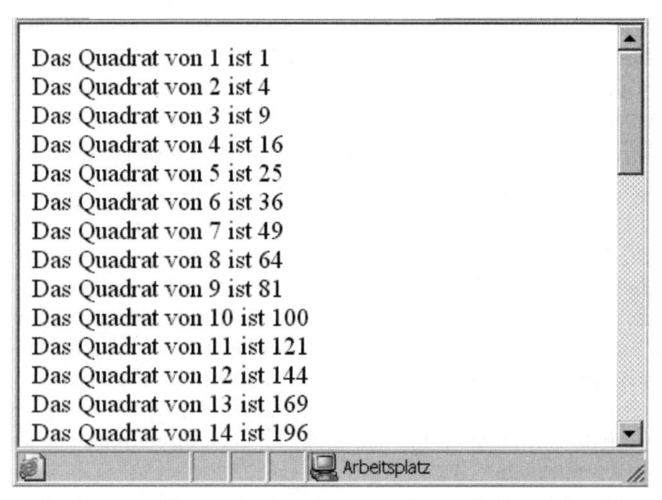

Bild 2.2: Das Beispielscript gibt eine Liste mit Quadratzahlen aus.

Das Beispiel gibt beim Aufruf der Seite eine Meldung aus, dass gleich Quadratzahlen ausgegeben werden. Bestätigt der Anwender das Meldungsfenster, werden die Quadrate der Zahlen von 1 bis 42 ausgegeben.

Es gibt **globale Variablen** und **lokale Variablen.** Eine lokale Variable erhalten Sie durch die Deklaration der Variablen mit var innerhalb einer Funktion. Im obigen Beispiel sind die Variablen SinnDesLebens, i, x und Satzteil innerhalb der Funktion SchreibeQuadrate() als lokale Variablen notiert. Diese Variablen sind deshalb nur innerhalb dieser Funktion gültig. Man spricht in diesem Zusammenhang auch von der »Lebensdauer« von Variablen. Parameter, die einer Funktion übergegeben werden, werden ebenfalls als lokale Variablen behandelt. Die Variable Hinweis ist dagegen eine globale Variable. Sie ist im gesamten Dokument gültig und steht jederzeit zur Verfügung. Wenn Sie innerhalb von Funktionen Variablen **ohne** das Schlüsselwort var deklarieren, dann sind diese Variablen global.

Jede Variablendeklaration wird mit einem Strichpunkt abgeschlossen, da sie eine ganz normale Anweisung darstellt.

Variablen können mit oder ohne weitere Wertzuweisung deklariert werden. Im obigen Beispiel wird etwa der Variablen SinnDesLebens bei der Definition gleich ein Wert zugewiesen, nämlich 42. Auch die Variable Satzteil erhält eine anfängliche Wertzuweisung, nämlich den Wert "Das Quadrat von ". Die Variablen i und x werden dagegen nicht mit einem Anfangswert versehen. Beim Zuweisen eines Wertes notieren Sie hinter dem Variablennamen ein Gleichheitszeichen und dahinter den Wert, den Sie der Variablen zuweisen wollen.

Sie können mehrere Variablen auf einmal definieren, so wie die beiden Variablen i und x im Beispiel. Dazu trennen Sie die Variablennamen durch Kommata. Das ist natürlich auch in Verbindung mit zugewiesenen Anfangswerten möglich.

Es gibt numerische Variablen und Variablen für Zeichen bzw. Zeichenketten. Im obigen Beispiel sind die Variablen SinnDesLebens, i und x numerische Variablen. Die Variablen Hinweis und Satzteil sind dagegen Zeichenkettenvariablen. Dies ist daran erkennbar, dass der ihnen zugewiesene Wert, ein Text, in Anführungszeichen gesetzt wird. Sie könnten z.B. eine Variable Nummer = 1; und eine Variable Zeichen = "1"; definieren. Der Unterschied ist, dass Sie mit der Variablen Nummer Rechenoperationen anstellen können, mit der Variablen Zeichen nicht. Dafür können Sie mit Zeichenkettenvariablen Zeichenkettenoperationen durchführen, etwa das Extrahieren einer Teilzeichenkette, was mit numerischen Variablen nicht möglich ist.

Beachten Sie: Bei der Vergabe von Variablennamen gelten die Regeln für selbst vergebene Namen (Kapitel 2.1.3). Variablen in JavaScript sind nicht so streng »getypt« wie in vielen anderen Programmiersprachen. Einfache Variablentypen, wie Zahlen, Zeichenketten oder Wahrheitswerte, werden lediglich nach numerischen und nichtnumerischen Variablen eingeteilt. Kommazahlen und Ganzzahlen benötigen keine unterschiedlichen Typen. Der Inhalt von numerischen Variablen kann ohne vorherige Konvertierung in Zeichenketten auf den Bildschirm oder in Meldungsfenster geschrieben werden. Umgekehrt können Sie aber mit Zeichenketten, z.B. Werten aus Formularfeldern, nicht immer automatisch rechnen, sondern müssen sie vorher explizit in Zahlen umwandeln. Für die explizite Typumwandlung gibt es verschiedene objektunabhängige Funktionen.

2.2.2 JS 1.0 N 2.0 3.0 Werte von Variablen ändern

Wertänderungen von Variablen sind das A & O bei der Programmierung. Sie werden nur dann erfolgreich eigene Programme schreiben können, wenn Sie jederzeit den Überblick haben, was in einer Variablen an einem bestimmten Punkt des Programmablaufs steht. Besonders, wenn Sie mit bedingten Anweisungen oder Schleifen arbeiten, werden Sie schnell feststellen, wie leicht der Überblick über den aktuellen Zustand einer Variablen verloren gehen kann. Ein Beispiel:

```
<html>
<head>
<title>Sinn des Lebens zum Quadrat</title>
<script type="text/javascript">
<!-
 function SchreibeTabelle() {
```

```
    var SinnDesLebens = 42;
    var i, x, y;
    var Satzteil = "Das Quadrat von ";
    document.close();
    document.open("text/html");
    document.writeln('<table border="1"><tr>');
    document.writeln('<td bgcolor="EEEEEE">Wert<\/td>');
    document.writeln('<td bgcolor="EEEEEE">Wert<sup>2<\/sup><\/td>');
    document.writeln('<td bgcolor="EEEEEE">Wert<sup>3<\/sup><\/td><\/tr>');
    for(i=1; i <= SinnDesLebens; ++i) {
      x = i * i;
      y = i * i * i;
      document.writeln('<tr><td>' + i + '<\/td>');
      document.writeln('<td>' + x + '<\/td>');
      document.writeln('<td>' + y + '<\/td><\/tr>');
    }
    document.writeln('<\/table>');
  }
//->
</script>
</head>
<body onLoad="SchreibeTabelle()">
</body>
</html>
```

Das Beispiel leert das Anzeigefenster des Browsers und erzeugt dynamisch eine Tabelle mit 3 Spalten und 42 Zeilen plus einer Kopfzeile. In die Zellen der Tabelle werden für die Zahlen von 1 bis 42 der Quadratwert und der Kubikwert geschrieben. Zum dynamischen Schreiben in das Bowser-Fenster benutzt das Script Methoden des Objekts document.

Die Variablen SinnDesLebens und Satzteil werden während des Programmablaufs zwar benutzt, aber ihr Wert wird nicht geändert. Die Variablen i, x und y dagegen ändern ihren Wert laufend. Das liegt daran, dass sie innerhalb einer for-Schleife bei jedem Schleifendurchlauf neue Werte zugewiesen bekommen.

Die Wertzuweisung erfolgt, indem Sie den Variablennamen, dahinter ein Gleichheitszeichen und dahinter den gewünschten Wert notieren. Bei dem Wert, den Sie zuweisen, können Sie anstelle einer bestimmten Zahl oder einer Zeichenkette auch Namen anderer Variablen notieren. So wird im Beispiel der Variablen x bei jedem Schleifendurchlauf als Wert das Ergebnis der mit sich selbst multiplizierten Variablen i zugewiesen und y das Ergebnis von i * i * i.

2.3 Objekte, Eigenschaften und Methoden

2.3.1 Vordefinierte JavaScript-Objekte

Objekte sind fest umgrenzte Datenelemente mit Eigenschaften und oft auch mit objektgebundenen Funktionen (Methoden). Dass JavaScript eine Erweiterung von HTML darstellt, liegt vor allem an den vordefinierten Objekten, die Ihnen in JavaScript zur Verfügung stehen. Über diese vordefinierten Objekte können Sie beispielsweise einzelne Elemente eines HTML-Formulars abfragen oder ändern.

Ein Objekt kann eine Teilmenge eines übergeordneten Objekts sein. Die JavaScript-Objekte sind deshalb in einer Hierarchie geordnet. Das hierarchiehöchste Objekt ist in JavaScript das Fenster-Objekt (window). Fenster haben Eigenschaften wie einen Namen, eine Größe usw. Der Inhalt eines Fensters ist das nächstniedrigere Objekt, nämlich das im Fenster angezeigte Dokument (in JavaScript das Objekt document). In der Regel ist der Fensterinhalt eine HTML-Datei. Eine solche Datei kann bestimmte, durch HTML-Tags definierte Elemente enthalten, wie zum Beispiel Formulare, Verweise, Grafikreferenzen usw. Für solche untergeordneten Elemente gibt es wieder eigene JavaScript-Objekte, zum Beispiel das Objekt forms für Formulare. Ein Formular besteht seinerseits aus verschiedenen Elementen, zum Beispiel aus Eingabefeldern, Auswahllisten oder Buttons zum Absenden bzw. Abbrechen. In JavaScript gibt es dafür ein Objekt elements, mit dem Sie einzelne Felder und andere Elemente innerhalb eines Formulars ansprechen können.

Neben den hierarchisch geordneten JavaScript-Objekten gibt es auch solche, die nicht direkt in die Hierarchie passen. Das sind zum Beispiel Objekte für Datums- und Zeitrechnung, für mathematische Aufgaben oder für Zeichenkettenverarbeitung. Eine Übersicht der vordefinierten JavaScript-Objekte finden Sie in Kapitel 3.

2.3.2 JS 1.0 N 2.0 3.0 Vordefinierte JavaScript-Objekte verwenden

JavaScript-Objekte können Sie jederzeit verwenden. Ein Beispiel:

```
<html><head><title>Test</title>
</head>
<body>
<script type="text/javascript">
<!-
  var Jetzt = new Date();
  var Tag = Jetzt.getDate();
  var Monat = Jetzt.getMonth() + 1;
  var Jahr = Jetzt.getYear();
  var Stunden = Jetzt.getHours();
  var Minuten = Jetzt.getMinutes();
  var NachVoll  = ((Minuten < 10) ? ":0" : ":");
  if (Jahr<2000) Jahr=Jahr+1900;
  document.write("<h2>Guten Tag!<\/h2><b>Heute ist der "
  + Tag + "." + Monat + "." + Jahr + ". Es ist jetzt "
  + Stunden + NachVoll + Minuten + " Uhr<\/b>");
//->
</script>
</body></html>
```

Im Beispiel wird innerhalb eines JavaScript-Bereichs mit Hilfe des vordefinierten JavaScript-Objekts Date das aktuelle Datum und die aktuelle Uhrzeit ermittelt und HTML-formatiert ausgegeben.

Zuerst muss dazu eine neue Variable angelegt werden. Im Beispiel ist das die Variable Jetzt. Diese Variable soll auf Daten des Date-Objekts zugreifen können. Dies geschieht durch ein Gleichheitszeichen hinter dem Variablennamen. Dahinter folgt das reservierte JavaScript Wort new, und dahinter, durch ein Leerzeichen getrennt, der Aufruf der von Date() zum Erzeugen einer neuen Instanz des Objekts Date.

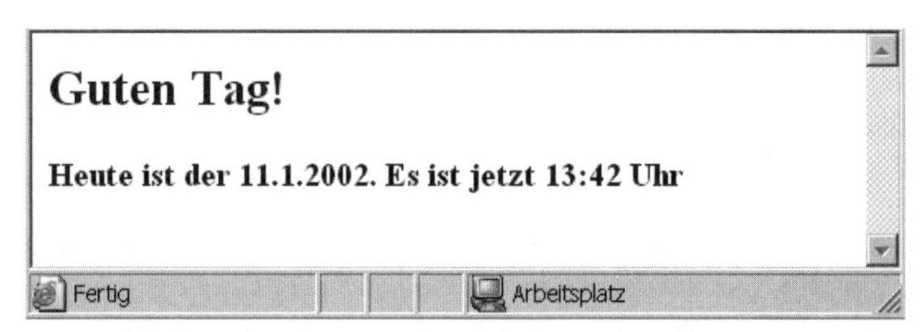

Bild 2.3: Datum und Uhrzeit entnimmt der Browser der Systemuhr des jeweiligen PCs.

Um die einzelnen Daten der Objektinstanz von Date, also Tag, Monat, Jahr usw. anzusprechen, stehen entsprechende Methoden zur Verfügung. Diese Methoden, z.B. getDate() oder getHours(), haben als Rückgabewert jeweils einen Datums/Uhrzeit-Bestandteil. So liefert getDate() beispielsweise den aktuellen Tag des Monats und getHours() die aktuelle Stundenzahl des Tages. Im Beispiel wird für jeden der benötigten Bestandteile eine Variable definiert. In der Variablen Tag wird beispielsweise durch Aufruf von Jetzt.getDate() der aktuelle Tag des Monats gespeichert.

Die Anweisung im Beispiel, die mit NachVoll ... beginnt, kann an dieser Stelle nicht näher erläutert werden. Die Anweisung ist eine Vorbereitung zur sauberen Formatierung der Uhrzeit.

Beachten Sie: Die einzelnen Methoden des im Beispiel verwendeten Objekts Date, wie zum Beispiel getDate(), werden bei der Referenz des Objekts Date in Kapitel 3 beschrieben.

2.3.3 Eigene Objekte definieren

Sie können eigene Objekte definieren, wenn Sie streng objektorientiert in JavaScript programmieren wollen. Um ein eigenes Objekt anzulegen, sind zwei Schritte nötig. Zuerst müssen Sie das Objekt selbst und seine Eigenschaften »deklarieren«. Im zweiten Schritt können Sie anschließend eine Instanz dieses Objekts definieren. Mit dieser Objekt-Instanz können Sie dann Programmprozeduren durchführen. Ein Beispiel:

```
<html><head><title>Test</title>
<script type="text/javascript">
<!-
 function Farbe(R, G, B) {
  this.R = R;
  this.G = G;
  this.B = B;
  this.hex="#";
 }
```

```
function HintergrundWechseln() {
  var Hintergrund = new Farbe("E0","FF","E0");
  document.bgColor = Hintergrund.hex + Hintergrund.R + Hintergrund.G + Hintergrund.B;
}
//->
</script>
</head><body bgcolor="#FFFFFF">
<h1>Das eigene Farb-Objekt mit JavaScript</h1>
<a href="javascript:HintergrundWechseln()"><b>Hintergrundfarbe wechseln</b></a>
</body>
</html>
```

Um ein neues Objekt und seine Eigenschaften anzulegen, müssen Sie innerhalb eines JavaScript-Bereichs oder innerhalb einer separaten JavaScript-Datei eine eigene Funktion definieren, die so aussehen kann wie im Beispiel die Funktion Farbe(...). Der Name, den Sie der Funktion geben (im Beispiel der Name Farbe), ist zugleich der Name des Objekts, das Sie mit dieser Funktion anlegen. Als Parameter, die die Funktion erwartet, notieren Sie die Eigenschaften, die Ihr Objekt haben soll. Die Parameternamen sind zugleich die Namen der Objekteigenschaften. Im Beispiel sind das die Eigenschaften R, G und B, denn es soll ein Objekt angelegt werden, das Rot-, Grün- und Blauwert einer Farbe speichern kann. R, G und B sind dabei übrigens selbst vergebene Namen. Innerhalb der Funktion notieren Sie alle Anweisungen so wie im Beispiel gezeigt: für jede Eigenschaft, die bei den Funktionsparametern festgelegt wurde, notieren Sie eine Anweisung, beginnend mit dem reservierten JavaScript-Wort this, gefolgt von einem Punkt und dem Parameternamen. Dahinter notieren Sie ein Gleichheitszeichen, und hinter dem Gleichheitszeichen nochmals den Parameternamen. Am Ende jeder Anweisung muss ein Strichpunkt stehen.

Natürlich können Sie für jedes Objekt auch feste (nicht durch Parameter beeinflusste) Eigenschaften definieren. Im Beispiel ist die Eigenschaft hex eine feste Eigenschaft, die für jede Instanz des Objektes existiert. Notieren Sie dazu hinter dem Eigenschaftsnamen den jeweiligen Wert der Eigenschaft.

Nachdem das Objekt angelegt ist, können Sie an anderen Stellen innerhalb Ihres JavaScripts Instanzen dieses Objekt definieren. Dies geschieht mit Hilfe einer Variablen und dem reservierten JavaScript Wort new. Im Beispiel wird eine zweite Funktion HintergrundWechseln() definiert. Darin wird zunächst eine Variable Hintergrund angelegt. Diese Variable soll Daten des angelegten Objekts Farbe enthalten. Dies geschieht durch ein Gleichheitszeichen hinter dem Variablennamen. Dahinter folgt das Wort new und dahinter, durch ein Leerzeichen getrennt, der Name der Funktion, mit der das gleichnamige Objekt angelegt wurde, im Beispiel Farbe. Als Parameter werden dieser Funktion irgendwelche brauchbaren Werte übergeben, im Beispiel "33", "99" und "C0" (typische hexadezimale Farbwerte, wie sie in HTML zum Einsatz kommen).

Anschließend ist die Variable Hintergrund an das Farbobjekt gebunden, und über sie lassen sich die Eigenschaften des Objekts setzen oder abfragen. Im Beispiel steht die Anweisung:

```
document.bgColor = Hintergrund.hex + Hintergrund.R + Hintergrund.G + Hintergrund.B;
```

Damit wird die Hintergrundfarbe der aktuell angezeigten Seite verändert. Normalerweise könnte man document.bgColor so etwas zuweisen wie "#C0C0EE". Auch im Beispiel wird ein Farbwert dieser Art zugewiesen, jedoch zusammengesetzt aus den Einzeleigenschaften des Farbobjekts, das in der Instanz Hintergrund gespeichert ist. Die Funktion HintergrundWechseln() wird aufgerufen, wenn der Anwender auf den Verweis klickt, der in der HTML-Datei enthalten ist.

2.3.4 JS 1.0 N 2.0 3.0 Eigenschaften von Objekten

Objekte können Eigenschaften haben. Ein selbst definiertes Objekt »Mensch« könnte zum Beispiel die Eigenschaften Name, Alter, Geschlecht und Muttersprache haben. Vordefinierte JavaScript-Objekte haben ebenfalls Eigenschaften. So hat das Objekt Math zum Beispiel eine Eigenschaft »PI« (Math.PI). Auf diese Weise lässt sich mit der mathematischen Konstante PI rechnen, ohne deren genauen Wert zu kennen.

Eigenschaften von Objekten können Sie innerhalb Ihres JavaScript-Codes jederzeit auslesen, und in vielen Fällen können Sie die Werte von Eigenschaften auch ändern. So können Sie beispielsweise dem im Browser-Fenster angezeigten Dokument einen neuen, gültigen URI zuweisen. Dadurch bewirken Sie, dass der WWW-Browser einen Sprung zu der zugewiesenen Adresse ausführt, genau so, wie wenn der Anwender auf einen entsprechenden Verweis klicken würde. Ein Beispiel:

```
<html><head><title>Test</title></head><body>
<h1>Die Seite, die Sie genau erkennt</h1>
<script type="text/javascript">
<!-
var BrowserName = navigator.appName;
var BrowserVersion = navigator.appVersion;
document.write("<p>Ah ja, Sie verwenden also den <b>" + BrowserName +"<\/b>, und zwar
in der Version <b>" + BrowserVersion + "<\/b><\/p>");
//->
</script>
</body></html>
```

Bild 2.4: Das Objekt navigator liefert Details über die Browser-Version und das Betriebssystem des Computers.

Im Beispiel werden innerhalb eines JavaScript-Bereichs zwei Eigenschaften des vordefinierten JavaScript-Objekts navigator in zwei entsprechenden Variablen namens BrowserName und BrowserVersion gespeichert. Das navigator-Objekt stellt Ihnen über seine Eigenschaften verschiedene Informationen über den verwendeten WWW-Browser des Anwenders zur Verfügung. Im obigen Beispiel werden die Eigenschaften des Browser-Namens (gespeichert in der Objekteigenschaft navigator.appName) und der Browser-Version (gespeichert in der Objekteigenschaft navigator.appVersion) ermittelt. Anschließend werden die ermittelten Daten mit document.write() dynamisch ins Browser-Fenster geschrieben.

Objekteigenschaften sprechen Sie an, indem Sie zuerst den Namen des Objekts notieren, dahinter einen Punkt, und dahinter den Namen der Eigenschaft. Dabei sind keine Leerzeichen erlaubt.

2.3.5 JS 1.0 N 2.0 3.0 Objekt-Methoden

Objekte können Methoden haben. Das sind Funktionen, die Aktionen ausführen, aber im Gegensatz zu allein stehenden Funktionen an ein bestimmtes Objekt gebunden sind. Viele vordefinierte JavaScript-Objekte haben Methoden. So gibt es zum Beispiel das vordefinierte JavaScript-Objekt history, in dem die bereits besuchten URIs eines Browser-Fensters gespeichert sind. Dazu gibt es eine Methode history.back(), mit der Sie in JavaScript einen Rücksprung zu einer bereits besuchten Adresse erzwingen können. Ein Beispiel:

```
<html>
<head>
<title>Geh wo hin</title>
</head>
<body>
<a href="javascript:history.back();"><b>Geh hin wo Du herkommst</b></a>
</body>
</html>
```

Das Beispiel enthält einen Verweis mit einer speziellen Syntax. Diese Syntax erlaubt Ihnen, beim Anklicken des Verweises JavaScript-Code aufzurufen. Im Beispiel ist das ein Aufruf der Methode back() des Objekts history.

Objektmethoden sprechen Sie an, indem Sie zuerst den Namen des Objekts notieren, dahinter einen Punkt, dahinter den Namen der Methode, und dahinter eine öffnende und eine schließende Klammer. Dabei sind keine Leerzeichen erlaubt. Einige Methoden können auch Parameter beim Aufruf erwarten. Diese Parameter müssen Sie dann zwischen der öffnenden und der schließenden Klammer übergeben.

Beachten Sie: Mehr zu der Aufrufsyntax bei Verweisen erfahren Sie in Kapitel 2.10 über Event-Handler.

2.3.6 JS 1.0 N 2.0 3.0 Abfragen, ob ein Objekt existiert

Es gibt viele JavaScript-Objekte, und es ist oft schwer durchschaubar, welcher Browser in welcher Version welches Objekt interpretiert. Objekte, die nicht interpretierbar sind, führen in den Browsern zu Fehlermeldungen. So kann es vorkommen, dass ein Script, dass mit Netscape 4.7 oder Internet Explorer 5.0 wunderbar funktioniert, bei Netscape 4.0 oder Internet Explorer 4.0 zu Fehlermeldungen führt, weil ein Objekt nicht bekannt ist. Deshalb gibt es eine Möglichkeit, den Aufruf von Eigenschaften und Methoden eines Objekts von einer Abfrage abhängig zu machen, die herausfindet ob das Objekt dem Browser überhaupt bekannt ist. Ein Beispiel:

```
<html>
<head><title>Test</title>
</head>
<body>
<h1>Objekt-Abfrage</h1>
<script type="text/javascript">
<!-
if(! document.images)
 document.write("<p>Schade, Ihr Browser kennt das image-Objekt nicht - Sie verpassen
was!<br>");
else
 document.write("<p>Gut, Ihr Browser kennt das image-Objekt!<br>");
if(document.all)
 document.write("Ach, und Ihr Browser ist von Microsoft ;-)<\/p>");
else
 document.write("Ach, und Ihr Browser ist ja gar nicht von Microsoft ;-)<\/p>");
//->
</script>
</body>
</html>
```

Mit einer bedingten Anweisung if(...) können Sie überprüfen, ob ein Objekt verfügbar ist. Als Ausdruck für die Bedingung notieren Sie innerhalb der Klammern hinter if einfach das Objekt, nach dem Sie fragen. Wenn das Objekt verfügbar ist, wird intern der Wert true (*wahr*) zurückgegeben. In dem Zweig der if-else-Abfrage, die diesen Fall verarbeitet, können Sie dann loslegen und zum Beispiel Befehle verwenden, die dieses Objekt verwenden. In dem anderen Zweig der if-else-Abfrage können Sie dann beispielsweise eine eigene Meldung ausgeben, dass dieses JavaScript leider Befehle verwendet, die der Browser des Anwenders nicht interpretiert.

Im obigen Beispiel werden mit document.write unterschiedliche Sätze ins Browser-Fenster geschrieben. Dazu wird zunächst gefragt, ob das Unterobjekt document.images **nicht** verfügbar ist (die verneinte Abfrage ergibt sich durch das Ausrufezeichen vor dem Objekt). Ist das Objekt also nicht verfügbar, dann wird im Beispiel ausgegeben, dass dies sehr schade sei usw. Im anderen Fall, also wenn das Objekt verfügbar ist, wird eine positive Reaktion ausgegeben.

Im zweiten Teil des Beispiels wird die Verfügbarkeit des Unterobjekts document.all abgefragt, das nur dem MS Internet Explorer bekannt ist. Auch dabei werden im Beispiel wieder je nach Verfügbarkeit zwei unterschiedliche Sätze ausgegeben. An diesem Beispiel ist auch ersichtlich, dass die Abfrage der Verfügbarkeit von Objekten auch zur Browser-Groberkennung dienen kann – vorausgesetzt, man kennt sich bei den vordefinierten JavaScript-Objekten aus und weiß, welche Objekte nur von bestimmten Browsern interpretiert werden.

2.3.7 Mehrere Anweisungen mit einem Objekt ausführen (with)

Hin und wieder kommt es vor, dass Sie mehrere Anweisungen in Folge notieren, die alle mit dem gleichen Objekt arbeiten. Für diesen Zweck können Sie, wenn Sie wollen, eine verkürzte, spezielle Schreibweise verwenden. Ein Beispiel:

```
<html><head><title>Test</title>
</head><body>
<script type="text/javascript">
<!-
with(document) {
 open();
 write("Diese Seite hat den Titel " + title);
 close();
}
//->
</script>
</body></html>
```

Mit with(Objektname) leiten Sie eine solche Schreibweise ein (*with* = *mit*). Da normalerweise mehrere Anweisungen folgen, die dieses Objekt verwenden, müssen Sie all diese Anweisungen in geschweifte Klammern einschließen.

Im obigen Beispiel wird mit dem document-Objekt gearbeitet. Innerhalb der geschweiften Klammern werden die Methoden open(), write() und close() sowie die Eigenschaft title verwendet. Sie alle gehören zum document-Objekt. Normalerweise müssten Sie notieren: document.open() oder document.title. Durch die spezielle Syntax mit with(document) entfällt dies.

Beachten Sie: Es ist auch möglich, untergeordnete Objekte auf diese Weise anzusprechen, z.B.:

```
with(document.MeinFormular.Feld_1)
 value = Stefan
```

Achten Sie darauf, dass die aufgerufene Eigenschaft auch tatsächlich existiert. Wenn sie fehlt, erhalten Sie eine JavaScript-Fehlermeldung.

2.3.8 Auf aktuelles Objekt Bezug nehmen (this)

Es gibt Fälle, in denen es eindeutig ist, auf welches Objekt sich ein Befehl bezieht. In solchen Fällen können Sie eine verkürzte Schreibweise benutzen. Ein Beispiel:

```
<html><head><title>Test</title>
</head><body>
<form name="Eingabe">
<input type="text" name="Feld">
<input type="button" value="OK" onClick="alert(this.form.Feld.value)">
</form>
</body></html>
```

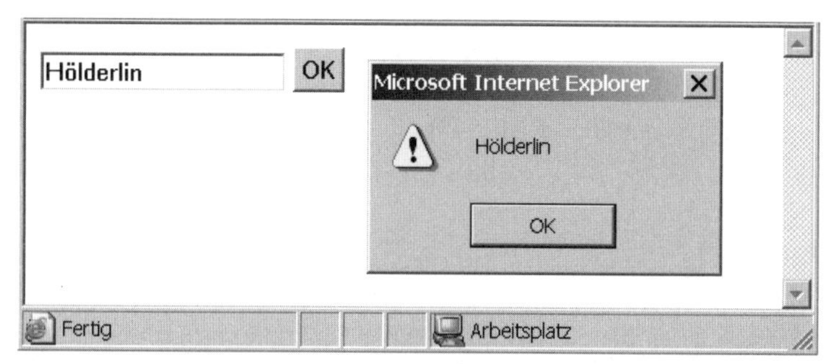

Bild 2.5: Die Meldungsbox greift über this auf den Inhalt des Eingabefeldes zu.

Mit dem Schlüsselwort this können Sie auf ein aktuelles Objekt Bezug nehmen. Im Beispiel wird ein Formular mit einem Eingabefeld und einem Button definiert. Wenn der Anwender auf den Button klickt, tritt der Event-Handler onClick= in Aktion, der als Attribut in dem HTML-Tag für den Button notiert ist. Im Beispiel wird in einem Meldungsfenster der Wert ausgegeben, den der Anwender in dem Eingabefeld eingegeben hat. Normalerweise würde der Befehl so notiert:

```
alert(document.Eingabe.Feld.value)
```

Da der Befehl jedoch innerhalb des Formulars steht, auf das er sich bezieht, dürfen Sie auch schreiben:

```
alert(this.form.Feld.value)
```

Das Wort form ist dabei vom forms-Objekt abgeleitet.

2.4 Funktionen

2.4.1 JS 1.0 N 2.0 3.0 Funktion definieren

Mit Hilfe von Funktionen können Sie eigene, in sich abgeschlossene JavaScript-Prozeduren programmieren, die Sie dann über den Aufruf der Funktion ausführen können. Dabei können Sie bestimmen, bei welchem Ereignis (zum Beispiel, wenn der Anwender einen Button anklickt) die Funktion aufgerufen und ihr Programmcode ausgeführt wird. JavaScript-Code, der nicht innerhalb einer Funktion steht, wird beim Einlesen der Datei vom WWW-Browser sofort ausgeführt.

Eine Funktion ist ein Anweisungsblock. Sie können eigene Funktionen innerhalb eines JavaScript-Bereichs oder in einer separaten JavaScript-Datei definieren. An erlaubten Stellen, z.B. innerhalb der einleitenden HTML-Tags <body...> und <a href...> oder in einem Formular-Tag wie <input...>, können Sie eine solche selbst definierte Funktion dann mit Hilfe eines Event-Handlers aufrufen. Oder Sie rufen eine Funktion innerhalb einer anderen Funktion auf. Beispiel einer JavaScript-Funktion:

```
function PrimzahlCheck(Zahl) {
  var Grenzzahl = Zahl / 2;
  var Check = 1;
```

```
  for(var i = 2; i <= Grenzzahl; i++)
    if(Zahl % i == 0)
    {
     alert(Zahl + " ist keine Primzahl, weil teilbar durch " + i);
     Check = 0;
    }
  if(Check == 1)
   alert(Zahl + " ist eine Primzahl!");
}
```

Mit dem Schlüsselwort function leiten Sie die Definition einer Funktion ein. Dahinter folgt, durch ein Leerzeichen getrennt, ein frei wählbarer Funktionsname, im Beispiel: PrimzahlCheck. Vergeben Sie einen Funktionsnamen, der das, was die Funktion leistet, ungefähr beschreibt. Beachten Sie dabei die Regeln für selbst vergebene Namen (Kapitel 2.1.3).

Unmittelbar hinter dem Funktionsnamen folgt eine öffnende Klammer. Wenn die Funktion keine Parameter erwarten soll, notieren Sie dahinter sofort wieder eine schließende Klammer. Wenn die Funktion Parameter übergeben bekommen soll, notieren Sie innerhalb der Klammer die Namen der Parameter. Die Namen der Parameter sind frei wählbar. Bei den Parameternamen gelten die gleichen Regeln wie beim Funktionsnamen. Mehrere Parameter werden durch Kommata voneinander getrennt. Im obigen Beispiel erwartet die Funktion PrimzahlCheck einen Parameter Zahl.

Der gesamte Inhalt der Funktion wird in **geschweifte** Klammern { } eingeschlossen. Diese Klammern dürfen niemals fehlen!

Die Anweisungen innerhalb der Funktion können sehr unterschiedlicher Natur sein. Da können Sie z.B. Objekte manipulieren, übergebene Parameter verarbeiten und ändern, Berechnungen anstellen usw. Sie können innerhalb von Funktionen auch andere Funktionen aufrufen. Welche Anweisungen innerhalb einer Funktion stehen, hängt davon ab, was die Funktion leisten soll. Im obigen Beispiel wird ermittelt, ob die übergebene Zahl eine Primzahl ist. Wenn es keine ist, wird für jede Zahl, durch die sie teilbar ist, eine entsprechende Meldung ausgegeben. Wenn es eine Primzahl ist, wird am Ende ausgegeben, dass es sich um eine Primzahl handelt.

2.4.2 JS 1.0 N 2.0 3.0 Funktion aufrufen

Sie können eine selbst definierte Funktion aufrufen, um den darin enthaltenen JavaScript-Code auszuführen. Ein Beispiel:

```
<html>
<head>
<title>Test</title>
<script type="text/javascript">
<!-
function PrimzahlCheck(Zahl) {
  var Grenzzahl = Zahl / 2;
  var Check = 1;
  for(var i = 2; i <= Grenzzahl; i++)
    if(Zahl % i == 0)
```

```
    {
     alert(Zahl + " ist keine Primzahl, weil teilbar durch " + i);
     Check = 0;
    }
  if(Check == 1)
   alert(Zahl + " ist eine Primzahl!");
 }
//->
</script>
</head>
<body>
<form name="PrimzahlFormular" action="">
<p>Geben Sie eine Zahl ein, die Zahl wird auf Primzahl gecheckt:</p>
<input type="text" name="Eingabezahl">
<input type="button" value="auf Primzahl checken"
onClick="PrimzahlCheck(document.PrimzahlFormular.Eingabezahl.value)">
</form>
</body>
</html>
```

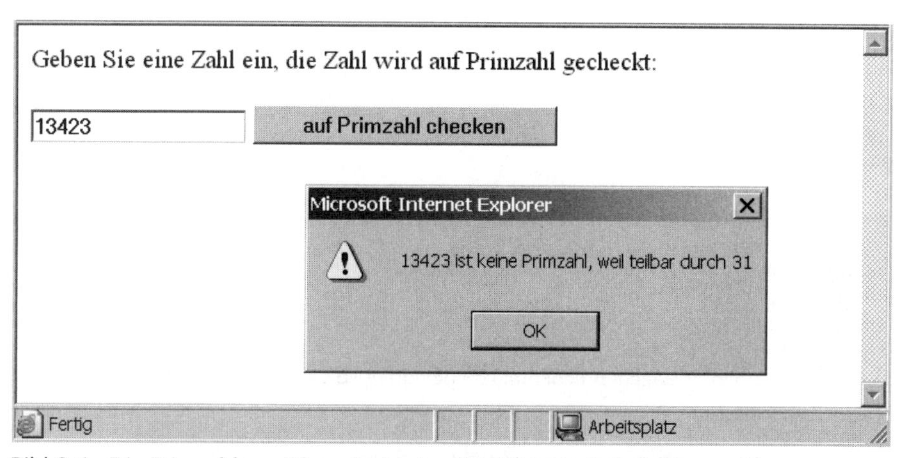

Bild 2.6: Die Primzahlenprüfung ist in eine Funktion ausgelagert.

Das obige Beispiel zeigt eine komplette HTML-Datei. Darin ist ein JavaScript-Bereich definiert, in dem wiederum die Funktion PrimzahlCheck() definiert ist. Im Dateikörper der HTML-Datei steht ein Formular mit einem Eingabefeld und einem Button. Im Eingabefeld kann der Anwender eine Zahl eingeben. Wenn er auf den Button klickt, wird die JavaScript-Funktion aufgerufen und ermittelt, ob es sich bei der Eingabe um eine Primzahl handelt. Dazu enthält der Button den Event-Handler onClick= (= *beim Anklicken*). Dahinter wird die JavaScript-Funktion mit der eingegebenen Zahl aufgerufen.

Die Funktion rufen Sie mit ihrem Funktionsnamen auf. Dahinter folgt die öffnende Klammer. Wenn die Funktion keine Parameter erwartet, notieren Sie hinter der öffnenden gleich eine schließende Klammer. Wenn die Funktion Parameter erwartet, müssen Sie für jeden Parameter einen erlaubten Wert übergeben. Im Beispiel erwartet die Funktion einen Parameter. Wenn Sie mehrere Parameter übergeben, trennen Sie diese durch Kommata.

2.4.3 JS 1.0 N 2.0 3.0 Funktion mit Rückgabewert aufrufen

Eine Funktion kann einen ermittelten Wert an die aufrufende Instanz zurückgeben. Ein Beispiel:

```
<html>
<head>
<title>Test</title>
<script type="text/javascript">
<!-
function BruttoBetrag(Netto, Prozente) {
  var Ergebnis = Netto * (1 + (Prozente / 100));
  return Ergebnis;
}

function SchreibeBrutto(Betrag, Prozentsatz) {
  var Wert = BruttoBetrag(Betrag, Prozentsatz);
  document.BruttoForm.Ergebnisfeld.value = Wert;
    }
//->
</script>
</head>
<body>
<form name="BruttoForm" action="">
<pre>
Nettobetrag: <input type="text" name="NettoEingabe">
Prozentsatz: <input type="text" name="ProzentEingabe"></pre>
<p>Kommabetrag mit Punkt eingeben!</p>
<input type="button" value="Brutto ermitteln"
onClick="SchreibeBrutto(document.BruttoForm.NettoEingabe.value,document.BruttoForm.ProzentE
ingabe.value)">
<pre>
Ergebnis:    <input type="text" name="Ergebnisfeld"></pre>
</form>
</body>
</html>
```

Das Beispiel zeigt eine HTML-Datei, in deren Dateikopf ein JavaScript-Bereich definiert ist, in dem wiederum die zwei Funktionen BruttoBetrag(...) und SchreibeBrutto(...) definiert sind. Im Dateikörper der HTML-Datei steht ein Formular mit je einem Eingabefeld für einen Nettobetrag und einen Prozentwert. Wenn der Anwender auf den darunter definierten Button klickt, wird die Funktion SchreibeBrutto(...) aufgerufen. Diese wiederum ruft die Funktion BruttoBetrag(...) auf.

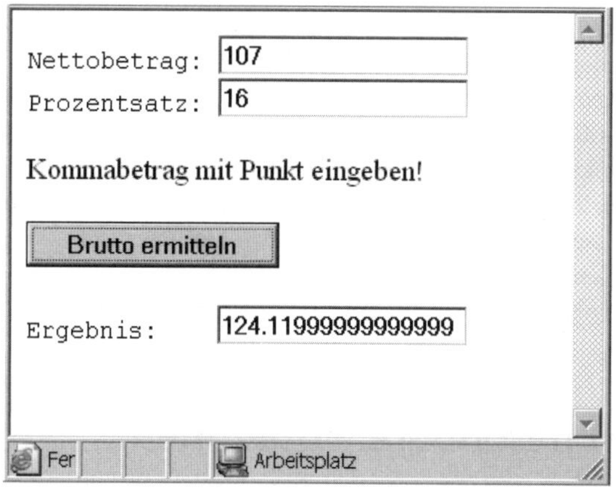

Bild 2.7: Die Prozentfunktion liefert den Bruttobetrag als Rückgabewert.

Da die Funktion BruttoBetrag(...) Ihr errechnetes Ergebnis an die aufrufende Instanz zurückgibt, wird in SchreibeBrutto(...) eine Variable mit dem Namen Wert definiert, die diesen Rückgabewert speichert. Das Ergebnis, das in dieser Variablen gespeichert ist, schreibt die Funktion schließlich in ein Feld, das innerhalb des Formulars eigens für diesen Zweck eingerichtet wurde: das Eingabefeld mit dem Namen Ergebnisfeld.

2.4.4 Vordefinierte JavaScript-Funktionen

Es gibt ein paar Funktionen, die bereits in JavaScript integriert sind. Solche Funktionen können Sie aufrufen, ohne sie selbst zu definieren. Ein Beispiel:

```
<html>
<head>
<title>Test</title>
<script language="JavaScript" type="text/javascript">
<!-
function Rechne(Operation) {
  var Ergebnis = eval(Operation);
  alert("Ergebnis: " + Ergebnis);
}
//->
</script>
</head>
<body>
<form name="Formular">
<p>Geben Sie eine Rechenaufgabe (z.B. 8*5) ein:</p>
<input type="text" name="Eingabe">
<input type="button" value="OK"
onClick="Rechne(document.Formular.Eingabe.value)">
</form>
</body>
</html>
```

Das obige Beispiel zeigt eine HTML-Datei mit einem JavaScript-Bereich, in dem wiederum eine Funktion Rechne() definiert ist. Innerhalb des Dateikörpers der HTML-Datei ist ein Formular mit einem Eingabefeld notiert. In dem Eingabefeld kann der Anwender eine Rechenaufgabe eingeben, z.B. 1 + 1 oder (28.76 - 0.00001) * 7. Beim Anklicken des Klick-Buttons wird die Funktion Rechne() aufgerufen. Sie erwartet als Parameter eine Rechenaufgabe. Deshalb wird ihr der Inhalt des Formulareingabefeldes beim Aufruf übergeben. Die Funktion Rechne bedient sich zur Berechnung des Ergebnisses der äußerst mächtigen vordefinierten Funktion eval() (*eval = evaluate = berechne*). Diese kann – unter anderem – Rechenoperationen als solche erkennen und ausrechnen. Das Rechenergebnis wird im Beispiel in einem Meldungsfenster ausgegeben.

2.5 Steuerzeichen und besondere Notationen

2.5.1 JS 1.0 N 2.0 3.0 Steuerzeichen bei Zeichenketten

Bei Zeichenkettenvariablen gibt es die Möglichkeit, Steuerzeichen in den Variablenwert einzufügen. Ein Beispiel:

```
<script type="text/javascript">
<!-
  var Variable1 = "Hier erfolgt ein\nZeilenumbruch";
  var Variable2 = "Hier erfolgt ein\fWagenrücklauf";
  var Variable3 = "Hier erfolgt ein\bBackspace";
  var Variable4 = "Hier erfolgt ein\rDOS-Extra-Zeilenumbruch";
  var Variable5 = "Hier erfolgt ein\tTabulator";
  var Variable6 = "Hier erfolgt ein\"Anführungszeichen";
// ->
</script>
```

Steuerzeichen dieser Art werden durch das Zeichen \ eingeleitet. Dahinter folgt ein Buchstabe, der das Steuerzeichen markiert.

- Die Zeichenfolge \n ist z.B. in alert-Meldungen sinnvoll, um innerhalb des auszugebenden Textes einen Zeilenumbruch einzufügen.
- Die Zeichenfolge \t ist z.B. sinnvoll, um etwa innerhalb einer alert(...)-Meldung tabellarische Information auszugeben.
- Die Zeichenfolge \r sollten Sie zusätzlich zu dem Steuerzeichen \n notieren, wenn \n alleine nicht funktioniert.
- Die Zeichenfolge \" müssen Sie notieren, wenn Sie innerhalb einer Zeichenkette ein Anführungszeichen verwenden möchten (Maskierung des Zeichens, das die Zeichenkette einschließt).

2.5.2 JS 1.0 N 2.0 3.0 Notation numerischer Werte

Sie können Zahlen ganz normal notieren. Beachten Sie dabei nur, dass bei Kommazahlen anstelle eines Kommas ein Punkt verwendet werden muss. So wird die Zahl Pi beispielsweise als 3.1415 notiert. Für sehr hohe und sehr niedrige Zahlen und für komplexe Kommazahlen gibt es daneben aber noch andere Notationsmöglichkeiten. Ein Beispiel:

```
<script language="JavaScript">
<!-
  var a = 1E1;
  var b = 1.2345E4;
  var c = 2e-3;
// ->
</script>
```

Mit e oder E bestimmen Sie die Zehnerpotenz bzw. die Anzahl Nullen, die hinter der Zahl vor dem e bzw. E stehen.

- Die erste Zahl im Beispiel, 1E1, ist eine 1 mit einer 0 dahinter, also 10.
- Die zweite Zahl im Beispiel, 1.2345E4, ist eine andere Schreibweise für 12345. Der Dezimalpunkt wird also einfach um so viele Stellen nach rechts verschoben, wie hinter dem E-Zeichen angegeben.
- Die dritte Zahl im Beispiel, 2e-3, ist eine andere Schreibweise für 0.002. Der Dezimalpunkt wird also einfach um so viele Stellen nach links verschoben, wie hinter dem E-Zeichen angegeben. Diese umgekehrte Richtung wird durch das Minuszeichen bewirkt, das hinter dem e folgt.

2.6 Operatoren

2.6.1 Zuweisungsoperator

Sie können zum Beispiel einer Variablen einen Wert zuweisen. Der Zuweisungsoperator dafür ist ein Gleichheitszeichen. Ein Beispiel:

```
<script type="text/javascript">
<!-
  var SinnDesLebens = 42;
// ->
</script>
```

Im Beispiel wird eine Variable namens SinnDesLebens definiert. Der Variablen wird mit dem Zuweisungsoperator = der Wert 42 (was sonst?) zugewiesen.

2.6.2 Vergleichsoperatoren

Vergleichsoperatoren brauchen Sie, wenn Sie zwei Werte vergleichen wollen, z.B. den aktuellen Inhalt einer Variablen mit einem fixen Wert. Vor allem bei bedingten Anweisungen und Schleifen kommt das vor.

Ein Beispiel:

```
<script language="JavaScript" type="text/javascript">
<!-
  var SinnDesLebens=42;
  var Alter=8;

  if(SinnDesLebens == 42) alert(1);
  if(SinnDesLebens != 42) alert(0);
  if(SinnDesLebens > 42) alert(0);
  if(SinnDesLebens < 42) alert(0);
  if(Alter >= 18) alert("SIE duerfen das hier sehen!");
  if(Alter <= 17) alert("SIE duerfen das hier NICHT sehen!");
// ->
</script>
```

- Um abzufragen, ob zwei Werte gleich sind, notieren Sie zwei Gleichheitszeichen == nebeneinander.
- Um abzufragen, ob zwei Werte unterschiedlich sind, notieren Sie zwischen beiden Werten die Zeichen !=.
- Um abzufragen, ob ein Wert größer oder gleich ist als ein anderer, notieren Sie die Zeichen >=.
- Um abzufragen, ob ein Wert in jedem Fall größer ist als ein anderer, notieren Sie das Zeichen >.
- Um abzufragen, ob ein Wert kleiner oder gleich ist als ein anderer, notieren Sie die Zeichen <=.
- Um abzufragen, ob ein Wert in jedem Fall kleiner ist als ein anderer, notieren Sie das Zeichen <.
- Nähere Information zu der If-Abfrage erhalten Sie im Abschnitt 2.7 über bedingte Anweisungen. Ab der JavaScript-Version 1.2 können Sie Gleichheit/Ungleichheit nicht nur mit == bzw. !=, sondern auch mit === bzw. !== abprüfen. In diesem Fall werden die Werte zusätzlich auf ihren Variablentyp hin überprüft. So wird z.B. die Anweisung `if (SinnDesLebens === "42") alert(1)` nicht ausgeführt. Berücksichtigen Sie bei der Verwendung dieser Operatoren, dass ältere Browser darauf mit einer Fehlermeldung reagieren.

2.6.3 JS 1.0 N 2.0 3.0 Berechnungsoperatoren

Um mit numerischen Werten Berechnungen durchzuführen, brauchen Sie Berechnungsoperatoren. Ein Beispiel:

```
<script type="text/javascript">
<!-
  var Zwei = 1 + 1;
  var GarNix = 1 - 1;
  var AuchNix = 81 / 3 - 27;
  var WenigerAlsNix = 81 / (3 - 27);
```

```
  var SinnDesLebens = 6 * 7;
  var MachtAuchSinn = 84 / 2;
  var x = Jahr % 4;
  if(x == 0)
   Schaltjahr = true;

  /* Besondere Notationen: */

  var Zahl;
  Zahl+=3;
  Zahl++;
  Zahl-=2;
  Zahl–;
  Zahl*=4;
  Zahl/=3;
// ->
</script>
```

Mathematische Operatoren notieren Sie mit den dafür üblichen Zeichen. Mit + notieren Sie eine Addition, mit - eine Subtraktion, mit * eine Multiplikation, mit / eine Division. Eine Besonderheit stellt der Operator % dar. Damit wird eine so genannte Modulo-Division durchgeführt. Bei einer Modulo-Division werden zwei Werte dividiert. Das Ergebnis ist jedoch im Gegensatz zur normalen Division nur der Restwert der Division. Wenn Sie z.B. 13 % 5 notieren, erhalten Sie als Ergebnis 3, weil 13 geteilt durch 5 gleich 2 Rest 3 ergibt. Diese 3 ist es, die als Ergebnis einer Modulo-Division herauskommt.

Sie können mehrere Operationen in Reihe notieren. Dabei gilt die übliche »Punkt-vor-Strich-Regel«. Wenn Sie eine andere Regel erzwingen wollen, müssen Sie Klammern verwenden, so wie im vierten der obigen Beispiele.

Die besonderen Notationen, die in den obigen Beispielen vorkommen, können Sie verwenden, wenn Sie Additionen oder Subtraktionen abkürzen wollen:

- Zahl+=3; ist eine Abkürzung für Zahl = Zahl + 3;
- Zahl++; ist eine Abkürzung für Zahl = Zahl + 1;
- Zahl-=2; ist eine Abkürzung für Zahl = Zahl - 2;
- Zahl–; ist eine Abkürzung für Zahl = Zahl - 1;

Der Operator ++ wird auch als Inkrementationsoperator bezeichnet, der Operator – als Dekrementationsoperator.

2.6.4 JS 1.0 N 2.0 3.0 Logische Operatoren

Logische Operatoren brauchen Sie, wenn Sie komplexere Bedingungen für bedingte Anweisungen oder Schleifen formulieren wollen. Ein Beispiel:

```
<script type="text/javascript">
<!–
  var PLZ=81000;
  var x=20, y=8;
```

```
if(PLZ >= 80000 && PLZ <= 82000)
  alert("Sie wohnen wohl in Muenchen oder Umgebung!")
if(x > 100 || y == 0)
  break;
// ->
</script>
```

Mit dem logischen Operator && verknüpfen Sie zwei oder mehrere Bedingungen durch »und«, d.h. beide bzw. alle Bedingungen müssen erfüllt sein, damit die gesamte Bedingung erfüllt ist. Mit dem logischen Operator || verknüpfen Sie zwei oder mehrere Bedingungen durch »oder«, d.h. es genügt, wenn eine der Bedingungen erfüllt ist, damit die gesamte Bedingung erfüllt ist.

2.6.5 Bit-Operatoren

Bit-Operatoren sind nur etwas für Profis. Um Bit-Operatoren richtig einzusetzen, müssen Sie viel von computerinternen Speichervorgängen verstehen. Deshalb werden die Bit-Operatoren hier nur kurz erwähnt.

<table>
<tr><th>Operator</th><th>Wirkung</th></tr>
<tr><td>>></td><td>verschiebt Bits nach rechts</td></tr>
<tr><td><<</td><td>verschiebt Bits nach links</td></tr>
<tr><td>&</td><td>definiert in einer Bitmaske eine Und-Bedingung</td></tr>
<tr><td>|</td><td>definiert in einer Bitmaske eine inklusive Oder-Bedingung</td></tr>
<tr><td>^</td><td>definiert in einer Bitmaske eine exklusive Oder-Bedingung</td></tr>
</table>

2.6.6 Operator zur Zeichenkettenverknüpfung

Mit einem einfachen Pluszeichen + können Sie eine Zeichenkette an eine andere anhängen. Ein Beispiel:

```
<script language="JavaScript" type="text/javascript">
<!-
 var Vorname = "Stefan "
 var Zuname = "Muenz"
 var Name = Vorname + Zuname + ", der Autor dieses Dokuments"
// ->
</script>
```

2.6.7 Operatorenrangfolge

Unter den Operatoren von JavaScript gibt es eine festgelegte Rangordnung. Wenn Sie komplexe Rechenoperationen durchführen oder mehrere Bedingungen miteinander verknüpfen, gilt bei der internen Auflösung solcher komplexen Ausdrücke die folgende Rangordnung:

1. Rangstufe , (Aneinanderreihung)

2. Rangstufe = += -= <<= >>= &= ^= |=

3. Rangstufe ?: (Entweder-Oder-Bedingung)

4. Rangstufe ||

5. Rangstufe &&

6. Rangstufe |

7. Rangstufe ^

8. Rangstufe &

9. Rangstufe == === != !==

10. Rangstufe < <= > >=

11. Rangstufe << >> >>>

12. Rangstufe + -

13. Rangstufe * / %

14. Rangstufe ! ~ - ++ -

15. Rangstufe () [] . (Klammerung und Vektoren)

Mit Hilfe von Klammern, die absichtlich die unterste Rangstufe in der Prioritätshierarchie darstellen, können Sie die Rangfolge bei den Operatoren beeinflussen und Ausdrücke so bewerten, wie Sie es wünschen. Ein Beispiel:

```
<script type="text/javascript">
<!-
var OffizielleStatistik = 3.29 * 3 + 4.71;
var MeineStatistik = 3.29 * (3 + 4.71);
// ->
</script>
```

Das Beispiel zeigt, wie Sie durch Setzen von Klammern das Ergebnis einer Rechenoperation beeinflussen können.

2.6.8 Operator zur Typenbestimmung

Methoden vordefinierter Objekte sind an feste Variablentypen gebunden. Bevor Sie diese verwenden können, sollten Sie im Zweifelsfall den Typ der Variable prüfen. Mit dem Operator typeof steht Ihnen ein Werkzeug zur Typenüberprüfung zur Verfügung. Ein Beispiel:

```
<script type="text/javascript">
<!-
var Zahl=2505;
alert(typeof Zahl);
// ->
</script>
```

Der Operator typeof wertet den nachfolgenden Operanden hinsichtlich seines Typs aus. Der Rückgabewert dieses Operators ist ein String, den Sie abfragen können. Anweisungen müssen in Klammern eingeschlossen werden, z.B. typeof(Zahl=Zahl+2). Mögliche Rückgabewerte sind:

Variablentyp	*Beschreibung*
boolean	Ja/Nein-Variable
string	Zeichenkettenvariable
number	numerische Variable
function	Funktion
object	Objekt
undefined	unbestimmter Typ

2.6.9 JS 1.1 N 3.0 IE 4.0 void-Operator

Der Operator void wird dann verwendet, wenn eine Anweisung ausgeführt, aber keine Rückgabewerte erzeugt werden dürfen. Das ist z.B. dann der Fall, wenn Sie so genannte »Bookmarklets« erzeugen möchten. Ein Beispiel:

```
<script type="text/javascript">
<!-
var Zahl=2505;
void Zahl++;
// ->
</script>
```

Der Operator void führt die nach ihm notierte Anweisung aus. Der Operator ersetzt dabei die Rückgabewerte der Anweisung stets durch undefined. Sie können auch eine Anweisung wie z.B. Zahl=Zahl+2 als Operand angeben. In diesem Fall schließen Sie die Anweisung in Klammern ein, also void(Zahl=Zahl+2).

2.6.10 JS 1.2 N 4.0 IE 4.0 Operator zum Löschen von Objekten

Nicht mehr benötigte Objekte bzw. Objekteigenschaften werden mit dem Operator delete gelöscht. Sie können jedoch keine vordefinierten Objekte und Objekteigenschaften löschen. Der Operator gibt im Erfolgsfall den Wert true und bei Misserfolg den Wert false zurück. Ein Beispiel:

```
<script type="text/javascript">
<!-
SinnDesLebens = 42;
delete SinnDesLebens;
alert(typeof SinnDesLebens);
// ->
</script>
```

Im Beispiel wird der Variablen SinnDesLebens der Wert 42 zugewiesen. Anschließend wird diese Variable mit delete wieder gelöscht. Mit Hilfe des Operators typeof wird überprüft, ob das Löschen der Variablen erfolgreich ist.

Beachten Sie: In Netscape bis einschließlich Version 6 können nur Variablen und Objekte gelöscht werden, die **nicht** mit dem Schlüsselwort var deklariert wurden. Auf vordefinierte Objekte oder Objeteigenschaften wie z.B. Math.PI können Sie diesen Operator **nicht** anwenden.

2.7 Bedingte Anweisungen (if-else/switch)

2.7.1 Wenn-dann-Bedingungen mit »if«

Sie können die Ausführung von Anweisungen von Bedingungen abhängig machen. Ein Beispiel:

```
<html><head><title>Test</title>
<script type="text/javascript">
<!-
function Geheim() {
 var Passwort = "Traumtaenzer";
 var Eingabe = window.prompt("Bitte geben Sie das Passwort ein","");
 if(Eingabe != Passwort) {
   alert("Falsches Passwort!");
   Geheim();
 }
 else
   document.location.href="geheim.htm";
}
// ->
</script>
</head><body onload="Geheim()">
<h1>Hier kommen Sie nur mit Passwort rein ;-)</h1>
</body></html>
```

Das Beispiel stellt eine einfache Passwortabfrage dar. Das Script ist in einer Funktion namens Geheim() notiert, die aufgerufen wird, sobald die HTML-Datei vollständig geladen ist. Dazu ist im einleitenden <body>-Tag der Event-Handler onLoad notiert. Innerhalb der Funktion fordert ein Dialogfenster (window.prompt()) den Anwender auf, das Passwort einzugeben. Der Rückgabewert von window.prompt(), das eingegebene Passwort, wird in der Variablen Eingabe gespeichert.

Mit if(Eingabe != Passwort) fragt das Script ab, ob die Eingabe anders lautet als der der Variablen Passwort zuvor zugewiesene Wert Traumtaenzer. Ist dies der Fall, sind also beide Werte nicht gleich, dann war die Eingabe falsch. In diesem Fall wird mit alert() eine entsprechende Meldung ausgegeben. Anschließend wird die Funktion Geheim() erneut aufgerufen, und der Anwender kann das Passwort versuchen neu einzugeben. Im anderen Fall (else), wenn Eingabe und Passwort den gleichen Wert haben, wird mit document.location.href eine andere Seite aufgerufen, nämlich die »geschützte« Seite.

Mit if leiten Sie eine Wenn-dann-Bedingung ein (*if* = *wenn*). Dahinter folgt, in Klammern stehend, die Formulierung der Bedingung. Um solche Bedingungen zu formulieren, brauchen Sie Vergleichsoperatoren und in den meisten Fällen auch Variablen. Für Fälle, in denen die Bedingung nicht erfüllt ist, können Sie einen »andernfalls«-Zweig definieren. Dies geschieht durch else (*else* = *sonst*).

Der Else-Zweig ist nicht zwingend erforderlich. Wenn Sie mehr als eine Anweisung unterhalb und abhängig von if oder else notieren wollen, müssen Sie die Anweisungen in **geschweifte** Klammern einschließen (siehe auch den Abschnitt 2.1.2 über Anweisungsblöcke).

2.7.2 Einfache Entweder-oder-Abfrage

Für einfache Entweder-oder-Bedingungen gibt es eine spezielle Syntax, die Sie alternativ zur if/else-Anweisung verwenden können. Ein Beispiel:

```
<html><head><title>Test</title>
<script type="text/javascript">
<!-
function Antwort() {
 var Ergebnis = (document.Formular.Eingabe.value == "42") ? "RICHTIG!" : "FALSCH!";
 document.Formular.Eingabe.value =
   "Die Antwort ist " + Ergebnis;
}
// ->
</script>
</head><body>
<h1>Der Sinn des Lebens</h1>
<form name="Formular">
<p>Was ist der Sinn des Lebens?</p>
<input type="text" name="Eingabe" size="40">
<input type="button" value="OK" onClick="Antwort()">
</form>
</body></html>
```

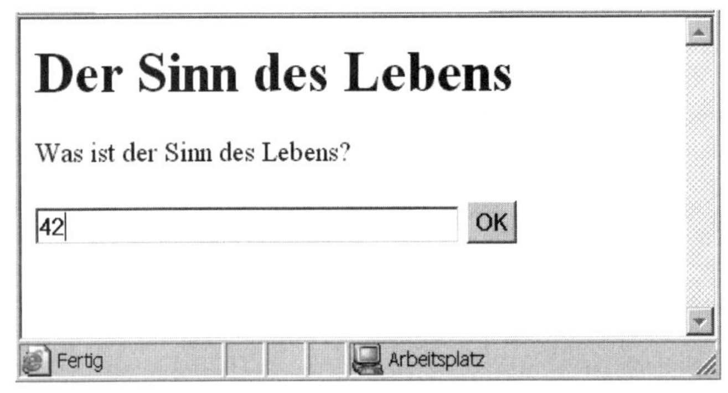

Bild 2.8: Das Beispiel prüft den Inhalt eines Eingabefeldes auf Übereinstimmung mit einem vorgegebenen Wert.

Das Beispiel enthält eine JavaScript-Funktion namens Antwort(). Aufgerufen wird diese Funktion, wenn der Anwender in dem weiter unten notierten HTML-Formular auf den Klick-Button mit der Aufschrift *OK* klickt, und zwar mit dem Event-Handler onClick. Die Funktion prüft, ob der Wert des Eingabefeldes im Formular (document.Formular.Eingabe.value) den Wert 42 hat. Abhängig davon wird der Variablen Ergebnis entweder die Zeichenkette RICHTIG! oder FALSCH! zugewiesen. Anschließend wird in dem Textfeld des Formulars, das zur Eingabe diente, ein entsprechender Satz zusammengesetzt (siehe dazu auch Operator für Zeichenkettenverknüpfung, Kapitel 2.6.6).

Eine einfache Entweder-oder-Abfrage wird mit einer Bedingung eingeleitet. Die Bedingung muss in Klammern stehen, im Beispiel (document.Formular.Eingabe.value == "42"). Dahinter wird ein Fragezeichen notiert. Hinter dem Fragezeichen wird ein Wert angegeben, der aktuell ist, wenn die Bedingung erfüllt ist. Dahinter folgt ein Doppelpunkt, und dahinter ein Wert für den Fall, dass die Bedingung nicht erfüllt ist. Da es sich um Werte handelt, die für die Weiterverarbeitung nur sinnvoll sind, wenn sie in einer Variablen gespeichert werden, wird einer solchen Entweder-oder-Abfrage in der Regel eine Variable vorangestellt, im Beispiel die Variable Ergebnis. Der Variablen wird durch diese Art von Anweisung das Ergebnis der Entweder-oder-Abfrage zugewiesen.

Um Bedingungen zu formulieren, brauchen Sie die Vergleichsoperatoren aus Kapitel 2.6.2.

2.7.3 JS 1.2 N 4.0 4.0 Fallunterscheidung mit »switch«

Mit if und else können Sie genau zwei Fälle unterscheiden. Wenn Sie feiner differenzieren, also zwischen mehreren Fällen unterscheiden wollen, können Sie zwar mehrere If-Abfragen hintereinander notieren, aber es gibt noch eine elegantere Möglichkeit: die Fallunterscheidung mit »switch«. Diese Syntax, die aus der Programmiersprache C entlehnt ist, gibt es in JavaScript aber erst seit der Sprachversion 1.2 – ältere Browser quittieren solche Anweisungen mit einer Fehlermeldung. Ein Beispiel:

```
<html><head><title>Test</title>
</head><body>
<script type="text/javascript">
<!-
var Eingabe = window.prompt("Geben Sie eine Zahl zwischen 1 und 4 ein:","");
switch(Eingabe) {
 case "1":
 alert("Sie sind sehr bescheiden");
 break;
 case "2":
 alert("Sie sind ein aufrichtiger Zweibeiner");
 break;
 case "3":
 alert("Sie haben ein Dreirad gewonnen");
 break;
 case "4":
 alert("Gehen Sie auf allen Vieren und werden Sie bescheidener");
 break;
 default:
```

```
 alert("Sie bleiben leider dumm");
 break;
}
// ->
</script>
</body></html>
```

Mit switch leiten Sie eine Fallunterscheidung ein (*switch = Schalter*). Dahinter folgt, in runde Klammern eingeschlossen, eine Variable oder ein Ausdruck, für dessen aktuellen Wert Sie die Fallunterscheidung durchführen. Im Beispiel ist das die Variable mit dem Namen Eingabe. Diese Variable wird vor der Fallunterscheidung mit einem Wert versorgt, denn ein Dialogfenster (window.prompt()) mit einem Eingabefeld fordert den Anwender auf, eine Zahl zwischen 1 und 4 einzugeben. Der eingegebene Wert wird in Eingabe gespeichert.

Die einzelnen Fälle, die Sie abfragen möchten, werden innerhalb geschweifter Klammern notiert. Jeden einzelnen Fall leiten Sie mit case ein (*case = Fall*). Dahinter folgt die Angabe des Wertes, auf den Sie prüfen wollen. Die Anweisung case "1": im obigen Beispiel bedeutet dann so viel wie: 'wenn die Variable Eingabe den Wert »1« hat'. Im Beispiel wird für jeden Fall eine individuelle Meldung ausgegeben.

Wichtig ist dabei auch das Wort break am Ende jedes Falls (*break = abbrechen*). Wenn Sie das Wort weglassen, werden nämlich alle nachfolgenden Fälle auch ausgeführt, aber das wollen Sie ja in der Regel nicht.

Für den Fall, dass keiner der definierten Fälle zutrifft, können Sie am Ende der Fallunterscheidung den Fall default: definieren. Die darunter stehenden Anweisungen werden ausgeführt, wenn keiner der anderen Fälle zutrifft.

2.8 Schleifen (while/for/do-while)

2.8.1 Schleifen mit »while«

Mit Hilfe von while-Schleifen können Sie Programmanweisungen so lange wiederholen, wie die Bedingung, die in der Schleife formuliert wird, erfüllt ist. Solche Schleifen eignen sich dann, wenn Sie nicht wissen, wie oft die Schleife durchlaufen werden soll. Ein Beispiel:

```
<html><head><title>Test</title>
</head><body>
<script type="text/javascript">
<!-
 var Eingabe = "";
 var Zaehler = 1;
 while(Eingabe != "how to make love"  && Zaehler <= 3) {
  Eingabe = window.prompt(Zaehler + ". Versuch: Was bedeutet 'HTML'?","");
  Zaehler++;
 }
 if(Eingabe != "how to make love")
  document.write("<big>Lernen Sie erst mal HTML! ...<\/big>");
 else
```

```
  document.write("<big>Fein, Sie haben verstanden worum es geht! ...<\/big>");
// ->
</script>
</body></html>
```

Das Beispiel bittet den Anwender in einer while-Schleife bis zu dreimal in einem Dialogfenster (window.prompt()), die Bedeutung der Abkürzung 'HTML' einzugeben. Die Schleife kann aus zwei Gründen beendet werden: Entweder der Anwender gibt die richtige Bedeutung der Abkürzung ein, oder die Variable Zaehler, die die Anzahl der Versuche mitzählt, hat einen Wert größer als 3. Wenn die Schleife beendet ist, steht also nicht fest, welche der beiden möglichen Ursachen sie beendet hat. Um das zu entscheiden, wird im Beispiel deshalb anschließend mit Hilfe einer If-Abfrage nochmals überprüft, ob die Schleife deshalb beendet wurde, weil die Eingabe falsch war. Je nachdem, ob sie falsch oder richtig war, wird mit document.write ins Anzeigefenster des Browsers ein entsprechender Satz geschrieben.

Eine while-Schleife beginnt mit dem Wort while (*while = solange*). Dahinter folgt, in Klammern stehend, die Bedingung. Um eine Bedingung zu formulieren, brauchen Sie Vergleichsoperatoren. Der Inhalt der Schleife wird so lange wiederholt, wie die Schleifenbedingung wahr ist.

In der Regel enthält eine while-Schleife mehrere Anweisungen, die innerhalb der Schleife stehen. Notieren Sie alle Anweisungen innerhalb **geschweifter** Klammern { und }, so wie im Beispiel (siehe auch den Abschnitt 2.1.2 über Anweisungsblöcke).

Beachten Sie: Achten Sie bei while-Schleifen immer darauf, dass es mindestens eine Möglichkeit gibt, um die Schleife nach einer angemessenen Zeit zu beenden. Andernfalls erzeugen Sie eine so genannte »Endlosschleife«, aus der der Anwender nur durch gewaltsames Beenden des WWW-Browsers herauskommt. Das ist besonders bei Online-Sitzungen im WWW sehr ärgerlich!

Um Endlosschleifen zu vermeiden, brauchen Sie irgendetwas, das irgendwann zu einem Ausweg aus der Schleife führt. Meistens werden zu diesem Zweck so genannte »Zähler« definiert, im Beispiel die Variable Zaehler. Diese Variable hat im Beispiel einen Anfangswert von 1 und wird innerhalb der Schleife bei jedem Durchgang mit der Anweisung Zaehler++; um 1 erhöht. Wenn im Beispiel der Zählerstand größer als 3 ist, wird abgebrochen. Weitere Möglichkeiten, um Schleifen abzubrechen, werden im Abschnitt 2.8.4 beschrieben.

2.8.2 JS 1.0 N 2.0 3.0 Schleifen mit »for«

Die Schleifenbedingung einer for-Schleife sieht von vorneherein einen Zähler und eine Abbruchbedingung vor. Ein Beispiel:

```
<html><head><title>Test</title>
</head><body>
<script type="text/javascript">
<!-
 var Ausgabe = "";
 for(var i = 10; i <= 36; i++)
   Ausgabe = Ausgabe + "<span style=\"font-size:" + i + "pt\">Schrift mit " + i + "
Punkt<\/span><br>";
```

```
document.write(Ausgabe);
// ->
</script>
</body></html>
```

Das Beispiel definiert eine Variable namens Ausgabe, die im Verlauf einer for-Schleife immer mehr Inhalt erhält und am Ende mit document.write ihren ganzen Inhalt ins Browser-Fenster schreibt. Die for-Schleife wird insgesamt 27-mal durchlaufen, nämlich so oft, wie der Zähler, der in der Variablen i definiert und mit dem Wert 10 initialisiert wird, kleiner oder gleich 36 ist, wobei er bei jedem Schleifendurchlauf um 1 erhöht wird (i++). Mit jedem Schleifendurchgang wird die Variable Ausgabe mit ihrem jeweils bisherigen Wert um etwas HTML-Code mit der CSS-Angabe font-size (Schriftgröße) erweitert. Der Wert, der font-size dabei zugewiesen wird, ist jeweils der Wert von i. So entsteht der Effekt, dass CSS-Angaben von font-size:10pt bis font-size:36pt erzeugt werden. Das Ergebnis wird am Ende ausgegeben. Zum Verständnis der zusammengesetzen Teile bei Ausgabe siehe auch Operator für Zeichenkettenverknüpfung.

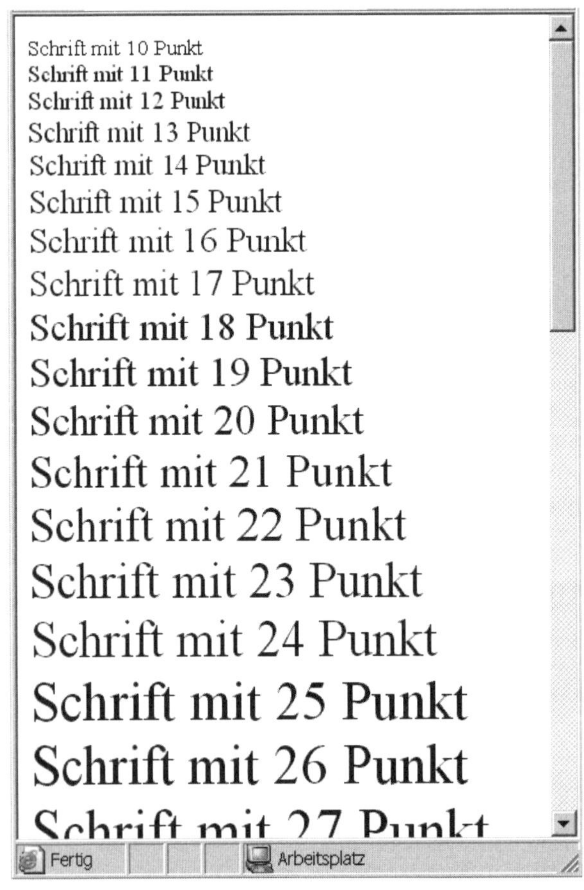

Bild 2.9: Die for-Schleife gibt denselben Text mit immer größer werdender Schrift aus.

Eine for-Schleife beginnt mit dem Wort for. Dahinter wird, in Klammern stehend, die Schleifenbedingung formuliert. Bei der for-Schleife gilt dabei eine feste Syntax. Innerhalb der Schleifenbedingung werden drei Anweisungen notiert. In der ersten Anweisung wird ein Schleifenzähler definiert und initialisiert. Im Beispiel wird ein Zähler i definiert und mit dem Wert 10 initialisiert. Die zweite Anweisung enthält die Bedingung, ab der die Schleife beendet wird. Dazu brauchen Sie Vergleichsoperatoren. In der dritten Anweisung wird der Schleifenzähler so verändert, dass er irgendwann die in der zweiten Anweisung notierte Bedingung erfüllt. Im Beispiel wird der Zähler mit i++ bei jedem Schleifendurchgang um 1 erhöht. An dieser Stelle könnte aber auch so etwas stehen wie i=i+10 (bei jedem Schleifendurchgang um 10 erhöhen).

Eine spezielle Abart der for-Schleife ist die for-in-Schleife. Ein Beispiel:

```
<html><head><title>Test</title>
</head><body>
<script type="text/javascript">
<!-
 var Ausgabe = "";
 for (var Eigenschaft in document)
   Ausgabe = Ausgabe + "document." + Eigenschaft + ": " + document[Eigenschaft] + "<br>";
 document.write("<h1>Eigenschaften des Objekts <i> document <\/i><\/h1>")
 document.write(Ausgabe);
// ->
</script>
</body></html>
```

Das Beispiel zeigt, wie Sie mit Hilfe einer for-in-Schleife einiges über die JavaScript-Fähigkeiten Ihres Browsers herausbekommen können. Im Beispiel werden die Eigenschaften des Objektes document ausgegeben. Mit jedem Schleifendurchgang wird die Variable Ausgabe um eine Objekteigenschaft erweitert. Den aktuellen Wert der Objekteigenschaft können Sie sich mit Objektname[Eigenschaft] ausgeben lassen. Die Schleife läuft so lange, wie es verfügbare Objekteigenschaften gibt – dies bedeutet das for in.

Beachten Sie: Wenn Sie mehr als eine Anweisung von einer for-Schleifenbedingung abhängig machen wollen, müssen Sie die Anweisungen wie üblich in geschweifte Klammern einschließen. Die for-in-Schleife können Sie in Opera nur auf selbst definierte Objekte und Variablen anwenden. Bei vordefinierten Objekten bleibt die Schleife wirkungslos. Der MS Internet Explorer kennt diese Schleifenart erst ab Version 4.01.

2.8.3 JS 1.2 N 4.0 4.0 Schleifen mit »do-while«

Die do-while-Schleife ist eine Variante der normalen while-Schleife. Der Unterschied zwischen beiden ist, dass bei der normalen while-Schleife **vor** dem Ausführen des Codes die Schleifenbedingung überprüft wird, während bei der do-while-Schleife **zuerst** der Code ausgeführt und erst danach die Schleifenbedingung überprüft wird. Auf diese Weise können Sie erzwingen, dass Anweisungen innerhalb der Schleife auf jeden Fall mindestens einmal ausgeführt werden, auch wenn sich die Schleifenbedingung gleich am Anfang als unwahr herausstellt.

Ein Beispiel:

Einmal so:

```
<script type="text/javascript">
<!-
var x = 10;
do {
  document.write("<br>x * x = " + (x * x));
  x = x + 1;
}
while(x < 10);
// ->
</script>
```

Und einmal so:

```
<script type="text/javascript">
<!-
var x = 10;
while(x < 10) {
  document.write("<br>x * x = " + (x * x));
  x = x + 1;
}
// ->
</script>
```

Im Beispiel werden zwei kleine JavaScript-Bereiche definiert. In beiden Bereichen wird eine Variable x definiert und mit dem Wert 10 vorbelegt. Im ersten Bereich wird so lange das Quadrat von x (das bei jedem Schleifendurchlauf um 1 erhöht wird) geschrieben, wie x kleiner als 10 ist. Da x ja schon am Beginn den Wert 10 hat, ist die Abbruchbedingung eigentlich schon von vorneherein erfüllt. Trotzdem wird einmal das Quadrat von x ausgegeben, da die Überprüfung der Schleifenbedingung erst nach dem Ausführen der Anweisungen innerhalb der Schleife erfolgt.

Im zweiten Script-Bereich herrschen die gleichen Bedingungen, jedoch wird dort eine normale while-Schleife notiert. Da x von vorneherein nicht kleiner als 10 ist, werden die Anweisungen der while-Schleife kein einziges Mal ausgeführt. Die Überprüfung der Schleifenbedingung, die am Anfang stattfindet, verhindert dies.

2.8.4 JS 1.0 N 2.0 3.0 Kontrolle innerhalb von Schleifen – break und continue

Schleifen sind »kritische Faktoren« innerhalb eines Scripts. Bei komplizierteren Aufgaben ist es manchmal nicht einfach, eine Schleife so zu programmieren, dass sie in jedem Fall irgendwann mal abgebrochen wird. Deshalb gibt es zusätzliche Befehle, um innerhalb einer Schleife das Geschehen zu kontrollieren. Ein Beispiel 1:

```
<script type="text/javascript">
<!-
var i = 0;
while (i < 6) {
 if (i == 3) break;
```

```
  i++;
  alert("i = " + i);
 }
// ->
</script>
```

Mit break können Sie eine Schleife sofort beenden. Dazu müssen Sie innerhalb des Schleifenkörpers eine if-Abfrage notieren und abhängig davon das Wort break als Anweisung notieren. Im Beispiel bricht die Schleife bereits ab, wenn i den Wert 3 hat, obwohl laut Schleifenbedingung das Hochzählen bis 6 erlaubt.

Beispiel 2:

```
<script type="text/javascript">
<!-
 var i = 0;
 while (i < 6) {
  Ende:
  if (i == 3) {
    alert("Das war's, denn i ist gleich " + i);
        break Ende;
  }
  i++;
 }
// ->
</script>
```

Dies ist eine besondere Variante von break. Sie können vor einer Abfrage, von der Sie eine break-Anweisung abhängig machen, ein »Label« notieren. Das ist ein selbst vergebener Name mit einem Doppelpunkt dahinter, im Beispiel Ende:. Hinter dem Wort break können Sie dann den Namen des Labels angeben. So stellen Sie im Beispiel sicher, dass sich die break-Anweisung auf jeden Fall auf jene if-Abfrage bezieht, in der abgefragt wird, ob i gleich 3 ist. In einfachen Fällen wie im obigen Beispiel ist das eigentlich überflüssig. Aber behalten Sie die Möglichkeit im Auge, falls Sie einmal verschachtelte if-Abfragen innerhalb von Schleifen programmieren und dort auch break-Anweisungen benutzen. Beachten Sie jedoch, dass diese Variante der break-Anweisung JavaScript 1.2 ist und bei älteren Browsern zu einer Fehlermeldung führt.

Beispiel 3:

```
<script type="text/javascript">
<!-
 var i = 0, j = 0;
 while (i < 6) {
  i++;
  if (i == 3) continue;
  j++;
 }
 alert("i ist gleich " + i + " und j ist gleich " + j);
</script>
```

Mit continue erzwingen Sie sofort den nächsten Schleifendurchlauf. Nachfolgende Anweisungen innerhalb der Schleife werden bei diesem Schleifendurchlauf nicht mehr ausgeführt. Im Beispiel werden zwei Zähler i und j bei jedem Schleifendurchlauf um 1 erhöht. Wenn i gleich 6 ist, wird die Schleife abgebrochen. Zwischendurch hat i auch mal den Wert 3. Dieser Fall wird mit einer if-Abfrage behandelt. Wenn i gleich 3 ist, wird sofort der nächste Schleifendurchgang gestartet. Die Anweisung j++; wird dadurch in diesem Schleifendurchlauf nicht mehr ausgeführt. Am Ende hat dadurch i den Wert 6 und j nur den Wert 5.

2.9 Reservierte Wörter

JavaScript enthält eine Reihe von Schlüsselwörtern mit bestimmter Bedeutung. Diese »reservierten Wörter« sollten Sie kennen, um nicht versehentlich gleichnamige Variablen oder Funktionen zu definieren, denn dies ist nicht erlaubt. Einige der reservierten Wörter der folgenden Liste sind bereits in Gebrauch, andere sind für den zukünftigen Sprachausbau von JavaScript geplant. Auch noch nicht benutzte reservierte Wörter dürfen Sie nicht als Variablen- oder Funktionsnamen verwenden.

Reserviertes Wort	*Erläuterung*
abstract	noch nicht verwendet
boolean	noch nicht verwendet
break	als Anweisung: Abbruch in Schleifen
byte	noch nicht verwendet
case	für Fallunterscheidungen
catch	als Anweisung: dient zur Fehlerbehandlung (ab JavaScript-Version 1.4)
char	noch nicht verwendet
class	noch nicht verwendet
const	Dient zur Deklaration von Konstanten (ab JavaScript-Version 1.5)
continue	als Anweisung: Fortsetzung in Schleifen
default	für Fallunterscheidungen
delete	Operator: Objekte und Objekteigenschaften löschen
do	für Schleifen mit »do-while«
double	noch nicht verwendet
else	sonst-Fall in bedingten Anweisungen mit »if«
export	als Anweisung: Objekte oder Funktionen für fremde Scripts ausführbar machen
extends	noch nicht verwendet
false	rückgabewert von Funktionen: falsch
final	noch nicht verwendet
finally	noch nicht verwendet
float	noch nicht verwendet
for	für Schleifen mit »for«
function	für Funktionen
goto	noch nicht verwendet

Reserviertes Wort	*Erläuterung*
if	für bedingte Anweisungen mit »if«
implements	noch nicht verwendet
in	für spezielle Schleifen mit »for«
instanceof	prüft, ob eine Variable eine Instanz eines Objektes ist (ab JavaScript-Version 1.4)
int	noch nicht verwendet
long	noch nicht verwendet
native	noch nicht verwendet
new	Dient zum Definieren von Objekten
null	setzt ein Objekt auf null, ohne das Objekt selbst zu löschen
package	noch nicht verwendet
private	noch nicht verwendet
protected	noch nicht verwendet
public	noch nicht verwendet
return	für Rückgabewerte in Funktionen
short	noch nicht verwendet
static	noch nicht verwendet
super	noch nicht verwendet
switch	für Fallunterscheidungen
synchronized	noch nicht verwendet
this	für Bezug auf das aktuelle Objekt
throw	als Anweisung: nutzerdefinierte Ausnahme (ab JavaScript-Version 1.4)
throws	noch nicht verwendet
transient	noch nicht verwendet
true	Rückgabewert von Funktionen: wahr
try	als Anweisung: testet eine Anweisung auf Ausführbarkeit (ab JavaScript-Version 1.4)
typeof	Operator: liefert den Typ eines Elementes
var	für Variablendefinitionen
void	Operator: unterdrückt Rückgabewerte
while	für Schleifen mit »while«
with	um mehrere Anweisungen mit einem Objekt durchzuführen

2.10 Event-Handler

Allgemeines zu Event-Handlern

Event-Handler (*Ereignis-Behandler*) sind ein wichtiges Bindeglied zwischen HTML und JavaScript. Event-Handler werden meist in Form von Attributen in HTML-Tags notiert. Da es sich um Bestandteile handelt, die innerhalb von HTML vorkommen, hat das W3-Konsortium die Event-Handler mittlerweile auch in den HTML-Sprachstandard mit aufgenommen. Dort wird auch festgelegt, in welchen HTML-Tags welcher Event-Handler vorkommen darf. Das Problem dabei ist jedoch, dass die Praxis derzeit noch stark davon abweicht – zumindest bei Netscape 4.x. Der MS Internet Explorer dagegen interpretiert Event-Handler seit seiner Version 4.x weitgehend so universell, wie vom W3-Konsortium vorgesehen. Bei den Beschreibungen der Event-Handler auf dieser Seite wird jeweils versucht, auf die Problematik einzugehen. Letztendlich hilft aber nur: selber im Einzelfall mit mehreren verschiedenen Browsern testen und ausprobieren.

Event-Handler erkennen Sie daran, dass solche HTML-Attribute immer mit on beginnen, zum Beispiel onClick=. Hinter dem Gleichheitszeichen notieren Sie – in Anführungszeichen – eine JavaScript-Anweisung. Wenn Sie mehrere Anweisungen ausführen wollen, dann definieren Sie sich dazu am besten in einem JavaScript-Bereich eine Funktion und rufen hinter dem Gleichheitszeichen diese Funktion auf, also z.B. onClick="Umrechnen()".

Jeder Event-Handler steht für ein bestimmtes Anwenderereignis, onClick= etwa für das Ereignis »Anwender hat mit der Maus geklickt«. Der Anzeigebereich des HTML-Elements, in dem der Event-Handler notiert ist, ist das auslösende Element. Wenn der Event-Handler onClick= beispielsweise in einem Formular-Button notiert wird, wird der damit verknüpfte JavaScript-Code nur dann ausgeführt, wenn der Mausklick im Anzeigebereich dieses Elements erfolgt. Das mag Ihnen jetzt selbstverständlich vorkommen. Ist es auch, solange es beispielsweise um Formular-Buttons geht. Aber nach dem erweiterten Modell von HTML 4.0 kann etwa auch ein HTML-Bereich, der mit <div>...</div> definiert wird, einen Event-Handler wie onClick= enthalten.

Es wurden nur solche Event-Handler aufgenommen, die auch tatsächlich in HTML-Tags vorkommen können und im HTML 4.0-Standard erwähnt sind (mit Ausnahme von onAbort= und onError=). Das sind weniger, als Netscape und der MS Internet Explorer kennen. Bei Netscape kommt verwirrenderweise hinzu, dass einige Event-Handler zwar so bezeichnet werden, aber eigentlich gar nicht innerhalb von HTML-Tags vorkommen können. Es ist zu hoffen, dass es hierbei in Zukunft mehr Übereinstimmungen zwischen Sprachstandards und Browser-Implementierungen geben wird.

Im Folgenden finden Sie diese Event-Handler:

- onAbort (bei Abbruch)
- onBlur (beim Verlassen)
- onChange (bei erfolgter Änderung)
- onClick (beim Anklicken)
- onDblClick (bei doppeltem Anklicken)
- onError (im Fehlerfall)
- onFocus (beim Aktivieren)
- onKeydown (bei gedrückter Taste)
- onKeypress (bei gedrückt gehaltener Taste)
- onKeyup (bei losgelassener Taste)
- onLoad (beim Laden einer Datei)
- onMousedown (bei gedrückter Maustaste)

- onMousemove (bei weiterbewegter Maus)
- onMouseout (beim Verlassen des Elements mit der Maus)
- onMouseover (beim Überfahren des Elements mit der Maus)
- onMouseUp (bei losgelassener Maustaste)
- onReset (beim Zurücksetzen des Formulars)
- onSelect (beim Selektieren von Text)
- onSubmit (beim Absenden des Formulars)
- onUnload (beim Verlassen der Datei)
- javascript: (bei Verweisen)

onAbort (bei Abbruch)

Ist für den Fall gedacht, dass ein Anwender im Browser den Stop-Button drückt, obwohl noch nicht alle Grafiken geladen wurden. Nach JavaScript (Netscape) erlaubt in folgendem HTML-Tag: <img>. Ein Beispiel:

```
<html><head><title>Test</title>
</head><body>
<img src="onabort.jpg" width="400" height="600" alt="Grafik"
onAbort="alert('Schade, dass Sie das Bild nicht sehen wollen')">
</body></html>
```

Im Beispiel wird eine Grafik in HTML referenziert. Für den Fall, dass der Anwender den Stop-Button im Browser drückt, bevor die Grafik ganz geladen ist, wird mit alert() eine Meldung ausgegeben.

Beachten Sie: Dieser Event-Handler gehört nicht zum HTML-Standard und wird von Netscape 6 und Opera 5 nicht interpretiert.

onBlur (beim Verlassen)

Für den Fall, dass ein Element zuvor aktiviert war und der Anwender es jetzt verlässt. Nach JavaScript (Netscape) erlaubt in folgenden HTML-Tags: <body> <frameset> <input> <layer> <select> <textarea>. Nach HTML 4.0 erlaubt in folgenden HTML-Tags: <a> <area> <button> <input> <label> <select> <textarea>.

Ein Beispiel:

```
<html><head><title>Test</title>
</head><body>
<form name="Test" action="">
Name: <input type="text" name="Eingabe" onBlur="CheckInhalt(this.value)"><br>
Name oder nichts eingeben und dann woanders hinklicken!
</form>
<script type="text/javascript">
document.Test.Eingabe.focus();
function CheckInhalt(Feld)
{
```

```
if(Feld == "") {
  alert("Namensfeld muss einen Inhalt haben!");
  document.Test.Eingabe.focus();
  return false;
 }
}
</script>
</body></html>
```

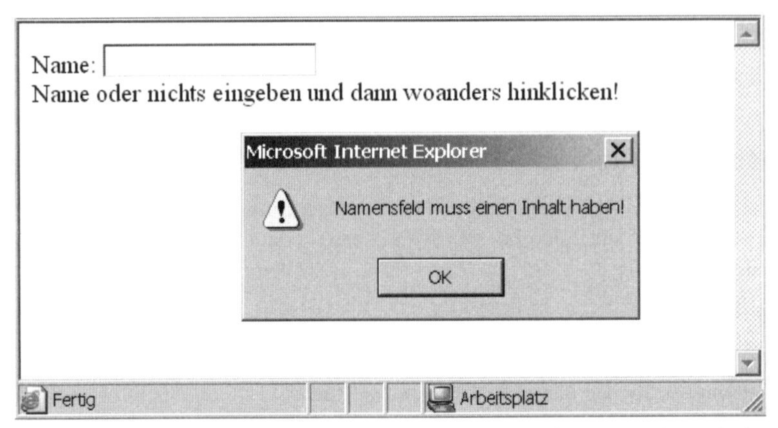

Bild 2.10: Verliert das Eingabefeld den Fokus, prüft das Script den Inhalt.

Im Beispiel wird ein Formular definiert, das ein Eingabefeld enthält. Unterhalb des Formulars ist ein JavaScript-Bereich notiert. Der Bereich wird deshalb unterhalb des Formulars definiert, weil zu Beginn des Bereichs gleich eine Anweisung ausgeführt wird, die die Existenz des Formulars bereits voraussetzt. Diese Anweisung (document.Test.Eingabe.focus();) setzt den Cursor in das Eingabefeld. Dort soll der Anwender seinen Namen eingeben. Klickt er dann irgendwo anders hin, wird der Event-Handler onBlur aktiv, der im HTML-Tag des Eingabefeldes notiert ist. Dabei wird die Funktion CheckInhalt() aufgerufen, die ebenfalls in dem JavaScript-Bereich notiert ist. Diese Funktion fragt ab, ob die ihr übergebene Zeichenkette, der Inhalt des Namensfeldes, leer ist. Wenn ja, wird ein Meldungsfenster ausgegeben, und der Cursor wird wieder in das Feld positioniert.

Beachten Sie: Unter Opera 5.02 erzeugt die Verwendung dieses Beispieles eine unendliche Schleife, da die Bestätigung des Meldungsfensters ebenfalls den Event-Handler auslöst. Mit Opera 5.12 wurde dieses Problem behoben.

JS 1.0 N 2.0 3.0 *onChange (bei erfolgter Änderung)*

Für den Fall, dass ein Element einen geänderten Wert erhalten hat. Nach HTML 4.0 und JavaScript 1.2 (Netscape) erlaubt in folgenden HTML-Tags: <input> <select> <textarea>.

Ein Beispiel:

```
<html><head><title>Test</title>
</head><body>
<form name="Test" action="">
<textarea rows="5" cols="40" onChange="alert(this.value)">Bearbeiten Sie diesen Text hier und
klicken Sie dann woanders hin! Oder lassen Sie ihn unbearbeitet und
klicken dann woanders hin!</textarea>
</body></html>
```

Im Beispiel wird ein Formular mit einem mehrzeiligen Eingabefeld definiert. Wenn der Anwender irgendetwas in das Feld eingibt und anschließend woanders hin klickt, wird der Event-Handler onChange aktiv, der im HTML-Tag des mehrzeiligen Eingabefeldes notiert ist. Im Beispiel wird einfach der aktuelle geänderte Inhalt des Feldes in einem Meldungsfenster ausgegeben.

JS 1.0 N 2.0 3.0

onClick (beim Anklicken)

Für den Fall, dass der Anwender ein Element anklickt. Nach JavaScript (Netscape) erlaubt in folgenden HTML-Tags: <a> <area> <input> <textarea>. Nach HTML 4.0 erlaubt in folgenden HTML-Tags: <a> <abbr> <acronym> <address> <area> <b> <big> <blockquote> <body> <button> <caption> <center> <cite> <code> <col> <colgroup> <dd> <del> <dfn> <dir> <div> <dl> <dt> <em> <fieldset> <form> <h1> <h2> <h3> <h4> <h5> <h6> <hr> <i> <img> <input> <ins> <kbd> <label> <legend> <li> <link> <map> <menu> <noframes> <noscript> <object> <ol> <optgroup> <option> <p> <pre> <q> <s> <samp> <select> <small> <span> <strike> <strong> <sub> <sup> <table> <tbody> <td> <textarea> <tfoot> <th> <thead> <tr> <tt> <u> <ul> <var>.

Ein Beispiel:

```
<html><head><title>Test</title>
</head><body>
<form name="Test" action="">
<input size="30" name="Ausgabe" readonly><br>
 <input type="button" value="Letzter Update"
 onClick="this.form.Ausgabe.value=document.lastModified">
</form>
</body></html>
```

Im Beispiel wird ein Formular mit einem Eingabefeld (das jedoch auf »readonly«, also nur Lesen gesetzt wird) und einem Button definiert. Der Button hat die Aufschrift »Letzter Update«. Beim Anklicken des Buttons wird der Event-Handler onClick aktiv, der im HTML-Tag des Buttons definiert ist. Im Beispiel wird daraufhin in das Eingabefeld der Zeitpunkt der letzten Änderung am Dokument geschrieben.

JS 1.2 N 4.0 4.0

onDblClick (bei doppeltem Anklicken)

Für den Fall, dass der Anwender ein Element doppelt anklickt. Nach JavaScript (Netscape) erlaubt in folgenden HTML-Tags: <a> <area> <input> <textarea>. Nach HTML 4.0 erlaubt in folgenden HTML-Tags: <a> <abbr> <acronym> <address> <area> <b> <big> <blockquote>

<body> <button> <caption> <center> <cite> <code> <col> <colgroup> <dd> <del> <dfn> <dir> <div> <dl> <dt> <em> <fieldset> <form> <h1> <h2> <h3> <h4> <h5> <h6> <hr> <i> <img> <input> <ins> <kbd> <label> <legend> <li> <link> <map> <menu> <noframes> <noscript> <object> <ol> <optgroup> <option> <p> <pre> <q> <s> <samp> <select> <small> <span> <strike> <strong> <sub> <sup> <table> <tbody> <td> <textarea> <tfoot> <th> <thead> <tr> <tt> <u> <ul> <var>.

Ein Beispiel:

```
<html><head><title>Test</title>
</head><body>
<form name="Rechnen" action="">
Wert: <input size="10" name="Wert">
<input type="button" value="Doppelklick = hoch 2"
onDblClick="document.Rechnen.Wert.value=document.Rechnen.Wert.value*document.Rechnen.
Wert.value">
</form>
</body></html>
```

Im Beispiel wird ein Formular mit einem Eingabefeld und einem Button definiert. Im Button ist der Event-Handler onDblClick= notiert. Der Button reagiert daher nur auf Doppelklick. Wenn der Anwender doppelt auf den Button klickt, wird von dem Wert, den er in dem Eingabefeld eingegeben hat, das Quadrat errechnet, und das Ergebnis wird wiederum in das Eingabefeld geschrieben.

Beachten Sie: Bei Netscape-Browsern unter Macintosh und bei Opera ist dieser Event-Handler nicht verfügbar!

JS 1.1 | N 3.0 | 4.0

onError (im Fehlerfall)

Eignet sich zum Abfangen von Fehlermeldungen und zum Ersetzen solcher Meldungen durch eigene. Beachten Sie jedoch, dass dadurch nicht die Fehler selbst beseitigt werden! onError ist vor allem zum Handling von Fehlern beim Laden von Grafiken gedacht. Nach JavaScript erlaubt in folgendem HTML-Tag: <img>. Ein Beispiel:

```
<html><head><title>Test</title>
</head><body>
<img src="gibtsnicht.gif" onError="alert('an dieser Stelle
sollte eine Grafik stehen,\n doch leider kann sie nicht angezeigt werden!')">
</body></html>
```

Im Beispiel wird in einer Grafikreferenz der Event-Handler onError= notiert. Er wird dann aktiv, wenn die Grafikdatei nicht existiert oder nicht angezeigt werden kann. Im Beispiel wird dann ein entsprechendes Meldungsfenster ausgegeben.

Bild 2.11: Weil die Grafik nicht geladen werden kann, erscheint eine Fehlermeldung.

JS 1.0 N 2.0 3.0

onFocus (beim Aktivieren)

Tritt ein, wenn der Anwender ein Element aktiviert. Nach JavaScript (Netscape) erlaubt in folgenden HTML-Tags: <body> <frame> <input> <layer> <select> <textarea>. Nach HTML 4.0 erlaubt in folgenden HTML-Tags: <a> <area> <button> <input> <label> <select> <textarea>. Ein Beispiel:

```
<html><head><title>Test</title>
</head><body>
<form name="Test" action="">
<input size="30" onFocus="this.value='Hier Ihren Namen eingeben'"><br>
<input size="30" onFocus="this.value='Hier Ihren Wohnort eingeben'"><br>
<input size="30" onFocus="this.value='Hier Ihr Alter eingeben'"><br>
</form>
</body></html>
```

In dem Beispiel wird ein Formular definiert, das drei Eingabefelder enthält. Da die Felder unbeschriftet sind, hat der Anwender keine Ahnung, was er in die einzelnen Felder eingeben kann. Bewegt er den Cursor aus Neugier doch in eines der Eingabefelder, wird der Event-Handler onFocus= des jeweiligen Feldes aktiv. Dabei wird in das jeweilige Feld eine Aufforderung geschrieben, was in dem Feld einzugeben ist.

JS 1.2 4.0 N 4.x

onKeyDown (bei gedrückter Taste)

Tritt ein, wenn der Anwender, während er ein Element aktiviert hat, eine Taste drückt. Nach JavaScript (Netscape) erlaubt in folgenden HTML-Tags: <input> <textarea>. Nach HTML 4.0 erlaubt in folgenden HTML-Tags: <a> <abbr> <acronym> <address> <area> <b> <big> <blockquote> <body> <button> <caption> <center> <cite> <code> <col> <colgroup> <dd> <del> <dfn> <dir> <div> <dl> <dt> <em> <fieldset> <form> <h1> <h2> <h3> <h4> <h5> <h6> <hr> <i> <img> <input> <ins> <kbd> <label> <legend> <li> <link> <map> <menu> <noframes> <noscript> <object> <ol> <optgroup> <option> <p> <pre> <q> <s> <samp>

<select> <small> <span> <strike> <strong> <sub> <sup> <table> <tbody> <td> <textarea> <tfoot> <th> <thead> <tr> <tt> <u> <ul> <var>.

Ein Beispiel:

```
<html><head><title>Test</title>
<script type="text/javascript">
function Aktualisieren() {
  document.Test.Kontrolle.value = document.Test.Eingabe.value.length + 1;
  return true;
}
</script>
</head><body>
<form name="Test" action="">
Kurzbeschreibung Ihrer Homepage (max 50 Zeichen):<br>
<input type="text" name="Eingabe" size="40" onKeyDown="Aktualisieren(this.value)">
<input type="text" value="0" readonly size="3" name="Kontrolle"><br>
<input type="reset">
</form>
</body></html>
```

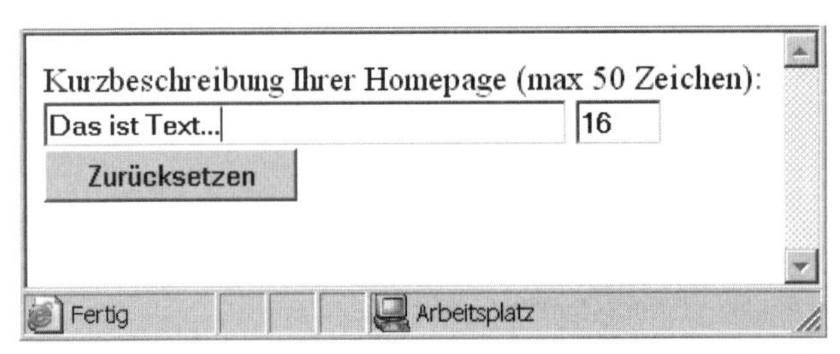

Bild 2.12: Das rechte Eingabefeld zeigt sofort an, wie viele Zeichen links eingetippt wurden.

Im Beispiel wird ein Formular definiert, in dem der Anwender eine Kurzbeschreibung seiner Homepage in einem Eingabefeld abliefern kann. Der Text soll maximal 50 Zeichen lang sein. Damit der Anwender nicht mitzählen muss, gibt es ein kleines Eingabefeld nebendran, in dem nach jedem Tastendruck ausgegeben wird, wie viele Zeichen bereits eingegeben wurden. Dazu ist in dem Eingabefeld mit Namen Eingabe der Event-Handler onKeyDown= notiert. Er bewirkt, dass, solange der Anwender in dem Formularfeld etwas eingibt, bei jedem Tastendruck die Funktion Aktualisieren() aufgerufen wird, die im Dateikopf in einem Script-Bereich definiert ist. Diese Funktion errechnet aus document.Test.Eingabe.value.length + 1, wie viele Zeichen bereits eingegeben wurden, und schreibt eine entsprechende Ausgabe in das dafür vorgesehene »Eingabe«-Feld.

JS 1.2 4.0 N 4.x *onKeyPress (bei gedrückt gehaltener Taste)*

Tritt ein, wenn der Anwender eine Taste drückt und diese gedrückt hält. Nach JavaScript (Netscape) erlaubt in folgenden HTML-Tags: <input> <textarea>. Nach HTML 4.0 erlaubt in folgenden HTML-Tags: <a> <abbr> <acronym> <address> <area> <b> <big> <blockquote>

<body> <button> <caption> <center> <cite> <code> <col> <colgroup> <dd> <del> <dfn> <dir> <div> <dl> <dt> <em> <fieldset> <form> <h1> <h2> <h3> <h4> <h5> <h6> <hr> <i> <img> <input> <ins> <kbd> <label> <legend> <li> <link> <map> <menu> <noframes> <noscript> <object> <ol> <optgroup> <option> <p> <pre> <q> <s> <samp> <select> <small> <span> <strike> <strong> <sub> <sup> <table> <tbody> <td> <textarea> <tfoot> <th> <thead> <tr> <tt> <u> <ul> <var>.

Ein Beispiel:

```
<html><head><title>Test</title>
</head><body>
<form name="Test" action="">
<input type="text" size="30" name="Eingabe"
  onKeyPress="alert(this.value)">
</form>
</body></html>
```

Im Beispiel ist ein Formular mit einem Eingabefeld definiert. Wenn der Anwender in dem Eingabefeld etwas eingibt, wird bei jedem Tastendruck in einem Meldungsfenster der aktuelle Wert des Formularfeldes ausgegeben. Dazu ist in dem Eingabefeld der Event-Handler onKeypress= notiert. Er tritt in Aktion, wenn eine Taste gedrückt und gedrückt gehalten wird.

In Netscape 4.x und Opera 5 wird dieser Event-Handler stets **nach** dem Event-Handler onKeyDown ausgeführt. Gibt der Event-Handler onKeyDown den Wert false zurück, so wird unter Netscape die Ausführung des Event-Handlers onKeyPress unterdrückt. Im MS Internet Explorer unterdrückt der Event-Handler onKeyPress den Event-Handler onKeyDown.

Beachten Sie: Im MS Internet Explorer können Sie zusätzlich die Eigenschaften des event-Objekts abfragen.

onKeyup (bei losgelassener Taste)

Tritt ein, wenn der Anwender eine Taste gedrückt hat und diese wieder loslässt. Nach JavaScript (Netscape) erlaubt in folgenden HTML-Tags: <input> <textarea>. Nach HTML 4.0 erlaubt in folgenden HTML-Tags: <a> <abbr> <acronym> <address> <area> <b> <big> <blockquote> <body> <button> <caption> <center> <cite> <code> <col> <colgroup> <dd> <del> <dfn> <dir> <div> <dl> <dt> <em> <fieldset> <form> <h1> <h2> <h3> <h4> <h5> <h6> <hr> <i> <img> <input> <ins> <kbd> <label> <legend> <li> <link> <map> <menu> <noframes> <noscript> <object> <ol> <optgroup> <option> <p> <pre> <q> <s> <samp> <select> <small> <span> <strike> <strong> <sub> <sup> <table> <tbody> <td> <textarea> <tfoot> <th> <thead> <tr> <tt> <u> <ul> <var>.

Ein Beispiel:

```
<html><head><title>Test</title>
</head><body>
<form name="Test" action="">
<input type="text" size="30" name="Eingabe"
  onKeyup="this.form.Ausgabe.value=this.value"><br>
<input type="text" readonly size="30" name="Ausgabe"><br>
```

```
<input type="reset">
</form>
</body></html>
```

Im Beispiel wird ein Formular definiert, das zwei Eingabefelder mit den Namen Eingabe und Ausgabe enthält. Wenn der Anwender in dem oberen Feld, also dem, das für die Eingabe gedacht ist, etwas eingibt, wird der Wert automatisch Zeichen für Zeichen in das untere, also das Ausgabefeld übernommen. Dazu ist im Eingabefeld der Event-Handler onKeyup notiert. Dieser Event-Handler tritt in Aktion, wenn der Anwender in dem Feld eine Taste gedrückt und wieder losgelassen hat, was ja bei jedem eingegebenen Zeichen der Fall ist. Mit this.form.Ausgabe.value=this.value wird dem Ausgabefeld der aktuelle Wert des Eingabefeldes zugewiesen.

JS 1.0 N 2.0 3.0 *onLoad (beim Laden einer Datei)*

Tritt ein, wenn eine HTML-Datei geladen wird. Nach JavaScript (Netscape) und HTML 4.0 erlaubt in folgenden HTML-Tags: <frameset> <body>. Ein Beispiel:

```
<html><head><title>Test</title>
<script type="text/javascript">
<!-
function NaviFenster() {
 Navigation = window.open("navigat.htm","Navigation","height=100,width=300");
 Navigation.focus();
}
// ->
</script>
</head>
<body onLoad="NaviFenster()">
<h1>Seite mit "Fernbedienung"</h1>
</body></html>
```

Beispiel – Datei *navigat.htm*:

```
<html><head><title>Test</title>
</head><body>
<a href= "javascript:void(opener.location.href='../../../index.htm');"> SELFHTML</a><br>
<a href= "javascript:void(opener.location.href='../../index.htm');"> JavaScript</a><br>
<a href= "javascript:void(opener.location.href='../index.htm');"> Sprachelemente</a><br>
</body></html>
```

Im Beispiel wird beim Einlesen der HTML-Datei ein zweites Fenster geöffnet, das zum Beispiel als »Fernbedienung« des Hauptfensters dienen könnte. Dazu ist im einleitenden <body>-Tag der Event-Handler onLoad= notiert. Er ruft die Funktion NaviFenster() auf, die in einem JavaScript-Bereich im Dateikopf definiert ist. Innerhalb dieser Funktion steht der Befehl zum Öffnen des Zweitfensters. Das Fenster erhält auch gleich den Fokus (wird zum aktiven Fenster), sodass es im Vordergrund des Hauptfensters zu sehen ist. Ins Zweitfenster wird die Datei navigat.htm geladen. Diese enthält Verweise mit dem »Event-Handler« javascript:. Beim Ausführen des Verweises wird im Elternfenster des Zweitfensters, markiert durch den reservierten Fensternamen opener, mit document.location.href eine Seite geladen. Die Anweisung opener.location.href='../index.htm' gibt den URI der zu ladenen Datei zurück. Mit Hilfe des Operators void wird dieser unterdrückt. Dadurch werden Anzeigefehler vermieden.

Bild 2.13: Beim Laden des Beispiels öffnet sich ein zusätzliches Fenster mit Navigationslinks.

JS 1.2 N 4.0 4.0 *onMousedown (bei gedrückter Maustaste)*

Tritt ein, wenn der Anwender die Maustaste gedrückt hält. Nach JavaScript (Netscape) erlaubt in folgenden HTML-Tags: <input type="button"> <a>. Nach HTML 4.0 erlaubt in folgenden HTML-Tags: <a> <abbr> <acronym> <address> <area> <b> <big> <blockquote> <body> <button> <caption> <center> <cite> <code> <col> <colgroup> <dd> <del> <dfn> <dir> <div> <dl> <dt> <em> <fieldset> <form> <h1> <h2> <h3> <h4> <h5> <h6> <hr> <i> <img> <input> <ins> <kbd> <label> <legend> <li> <link> <map> <menu> <noframes> <noscript> <object> <ol> <optgroup> <option> <p> <pre> <q> <s> <samp> <select> <small> <span> <strike> <strong> <sub> <sup> <table> <tbody> <td> <textarea> <tfoot> <th> <thead> <tr> <tt> <u> <ul> <var>.

Ein Beispiel:

```
<html><head><title>Test</title>
</head><body>
<a href="../../../index.htm"
onMousedown="window.status='Verweis zur Startseite';return true;">Verweis</a>
</body></html>
```

Das Beispiel enthält einen Verweis. Bei vollständig erfolgtem Anklicken des Verweises wird ganz normal das Verweisziel, im Beispiel also ../../../index.htm, aufgerufen. Vorher jedoch, sobald der Anwender die Maustaste gedrückt und bevor er sie wieder losgelassen hat, tritt der Event-Handler onMousedown= in Aktion, der im Verweis-Tag notiert ist. Im Beispiel wird dabei in der Statuszeile des Browsers ausgegeben: Verweis zur Homepage.

JS 1.2 4.0 N 6.0 *onMousemove (bei weiterbewegter Maus)*

Tritt ein, wenn der Anwender die Maus bewegt, unabhängig davon, ob die Maustaste gedrückt ist oder nicht. Nach JavaScript (Netscape) bislang nicht in HTML-Tags möglich, sondern nur im Zusammenhang mit dem event-Objekt. Nach HTML 4.0 erlaubt in folgenden HTML-Tags: <a> <abbr> <acronym> <address> <area> <b> <big> <blockquote> <body> <button> <caption> <center> <cite> <code> <col> <colgroup> <dd> <del> <dfn> <dir> <div> <dl> <dt> <em> <fieldset> <form> <h1> <h2> <h3> <h4> <h5> <h6> <hr> <i> <img> <input> <ins> <kbd> <label> <legend> <li> <link> <map> <menu> <noframes> <noscript> <object> <ol> <optgroup> <option> <p> <pre> <q> <s> <samp> <select> <small> <span> <strike> <strong> <sub> <sup> <table> <tbody> <td> <textarea> <tfoot> <th> <thead> <tr> <tt> <u> <ul> <var>.

Ein Beispiel:

```
<html><head><title>Test</title>
<script language="JavaScript">
function Mauskontrolle(Element) {
 var Pos = Element.offsetLeft + "/" + Element.offsetTop;
 window.status = Pos;
 return true;
}
</script>
</head><body>
<p onMousemove="Mauskontrolle(this)">Hier ein kleiner Text</p>
</body></html>
```

Das Beispiel zeigt, wie Event-Handler auch in HTML-Tags funktionieren, bei denen das früher nicht möglich war. In dem Beispiel wird ein Textabsatz definiert. Innerhalb des Textabsatzes ist der Event-Handler onMousemove= notiert. Der Event-Handler tritt in Aktion, solange der Anwender die Maus im Anzeigebereich des Textabsatzes bewegt. Dann wird so oft wie möglich die Funktion Mauskontrolle() aufgerufen, die in einem Scriptbereich im Dateikopf notiert ist. Dieser Funktion wird als Parameter mittels this das betroffene Element übergeben. Die Funktion bewirkt, dass in der Statuszeile des Browsers jeweils die Koordinaten der linken oberen Ecke des Elementes angezeigt werden.

Beachten Sie: Im MS Internet Explorer können Sie zusätzlich die Eigenschaften des event-Objekts abfragen.

JS 1.1 N 3.0 4.0 *onMouseout (beim Verlassen des Elements mit der Maus)*

Tritt ein, wenn der Anwender mit der Maus über ein Element fährt und dieses dabei verlässt. Nach JavaScript (Netscape) erlaubt in folgenden HTML-Tags: <a> <area>. Nach HTML 4.0 erlaubt in folgenden HTML-Tags: <a> <abbr> <acronym> <address> <area> <b> <big> <blockquote> <body> <button> <caption> <center> <cite> <code> <col> <colgroup> <dd> <del> <dfn> <dir> <div> <dl> <dt> <em> <fieldset> <form> <h1> <h2> <h3> <h4> <h5> <h6> <hr> <i> <img> <input> <ins> <kbd> <label> <legend> <li> <link> <map> <menu> <noframes> <noscript> <object> <ol> <optgroup> <option> <p> <pre> <q> <s> <samp> <select> <small> <span> <strike> <strong> <sub> <sup> <table> <tbody> <td> <textarea> <tfoot> <th> <thead> <tr> <tt> <u> <ul> <var>.

Ein Beispiel:

```
<html><head><title>Test</title>
</head><body>
<a href="http://selfaktuell.teamone.de/news.htm"
onMouseout="alert('Die News sollten Sie ruhig mal besuchen')"><b>News</b></a>
</body></html>
```

Im Beispiel ist ein Verweis definiert. Wenn der Anwender mit der Maus über den Verweis fährt, ihn dann aber nicht anklickt, sondern die Maus doch wieder von dem Verweis entfernt, tritt der Event-Handler onMouseout= in Aktion. Im Beispiel wird dann ein Meldungsfenster ausgegeben, das den Anwender darauf hinweist, dass er die News-Seite ruhig mal aufrufen soll.

JS 1.0 N 2.0 3.0 *onMouseover (beim Überfahren des Elements mit der Maus)*

Nach JavaScript (Netscape) erlaubt in folgenden HTML-Tags: <a> <area>. Nach HTML 4.0 erlaubt in folgenden HTML-Tags: <a> <abbr> <acronym> <address> <area> <b> <big> <blockquote> <body> <button> <caption> <center> <cite> <code> <col> <colgroup> <dd> <del> <dfn> <dir> <div> <dl> <dt> <em> <fieldset> <form> <h1> <h2> <h3> <h4> <h5> <h6> <hr> <i> <img> <input> <ins> <kbd> <label> <legend> <li> <link> <map> <menu> <noframes> <noscript> <object> <ol> <optgroup> <option> <p> <pre> <q> <s> <samp> <select> <small> <span> <strike> <strong> <sub> <sup> <table> <tbody> <td> <textarea> <tfoot> <th> <thead> <tr> <tt> <u> <ul> <var>.

Ein Beispiel:

```
<html><head><title>Test</title>
</head><body>
<h1 id="Test"
 onMouseover="this.innerHTML='Sehen Sie?'"
 onMouseout="this.innerHTML='Ich bin dynamisch'">Ich bin dynamisch</h1>
</body></html>
```

Das Beispiel zeigt, wie Event-Handler auch in HTML-Tags funktionieren, bei denen das bislang nicht möglich war. Das Beispiel funktioniert mit dem MS Internet Explorer ab Version 4.x und im Netscape Navigator ab Version 6, welche die Event-Handler nach HTML 4.0 weitgehend interpretieren. In dem Beispiel wird eine Überschrift erster Ordnung definiert. Innerhalb der Überschrift sind die Event-Handler onMouseover= und onMouseout= notiert. Der Event-Handler onMouseover= tritt in Aktion, wenn der Anwender die Maus in den Anzeigebereich der Überschrift bewegt, und onMouseout= wird aktiv, wenn er die Maus wieder aus dem Anzeigebereich herausbewegt. Mit Hilfe von this nehmen Sie Bezug auf das *objekte.htm – this* und können mittels der Eigenschaft innerHTML mit jedem Aktivwerden eines der beiden Event-Handler den Text der Überschrift dynamisch austauschen. Bei onMouseover= wird ein anderer Text angezeigt, bei onMouseout= wieder der ursprüngliche Text.

Beachten Sie: Auch Opera ab Version 5 interpretiert den Event-Handler nach HTML 4.0. Er kennt jedoch nicht die Eigenschaft innerHTML.

JS 1.2 N 4.0 4.0 onMouseUp (bei losgelassener Maustaste)

Tritt ein, wenn der Anwender die Maustaste gedrückt hat und sie nun wieder loslässt. Nach JavaScript (Netscape) erlaubt in folgenden HTML-Tags: <input type="button"> <a>. Nach HTML 4.0 erlaubt in folgenden HTML-Tags: <a> <abbr> <acronym> <address> <area> <b> <big> <blockquote> <body> <button> <caption> <center> <cite> <code> <col> <colgroup> <dd> <del> <dfn> <dir> <div> <dl> <dt> <em> <fieldset> <form> <h1> <h2> <h3> <h4> <h5> <h6> <hr> <i> <img> <input> <ins> <kbd> <label> <legend> <li> <link> <map> <menu> <noframes> <noscript> <object> <ol> <optgroup> <option> <p> <pre> <q> <s> <samp> <select> <small> <span> <strike> <strong> <sub> <sup> <table> <tbody> <td> <textarea> <tfoot> <th> <thead> <tr> <tt> <u> <ul> <var>.

Ein Beispiel:

```
<html><head><title>Test</title>
</head><body>
<a href="../../../index.htm"
 onMouseup="alert('Die Show beginnt JETZT'); window.location.href='../../../index.htm'; return
false">Verweis</a>
</body></html>
```

Im Beispiel ist ein Verweis notiert. Wenn der Anwender den Verweis anklickt und die Maustaste loslässt, also unmittelbar vor dem Laden der Seite, auf die verwiesen wird, geht ein Meldungsfenster auf, das den Anwender in aller Dramatik noch mal darauf hinweist, dass jetzt die Show beginnt. Dazu ist im einleitenden Verweis-Tag der Event-Handler onMouseup= notiert. Wenn der in Aktion tritt, wird zunächst das Meldungsfenster angezeigt. Anschließend wird die Datei ../../../index.htm geladen. Die Anweisung return false verhindert, dass Browser, die den Event-Handler onMouseup= interpretieren, den location.href-Verweis **nicht** ausführen, sondern den gewöhnlichen Verweis, der beim href-Attribut notiert ist.

JS 1.1 N 3.0 4.0 onReset (beim Zurücksetzen des Formulars)

Tritt ein, wenn der Anwender Eingaben in einem Formular verwerfen will. Nach JavaScript (Netscape) erlaubt in folgendem HTML-Tag: <form>. Ein Beispiel:

```
<html><head><title>Test</title>
<script type="text/javascript">
function ResetCheck() {
 var chk = window.confirm("Wollen Sie alle Eingaben loeschen?");
 return(chk);
}
</script>
</head><body>
<form name="Test" onReset="return ResetCheck()" action=""><pre>
Name: <input size="30"><br>
Idee: <input size="30"><br>
<input type="reset">
</pre></form>
</body></html>
```

Das Beispiel enthält ein Formular, das unter anderem einen Abbrechen-Button (Reset-Button) enthält. Beim Anklicken dieses Buttons werden normalerweise alle Eingaben im Formular gelöscht. Im Beispiel ist jedoch im einleitenden <form>-Tag der Event-Handler onReset= notiert. Dieser tritt in Aktion, wenn der Reset-Button angeklickt wird. Im Beispiel wird dann die Funktion ResetCheck() aufgerufen, die in einem Script-Bereich im Dateikopf steht. Diese Funktion fragt den Anwender in einem Bestätigungsfenster (window.confirm()), ob er wirklich alle Eingaben in dem Formular löschen will. Bestätigt er den Löschwunsch, gibt das Bestätigungsfenster den Wert true zurück. Verneint er den Löschwunsch, wird false zurückgegeben. Der Rückgabewert wird in der Variablen chk gespeichert und diese wird wiederum von der Funktion ResetCheck() an den aufrufenden Event-Handler zurückgegeben. Der Effekt ist, dass die Formulareingaben nur gelöscht werden, wenn true zurückgegeben wird.

JS 1.0 N 2.0 3.0 *onSelect (beim Selektieren von Text)*

Tritt ein, wenn der Anwender Text selektiert. Nach JavaScript (Netscape) und HTML 4.0 erlaubt in folgenden HTML-Tags: <input> <textarea>. Ein Beispiel:

```
<html><head><title>Test</title>
</head><body>
<form name="Test" action="">
<textarea cols="40" rows="10" name="Eingabe" onSelect="window.status='Mit der rechten
Maustaste über dem selektierten Text klicken!'; return true;">Selektieren Sie einfach
irgendwelchen Text aus diesem Text hier!</textarea>
</form>
</body></html>
```

Im Beispiel wird ein Formular mit einem mehrzeiligen Eingabefeld definiert, das mit Text vorbelegt ist. Wenn der Anwender Text in diesem Feld selektiert, wird mit onSelect erreicht, dass in der Statuszeile (window.status) ein Hinweis ausgegeben wird, was der Anwender nun tun kann.

Beachten Sie: Opera 5 und Netscape 4.x interpretieren diesen Event-Handler nicht.

JS 1.0 N 2.0 3.0 *onSubmit (beim Absenden des Formulars)*

Tritt ein, wenn der Anwender ein Formular absendet. Nach JavaScript (Netscape) erlaubt in folgendem HTML-Tag: <form>. Ein Beispiel:

```
<html><head><title>Test</title>
<script type="text/javascript">
<!-
function CheckInput() {
 for(i=0; i<document.forms[0].elements.length; ++i)
  if(document.forms[0].elements[i].value == "") {
    alert("Es wurden nicht alle Felder ausgefuellt!");
      document.forms[0].elements[i].focus();
      return false;
  }
 return true;
```

```
}
//->
</script>
</head><body>
<form action="onsubmit.htm" onSubmit="return CheckInput();">
Feld 1: <input size="30"><br>
Feld 2: <input size="30"><br>
Feld 3: <input size="30"><br>
<input type="submit">
</form>
</body></html>
```

Das Beispiel enthält ein Formular mit mehreren Eingabefeldern. Beim Absenden des Formulars, also beim Klicken auf den Submit-Button, wird jedoch erst mal überprüft, ob in allen Feldern etwas eingegeben wurde. Wenn eines der Felder leer gelassen wurde, wird das Formular nicht abgesendet. Stattdessen wird eine Fehlermeldung ausgegeben, und der Cursor wird in das erste nicht ausgefüllte Eingabefeld positioniert. Dazu ist im einleitenden <form>-Tag der Event-Handler onSubmit= notiert. Beim Absenden des Formulars wird dadurch die Funktion CheckInput() aufgerufen, die in einem Script-Bereich im Dateikopf notiert ist. Diese Funktion prüft in einer for-Schleife alle einzelnen Formularfelder darauf, ob sie einen leeren Inhalt haben (leere Zeichenkette ""). Ist das der Fall, wird die Fehlermeldung ausgegeben und auf das entsprechende Formularfeld positioniert. An den aufrufenden Event-Handler onSubmit wird der Wert false zurückgegeben. Nur wenn alle Formularfelder ausgefüllt wurden, wird true zurückgegeben. Dadurch wird entschieden, ob das Formular abgeschickt wird oder nicht.

JS 1.0 N 2.0 3.0

onUnload (beim Verlassen der Datei)

Tritt ein, wenn eine HTML-Datei verlassen wird. Nach JavaScript (Netscape) und HTML 4.0 erlaubt in folgenden HTML-Tags: <frameset> <body>. Ein Beispiel:

```
<html><head><title>Test</title>
<script type="text/javascript">
var Start = new Date();
var Startzeit = Start.getTime();

function Aufenthalt() {
 var Ende = new Date();
 var Endzeit = Ende.getTime();
 var Aufenthalt = Math.floor((Endzeit - Startzeit) / 1000);
 alert("Sie waren " + Aufenthalt + " Sekunden auf dieser Seite");
}
</script>
</head>
<body onUnload="Aufenthalt()">
<h1>Einen langen Aufenthalt auf dieser Seite!</h1>
<p><a href="../../../index.htm"><b>Und dann aber nix wie weg!</b></a></p>
</body></html>
```

Im Beispiel ist im Dateikopf ein JavaScript-Bereich definiert. Gleich beim Einlesen der Datei wird mit Hilfe des Date-Objekts der aktuelle Zeitpunkt ermittelt und in der Variablen Startzeit gespeichert. Im einleitenden <body>-Tag der Datei ist der Event-Handler onUnload= notiert. Er tritt in Aktion, wenn die Datei – zum Beispiel durch Anklicken eines Verweises zu einer anderen Seite – verlassen wird. In diesem Fall wird im Beispiel die Funktion Aufenthalt() aufgerufen, die ebenfalls in dem Script-Bereich im Dateikopf steht. Diese Funktion ermittelt wieder den aktuellen Zeitpunkt, ermittelt dann aber noch die Differenz zwischen gespeicherter Startzeit und der jetzt ermittelten »Endzeit« und gibt das Ergebnis in einem Meldungsfenster aus.

JS 1.0 N 2.0 3.0 *javascript: (bei Verweisen)*

Dies ist kein Event-Handler im engeren Sinn. Es handelt sich um eine Syntax, die eingeführt wurde, um JavaScript-Code als Verweisziel zu notieren. Nach JavaScript (Netscape) erlaubt in folgenden HTML-Tags: <a> <area>. Ein Beispiel:

```
<html><head><title>Test</title>
</head>
<body>
<a href="javascript:alert(document.lastModified)"><b>Letzter Update</b></a>
</body></html>
```

Das Beispiel gibt bei Anklicken des Verweises ein Meldungsfenster mit dem Zeitpunkt des letzten Updates der Datei aus. Um einen Verweis dieser Art zu notieren, notieren Sie hinter dem Attribut href= in Anführungszeichen das Schlüsselwort javascript, gefolgt von einem Doppelpunkt : und dahinter eine oder mehrere JavaScript-Anweisungen. Bei mehreren Anweisungen ist es jedoch besser, diese in einer Funktion zu notieren und beim Verweis dann diese Funktion aufzurufen.

Beachten Sie: Diese Form des Aufrufes erfordert zwingend den Rückgabewert undefined. Ist dies nicht der Fall, wird der jeweilige Rückwert der JavaScript-Anweisung in das Dokument geschrieben und die aktuelle Seite gelöscht. Sie können gegebenenfalls unter Verwendung des Operators void den Rückgabewert einer Anweisung unterdrücken und auf undefined setzen.

3 Objekt-Referenz

3.1 Objekt-Referenz verwenden

Die Objekt-Referenz sortiert die vordefinierten Objekte von JavaScript sowie ihre Eigenschaften und Methoden alphabetisch. Sonderzeichen werden entsprechend dem ASCII-Code am Anfang einsortiert. Verschiedene Eigenschaften wie length oder name gibt es bei mehreren Objekten. In solchen Fällen gibt es für jedes Objekt einen eigenen Abschnitt, die Eigenschaften sind nach den Objektnamen alphabetisch sortiert. Jedes JavaScript-Objekt wird in dieser Referenz nach folgendem Schema beschrieben:

Allgemeines zur Verwendung

In diesem Abschnitt wird beschrieben, welche Voraussetzungen erfüllt sein müssen, damit Sie die Eigenschaften und Methoden des Objekts benutzen können. Lesen Sie diesen Abschnitt genau, wenn Sie mit dem Objekt noch nie gearbeitet haben.

Eigenschaften

In diesem Abschnitt werden die Eigenschaften eines Objekts beschrieben. Eine Eigenschaft eines JavaScript-Objekts ist zum Beispiel window.location.href – der URI der aktuell angezeigten HTML-Datei. Die Werte von solchen Objekteigenschaften können Sie in jedem Fall auslesen. In vielen Fällen können Sie die Werte auch ändern. In der Objekt-Referenz wird jeweils angegeben, ob Sie eine gespeicherte Objekteigenschaft nur auslesen oder auch ändern können. Dazu werden in dieser Objekt-Referenz folgende Signalisierungen benutzt:

Symbol	*Bedeutung*
Lesen	Sie können den Wert der Eigenschaft auslesen, aber nicht ändern. Sie können den Wert zum Beispiel in einer selbst definierten Variablen speichern. So können Sie beispielsweise den URI der angezeigten HTML-Datei durch var Adresse = window.location.href in einer Variablen namens Adresse speichern. Das heißt, Sie weisen einer Variablen den Wert der Objekteigenschaft zu. Die Variable können Sie nach Belieben weiterverarbeiten.
Lesen Ändern	Sie können die Objekteigenschaft auslesen, ihr aber auch selbst einen neuen Wert zuweisen. So können Sie zum Beispiel den URI der angezeigten HTML-Datei durch window.location.href = "http://selfhtml.teamone.de/" ändern. Das heißt, Sie weisen der Objekteigenschaft einen Wert zu. Im Beispiel hat das zur Folge, dass der Web-Browser einen Sprung zu dem angegebenen URI ausführt.

Methoden

Methoden eines Objekts sind objektgebundene Funktionen, die eine Aktion ausführen. So können Sie zum Beispiel mit document.write("<b>Ihr Web-Browser: <\/b>" + navigator.userAgent) dynamisch erzeugten, HTML-formatierten Text in das aktuelle Anzeigefenster des Web-Browsers schreiben. Im Beispiel wird auf diese Weise der vom Anwender verwendete Web-Browser-Typ ins Anzeigefenster geschrieben.

3.2 Objekthierarchie

Die folgende Tabelle listet die Gesamtstruktur der Objekthierarchie auf. Die Nummerierung in der ersten Spalte symbolisiert die Objekthierarchie und hat sonst keine weitere Bedeutung.

1	window	Anzeigefenster
1.1	frames	Frame-Fenster
1.2	document	Dokument im Anzeigefenster
1.2.1	HTML-Elementobjekte	alle HTML-Elemente des Dokuments
1.2.2	node	alle Knoten des Elementbaums
1.2.3	all	alle HTML-Elemente des Dokuments – nur Microsoft
1.2.3.1	style	CSS-Attribute von HTML-Elementen
1.2.4	anchors	Verweisanker im Dokument
1.2.5	applets	Java-Applets im Dokument
1.2.6	forms	Formulare im Dokument
1.2.6.1	elements	Formularelemente eines Formulars
1.2.6.1.1	options	Optionen einer Auswahlliste eines Formulars
1.2.7	images	Grafikreferenzen im Dokument
1.2.8	embeds	Multimedia-Referenzen im Dokument
1.2.9	layers	Layer im Dokument – Netscape
1.2.10	links	Verweise im Dokument
1.3	event	Anwenderereignisse
1.4	history	besuchte Seiten
1.5	location	URIs
2	Array	Ketten von Variablen
3	Boolean	Ja-Nein-Variablen
4	Date	Datum und Uhrzeit

5	Function	JavaScript-Funktionen
6	Math	Berechnungen
7	navigator	Browser-Informationen
7.1	mimeTypes	MimeType-Informationen
7.2	plugins	installierte Plug-Ins
8	Number	numerische Werte
9	RegExp	reguläre Ausdrücke
10	Screen	Bildschirminformationen
11	string	Zeichenketten

Es gibt zwei Gruppen von vordefinierten Objekten im klassischen JavaScript.

- Die eine Gruppe ist diejenige, die das Browser-Fenster – markiert durch das window-Objekt – zum Ausgangspunkt hat. Das Browser-Fenster ist der allgemeine Rahmen für alles, was innerhalb davon angezeigt wird. Das, was innerhalb davon angezeigt wird, gilt als Dokument, markiert durch das document-Objekt. Letzteres ist wiederum für das Document Object Model DOM) das oberste Ausgangsobjekt. Und ausgehend vom document-Objekt gibt es leider zwei verschiedene »Objekt-Philosophien«, die heute nebeneinander stehen: Im klassischen JavaScript enthält ein Dokument nämlich bestimmte Elemente, auf die mit JavaScript zugegriffen werden kann, zum Beispiel Grafiken, markiert durch das images-Objekt, oder Formulare, markiert durch das forms-Objekt. Formulare wiederum bestehen aus Formularelementen – markiert durch das elements-Objekt. Im neueren Modell des Internet Explorers und auch des DOM ist dagegen nicht nur der Zugriff auf solche bestimmten Elementtypen möglich, sondern der Zugriff auf **alle Elemente** eines Dokuments – nach Syntax des Internet Explorers markiert durch das all-Objekt und nach DOM-Syntax markiert durch bestimmte Zugriffsmethoden des document-Objekts, durch die HTML-Elementobjekte und das node-Objekt. Diese beiden widerstreitenden Modelle zwischen klassischem JavaScript und den neueren Modellen sorgen leider für viel Verwirrung. Die neueren Modelle sind zweifellos durchdachter und bieten dem JavaScript-Programmierer viel mehr Möglichkeiten. Doch die »Jugendsünden« von Netscapes klassischem JavaScript sind nun mal nicht so leicht aus der Welt zu schaffen, und so bestehen die Modelle auf unabsehbare Zeit weiter nebeneinander.
- Die zweite Gruppe von JavaScript-Objekten haben nichts direkt mit dem Geschehen im Anzeigefenster zu tun, liefern aber wichtige andere Daten oder ausüben Funktionen. Netscape bezeichnet sie als **core objects** *Kernobjekte*). Typische Vertreter dieser zweiten Gruppe sind etwa das Date-Objekt für Datums- und Uhrzeitberechnungen, das navigator-Objekt für Informationen zum verwendeten Browser, oder das Array-Objekt zum Erzeugen von Serienvariablen. Auch bei dieser Gruppe gibt es ein paar hierarchische Beziehungen. So ist beispielsweise das plugins-Objekt ein Unterobjekt des navigator-Objekts.

Objekthierarchien werden in JavaScript stets dadurch ausgedrückt, dass die Objekte aneinandergereiht und durch Punkt getrennt werden. Typische Notationen sehen so aus wie window.document.images.length. Dabei steht window für das Bowser-Fenster, in dem das JavaScript läuft, document für das in diesem Fenster angezeigte Dokument, images für die Gesamtheit der in dem Dokument enthaltenen Grafikreferenzen, und length für eine Eigenschaft des images-Objekts.

Abgesehen von dieser einfachen Grundregel haben viele Objekte jedoch ihre Besonderheiten. Bei den Beschreibungen zu den jeweiligen Objekten wird darauf hingewiesen.

3.3 Besondere Objekte und Funktionen

3.3.1 HTML-Elementobjekte

Der HTML-Variante des Document Object Model (DOM) zufolge stellt jedes HTML-Element in einer HTML-Datei ein Objekt dar. Auch diese Elementobjekte sind in der Referenz aufgeführt. Diese Wichtig ist dabei zu wissen, wie mit einer Script-Sprache wie JavaScript auf ein solches HTML-Elementobjekt zugegriffen werden kann. Nach Syntax der HTML-Variante des DOM kann nur auf solche HTML-Elemente zugegriffen werden, die in ihrem einleitenden Tag entweder ein name-Attribut oder ein id-Attribut enthalten. Nach dem erweiterten XML-DOM lässt sich jedoch auch auf jedes beliebige HTML-Element zugreifen, auch wenn dieses kein name- oder id-Attribut hat.

- **Zugriff über name-Attribut**
  Das name-Attribut ist in HTML nur bei bestimmten Elementen erlaubt, etwa bei Formularelementen. Deshalb ist diese Zugriffsmethode auch nur bei den folgenden Elementen möglich, da diese ein name-Attribut erlauben:
  a, applet, form, frame, img, input, iframe, map, meta, object, param, select, textarea
  Mit der Methode document.getElementsByName() können Sie HTML-Elemente ansprechen, die ein name-Attribut haben.

- **Zugriff über id-Attribut**
  Das id-Attribut ist im Gegensatz zum name-Attribut in fast **allen** HTML-Elementen erlaubt. Außerdem sollte seine Wertzuweisung ein dokumentweit eindeutiger Name für das Element sein. Dadurch eignet sich diese Zugriffsmethode in den meisten Fällen in der Praxis besser als die über das name-Attribut. Mit der Methode document.getElementById() können Sie HTML-Elemente ansprechen, die ein id-Attribut haben.

- **Zugriff über den Elementbaum**
  Wenn Sie auf HTML-Elemente zugreifen möchten, bei denen weder ein name-Attribut noch ein id-Attribut notiert ist, steht Ihnen ein dritter Weg offen: der Zugriff über den Elementbaum. Dabei können Sie dann beispielsweise auf die »dritte Tabellenzelle in der zweiten Tabellenreihe der vierten Tabelle im Dokument« zugreifen. Mit der Methode document.getElementsByTagName() sind solche Zugriffe möglich.

- **Eigenschaften und Methoden von HTML-Elementobjekten**
  Jedes HTML-Element hat Eigenschaften. Und zwar stellt jedes erlaubte Attribut eines HTML-Elements eine DOM-Eigenschaft dieses Elements dar. So hat beispielsweise das HTML-Element input ein erlaubtes Attribut value=, und das HTML-Element h1 hat ein erlaubtes Attribut align=. Im DOM gibt es demnach also ein input-Elementobjekt mit der Eigenschaft value, und ein h1-Elementobjekt mit der Eigenschaft align.

Darüber hinaus definiert das DOM für einige der HTML-Elemente auch Methoden. So gibt es für das form-Elementobjekt (also das DOM-Objekt des HTML-Elements form) die Methoden submit() (Formular absenden) und reset() (Formulareingaben verwerfen).

Für alle Eigenschaften und Methoden von HTML-Elementobjekten gelten die zuvor genannten drei Zugriffsmethoden. Wenn Sie beispielsweise folgendes HTML-Element haben: <h1 id="Seitenkopfueberschrift" align="center">Text</h1>, dann können Sie mit document.getElementById() auf das Element zugreifen und die Objekteigenschaft align abfragen oder ändern – z.B.: alert(document.getElementById('Seitenkopfueberschrift').align). Diese JavaScript-Anweisung gibt ein Meldungsfenster aus, in dem center steht, weil document.getElementById("Seitenkopfueberschrift").align auf die Eigenschaft align des Elementobjekts mit der Id Seitenkopfueberschrift zugreift.

In der Referenz werden für alle HTML-Elemente die vom DOM erlaubten Eigenschaften und Methoden beschrieben. Die Eigenschaften ergeben sich dabei zwangsläufig aus den erlaubten Attributen der HTML-Elemente gemäß HTML 4.0. Die Methoden werden dagegen nur vom DOM festgelegt.

Beachten Sie: Jedes HTML-Element stellt gemäß dem DOM außerdem einen **Knoten** im Elementbaum dar. Deshalb gelten für jedes HTML-Element auch alle Eigenschaften und Methoden des node-Objekts. Beachten Sie unbedingt die Groß-/Kleinschreibung der Eigenschaften und Methoden, die in diesem Abschnitt zu den einzelnen HTML-Elementobjekten aufgelistet sind. Fehler bei der Groß-/Kleinschreibung führen zu Fehlern in JavaScript. Da Opera 5.12 das Document Object Model nur sehr unvollständig implementiert hat, wird jeweils darauf hingewiesen, welche Beispiele auch von diesem Browser interpretiert werden.

DOM 1.0 JS 1.5 N 6.x 5.x

Universaleigenschaften

Universaleigenschaften entsprechen den Universalattributen von HTML. Diese Eigenschaften gelten für fast jedes HTML-Element.

Eigenschaft	*Status*	*Bedeutung*
className	Lesen Ändern	CSS-Klassenname
dir	Lesen Ändern	Schreibrichtung
id	Lesen Ändern	dokumentweit eindeutiger Name
lang	Lesen Ändern	Landessprache (de, en, fr, it usw.)
title	Lesen Ändern	Titel

Ein Beispiel:

```
<html><head><title>Test</title>
</head><body>
<p id="p_italiano" lang="it"
  onClick=" alert(document.getElementById('p_italiano').lang)">io senza te</p>
</body></html>
```

Das Beispiel enthält einen Textabsatz mit einer id="p_italiano". Gleichzeitig enthält der Textabsatz einen Event-Handler onClick. Beim Anklicken des Textes gibt ein Meldungsfenster aus, um welche Sprache es sich bei dem Text handelt – ausgegeben wird die Wertzuweisung des Attributs lang, also der Wert it.

Beachten Sie: Das vorliegende Beispiel wird auch von Opera 5.12 interpretiert.

3.3.2 Objektunabhängige Funktionen

Objektunabhängige Funktionen sind im Gegensatz zu selbst definierten Funktionen in JavaScript bereits vordefiniert. Das heißt, Sie können diese Funktionen jederzeit aufrufen. Es handelt sich um bestimmte, zum Teil mächtige JavaScript-Befehle, die in keines der JavaScript-Objekte passen und deshalb nicht der objektorientierten Richtung von JavaScript folgen. In der Referenz sind diese Funktionen alphabetisch einsortiert.

decodeURI()	(kodierten URI dekodieren)
decodeURIComponent()	(kodierten URI dekodieren – II)
encodeURI()	(URI kodieren)
encodeURIComponent()	(URI kodieren – II)
eval()	(Ausdruck interpretieren)
escape()	(ASCII-Zeichen in Zahlen umwandeln)
isFinite()	(auf numerischen Wertebereich prüfen)
isNaN()	(auf numerischen Wert prüfen)
parseFloat()	(in Kommazahl umwandeln)
parseInt()	(in Ganzzahl umwandeln)
Number()	(auf numerischen Wert prüfen)
String()	(in Zeichenkette umwandeln)
unescape()	(Zahlen in ASCII-Zeichen umwandeln)

3.4 Objekt-Referenz

$[1..9]

Eigenschaft	JS 1.2	N 4.0	4.0	Lesen

Objekt: RegExp — Bestandteile eines regulären Ausdrucks

Speichert gemerkte Bestandteile eines regulären Ausdrucks, also geklammerte Teile.

Ein Beispiel:

```
<html><head><title>Test</title>
</head><body>
<script type="text/javascript">
<!-
 var Vollversion = /(\d)/;
 Vollversion.exec(navigator.userAgent);
 document.write("Volle Versionsnummer Ihres Browsers: " + RegExp.$1);
//->
</script>
</body></html>
```

Das Beispiel definiert einen regulären Ausdruck namens Vollversion, der nach dem ersten Vorkommen einer Ziffer sucht und sich die Fundstelle durch eine Klammer = (\d) merkt. Dieser reguläre Ausdruck wird dann auf die Objekteigenschaft navigator.userAgent angewendet, die Angaben zum Browser des Anwenders speichert. Da dieser Wert einem bestimmten Schema folgt, ist klar, dass die erste darin vorkommende Ziffer die Vollversion des Browsers darstellt (sofern sie einstellig ist). Im Beispiel wird die gefundene Versionsnummer dynamisch in die Datei geschrieben. Dabei wird direkt über das RegExp-Objekt auf die Eigenschaft $1 zugegriffen. Das ist der erste in einer Klammer gemerkte Teilausdruck des aktuellen regulären Ausdrucks, im Beispiel die Versionsziffer.

a

HTML-Elementobjekt

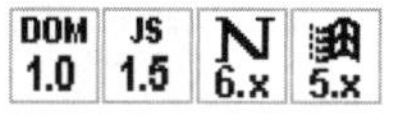

Objekt: document — Verweis

HTML-Elemente <a>...</a> haben als DOM-Objekte für den Scriptsprachen-Zugriff Universaleigenschaften sowie die folgenden eigenen Eigenschaften und Methoden.

Eigenschaft	*Status*	*Bedeutung*
accessKey	Lesen Ändern	Hotkey für den Hyperlink
charset	Lesen Ändern	Zeichensatz des Verweisziels
coords	Lesen Ändern	verweissensitive Bereiche bei Objekten
href	Lesen Ändern	Verweisziel
hreflang	Lesen Ändern	Landessprache des Verweisziels
name	Lesen Ändern	Ankername
rel	Lesen Ändern	Verweisziel als »Vorwärtsverknüpfung«
rev	Lesen Ändern	Verweisziel als »Rückwärtsverknüpfung«

Eigenschaft	*Status*	*Bedeutung*
shape	Lesen Ändern	verweissensitive Bereiche bei Objekten
tabIndex	Lesen Ändern	Tabulatorreihenfolge für Hyperlinks
target	Lesen Ändern	Fensternamen des Verweisziels
type	Lesen Ändern	Mime-Type des Verweisziels

Methode	*Bedeutung*
blur()	entfernt den Fokus von diesem Element
focus()	setzt den Fokus auf dieses Feld

Ein Beispiel:

```
<html><head><title>Test</title>
<link rel="stylesheet" href="styles_1.css">
<script type="text/javascript">
<!-
function AndererLink() {
 document.getElementById("selfhtml_link").href = "http://selfaktuell.teamone.de/";
 document.getElementById("selfhtml_link").firstChild.nodeValue = "SELFHTML aktuell";
}
//->
</script>
</head><body>
<a id="selfhtml_link" href="http://selfhtml.teamone.de/">SELFHTML</a><br>
<a href="javascript:AndererLink()">anderer Link!</a>
</body></html>
```

Die Beispieldatei enthält zwei Verweise. Der erste Verweis führt auf eine Adresse im Netz, der zweite ruft die JavaScript-Funktion AndererLink() auf, die im Dateikopf notiert ist. Diese Funktion weist der Elementeigenschaft href einen neuen Wert zu, nämlich eine andere Internetadresse. Mit getElementById("selfhtml_link") wird dabei auf den Verweis zugegriffen, der mit id="selfhtml_link" ausgezeichnet ist. Außerdem ändert die Funktion AndererLink() auch noch dynamisch den Verweistext. Auch dafür wird die DOM-Syntax verwendet, nämlich durch Zuweisung eines neuen Textes an node.nodeValue (firstChild bezeichnet den ersten Kindknoten eines Knotens).

above

Eigenschaft	JS 1.2 · N 4.0 · Lesen
Objekt: layers	Objekt des überlagernden Layer

Speichert die Information, welcher andere Layer über einem Layer liegt. Die Eigenschaft above liefert das Layer-Objekt des darüber liegenden Layers zurück. Sie müssen also noch eine Eigenschaft wie name anhängen, um mehr über den Layer zu erfahren. Ein Beispiel:

```
<html><head><title>Test</title>
</head><body>
<layer name="GelberLayer" top="100" left="50" height="200" bgcolor="#FFFFE0">
Inhalt des gelben Layers
</layer>
<layer top="150" name="LilaLayer" left="100" height="200" bgcolor="#FFE0FF">
Inhalt des lila Layers
</layer>
<a href="javascript:alert(document.GelberLayer.above.name)">
Wer liegt ueber dem gelben Layer?</a><br>
<a href="javascript:alert(document.GelberLayer.above.top)">
Und wo beginnt er?</a><br>
</body></html>
```

Im Beispiel werden zwei Layer mit den Namen GelberLayer und LilaLayer definiert. Außerdem sind zwei Verweise notiert. Der eine Verweis meldet beim Anklicken den Namen des Layers, der über dem gelben Layer liegt (document.GelberLayer.above.name), der andere Verweis dessen Position von oben (document.GelberLayer.above.top). Über dem gelben Layer liegt der lila Layer, da dieser in der Datei nach dem gelben Layer definiert wird.

abbr

HTML-Elementobjekt — DOM 1.0 | JS 1.5 | N 6.x

Objekt: document — Abkürzung im Text

HTML-Elemente <abbr>...</abbr> haben als DOM-Objekte für den Scriptsprachen-Zugriff Universaleigenschaften.

Ein Beispiel:

```
<html><head><title>Test</title>
<style type="text/css">
<!-
.normal { font-weight:normal }
.fett { font-weight:bold }
->
</style>
<script type="text/javascript">
<!-
function wechseln() {
 if(document.getElementById("abk").className == "normal")
  document.getElementById("abk").className = "fett";
 else
  document.getElementById("abk").className = "normal";
}
//->
</script>
```

```
</head><body>
<p>Das ist eine <abbr id="abk" class="normal" onMouseOver="wechseln()"
onMouseOut="wechseln()">Abk.</abbr></p>
</body></html>
```

Das Beispiel enthält einen Textabsatz mit der Abkürzung Abk., die mit <abbr>...</abbr> ausgezeichnet ist. Das einleitende Tag enthält eine CSS-Klassenangabe, eine eindeutige Id-Angabe und die Event-Handler onMouseOver und onMouseOut, die jeweils die JavaScript-Funktion wechseln() aufrufen, die im Dateikopf notiert ist. Diese Funktion fragt ab, ob der zugewiesene Klassenname normal lautet. Wenn ja, wird er auf fett geändert, wenn nein, wird er auf normal geändert. Dadurch ergibt sich der Effekt, dass beim Überfahren der Abkürzung mit der Maus der Text der Abkürzung fett dargestellt wird, ansonsten normal.

Beachten Sie: Beim Internet Explorer war das Beispiel mit dem abbr-Element außer unter dem Internet Explorer 5.0 der Macintosh Edition nicht nachvollziehbar, mit anderen Elementen dagegen schon.

abs()

Methode JS 1.0 N 2.0 3.0

Objekt: Math Absolutwert

Erwartet als Parameter eine Zahl. Liefert in jedem Fall den positiven Wert der Zahl zurück. War dieser vorher negativ, wird er positiv.

Ein Beispiel:

```
<html><head><title>Test</title>
</head><body>
<form name="Test" action=""><input name="Ein"><input name="Aus">
<input type="button" value="=" onClick="Test.Aus.value=Math.abs(Test.Ein.value)">
</form>
</body></html>
```

Das Beispiel definiert ein Formular mit zwei Eingabefeldern und einem Button. Nach Eingabe einer Zahl im ersten Eingabefeld und Klick auf den Button wird im zweiten Eingabefeld das Ergebnis ausgegeben. Das Ergebnis ist die Anwendung von abs() auf den Wert aus dem ersten Eingabefeld. Wird im ersten Feld eine negative Zahl eingegeben, erscheint im zweiten Feld die gleiche Zahl, allerdings positiv.

acos()

Methode JS 1.0 N 2.0 3.0

Objekt: Math Arcus Cosinus

Erwartet als Parameter eine Zahl. Liefert den Arcus Cosinus dieser Zahl zurück. Achten Sie darauf, dass Sie sinnvolle Werte zwischen -1 und +1 übergeben.

Ein Beispiel:

```
<html><head><title>Test</title>
</head><body>
<form name="Test" action=""><input name="Ein"><input name="Aus">
<input type="button" value="=" onClick="Test.Aus.value=Math.acos(Test.Ein.value)">
</form>
</body></html>
```

Das Beispiel definiert ein Formular mit zwei Eingabefeldern und einem Button. Nach Eingabe einer Zahl im ersten Eingabefeld und Klick auf den Button wird im zweiten Eingabefeld das Ergebnis ausgegeben. Das Ergebnis ist die Anwendung von acos() auf den Wert aus dem ersten Eingabefeld.

Beachten Sie: Diese Methode erwartet Zahlen mit der Einheit *Radiant* (rad) als Parameter.

acronym

HTML-Elementobjekt — DOM 1.0 | JS 1.5 | N 6.x | IE 5.x

Objekt: document — Akronym im Text

Die HTML-Elemente <acronym>...</acronym> haben als DOM-Objekte für den Scriptsprachen-Zugriff Universaleigenschaften. Ein Beispiel:

```
<html><head><title>Test</title></head><body>
<p>Das ist ein <acronym id="acr"
onMouseOver="document.getElementById('acr').title='Acronym'">Acr.</acronym></p>
</body></html>
```

Das Beispiel enthält einen Textabsatz mit dem Akronym Acr., das mit <acronym>... </acronym> ausgezeichnet ist. Das einleitende Tag enthält eine eindeutige Id-Angabe und den Event-Handler onMouseOver. Beim Überfahren des Elementtextes mit der Maus wird dadurch dynamisch ein title-Attribut gesetzt, das aussagt, was die Abkürzung Acr. bedeutet.

Beachten Sie: Das vorliegende Beispiel wird auch von Opera 5.12 interpretiert.

action

Eigenschaft — JS 1.0 | N 2.0 | IE 3.0 | Lesen Ändern

Objekt: forms — Inhalt des action-Attributs

Speichert den Wert, der bei der Definition des Formulars im Attribut action= steht, also etwa eine mailto-Angabe oder ein Server-Programm, das die Formulardaten verarbeitet. Ein Beispiel:

```
<html><head><title>Test</title>
<script type="text/javascript">
<!-
function Bestaetigung() {
 var x = window.confirm("Dieses Formular geht an " + document.Testform.action);
 return x;
}
```

```
//->
</script>
</head><body>
<form name="Testform" action="mailto:duselbst@deine.com"
onSubmit="return Bestaetigung()">
<input type="text" size="40" name="Eingabe">
<input type="submit" value="Absenden">
</form>
</body></html>
```

Das Beispiel enthält ein Formular. Wenn der Anwender das Formular durch Anklicken das [Submit]-Buttons abschickt, wird die Funktion Bestaetigung() aufgerufen, weil im einleitenden <form>-Tag der Event-Handler onSubmit= notiert ist. Dieser ermittelt den Rückgabewert der Funktion Bestaetigung(). Ist der Rückgabewert true, wird das Formular abgeschickt, ist er false, wird es nicht abgeschickt.

Innerhalb der Funktion Bestaetigung() erhält der Anwender mit der confirm-Methode ein Dialogfenster, in dem ihm der Wert der Formularangabe action angezeigt wird. Confirm-Fenster haben stets zwei Buttons, einen zum Bestätigen und einen zum Abbrechen. Der Button zum Bestätigen gibt bei Anklicken true zurück, der Abbrechen-Button false. Der Rückgabewert wird im Beispiel in der Variablen x gespeichert. Diese wird wiederum von der Funktion Bestaetigung() selbst zurückgegeben, denn der aufrufende Event-Handler erwartet ja einen solchen Rückgabewert.

Beachten Sie: Die Verwendung von mailto: als Zieladresse eines Formulars verursacht häufig Probleme. Sie können als Zieladresse eines Formulars auch eine HTML-Datei angeben und Formulardaten mittels JavaScript verarbeiten. Berücksichtigen Sie dabei, dass JavaScript nur dann Zugriff auf Daten hat, wenn die Methode get verwendet wurde. Opera 5.12 zeigt im Protokoll file den Quelltext der Zieldatei an.

address

HTML-Elementobjekt — DOM 1.0 | JS 1.5 | N 6.x | IE 5.x

Objekt: document — Adresse im Text

HTML-Elemente <address>...</address> haben als DOM-Objekte für den Scriptsprachen-Zugriff Universaleigenschaften. Ein Beispiel:

```
<html><head><title>Test</title>
<script type="text/javascript">
<!-
function Namen() {
 document.getElementsByTagName("address")[0].firstChild.nodeValue = 'Stefan Münz';
}
function Text() {
 document.getElementsByTagName("address")[0].firstChild.nodeValue = 'SELFHTML-Redaktion';
}
//->
</script>
</head><body>
```

```
<div>Dies alles ist von der
<address onMouseOver="Namen()" onMouseOut="Text()">SELFHTML-
Redaktion</address><div>
</body></html>
```

Das Beispiel enthält einen Textabsatz mit der Adressbezeichnung SELFHTML-Redaktion, die mit <address>...</address> ausgezeichnet ist. Das einleitende Tag enthält die Event-Handler onMouseOver und onMouseOut, die jeweils eine JavaScript-Funktion aufrufen. Die Funktion Namen(), die bei onMouseOver aufgerufen wird, ersetzt den Inhalt SELFHTML-Redaktion durch den Wert Stefan Münz. Die Funktion Text() stellt dagegen den Originalzustand wieder her und wird bei onMouseOut aufgerufen. Beide Funktionen greifen mit getElementsByTagName ("address")[0] auf das erste address-Element im Dokument zu. Der jeweils neue Textinhalt des Elements wird mit node.nodeValue gesetzt (firstChild bezeichnet den ersten Kindknoten eines Knotens).

alert()

Methode JS 1.0 N 2.0 3.0

Objekt: window Dialogfenster anzeigen

Gibt Text in einem Dialogfenster aus. Erwartet eine Zeichenkette, eine Zahl oder ein Objekt als Parameter. Ein Beispiel:

```
<html><head><title>Test</title>
</head><body>
<a href="javascript:alert('Verweisziel noch nicht erreichbar')">Unsere Erfolge</a>
</body></html>
```

Das Beispiel führt beim Anklicken eines Verweises keinen Sprung zu einer anderen Seite aus, sondern gibt stattdessen eine Dialogbox mit dem Hinweis "Verweisziel noch nicht erreichbar" aus. Sie können der alert()-Methode feste Zeichenketten übergeben wie im Beispiel, aber auch Variablen. Dann wird der Inhalt der Variablen ausgegeben. Auch zusammengesetzte Ketten dürfen Sie übergeben, etwa: alert("Ihr Browser" + navigator.userAgent)

Beachten Sie: Intern wandelt die alert()-Methode den übergebenen Parameter in eine Zeichenkette um. So kann es vorkommen, dass sich ein Wert mit alert() ausgeben lässt, jedoch keine Zeichenkettenoperationen mit dem ausgegebenen Wert ausführbar sind, da es sich außerhalb der Ausgabe nicht um eine Zeichenkette handelt. Der Rückgabewert der Methode alert() ist stets undefined.

Das Aussehen des Mitteilungsfenster ist abhängig vom Betriebssystem und dem verwendeten Browser. Das bedeutet, Sie können die Mitteilungsbox nur mittels Steuerzeichen formatieren. Weitere Formatierungsmöglichkeiten stehen Ihnen nicht zur Verfügung.

alinkColor

Eigenschaft JS 1.0 N 2.0 3.0 Lesen Ändern

Objekt: document Farbe eines angeklickten Links

Speichert die Farbe für Verweise, während diese angeklickt werden, wie beim Attribut alink= im <body>-Tag oder vom Anwender in seinen Browser-Einstellungen festgelegt ist. Ein Beispiel:

```
<html><head><title>Test</title>
<script type="text/javascript">
<!-
var i = 0;
function AndereFarbe() {
 if(i == 0) document.alinkColor = "#000000";
 else if(i == 1) document.alinkColor = "#FF0000";
 else if(i == 2) document.alinkColor = "#0000FF";
 else if(i == 3) document.alinkColor = "green";
 i = i + 1; if(i > 3) i = 0;
}
//->
</script>
</head><body>
<a href="javascript:AndereFarbe()">Verweisfarbe</a>
</body></html>
```

Das Beispiel ruft beim Anklicken des Verweises eine Funktion namens AndereFarbe() auf. Diese Funktion ändert bei jedem ihrer Aufrufe den Wert für document.alinkColor. Beachten Sie, dass Farben dabei entweder hexadezimal notiert werden oder in Form erlaubter Farbnamen (siehe auch Kapitel 3.5 *Farben definieren in HTML*). Der Wert muss in jedem Fall in Anführungszeichen stehen.

Beachten Sie: Diese klassische, im herkömmlichen JavaScript gültige Implementierung von alinkColor als direkte Eigenschaft des document-Objekts wird vom DOM missbilligt. Laut DOM soll das HTML-Elementobjekt body diese Eigenschaft besitzen. Opera 5.12 interpretiert die Eigenschaft alinkColor nicht.

all

Objekt

Zugriff auf alle Elemente eines Dokuments

Das Objekt all, das in der JavaScript-Objekthierarchie unterhalb des document-Objekts liegt, ist der Schlüssel zu Dynamischem HTML nach dem Ansatz des MS Internet Explorer ab Version 4.0. Mit Hilfe des all-Objekts haben Sie Script-Zugriff auf alle einzelnen Elemente und Inhalte einer HTML-Datei.

Eigenschaften

className	(Stylesheet-Klassenname eines Elements)
dataFld	(Datenfeld bei Datenanbindung)
dataFormatAs	(Datentyp bei Datenanbindung)
dataPageSize	(Anzahl Datensätze bei Datenanbindung)
dataSrc	(Datenquelle bei Datenanbindung)
id	(id-Name eines Elements)
innerHTML	(Inhalt eines Elements als HTML)

innerText	(Inhalt eines Elements als Text)
isTextEdit	(Editierbarkeit eines Elements)
lang	(Sprache eines Elements)
language	(Script-Sprache für ein Element)
length	(Anzahl Elemente)
offsetHeight	(Höhe eines Elements)
offsetLeft	(Linkswert der linken oberen Elementecke)
offsetParent	(Elternelement-Position)
offsetTop	(Obenwert der linken oberen Elementecke)
offsetWidth	(Breite eines Elements)
outerHTML	(Elementinhalt plus äußeres HTML)
outerText	(Elementinhalt plus äußerem Text)
parentElement	(Elternelement)
parentTextEdit	(Editierbarkeit des Elternelements)
recordNumber	(Datensatznummer bei Datenanbindung)
sourceIndex	(wie vieltes Element)
tagName	(HTML-Tag des Elements)
title	(Titel des Elements)

Methoden

click()	(Element anklicken)
contains()	(Zeichenkette in Element enthalten)
getAttribute()	(Attribut in einem Element ermitteln)
insertAdjacentHTML()	(Element einfügen)
insertAdjacentText()	(Text einfügen)
removeAttribute()	(Attribut aus Element entfernen)
scrollIntoView()	(zu Element scrollen)
setAttribute()	(Attribut eines Elements einfügen)

all: Allgemeines zur Verwendung

Die meisten Eigenschaften können Sie lesen und ändern. Methoden des all-Objekts erlauben unter anderem das Einfügen oder Entfernen von HTML-Tags und von Angaben innerhalb eines HTML-Tags. Auf diese Weise ist der dynamische Zugriff auf alle Bestandteile einer Datei möglich.

Das all-Objekt gehört nicht zum offiziellen JavaScript-Sprachstandard. Es wurde von Microsoft für den MS Internet Explorer 4.0 implementiert. Das all-Objekt funktioniert zwar auch prima innerhalb von Script-Bereichen, die mit »JavaScript« ausgezeichnet sind, doch es ist bislang eigentlich nur Bestandteil von JScript, dem Microsoft-Derivat von JavaScript.

Mit den neuen Browser-Generationen und dem Document Object Model (DOM) wird das all-Objekt durch die neuen HTML-Elementobjekte und das node-Objekt verdrängt. Es hat also keine Zukunft mehr und sollte allenfalls noch aus Gründen der Rückwärtskompatibilität eingesetzt werden.

HTML-Elemente ansprechen

Das all-Objekt behandelt alle HTML-Tags, die in einer HTML-Datei notiert sind, als Kette von Elementen. Sie können jedes einzelne HTML-Tag in einer Datei ansprechen. Ein Beispiel:

```
<html>
<head>
<title>Test</title>
<script type="text/javascript">
<!-
function Aendern() {
 document.all.tags("h1")[0].innerText = "Anderer Inhalt";
}
//->
</script>
</head>
<body>
<h1>eine Überschrift</h1>
<a href="javascript:Aendern()">Aendern</a>
</body></html>
```

Das Beispiel enthält eine Überschrift und einen Verweis. Beim Anklicken des Verweises wird die Funktion Aendern() aufgerufen. Diese Funktion ändert den Text der Überschrift dynamisch in "Anderer Inhalt".

Um ein bestimmtes HTML-Tag anzusprechen, notieren Sie document.all.tags. Dahinter folgt, in runden Klammern und in Anführungszeichen, der Name des HTML-Tags, auf das Sie zugreifen möchten. Im Beispiel soll auf ein <h1>-Tag zugegriffen werden, also muss ("h1") notiert werden. Damit haben Sie eine Art Zwischenobjekt, nämlich eine Kette aus allen <h1>-Elementen der Datei. Nun müssen Sie noch angeben, welches Sie meinen. Im Beispiel gibt es zwar nur eine <h1>-Überschrift, aber es könnte ja auch mehrere davon geben. Dazu notieren Sie in eckigen Klammern, das wievielte HTML-Tag vom angegebenen Typ Sie meinen. Beachten Sie, dass der Zähler bei 0 beginnt, d.h., das erste Element sprechen Sie mit [0] an, das zweite mit [1] usw. Beim Zählen gilt die Reihenfolge, in der die HTML-Tags des ausgewählten Typs in der Datei notiert sind.

Nachdem Sie ein bestimmtes, eindeutiges HTML-Tag angesprochen haben, können Sie dahinter eine der Eigenschaften oder Methoden des all-Objekts auf dieses HTML-Tag anwenden.

HTML-Elemente mit Namen ansprechen

Sie können jedes HTML-Element in einem Script auch mit einem Namen ansprechen. Voraussetzung ist, dass das HTML-Element einen Namen durch die Attribute id= bzw. name= erhalten hat. Ein Beispiel:

```
<html>
<head>
<title>Test</title>
<script type="text/javascript">
<!-
function MachPzuH() {
```

```
 document.all.MeinElement.outerHTML = "<h1>" +
 document.all["MeinElement"].innerText + "<\/h1>";
}
//->
</script>
</head>
<body>
<p id="MeinElement">Ein Element mit Text</p>
<a href="javascript:MachPzuH()">Mach P zu H</a>
</body></html>
```

Das Beispiel enthält einen Absatz und einen Verweis. Beim Anklicken des Verweises wird die Funktion MachPzuH() aufgerufen. Diese Funktion verwandelt den Absatz dynamisch in eine Überschrift 1. Ordnung.

Um ein HTML-Element mit seinem Namen anzusprechen, müssen Sie im einleitenden Tag des Elements das Attribut id= notieren und dahinter einen Namen vergeben. Im Beispiel ist das der Name "MeinElement". Dann können Sie dieses Element mit document.all.ElementName, im Beispiel also mit document.all.MeinElement, ansprechen.

Alternativ können Sie, wie im zweiten Teil des Beispieles, das Element mit document.all ["MeinElement"] angesprechen. Über diese Art des Ansprechens eines Elementes können Sie auch Variablen übergeben. Dazu notieren Sie einfach den Variablennamen ohne Anführungszeichen anstatt eines festen Wertes, z.B. document.all[Variablenname]. Voraussetzung ist jedoch, dass die Variable auch existiert.

altKey

Eigenschaft — JS 4.0 | Lesen

Objekt: event — Status der Taste Alt

Microsoft-Syntax. Speichert, ob die Zusatztaste Alt gemeinsam mit einer anderen Taste oder einem Mausklick gedrückt wurden. Ein Beispiel:

```
<html><head><title>Test</title>
<script for="document" event="onkeypress()" language="JScript" type="text/jscript">
<!-
 {
  if(window.event.shiftKey)
   alert("eine Taste plus Umschalttaste gedrueckt!");
 }
//->
</script>
</head><body>
</body></html>
```

Im Beispiel wird überwacht, ob der Anwender eine Taste drückt (onkeypress). Wenn ja, wird abgefragt, ob zusätzlich die Umschalttaste gedrückt wurde. In diesem Fall wird eine entsprechende Meldung ausgegeben.

anchor()

Methode 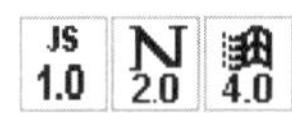

Objekt: string Zeichenkette als Verweisanker formatieren

Formatiert eine Zeichenkette als Verweisanker, der mit Hilfe eines HTML-Verweises angesprungen werden kann. Hat also die gleiche Wirkung wie das HTML-Konstrukt <a name=>... </a>. Als Parameter erwartet die Methode den gewünschten Ankernamen. Ein Beispiel:

```
<html><head><title>Test</title></head><body>
<script type="text/javascript">
<!-
 var Anker = "Inhaltsverzeichnis";
 document.write(Anker.anchor("a1"));
 for(var i=1;i<100;++i)
  document.write("<br>Zeile " + i);
 document.write("<br><a href=\"#Anker\">Testverweis<\;/a>");
//->
</script></body></html>
```

Das Beispiel definiert eine Variable Anker mit dem Wert Inhaltsverzeichnis. Mit Hilfe von document.write() wird daraus ein Verweisanker geschrieben. Die Konstruktion Anker.anchor ("a1") bewirkt dabei das Gleiche wie das HTML-Konstrukt <a name="a1">Inhaltsverzeichnis </a>. Zu Testzwecken werden im Beispiel anschließend 100 Zeilen in die Datei geschrieben und dahinter ein Verweis. Beim Klicken auf den Verweis wird der mit JavaScript erzeugte Verweisanker angesprungen.

Beachten Sie: Das Beispiel funktioniert nur eingeschränkt. Opera 5.12 und Netscape 4.x springen nach dem Klick auf den Verweis an den Anfang des Dokumentes. Netscape 6 und der MS Internet Explorer ignorieren den Anker vollständig. Tests ergaben jedoch, dass alle Browser den String erzeugen und auch einen Eintrag im Objekt anchors anlegen.

anchors

Objekt 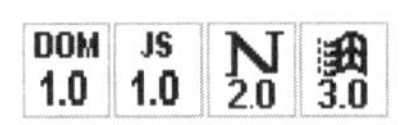

Zugriff auf Verweisanker

Mit dem Objekt anchors, das in der JavaScript-Objekthierarchie unterhalb des document-Objekts liegt, haben Sie Zugriff auf Verweisanker, die in einer HTML-Datei definiert sind.

Eigenschaft

name	(Name des Verweisankers)
length	(Anzahl der Verweisanker)
text	(Text des Verweisankers)
x	(horizontale Position des Verweisankers)
y	(vertikale Position des Verweisankers)

anchors: Allgemeines zur Verwendung

Ein Verweisanker in HTML ist beispielsweise:

```
<a name="top">Hier beginnt die Seite</a>
```

In JavaScript 1.0 ist es lediglich möglich, die Anzahl der Verweisanker in einer Datei auszulesen. In JavaScript 1.2 sind jedoch weitere Eigenschaften implementiert worden. Es stehen folgende Arten zur Verfügung, mit JavaScript einen bestimmten Verweisanker anzusprechen:

Schema 1 / Beispiel 1:

```
document.anchors[#].Eigenschaft
document.anchors[0].name
```

Schema 2 / Beispiel 2:

```
document.anchors["Ankername"].Eigenschaft
document.anchors["oben"].text
```

Verweisanker können Sie auf zwei Arten ansprechen:

- Mit einer Indexnummer (wie in Schema 1 / Beispiel 1). Bei Verwendung von Indexnummern geben Sie document.anchors an und dahinter in eckigen Klammern, den wievielten Anker in der Datei Sie meinen. Beachten Sie, dass der Zähler bei 0 beginnt, d.h. den ersten Verweisanker sprechen Sie mit anchors[0] an, den zweiten Verweisanker mit anchors[1] usw. Beim Zählen gilt die Reihenfolge, in der die Verweisanker in der Datei notiert sind.
- Mit Namen des Ankers als Indexnamen (wie in Schema 2 / Beispiel 2). Dabei notieren Sie wie beim Ansprechen mit Indexnummer hinter document.anchors eckige Klammern. Innerhalb der eckigen Klammern notieren Sie in Anführungszeichen den Namen, den Sie bei der Definition des Verweisankers im einleitenden <a>-Tag im Attribut name= angegeben haben.

Beachten Sie: Im MS Internet Explorer ist es nicht möglich, mit dem Schema 2 auf einen Verweisanker zuzugreifen. Sie können aber jeden Anker über das all-Objekt und dessen Eigenschaften ansprechen.

appCodeName

Eigenschaft

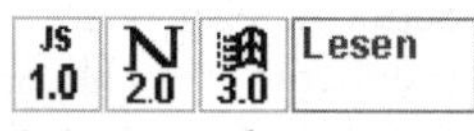

Objekt: navigator — Spitzname des Browsers

Speichert den Spitznamen des Browsers. Dieses Feature wurde von Netscape deshalb erfunden, weil der Netscape-Browser den Spitznamen »Mozilla« trägt. Ein Beispiel:

```
<html><head><title>Test</title>
<script type="text/javascript">
<!-
if(navigator.appCodeName == "Mozilla")
 alert("So ein drachenstarker Browser!");
//->
```

```
</script>
</head><body>
</body></html>
```

Das Beispiel ermittelt beim Einlesen der Datei, ob der vom Anwender benutzte Browser auf den Spitznamen »Mozilla« hört. Wenn ja, wird die Meldung »So ein affenartiger Browser!« ausgegeben. Sowohl Netscape als auch der MS Internet Explorer wie auch Opera 5.12 speichern in dieser Eigenschaft den Wert »Mozilla«.

appendChild()

Methode	DOM 1.0 · JS 1.5 · N 6.x · IE 5.x
Objekt: node	Knoten als Kind einfügen

Hängt einen zuvor neu erzeugten Knoten in die bestehende Knotenstruktur ein, und zwar so, dass er als letztes Kindelement eines anzugebenden Knotens eingefügt wird. Ein Beispiel:

```
<html><head><title>Test</title></head>
<body>
<ol id="Liste">
<li>Element</li>
</ol>
<script language="JavaScript" type="text/javascript">
<!-
document.getElementById("Liste").removeChild(document.getElementById("Liste").firstChild);

for(var i = 0; i < 10; i++) {
  var newLI = document.createElement("li");
  var liNummer = i + 1;
  var newLIText = document.createTextNode("Das ist Listeneintrag Nummer " + liNummer);
  document.getElementById("Liste").appendChild(newLI);
  document.getElementsByTagName("li")[i].appendChild(newLIText);
}
//->
</script>
</body></html>
```

Das Beispiel füllt eine nummerierte Liste automatisch mit Daten. Unmittelbar nach dem Einlesen der nummerierten Liste folgt ein JavaScript-Bereich. Zuerst wird mit der Methode removeChild() das vorhandene Listenelement entfernt. Anschließend ist eine for-Schleife notiert, die 10-mal durchlaufen wird. Bei jedem Schleifendurchgang wird zunächst mit document.createElement() ein neues Element vom Typ li erzeugt. Dann wird eine Variable liNummer auf einen Wert gesetzt, der um 1 höher ist als der des Schleifenzählers i. Diese Variable wird in der nachfolgenden Anweisung benutzt, bei der mit document.createTextNode() ein neuer Textknoten erzeugt wird. Anschließend folgen – immer noch innerhalb der for-Schleife – zwei appendChild()-Aufrufe. Die erste der Anweisungen greift mit document.getElementById("Liste") auf das ol-Element zu und führt dazu, dass diesem ein neues Kindelement am Ende hinzugefügt wird. Angehängt wird der zuvor neu erzeugte Elementknoten newLI, der ja ein neues li-Element speichert. Beim zweiten Aufruf wird der Schleifenzähler i benutzt, um mit document.getElementsByTagName("li")[i] auf das gerade neu erzeugte li-Element zuzugreifen. Ihm wird mit appendChild() der zuvor erzeugte Textknoten als Kindelement hinzugefügt. Auf diese Weise füllt sich die Liste bei jedem Schleifendurchlauf um ein neues li-Element mitsamt Zeicheninhalt.

appendData()

Methode — DOM 1.0, JS 1.5, N 6.x

Objekt: node — Daten an Knoten anhängen

Fügt einem Textknoten oder dem Wert eines Attributknotens am Ende Daten hinzu, ohne die bestehenden Daten zu überschreiben. Ein Beispiel:

```
<html><head><title>Test</title>
<script type="text/javascript">
<!-
function ergaenzen() {
 var Rest = document.createTextNode("vollkommen!");
 document.getElementById("Absatz").firstChild.appendData(Rest.nodeValue);
}
//->
</script>
</head>
<body>
<p id="Absatz">Ich bin ja so un</p>
<p><a href="javascript:ergaenzen()">un - was?</a></p>
</body></html>
```

Das Beispiel enthält einen Absatz mit nicht ganz sinnigem Text und unterhalb davon einen Verweis. Beim Anklicken des Verweises wird die Funktion ergaenzen() aufgerufen, die im Dateikopf notiert ist. Diese Funktion erzeugt zunächst mit document.createTextNode() einen neuen Textknoten. Anschließend greift sie mit document.getElementById("Absatz").firstChild auf den Knoten zu, der den Zeicheninhalt des Textabsates mit dem unfertigen Text darstellt, und fügt dort mit appendData() den Wert des neu erzeugten Textknotens (Rest.nodeValue) hinzu. Aus dem Text ich bin ja so un wird also ich bin ja so unvollkommen!

Beachten Sie: Der Internet Explorer 5.x unterstützt diese Methode noch nicht. Sie können sich damit behelfen, auf den Inhalt eines Textknotens zuzugreifen und dann mit nodeValue += "Text" Daten hinzuzufügen. Im MS Internet Explorer 6.0beta und im MS Internet Explorer 5.0 Macintosh Edition wird die Methode dagegen unterstützt.

applet

HTML-Elementobjekt — DOM 1.0, JS 1.5, N 6.x, IE 5.x

Objekt: document — Java-Applet einbinden

HTML-Elemente <applet>...</applet> haben als DOM-Objekte für den Scriptsprachen-Zugriff Universaleigenschaften sowie die folgenden eigenen Eigenschaften.

Eigenschaft	*Status*	*Bedeutung*
align	Lesen Ändern	Ausrichtung
alt	Lesen Ändern	Alternativtext
archive	Lesen Ändern	kommaseparierte Liste mit Archivdateien
code	Lesen Ändern	Klassendatei des Applets
codeBase	Lesen Ändern	Basis-URI des Applets
height	Lesen Ändern	Anzeigehöhe
hspace	Lesen Ändern	horizontaler Abstand zwischen Applet und umfließendem Text
name	Lesen Ändern	Name für das Applet
object	Lesen Ändern	Objekt-Id des Applets
vspace	Lesen Ändern	vertikaler Abstand zwischen Applet und umfließendem Text
width	Lesen Ändern	Anzeigebreite

Ein Beispiel:

```
<html><head><title>Test</title>
</head><body>
<applet id="Ticker" code="zticker.class" width="600" height="60">
 <param name="msg" value="Die Energie des Verstehens">
 <param name="speed" value="5">
 <param name="bgco" value="255,255,255">
 <param name="txtco" value="000,000,255">
 <param name="hrefco" value="255,255,255">
</applet>
<form name="Form" action="">
<input type="button" value="40" onClick="document.getElementById('Ticker').height=40">
<input type="button" value="60" onClick="document.getElementById('Ticker').height=60">
</form>
</body></html>
```

Das Beispiel enthält ein eingebundenes Java-Applet für einen Lauftext (Ticker). Unterhalb des Applets ist ein Formular mit einem Eingabefeld notiert. Klickt der Anwender auf die Buttons, wird dynamisch die Anzeigehöhe des Java-Applets geändert, und der Lauftext ändert dabei automatisch seine Größe (sofern das Applet so programmiert ist, dass die Größe des Lauftextes von dem Attribut height= im einleitenden <applet>-Tag abhängig ist). Mit document. getElementById('Ticker') wird auf das Applet zugegriffen, da es im einleitenden Tag das Attribut id="Ticker" hat. Geändert wird sein Attribut height.

Beachten Sie: Der Browser Netscape 6.1 interpretiert dieses Beispiel nicht.

applets

Objekt | DOM 1.0 | JS 1.0 | N 2.0 | 3.0

Zugriff auf Applets im Dokument

Mit dem Objekt applets, das in der JavaScript-Objekthierarchie unterhalb des document-Objekts liegt, haben Sie Zugriff auf Java-Applets, die in einer HTML-Datei definiert sind. Die einzige gewöhnliche JavaScript-Objekteigenschaft des applets-Objekts ist die Anzahl der Java-Applets in einer Datei.

Eigenschaft

length (Anzahl Java-Applets)

applets: Allgemeines zur Verwendung

Über das applets-Objekts haben Sie jedoch auch Zugriff auf Code in Java-Applets. Dazu müssen Sie das gewünschte Java-Applet ansprechen. Es stehen drei Arten zur Verfügung, mit JavaScript ein bestimmtes Java-Applet anzusprechen:

Schema 1:

```
document.applets[#].Code();
```

Schema 2:

```
document.applets["AppletName"].Code();
```

Schema 3:

```
document.AppletName.Code();
```

Java-Applets können Sie auf drei Arten ansprechen:

- Mit einer Indexnummer (wie in Schema 1): Bei Verwendung von Indexnummern geben Sie document.applets an und dahinter in eckigen Klammern, das wievielte Java-Applet in der Datei Sie meinen. Beachten Sie, dass der Zähler bei 0 beginnt, d.h. das erste Java-Applet sprechen Sie mit applets[0] an, das zweite Java-Applet mit applets[1] usw. Beim Zählen gilt die Reihenfolge, in der die <applet>-Befehle in der Datei notiert sind.
- Mit Namen des Java-Applets als Indexnamen (wie in Schema 2): Dabei notieren Sie wie beim Ansprechen mit Indexnummer hinter document.applets eckige Klammern. Innerhalb der eckigen Klammern notieren Sie in Anführungszeichen den Namen, den Sie bei der Definition des Java-Applets im einleitenden <applet>-Tag im Attribut name= angegeben haben.
- Mit dem Namen des Java-Applets direkt (wie in Schema 3): Dabei geben Sie mit document.AppletName den Namen an, den Sie bei der Definition des Java-Applets im einleitenden <applet>-Tag im Attribut name= angegeben haben.

JS 1.2 N 4.0 IE 5.0 Zugriff auf Code in Java-Applets

Sie können direkt auf den Code eines laufenden Java-Applets zugreifen. Dazu müssen Sie jedoch den Quellcode des Java-Applets kennen (Dateien **.java* vor dem Kompilieren mit dem Java-Compiler).

Das folgende Beispiel zeigt das Prinzip. Nähere Informationen zur Vorgehensweise und zum Konzept des »lebendigen Drahts« (»LiveWire«) zwischen JavaScript und Java finden Sie auf den Entwicklerseiten von Netscape (*developer.netscape.com/*).

Beispiel Teil 1 – Quellcode eines Java-Applets:

```
import java.awt.Graphics;
import java.applet.Applet;

public class HelloWorld extends Applet
{
 String myString ="Das ist mein Hallo-Text";

 public void paint(Graphics g)
 {
  g.drawString(myString, 25, 20);
 }
 public void setString(String aString)
 {
  myString = aString;
  repaint();
 }
}
```

Beispiel Teil 2 – HTML-Datei mit Java-Applet und JavaScript-Zugriff:

```
<html><head><title>Test</title>
</head><body>
<applet code="HelloWorld" name="Hallo" width=150 height=25>
</applet><br>
<form name="Eingabe" action="">
<input name="Text">
<input type="button" value="Test"
onclick="document.Hallo.setString(document.Eingabe.Text.value)">
</form>
</body></html>
```

Im ersten Teil des Beispiels finden Sie den Quellcode eines Java-Applets, das einen Text am Bildschirm ausgibt. Auf den Quellcode wird hier nicht näher eingegangen. Achten Sie lediglich auf die letzte Methode, die in dem Quelltext definiert wird:

```
public void setString(String aString)
```

Damit wird der definierte Text letztendlich am Bildschirm ausgegeben. Im zweiten Teil des Beispiels wird angenommen, dass der Quellcode aus dem ersten Teil des Beispiels mit dem Java-Compiler zu einem Java-Applet mit dem Namen HelloWorld.class kompiliert wurde.

Dieses Java-Applet wird in der HTML-Datei mit dem <applet>-Tag eingebunden. Dabei erhält das Applet mit name= den Namen "Hallo".

Unterhalb davon wird ein Formular mit einem Eingabefeld und einem Button definiert. In dem Eingabefeld lässt sich ein Text eingeben. Beim Klick auf den Button wird der eingegebene Text an das Java-Applet »gesendet«, und zwar so, dass der Text, den das Applet anzeigt, durch den eingegebenen Text ersetzt wird.

Dazu wird das Applet mit document.Hallo angesprochen. Dahinter wird keine JavaScript-Methode notiert, sondern direkt eine Methode aus dem Quellcode des Java-Applets, nämlich die Methode setString(). Diese Methode erwartet als Parameter eine Zeichenkette (siehe Quellcode des Java-Applets). Das JavaScript übergibt als Zeichenkette den Wert aus dem Eingabefeld des Formulars. Der Umgang mit Formularen in JavaScript wird beim forms-Objekt und seinen Unterobjekten näher beschrieben.

Beachten Sie: Opera 5.12 und der MS Internet Explorer 5.0 Macintosh Edition interpretierten dieses Beispiel nicht.

appName

Eigenschaft | JS 1.0 | N 2.0 | IE 3.0 | Lesen

Objekt: navigator | Name des Browsers

Speichert den Namen des Browsers, den der Anwender verwendet. Netscape speichert in dieser Eigenschaft beispielsweise den Wert »Netscape«, der MS Internet Explorer den Wert »Microsoft Internet Explorer«. Das Beispiel schreibt mit der write()-Methode in die HTML-Datei, welchen Browser der Anwender verwendet:

```
<html><head><title>Test</title>
</head><body>
<script type="text/javascript">
<!-
 document.write("So, so, Sie verwenden also " + navigator.appName);
//->
</script>
</body></html>
```

Beachten Sie: Unter Opera kann der Anwender frei wählen, wie sich der Browser identifiziert.

appVersion

Eigenschaft | JS 1.0 | N 2.0 | IE 3.0 | Lesen

Objekt: navigator | Version des Browsers

Speichert die Version des Browsers, den der Anwender verwendet. Ein Beispiel:

```
<html><head><title>Test</title>
<script type="text/javascript">
<!-
if(navigator.appVersion.substring(0,1) == "4")
 alert("Oh, ein Browser der 4. Generation!");
```

```
//->
</script>
</head><body>
</body></html>
```

Das Beispiel fragt ab, ob das erste Zeichen aus dem Wert, der in navigator.appVersion gespeichert ist, eine 4 ist. Wenn ja, wird eine Meldung ausgegeben. Der Wert von navigator.appVersion umfasst mehr als nur die reine Produktversion. Netscape 4.01 liefert z.B. folgenden Wert: "4.01 [en] (Win95; I)", der MS Internet Explorer 4.0 liefert z.B.: "4.0 (compatible; MSIE 4.0; Windows 95)". Um Teile aus einer solchen Zeichenkette zu extrahieren wie im Beispiel mit der Methode substring(), lesen Sie den Abschnitt über das string-Objekt.

Beachten Sie: Unter Opera kann der Anwender frei wählen, wie sich der Browser identifiziert. Damit können je nach Nutzereinstellung auch in dieser Eigenschaft beliebige und eventuell unrealistische Werte gespeichert sein.

area

HTML-Elementobjekt DOM 1.0 JS 1.5 N 6.x 5.x

Objekt: document Bereich in klicksensitiver Grafik

HTML-Elemente <area> haben als DOM-Objekte für den Scriptsprachen-Zugriff Universaleigenschaften sowie die folgenden eigenen Eigenschaften.

Eigenschaft	*Status*	*Bedeutung*
accesskey	Lesen Ändern	Hotkey für den Hyperlink
alt	Lesen Ändern	Kurzbeschreibung des Verweisziels
coords	Lesen Ändern	Koordinaten des verweissensitiven Bereichs
href	Lesen Ändern	Verweisziel
nohref	Lesen Ändern	aktionsloser Bereich
shape	Lesen Ändern	Typ eines verweissensitiven Bereichs
tabindex	Lesen Ändern	Tabulatorreihenfolge für Hyperlinks
target	Lesen Ändern	Fensternamen des Verweisziels

Ein Beispiel:

```
<html><head><title>Test</title>
<script type="text/javascript">
<!-
function plus100() {
```

```
 document.getElementById("Verweis").coords = "101,101,349,149";
}
//->
</script>
</head><body>
<map name="Testbild">
<area id="Verweis" shape="rect" coords="1,1,249,49"
    href="javascript:plus100()" title="Koordinaten" alt="Koordinaten">
</map>
<img src="hypgraf.gif" width="400" height="400"
  usemap="#Testbild" alt="verweissensitive Grafik">
</body></html>
```

Das Beispiel enthält eine Grafik, die auf einen map-Bereich verweist, in dem ein verweissensitiver Bereich für die Grafik notiert wird. Beim Anklicken dieses verweissensitiven Bereichs wird die JavaScript-Funktion plus100() aufgerufen, die im Dateikopf notiert ist. Diese Funktion ändert dynamisch die Eigenschaft coords, indem sie ihr neue Werte zuweist. Der Effekt ist, dass der verweissensitive Bereich anschließend um 100 Pixel weiter nach rechts unten verlagert wird.

Beachten Sie: Das vorliegende Beispiel wird auch von Opera 5.12 interpretiert.

arguments

Eigenschaft	JS 1.1	N 3.0	IE 4.0	Lesen

Objekt: Function — Argumente einer Funktion

Speichert die Argumente, die einer Funktion übergeben wurden, in einem Array, also einer Kette von Elementen. Jedes Element stellt ein Argument dar. Die Eigenschaft ist nur innerhalb der Funktion verfügbar, auf die sie sich bezieht. Ein Beispiel:

```
<html><head><title>Test</title>
</head><body>
<script language="JavaScript" type="text/javascript">
<!-
function Test(Name,Vorname) {
 document.write("Funktion bekam " + Test.arguments.length + " Argumente");
 for (var i=0; i<Test.arguments.length; ++i)
  document.write("<BR>" + Test.arguments[i]);
}
Test("Muenz", "Stefan");
//->
</script>
</body></html>
```

Das Beispiel definiert eine Funktion Test(), die zwei Parameter übergeben bekommt. Die Funktion schreibt dynamisch in die HTML-Datei, wie viele Parameter sie erwartet, und danach in einer for-Schleife, welche Werte übergeben wurden.

Mit Funktionsname.arguments.length ermitteln Sie die Anzahl der tatsächlich übergebenen Parameter (nicht die Anzahl der erwarteten Parameter). Mit Funktionsname.arguments[0] sprechen Sie den Wert des ersten übergebenen Parameters an, mit Funktionsname.arguments[1] den des zweiten Parameters usw.

arity

Eigenschaft JS 1.2 | N 4.0 | Lesen

Objekt: Function Anzahl der Funktionsargumente

Speichert die Anzahl Argumente, die eine Funktion erwartet. Die Eigenschaft ist nur außerhalb der Funktion verfügbar, auf die sie sich bezieht. Der Script-Bereich, in dem die Anweisung vorkommt, muss mit JavaScript1.2 ausgezeichnet sein. Ein Beispiel:

```
<html><head><title>Test</title>
<script language="JavaScript1.2" type="text/javascript">
<!-
function Test(Name,Vorname) {
 return(Vorname + " " + Name);
}
alert("Funktion erwartet " + Test.arity + " Argumente");
//->
</script>
</head><body>
</body></html>
```

Das Beispiel definiert eine Funktion Test(), die zwei Parameter erwartet. Die Funktion wird im Beispiel gar nicht aufgerufen, dafür wird in einem Meldungsfenster ausgegeben, wie viele Argumente die Funktion Test() erwartet. Dazu wird die Eigenschaft arity auf die gewünschte Funktion angewendet.

Array

Objekt

Verwaltung mehrerer Variablen

Das Objekt Array ist als »Container« für Ketten gleichartiger Variablen gedacht. In der Programmierersprache spricht man auch von einem »Vektor«.

Eigenschaften

Assoziative Arrays	(Arrays mit Zeichenketten als Schlüssel)
length	(Anzahl Elemente)

Methoden

concat()	(Arrays verketten)
join()	(Array in Zeichenkette umwandeln)
pop()	(letztes Array-Element löschen)
push()	(neue Array-Elemente anhängen)
reverse()	(Elementreihenfolge umkehren)
shift()	(Erstes Array-Element entfernen)
slice()	(Teil-Array extrahieren)

splice() (Elemente löschen und hinzufügen)
sort() (Array sortieren)
unshift() (Elemente am Array-Anfang einfügen)

Array: Allgemeines zur Verwendung

Wenn Sie beispielsweise die 16 Grundfarben speichern wollen, brauchen Sie keine 16 Variablen, sondern ein Array-Objekt, in dem Sie 16 gleichartige Werte (im Beispiel: Farbwerte) speichern können.

Schema 1 / Beispiel 1:

```
Objektname = new Array();
MeineFrauen = new Array();
```

Schema 2 / Beispiel 2:

```
Objektname = new Array(Zahl);
MeineFrauen = new Array(100);
```

Schema 3 / Beispiel 3:

```
Objektname = new Array(Element0, Element1, ..., element_n);
MeineFrauen = new Array("Anita","Bettina","Christa","Doris");
```

Eine Objektinstanz von Array speichern Sie in einem selbst vergebenen Objektnamen. Hinter dem Namen folgt ein Gleichheitszeichen. Dahinter folgt das reservierte Wort new und der Aufruf der Objektfunktion Array().

Benutzen Sie Schema 1, wenn Sie zum Zeitpunkt der Definition noch nicht wissen, wie viele Elemente in dem Variablenvektor gespeichert werden sollen. Benutzen Sie Schema 2, wenn Sie zum Zeitpunkt der Definition bereits wissen, wie viele Elemente in dem Variablenvektor gespeichert werden sollen. Die Anzahl können Sie der Objektfunktion als Parameter übergeben. Benutzen Sie Schema 3, um den Variablenvektor gleich mit Anfangswerten vorzubelegen. Bei den Varianten 1 und 2 bleiben die einzelnen Variablen des Variablenvektors leer, bis ihnen im Programmverlauf ein Wert zugewiesen wird. Nachdem Sie eine Instanz des Array-Objekts erzeugt haben, können Sie es in Ihrem JavaScript-Code verwenden.

Ein Beispiel:

```
<html><head><title>Test</title>
<script type="text/javascript">
<!-
Zahlen = new Array(34,86,167,413);
var x = Zahlen[1];
alert(x);
//->
</script>
</head><body>
</body></html>
```

Nachdem Sie eine Instanz des Array-Objekts in einem Namen gespeichert haben (im Beispiel der Name Zahlen), können Sie wie in der zweiten Zeile gezeigt einzelne Werte innerhalb des Variablenvektors ansprechen. Im Beispiel wird eine gewöhnliche Variable x definiert. In dieser

Variablen wird der Wert der zweiten Variablen des Zahlen-Vektors gespeichert, also 86. Beachten Sie, dass der Zähler bei 0 beginnt, d.h. den ersten Wert im Vektor sprechen Sie im Beispiel mit Zahlen[0] an, den zweiten mit Zahlen[1] usw.

Beachten Sie: Sie können auch mehrdimensionale Arrays erzeugen.

Ein Beispiel:

```
<html><head><title>Test</title>
<script type="text/javascript">
<!-
var a = new Array(4)
for (var i=0; i < a.length; ++i)
 a[i] = new Array(10);
a[3][1] = "Hallo";
alert(a[3][1]);
//->
</script>
</head><body>
</body></html>
```

Das Beispiel definiert zunächst einen Array a mit 4 Elementen. Dann wird in einer for-Schleife für jedes dieser Elemente ein neuer Array definiert, wobei für jeden Array 10 leere Elemente erzeugt werden. Anschließend können Sie durch eine Angabe wie a[3][1] das zweite Element (1) im vierten Array (3) ansprechen. Im Beispiel wird dieses Element mit dem Wert Hallo belegt. Zur Kontrolle wird der Wert in einem Meldungsfenster ausgegeben.

JS 1.0 N 2.0 3.0 Assoziative Arrays

Assoziative Arrays sind solche, bei denen der Zugriff auf einzelne Elemente mit Hilfe einer Zeichenkette erfolgt. Die Zeichenkette wird als **Schlüssel** für den Zugriff bezeichnet. Alle JavaScript-Objekte, die eine Eigenschaft name oder id besitzen, wie zum Beispiel die Objekte forms oder elements, stellen aus Sicht von JavaScript assoziative Arrays dar.

Assoziative Arrays sind besonders in Verbindung mit mehrdimensionalen Arrays sinnvoll. Sie ermöglichen es unabhängig von der Position, den Wert eines Elements zu ermitteln. Nachteil ist, dass die Methoden des Array-Objekts nicht anwendbar sind. Auch kennen assoziative Arrays keine Eigenschaft length. Elemente eines assoziativen Arrays können stets nur mit dem Namen oder über eine for-in-Schleife angesprochen werden. Ein Beispiel:

```
<html><head><title>Test</title>
</head><body>
<script type="text/javascript">
<!-
 var Mitarbeiter=new Array();

 Mitarbeiter[0] = new Array();
 Mitarbeiter[0]["Name"] = "Müller";
 Mitarbeiter[0]["Vorname"] = "Hans";
 Mitarbeiter[0]["Wohnort"]= "Dresden";

 Mitarbeiter[1]=new Array()
 Mitarbeiter[1]["Name"] = "Schulze";
```

```
Mitarbeiter[1]["Vorname"] = "Frauke";
Mitarbeiter[1]["Wohnort"]= "Berlin";

for (var i=0;i<Mitarbeiter.length;i++)
{
 document.write("<dl><dt>Mitarbeiter "+(i+1)+"<\/dt>");
  for (var Eigenschaft in Mitarbeiter[i])
    document.write("<dd>"+ Eigenschaft + ": "+Mitarbeiter[i][Eigenschaft]+"<\/dd>");
 document.write("<\/dl>");
}
//->
</script>
</body></html>
```

Das Beispiel definiert einen Array Mitarbeiter. Dieser Array besitzt zwei Elemente. Jedes dieser Elemente stellt selbst wieder einen Array dar. Dabei handelt es sich jedoch um assoziative Arrays, denn als Schlüssel werden die Begriffe Name, Vorname und Wohnort verwendet. Jedem dieser Elemente wird ein entsprechender Wert zugeordnet.

Die nachfolgende for-Schleife dient dazu, die Elemente des Arrays Mitarbeiter und die jeweiligen Eigenschaften auszugeben. Nach Beginn der for-Schleife wird zuerst mit der write-Methode der Beginn einer Definitionsliste in das Dokument geschrieben und dabei die laufende Nummer des Mitarbeiters angegeben. Dies entspricht der um 1 erhöhten Position im Array, da bei Array-Elementen die Zählung bei 0 beginnt. Anschließend wird eine weitere, innere Schleife aufgerufen. Da hierbei auf einen assoziativen Array zugegriffen wird, wird eine for-in-Schleife verwendet. Diese Schleife durchläuft jeden Index des angesprochenen assoziativen Arrays und schreibt dessen Eigenschaft und den zugehörigen Wert ins Dokument. Ist die for-in-Schleife beendet, so wird auch die Definitionsliste geschlossen und das nächste Element im Array Mitarbeiter durchlaufen.

asin()

Methode JS 1.0 N 2.0 3.0

Objekt: Math Arcus Sinus

Erwartet als Parameter eine Zahl. Liefert den Arcus Sinus dieser Zahl zurück. Achten Sie darauf, dass Sie sinnvolle Werte zwischen -1 und +1 übergeben. Beispiel:

```
<html><head><title>Test</title>
</head><body>
<form name="Test" action=""><input name="Ein"><input name="Aus">
<input type="button" value="=" onClick="Test.Aus.value=Math.asin(Test.Ein.value)">
</form>
</body></html>
```

Das Beispiel definiert ein Formular mit zwei Eingabefeldern und einem Button. Nach Eingabe einer Zahl im ersten Eingabefeld und Klick auf den Button wird im zweiten Eingabefeld das Ergebnis ausgegeben. Das Ergebnis ist die Anwendung von asin() auf den Wert aus dem ersten Eingabefeld.

Beachten Sie: Diese Methode erwartet Zahlen in der Einheit *Radiant* (rad) als Parameter.

atan()

Methode — JS 1.0 | N 2.0 | IE 3.0

Objekt: Math — Arcus Tangens

Erwartet als Parameter eine Zahl. Liefert den Arcus Tangens dieser Zahl zurück. Ein Beispiel:

```
<html><head><title>Test</title>
</head><body>
<form name="Test" action=""><input name="Ein"><input name="Aus">
<input type="button" value="=" onClick="Test.Aus.value=Math.atan(Test.Ein.value)">
</form>
</body></html>
```

Das Beispiel definiert ein Formular mit zwei Eingabefeldern und einem Button. Nach Eingabe einer Zahl im ersten Eingabefeld und Klick auf den Button wird im zweiten Eingabefeld das Ergebnis ausgegeben. Das Ergebnis ist die Anwendung von atan() auf den Wert aus dem ersten Eingabefeld.

Beachten Sie: Diese Methode erwartet Zahlen in der Einheit *Radiant* (rad) als Parameter.

attributes

Eigenschaft — DOM 1.0 | JS 1.5 | N 6.x | Lesen

Objekt: node — Attribute eines Elements

Speichert einen Array aus verfügbaren Attributen eines Elements. Ein Beispiel:

```
<html><head><title>Test</title>
</head><body bgcolor="#FFFFCC" text="#000099">
<script type="text/javascript">
<!-
 document.write("Das body-Element hat <b>" +
document.getElementsByTagName('body')[0].attributes.length + "<\/b> Attribute");
//->
</script>
</body></html>
```

Das Beispiel greift mit document.getElementsByTagName('body')[0] auf das body-Element der Datei zu und ermittelt über die Array-Grundeigenschaft length des attributes-Arrays die Anzahl der Attribute, die in dem Element definiert sind. Zur Kontrolle wird das Ergebnis mit document.write ins Dokument geschrieben. Im Beispiel ist 2 der Wert von attributes.length, da im einleitenden <body>-Tag zwei Attribute notiert sind.

Über den attributes-Array können Sie auch auf Attribute zugreifen. So liefert beispielsweise document.getElementsByTagName('body')[0].attributes[0].nodeValue den Wert #FFFFCC, da attributes[0] das erste Attribut bezeichnet, und nodeValue den zugehörigen Wert speichert.

Beachten Sie: Der MS Internet Explorer ermittelt zwar einen Wert, jedoch nicht den richtigen. Im Beispiel wurde mit der Produktversion 5.5 statt 2 der Wert 94 ermittelt – vermutlich die

Anzahl insgesamt verfügbarer Attribute für das body-Element, inklusive Event-Handler usw. Dies ist jedoch unbrauchbar.

availHeight

Eigenschaft — JS 1.2 | N 4.0 | IE 4.0 | Lesen

Objekt: Screen — Verfügbare Fensterhöhe

Speichert die maximal verfügbare Bildschirmhöhe in Pixeln, die eine Anwendung im Vollbildmodus einnehmen kann. Unterscheidet sich von screen.height, wenn feste Bildschirmelemente wie immer eingeblendete Taskleisten usw. einen Teil des Bildschirms oben oder unten einnehmen. Während height dann beispielsweise 768 liefert, gibt availHeight z.B. nur 712 aus, weil eine Taskleiste 56 Pixel Höhe einnimmt. Ein Beispiel:

```
<html><head><title>Test</title>
<script type="text/javascript">
<!-
 if(screen.availHeight != screen.height)
  alert("Sie sehen mehr von dieser Seite, wenn Sie die Taskleiste ausblenden");
//->
</script>
</head><body>
</body></html>
```

Das Beispiel vergleicht die beiden Eigenschaften screen.availHeight und screen.height. Wenn beide nicht den gleichen Wert speichern, hat der Anwender vermutlich seine Taskleiste immer im Vordergrund. Das Beispiel gibt in diesem Fall einen entsprechenden Hinweis aus.

availWidth

Eigenschaft — JS 1.2 | N 4.0 | IE 4.0 | Lesen

Objekt: Screen — Verfügbare Fensterbreite

Speichert die maximal verfügbare Bildschirmbreite in Pixeln, die eine Anwendung im Vollbildmodus einnehmen kann. Unterscheidet sich von screen.width, wenn feste Bildschirmelemente wie immer eingeblendete Taskleisten usw. links oder rechts einen Teil des Bildschirms einnehmen. Während width dann beispielsweise 1024 liefert, gibt availWidth z.B. nur 940 aus, weil an einer Seite eine Taskleiste 84 Pixel Breite einnimmt. Ein Beispiel:

```
<html><head><title>Test</title>
<script type="text/javascript">
<!-
if(screen.availWidth != screen.width)
  alert("Sie haben wohl seitlich eine Taskbar!");
//->
</script>
</head><body>
</body></html>
```

Das Beispiel vergleicht die beiden Eigenschaften screen.availWidth und screen.width. Wenn beide nicht den gleichen Wert speichern, hat der Anwender vermutlich seine Taskleiste immer im Vordergrund. Das Beispiel gibt in diesem Fall einen entsprechenden Hinweis aus.

b

HTML-Elementobjekt — DOM 1.0, JS 1.5, N 6.x, 5.x

Objekt: document — Fett gesetzter Text

HTML-Elemente <b>...</b> haben als DOM-Objekte für den Scriptsprachen-Zugriff Universaleigenschaften. Ein Beispiel:

```
<html><head><title>Test</title>
<link id="CSS" rel="stylesheet" href="styles_1.css">
</head><body>
<b id="wichtig">wichtige Aussage!</b><br>
<a href="javascript:document.getElementById('wichtig').id='unwichtig';
 alert(document.getElementById('unwichtig').id);">unwichtig machen!</a>
</body></html>
```

Das Beispiel enthält eine mit <b>...</b> formatierte wichtige Aussage, bei der im einleitenden Tag das Attribut id="wichtig" notiert ist. Unterhalb davon ist ein Verweis notiert, bei dessen Anklicken das id-Attribut des b-Elements auf den Wert unwichtig gesetzt wird. Dazu wird mit document.getElementById('wichtig').id auf das Attribut zugegriffen. Anschließend wird mit document.getElementById('unwichtig').id auf den neuen Id-Wert zugegriffen, um den neuen Id-Wert zur Kontrolle in einem Meldungsfenster auszugeben.

Beachten Sie: Das vorliegende Beispiel wird auch von Opera 5.12 interpretiert.

back()

Methode — JS 1.0, N 2.0, 3.0

Objekt: history — Zuletzt besuchte Seite laden

Lädt die WWW-Seite, die zuletzt besucht wurde. Erwartet keine Parameter. Das Beispiel definiert einen Verweis, bei dessen Anklicken die zuletzt besuchte Seite wieder aufgerufen wird.

```
<a href="javascript:history.back()">zur&uuml;ck</a>
```

back()

Methode — JS 1.2, N 4.0

Objekt: window — Zuletzt gezeigte Webseite aufrufen

Entspricht bei normalen WWW-Seiten einem Klick auf den Zurück-Button im Browser. Bei Frames wird jedoch die letzte besuchte Seite aufgerufen, die nicht zum Frameset gehörte. Hier liegt der entscheidende Unterschied zur Methode history.back! Diese Methode erwartet keine Parameter.

Das Beispiel realisiert einen HTML-Verweis, bei dessen Anklicken die Seite aufgerufen wird, die zuletzt das gesamte Anzeigefenster ausfüllte:

```
<html><head><title>Test</title>
</head><body>
<a href="javascript:window.back()">Zurück</a>
</body></html>
```

background

Eigenschaft — JS 1.2 | N 4.0 | Lesen Ändern

Objekt: layers — Hintergrundbild des Layer

Speichert das Hintergrundbild (Wallpaper) eines Layers. Das folgende Beispiel zeigt, wie Sie ein solches Hintergrundbild dynamisch ändern können. Ein Beispiel:

```
<html><head><title>Test</title>
<script type="text/javascript">
<!-
var Neubild = new Image();
Neubild.src = "back02.gif";
function Hintergrund() {
 document.TestLayer.background.src="back02.gif";
}
//->
</script>
</head><body>
<layer background="back03.gif" top="150" name="TestLayer"
left="100" height="200" bgcolor="#FFE0FF">
Inhalt des Layers
</layer>
<a href="javascript:Hintergrund()">Anderer Hintergrund</a>
</body></html>
```

Im Beispiel wird ein Layer mit einem Hintergrundbild definiert. Beim Klick auf den Verweis wird das Hintergrundbild dynamisch durch ein anderes ersetzt. Beachten Sie, dass dazu in dem Script-Bereich im Dateikopf bereits beim Einlesen der Datei mit Hilfe des images-Objekts die Hintergrundgrafik registriert wird, die die andere dynamisch ersetzen soll.

Beim Klick auf den Verweis wird die Funktion Hintergrund() aufgerufen, die das Hintergrundbild dynamisch ändert. Hinter der Adressierung des Layers müssen Sie dabei background.src notieren und diesem Ausdruck die zuvor registrierte Grafik zuweisen.

base

HTML-Elementobjekt — DOM 1.0 | 5.x

Objekt: document — Adressbasis des Dokuments

HTML-Elemente <base> haben als DOM-Objekte für den Scriptsprachen-Zugriff die folgenden eigenen Eigenschaften.

Eigenschaft	*Status*	*Bedeutung*
href	Lesen Ändern	Basis-URI
target	Lesen Ändern	Default Zielfenster für Verweise

Ein Beispiel:

```
<html><head><title>Test</title>
<base target="_self">
<script type="text/javascript">
<!-
function blankBase() {
 document.getElementsByTagName("base")[0].target="_blank";
}
//->
</script>
</head><body>
<a href="news.htm">News</a><br>
<a href="javascript:blankBase()">Links in neues Fenster laden</a>
</body></html>
```

In der Beispieldatei sind zwei Verweise notiert. Der erste ruft einfach eine andere Datei auf. Normalerweise wird das Verweisziel dabei ins gleiche Fenster geladen. Im Dateikopf ist dies mit <base id="Zielfenster" target="_self"> auch explizit bestätigt. Der zweite Verweis ruft bei Anklicken jedoch die JavaScript-Funktion blankBase() auf, die beim base-Element die Eigenschaft target auf den Wert _blank ändert, was bewirkt, dass Verweisziele dieser Datei in ein neues Fenster geladen werden.

Beachten Sie: Mit Netscape (6.1) und unter dem MS Internet Explorer 5.0 Macintosh Edition war das Beispiel mit dem base-Element nicht nachvollziehbar. Opera 5.12 interpretiert das Beispiel dagegen. Die Verwendung von Universaleigenschaften ist im HTML 4.0-Standard für das base-Element nicht vorgesehen. Deshalb sollten Sie bei diesem Element die Methode document.getElementsById() vermeiden.

basefont

HTML-Elementobjekt

Objekt: document — Grundschriftart des Dokuments

HTML-Elemente <basefont> haben als DOM-Objekte für den Scriptsprachen-Zugriff Universaleigenschaften sowie die folgenden eigenen Eigenschaften.

Eigenschaft	*Status*	*Bedeutung*
color	Lesen Ändern	Basis-Schriftfarbe
face	Lesen Ändern	Basis-Schriftart
size	Lesen Ändern	Basis-Schriftgröße

Ein Beispiel:

```
<html><head><title>Test</title>
<script type="text/javascript">
<!-
function machGross() {
 document.getElementById("ab_hier_anders").size="7";
}
//->
</script>
</head><body>
<p>Text<br>Text<br>Text<br>Text<br>Text<br>Text<br>Text</p>
<basefont id="ab_hier_anders" color="red" size="">
<p>Text<br>Text<br>Text<br>Text<br>Text<br>Text<br>Text</p>
<a href="javascript:machGross()">nicht nur rot, sondern auch gross</a>
</body></html>
```

Das Beispiel enthält Text und zwischendrin ein basefont-Element. Am Ende steht ein Verweis, bei dessen Anklicken die JavaScript-Funktion machGross() aufgerufen wird. Mit getElementById("ab_hier_anders") greift diese Funktion auf das basefont-Element zu und ändert dessen Eigenschaft size auf den Wert 7.

Beachten Sie: Mit Netscape (6.1) war das Beispiel mit dem basefont-Element nicht nachvollziehbar.

bdo

HTML-Elementobjekt — DOM 1.0 | JS 1.5 | N 6.x | 5.x

Objekt: document — Schreibrichtung im Dokument

HTML-Elemente <bdo>...</bdo> haben als DOM-Objekte für den Scriptsprachen-Zugriff Universaleigenschaften. Ein Beispiel:

```
<html><head><title>Test</title>
<script type="text/javascript">
<!-
function abc2cba() {
 document.getElementsByTagName("bdo")[0].dir="rtl";
}
//->
</script>
```

```
</head><body>
<bdo dir="ltr">ABCDEFGHIJKLMNOPQRSTUVWXYZ</bdo><br>
<a href="javascript:abc2cba()">umkehren!</a>
</body></html>
```

Das Beispiel enthält ein bdo-Element mit dem Attribut dir="ltr" (Schriftrichtung von links nach rechts), das das Alphabet in Großbuchstaben als Inhalt hat. Unterhalb davon ist ein Verweis notiert. Beim Anklicken des Verweises wird die JavaScript-Funktion abc2cba() aufgerufen. Diese greift mit getElementsByTagName("bdo")[0] auf das erste bdo-Element im Dokument zu und ändert die Schriftrichtung auf rtl, also von rechts nach links. Das Großbuchstabenalphabet wird dadurch umgedreht.

Beachten Sie: Unter dem MS Internet Explorer 5.0 Macintosh Edition war das Beispiel nicht nachvollziehbar.

below

Eigenschaft — JS 1.2 | N 4.0 | Lesen Ändern

Objekt: layers — Objekt des darunter liegenden Layer

Speichert die Information, welcher andere Layer unter einem Layer liegt. Die Eigenschaft below liefert das Layer-Objekt des darunter liegenden Layers zurück. Sie müssen also noch eine Eigenschaft wie name anhängen, um mehr über den Layer zu erfahren. Ein Beispiel:

```
<html><head><title>Test</title>
</head><body>
<layer name="GelberLayer" top="100" left="50" height="200" bgcolor="#FFFFE0">
Inhalt des gelben Layers
</layer>
<layer top="150" name="LilaLayer" left="100"
height="200" bgcolor="#FFE0FF">
Inhalt des lila Layers
</layer>
<a href="javascript:alert(document.LilaLayer.below.name)">Wer liegt unter dem lila
Layer?</a><br>
<a href="javascript:alert(document.LilaLayer.below.left)">Und wo beginnt er?</a><br>
</body></html>
```

Im Beispiel werden zwei Layer mit den Namen GelberLayer und LilaLayer definiert. Außerdem sind zwei Verweise notiert. Der eine Verweis meldet beim Anklicken den Namen des Layers, der unter dem lila Layer liegt (document.LilaLayer.below.name), der andere Verweis dessen Position von links (document.GelberLayer.below.left). Unter dem lila Layer liegt der gelbe Layer, da in der Datei zuerst der gelbe und danach der lila Layer definiert wird.

bgColor

Eigenschaft — JS 1.0 | N 2.0 | 3.0 | Lesen Ändern

Objekt: document — Hintergrundfarbe der Seite

Speichert die Hintergrundfarbe der HTML-Datei, wie sie beim Attribut bgcolor= im <body>-Tag oder vom Anwender in seinen Browser-Einstellungen festlegbar ist. Ein Beispiel:

```
<html><head><title>Test</title>
<script type="text/javascript">
<!-
var X = new Array("0","1","2","3","4","5","6","7","8","9","A","B","C","D","E","F");
var x1 = 0, x2 = 0;
function setColor() {
 document.bgColor ="#" + X[x1] + X[x2] + X[x1] + X[x2] + X[x1] + X[x2];
 x2 = x2 + 1;
 if(x2 % 16 == 0) { x2 = 0; x1 = x1 + 1; }
}
for(var i = 0; i < 255; ++i) {
 window.setTimeout("setColor()",20);
}
//->
</script>
</head><body>
</body></html>
```

Das Beispiel blendet beim Einlesen die Hintergrundfarbe von Schwarz über Graustufen nach Weiß auf. Dazu wird ein Array X definiert, in dem die Hexadezimalziffern 0 bis 9 und A bis F gespeichert werden. In einer for-Schleife wird von 0 bis 255 gezählt. Der Grund ist, dass 255 der maximale Wert (dezimal gesehen) eines RGB-Farbwerts sein kann. Innerhalb der Schleife wird mit window.setTimeout() nach jeweils 20 Millisekunden Verzögerungszeit die Funktion setColor() aufgerufen. Innerhalb dieser Funktion wird der Eigenschaft document.bgColor jeweils ein neuer Wert zugewiesen. Dabei wird aus den zuvor definierten Ziffern das Arrays X eine gültige Farbangabe konstruiert.

Beachten Sie, dass Farben entweder hexadezimal notiert werden oder in Form erlaubter Farbnamen. Der Wert muss in jedem Fall in Anführungszeichen stehen. Im obigen Beispiel tut er das nicht, weil es sich um eine Zeichenkette handelt, die dynamisch konstruiert wird. Fixe Angaben wären beispielsweise "#0099CC" oder "blue".

Beachten Sie: Diese klassische, im herkömmlichen JavaScript gültige Implementierung von bgColor als direkte Eigenschaft des document-Objekts wird vom DOM missbilligt. Laut DOM soll das HTML-Elementobjekt body diese Eigenschaft besitzen. In vielen Dokumentationen wird angegeben, dass die hexadezimale Farbangabe ohne das Gatterzeichen (#) zu erfolgen hat. Der Netscape 6 interpretiert jedoch unter Doctype-Angaben wie z.B. <!DOCTYPE HTML PUBLIC "-//W3C//DTD HTML 4.01 Transitional//EN" "http://www.w3.org/TR/html4/loose.dtd"> die Farbe nur dann, wenn ein Gatterzeichen (#) notiert wurde. Da die Verwendung des Gatterzeichens auch in älteren Browsern keine Probleme verursacht, empfiehlt es sich, dieses stets zu notieren.

Opera 5.12 interpretiert die Eigenschaft document.bgColor noch nicht. Netscape 6.1 interpretiert das obige Beispiel (im Gegensatz zu Netscape 4.x) nicht.

bgColor

Eigenschaft | JS 1.2 | N 4.0 | Lesen Ändern

Objekt: layers | Hintergrundfarbe des Layer

Speichert die Hintergrundfarbe eines Layers. Im Beispiel wird ein Layer definiert. Beim Klick auf den Verweis wird die Funktion Hintergrund() aufgerufen, die im Dateikopf in einem Script-Bereich notiert ist. Diese Funktion fragt ab, welche Hintergrundfarbe der Layer gerade hat, und weist dementsprechend eine andere zu.

```
<html><head><title>Test</title>
<script type="text/javascript">
<!-
var Farbe="aqua";
function Hintergrund() {
 if(document.TestLayer.bgColorFarbe=="aqua")
 { document.TestLayer.bgColor="yellow"; return; }
 else
  { document.TestLayer.bgColor="aqua"; return; }
}
//->
</script>
</head><body>
<layer top="150" name="TestLayer" left="100" height="200" bgcolor="aqua">
Inhalt des Layers
</layer>
<a href="javascript:Hintergrund()">Anderer Hintergrund</a>
</body></html>
```

Beachten Sie: Sie können die Hintergrundfarbe eines Layers nicht abfragen, da Netscape 4 merkwürdige bgColor-Werte zurückliefert, die nicht in das von Netscape dokumentierte Schema (hexadezimale Angabe oder Farbname) passen.

big

HTML-Elementobjekt | DOM 1.0 | JS 1.5 | N 6.x | IE 5.x

Objekt: document | Text in größerer Schriftart als Standard

HTML-Elemente <big>...</big> haben als DOM-Objekte für den Scriptsprachen-Zugriff Universaleigenschaften. Ein Beispiel:

```
<html><head><title>Test</title>
<style type="text/css">
<!-
.verybig { font-size:300% }
->
</style>
<script type="text/javascript">
<!-
function nochmehr() {
 document.getElementById("biggie").className = "verybig";
```

```
}
//->
</script>
</head><body>
<p><big id="biggie" onClick="nochmehr()">gross und stark!</big></p>
</body></html>
```

Das Beispiel enthält in einem Textabsatz Text, der mit <big>...</big> ausgezeichnet ist. Im einleitenden <big>-Tag ist der Event-Handler onClick notiert. Beim Anklicken des Textes dieses Elements wird die JavaScript-Funktion nochmehr() aufgerufen. Diese greift mit document.getElementById("biggie") auf das big-Element zu und weist ihm die im Dateikopf in einem Style-Bereich definierte Klasse verybig zu. Der Text wird dadurch auf 300% seiner normalen Größe vergrößert.

big()

Methode JS 1.0 N 2.0 3.0

Objekt: string Zeichenkette mit größerer Schrift formatieren

Formatiert eine Zeichenkette mit größerer Schrift, genau wie die HTML-Formatierung <big>...</big>. Erwartet als Parameter eine Zeichenkette. Ein Beispiel:

```
<html><head><title>Test</title></head><body>
<script type="text/javascript">
<!-
 var update = document.lastModified;
 document.write(update.big());
//->
</script></body></html>
```

Im Beispiel ermittelt ein JavaScript mit Hilfe von document.lastModified, wann die Datei zuletzt geändert wurde. In der Variablen update steht dann eine entsprechende Zeichenkette. Mit Hilfe von document.write() wird der Wert von update in die Datei geschrieben. Die Formatierung dabei entspricht der HTML-Formatierung <big>...</big>.

blink()

Methode JS 1.0 N 2.0 3.0

Objekt: string Zeichenkette blinkend formatieren

Formatiert eine Zeichenkette als blinkenden Text, genau wie die HTML-Formatierung <blink>...</blink>. Ein Beispiel:

```
<html><head><title>Test</title></head><body>
<script type="text/javascript">
<!-
 var Ausgabe = "Best view only with your " + navigator.appName";
 document.write(Ausgabe.blink());
//->
</script></body></html>
```

Im Beispiel wird eine Variable namens Ausgabe mit einem Wert belegt. Mit Hilfe von document.write() wird der Wert von Ausgabe in die Datei geschrieben. Die Formatierung dabei entspricht der HTML-Formatierung <blink>...</blink>.

Beachten Sie: Obwohl weder Opera 5.12, Netscape 6 noch der MS Internet Explorer die HTML-Notation <blink>...</blink> unterstützen, interpretieren diese Browser jedoch die Methode und erzeugen den entsprechenden HTML-Code.

blockquote

HTML-Elementobjekt DOM 1.0 | JS 1.5 | N 6.x | 5.x

Objekt: document Blockzitat

HTML-Elemente <blockquote>...</blockquote> haben als DOM-Objekte für den Scriptsprachen-Zugriff Universaleigenschaften sowie die folgende eigene Eigenschaft.

Eigenschaft	*Status*	*Bedeutung*
cite	Lesen Ändern	URI der Zitatquelle

Ein Beispiel:

```
<html><head><title>Test</title>
<script type="text/javascript">
<!-
function showCite() {
 alert(document.getElementById('w3zitat').cite);
}
//->
</script>
</head><body>
<p>Das W3-Konsortium schreibt über das DOM:</p>
<blockquote id="w3zitat"
        cite="http://www.w3.org/TR/REC-DOM-Level-1/introduction.html"
        onMouseOver="showCite()">
The Document Object Model (DOM) is an application programming
interface (API) for valid HTML and well-formed XML documents.
</blockquote>
</body></html>
```

Das Beispiel enthält ein mit <blockquote>...</blockquote> ausgezeichnetes Zitat, in dessen einleitendem Tag auch der URI der Quelle mit dem Attribut cite= angegeben ist. Ferner ist dort der Event-Handler onMouseOver notiert, der bewirkt, dass beim Überfahren des Zitats mit der Maus die JavaScript-Funktion showCite() aufgerufen wird. Diese greift mit document.getElementById('w3zitat') auf das blockquote-Element zu und gibt in einem Meldungsfenster den Wert des cite-Attributs aus.

Beachten Sie: Opera 5.12 gibt in diesem Beispiel undefined zurück.

blur()

Methode JS 1.0 N 2.0 3.0

Objekt: elements Entfernt Fokus aus dem Formularelement

Entfernt den Cursor bzw. den Fokus von dem betreffenden Element. Erwartet keine Parameter. Anwendbar auf: Klick-Buttons, Checkboxen, Felder für Datei-Upload, versteckte Elemente, Passwort-Felder, Radiobuttons, Abbrechen-Buttons, Absenden-Buttons, einzeilige Eingabefelder, mehrzeilige Eingabefelder. Ein Beispiel:

```
<html><head><title>Test</title>
</head><body>
<form name="Testform" action="">
<input name="Feld" size="30" onFocus="this.blur()">
</form>
</body></html>
```

Das Beispiel enthält ein Formular mit einem Feld. Wenn der Anwender den Cursor in das Feld setzen will, wird der Cursor mit this.blur() sofort wieder aus dem Feld entfernt. Durch das Schlüsselwort this wird der Bezug zum aktuellen Objekt hergestellt, in diesem Fall das Element Feld, und die Methode auf das dieses Objekt angewendet. Eine solche Maßnahme kann beispielsweise sinnvoll sein, wenn Sie ein Feld ausschließlich als Ausgabefeld nutzen wollen, in dem der Anwender nichts editieren können soll.

Beachten Sie: Nicht immer wird der Cursor aus dem Eingabefeld entfernt. Eine Eingabe von Inhalt wird jedoch unterbunden. Opera 5.12 »kennt« zwar die Methode blur(), jedoch bleibt diese ohne Wirkung. Unter Opera 5.02 erzeugt die Anwendung der Methode einen JavaScript-Fehler.

blur()

Methode JS 1.1 N 3.0 4.0

Objekt: window Fenster inaktiv schalten

Macht ein Fenster inaktiv. Das Gegenteil von focus(). Erwartet keine Parameter. Ein Beispiel:

```
<html><head><title>Test</title>
<script type="text/javascript">
<!-
var Neufenster = window.open("datei.htm", "AnderesFenster","width=400,height=250");
//->
</script>
</head><body>
<a href="javascript:Neufenster.focus()">Fenster nach vorne</a><br>
<a href="javascript:Neufenster.blur()">Fenster nach hinten</a>
</body></html>
```

Im Beispiel wird beim Einlesen der HTML-Datei ein zweites, kleines Fenster geöffnet. Die HTML-Datei selbst enthält zwei Verweise. Beim Anklicken des ersten Verweises wird das zweite Fenster aktiviert – focus(). Beim Anklicken des zweiten Verweises wird es deaktiviert und je nach Fensterkonstellation von dem Hauptfenster überdeckt – blur().

body

HTML-Elementobjekt DOM 1.0 JS 1.5 N 6.x IE 5.x

Objekt: document Dateikörper im Dokument

HTML-Elemente <body>...</body> haben als DOM-Objekte für den Scriptsprachen-Zugriff Universaleigenschaften sowie die folgenden eigenen Eigenschaften.

Eigenschaft	*Status*	*Bedeutung*
aLink	Lesen Ändern	dokumentweite Farbe für aktivierte Links
background	Lesen Ändern	URI einer dokumentweiten Hintergrundgrafik
bgColor	Lesen Ändern	dokumentweite Hintergrundfarbe
link	Lesen Ändern	dokumentweite Farbe für Links zu noch nicht besuchten Seiten
text	Lesen Ändern	dokumentweite Textfarbe
vLink	Lesen Ändern	dokumentweite Farbe für Links zu bereits besuchten Seiten

Ein Beispiel:

```
<html><head><title>Test</title>
<script type="text/javascript">
<!-
function WerteSetzen() {
 document.getElementsByTagName("body")[0].text = document.Formular.Text.value;
 document.getElementsByTagName("body")[0].link = document.Formular.Link.value;
 document.getElementsByTagName("body")[0].vLink = document.Formular.VLink.value;
 document.getElementsByTagName("body")[0].bgColor = document.Formular.BgColor.value;
}
//->
</script>
</head><body>
<h1>Ein dynamisches Dokument</h1>
<a href="news.htm"><b>Ein Link zu den News</b></a>

<form name="Formular" action="">
<pre>
Textfarbe:           <input type="text" size="7" name="Text">
Linkfarbe:           <input type="text" size="7" name="Link">
Linkfarbe (besucht): <input type="text" size="7" name="VLink">
Hintergundfarbe:     <input type="text" size="7" name="BgColor">
Einstellungen:       <input type="button" value="Testen!" onClick="WerteSetzen()">
</pre>
</form>

</body></html>
```

Die Beispieldatei enthält im body-Bereich eine Überschrift, einen Link und ein Formular mit verschiedenen Eingabefeldern. In den Eingabefeldern kann der Anwender neue Basisfarben für das Dokument einstellen – typische Eingabewerte sind also hexadezimale Angaben wie #FFFFCC oder Farbwörter wie maroon. Beim Anklicken des Buttons mit der Aufschrift Testen wird die JavaScript-Funktion WerteSetzen() aufgerufen, die im Dateikopf notiert ist. Diese greift mit document.getElementsByTagName("body")[0] auf das »erste body-Element« der Datei zu und weist den entsprechenden Eigenschaften die eingegebenen Werte aus dem Formular zu. Dadurch verändern sich die Basisfarben des Dokuments.

Beachten Sie: Sie können im MS Internet Explorer und im Netscape 6 zusätzlich auf die Eigenschaften offsetTop, offsetLeft, offsetWidth, offsetHeight, offsetParent und innerHTML zugreifen. Im Netscape 6 stehen diese Eigenschaften jedoch erst nach dem Laden des Dokumentes zur Verfügung.

Beim MS Internet Explorer sind auf das body-Objekt die meisten Eigenschaften des all-Objekts anwendbar. Der Grund ist, dass body im Internet Explorer schon vor Einführung der DOM-Syntax als Objektname existierte. Unter dem MS Internet Explorer 5.0 Macintosh Edition war das Beispiel nicht vollständig nachvollziehbar und führte teilweise zu einem sehr seltsamen Verhalten.

bold()

Methode — JS 1.0 | N 2.0 | 3.0

Objekt: string — Zeichenkette fett formatieren

Formatiert eine Zeichenkette als fetten Text, genau wie die HTML-Formatierung <b>...</b>. Ein Beispiel:

```
<html><head><title>Test</title></head><body>
<script type="text/javascript">
<!-
 var DieseSeite = window.location.href;
 document.write("Adresse: " + DieseSeite.bold());
//->
</script></body></html>
```

Im Beispiel ermittelt ein JavaScript mit Hilfe von window.location.href den URI der aktuellen Datei. In der Variablen DieseSeite steht dann eine entsprechende Zeichenkette. Mit Hilfe von document.write() wird der Wert von update in die Datei geschrieben. Die Formatierung dabei entspricht der HTML-Formatierung <b>...</b>.

Boolean

Objekt — JS 1.0 | N 2.0 | 3.0

Verarbeitung von true und false

Das Objekt Boolean ist zum Erzeugen von JavaScript-Standardwerten true (*wahr*) und false (*falsch*) gedacht. Solche Werte sind vor allem als Rückgabewerte für Funktionen gedacht. Boolesche Objekte werden bei der Definition immer mit einem der beiden möglichen Werte initialisiert und behalten diesen Wert auch. Die Variablen, in denen der Initialisierungswert gespeichert wird, stellen also Konstanten dar.

Beispiele für Initialisierung mit true:

```
wahr = new Boolean(true);
ja = new Boolean("irgendwas");
```

Beispiele für Initialisierung mit false:

```
falsch = new Boolean();
unwahr = new Boolean(0);
nix = new Boolean(null);
leer = new Boolean("");
Fehler = new Boolean(false);
```

Um eine Boolesche Konstante mit dem Wert true zu initialisieren, notieren Sie hinter dem frei vergebbaren Namen der Konstante die Objektfunktion new Boolean(). Als Parameter übergeben Sie der Funktion entweder den Wert true (ohne Anführungszeichen) oder eine beliebige Zeichenkette.

Um die Boolesche Konstante mit dem Wert false zu initialisieren, übergeben Sie entweder gar nichts, oder den Wert 0, oder den Wert null (ohne Anführungszeichen), oder den Wert false (ohne Anführungszeichen) oder eine leere Zeichenkette. Ein Beispiel:

```
<html><head><title>Test</title>
<script type="text/javascript">
<!-
function LayerCheck() {
 var wahr = new Boolean(true);
 var falsch = new Boolean(false);
 if(document.layers) return wahr;
 else return falsch;
}
//->
</script>
</head><body>
<a href="javascript:alert(LayerCheck())">auf Layer checken</a>
</body></html>
```

Das Beispiel enthält einen Verweis. Beim Anklicken des Verweises wird der Rückgabewert der Funktion LayerCheck() ausgegeben, die in einem Script-Bereich im Dateikopf notiert ist. Wenn der Browser das layers-Objekt kennt, wird die zuvor definierte Konstante wahr zurückgegeben, wenn nicht, dann die Konstante falsch. Der Rückgabewert ist jedoch nicht der Name der Konstante, sondern der voreingestellte Wert in JavaScript. Es wird also entweder true oder false angegeben, je nachdem, ob der Browser Layer kennt oder nicht.

border

Eigenschaft	JS 1.1	N 3.0	IE 4.0	Lesen Ändern
Objekt: images	Status des Grafikrahmens			

Speichert die Angabe zum Rahmen um eine Grafik, wie sie mit der Angabe border= im <img>-Tag möglich ist. Netscape speichert auch dann einen Wert, wenn die Angabe im HTML-Tag fehlt. Der MS Internet Explorer speichert nur dann einen Wert, wenn im HTML-Tag ein Wert angegeben ist. Ein Beispiel:

```
<html><head><title>Test</title>
</head><body>
<a href="javascript:alert(document.Anna.border)">
<img src="anna.jpg" border="3" alt="Anna" name="Anna">
</a>
</body></html>
```

Das Beispiel enthält eine Grafik, die in einen Verweis eingeschlossen ist. Beim Anklicken des Verweises wird mit alert() der Wert ausgegeben, der in der Angabe border= gespeichert ist.

Beachten Sie: Im Netscape 6.1 ist diese Angabe fehlerhaft und enthält als Rückgabewert -1. Das Ändern der Eigenschaft border ist bislang nur im MS Internet Explorer möglich. Im Netscape 6.1 wird der bestehende Rahmen bei einer Änderung entfernt.

br

HTML-Elementobjekt DOM 1.0 JS 1.5 N 6.x 5.x

Objekt: document Zeilenumbruch

HTML-Elemente <br> haben als DOM-Objekte für den Scriptsprachen-Zugriff Universaleigenschaften sowie die folgende eigene Eigenschaft.

Eigenschaft	*Status*	*Bedeutung*
clear	Lesen Ändern	Fortsetzungsposition bei Textumfluss

Ein Beispiel:

```
<html><head><title>Test</title>
</head><body>
<img src="../../../src/logo.gif" width="106" height="109" border="0" align="left"
 alt="Logo" onClick="document.getElementById('Umbruch').clear='all'">
Dieser Text fliesst um das Logo herum,
weil dies im align-Attribut des Logos so angegeben ist.<br id="Umbruch">
Gilt das auch bei diesem Text?
</body></html>
```

Das Beispiel enthält eine Grafik, bei der durch die Angabe align="left" festgelegt wird, dass der nachfolgende Text rechts um die Grafik fließt. Der Text enthält einen Zeilenumbruch, markiert durch <br>. Die Grafik enthält einen Event-Handler onClick, der bewirkt, dass beim Anklicken der Grafik mit document.getElementById('Umbruch') auf das Zeilenumbruch-Element zugegriffen wird. Ihm wird die Eigenschaft clear mit dem Wert all zugewiesen. Der Text unterhalb des Umbruchs rutscht bei einem Klick auf die Grafik unter die Grafik, da <br clear="all"> die Textfortsetzung unterhalb der Grafik bewirkt.

button

HTML-Elementobjekt — DOM 1.0, JS 1.5, N 6.x, 5.x

Objekt: document — Schaltfläche definieren

HTML-Elemente <button>...</button> haben als DOM-Objekte für den Scriptsprachen-Zugriff Universaleigenschaften sowie die folgenden eigenen Eigenschaften.

Eigenschaft	*Status*	*Bedeutung*
accessKey	Lesen Ändern	Hotkey für den Tastaturzugriff
disabled	Lesen Ändern	Button kann nicht betätigt werden
form	Lesen	zugehöriges Formularelement
name	Lesen Ändern	Name für den Button
tabIndex	Lesen Ändern	Tabulatorreihenfolge
type	Lesen	Typ des Buttons
value	Lesen Ändern	Absendewert des Buttons

Ein Beispiel:

```
<html><head><title>Test</title>
<script language="JavaScript" type="text/javascript">
<!-
function ZeitAufButton() {
 var jetzt = new Date();
 var Zeit = jetzt.getTime();
 document.getElementsByName("Zeitbutton")[0].value = Zeit;
 document.getElementsByName("Zeitbutton")[0].firstChild.nodeValue = Zeit;
}
//->
</script>
</head><body>
<form name="Formular" action="">
<button name="Zeitbutton" value="" onClick="ZeitAufButton()">Zeit!</button>
</form>
</body></html>
```

Das Beispiel definiert in einem Formular einen Button, der den Event-Handler onClick enthält. Beim Anklicken des Buttons wird deshalb die JavaScript-Funktion ZeitAufButton() aufgerufen, die im Dateikopf notiert ist. Diese Funktion ermittelt mit Hilfe des Date-Objekts den aktuellen Zeitpunkt in Millisekunden und weist diesen ermittelten Wert sowohl dem Absendewert des Buttons als auch dessen Aufschrift zu. Dazu wird mit document.getElementsByName ("Zeitbutton")[0] auf das erste Element mit dem Attribut name="Zeitbutton" zugegriffen. Der Absendewert wird durch Zuweisen des Wertes von Zeit an die Eigenschaft value geändert. Für die Button-Aufschrift muss der Wert des ersten Kindknotens (firstChild.nodeValue) des Buttons geändert werden. Das Beispiel bewirkt, dass bei jedem Anklicken des Buttons die Millisekundenzeit auf der Button-Aufschrift aktualisiert wird.

caller

Eigenschaft | JS 1.1 | N 3.0 | 4.0 | Lesen

Objekt: Function — Objekt der aufrufenden Funktion

Speichert die gesamte Funktion, von der aus die aktuelle Funktion aufgerufen wird. Hat den Wert null, falls der Aufruf direkt von einem Event-Handler oder beim Einlesen der Datei von außerhalb einer anderen Funktion erfolgte. Die Eigenschaft ist nur innerhalb der Funktion verfügbar, auf die sie sich bezieht. Ein Beispiel:

```
<html><head><title>Test</title>
<script type="text/javascript">
<!-
function Test() {
 alert(Test.caller);
}
function Aufruf() {
 Test();
}
//->
</script>
</head><body>
<a href="javascript:Aufruf()">Wer ruft Test()?</a>
</body></html>
```

Das Beispiel definiert im Dateikopf zwei Funktionen, eine Funktion Test() und eine Funktion Aufruf(). Die Funktion Test() tut nichts anderes als auszugeben, von wo sie aufgerufen wurde, die Funktion Aufruf() nichts anderes, als Test() aufzurufen. In der Datei ist ferner ein Verweis notiert. Beim Anklicken des Verweises wird die Funktion Aufruf() aufgerufen, die wiederum Test() aufruft, woraufhin Test() den gesamten Code der Funktion Aufruf() ausgibt.

Beachten Sie: Opera 5.12 interpretiert diese Eigenschaft nicht.

caption

HTML-Elementobjekt | DOM 1.0 | 5.x

Objekt: document — Überschrift für Tabelle

HTML-Elemente <caption>...</caption> haben als DOM-Objekte für den Scriptsprachen-Zugriff Universaleigenschaften sowie die folgende eigene Eigenschaft.

Eigenschaft	*Status*	*Bedeutung*
align	Lesen Ändern	Ausrichtung

Ein Beispiel:

```
<html><head><title>Test</title>
<script type="text/javascript">
<!-
function Wechseln() {
 if(document.getElementById("THeader").align == "left")
   document.getElementById("THeader").align = "right";
 else
   document.getElementById("THeader").align = "left";
}
//->
</script>
</head><body>
<table border="5" cellspacing="4">
<caption id="THeader" align="left" onClick="Wechseln()"><b>Spielstand:</b></caption>
<tr>
<td>Hans Moosreiner:</td><td>5 Punkte</td>
</tr><tr>
<td>Lisa Wohlthu:</td><td>3 Punkte</td>
</tr>
</table>
</body></html>
```

Das Beispiel enthält eine kleine Tabelle mit einer Tabellenüberschrift, die durch <caption>... </caption> ausgezeichnet ist. Das einleitende Tag enthält ferner den Event-Handler onClick. Dadurch wird beim Anklicken der Tabellenüberschrift die JavaScript-Funktion Wechseln() aufgerufen, die im Dateikopf notiert ist. Diese Funktion greift mit document.getElementById ("THeader") auf die Tabellenüberschrift zu und fragt ab, ob deren align-Eigenschaft den Wert left hat. Wenn ja, wird er auf right geändert, wenn nein (also wenn er auf right gesetzt ist), wird er wieder auf left gesetzt. Auf diese Weise springt die Tabellenüberschrift bei jedem Anklicken zur anderen Seite (links bzw. rechts).

Beachten Sie: Mit Netscape (6.1) und dem MS Internet Explorer 5.0 Macintosh Edition war das Beispiel mit dem caption-Element nicht nachvollziehbar.

captureEvents()

Methode JS 1.2 N 4.0

Objekt: document Anwendereignisse überwachen

Überwacht Anwenderereignisse im aktuellen Dokument. Funktioniert genau so wie captureEvents() beim window-Objekt (nähere Informationen siehe dort). Der einzige Unterschied ist, dass Sie mit document.captureEvents() nur Ereignisse innerhalb des Dokumentfensters überwachen können, jedoch keine Ereignisse im gesamten Fensterbereich (zu dem beispielsweise auch Titelleiste, Menüleisten usw. gehören).

captureEvents()

Methode JS 1.2 N 4.0

Objekt: layers Anwenderereignisse überwachen

Überwacht Anwenderereignisse in einem Layer. Funktioniert genau so wie captureEvents() beim window-Objekt. Der einzige Unterschied ist, dass Sie mit window.document.Layername. caputeEvents() nur Ereignisse innerhalb des Layerbereichs überwachen können, keine Ereignisse im gesamten Fensterbereich (zu dem beispielsweise auch Titelleiste, Menüleisten usw. gehören).

captureEvents()

Methode JS 1.2 N 4.0

Objekt: window Anwendereignisse überwachen

Überwacht Anwenderereignisse im angegebenen Fenster. Erwartet als Parameter eine Folge von Ereignissen, die überwacht werden sollen. Folgende Ereignisse lassen sich überwachen: Event.ABORT, Event.BLUR, Event.CHANGE, Event.CLICK, Event.DBLCLICK, Event.DRAGDROP, Event.ERROR, Event.FOCUS, Event.KEYDOWN, Event.KEYPRESS, Event.KEYUP, Event.LOAD, Event.MOUSEDOWN, Event.MOUSEMOVE, Event.MOUSEOUT, Event.MOUSEOVER, Event. MOUSEUP, Event.MOVE, Event.RESET, Event.RESIZE, Event.SELECT, Event.SUBMIT, Event. UNLOAD. Es handelt sich dabei um spezielle Notationsvarianten entsprechender Event-Handler ohne das »on« davor, dafür mit dem Ansprechen des Event-Objekts davor. So entspricht etwa Event.MOUSEOVER dem Event-Handler onMouseover. Sie können mehrere Ereignisse überwachen. Trennen Sie die Event-Namen dabei durch | (Querstriche). Ein Beispiel:

```
<html><head><title>Test</title>
<script type="text/javascript">
<!-
window.captureEvents(Event.KEYPRESS);
window.onkeypress = Ausgabe;
function Ausgabe(Ereignis) {
 alert("Sie haben die Taste mit dem Wert " + Ereignis.which + " gedrueckt");
}
//->
</script>
</head><body>
Druecken Sie irgendwelche Tasten!
</body></html>
```

Im Beispiel wird der Event KEYPRESS (*Taste gedrückt*) überwacht. Wenn der Anwender eine Taste drückt, wird die Funktion Ausgabe() aufgerufen, die mit alert() ausgibt, welche Taste gedrückt wurde. Die Syntax beim Funktionsaufruf ist dabei abweichend von der üblichen.

Auch Netscape 6 interpretiert das vorliegende Beispiel. Für diesen Browser ist es jedoch notwendig, nach der Bestätigung des Meldefensters dem Fenster mittels Klick erneut den Fokus zu geben.

ceil()

Methode — JS 1.0 | N 2.0 | 3.0

Objekt: Math — Nächsthöhere Ganzzahl

Erwartet als Parameter eine Zahl. Liefert die nächsthöhere Ganzzahl dieser Zahl zurück (Aufrundung). Wenn die übergebene Zahl eine Ganzzahl ist, bleibt sie unverändert. Ein Beispiel:

```
<html><head><title>Test</title>
</head><body>
<form name="Test" action=""><input name="Ein"><input name="Aus">
<input type="button" value="=" onClick="Test.Aus.value=Math.ceil(Test.Ein.value)">
</form>
</body></html>
```

Das Beispiel definiert ein Formular mit zwei Eingabefeldern und einem Button. Nach Eingabe einer Zahl im ersten Eingabefeld und Klick auf den Button wird im zweiten Eingabefeld das Ergebnis ausgegeben. Das Ergebnis ist die Anwendung von ceil() auf den Wert aus dem ersten Eingabefeld. Bei Eingabe von Bruchzahlen im ersten Eingabefeld steht im zweiten Feld anschließend die nächsthöhere Ganzzahl.

center

HTML-Elementobjekt — DOM 1.0 | JS 1.5 | N 6.x | 5.x

Objekt: document — Zentrierte Darstellung

HTML-Elemente <center>...</center> haben als DOM-Objekte für den Scriptsprachen-Zugriff Universaleigenschaften. Ein Beispiel:

```
<html><head><title>Test</title>
</head><body>
<center id="zentriert" title="Das ist wirklich zentriert!"
onMouseover="alert(document.getElementById('zentriert').title)">
<h1>Das ist zentriert</h1>
<h2>Das ist zentriert</h2>
<h3>Das ist zentriert</h3>
</center>
</body></html>
```

Das Beispiel enthält einen mit <center>...</center> ausgezeichneten Bereich, innerhalb dessen alles zentriert dargestellt wird. Im einleitenden Tag ist der Event-Handler onMouseOver notiert. Beim Überfahren des zentrierten Bereichs wird ein Meldungsfenster ausgegeben, das den Wert des Attributs title ausgibt. Dazu wird mit document.getElementById('zentriert') auf das Element zugegriffen.

Beachten Sie: Opera 5.12 interpretiert dieses Beispiel ebenfalls.

charAt()

Methode JS 1.0 N 2.0 3.0

Objekt: string Bestimmtes Zeichen aus Zeichenkette

Liefert dasjenige Zeichen zurück, das in einer Zeichenkette an einer bestimmten Position steht. Erwartet als Parameter die gewünschte Position. Ein Beispiel:

```
<html><head><title>Test</title></head><body>
<script type="text/javascript">
<!-
 var Vollversion = navigator.appVersion.charAt(0);
 alert(Vollversion);
//->
</script></body></html>
```

Im Beispiel ermittelt ein JavaScript mit Hilfe von navigator.appVersion, welche Version seines Browsers der Anwender benutzt. Auf navigator.appVersion wird jedoch zusätzlich die Methode chatAt() angewendet. Als Parameter wird 0 übergeben, denn es soll das erste Zeichen des Wertes ermittelt werden, der in navigator.appVersion steht (dies ist immer die Nummer der Vollversion, also bei Netscape 4.01 etwa die 4). Das Ergebnis der Konstruktion wird in der Variablen Vollversion gespeichert. Zur Kontrolle wird der Wert dieser Variablen anschließend in einem Meldungsfenster ausgegeben.

charCodeAt()

Methode JS 1.2 N 4.0 4.0

Objekt: string Bestimmter Zeichencode aus Zeichenkette

Liefert den Latin-1-Zeichensatzwert eines Zeichens zurück, das in einer Zeichenkette an einer bestimmten Position steht. Erwartet als Parameter die gewünschte Position.

Ein Beispiel:

```
<html><head><title>Test</title></head><body>
<script type="text/javascript">
<!-
 var Name = "Hans";
 alert(Name.charCodeAt(1));
//->
</script></body></html>
```

Im Beispiel wird eine Variable Name mit dem Wert Hans belegt. In einem Meldungsfenster wird anschließend ausgegeben, welchen Zeichensatzwert das zweite Zeichen dieser Variablen hat, also das »a« in »Hans«. Dazu wird charCodeAt als Parameter 1 übergeben, denn in JavaScript hat das erste Zeichen einer Zeichenkette immer die Position 0, das zweite die Position 1 usw. Als Ergebnis wird 97 angezeigt. Dies ist der Zeichensatzwert des kleinen »a«.

charset

Eigenschaft JS 4.0 Lesen Ändern

Objekt: document Zeichensatz des HTML-Dokuments

Speichert den definierten Zeichensatz eines Dokuments. Das Beispiel enthält im Dateikopf eine Angabe zur Definition des Zeichensatzes. Dort wird iso-8859-1 definiert (der Standardzeichensatz für westliche Sprachen, inklusive der deutschen). Ferner enthält die Datei einen Verweis. Beim Anklicken wird die Funktion iso5() aufgerufen. Diese Funktion ändert den Zeichensatz auf iso-8859-5 (Kyrillisch). Anschließend werden dynamisch Inhalte in das Dokumentfenster geschrieben. Der MS Internet Explorer schreibt den angegebenen Text in das Dokumentfenster, schaltet dabei jedoch auf eine spezielle Unicode-Schriftart zur Darstellung um. Beachten Sie, dass zum Schreiben des neuen Inhalts die Methoden open() und close() verwendet werden.

```
<html><head><title>Test</title>
<meta http-equiv="content-type" content="text/html;CHARSET=iso-8859-1">
<script type="text/javascript">
<!-
function iso5() {
 document.charset="iso-8859-5";
 document.open();
 document.write("Text mit ä ö ü");
 document.close();
}
//->
</script>
</head><body>
<a href="javascript:iso5()">iso-8859-5</a>
</body></html>
```

Beachten Sie: Der MS Internet Explorer akzeptiert den geänderten Zeichensatz oft erst nach dem Reload der Seite und einer erneuten Ausführung der Änderung.

checked

Eigenschaft JS 1.0 N 2.0 3.0 Lesen Ändern

Objekt: elements Status eines Formularbuttons

Speichert, ob bzw. dass ein Radio- oder Checkbutton aktiviert ist oder nicht. Mögliche Werte sind true bzw. 1 oder false bzw. 0. Anwendbar auf: Klick-Buttons, Checkboxen, Radiobuttons. Ein Beispiel:

```
<html><head><title>Test</title>
<script type="text/javascript">
<!-
function Weiter() {
 if(document.Testform.Art[0].checked == true)
  window.location.href="frmdatei.htm"
 else if(document.Testform.Art[1].checked == true)
```

```
  window.location.href="datei.htm"
 else
  alert("Bitte eine Auswahl treffen");
}
//->
</script>
</head><body>
<form name="Testform" action="">
<input type="radio" name="Art" value="mit"> mit Frames
<input type="radio" name="Art" value="ohne"> ohne Frames
<br><input type="button" value="Starten" onClick="Weiter()">
</form>
</body></html>
```

Das Beispiel enthält ein Formular mit zwei Radiobuttons. Der Anwender kann dabei auswählen, ob er die folgenden Seiten des Projekts mit Frames oder ohne Frames sehen will. Beim Klick auf den Button Starten wird die Funktion Weiter() aufgerufen. Diese Funktion prüft, ob einer der beiden Radiobuttons aktiviert ist. Je nachdem, welcher von beiden aktiviert ist, wird eine unterschiedliche Datei aufgerufen (location.href). Wenn keiner der beiden Radiobuttons aktiviert ist, wird eine Fehlermeldung ausgegeben.

Beachten Sie: Sie können in Opera 5.12 unter Windows die Eigenschaft checked für Radioboxen erst dann ändern, wenn der Aufbau der Seite abgeschlossen ist.

childNodes

Eigenschaft	DOM 1.0	JS 1.5	N 6.x	5.x	Lesen
Objekt: node	Kindknoten eines Knotens				

Speichert einen Array aus verfügbaren Kindknoten eines Knotens. Ein Beispiel:

```
<html><head><title>Test</title>
</head><body>
<p id="derText">Text mit <b>fettem Text</b> und <u>unterstrichenem Text</u></p>
<script type="text/javascript">
<!-
 var Anzahl = document.getElementById("derText").childNodes.length;
 var Erster = document.getElementById("derText").childNodes[0].nodeValue;
 document.write("Anzahl Kindknoten: <b>" + Anzahl +"<\/b><br>");
 document.write("Wert des ersten Kindknotens: <b>" + Erster +"<\/b><br>");
//->
</script>
</body></html>
```

Das Beispiel enthält einen Textabsatz mit Zeicheninhalt und weiteren Elementen zur Formatierung. Unterhalb davon ist ein JavaScript-Bereich notiert. Dort wird mit document.getElementById("derText") auf das p-Element zugegriffen. Über die Array-Grundeigenschaft length des childNodes-Arrays wird die Anzahl der Kindelemente ermittelt, die das p-Element hat. Der Rückgabewert wird in der Variablen Anzahl gespeichert. Über childNodes[0] wird auf das erste Kindelement zugegriffen. Dessen Inhalt wird mit nodeValue ermittelt. Zur Kontrolle schreibt das Script die Ergebnisse mit document.write() ins Dokument.

Die Anzahl der Kindelemente des p-Elements beträgt übrigens 4:

- Das erste Kindelement ist der Zeicheninhalt Text mit,
- das zweite Kindelement das b-Element,
- das dritte Kindelement der Zeicheninhalt und,
- und das vierte Kindelement das u-Element.

Wenn ein Knoten keine Kindknoten enthält, hat childNodes den Wert null.

Beachten Sie: Der Netscape 6.1 und der MS Internet Explorer 5.0 Macintosh Edition interpretieren im body-Element und in allen untergeordneten Knoten bereits einen Zeilenumbruch oder ein Leerzeichen im Quelltext zwischen Elementknoten als einen eigenen Kindknoten mit dem Namen #text. Auch HTML-Kommentare bilden eigene Knoten und werden als Knoten mit dem Namen #comment behandelt. Ein Beispiel:

```
<html><head><title>Test</title>
</head><body>
<ul id="ersteListe"><li>erster Punkt</li><li>zweiter Punkt</li></ul>
<script type="text/javascript">
<!-
 var Anzahl = document.getElementById("ersteListe").childNodes.length;
 document.write("Erste Liste: Anzahl Kindknoten: <b>" + Anzahl +"<\/b><br>");

//->
</script>

<ul id="zweiteListe">
<li>erster Punkt</li> <li>zweiter Punkt</li>
</ul>
<script type="text/javascript">
<!-
 var Anzahl = document.getElementById("zweiteListe").childNodes.length;
 document.write("Zweite Liste: Anzahl Kindknoten: <b>" + Anzahl +"<\/b><br>");

//->
</script>
</body></html>
```

Im Beispiel sind zwei Listen definiert. Beide unterscheiden sich nur dahingehend, dass sich zwischen den einzelnen Elementen der ersten Liste keine Leerzeichen oder Zeilenumbrüche befinden. In der zweiten Liste dagegen wurden Leerzeichen und Zeilenumbrüche verwendet. Der Netscape 6.1 gibt für die erste Liste als Anzahl der Kindknoten 2 aus und für die zweite Liste 5. Die jeweiligen Leerzeichen und Zeilenumbrüche werden als eigene Kindknoten betrachtet.

Der MS Internet Explorer unter Windows ignoriert diese und erkennt erst dann einen Kindknoten mit dem Namen #text, wenn dieser ein entsprechendes Textzeichen oder ein erzwungenes Leerzeichen   enthält.

cite

HTML-Elementobjekt DOM 1.0 JS 1.5 N 6.x 5.x

Objekt: document Zitat im Text

HTML-Elemente <cite>...</cite> haben als DOM-Objekte für den Scriptsprachen-Zugriff Universaleigenschaften. Ein Beispiel:

```
<html><head><title>Test</title>
</head><body>
<cite id="Zitat" title="Zitat von Kafka"
onMouseOver="alert(document.getElementById('Zitat').title)">
Die Krähen behaupten, eine einzige Krähe könne den Himmel zerstören. Das ist zweifellos,
beweist aber nichts gegen den Himmel, denn Himmel bedeutet eben: Unmöglichkeit von Krähen.
</cite>
</body></html>
```

Das Beispiel enthält einen mit <cite>...</cite> ausgezeichneten Bereich. Im einleitenden Tag ist der Event-Handler onMouseOver notiert. Beim Überfahren des zentrierten Bereichs wird ein Meldungsfenster ausgegeben, das den Wert des Attributs title ausgibt. Dazu wird mit document.getElementById('Zitat') auf das Element zugegriffen.

Beachten Sie: Opera 5.12 interpretiert dieses Beispiel ebenfalls.

className

Eigenschaft JS 4.0 Lesen Ändern

Objekt: all Stylesheet-Klasse des Elements

Speichert die Stylesheet-Klasse, zu der ein Element gehört. Ein Beispiel:

```
<html><head><title>Test</title>
<style type="text/css">
<!-
p.normal { color:black }
p.spezial { color:red }
->
</style>
</head><body>
<p class="normal" id="derAbsatz">Text</p>
<script type="text/javascript">
<!-
 document.write("<br>Klasse davor: " + document.all.derAbsatz.className);
 document.all.derAbsatz.className = "spezial";
 document.write("<br>Klasse danach: " + document.all.derAbsatz.className);
//->
</script>
</body></html>
```

Im Beispiel werden im Dateikopf mit Hilfe von CSS Stylesheets zwei Klassen für das HTML-Tag <p> definiert: eine Klasse normal und eine Klasse spezial. Im Dateikörper wird ein Absatz definiert, der zunächst die Klasse normal zugewiesen bekommt. In einem Script wird der Klassenname des Absatzes zunächst mit document.write() zur Kontrolle in die Datei geschrieben. Dann wird dem Absatz die andere definierte Klasse zugewiesen. Dabei übernimmt der Absatz auch dynamisch alle Stylesheet-Eigenschaften der neuen Klasse. Anschließend wird der neue Klassenname zur Kontrolle auch noch mal in die Datei geschrieben.

clearInterval()

Methode — JS 1.2 | N 4.0 | IE 4.0

Objekt: window — Endlosvorgang abbrechen

Bricht einen Endlosvorgang ab, der mit setInterval() begonnen wurde. Erwartet als Parameter die Variable, in der der Aufruf von setInterval() gespeichert wurde. Ein Beispiel:

```
<html><head><title>Test</title>
</head><body>
<script type="text/javascript">
<!-
var aktiv = window.setInterval("Farbe()",1000);
var i = 0, farbe = 1;
function Farbe() {
  if(farbe==1)
  { document.bgColor="yellow"; farbe=2; }
  else
  { document.bgColor="aqua"; farbe=1; }
  i = i + 1;
  if(i >= 10)
   window.clearInterval(aktiv);
}
//->
</script>
</body></html>
```

Das Beispiel definiert mit setInterval(), dass die Funktion Farbe() alle 1000 Millisekunden, also jede Sekunde einmal aufgerufen wird. Der Aufruf wird in der Variablen aktiv gespeichert. Im Beispiel wechselt die Funktion Farbe() bei jedem Aufruf die Hintergrundfarbe der Datei (document.bgColor). Gleichzeitig wird ein Zähler hochgezählt. Wenn er größer oder gleich 10 ist, wird die Methode clearInterval() aufgerufen, die den Endlosvorgang stoppt. Dabei wird die zuvor definierte Variable aktiv als Parameter übergeben.

clearTimeout()

Methode — JS 1.0 | N 2.0 | IE 3.0

Objekt: window — Timer abbrechen

Bricht einen Timeout ab, der mit der Methode setTimeout() gestartet wurde. Erwartet als Parameter die Variable, in der der Aufruf von setTimeout() gespeichert wurde.

Ein Beispiel:

```
<html><head><title>Test</title>
<script type="text/javascript">
<!-
var i = 0;
function Zaehlen() {
 i = i + 1;
 aktiv = window.setTimeout("Zaehlen()",1000);
}
function Aufhoeren() {
 window.clearTimeout(aktiv);
 alert(i + " Sekunden");
}
aktiv = window.setTimeout("Zaehlen()",1000);
//->
</script>
</head><body>
<form action="">
<input type="button" value="Klick" onClick="Aufhoeren()">
</form>
</body></html>
```

Das Beispiel startet beim Einlesen der Datei mit setTimeout() einen Zählvorgang. Dabei wird alle 1000 Millisekunden, also 1 Mal pro Sekunde, die Funktion Zaehlen() aufgerufen. Diese zählt die Variable i hoch. In der Datei wird ein Button definiert. Wenn der Anwender auf den Button klickt, wird die Funktion Aufhoeren() aufgerufen. Diese Funktion stoppt mit clearTimeout() den Timeout und gibt mit alert() die Anzahl der gezählten Sekunden aus. Beim Aufruf von clearTimeout() wird die zuvor bei setTimeout() definierte globale Variable aktiv als Parameter übergeben.

click()

Methode 

Objekt: all »Klickt« ein Element an

Bewirkt, dass ein Element angeklickt wird, so wie wenn der Anwender mit der Maus auf das Element klickt. Erwartet keine Parameter. Ein Beispiel:

```
<html><head><title>Test</title>
</head><body>
<a id="V1" href="javascript:alert('Verweis 1 geklickt')">Verweis 1</a><br>
<a href="javascript:document.all.V1.click()">Verweis 2</a><br>
</body></html>
```

Das Beispiel enthält zwei Verweise. Beim Klicken auf den ersten Verweis wird mit alert() die Meldung »Verweis 1 geklickt« ausgegeben. Beim Klicken auf den zweiten Verweis wird die Methode click() auf den ersten Verweis angewendet. Dadurch wird dieser scriptgesteuert angeklickt, und es wird trotz Klickens auf den zweiten Verweis die Meldung »Verweis 1 geklickt« ausgegeben.

click()

Methode JS 1.0 N 2.0 3.0

Objekt: elements »Klickt« das Formularelement an

Erzeugt einen automatischen Klick auf den betreffenden Button. Erwartet keine Parameter. Anwendbar auf: Klick-Buttons, Checkboxen, Felder für Datei-Upload, Abbrechen-Buttons, Absenden-Buttons. Ein Beispiel:

```
<html><head><title>Test</title>
</head><body>
<form name="Testform" action="">
In welchem Jahr starb Goethe?<br>
<input size="6" name="Todesjahr">
<input type="button" name="derButton" value="Weiter" onClick="Check()">
</form>
<script type="text/javascript">
<!-
function Check() {
 if(document.Testform.Todesjahr.value != "1832")
  window.location.href = "nichts.htm";
 else
  window.location.href = "erfolg.htm";
}
window.setTimeout("document.Testform.derButton.click()",10000);
//->
</script>
</body></html>
```

Das Beispiel enthält ein Formular, in dem der Anwender das Todesjahr von Goethe eingeben soll. Wenn der Anwender nicht innerhalb von 10 Sekunden auf den Button [Weiter] klickt, geschieht dies von alleine. Dafür sorgt die letzte Anweisung in dem Script, das unterhalb des Formulars notiert ist. Unterhalb des Formulars ist ein Script-Bereich notiert. Der Script-Bereich steht unterhalb, weil der darin enthaltene Code sofort ausgeführt und die Existenz des Formulars aber bereits vorausgesetzt wird. Mit document.Testform.derButton.click() wird dort das Klicken des Buttons ohne Anwendereinwirkung bewerkstelligt. Der Aufruf der Methode ist in window.setTimeout() mit einer Verzögerungszeit von 10000 Millisekunden, also 10 Sekunden, eingebettet.

Beim Klick auf den Button, egal ob durch den Anwender oder automatisch, wird die Funktion Check() aufgerufen. Diese Funktion überprüft, ob in dem Eingabefeld für das Todesjahr der korrekte Wert steht. Abhängig davon wird eine andere Seite aufgerufen (location.href).

clientX, clientY

Eigenschaft JS 4.0 Lesen

Objekt: event Pixelposition des Mauszeigers

Microsoft-Syntax. Speichert die horizontalen Pixel (clientX) und die vertikalen Pixel (clientY) der Cursor-Position relativ zur oberen linken Ecke des Anzeigefensters, wenn z.B. Mausereignisse überwacht werden.

Ein Beispiel:

```
<html><head><title>Test</title>
<script for="document" event="onmousedown()" language="JScript" type="text/jscript">
<!-
{
 document.all.Springer.style.left = window.event.clientX;
 document.all.Springer.style.top = window.event.clientY;
}
//->
</script>
</head><body>
<div id="Springer" style="background-color:#FFE0FF; position:absolute;
top:100px; left:100px; width:100px; height:100px;"></div>
</body></html>
```

Das Beispiel enthält einen <div>-Bereich, der mit Hilfe von Stylesheet-Angaben absolut positioniert wird. Wenn der Anwender mit der Maus in das Fenster klickt, wird der Bereich an die Position verschoben, an der der Mausklick erfolgt.

clip

Eigenschaft | JS 1.2 | N 4.0 | Lesen Ändern

Objekt: layers — Angezeigter Ausschnitt des Layer

Speichert die Information, welcher Ausschnitt eines Layers angezeigt wird. Dabei gibt es folgende Untereigenschaften:

- clip.top speichert den Pixelwert oben der linken oberen Ecke des sichtbaren Layer-Bereichs,
- clip.left speichert den Pixelwert links der linken oberen Ecke des sichtbaren Layer-Bereichs,
- clip.bottom speichert den Pixelwert unten der rechten unteren Ecke des sichtbaren Layer-Bereichs,
- clip.right speichert den Pixelwert rechts der rechten unteren Ecke des sichtbaren Layer-Bereichs,
- clip.width speichert die Breite des sichtbaren Layer-Bereichs (alternative Angabe zur Angabe einer rechten unteren Ecke),
- clip.height speichert die Höhe des sichtbaren Layer-Bereichs (alternative Angabe zur Angabe einer rechten unteren Ecke).

Ein Beispiel:

```
<html><head><title>Test</title>
<script type="text/javascript">
<!-
 function MachKleiner()
 {
  with(document.MeinLayer)
  {
```

```
   if(clip.height > 0 && clip.width > 0)
       { clip.height-=10; clip.width-=10; }
  }
 }
 function MachGroesser()
 {
  with(document.MeinLayer)
  {
   if(clip.height < 200 && clip.width < 200)
       { clip.height+=10; clip.width+=10; }
  }
 }
//->
</script>
</head><body>
<layer name="MeinLayer" top="80" left="80" height="200" width="200" bgcolor="#FFFFE0">
Inhalt des Layers
</layer>
<a href="javascript:MachKleiner()">Kleiner</a><br>
<a href="javascript:MachGroesser()">Groesser</a>
</body></html>
```

Im Beispiel ist ein Layer definiert. Da innerhalb der HTML-Definition keine Angaben zum clip-Bereich des Layers gemacht werden, wird der gesamte Layer angezeigt. Seine clip-Werte ergeben sich aus der Größe des Layers. Intern sind also clip.top und clip.left gleich 0, und clip.width, clip.height, clip.bottom und clip.right haben alle den Wert 200, weil sich dies aus den Angaben height=200, width=200 in der HTML-Definition des Layers ergibt.

Mit Hilfe von zwei Verweisen lässt sich im Beispiel der sichtbare Anzeigebereich des Layers verkleinern und wieder vergrößern. Die Verweise rufen die Funktionen MachKleiner() bzw. MachGroesser() auf, die in einem Script-Bereich im Dateikopf notiert sind. Die Funktion MachKleiner() fragt ab, ob clip.width und clip.height größer 0 sind. Wenn ja, werden beide Werte um 10 verringert, wodurch der Anzeigebereich des Layers von rechts unten um 10 Pixel beschnitten wird. Die Funktion MachGroesser() tut einfach das Umgekehrte.

cloneNode()

Methode — DOM 1.0 | JS 1.5 | N 6.x | 5.x

Objekt: node — Knoten kopieren

Erstellt eine identische Kopie eines Knotens, je nach Wunsch mit oder ohne zugehörige Unterknotenstruktur.

Ein Beispiel:

```
<html><head><title>Test</title></head>
<body>
<span id="Dolly">Dolly </span>
<script type="text/javascript">
<!-
 Dolly2 = document.getElementById("Dolly").cloneNode(true);
```

```
document.getElementById("Dolly").firstChild.nodeValue += Dolly2.firstChild.nodeValue;
//->
</script>
</body></html>
```

Das Beispiel enthält einen in einem span-Element notierten Text Dolly. Unterhalb davon ist ein JavaScript-Bereich notiert. Dort wird mit document.getElementById("Dolly") auf das span-Element zugegriffen. Dieses wird mit cloneNode() kopiert, und der Rückgabewert wird in der Variablen Dolly2 gespeichert. Der Rückgabewert ist eine identische Kopie des Elementknotens des span-Elements. Als Parameter wird der Methode im Beispiel true übergeben. Das bedeutet, dass auch der Textinhalt des Elements mitkopiert wird. Um nur das Element ohne den Inhalt zu klonen, müssen Sie false übergeben.

Im Beispiel wird anschließend mit document.getElementById("Dolly").firstChild.nodeValue der Inhalt des span-Elements angesprochen und mittels Zeichenkettenoperation um den Wert des Kindelements des Klons erweitert, auf den mit Dolly2.firstChild.nodeValue zugegriffen wird. Am Ende steht also Dolly Dolly als Inhalt in dem span-Element.

close()

Methode — DOM 1.0 | JS 1.0 | N 2.0 | IE 3.0

Objekt: document — Schließt den Dokumentinhalt

Schließt einen Dokumentinhalt, der mit der open()-Methode geöffnet und mit den Methoden write() oder writeln() beschrieben wurde. Ein Beispiel:

```
<html><head><title>Test</title>
</head><body>
<script type="text/javascript">
<!-
document.open();
document.write(document.URL);
document.close();
//->
</script>
</body></html>
```

Das Beispiel öffnet den Dokumentinhalt zum Schreiben, dann schreibt es etwas (den aktuellen URI) mit der Methode write(), und zuletzt schließt es den Vorgang mit document.close() ab. Mit dem Schließen des Dokumentes wird dem Browser signalisiert, dass der Aufbau der Seite abgeschlossen ist. Dies ist besonders beim dynamischen Schreiben von Frames und zum Beschreiben von Layern erforderlich.

close()

Methode — JS 1.0 | N 2.0 | IE 3.0

Objekt: window — Schließt ein Fenster

Schließt ein Fenster. Erwartet keine Parameter. Das Beispiel öffnet beim Einlesen der Datei ein zweites Fenster namens Info. In der Beispieldatei wird ein Button definiert. Wenn der Anwender auf den Button klickt, wird das zweite Fenster geschlossen.

```
<html><head><title>Test</title>
<script type="text/javascript">
<!-
var Info = window.open("datei.htm", "Zweitfenster");
//->
</script>
</head><body>
<form action="">
<input type="button" value="Fenster zu" onClick="Info.close()">
</form>
</body></html>
```

Beachten Sie: Die Methode close() unterliegt der Sicherheitskonzeption von JavaScript. Das bedeutet, dass sich ein Fenster, sobald es eine History besitzt (weil der Anwender darin mehrere Seiten aufgerufen hat), nicht mehr ohne eine Browser-Nachfrage schließen lässt. Ein Unterdrücken dieser Abfrage ist nicht möglich.

closed

Eigenschaft

Objekt: window — Status für geschlossenes Fenster

Speichert die Information, ob ein Fenster, das zum Beispiel mit open() neu geöffnet wurde, mittlerweile geschlossen wurde. Hat den Wert true, wenn das Fenster geschlossen wurde. Sinnvoll, um die Existenz eines Fensters abzufragen, bevor Anweisungen zum Verändern eines Fensters folgen. Ein Beispiel:

```
<html><head><title>Test</title>
<script type="text/javascript">
<!-
var InfoWin = window.open("datei1.htm", "Zweitfenster");
function CheckOpen() {
 if(InfoWin.closed == true) alert("Fenster wurde geschlossen");
 else alert("Fenster noch offen");
}
//->
</script>
</head><body>
<a href="javascript:CheckOpen()">Fenster zu?</a>
</body></html>
```

Das Beispiel lädt beim Einlesen ein Zweitfenster mit einer anderen Datei *datei1.htm*. Beim Klicken auf den Verweis wird eine Funktion CheckOpen() aufgerufen, die ausgibt, ob das andere Fenster noch offen ist oder nicht.

code

HTML-Elementobjekt DOM 1.0 JS 1.5 N 6.x 5.x

Objekt: document Programmbeispiel im Text

HTML-Elemente <code>...</code> haben als DOM-Objekte für den Scriptsprachen-Zugriff Universaleigenschaften.

Ein Beispiel:

```
<html><head><title>Test</title>
<style type="text/css">
<!-
.farbig { color:blue }
->
</style>
<script language="JavaScript" type="text/javascript">
<!-
function farbig() {
 document.getElementById("Perlbeispiel").className = "farbig";
}
//->
</script>
</head><body>
<p><code id="Perlbeispiel" onClick="farbig()">$Text =~ s/[a-z]| //gi;</code></p>
</body></html>
```

Das Beispiel enthält in einem Textabsatz Perl-Code, der mit <code>...</code> ausgezeichnet ist. Im einleitenden <code>-Tag ist der Event-Handler onClick notiert. Beim Anklicken des Textes dieses Elements wird die JavaScript-Funktion farbig() aufgerufen. Diese greift mit document.getElementById("Perlbeispiel") auf das code-Element zu und weist ihm die im Dateikopf in einem Style-Bereich definierte Klasse farbig zu. Der Text wird dadurch blau dargestellt.

col

HTML-Elementobjekt DOM 1.0 JS 1.5 N 6.x 5.x

Objekt: document Spalte in Tabelle definieren

HTML-Elemente <col> haben als DOM-Objekte für den Scriptsprachen-Zugriff Universaleigenschaften sowie die folgenden eigenen Eigenschaften.

Eigenschaft	*Status*	*Bedeutung*
align	Lesen Ändern	Ausrichtung
ch	Lesen Ändern	Ausrichtungszeichen
chOff	Lesen Ändern	Position des Ausrichtungszeichens

Eigenschaft	*Status*	*Bedeutung*
span	Lesen Ändern	Anzahl Spalten, für die Angaben gelten
vAlign	Lesen Ändern	Tabellenspalten vertikal ausrichten
width	Lesen Ändern	Spaltenbreite

Ein Beispiel:

```
<html><head><title>Test</title>
<script type="text/javascript">
<!-
function gleichbreit() {
 for(i = 0; i < document.getElementsByTagName("col").length; i++)
   document.getElementsByTagName("col")[i].width = "320";
}
//->
</script>
</head><body>
<table border="1">
     <colgroup>
        <col width="80">
        <col width="100">
        <col width="320">
     </colgroup>
    <tr>
      <td>1. Zeile, 1. Spalte</td>
      <td>1. Zeile, 2. Spalte</td>
      <td>1. Zeile, 3. Spalte</td>
    </tr>
</table>
<a href="javascript:gleichbreit()">Spalten gleich breit machen!</a>
</body></html>
```

Das Beispiel enthält eine Tabelle mit drei Spalten, deren Breiten mit col-Elementen unterschiedlich vordefiniert werden. Unterhalb der Tabelle ist ein Verweis notiert, bei dessen Anklicken die JavaScript-Funktion gleichbreit() aufgerufen wird. Diese greift in einer for-Schleife der Reihe nach mit document.getElementsByTagName("col") auf die einzelnen col-Elemente zu und weist ihnen jeweils den Wert 320 für die Eigenschaft width zu. Dadurch wird die Tabelle dynamisch neu angezeigt, und zwar mit drei gleich breiten Spalten.

Beachten Sie: Unter dem MS Internet Explorer 5.0 Macintosh Edition war das Beispiel nicht nachvollziehbar.

colgroup

HTML-Elementobjekt DOM 1.0 5.x

Objekt: document Spaltengruppe in Tabelle definieren

HTML-Elemente <colgroup>...</colgroup> haben als DOM-Objekte für den Scriptsprachen-Zugriff Universaleigenschaften sowie die folgenden eigenen Eigenschaften.

Eigenschaft	*Status*	*Bedeutung*
align	Lesen Ändern	Ausrichtung
ch	Lesen Ändern	Ausrichtungszeichen
chOff	Lesen Ändern	Position des Ausrichtungszeichens
span	Lesen Ändern	Anzahl Spalten, für die Angaben gelten
vAlign	Lesen Ändern	Tabellenspalten vertikal ausrichten
width	Lesen Ändern	Spaltenbreite

Ein Beispiel:

```
<html><head><title>Test</title>
<script type="text/javascript">
<!-
function ausrichten() {
  document.getElementById("Tabellenspalten").align = "right";
}
//->
</script>
</head><body>
<table border="1">
 <colgroup id="Tabellenspalten">
  <col width="200">
 </colgroup>
 <tr><td>Hansi</td></tr>
 <tr><td>Willi</td></tr>
 <tr><td>Manni</td></tr>
</table>
<a href="javascript:ausrichten()">ausrichten!</a>
</body></html>
```

Das Beispiel enthält eine Tabelle mit einer colgroup-Definition. Unterhalb der Tabelle ist ein Verweis notiert, bei dessen Anklicken die JavaScript-Funktion ausrichten() aufgerufen wird. Diese greift mit document.getElementById("Tabellenspalten") auf das colgroup-Element zu und weist ihm den Wert right für die Eigenschaft align zu. Dadurch wird die Tabelle dynamisch neu angezeigt, und alle Zellen werden rechtsbündig ausgerichtet.

Beachten Sie: Mit Netscape (6.1) und dem MS Internet Explorer 5.0 Macintosh Edition war das Beispiel nicht nachvollziehbar. Aber auch der Internet Explorer 5.x interpretiert die Eigenschaften von colgroup nur unvollständig.

colorDepth

Eigenschaft

JS 1.2	N 4.0	IE 4.0	Lesen

Objekt: Screen — Verfügbare Farbtiefe

Speichert die Anzahl Bits, die der Anwenderbildschirm zur Darstellung einer Farbe an jedem Pixelpunkt des Bildschirms verwendet. Ein Wert von 16 bedeutet beispielsweise: Der Bildschirm kann 2 hoch 16, also 65536 Farben darstellen. Diese Eigenschaft hat dann einen Wert, wenn der Anwenderbildschirm intern eine Farbpalette benutzt. Andernfalls wird undefined (Netscape) oder null (MS Internet Explorer) gespeichert. Bei Netscape können Sie dann die Eigenschaft pixelDepth abfragen. Ein Beispiel:

```
<html><head><title>Test</title>
<script type="text/javascript">
<!-
alert(Math.pow(2,screen.colorDepth));
//->
</script>
</head><body>
</body></html>
```

Das Beispiel ermittelt die Anzahl Farben, die der Anwenderbildschirm darstellen kann, durch Anwendung der Math-Mthode pow(). Mit Math.pow(2,screen.colorDepth) wird der Wert, den screen.colorDepth speichert, als Exponent zur Basis 2 benutzt. Das Ergebnis ist also 2 hoch screen.colorDepth.

complete

Eigenschaft

JS 1.1	N 3.0	IE 4.0	Lesen

Objekt: images — Grafik vollständig geladen

Speichert die Information, ob eine Grafik vollständig geladen ist oder nicht. Enthält den Wert true, wenn die Grafik geladen ist, und den Wert false, wenn die Grafik nicht oder nicht vollständig geladen ist. Ein Beispiel:

```
<html><head><title>Test</title>
<script type="text/javascript">
<!-
function BildCheck() {
 var Status = "";
 for(i = 0; i < document.images.length; ++i)
 {
  if(document.images[i].complete == true)
   Status = Status + "Grafik " + (i+1) + " geladen\n";
  else
   Status = Status + "Grafik " + (i+1) + " nicht geladen\n";
 }
 Status = Status + document.images.length + " Grafiken im Dokument";
 alert(Status);
}
```

```
//->
</script>
</head><body>
<img src="berthold.gif" alt="Berthold"><br>
<img src="boris.gif" alt="Boris"><br>
<img src="bernd.gif" alt="Bernd"><br>
<a href="javascript:BildCheck()">Grafiken checken</a>
</body></html>
```

Das Beispiel enthält mehrere Grafiken und einen Verweis. Beim Anklicken des Verweises wird die Funktion BildCheck() aufgerufen, die im Dateikopf in einem Script-Bereich definiert ist. Diese Funktion ermittelt in einer for-Schleife für jede einzelne Grafik in der Datei (ermittelbar mit document.images.length), ob diese geladen ist (if(document.images[i].complete == true)) oder nicht. Das Ergebnis wird in einer Variablen Status gesammelt. Am Ende wird der Inhalt von Status mit alert() ausgegeben.

Beachten Sie: Die Eigenschaft complete wird von den Netscape-Browsern nicht mit den richtigen Werten belegt. Obwohl im vorliegenden Beispiel 2 Grafiken nicht geladen werden können, wird im Netscape 6.1 für alle Grafiken für die Eigenschaft complete der Wert "true" angegeben. Die älteren Netscape-Browser bis zur Version 4 dagegen geben für alle Grafiken in der Eigenschaft complete den Wert "false" an. Opera 5.12 und der MS Internet Explorer interpretieren diese Eigenschaft richtig.

concat()

Methode

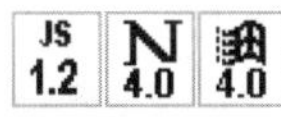

Objekt: Array — Mehrere Arrays zu einem Array verknüpfen

Hängt einen Array an einen anderen an. Erwartet als Parameter den Namen des anzuhängenden Arrays. Gibt den zusammengefügten Array als Array zurück. Sie können auch mehrere Arrays als Parameter an die Methode übergeben. Ein Beispiel:

```
<html><head><title>Test</title>
<script type="text/javascript">
<!-
 var Zahlen = new Array(1,2,3);
 var AndereZahlen = new Array(10,20,30);
 ZahlenGesamt = Zahlen.concat(AndereZahlen);
 alert(ZahlenGesamt.length);
//->
</script>
</head><body>
</body></html>
```

Das Beispiel definiert zunächst zwei Arrays Zahlen und AndereZahlen mit je drei Zahlen. In der Variablen Zahlengesamt wird anschließend der Rückgabewert von concat() gespeichert, wobei die Methode auf den ersten definierten Array Zahlen angewendet wird und den zweiten Array AndereZahlen an diesen Array anhängt. Zur Kontrolle wird nach der Operation die Gesamtzahl der Elemente von ZahlenGesamt ausgegeben. Dieser Array enthält nun die Werte 1,2,3,10,20,30 und hat deshalb also 6 Elemente.

Beachten Sie: Die Methode concat() erzeugt unterschiedliche Referenzen auf die ihr übergebenen Arrays. Ist in den miteinander zu verknüpfenden Arrays ein Objekt gespeichert, so ist in dem neu erzeugten Array eine Art Zeiger auf dieses Objekt gespeichert. Das bedeutet: Wird das Objekt geändert, so ändert sich auch das von der Methode concat() erzeugte Array. Sind in den verknüpften Arrays jedoch Zahlen und Zeichenketten enthalten, so wird von diesen Werten eine Kopie erzeugt. Nachträgliche Änderungen haben dann keinen Einfluss auf das von der Methode concat() erzeugte Array. Ein Beispiel:

```
<html><head><title>Test</title>
<script type="text/javascript">
<!-
var Zahlen=new Array(1,2);
var mehrZahlen = new Array(Zahlen,3,4);
var AndereZahlen = new Array(5,6,7);

ZahlenGesamt = mehrZahlen.concat(AndereZahlen);
alert(ZahlenGesamt);

Zahlen[0]=70;
alert("Zahlen: " +Zahlen);

AndereZahlen[0]=70;
alert("AndereZahlen: " +AndereZahlen);

alert("ZahlenGesamt: " +ZahlenGesamt);
//->
</script>
</head><body>
</body></html>
```

Im Beispiel wurden drei Arrays angelegt. Das erste Element im Array mehrZahlen ist dabei der Array Zahlen. Damit ist im Array mehrZahlen ein Objekt vom Typ Array gespeichert. Mit der Methode concat() wird an den Array mehrZahlen der Array AndereZahlen angehängt. In der Variablen ZahlenGesamt ist dann ein Array mit den Elementen 1,2,3,4,5,6,7 gespeichert.

Im nachfolgenden Script-Teil erhalten die ersten Elemente der Arrays Zahlen und AndereZahlen jeweils den Wert 70. Beide Arrays werden auch richtig geändert, wie die Kontrollausgabe mittels eines Meldungsfensters zeigt. Im von der Methode concat() erzeugten Array ZahlenGesamt sind jetzt die Werte 70,2,3,4,5,6,7 gespeichert. Das letzte Meldungsfenster zeigt dies an. Die Änderung des Arrays Zahlen wurde also übernommen, die Änderung im Array AndereZahlen dagegen nicht. Der Grund ist, dass der Array Zahlen als Objekt im Array mehrZahlen enthalten war und deshalb jede Änderung übernommen wird. Die Werte des Arrays AndereZahlen waren dagegen vom Typ Zahl, und es wurde lediglich eine Kopie angelegt. Nachträgliche Änderungen bleiben damit wirkungslos.

concat()

Methode JS 1.2 | N 4.0 | 4.0

Objekt: string Zeichenketten verknüpfen

Hängt eine Zeichenkette an eine andere Zeichenkette an. Erwartet als Parameter die Zeichenkette, die an die erste angehängt werden soll. Ein Beispiel:

```
<html><head><title>Test</title></head><body>
<script type="text/javascript">
<!-
 var Vorname = "Hans ";
 var Zuname = "Hansen";
 var Name = Vorname.concat(Zuname);
 alert(Name);
//->
</script></body></html>
```

Im Beispiel werden zwei Variablen Vorname und Zuname mit entsprechenden Werten belegt. Dann wird die Methode concat() auf die Variable Vorname angewendet. Als Parameter wird der Methode die Variable Zuname übergeben. Auf diese Weise wird Zuname an Vorname angehängt. Die Methode concat() gibt die zusammengefügte Zeichenkette zurück. Im Beispiel wird dieser Rückgabewert in der Variablen Name gespeichert. Zur Kontrolle wird diese Variable anschließend in einem Meldungsfenster ausgegeben.

confirm()

Methode — JS 1.0 | N 2.0 | 3.0

Objekt: window — Bestätigungsdialog anzeigen

Blendet ein Dialogfenster mit zwei Buttons für [OK] und [Abbrechen] ein. Sinnvoll, um vom Anwender eine Entscheidung zu erzwingen, die im weiteren Programmablauf verarbeitet wird. Erwartet als Parameter einen Aufforderungstext für die Ja/Nein-Entscheidung. Liefert als Ergebnis zurück, wie sich der Anwender entschieden hat. Ein Beispiel:

```
<html><head><title>Test</title>
<script type="text/javascript">
<!-
Check = confirm("Wollen Sie diese Seite wirklich sehen?");
if(Check == false) history.back();
//->
</script>
</head><body>
</body></html>
```

Im Beispiel wird der Anwender beim Einlesen der Datei gefragt, ob er die Seite wirklich sehen will. Der Rückgabewert von confirm() wird in der Variablen Check gespeichert. Wenn der Anwender auf [OK] klickt, enthält Check den Wert true. Es passiert nichts weiter und die Seite wird geladen. Wenn er »Abbrechen« wählt, erhält Check den Wert false. Für diesen Fall ist die Anweisung history.back() notiert, die den Anwender auf die Seite zurückbefördert, von der er kam.

Das Aussehen des Auswahlfensters ist abhängig vom Betriebssystem und dem verwendeten Browser. Das bedeutet, Sie können die Auswahl nur mittels Steuerzeichen formatieren. Weitere Formatierungsmöglichkeiten stehen Ihnen nicht zur Verfügung.

contains()

Methode 

Objekt: all — Element enthält ein anderes Element

Ermittelt, ob ein Element ein bestimmtes anderes Element enthält. Erwartet als Parameter den id-Namen des gesuchten inneren Elements. Das Beispiel enthält einen Verweis. Beim Anklicken des Verweises wird die Funktion Test() aufgerufen. Diese Funktion überprüft, ob das <body>-Tag, das den id-Namen dieseDatei hat, ein Element enthält, das den id-Namen Absatz hat. Wenn ja, wird der innere Text dieses Elements mit alert() ausgegeben:

```
<html><head><title>Test</title>
<script type="text/javascript">
<!-
function Test() {
 if(document.all.dieseDatei.contains(Absatz))
  alert(document.all.Absatz.innerText);
}
//->
</script>
</head><body id="dieseDatei">
<p id="Absatz">Ein Text</p>
<a href="javascript:Test()">Test</a>
</body></html>
```

cookie

Eigenschaft 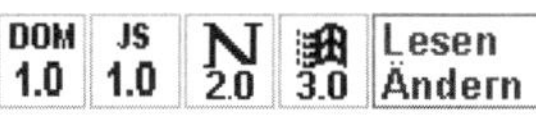

Objekt: document — Cookies lesen und setzen

Cookies (*cookies = Kekse – die Herkunft des Namens ist unbekannt*) bieten Ihnen die Möglichkeit, direkt aus einer HTML-Datei heraus Daten auf dem Rechner des Anwenders zu speichern und beim erneuten Aufruf der gleichen HTML-Datei wieder auszulesen. So kann eine WWW-Seite dynamisch auf gespeicherte Daten reagieren. Es ist nur möglich, diejenigen Cookies auszulesen, die man selbst gesetzt hat. Eine Virenübertragung mit Cookies ist ausgeschlossen. Ein Cookie ist in etwa das Gleiche wie ein Eintrag in einer *ini*-Datei unter MS-Windows. Es wird eine Variable mit einem zugewiesenen Wert abgespeichert, zum Beispiel Datum und Uhrzeit des letzten Besuchs der WWW-Seite. Es können keine Rechnerdaten des Anwenders ausgelesen werden. Angesichts des vorherrschenden Misstrauens bei Anwendern, die nicht wissen, was ein Cookie ist, sollten Sie Cookies nur verwenden, wenn Sie einen Grund dazu haben.

Netscape verwaltet Cookies in einer Datei namens *cookies.txt* auf dem Rechner des Anwenders. Der MS Internet Explorer verwaltet die Cookies in einem Unterverzeichnis des Windows-Verzeichnisses. Ein Beispiel:

```
<html><head><title>Test</title>
<script type="text/javascript">
<!-
 var gespeichert = "nichts gespeichert";
 if(document.cookie)
```

```
  gespeichert = document.cookie;
 else
  document.cookie = "Zeitstempel=" + document.lastModified;
 alert(document.lastModified + " - " + gespeichert);
//->
</script>
</head><body>
</body></html>
```

Das Lesen eines Cookies funktioniert nach dem Schema x = document.cookie. Das Schreiben eines Cookies funktioniert nach dem Schema document.cookie = x. Das Beispiel frägt beim Einlesen der Datei ab, ob diese Datei schon einmal einen Cookie gesetzt hat. Eine solche Abfrage ist mit if(document.cookie) möglich. Im Beispiel wird die Variable gespeichert mit dem Wert des gespeicherten Cookies versorgt, falls ein Cookie vorhanden ist. Im else-Zweig des Beispiels steht der Fall, dass noch kein Cookie gesetzt wurde. In diesem Fall wird als Cookie die Zeichenkette Zeitstempel= und dahinter der Wert von lastModified geschrieben. Am Ende werden mit alert() zwei Werte ausgegeben: nämlich der Wert von document.lastModified und der Wert der Variablen gespeichert. Wenn ein Cookie gesetzt ist (also ab dem zweiten Aufruf der Datei), wird der Inhalt des Cookies ausgegeben, der sich von document.lastModified dann unterscheidet, wenn die Datei mittlerweile geändert wurde.

Beim Setzen eines Cookies können Sie außerdem einen Verfallszeitpunkt angeben. Wenn der Verfallszeitpunkt erreicht ist, löscht der Browser den Cookie selbstständig. Notieren Sie dazu eine Anweisung der Form: document.cookie = "expires=" + Verfallsdatum.

Damit der Browser diese Eigenschaft interpretiert, muss das Verfallsdatum mit der Methode toGMTString() des Date-Objektes formatiert werden. Ein Beispiel:

```
<html><head><title>Test</title>
<script type="text/javascript">
<!-
  var ablauf = new Date();
  var infuenfTagen = ablauf.getTime() + (5 * 24 * 60 * 60 * 1000);
  ablauf.setTime(infuenfTagen);
  document.cookie = "Name=SELFHTML; expires=" + ablauf.toGMTString();
  alert(document.cookie) ;

//->
</script>
</head><body>
</body></html>
```

In der Variablen ablauf wird eine neue Instanz des Date-Objekts angelegt. Diese enthält das aktuelle Datum. Das Verfallsdatum ist 5 Tage nach dem Setzen des Cookies. Zur Bestimmung des Verfallsdatums wird das aktuelle Datum mit der Methode getTime() in Millisekunden umgewandelt. Zu diesem Wert wird die Anzahl der Millisekunden für 5 Tage addiert. Um den Millisekundenwert zu ermitteln, können Sie wie im Beispiel eine Multiplikationskette übergeben: 1000 Millisekunden sind eine Sekunde, mal 60 macht eine Minute, mal 60 macht eine Stunde, mal 24 einen Tag, und mal 5 macht fünf Tage.

Um eine gültige Datumszeichenkette zu erhalten, wird mit der Methode setTime() dem Datum ein neuer Wert zugewiesen. In der Variablen ablauf ist dann das korrekte Ablaufdatum gespeichert. Dem Cookie wird schließlich das mit der Methode toGMTString() formatierte Datum übergeben.

Beachten Sie: Jede HTML-Datei hat Kenntnis von allen Cookies, die von Dateien aus dem gleichen oder einem höheren Verzeichnis gesetzt wurden. Angenommen, bei einer Domain *http://www.test.de* mit dem Unterverzeichnis */A* gibt es in diesem Unterverzeichnis sowie im Wurzelverzeichnis / jeweils eine Datei namens *x.htm*. Beide Dateien enthalten jeweils ein JavaScript mit der Anweisung:
document.cookie = location.href;
Damit wird der URI der Datei in einem Cookie gespeichert. Ferner gibt es in beiden Verzeichnissen eine Datei *y.htm*, die jeweils folgende JavaScript-Anweisung enthält:
document.write(document.cookie);
Damit wird ein vorhandener Cookie dynamisch ins Dokumentfenster geschrieben. Bei der angenommenen Anordnung liefern folgende Dateien folgende Ausgaben: *http://www.test.de/y.htm* liefert: http://www.test.de/x.htm (kann also den Cookie lesen, den *x.htm* im gleichen Verzeichnis gesetzt hat) *http://www.test.de/A/y.htm* liefert: http://www.test.de/A/x.htm; http://www.test.de/x.htm (kann also den Cookie lesen, den *x.htm* im gleichen Verzeichnis gesetzt hat, sowie den Cookie, den die *x.htm* im Verzeichnis oberhalb gesetzt hat)

Im MS Internet Explorer ab Version 5 und im Netscape 6 können Sie mittels der Eigenschaft navigator.cookieEnabled abfragen, ob der Anwender Cookies aktiviert hat. Opera 5.12 erlaubt kein Setzen von Cookies im Protokoll file. Mit anderen Worten: Cookies funktionieren nicht auf der lokalen Festplatte, sondern nur beim Ausführen von einem Web-Server.

cookieEnabled

Eigenschaft 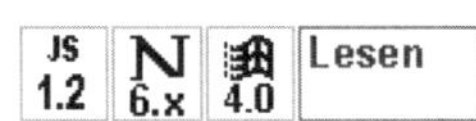

Objekt: navigator — Status der Cookie-Unterstützung

Speichert, ob der Nutzer das Setzen von Cookies erlaubt. Sind diese erlaubt, so enthält die Eigenschaft true, sonst false. Nicht geprüft werden kann mit dieser Eigenschaft, ob der Nutzer vor dem Speichern eine Warnmeldung erhält. In diesem Fall ist in der Eigenschaft ebenfalls true gespeichert. Ein Beispiel:

```
<html><head><title>Test</title>
</head><body>
<script type="text/javascript">
<!-
 if(navigator.cookieEnabled == true)
  document.write("Cookies erlaubt");
 else if(navigator.cookieEnabled == false) document.write("Cookies verboten.");
     else document.write("Verrate ich nicht.");

//->
</script>
</body></html>
```

Im Beispiel wird gefragt, ob der Nutzer Cookies erlaubt. Ist das der Fall, wird mit der write()-Methode eine entsprechende Information ausgegeben. Sind keine Cookies verfügbar, wird gefragt, ob Cookies verboten sind. Browser, die cookieEnabled kennen und keine Cookies erlauben, folgen dem if-Zweig der Anweisung. Browser, die diese Eigenschaft nicht kennen, geben den Text "Verrate ich nicht." aus.

cos()

Methode — JS 1.0 | N 2.0 | 3.0

Objekt: Math — Cosinus

Erwartet als Parameter eine Zahl. Liefert den Cosinus dieser Zahl zurück. Ein Beispiel:

```
<html><head><title>Test</title>
</head><body>
<form name="Test" action=""><input name="Ein"><input name="Aus">
<input type="button" value="=" onClick="Test.Aus.value=Math.cos(Test.Ein.value)">
</form>
</body></html>
```

Das Beispiel definiert ein Formular mit zwei Eingabefeldern und einem Button. Nach Eingabe einer Zahl im ersten Eingabefeld und Klick auf den Button wird im zweiten Eingabefeld das Ergebnis ausgegeben. Das Ergebnis ist die Anwendung von cos() auf den Wert aus dem ersten Eingabefeld.

Beachten Sie: Diese Methode erwartet Zahlen in der Einheit *Radiant* (rad) als Parameter.

createAttribute()

Methode — DOM 1.0 | JS 1.5 | N 6.x

Objekt: document — Attribut für Tag erzeugen

Erzeugt ein neues Attribut für den Elementbaum. lässt sich auf HTML-, aber auch auf XML-Dokumente anwenden. Ein Beispiel:

```
<html><head><title>Test</title>
</head><body>
<h1>Eine sehr dynamische Seite</h1>
<script type="text/javascript">
<!-
 var Ausrichtung = document.createAttribute("align");
    Ausrichtung.nodeValue = "right";
 var Element = document.getElementsByTagName("h1")[0];
    Element.setAttributeNode(Ausrichtung);
//->
</script>
</body></html>
```

Das Beispiel enthält eine Überschrift erster Ordnung ohne weitere Attribute. Unterhalb davon ist ein JavaScript-Bereich notiert. Dort wird mit document.createAttribute("align") ein neues Attribut mit Namen align erzeugt, das in diversen HTML-Elementen zum Ausrichten des

Inhalts verwendet werden kann. Das Attribut hat damit aber noch keine Wirkung – es hängt weder im Elementbaum des Dokuments, noch hat es einen Wert. Das Attribut ist lediglich als Objekt erzeugt.

Die Methode createElement() gibt das erzeugte Objekt, also in dem Fall das align-Attribut, zurück. Der Rückgabewert wird in der Variablen Ausrichtung gespeichert. Über diese Variable ist das neu erzeugte Attribut von da ab ansprechbar.

Damit das Attribut einen Inhalt erhält, wird dem Attributknoten über die Objekteigenschaft nodeValue der gewünschte Wert right zugewiesen. Anschließend müssen das Attribut und sein Wert noch in den vorhandenen Elementbaum eingehängt werden. Dies geschieht in der Anweisung Element.setAttributeNode(Ausrichtung); (siehe auch setAttributeNode()). Dabei wurde zuvor in der Variablen Element das h1-Element gespeichert, auf das mit getElementsByTagName() zugegriffen wurde. Somit wird die Überschrift dynamisch rechtsbündig ausgerichtet.

Beachten Sie: Mit dem Internet Explorer 5.5 war dieses Beispiel nicht nachvollziehbar, wenngleich Microsoft behauptet, diese Methode im Internet Explorer implementiert zu haben. Im MS Internet Explorer 6.0 ist das Beispiel dagegen nachvollziehbar.

createElement()

Methode	DOM 1.0 · JS 1.5 · N 6.x · IE 5.x
Objekt: document	Element (Tag) erzeugen

Erzeugt ein neues Element für den Elementbaum. lässt sich auf HTML-, aber auch auf XML-Dokumente anwenden. Ein Beispiel:

```
<html><head><title>Test</title>
</head><body>
<div id="Bereich" style="border:1px black solid; padding:10px">
</div>
<script type="text/javascript">
<!-
 var myH1 = document.createElement("h1");
 var myText = document.createTextNode("Eine sehr dynamische Seite");
 myH1.appendChild(myText);
 var Ausgabebereich = document.getElementById("Bereich");
 Ausgabebereich.appendChild(myH1);
//->
</script>
</body></html>
```

Das Beispiel enthält einen div-Bereich, der zunächst leer ist. Unterhalb davon ist ein JavaScript-Bereich notiert. Dort wird mit document.createElement("h1") ein neues Element vom Typ h1 erzeugt, also eine HTML-Überschrift erster Ordnung. Die Überschrift wird damit aber noch nicht angezeigt – sie hängt noch nicht einmal im Elementbaum des Dokuments. Das Element ist lediglich als Objekt erzeugt.

Die Methode createElement() gibt das erzeugte Objekt, also in dem Fall das h1-Element zurück. Der Rückgabewert wird in der Variablen myH1 gespeichert. Über diese Variable ist das neu erzeugte Element von da ab ansprechbar.

Damit die Überschrift einen Inhalt erhält, wird mit createTextNode() ein Textknoten erzeugt. Mit appendChild() wird dann der Textknoten als Kindelement der Überschrift erster Ordnung definiert. Anschließend muss noch die ganze Überschrift in den vorhandenen Elementbaum eingehängt werden. Dies geschieht in der Anweisung Ausgabebereich.appendChild(myH1);. Dabei wurde zuvor in der Variablen Ausgabebereich das leere div-Element gespeichert, auf das mit getElementById() zugegriffen wurde. Somit wird die Überschrift und ihr Text also als Kindelement dynamisch in den div-Bereich eingefügt.

createTextNode()

Methode DOM 1.0 JS 1.5 N 6.x 5.x

Objekt: document Textknoten erzeugen

Erzeugt einen neuen Textknoten für den Elementbaum. Lässt sich auf HTML-, aber auch auf XML-Dokumente anwenden. Ein Beispiel:

```
<html><head><title>Test</title>
</head><body>
<p id="Absatz"></p>
<script type="text/javascript">
<!-
 var Zeitstempeltext = document.createTextNode(document.lastModified);
 var TextZuvor = document.createTextNode("Datum des letzten Updates: ");
 document.getElementById("Absatz").appendChild(TextZuvor);
 document.getElementById("Absatz").appendChild(Zeitstempeltext);
//->
</script>
</body></html>
```

Das Beispiel enthält einen p-Absatz, der zunächst leer ist. Unterhalb davon ist ein JavaScript-Bereich notiert. Dort werden mit document.createTextNode() zwei neue Zeichenketten erzeugt, einmal der gespeicherte Wert von lastModified und einmal ein statischer Text. Die Texte werden damit aber noch nicht angezeigt – sie sind auch noch nicht in den Elementbaum des Dokuments eingehängt. Die Textknoten sind lediglich als Objekt erzeugt.

Die Methode createTextNode() gibt das erzeugte Objekt zurück. Der Rückgabewert wird in den beiden Beispielaufrufen in den Variablen Zeitstempeltext und TextZuvor gespeichert. Über diese Variablen sind die neu erzeugten Textknoten von da ab ansprechbar.

Mit appendChild() werden dann die Textknoten als Kindelemente des über dem JavaScript notierten Textabsatzes definiert. Dazu wird mit getElementById() auf das p-Element zugegriffen. Der leere Absatz erhält somit dynamisch einen Inhalt.

ctrlKey

Eigenschaft JS 4.0 Lesen

Objekt: event Status der Taste [Strg]

Microsoft-Syntax. Speichert, ob die Zusatztaste [Strg] gemeinsam mit einer anderen Taste oder einem Mausklick gedrückt wurde.

Ein Beispiel:

```
<html><head><title>Test</title>
<script for="document" event="onkeypress()" language="JScript" type="text/jscript">
<!-
 {
  if(window.event.shiftKey)
   alert("eine Taste plus Umschalttaste gedrueckt!");
 }
//->
</script>
</head><body>
</body></html>
```

Im Beispiel wird überwacht, ob der Anwender eine Taste drückt (onkeypress). Wenn ja, wird abgefragt, ob zusätzlich die Umschalttaste gedrückt wurde. In diesem Fall wird eine entsprechende Meldung ausgegeben.

data

Eigenschaft	DOM 1.0	JS 1.5	N 6.x	IE 5.x	Lesen Ändern

Objekt: node — Zeichendaten des Knotens

Speichert Zeichendaten eines Knotens, sofern es sich um einen Textknoten handelt. Ein Beispiel:

```
<html><head><title>Test</title>
<script language="JavaScript" type="text/javascript">
<!-
function Ausgeben() {
 alert(document.getElementById("Dokumentinhalt").firstChild.data);
}
//->
</script>
</head><body id="Dokumentinhalt" onLoad="Ausgeben()">
Das ist Text, der einfach so im Dokument steht.
</body></html>
```

Das Beispiel enthält zwischen <body> und </body> nichts als reinen Text, also Zeichendaten. Nachdem das Dokument geladen ist (onLoad), wird die JavaScript-Funktion Ausgeben() aufgerufen. Diese greift mit document.getElementById("Dokumentinhalt") auf das body-Element zu. Mit firstChild wird auf das erste Kindelement zugegriffen, und mit data auf dessen Inhalt. Das erste (und einzige) Kindelement des body-Elements ist im Beispiel der Text. Dieser wird denn auch in dem Meldungsfenster angezeigt, das die Funktion Ausgeben() ausgibt.

Wenn Sie den Wert der Eigenschaft data ändern, wird der Zeicheninhalt des Elements einfach durch den neuen Inhalt ersetzt. Wenn Sie im obigen Beispiel also notieren würden:

```
document.getElementById("Dokumentinhalt").firstChild.data = "neuer Text";
```

dann würde anschließend der bisherige Text zwischen <body> und </body> dynamisch durch den neuen ersetzt.

dataFld

Eigenschaft | JS 4.0 Lesen Ändern

Objekt: all | Name eines Datenfeldes

Speichert den Namen eines Datenfeldes, das zur Ausgabe eines Datensatzes gehört. Dies bezieht sich auf das Konzept der Datenanbindung. Ein Beispiel:

```
<tr>
<td><b>Vorname:</b></td>
<td><span id="Test" datafld="vorname">
</span><input type="button" value="Test"
onClick="alert(document.all.Test.dataFld)">
</td>
</tr>
```

Das Beispiel stellt eine Tabellenzeile dar, in der ein Datenfeld ausgegeben wird (die übrigen Befehle zur Datenanbindung fehlen hier). Zu Testzwecken ist ein Button eingefügt, bei dessen Anklicken der Name des Datenfeldes mit alert() ausgegeben wird. Es ist der Feldname, der in der HTML-Angabe datafld= steht. Wenn Sie den Wert dynamisch ändern, können Sie in der gleichen Tabellenzelle beispielsweise ein anderes Feld ausgeben.

dataFormatAs

Eigenschaft | JS 4.0 Lesen Ändern

Objekt: all | Ausgabetyp eines Datenfeldes

Speichert den Ausgabetyp eines Datenfeldes, das zur Ausgabe eines Datensatzes gehört. Dies bezieht sich auf das Konzept der Datenanbindung. Ein Beispiel:

```
<tr>
<td><b>Vorname:</b></td>
<td><span id="Test" datafld="vorname" dataformatas="HTML">
</span><input type="button" value="Test"
onClick="alert(document.all.Test.dataFormatAs)">
</td>
</tr>
```

Das Beispiel stellt eine Tabellenzeile dar, in der ein Datenfeld ausgegeben wird (die übrigen Befehle zur Datenanbindung fehlen hier). Zu Testzwecken ist ein Button eingefügt, bei dessen Anklicken der Ausgabetyp des Datenfeldes mit alert() angezeigt wird. Da dieser im Ausgabebereich mit »HTML« festgelegt wurde, wird dieser Wert ausgegeben.

dataPageSize

Eigenschaft | JS 4.0 Lesen Ändern

Objekt: all | Anzahl anzuzeigender Datensätze

Speichert, wie viele Datensätze gleichzeitig ausgegeben werden sollen. Dies bezieht sich auf das Konzept der Datenanbindung.

Ein Beispiel:

```
<input type="button" value="Test"
onClick="document.all.Anzeigetabelle.dataPageSize = 5">
<table id="Anzeigetabelle" datasrc="#Adressen" datapagesize="1">
...usw. Daten ...
</table>
```

Das Beispiel deutet eine Tabelle an, die zur Ausgabe von Daten aus einer Datenanbindung gedacht ist (die übrigen Befehle zur Datenanbindung fehlen hier). Da im einleitenden <table>-Tag die Angabe datapagesize="1" steht, wird in der Tabelle immer nur ein Datensatz gleichzeitig ausgegeben. Zu Testzwecken ist ein Button eingefügt, bei dessen Anklicken sich der Wert auf 5 ändert. Danach werden immer 5 Datensätze gleichzeitig angezeigt.

dataSrc

Eigenschaft — JS 4.0 Lesen Ändern

Objekt: all — Verweis auf Datenanbindung

Speichert den Verweis auf das <object>-Tag, in dem eine Datenanbindung definiert wird. Dies bezieht sich auf das Konzept der Datenanbindung. Ein Beispiel:

```
<input type="button" value="Test"
onClick="alert(document.all.Anzeigetabelle.dataSrc)">
<table id="Anzeigetabelle" datasrc="#Adressen" datapagesize="1">
...usw. Daten ...
</table>
```

Das Beispiel deutet eine Tabelle an, die zur Ausgabe von Daten aus einer Datenanbindung gedacht ist (die übrigen Befehle zur Datenanbindung fehlen hier). Zu Testzwecken ist ein Button eingefügt, bei dessen Anklicken der Verweis auf die Datenquelle ausgegeben wird. Da dieser im Ausgabebereich mit "#Adressen" festgelegt wurde, wird dieser Wert ausgegeben. Durch Ändern dieser Objekteigenschaft können Sie dynamisch die Datenquelle wechseln. Voraussetzung ist, dass für den neuen Verweis auf die Datenquelle ein entsprechendes <object>-Tag für die Datenquelle definiert ist.

Date

Objekt

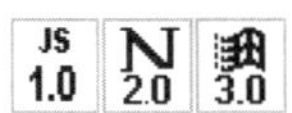

Datums- und Zeitangaben verarbeiten

Das Objekt Date ist für alle Berechnungen mit Datum und Zeit zuständig. Dabei gibt es, wie in der EDV üblich, einen fixen historischen Zeitpunkt, der intern als Speicherungs- und Berechnungsbasis dient. In JavaScript ist dies – wie in der C- und Unix-Welt – der 1. Januar 1970, 0.00 Uhr. Die Einheit, in der in JavaScript intern Zeit berechnet wird, ist eine Millisekunde.

Methoden

getDate() (Monatstag ermitteln)
getDay() (Wochentag ermitteln)

getFullYear()	(volles Jahr ermitteln)
getHours()	(Stundenteil der Uhrzeit ermitteln)
getMilliseconds()	(Millisekunden ermitteln)
getMinutes()	(Minutenteil der Uhrzeit ermitteln)
getMonth()	(Monat ermitteln)
getSeconds()	(Sekundenteil der Uhrzeit ermitteln)
getTime()	(Zeitpunkt ermitteln)
getTimezoneOffset()	(Zeitzonenabweichung der Lokalzeit ermitteln)
getUTCDate()	(Monatstag von UTC-Zeit ermitteln)
getUTCDay()	(Wochentag von UTC-Zeit ermitteln)
getUTCFullYear()	(volles Jahr von UTC-Zeit ermitteln)
getUTCHours()	(Stundenteil der UTC-Uhrzeit ermitteln)
getUTCMilliseconds()	(Millisekundenteil der UTC-Uhrzeit ermitteln)
getUTCMinutes()	(Minutenteil der UTC-Uhrzeit ermitteln)
getUTCMonth()	(Monat von UTC-Uhrzeit ermitteln)
getUTCSeconds()	(Sekundenteil der UTC-Uhrzeit ermitteln)
getYear()	(Jahr ermitteln)
parse()	(Millisekunden seit dem 1.1.1970 ermitteln)
setDate()	(Monatstag setzen)
setFullYear()	(volles Jahr setzen)
setHours()	(Stunden der Uhrzeit setzen)
setMilliseconds()	(Millisekunden setzen)
setMinutes()	(Minuten der Uhrzeit setzen)
setMonth()	(Monat setzen)
setSeconds()	(Sekunden der Uhrzeit setzen)
setTime()	(Datum und Uhrzeit setzen)
setUTCDate()	(Monatstag für UTC-Zeit setzen)
setUTCDay()	(Wochentag für UTC-Zeit setzen)
setUTCFullYear()	(volles Jahr für UTC-Zeit setzen)
setUTCHours()	(Stunden der UTC-Zeit setzen)
setUTCMilliseconds()	(Millisekunden der UTC-Zeit setzen)
setUTCMinutes()	(Minuten der UTC-Zeit setzen)
setUTCMonth()	(Monat für UTC-Zeit setzen)
setUTCSeconds()	(Sekunden der UTC-Zeit setzen)
setYear()	(Datum und Uhrzeit setzen)
toGMTString()	(Zeitpunkt in GMT-Format konvertieren)
toLocaleString()	(Zeitpunkt in lokales Format konvertieren)
UTC()	(GMT-Zeit seit dem 1.1.1970 ermitteln)

Date: Allgemeines zur Verwendung

Bevor Sie über JavaScript Zugriff auf die eingebauten Datums- und Uhrzeitfunktionen haben, müssen Sie ein neues Date-Objekt erzeugen. Dabei gibt es mehrere Varianten.

Variante 1:

```
Objektname = new Date();
```

Variante 2:

Objektname = new Date("Monat Tag, Jahr Stunden:Minuten:Sekunden");

Variante 3:

Objektname = new Date(Jahr,Monat,Tag);

Variante 4:

Objektname = new Date(Jahr,Monat,Tag,Stunden,Minuten,Sekunden);

Eine neues Date-Objekts speichern Sie in einem selbst vergebenen Objektnamen. Hinter dem Namen folgt ein Gleichheitszeichen. Dahinter folgt das reservierte Wort new und der Aufruf der Objektfunktion Date().

Benutzen Sie die Variante 1, wenn Sie eine Objektinstanz erzeugen wollen, in der das zum Zeitpunkt der Programmausführung aktuelle Datum und die aktuelle Uhrzeit gespeichert werden sollen. Benutzen Sie eine der Varianten 2 bis 4, wenn Sie das neue Datum-Objekt mit bestimmten Werten (also einem bestimmten Datum und einer bestimmten Uhrzeit) initialisieren wollen. Alle Initialisierungswerte wie Monat oder Minuten müssen Sie in Zahlenform angeben, also etwa 9 für Monat Oktober. Ausnahme: Bei Variante (2) übergeben Sie die Initialisierungsdaten als Zeichenkette. Dabei wird der Monat in englischer Schreibweise angegeben, also beispielsweise october. Wenn Sie einen Monat als Zahlenwert übergeben, so wie in den Varianten 3 und 4, müssen Sie bei 0 zu zählen beginnen. Für Januar müssen Sie also 0 übergeben, für Februar 1, und für Dezember 11. Dies ist auch der Grund, warum für den Monat Oktober nicht 10, sondern 9 übergeben wird. Ein Beispiel:

```
<html><head><title>Test</title>
<script type="text/javascript">
<!-
function bis2020() {
 var jetzt = new Date();
 var Zeit = jetzt.getTime() / 1000;
 var Jahr2020 = new Date(2020,0,1,0,0,0);
 var Endzeit = Jahr2020.getTime() / 1000;
 var Rest = Math.floor(Endzeit - Zeit);
 alert("Noch " + Rest + " Sekunden bis zum Jahr 2020");
}
//->
</script>
</head><body>
<a href="javascript:bis2020()">Wie lange noch?</a>
</body></html>
```

Das Beispiel zeigt eine vollständige JavaScript-Funktion. Die Funktion ermittelt die Anzahl Sekunden zwischen aktuellem Zeitpunkt und dem Jahr 2020. Dazu wird in jetzt eine neue Instanz von Date mit der aktuellen Zeit erzeugt. Für den Zeitpunkt, an dem das Jahr 2020 beginnt, wird eine zweite Objektinstanz von Date erzeugt, nämlich in Jahr2020. Dazu werden der Objektfunktion Date() entprechende Parameter übergeben. Über die beiden Objektnamen jetzt bzw. Jahr2020 wird dann die Methode Objektname.getTime() aufgerufen. getTime() liefert die Anzahl Millisekunden seit dem 1.1.1970 zurück. In der Variablen Zeit wird auf diese Weise die Anzahl Sekunden zwischen dem 1.1.1970 und dem aktuellen Zeitpunkt gespeichert, und in der Variablen Endzeit die Anzahl Sekunden zwischen dem 1.1.1970 und dem 1.1.2020. Die Differenz der beiden Werte wird in der Variablen Rest gespeichert und mit alert() in einem Meldungsfenster am Bildschirm ausgegeben.

Beachten Sie: Alle Methoden, mit denen Sie einen aktuellen Zeitpunkt oder einen Teil davon, etwa den Wochentag oder den Monat, ermitteln können, beziehen sich auf die Zeit, die auf der Systemzeit des Anwenderrechners basiert. Denn JavaScript wird beim Anwender von dessen Browser ausgeführt. Die aktuelle Systemzeit des Server-Rechners können Sie mit JavaScript nicht ermitteln – das geht beispielsweise mit einem CGI-Script.

dd

HTML-Elementobjekt — DOM 1.0 | JS 1.5 | N 6.x | IE 5.x

Objekt: document — Definition in einer Definitionsliste

HTML-Elemente <dd>...</dd> haben als DOM-Objekte für den Scriptsprachen-Zugriff Universaleigenschaften. Ein Beispiel:

```
<html><head><title>Test</title>
<script type="text/javascript">
<!-
function Titel() {
 for(var i = 0; i < document.getElementsByTagName("dt").length; i++)
   document.getElementsByTagName("dd")[i].title =
document.getElementsByTagName("dt")[i].firstChild.nodeValue;
}
//->
</script>
</head><body>
<dl>
<dt>*.bmp</dt><dd>Bitmap-Grafiken</dd>
<dt>*.html</dt><dd>Web-Seiten-Dateien</dd>
<dt>*.css</dt><dd>Style-Dateien für Web-Seiten</dd>
</dl>
<a href="javascript:Titel()">Titel</a>
</body></html>
```

Das Beispiel enthält eine Definitionsliste mit drei Einträgen. Unterhalb davon ist ein Verweis notiert. Beim Anklicken des Verweises wird die JavaScript-Funktion Titel() aufgerufen, die im Dateikopf notiert ist. Diese greift in einer for-Schleife der Reihe nach auf alle dt-Elemente zu und weist den zugehörigen dd-Elementen den Inhalt der dt-Elemente als title-Attribut zu.

decodeURI()

Methode — JS 1.5 | N 6.0 | IE 5.x

objektunabhängig — URI dekodieren

Dekodiert einen URI, der mit encodeURI() kodiert wurde.

Ein Beispiel:

```
<html><head><title>Test</title>
</head><body>
<script type="text/javascript">
<!-
Adresse = "http://www.my.de/cgi-bin/script.pl?Text=der übergebene Text&Name=Stefan
Münz";
document.write("<b>Adresse unkodiert:<\/b> " + Adresse + "<br>");
Adresse = encodeURI(Adresse);
document.write("<b>Adresse kodiert:<\/b> " + Adresse + "<br>");
Adresse = decodeURI(Adresse);
document.write("<b>Adresse wieder dekodiert:<\/b> " + Adresse + "<br>");
//->
</script>
</body></html>
```

Das Beispiel definiert eine typische Adresse mit Übergabeparametern an ein Script. Zunächst schreibt es die Adresse wie sie ist ins Dokument. Dann wird die Adresse mit encodeURI() behandelt und zur Kontrolle ausgegeben. Schließlich wird nach dem gleichen Schema decodeURI() angewendet und die Adresse nochmals ausgegeben.

Beachten Sie: Opera 5.12 interpretiert dieses Methode nicht.

decodeURIComponent()

Methode — JS 1.5 | N 6.0 | 5.x

objektunabhängig — URI dekodieren

Wie decodeURI(). Sollte aber nur auf Adressen oder Adressteile angewendet werden, die mit mit encodeURIComponent() kodiert wurden.

defaultCharset

Eigenschaft — JS | 4.0 | Lesen Ändern

Objekt: document — Standardzeichensatz des Browsers

Speichert den Zeichensatz, den der Anwender als Standard im Browser eingestellt hat. Wenn die Datei keine Meta-Angabe zum verwendeten Zeichensatz enthält, wird der Standardzeichensatz angenommen. Das Beispiel gibt beim Einlesen der Datei mit alert() aus, welchen Zeichensatz der Anwender als Standardzeichensatz eingestellt hat:

```
<html><head><title>Test</title>
<script type="text/javascript">
<!-
alert("Sie haben als Zeichensatz eingestellt: " + document.defaultCharset);
//->
</script>
</head><body>
</body></html>
```

defaultChecked

Eigenschaft | JS 1.0 | N 2.0 | 3.0 | Lesen Ändern

Objekt: elements | Standardeinstellung des Formularbuttons

Speichert, ob bzw. dass ein Radio- oder Checkbutton per Voreinstellung aktiviert ist oder nicht. Mögliche Werte sind true bzw. 1 oder false bzw. 0. Anwendbar auf: Checkboxen, Radiobuttons. Ein Beispiel:

```
<html><head><title>Test</title>
<script type="text/javascript">
<!-
function Weiter() {
 if(document.Testform.Art[0].checked == true)
  window.location.href="frminhalt.htm"
 else
  window.location.href="inhalt.htm"
}
//->
</script>
</head><body>
<form name="Testform" action="">
<input type="radio" name="Art" value="mit"> mit DHTML
<input type="radio" name="Art" value="ohne"> ohne DHTML
<br><input type="button" value="Starten" onClick="Weiter()">
</form>
<script language="JavaScript" type="text/javascript">
<!-
dhtml = false;
if(document.layers || document.all || document.getElementById) dhtml = true;
if(dhtml == true && document.Testform.Art[0].defaultChecked == false)
  document.Testform.Art[0].checked = true;
//->
</script>
</body></html>
```

Das Beispiel enthält ein Formular mit zwei Radiobuttons. Der Anwender kann dabei auswählen, ob er die folgenden Seiten des Projekts mit Dynamischem HTML oder ohne sehen will. Beim Klick auf den Button Starten wird die Funktion Weiter() aufgerufen. Diese Funktion prüft, ob einer der beiden Radiobuttons aktiviert ist. Je nachdem, welcher von beiden aktiviert ist, wird eine unterschiedliche Datei aufgerufen (location.href).

Unterhalb des Formulars ist jedoch noch ein weiterer Script-Bereich notiert. Der Script-Bereich steht unterhalb, weil der darin enthaltene Code sofort ausgeführt und die Existenz des Formulars aber bereits vorausgesetzt wird. Es wird abgefragt, ob eines der für Dynamisches HTML typischen Objekte document.layers oder document.all bzw. die typische Methode document.getElementById verfügbar sind. Wenn ja, wird eine Variable dhtml auf true gesetzt. In einer weiteren Abfrage wird mit defaultChecked überprüft, ob die Auswahlmöglichkeit, DHTML zu nutzen, im Formular als Vorauswahl aktiviert ist oder nicht. Wenn nicht, und wenn DHTML aber verfügbar ist (also wenn dhtml auf true gesetzt ist), wird die Auswahlmöglichkeit für DHTML nachträglich angekreuzt.

Beachten Sie: Opera 5.12 unter Windows interpretiert zwar die Eigenschaft defaultChecked, führt das obige Beispiel jedoch nicht aus, da die Änderung des Zustandes der Radiobox vor dem Abschluss des Ladens der Seite erfolgt. Opera 5.02 kennt die Eigenschaft defaultChecked noch nicht.

defaultSelected

Eigenschaft	JS 1.1	N 3.0	IE 4.0	Lesen Ändern
Objekt: options	Standardauswahl des Formularelements			

Speichert, ob bzw. dass eine Auswahlmöglichkeit vorausgewählt ist. Mögliche Werte sind true oder false. Ein Beispiel:

```
<html><head><title>Test</title>
<script type="text/javascript">
<!-
function AuswahlReset() {
 for(i=0; i<document.Testform.Auswahl.length; i++)
   if(document.Testform.Auswahl.options[i].defaultSelected == true)
     document.Testform.Auswahl.options[i].selected=true;
}
//->
</script>
</head><body>
<form name="Testform" action="">
<select name="Auswahl" size="8">
<option>Augsburg</option>
<option>Berlin</option>
<option>Chemnitz</option>
<option>Dortmund</option>
<option selected>Essen</option>
<option>Frankfurt</option>
<option>Giessen</option>
<option>Hamburg</option>
</select>
<br>
<input type="button" value="Auswahl Reset" onClick="AuswahlReset()">
</form>
</body></html>
```

Das Beispiel enthält ein Formular mit einer Auswahlliste und einem Button. Bei der Auswahlliste wird bei der HTML-Definition ein Eintrag mit selected als Vorauswahl eingestellt. Der Anwender kann natürlich einen anderen Eintrag auswählen. Wenn er jedoch auf den Button mit der Aufschrift »Auswahl Reset« klickt, wird der Originalzustand wiederhergestellt. Dazu wird beim Anklicken des Buttons die Funktion AuswahlReset() aufgerufen.

Diese Funktion ermittelt in einer for-Schleife für alle Auswahlmöglichkeiten der Auswahlliste, ob es sich um die Vorauswahl handelt:

(if(document.Testform.Auswahl.options[i].defaultSelected==true))

Denn die Vorauswahl ist zu diesem Zeitpunkt durchaus noch gespeichert, auch wenn der Anwender mittlerweile einen anderen Eintrag ausgewählt hat. Wenn die voreingestellte Auswahl gefunden ist, wird die aktuelle Auswahl auf den Indexwert der Vorauswahl gesetzt (document.Testform.Auswahl.options[i].selected=true). Dadurch wird der Originalzustand wiederhergestellt.

defaultStatus

Eigenschaft JS 1.0 N 2.0 3.0 Lesen Ändern

Objekt: window Standardinhalt der Statuszeile

Speichert den Inhalt der Statuszeile, der so lange angezeigt wird, wie kein besonderes Ereignis eintritt (etwa das Überfahren eines Verweises mit der Maus). Das Beispiel belegt beim Einlesen der Datei die normale Anzeige der Statuszeile mit dem Wert Helmut's Homepage:

```
<html><head><title>Test</title>
<script type="text/javascript">
<!-
window.defaultStatus = "Helmut's Homepage";
//->
</script>
</head><body>
<p>Achten Sie auf die Statuszeile</p>
</body></html>
```

defaultValue

Eigenschaft JS 1.0 N 2.0 3.0 Lesen Ändern

Objekt: elements Standardtext des Eingabefeldes

Speichert den voreingestellten Text eines Eingabefeldes. Anwendbar auf: einzeilige Eingabefelder, mehrzeilige Eingabefelder. Ein Beispiel:

```
<html><head><title>Test</title>
</head><body>
<form name="Testform" action="">
URI: <input size="40" name="uri" value="http://www.xy.de/">
<input type="button" value="Gehe zu"
onClick="window.location.href=document.Testform.uri.value">
</form>
<script type="text/javascript">
<!-
if(navigator.userAgent.indexOf("en") > 0)
{
 document.Testform.url.defaultValue = "http://www.xy.com/";
 document.Testform.url.value = document.Testform.url.defaultValue;
```

```
}
//->
</script>
</body></html>
```

Das Beispiel enthält ein Formular mit einem Eingabefeld und einem Button. Das Eingabefeld wird mit http://www.xy.de/ vorbelegt. Beim Klick auf den Button wird der Wert aus dem Eingabefeld an window.location.href zugewiesen. Dadurch wird die entsprechende Adresse aufgerufen.

Bevor der Anwender jedoch überhaupt das Feld editieren kann, wird gleich beim Einlesen der Datei unterhalb des Formulars ein Script-Bereich notiert. Der Script-Bereich steht unterhalb, weil der darin enthaltene Code sofort ausgeführt und die Existenz des Formulars aber bereits vorausgesetzt wird. Es wird abgefragt, ob in der Ausweisung des Browsers (navigator.userAgent) der Bestandteil en vorkommt (indexOf()). Wenn ja, ist es ein englischsprachiger Browser. In diesem Fall wird der defaultValue des Eingabefeldes auf http://www.xy.com/ geändert. Der geänderte Wert wird jedoch erst sichtbar, wenn er der Eigenschaft value zugewiesen wird. Dies geschieht in der zweiten Anweisung. Das Eingabefeld des Formulars ist dann abhängig von der Sprache des Browsers mit http://www.xy.de/ oder http://www.xy.com/ vorbelegt.

Beachten Sie: Opera 5.02 kennt die Eigenschaft defaultValue noch nicht. Trotzdem interpretiert auch dieser Browser das Beispiel. Das liegt daran, dass mit der Zuweisung defaultValue="http://www.xy.com/" der Wert der Eigenschaft manuell eingegeben wird. Sobald Sie jedoch ein JavaScript vom Originalwert abhängig machen möchten, müssen Sie berücksichtigen, dass diese Eigenschaft nicht existiert.

del

HTML-Elementobjekt — DOM 1.0 | JS 1.5 | N 6.x | 5.x

Objekt: document — Entfernter Text (durchgestrichen)

HTML-Elemente <del>...</del> haben als DOM-Objekte für den Scriptsprachen-Zugriff Universaleigenschaften sowie die folgenden eigenen Eigenschaften.

Eigenschaft	*Status*	*Bedeutung*
cite	Lesen Ändern	URI für Gründe der Änderung
dateTime	Lesen Ändern	Datum und Uhrzeit der Änderung

Ein Beispiel:

```
<html><head><title>Test</title>
<script type="text/javascript">
<!-
function Grund() {
 document.getElementById("HTMLVersion").cite = "http://www.w3.org/TR/html401";
```

```
}
//->
</script>
</head><body onLoad="Grund()">
<p><del id="HTMLVersion"
onMouseOver="alert(document.getElementById('HTMLVersion').cite)">
die aktuelle HTML-Version ist 2.0</del></p>
</body></html>
```

Das Beispiel enthält eine mit <del>...</del> gelöschte Änderungsmarkierung. Nachdem die Datei geladen ist (Event-Handler onLoad im einleitenden <body>-Tag), wird die JavaScript-Funktion Grund() aufgerufen, die im Dateikopf notiert ist. Diese greift mit document.getElementById("HTMLVersion") auf das del-Element zu und weist ihm die im HTML-Code nicht notierte Eigenschaft cite mit einem Wert zu. Das del-Element verfügt zur Kontrolle über einen Event-Handler onMouseOver. Beim Überfahren des markierten Textes wird dadurch ein Meldungsfenster angezeigt, das den aktuellen Wert der Eigenschaft cite ausgibt.

Beachten Sie: Opera 5.12 erlaubt nur einen lesenden Zugriff auf diese Eigenschaft.

deleteData()

Methode DOM 1.0 JS 1.5 N 6.x

Objekt: node Daten eines Text- oder Attributknotens löschen

Löscht Daten eines Textknotens oder den Wert eines Attributknotens. Ein Beispiel:

```
<html><head><title>Test</title>
<script type="text/javascript">
<!-
function loeschen() {
 var AnzahlZeichen = document.getElementsByTagName("p")[0].firstChild.nodeValue.length;
 document.getElementsByTagName("p")[0].firstChild.deleteData(0,AnzahlZeichen);
}
//->
</script>
</head>
<body>
<p>Die Beredtsamkeit an sich ist die Tugend des Redens
und die Lust des Schweigens an seinem Gegenteil.
Die Beredtsamkeit ist also ...
<a href="javascript:loeschen()">och nee, besser nicht!</a></p>
</body></html>
```

Das Beispiel enthält einen Textabsatz mit Text und einem Verweis. Beim Anklicken des Verweises wird die Funktion loeschen() aufgerufen, die im Dateikopf notiert ist. Diese Funktion ermittelt zunächst durch Zugriff auf den Zeicheninhalt des Absatzes (document.getElementsByTagName("p")[0].firstChild.nodeValue) mit der Methode string.length dessen Zeichenanzahl. Der Wert wird für die folgende Anweisung benötigt. Dort wird wieder mit document.getElementsByTagName("p")[0].firstChild auf den Zeicheninhalt des Absatzes zugegriffen. Mit deleteData() wird der Inhalt gelöscht.

Die Methode deleteData() erwartet zwei Parameter:

- das Zeichen, ab dem gelöscht werden soll (0 steht für »ab dem ersten Zeichen«),
- Anzahl Zeichen, die gelöscht werden sollen (im Beispiel wird dazu die Variable AnzahlZeichen übergeben, in der die zuvor ermittelte Anzahl der Zeichen im Textknoten gespeichert ist).
- Der Verweis im Beispiel bleibt übrigens nach dem Löschen stehen, weil das a-Element des Verweises schon wieder einen neuen Kindknoten darstellt.

Beachten Sie: Der Internet Explorer 5.x unterstützt diese Methode noch nicht. Um die gesamten Zeichendaten eines Textknotens zu löschen, können Sie sich damit behelfen, auf den Knoten zuzugreifen und der Eigenschaft nodeValue den Wert "" (leere Zeichenkette) zuzuweisen. Im MS Internet Explorer 6.0beta und im MS Internet Explorer 5.0 Macintosh Edition wird die Methode dagegen unterstützt.

description

Eigenschaft	JS 1.1	N 3.0	Lesen

Objekt: mimeTypes — Beschreibung des Mime-Types

Speichert die Kurzbeschreibung eines Mime-Types. Das Beispiel prüft zuerst, ob der Mime-Type application/pdf existiert. Wenn ja, wird in einem Meldungsfenster die Kurzbeschreibung zum Mime-Type application/pdf ausgegeben. Netscape 4.x gibt dabei freilich nicht viel mehr bekannt als »Acrobat«, in Opera 5.12 und Netscape 6 wird Acrobat (*.pdf) ausgegeben.

```
<html><head><title>Test</title>
<script type="text/javascript">
<!-
if (navigator.mimeTypes["application/pdf"])
 alert(navigator.mimeTypes["application/pdf"].description);
//->
</script>
</head><body>
</body></html>
```

Beachten Sie: Der MS Internet Explorer 5.0 Macintosh Edition interpretiert dieses Beispiel auch.

description

Eigenschaft	JS 1.1	N 3.0	Lesen

Objekt: plugins — Beschreibung des Plug-In

Speichert die Kurzbeschreibung eines Plug-In. Das Beispiel fragt ab, ob ein Plug-In mit dem Namen »Java Plug-in« beim Anwender installiert ist (das Beispiel nimmt an, dass der Autor dieses Plug-In besitzt und testen möchte, ob er seine Daten zu diesem Plug-In einem Anwender zumuten kann). Das Beispiel beschränkt sich darauf, in einem Meldungsfenster die Kurzbeschreibung des Plug-In auszugeben, wenn dieses Plug-In installiert ist.

```
<html><head><title>Test</title>
<script type="text/javascript">
<!-
 if(navigator.plugins["Java Plug-in"])
  alert(navigator.plugins['Java Plug-in'].description);
//->
</script>
</head><body>
</body></html>
```

dfn

HTML-Elementobjekt DOM 1.0 JS 1.5 N 6.x IE 5.x

Objekt: document Allgemeine Definition im Text

HTML-Elemente <dfn>...</dfn> haben als DOM-Objekte für den Scriptsprachen-Zugriff Universaleigenschaften. Ein Beispiel:

```
<html><head><title>Test</title>
</head><body>
<p><dfn id="Definition" title="Dies ist eine Definition!"
onMouseOver="alert(document.getElementById('Definition').title)">
Ein Uhu ist ein Vogel und kein Kleber</dfn></p>
</body></html>
```

Das Beispiel enthält eine mit <dfn>...</dfn> ausgezeichnete Definition. Beim Überfahren mit der Maus (onMouseOver) wird ein Meldungsfenster ausgegeben, das den Wert des title-Attributs des dfn-Elements ausgibt. Dazu wird mit document.getElementById('Definition') auf das Element zugegriffen.

Beachten Sie: Das vorliegende Beispiel wird auch von Opera 5.12 interpretiert.

dir

HTML-Elementobjekt DOM 1.0

Objekt: document Verzeichnisliste

HTML-Elemente <dir>...</dir> haben als DOM-Objekte für den Scriptsprachen-Zugriff Universaleigenschaften sowie die folgende eigene Eigenschaft.

Eigenschaft	*Status*	*Bedeutung*
compact	Lesen Ändern	Darstellung in enger Schrift

Ein Beispiel:

```
<html><head><title>Test</title>
<script type="text/javascript">
```

```
<!-
function zeigKompakt() {
 document.getElementsByTagName("dir")[0].compact = true;
}
//->
</script>
</head><body>
<dir onMouseOver="zeigKompakt()">
<li>Eigene Dateien</li>
<li>Programme</li>
<li>Windows</li>
<li>temp</li>
</dir>
</body></html>
```

Das Beispiel enthält eine Verzeichnisliste. Beim Überfahren der Liste mit der Maus (onMouseOver) wird die JavaScript-Funktion zeigKompakt() aufgerufen, die im Dateikopf notiert ist. Die Funktion greift mit document.getElementsByTagName("dir")[0] auf das erste dir-Element in der Datei zu und setzt seine Eigenschaft compact auf den Wert true (»wahr«). Dadurch wird die gesamte Liste in kompakter Schrift dargestellt.

Beachten Sie: Weder Netscape noch Internet Explorer interpretieren das HTML-Attribut compact.

disableExternalCapture()

Methode JS 1.2 N 4.0

Objekt: window Verhindert Ereignisüberwachung

Verbietet anderen Fenstern, Ereignisse im aktuellen Fenster zu überwachen. Vor allem als Schutz gedacht, falls fremde Seiten die eigene Seite in ein Frameset laden. Ein Beispiel:

```
<html><head><title>Test</title>
<script type="text/javascript">
<!-
disableExternalCapture();
//->
</script>
</head><body>
</body></html>
```

Das Beispiel startet beim Einlesen den Befehl disableExternalCapture(). Dadurch können fremde Seiten keine Anwenderereignisse in dieser Datei überwachen, falls die Datei in ein fremdes Frameset geladen wird.

div

HTML-Elementobjekt DOM 1.0 JS 1.5 N 6.x 5.x

Objekt: document Blockbereich

HTML-Elemente <div>...</div> haben als DOM-Objekte für den Scriptsprachen-Zugriff Universaleigenschaften sowie die folgende eigene Eigenschaft.

Eigenschaft	*Status*	*Bedeutung*
align	Lesen Ändern	Ausrichtung

Ein Beispiel:

```
<html><head><title>Test</title>
<style type="text/css">
<!-
div { border:solid 3px red; padding:10px; }
->
</style>

<script type="text/javascript">
<!-
function ausrichten() {
 document.getElementById("zweiter").align = "center";
 document.getElementById("dritter").align = "right";
}
//->
</script>
</head><body>
<div id="erster"><h1>Erster Bereich</h1><p>mit etwas Text</p></div>
<hr>
<div id="zweiter"><h1>Zweiter Bereich</h1><p>mit etwas Text</p></div>
<hr>
<div id="dritter"><h1>Dritter Bereich</h1><p>mit etwas Text</p></div>
<a href="javascript:ausrichten()">ausrichten!</a>
</body></html>
```

Das Beispiel enthält insgesamt drei div-Bereiche. Unterhalb davon ist ein Verweis notiert. Beim Anklicken des Verweises wird die JavaScript-Funktion ausrichten() aufgerufen. Diese Funktion ändert für den zweiten und dritten der Bereiche die Ausrichtung auf »zentriert« bzw. »rechts«. Dazu wird mit document.getElementById("zweiter") auf den zweiten Bereich zugegriffen und mit document.getElementById("dritter") auf den dritten. Alle Elemente, die innerhalb der Bereiche notiert sind, werden dynamisch neu ausgerichtet.

dl

HTML-Elementobjekt DOM 1.0

Objekt: document Definitionsliste

HTML-Elemente <dl>...</dl> haben als DOM-Objekte für den Scriptsprachen-Zugriff Universaleigenschaften sowie die folgende eigene Eigenschaft.

Eigenschaft	*Status*	*Bedeutung*
compact	Lesen Ändern	Darstellung in enger Schrift

Ein Beispiel:

```
<html><head><title>Test</title>
<script type="text/javascript">
<!-
function zeigKompakt() {
 document.getElementsByTagName("dl")[0].compact = true;
}
//->
</script>
</head><body>
<dl onMouseOver="zeigKompakt()">
<dt>User' Guide</dt><dd>Benutzerhandbuch</dd>
<dt>User Instructions</dt><dd>Bedienungsanleitung</dd>
</dl>
</body></html>
```

Das Beispiel enthält eine Definitionsliste. Beim Überfahren der Liste mit der Maus (onMouse-Over) wird die JavaScript-Funktion zeigKompakt() aufgerufen, die im Dateikopf notiert ist. Die Funktion greift mit document.getElementsByTagName("dl")[0] auf das erste dl-Element in der Datei zu und setzt seine Eigenschaft compact auf den Wert true (»wahr«). Dadurch wird die gesamte Liste in kompakter Schrift dargestellt.

Beachten Sie: Weder Netscape noch Internet Explorer interpretieren das HTML-Attribut compact.

document

Objekt — DOM 1.0 | JS 1.0 | N 2.0 | IE 3.0

Zugriff auf Inhalt eines Browser-Fensters

Das document-Objekt bezieht sich auf den Inhalt, der in einem Browser-Fenster angezeigt wird. In der Objekthierarchie von JavaScript liegt es unterhalb des window-Objekts.

Eigenschaften

alinkColor	(Farbe für Verweise beim Anklicken)
bgColor	(Hintergrundfarbe)
charset	(verwendeter Zeichensatz)
cookie	(beim Anwender speicherbare Zeichenkette)
defaultCharset	(normaler Zeichensatz)
fgColor	(Farbe für Text)
lastModified	(letzte Änderung am Dokument)
linkColor	(Farbe für Verweise)

referrer	(zuvor besuchte Seite)
title	(Titel der Datei)
URL	(URL-Adresse der Datei)
vlinkColor	(Farbe für Verweise zu besuchten Zielen)

Methoden

captureEvents()	(Ereignisse überwachen)
close()	(schließen)
createAttribute()	(Attributknoten erzeugen)
createElement()	(Elementknoten erzeugen)
createTextNode()	(Textknoten erzeugen)
getElementById()	(HTML-Elementzugriff über id-Attribut)
getElementsByName()	(HTML-Elementzugriff über name-Attribut)
getElementsByTagName()	(HTML-Elementzugriff über Elementliste)
getSelection()	(selektierter Text)
handleEvent()	(Ereignisse verarbeiten)
open()	(Dokument öffnen)
releaseEvents()	(Ereignisse abschließen)
routeEvent()	(Event-Handler-Hierarchie durchlaufen)
write()	(ins Dokumentfenster schreiben)
writeln()	(zeilenweise schreiben)

Unterobjekte

HTML-Elemente
node
all
anchors
applets
forms
images
layers
links
plugins

document: Allgemeines zur Verwendung

Im Document Object Model (DOM) des W3-Konsortiums ist das document-Objekt das Ausgangsobjekt für den Elementbaum. Die Elemente eines HTML-Dokuments stellen dem DOM zufolge also Unterobjekte des document-Objekts dar. Die einzelnen HTML-Elemente können dabei eigene Eigenschaften und Methoden haben. Diese werden im Abschnitt 3.3 über *HTML-Elementobjekte* beschrieben. Entscheidend für den Zugriff auf den HTML-Elementbaum sind beim document-Objekt die DOM-Methoden getElementById und getElementsByName.

Darüber hinaus enthält das document-Objekt selber eine Reihe wichtiger Eigenschaften und Methoden, die dokumentglobale Eigenschaften speichern oder Funktionen ausführen. Die meisten davon werden auch vom DOM unterstützt.

Das Ansprechen dieser Eigenschaften und Methoden funktioniert wie folgt:

```
x = document.title;
x = window.document.title;

Zweitfenster = window.open("datei2.htm", "Fenster");
x = Zweitfenster.document.title;

y = parent.frames[2].document.bgColor;

document.write("Hallo Welt");
window.document.write("Hallo Welt");

Zweitfenster.document.close();
parent.frames[2].document.close();
```

Eigenschaften des document-Objekts, wie etwa der Titel der angezeigten HTML-Datei (<title>...</title>), können Sie mit document ansprechen, den Titel der Datei also document.title. Entsprechend werden Methoden des document-Objekts angesprochen, zum Beispiel die write-Methode mit document.write(). Sie können auch window.document.title oder window.document.write() notieren. Da es sich dabei aber um den Inhalt des aktuellen Fensters handelt, ist die Angabe des Fensterobjekts nicht zwingend erforderlich. Anders beim Zugriff auf andere Fenster oder Frame-Fenster. In diesen Fällen müssen Sie das Fenster korrekt adressieren. Lesen Sie für zusätzliche Fenster den Abschnitt zur Verwendung des window-Objekts und für Frame-Fenster den Abschnitt über die Verwendung des frames-Objekts.

document

Eigenschaft — JS 1.2 | N 4.0

Objekt: layers — document-Objekt des Layer

Jeder Layer wird von Netscape wie ein eigenes kleines Dokument behandelt. Deshalb gibt es für Layer auch ein document-Objekt, das genauso funktioniert wie das globale document-Objekt. Dadurch haben Sie Zugriff auf Dokument-Unterobjekte wie Grafiken, Formulare usw. Um solche Elemente innerhalb eines Layers anzusprechen, müssen Sie die Elemente über das Layer-eigene document-Objekt ansprechen. Ein Beispiel:

```
<html><head><title>Test</title>
<script type="text/javascript">
<!-
 function AndererInhalt()
 {
  document.MeinLayer.document.open();
  document.MeinLayer.document.write("Jetzt ist der Verweis weg!");
  document.MeinLayer.document.close();
 }
//->
</script>
</head><body>
<layer name="MeinLayer" bgcolor="#FFFFE0">
```

```
<a href="javascript:AndererInhalt()">Diesen Verweis ueberschreiben</a>
</layer>
</body></html>
```

Im Beispiel wird ein Layer definiert, der einen Verweis enthält. Beim Anklicken wird die Funktion AndererInhalt() aufgerufen, die in einem Script-Bereich im Dateikopf notiert ist. Diese Funktion benutzt typische Methoden des document-Objekts wie open(), write() und close(). Das Besondere ist, dass es sich nicht um das globale Dokument handelt, sondern um das Dokument, das der Layer darstellt. Dies wird durch eine Adressierung wie document.MeinLayer.document erreicht.

Beachten Sie: Das Dokumentenmodell der Layer im Netscape hat auch Auswirkungen auf im HTML-Dokument definierte Formulare, Grafiken oder Verweise. Berücksichtigen Sie hier, dass alle Elemente, die sich in einem Layer befinden, zum Dokument des Layers gehören und **nicht** zum HTML-Dokument. Ein Beispiel:

```
<html><head><title>Test</title>
</head><body>
<layer name="MeinLayer" bgcolor="#FFFFE0" left="300">
<img src="blau.gif" width="104" height="102" border="0" alt="">
</layer>
<script type="text/javascript">
<!-
  document.write("Anzahl der Bilder im HTML-Dokument: " + document.images.length);
  document.write("<br>Anzahl der Bilder im Layer: " +
       document.MeinLayer.document.images.length);
//->
</script>
</body></html>
```

Im Beispiel wurde ein Layer definiert, der eine Grafik enthält. Weitere Bilder enthält die Datei nicht. Danach folgt ein JavaScript-Bereich, der mit der Methode document.write die Anzahl der Bilder im Dokument und im Layer ausgibt. Anhand des Beispieles sehen Sie, dass nur das Dokument des Layers eine Grafik enthält. Mit einer Adressierung wie document.MeinLayer.document können Sie diese Grafik ansprechen und z.B. deren Eigenschaft src ändern.

dt

HTML-Elementobjekt DOM 1.0 JS 1.5 5.x

Objekt: document Zu erklärender Begriff in Definitionsliste

HTML-Elemente <dt>...</dt> haben als DOM-Objekte für den Scriptsprachen-Zugriff Universaleigenschaften.

Ein Beispiel:

```
<html><head><title>Test</title>
<style type="text/css">
<!-
.hervorgehoben { font-weight:bold; color:red; }
->
```

```
</style>
<script type="text/javascript">
<!-
function Wechseln(x) {
 if(document.getElementsByTagName("dt")[x].className == "")
   document.getElementsByTagName("dt")[x].className = "hervorgehoben";
 else
   document.getElementsByTagName("dt")[x].className = "";
}
//->
</script>
</head><body>
<dl>
<dt class="" onClick="Wechseln(0)">User' Guide</dt><dd>Benutzerhandbuch</dd>
<dt class="" onClick="Wechseln(1)">User Instructions</dt><dd>Bedienungsanleitung</dd>
</dl>
</body></html>
```

Das Beispiel enthält eine Definitionsliste. Jedes der dt-Elemente enthält eine leere Style-Klassenzuweisung und den Event-Handler onClick. Beim Anklicken der Elemente wird jeweils die JavaScript-Funktion Wechseln() aufgerufen, die im Dateikopf notiert ist. Diese Funktion greift mit document.getElementsByTagName("dt")[x] auf das jeweilige Element zu – x ist dabei ein Parameter dafür, das wievielte Element dieses Typs in der Datei gemeint ist. Die dt-Elemente übergeben der Funktion den entsprechenden Parameter beim Aufruf mit Wechseln(0) bzw. Wechseln(1). Das Beispiel bewirkt, dass dem betroffenen dt-Element beim ersten Anklicken der Klassenname hervorgehoben zugewiesen wird und beim nächsten Anklicken wieder eine leere Klasse. Die Klasse hervorgehoben, die im Dateikopf in einem Style-Bereich definiert ist, bewirkt, dass das Element fett und rot dargestellt wird.

Beachten Sie: Netscape 6.1 interpretiert dieses Beispiel nicht.

E

Eigenschaft	JS 1.0	N 2.0	3.0	Lesen
Objekt: Math	Eulersche Konstante			

Die Eulersche Konstante – Wert ca. 2,718. Das Beispiel schreibt dynamisch den Wert der Eigenschaft an die aktuelle Stelle der HTML-Datei.

```
<html><head><title>Test</title>
</head><body>
<script type="text/javascript">
<!-
document.write(Math.E);
//->
</script>
</body></html>
```

elements

Objekt

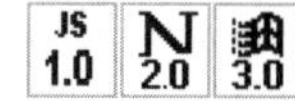

Zugriff auf Formularelemente

Mit dem Objekt elements, das in der JavaScript-Objekthierarchie unterhalb des forms-Objekts liegt, haben Sie Zugriff auf Elemente eines Formulars.

Eigenschaften

checked	(angekreuzt)
defaultChecked	(vorangekreuzt)
defaultValue	(voreingegebener Wert)
form	(Name des zugehörigen Formulars)
name	(Elementname)
type	(Elementtyp)
value	(Elementwert/-inhalt)

Methoden

blur()	(Element verlassen)
click()	(Element anklicken)
focus()	(auf Element positionieren)
handleEvent()	(Ereignis verarbeiten)
select()	(Text selektieren)

Unterobjekte

options

elements: Allgemeines zur Verwendung

Es stehen folgende Arten zur Verfügung, mit JavaScript ein bestimmtes Formularelement anzusprechen:

Schema 1 / Beispiel 1:

```
document.forms[#].elements[#].Eigenschaft
document.forms[#].elements[#].Methode()

document.forms[0].elements[0].value = "Unsinn";
document.forms[0].elements[0].blur();
```

Schema 2 / Beispiel 2:

```
document.FormularName.Elementname.Eigenschaft
document.FormularName.Elementname.Methode()

document.Testformular.Eingabe.value = "Unsinn";
document.Testformular.Eingabe.blur();
```

Formularelemente können Sie auf folgende Arten ansprechen:

- Mit einer Indexnummer (wie in Schema 1 / Beispiel 1): Bei Verwendung von Indexnummern geben Sie document.forms an und dahinter in eckigen Klammern, das wievielte Formular in der Datei Sie meinen. Beachten Sie, dass der Zähler bei 0 beginnt, d.h., das erste Formular sprechen Sie mit forms[0] an, das zweite Formular mit forms[1] usw. Beim Zählen gilt die Reihenfolge, in der die <form>-Tags in der Datei notiert sind. Dann folgt die Angabe elements. Auch dahinter notieren Sie wieder eine Indexnummer in eckigen Klammern. Auch dabei wird wieder bei 0 zu zählen begonnen, d.h. das erste Element innerhalb eines Formulars hat die Indexnummer 0, das zweite die Indexnummer 1 usw.
- Mit Namen (wie in Schema 2 / Beispiel 2): Dabei geben Sie mit document.FormularName.ElementName den Namen des Formulars und des Elements an, den Sie bei der Definition des Formulars und des Elements in den entsprechenden HTML-Tags im Attribut name= angegeben haben.

Beachten Sie: Hinter dem, was hier als elements-Objekt bezeichnet wird, verbergen sich in Wirklichkeit mehrere, allerdings sehr ähnliche JavaScript-Objekte. So gibt es Objekte für Eingabefelder, Auswahllisten, verschiedene Arten von Buttons. Alle diese Objekte werden jedoch im so genannten »elements-Array« zusammengefasst. Alle diese Objekte werden auf die gleiche Art und Weise angesprochen. Sie unterscheiden sich lediglich in ihren Eigenschaften und Methoden. Bei den Eigenschaften und Methoden in diesem Abschnitt ist daher immer vermerkt, für welche Objekte sie gelten. Folgende Angaben werden dabei unterschieden:

Klick-Buttons, Checkboxen, Felder für Datei-Upload, versteckte Elemente, Passwort-Felder, Radiobuttons, Abbrechen-Buttons, Absenden-Buttons, einzeilige Eingabefelder, mehrzeilige Eingabefelder.

Bei den Eigenschaften und Methoden des elements-Objekts wird jeweils angegeben, auf welche dieser Elementtypen die Eigenschaft bzw. Methode anwendbar ist.

Gruppenelemente: Checkboxen und Radiobuttons bilden normalerweise Gruppen mehrerer zusammengehöriger Elemente, die eine gleiche Angabe zu name= haben und sich nur durch die Angabe value= unterscheiden. Solche Gruppen mit gleichen Namen bilden in JavaScript wiederum einen Array. Ein Beispiel:

```
<html><head><title>Test</title>
</head><body>
<form name="Formular" action="" method="get">
<input type="radio" name="Favoriten" value="Heino">
<input type="radio" name="Favoriten" value="Gildo">
<input type="radio" name="Favoriten" value="Marianne">
</form>
<script type="text/javascript">
<!-
 document.Formular.Favoriten[2].checked = true;
//->
</script>
</body></html>
```

Im Beispiel ist ein Formular mit mehreren Radiobuttons definiert. Die Gruppe zusammengehöriger Radiobuttons hat den gleichen Namen. In JavaScript können Sie einzelne solcher Buttons ansprechen, indem Sie das Element (als Gruppe) ansprechen. Hinter dem Elementnamen notieren Sie dann in eckigen Klammern die Indexnummer des gewünschten Elements. Im Beispiel wird Favoriten[2] angesprochen. Das ist das dritte Element der Gruppe.

Beachten Sie: Auswahllisten kommen hier nicht vor. Um mit JavaScript auf solche Listen zuzugreifen, steht das Unterobjekt options zur Verfügung.

em

HTML-Elementobjekt — DOM 1.0 | JS 1.5 | N 6.x | 5.x

Objekt: document — Betonter Text

HTML-Elemente <em>...</em> haben als DOM-Objekte für den Scriptsprachen-Zugriff Universaleigenschaften. Ein Beispiel:

```
<html><head><title>Test</title>
<style type="text/css">
<!-
.mitVielGefuehl { font-family:Lucida Calligraphy; font-size:150%; color:maroon; }
->
</style>
<script type="text/javascript">
<!-
function xem() {
 document.getElementById("Herzschmerz").className = "mitVielGefuehl";
}
function em() {
 document.getElementById("Herzschmerz").className = "";
}
//->
</script>
</head><body>
<p>Das ist Text, der sich
<em id="Herzschmerz" onMouseOver="xem()" onMouseOut="em()">vor Herzschmerz kaum
retten kann</em>.</p>
</body></html>
```

Das Beispiel enthält einen Satz, von dem ein Teil mit <em>...</em> ausgezeichnet ist. Das einleitende <em>-Tag enthält die Event-Handler onMouseOver und onMouseOut. In einem Fall wird die JavaScript-Funktion xem() aufgerufen, im anderen die Funktion em(). Beide Funktionen greifen mit document.getElementById("Herzschmerz") auf das em-Element zu und weisen einmal den Style-Klassennamen mitVielGefuehl und einmal einen leeren Klassennamen zu. Die CSS-Klasse mitVielGefuehl ist im Dateikopf definiert. Beim Überfahren des em-Elements mit der Maus wird der Text im Element dynamisch stark hervorgehoben.

embeds

Objekt

Zugriff auf eingebettete Multimedia-Objekte

Mit dem Objekt embeds, das in der JavaScript-Objekthierarchie unterhalb des document-Objekts liegt, haben Sie Zugriff auf alle Multimedia-Elemente, die in einer HTML-Datei mit dem Netscape-Element <embed>...</embed> definiert sind. Dabei können Sie z.B. den Abspielvorgang von Sound-Dateien oder Videos dynamisch starten.

Eigenschaften

height	(Höhe des eingebetteten Objekts)
hspace	(horizontaler Abstand des eingebetteten Objekts)
length	(Anzahl eingebetteter Objekte)
name	(Name des eingebetteten Objekts)
src	(Quelle des eingebetteten Objekts)
width	(Breite des eingebetteten Objekts)
type	(Mime-Type des eingebetteten Objekts)
vspace	(vertikaler Abstand des eingebetteten Objekts)

Methoden

play()	(Multimedia-Objekt abspielen)
stop()	(Multimedie-Objekt stoppen)

embeds: Allgemeines zur Verwendung

Ein neues Objekt dieser Art wird automatisch erzeugt, wenn der Web-Browser eine Multimedia-Referenz nach Netscape-Syntax in der HTML-Datei vorfindet. Es stehen folgende Arten zur Verfügung, mit JavaScript eine bestimmte Multimedia-Referenz anzusprechen:

Schema 1 / Beispiel 1:

```
document.embeds[#].Eigenschaft
document.embeds[#].Methode()

Breite = document.embeds[0].width;
```

Schema 2 / Beispiel 2:

```
document.embeds.["ObjektName"].Eigenschaft
document.["ObjektName"].Methode()

Breite = document.embeds["Demovideo"].width;
```

Solche Objekte können Sie auf zwei Arten ansprechen:

- Mit einer Indexnummer (wie in Schema 1 / Beispiel 1): Bei Verwendung von Indexnummern geben Sie document.embeds an und dahinter in eckigen Klammern, das wievielte embed-Element in der Datei Sie meinen. Jedes Objekt, das in HTML mit dem <embed>-Tag notiert wurde, zählt. Beachten Sie, dass der Zähler bei 0 beginnt, d.h. die erste Multimedia-Referenz sprechen Sie mit embeds[0] an, die zweite mit embeds[1] usw. Beim Zählen gilt die Reihenfolge, in der die <embed>-Tags in der Datei notiert sind.

- Mit dem Namen der Referenz (wie in Schema 2 / Beispiel 2): Dabei geben Sie mit document.embeds["ObjektName"] den Namen an, den Sie bei der Definition der Multimedia-Referenz im einleitenden <embed>-Tag im Attribut name= angegeben haben.

Beachten Sie: Ob Sie über das embeds-Objekt eine Multimedia-Referenz tatsächlich mit JavaScript ansprechen können, hängt zumindest bei Netscape davon ab, wie das Plug-In beschaffen ist, das diese Multimedia-Referenz anzeigt oder abspielt. Das Plug-In, also das Zusatzprogramm oder Programm-Modul, das etwa für das Abspielen eines Videos oder einer Sound-Datei im Browser zuständig ist, muss über eine Java-Schnittstelle verfügen. Andernfalls erhalten Sie bei Netscape JavaScript-Fehlermeldungen von der Sorte *Java object has no field or method named ....*

enabledPlug-In

Eigenschaft	JS 1.1	N 3.0	Lesen
Objekt: mimeTypes	Plug-In für Mime-Type		

Speichert, ob für einen Mime-Type ein Plug-In installiert ist. Wenn kein Plug-In verfügbar ist, der Browser jedoch den Mime-Type kennt, wird der Wert null gespeichert. Die Eigenschaft stellt selbst ein Objekt dar. Sie ist dabei eine Art Zeiger auf das entsprechende plugins-Objekt. Hinter der Eigenschaft lassen sich wiederum alle Eigenschaften und Methoden des plugins-Objekts notieren. Ein Beispiel:

```
<html><head><title>Test</title>
</head><body>
<script type="text/javascript">
<!-
if (navigator.mimeTypes["x-world/x-vrml"])
 if(navigator.mimeTypes["x-world/x-vrml"].enabledPlug-In != null)
  document.write("<object data=\"yzeplin.wrl\" width=\"400\" height=\"300\"></object>");
//->
</script>
</body></html>
```

Das Beispiel ermittelt, ob der Browser den Mime-Type kennt und ob er ein Plug-In für VRML-Dateien verfügbar hat. Wenn ja, wird mit Hilfe der write()-Methode dynamisch das HTML-Konstrukt zum Einbinden einer VRML-Datei geschrieben. Anwender, die kein VRML-Plug-In haben, bekommen dadurch keine Fehlermeldungen, sondern ein leeres Objektfenster. Solche Anwender bekommen einfach gar nicht mit, dass in der Datei eigentlich eine VRML-Datei referenziert ist.

enableExternalCapture()

Methode	JS 1.2	N 4.0
Objekt: window	Ereignisüberwachung erlauben	

Erlaubt anderen Fenstern, Ereignisse im aktuellen Fenster zu überwachen. So lassen sich von anderen Fenstern eines Framesets aus Anwenderereignisse im aktuellen Fenster überwachen. Ein Beispiel:

```
<html><head><title>Test</title>
<script language="JavaScript" type="text/javascript">
<!-
enableExternalCapture();
//->
</script>
</head><body>
</body></html>
```

Das Beispiel startet beim Einlesen den Befehl enableExternalCapture(). Dadurch können fremde Seiten Anwenderereignisse in dieser Datei überwachen, falls die Datei Teil eines Framesets ist.

encodeURI()

Methode — JS 1.5 | N 6.0 | 5.x

objektunabhängig — URI kodieren

Verschlüsselt einen URI so, dass alle Sonderzeichen in ASCII-Zeichensequenzen umgewandelt werden. Besonders wichtig ist dies für Aufrufe von CGI-Scripts mit Parametern. Denn HTML 4.0 verlangt beispielsweise, im href-Attribut von Verweisen enkodierte Zeichenketten zu verwenden, sofern die Adressen Sonderzeichen enthalten.

Kodiert alle außer den folgenden Zeichen:
A bis Z
a bis z
- _ . ! ~ * ' ( )
, / ? : @ & = + $

Kodiert werden also beispielsweise deutsche Umlaute und Sonderzeichen, auch Leerzeichen, eckige und geschweifte Klammern usw. Ein Beispiel:

```
<html><head><title>Test</title>
</head><body>
<script type="text/javascript">
<!-
var Adresse = encodeURI("http://www.my.de/cgi-bin/script.pl?Text=der übergebene
Text&Name=Stefan Münz");
document.write("<a href=\"" + Adresse + "\">Verweis<\/a>");
//->
</script>
</body></html>
```

Das Beispiel ruft die Funktion encodeURI() auf und übergibt ihr einen typischen URI mit Parametern. Der Rückgabewert der Funktion wird in der Variablen Adresse gespeichert. Anschließend wird dynamisch ein Verweis in die Datei geschrieben, wobei die zuvor enkodierte Adresse ins href-Attribut eingefügt wird.

Beachten Sie: Opera 5.12 interpretiert dieses Methode nicht.

encodeURIComponent()

Methode	JS 1.5 · N 6.0 · 5.x
objektunabhängig	URI kodieren

Wie encodeURI(), aber mit dem Unterschied, dass auch folgende Zeichen kodiert werden: , / ? : @ & = + $

encoding

Eigenschaft	JS 1.0 · N 2.0 · 3.0 · Lesen Ändern
Objekt: forms	Inhalt des encoding-Attributs

Speichert den Wert, der bei der Definition des Formulars im Attribut encoding= steht, also zum Beispiel »text/plain«. Ein Beispiel:

```
<html><head><title>Test</title>
<script type="text/javascript">
<!-
function CodeTyp() {
 if(document.Testform.action.indexOf("@") > 0)
  document.Testform.encoding = "text/plain";
 else
  document.Testform.encoding = "x-application/x-www-form-urlencoded";
 return true;
}
//->
</script>
</head><body>
<form name="Testform" action="mailto:duselbst@deine.com"
onSubmit="return CodeTyp()">
<input type="text" size="40" name="Eingabe">
<input type="submit" value="Absenden">
</form>
</body></html>
```

Das Beispiel enthält ein Formular. Wenn der Anwender das Formular durch Anklicken das [Submit]-Buttons abschickt, wird die Funktion CodeTyp() aufgerufen. Innerhalb der Funktion CodeTyp() wird ermittelt, ob in der action-Angabe des Formulars das Zeichen @ vorkommt, das eine E-Mail-Adresse verrät. Wenn ja, wird der Kodierungstyp auf text/plain gesetzt, ansonsten auf den für CGI-Programme üblichen Kodiertyp x-application/x-www-form-urlencoded. Die Funktion CodeTyp() gibt true zurück, denn der aufrufende Event-Handler onSubmit im einleitenden <form>-Tag erwartet einen solchen Rückgabewert. Das Formular wird nur abgeschickt, wenn der Rückgabewert true ist.

Um in einer Zeichenkette nach einem oder mehreren Zeichen zu suchen wie im Beispiel mit der Methode indexOf(), lesen Sie den Abschnitt über das string-Objekt.

Beachten Sie: Die Verwendung von mailto: als Zieladresse eines Formulars verursacht häufig Probleme.

escape()

Methode 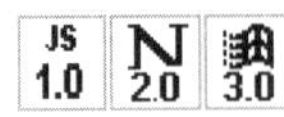

objektunabhängig Sonder- und Steuerzeichen kodieren

Wandelt Steuersequenzen (Steuerzeichen mit den ASCII-Werten 0 bis 31) und Sonderzeichen wie z.B. deutsche Umlaute in ihre ASCII-Zahlenwerte um, und zwar in hexadezimaler Form. Setzt vor jeden Wert das Trennzeichen »%« und gibt die so erzeugte Zeichenkette zurück. Bei anderen Zeichen als Steuer- und Sonderzeichen gibt escape() die Zeichen unverändert zurück. Es handelt sich also um eine Funktion, die Steuer- und Sonderzeichen aus Werten entfernt und in Zeichenfolgen übersetzt. Ein Beispiel:

```
<html><head><title>Test</title>
</head><body>
<script type="text/javascript">
<!-
var Beispiel = "\n\r\t";
document.write(escape(Beispiel));
//->
</script></body></html>
```

Das Beispiel definiert eine Variable Beispiel, der verschiedene Steuerzeichen zugewiesen werden. Diese Variable wird der Funktion escape() als Parameter übergeben. Das Ergebnis wird zur Kontrolle ins Dokumentfenster geschrieben.

Beachten Sie: Diese Funktion wird in Zukunft durch encodeURI() ersetzt!

eval()

Methode 

objektunabhängig Ausdruck auswerten

Interpretiert ein zu übergebendes Argument und gibt das Ergebnis zurück. Wenn das übergebene Argument als Rechenoperation interpretierbar ist, wird die Operation berechnet und das Ergebnis zurückgegeben. Dabei sind auch komplexe Rechenausdrücke mit Klammerung möglich. Diese Funktionalität ist sehr praktisch, um als Zeichenketten notierte Rechenausdrücke mit einem einzigen Befehl errechnen zu lassen. Wenn das übergebene Argument als Objekt oder Objekteigenschaft interpretiert werden kann, wird das Objekt bzw. die Objekteigenschaft zurückgegeben. Dies ist wichtig, wenn eine Zeichenkette (z.B. ein Formularfeldinhalt oder ein einer Funktion übergebener Parameter) als Objekt interpretiert werden soll. Erzeugt eine Fehlermeldung, wenn der übergebene Ausdruck nicht interpretierbar ist. Ein Beispiel:

```
<html><head><title>Test</title>
</head><body>
<form action="">
<input size="30" name="Eingabe">
<input type="button" value="Berechnen"
onClick="alert(eval(this.form.Eingabe.value))">
</form>
</body></html>
```

Das Beispiel enthält ein Formular mit einem Eingabefeld und einem Button. In dem Eingabefeld kann der Anwender eine Rechenoperation eingeben, zum Beispiel 1+2+3+4+5+6+7+8+9 oder 12.78*5.13. Beim Klick auf den Button wird der Wert aus dem Formular mit eval() berechnet und in einem Meldungsfenster ausgegeben.

event

Objekt

Anwenderereignisse verarbeiten

Mit dem Objekt event können Sie Einzelinformationen zu Anwenderereignissen wie Mausklicks oder Tasteneingaben ermitteln und weiterverarbeiten. So können Sie bei einem Mausklick beispielsweise die genaue Position ermitteln, wo der Mausklick erfolgte, oder bei einem Tastendruck die gedrückte Taste abfragen.

Eigenschaften

altKey, ctrlKey, shiftKey	(Sondertasten/Microsoft)
clientX, clientY	(Bildschirmkoordinaten/Microsoft)
keyCode	(Tastaturcode/Microsoft)
layerX, layerY	(Objekt-relative Koordinaten/Netscape)
modifiers	(Sondertasten/Netscape)
offsetX, offsetY	(Objekt-relative Koordinaten/Microsoft)
pageX, pageY	(Fenster-relative Koordinaten/Netscape)
screenX, screenY	(Bildschirmkoordinaten/Netscape)
which	(Tastatur-/Maustastencode/Netscape)
type	(Art des Ereignisses/Netscape)
x, y	(Elternelement-relative Koordinaten/Microsoft)

event: Allgemeines zur Verwendung

Anwenderereignisse können Sie entweder überwachen, indem Sie in einem erlaubten HTML-Tag einen Event-Handler notieren, oder, indem Sie direkt mit Hilfe von JavaScript eine Ereignisüberwachung programmieren. Für den Fall, dass das überwachte Ereignis eintritt, können Sie eine Handler-Funktion schreiben, die das Ereignis »behandelt«, also verarbeitet. Die Handler-Funktion wird automatisch aufgerufen, wenn das Ereignis eintritt. Innerhalb einer Handler-Funktion besteht auch die Möglichkeit, Eigenschaften des eingetretenen Ereignisses abzufragen. Solche Eigenschaften werden auf dieser Seite hier beschrieben.

Sowohl Netscape 4.x als auch der MS Internet Explorer 4.x kennen das event-Objekt. Leider ist die Implementierung jedoch völlig unterschiedlich gelöst und führt zu einer ziemlich chaotischen Situation in diesem Bereich. Die Eigenschaften des event-Objekts, die auf dieser Seite beschrieben werden, berücksichtigen beide Browser. In der Regel ist eine Eigenschaft jedoch entweder nur bei Netscape oder nur beim MS Internet Explorer verfügbar. Auch in der Syntax zur Überwachung von Ereignissen unterscheiden sich beide Browser. Das gilt sowohl bei der Ereignisüberwachung per Event-Handler in HTML als auch für die direkte Ereignisüberwachung in JavaScript. Hier wird zur allgemeinen Verwendung des event-Objekts beschrieben, wie Sie mit Hilfe von JavaScript eine direkte Ereignisüberwachung programmieren. Das Beispiel zeigt auch, wie Sie eine solche Ereignisüberwachung für beide Browser getrennt programmieren können, ohne dass es zu Fehlermeldungen kommt.

Beispiel (Ereignisüberwachung direkt mit JavaScript programmieren):

```
<html><head><title>Test</title>

<script language="JavaScript1.2" type="text/javascript">
<!-

var Netscape = new Boolean();
if(navigator.appName == "Netscape")  Netscape = true;

function TasteGedrueckt(Ereignis)
{
 if(Netscape)
  { window.status = "Taste mit Dezimalwert " + Ereignis.which + " gedrueckt"; return true; }
}
function TasteLosgelassen(Ereignis)
{
 if(Netscape)
  { window.status = "Taste mit Dezimalwert " + Ereignis.which + " losgelassen"; return true; }
}
document.onkeydown = TasteGedrueckt;
document.onkeyup = TasteLosgelassen;
//->
</script>

<!- JScript-Bereiche fuer MS Internet Explorer ->
<script for="document" event="onkeydown()" language="JScript" type="text/jscript">
<!-
 { window.status = "Taste mit Dezimalwert " + window.event.keyCode + " gedrueckt"; return
true; }
//->
</script>
<script for="document" event="onkeyup()" language="JScript" type="text/jscript">
<!-
 { window.status = "Taste mit Dezimalwert " + window.event.keyCode + " losgelassen"; return
true; }
//->
</script>
</head><body>
</body></html>
```

Das Beispiel überwacht Tastaturereignisse auf Dokumentebene. Das heißt, wenn der Anwender in den Anzeigebereich der angezeigten HTML-Datei klickt (Dokument erhält den Fokus) und dann irgendeine Taste drückt, wird das Ereignis von der programmierten Ereignisüberwachung abgefangen und verarbeitet. Im Beispiel wird bei jedem Tastendruck in der Statuszeile des Browsers der dezimale Tastaturcode der gedrückten Taste ausgegeben.

Um so etwas für Netscape 4.x und MS Internet Explorer 4.x zu realisieren, werden im Beispiel ein JavaScript-Bereich und zwei spezielle JScript-Bereiche definiert. Die JScript-Bereiche werden nur vom MS Internet Explorer ausgelesen, da Netscape Scripts, die mit `language="JScript"` ausgezeichnet sind, ignoriert. Der JavaScript-Bereich ist mit language="JavaScript1.2" ausgezeichnet. So wird verhindert, dass ältere Browser (z.B. Netscape 3) diesen Bereich interpretieren. Der Bereich wird jedoch von Netscape 4 und vom MS Internet Explorer 4 interpretiert. Gedacht ist er jedoch nur für Netscape 4. Deshalb werden alle Anweisungen innerhalb des Bereichs von der Abfrage abhängig gemacht, ob Netscape am Werk ist.

Es werden zwei Funktionen definiert: Die Funktion TasteGedrueckt(Ereignis) ist die so genannte Handler-Funktion für den Fall, dass der Anwender eine Taste drückt. Die Funktion TasteLosgelassen(Ereignis) behandelt den Fall, dass der Anwender die gedrückte Taste wieder loßlässt. Beide Funktionen erwarten einen Parameter namens Ereignis. Über diesen Parameter können die Funktionen auf Eigenschaften des event-Objekts zugreifen. In den beiden Funktionen im Beispiel wird die Objekteigenschaft which ausgewertet, die nach Netscape-Syntax den dezimalen Tastaturcode einer gedrückten Taste speichert.

Das allein genügt jedoch noch nicht zur Ereignisüberwachung. Damit die Handler-Funktionen bei Eintritt des Ereignisses automatisch aufgerufen werden, muss die Ereignisüberwachung gestartet werden. Dazu dienen die beiden Anweisungen am Ende des JavaScript-Bereichs.

Mit document.onkeydown = TasteGedrueckt; wird das Ereignis »Taste gedrückt« (onkeydown) überwacht. Hinter dem Gleichheitszeichen folgt der Name der Handler-Funktion, die dieses Ereignis verarbeiten soll (TasteGedrueckt). Beachten Sie, dass hier nur der Funktionsname stehen darf, kein Funktionsaufruf mit runden Klammern dahinter.

Mit document.onkeyup = TasteLosgelassen; wird das Ereignis »Taste losgelassen« (onkeyup) überwacht, und zur Ereignisbehandlung wird die Handler-Funktion TasteLosgelassen angegeben. Nach dem gleichen Schema können Sie auch andere Ereignisse überwachen – die Handler-Funktionen definieren Sie selber, und anstelle von onkeydown und onkeyup können Sie alle anderen üblichen Event-Handler notieren.

Bei den beiden Script-Bereichen für den MS Internet Explorer wird für jedes zu überwachende Ereignis ein Script-Bereich notiert. Mit einer Angabe wie for="document" event="onkeydown()" im einleitenden <script>-Tag geben Sie an, welches Ereignis Sie überwachen wollen (z.B. onkeydown), und für welches Objekt (z.B. document). Es sind alle üblichen Event-Handler erlaubt.

Innerhalb des Scripts können Sie dann auf Eigenschaften des event-Objekts zugreifen, die der MS Internet Explorer kennt. Mit window.event.keyCode wird beispielsweise der dezimale Tastaturcode einer gedrückten Taste ermittelt.

Beachten Sie: Das vorliegende Beispiel wird auch vom Netscape 6 entsprechend der Netscape-spezifischen Syntax interpretiert.

exec()

Methode — JS 1.1 | N 4.0 | IE 4.0

Objekt: RegExp — Regulären Ausdruck auswerten

Wendet einen regulären Ausdruck auf eine Zeichenkette an.

Ein Beispiel:

```
<html><head><title>Test</title>
</head><body>
<script type="text/javascript">
<!-
 var derSatz = "Auf der Mauer";
 var Suche = /(au)/g;
 var Ergebnis = Suche.exec(derSatz);
 document.write(Ergebnis.length + " Suchtreffer");
//->
</script>
</body></html>
```

Das Beispiel demonstriert den Zusammenhang: Ein regulärer Ausdruck wird definiert, im Beispiel ein regulärer Ausdruck mit dem Namen Suche. Mit einer Anweisung wie Suche.exec() können Sie dann die Suche starten. Als Parameter wird der Methode in der Regel der zu durchsuchende Ausdruck übergeben. Die Methode gibt die gefundenen Suchtreffer zurück. Die Variable, in der der Rückgabewert gespeichert wird (im Beispiel die Variable Ergebnis), wird automatisch zu einem Array, wenn mehr als ein Suchtreffer gefunden wurde. Im Beispiel werden zwei Treffer gefunden. Deshalb lässt sich auch die Array-Eigenschaft length auf die Variable Ergebnis anwenden.

exp()

Methode — JS 1.0 | N 2.0 | MS 3.0

Objekt: Math — Exponentialwert

Erwartet als Parameter eine Zahl. Liefert den Exponentialwert dieser Zahl auf Basis der Eulerschen Konstanten zurück. Ein Beispiel:

```
<html><head><title>Test</title>
</head><body>
<form name="Test" action=""><input name="Ein"><input name="Aus">
<input type="button" value="=" onClick="Test.Aus.value=Math.exp(Test.Ein.value)">
</form>
</body></html>
```

Das Beispiel definiert ein Formular mit zwei Eingabefeldern und einem Button. Nach Eingabe einer Zahl im ersten Eingabefeld und Klick auf den Button wird im zweiten Eingabefeld das Ergebnis ausgegeben. Das Ergebnis ist die Anwendung von exp() auf den Wert aus dem ersten Eingabefeld.

Beachten Sie: Sobald Sie eine Zahl verwenden, die größer als 709 ist, liefert diese Methode infinity (Zahl ist zu groß) zurück. Ist die Zahl kleiner als -744, liefert die Methode 0 zurück.

fgColor

Eigenschaft — JS 1.0 | N 2.0 | MS 3.0 | Lesen Ändern

Objekt: document — Textfarbe im Fenster

Speichert die Farbe für Text, wie beim Attribut text= im <body>-Tag oder vom Anwender in seinen Browser-Einstellungen festlegbar. Ein Beispiel:

```
<html><head><title>Test</title>
<script type="text/javascript">
<!-
if(parent.frames[0].document.fgColor == "#000000")
 document.fgColor = "#FF0000";
//->
</script>
</head><body>
Ein kleiner Text
</body></html>
```

Das Beispiel nimmt an, dass sich die aktuelle Datei innerhalb eines Framesets befindet. Beim Einlesen der Datei wird geprüft, ob die Textfarbe eines anderen (des ersten) Frame-Fensters schwarz ist (if(parent.frames[0].document.fgColor == "#000000")). Wenn dies der Fall ist, wird die Textfarbe der aktuellen Datei auf rot gesetzt (document.fgColor = "#FF0000";). Beachten Sie, dass Farbänderungen für die Textfarbe in Netscape bis einschließlich Version 4 nur Wirkung haben, **bevor** irgendwelcher HTML-Text eingelesen wurde. Ein gegebenenfalls im <body>-Tag gesetztes Attribut überschreibt die Farbzuweisung, falls diese zuvor im Dateikopf mit JavaScript gesetzt wurde. Beachten Sie bei den Farbangaben, dass Farben entweder hexadezimal notiert werden oder in Form erlaubter Farbnamen. Der Wert muss in jedem Fall in Anführungszeichen stehen.

Beachten Sie: Diese klassische, im herkömmlichen JavaScript gültige Implementierung von fgcolor als direkte Eigenschaft des document-Objekts wird vom DOM missbilligt. Laut DOM soll das HTML-Elementobjekt body diese Eigenschaft besitzen. Opera 5.12 interpretiert diese Eigenschaft noch nicht.

fieldset

HTML-Elementobjekt DOM 1.0 JS 1.5 N 6.x

Objekt: document Elementgruppe im Formular

HTML-Elemente <fieldset>...</fieldset> haben als DOM-Objekte für den Scriptsprachen-Zugriff Universaleigenschaften sowie die folgende eigene Eigenschaft.

Eigenschaft	*Status*	*Bedeutung*
form	Lesen	zugehöriges Formularelement

Ein Beispiel:

```
<html><head><title>Test</title>
<script type="text/javascript">
<!-
function Hinweis() {
```

```
if(document.getElementById("Absender").form != null)
  alert("Geben Sie Vornamen und Zunamen in jedem Fall an!");
}
//->
</script>
</head><body bgcolor="#EEEEEE">
<form name="Formular" action="">
<fieldset id="Absender" onMouseOver="Hinweis()">
<legend>Absender</legend>
<table><tr>
   <td align="right">Vorname:</td>
   <td><input type="text" size="40" maxlength="40"></td>
  </tr><tr>
   <td align="right">Zuname:</td>
   <td><input type="text" size="40" maxlength="40"></td>
  </tr></table>
</fieldset>
</form>
</body></html>
```

Das Beispiel enthält ein Formular mit einem fieldset-Bereich. Im einleitenden <fieldset>-Tag ist der Event-Handler onMouseOver notiert, der die JavaScript-Funktion Hinweis() aufruft, die im Dateikopf definiert ist. Mit if(document.getElementById("Absender").form != null) fragt die Funktion ab, ob die Eigenschaft form einen Wert hat. Wenn der Wert ungleich null ist, bedeutet dies, dass das fieldset-Element wie vorgeschrieben innerhalb eines Formulars vorkommt. In diesem Fall wird eine Meldung ausgegeben.

Beachten Sie: Der MS Internet Explorer interpretiert die Eigenschaft form erst ab Version 6.0.

filename

Eigenschaft — JS 1.1 | N 3.0 | Lesen

Objekt: plugins — Programmdateiname des Plug-Ins

Speichert den Namen der Programmdatei eines Plug-In. Ein Beispiel:

```
<html><head><title>Test</title>
<script type="text/javascript">
<!-
if(navigator.plugins["VDOLive small plugin"].filename.indexOf("npsmlvdo.dll"))
 alert("Plug-In ist eine Nummer zu klein");
//->
</script>
</head><body>
</body></html>
```

Das Beispiel nimmt an, dass zuvor ermittelt wurde, dass ein Plug-In mit dem Namen "VDOLive small plugin" beim Anwender installiert ist. Nun fragt das Beispiel ab, ob in dem Eintrag, der den Dateinamen des Plug-In speichert, der Wert "npsmlvdo.dll" vorkommt. Wenn ja, wird im Beispiel die Meldung ausgegeben, dass das Plug-In eine Nummer zu klein ist. In der Objekteigenschaft filename speichert Netscape den vollständigen Pfadnamen der Datei.

Um den eigentlichen Dateinamen abzufragen, wird im Beispiel eine Methode des string-Objekts bemüht, nämlich indexOf().

find()

Methode JS 1.2 N 4.0

Objekt: window Suchfunktion des Browsers aufrufen

Durchsucht den Inhalt eines Fensters nach einem Text. Entspricht in der Funktionalität dem Menübefehl »Suchen«. Die Suche bezieht sich nur auf die aktuelle Seite.
Erwartet folgende Parameter:
1. *Text* = Text, nach dem gesucht werden soll.
2. *Groß-/Kleinschreibung beachten* = true für ja oder false für nein übergeben.
3. *Suchrichtung rückwärts* = true für ja oder false für nein übergeben.
Die beiden letzten Parameter sind optional. Ein Beispiel:

```
<html><head><title>Test</title>
</head><body>
<form action="">
<input type="text" name="SuchNach">
<input type="button" value="suchen" onClick="find(this.form.SuchNach.value,false,false)">
<p>Geben Sie einen Suchbegriff ein.</p>
</form>
</body></html>
```

Im Beispiel steht am Anfang der Datei ein Formular mit einem Eingabefeld zur Eingabe eines Suchbegriffs. Das Formular enthält außerdem einen Button. Bei dessen Anklicken wird der weitere Inhalt der Datei nach dem Begriff durchsucht, den der Anwender in dem Eingabefeld eingegeben hat.

Beachten Sie: Netscape 6.1 kennt diese Methode nicht (mehr).

firstChild

Eigenschaft DOM 1.0 JS 1.5 N 6.x 5.x Lesen

Objekt: node Erster Kindknoten

Speichert das Objekt des ersten Kindknotens eines Knotens. Ein Beispiel:

```
<html><head><title>Test</title>
</head><body>
<ul><li>erster Punkt</li><li>zweiter Punkt</li></ul>
<script type="text/javascript">
<!-
var ErsterPunkt = document.getElementsByTagName("ul")[0].firstChild;
document.write(ErsterPunkt.firstChild.data);
//->
</script>
</body></html>
```

Das Beispiel enthält eine Aufzählungsliste mit zwei Listenpunkten. Unterhalb davon ist ein JavaScript-Bereich notiert. Dort wird mit document.getElementsByTagName("ul")[0] auf das erste ul-Element im Dokument zugegriffen. mit firstChild wird dessen erster Kindknoten angesprochen. Im Beispiel ist dies das erste li-Element. In der Variablen ErsterPunkt ist also anschließend das Knotenobjekt des ersten li-Elements gespeichert, aber nicht sein Textinhalt. Dieser wird jedoch anschließend mit document.write() ausgegeben. Da der Textinhalt aus Sicht des li-Elementknotens wieder einen Unterknoten darstellt, kann mit ErsterPunkt.firstChild.data auf den Text des ersten Listenpunktes zugegriffen werden.

Berücksichtigen Sie beim Nachvollziehen dieses Beispiels die Besonderheit des Netscape 6.1 und des MS Internet Explorer 5.0 Macintosh Edition im Umgang mit Kindknoten (siehe Abschnitt childNodes).

fixed()

Methode

JS 1.0 | N 2.0 | 3.0

Objekt: string — Zeichenkette als Teletype formatieren

Formatiert eine Zeichenkette als Teletyper-Text, genau wie die HTML-Formatierung <tt>...</tt>. Ein Beispiel:

```
<html><head><title>Test</title></head><body>
<script type="text/javascript">
<!-
 var update = document.lastModified;
 document.write("zuletzt aktualisiert: " + update.fixed());
//->
</script></body></html>
```

Im Beispiel ermittelt ein JavaScript mit Hilfe von document.lastModified, wann die Datei zuletzt geändert wurde. In der Variablen update steht dann eine entsprechende Zeichenkette. Mit Hilfe von document.write() wird der Wert von update in die Datei geschrieben. Die Formatierung dabei entspricht der HTML-Formatierung <tt>...</tt>.

floor()

Methode

JS 1.0 | N 2.0 | 3.0

Objekt: Math — Nächstniedrigere Ganzzahl

Erwartet als Parameter eine Zahl. Liefert die nächstniedrigere Ganzzahl dieser Zahl zurück (Abrundung). Wenn die übergebene Zahl eine Ganzzahl ist, bleibt sie unverändert. Ein Beispiel:

```
<html><head><title>Test</title>
</head><body>
<form name="Test" action=""><input name="Ein"><input name="Aus">
<input type="button" value="=" onClick="Test.Aus.value=Math.floor(Test.Ein.value)">
</form>
</body></html>
```

Das Beispiel definiert ein Formular mit zwei Eingabefeldern und einem Button. Nach Eingabe einer Zahl im ersten Eingabefeld und Klick auf den Button wird im zweiten Eingabefeld das Ergebnis ausgegeben. Das Ergebnis ist die Anwendung von floor() auf den Wert aus dem ersten Eingabefeld. Bei Eingabe von Bruchzahlen im ersten Eingabefeld steht im zweiten Feld anschließend die nächstniedrigere Ganzzahl. Bei positiven Zahlen ist dies die Zahl ohne Nachkommastellen.

focus()

Methode 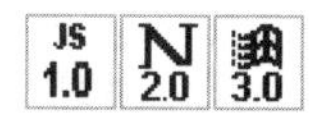

Objekt: elements Setzt Fokus auf das Formularelement

Setzt den Cursor bzw. den Fokus auf das betreffende Element. Erwartet keine Parameter. Anwendbar auf: Klick-Buttons, Checkboxen, Felder für Datei-Upload, versteckte Elemente, Passwort-Felder, Radiobuttons, Abbrechen-Buttons, Absenden-Buttons, einzeilige Eingabefelder, mehrzeilige Eingabefelder. Ein Beispiel:

```
<html><head><title>Test</title>
<script type="text/javascript">
<!-
function Check() {
 if(document.Testform.Todesjahr.value != "1832")
 {
  alert("Sie wissen es einfach nicht!");
  document.Testform.Todesjahr.focus();
 }
 else
 {
  alert("Bravo!");
  window.location.href = "erfolg.htm";
 }
}
//->
</script>
</head><body>
<form name="Testform" action="">
In welchem Jahr starb Goethe?<br>
<input size="6" name="Todesjahr">
<input type="button" value="Weiter" onClick="Check()">
</form>
</body></html>
```

Das Beispiel enthält ein Formular, in dem der Anwender das Todesjahr von Goethe eingeben soll. Wenn der Anwender auf den Button [Weiter] klickt, wird die Funktion Check() aufgerufen. Diese Funktion überprüft, ob in dem Eingabefeld für das Todesjahr der korrekte Wert steht. Abhängig davon wird entweder mit alert() eine bissige Meldung ausgegeben, oder es wird »Bravo« ausgegeben und eine andere Seite aufgerufen (location.href). Wenn der Anwender auf der Seite bleibt, weil die Eingabe fehlte oder falsch war, wird mit document.Testform.Todesjahr.focus() auf das Eingabefeld für das Todesjahr positioniert.

focus()

Methode JS 1.1 N 3.0 4.0

Objekt: window Aktiviert ein Fenster

Macht ein Fenster zum aktiven Fenster, holt es also in den Vordergrund. Sinnvoll bei Verwendung von Zweitfenstern, aber auch bei Frame-Fenstern. Erwartet keine Parameter. Ein Beispiel:

```
<html><head><title>Test</title>
<script type="text/javascript">
<!-
function FrameVerweis(Ziel)
{
 parent.frames[1].location.href = Ziel;
 parent.frames[1].focus();
}
//->
</script>
</head><body>
<a href="javascript:FrameVerweis('../location.htm')">Neue Seite</a>
</body></html>
```

Das Beispiel nimmt an, dass die aktuelle Datei Teil eines Framesets ist. Die Datei enthält einen Verweis, dessen Ziel in einem anderen Frame-Fenster angezeigt werden soll. Beim Anklicken wird aber nicht nur das Verweisziel in das andere Frame-Fenster geladen, sondern dieses wird zugleich das aktive Fenster. So kann der Anwender beispielsweise gleich mit den Pfeiltasten darin scrollen. Dazu wird beim Anklicken des Verweises eine Funktion FrameVerweis() aufgerufen. Diese Funktion lädt im ersten Befehl das als Parameter übergebene Verweisziel in den anderen Frame (location.href), und im zweiten Befehl setzt sie mit focus() das Ziel-Frame-Fenster aktiv. Zur Adressierung von Frame-Fenstern in JavaScript lesen Sie den Abschnitt über das Objekt frames.

font

HTML-Elementobjekt DOM 1.0 JS 1.5 N 6.x 5.x

Objekt: document Schrift festlegen

HTML-Elemente <font>...</font> haben als DOM-Objekte für den Scriptsprachen-Zugriff Universaleigenschaften sowie die folgenden eigenen Eigenschaften.

Eigenschaft	*Status*	*Bedeutung*
color	Lesen Ändern	Schriftfarbe
face	Lesen Ändern	Schriftart
size	Lesen Ändern	Schriftgröße

Ein Beispiel:

```
<html><head><title>Test</title>
<script language="JavaScript" type="text/javascript">
<!-
var sizes = new Array ("1","2","3","4","5","6","7");
var colors = new Array("#FF0000","#0000FF","#009900","#CC00CC");
var faces = new Array("Arial","Tahoma","Wide Latin");
function Spielen() {
 var s = parseInt((Math.random() * 100) % 7);
 var c = parseInt((Math.random() * 100) % 4);
 var f = parseInt((Math.random() * 100) % 3);
 var i = parseInt((Math.random() * 100) % 7);
 document.getElementsByTagName("font")[i].size = sizes[s];
 document.getElementsByTagName("font")[i].color = colors[c];
 document.getElementsByTagName("font")[i].face = faces[f];
 window.setTimeout("Spielen()",1000);
}
//->
</script>
</head><body onLoad="Spielen()">
<p>
<font>So viel verspielter Text, o Sophie!</font><br>
<font>So viel verspielter Text, o Sophie!</font><br>
<font>So viel verspielter Text, o Sophie!</font><br>
<font>So viel verspielter Text, o Sophie!</font><br>
<font>So viel verspielter Text, o Sophie!</font><br>
<font>So viel verspielter Text, o Sophie!</font><br>
<font>So viel verspielter Text, o Sophie!</font><br>
</p>
</body></html>
```

Das Beispiel enthält insgesamt sieben Texte, die mit font-Elementen ausgezeichnet sind. Keines der font-Elemente enthält allerdings in HTML irgendwelche Attribute. Nachdem das Dokument geladen ist (Event-Handler onLoad im einleitenden <body>-Tag), wird die JavaScript-Funktion Spielen() aufgerufen. Zuvor wurden bereits diverse Arrays angelegt. Die Funktion Spielen ermittelt mittels Math.random() Zufallszahlen und trimmt diese mit Hilfe von Multiplikation mit 100, Modulodivision und Anwendung der Funktion parseInt() so, dass ganzzahlige Zufallszahlen erzeugt werden. Diese werden als Index für die zuvor definierten Arrays verwendet. Solchermaßen ausgerüstet, greift die Funktion mit document.getElementsByTagName ("font")[i] zufällig auf eines der font-Elemente zu und weist ihm die ebenfalls zufällig ermittelten Werte aus den Arrays für die Eigenschaften size, color und face zu. Am Ende wartet die Funktion eine Sekunde (window.setTimeout()) und ruft sich dann selber wieder auf. Dadurch ergibt sich ein endloses Spiel an zufälligen Textänderungen.

fontcolor()

Methode — JS 1.0 | N 2.0 | 3.0

Objekt: string — Zeichenkette mit farbiger Schrift formatieren

Formatiert eine Zeichenkette in farbiger Schrift, genau wie die HTML-Formatierung <font color=>...</font>. Erwartet als Parameter die gewünschte Farbe. Ein Beispiel:

```
<html><head><title>Test</title></head><body>
<script type="text/javascript">
<!-
 var Zeit = new Date;
 var Datum = Zeit.getDate()+"."+(Zeit.getMonth()+1)+"."+Zeit.getFullYear();
 document.write(Datum.fontcolor("#FF0000"));
//->
</script></body></html>
```

Das Beispiel erzeugt mit Hilfe des Date-Objekts das aktuelle Tagesdatum und speichert dieses in der Variablen Datum. Mit Hilfe von document.write() wird der Wert von Datum in die Datei geschrieben. Die Formatierung dabei entspricht der HTML-Formatierung <font color= "#FF0000">...</font>. Als Werte sind hexadezimale Werte oder Farbnamen erlaubt.

fontsize()

Methode 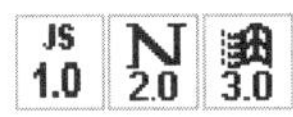

Objekt: string — Schriftgröße einer Zeichenkette formatieren

Formatiert eine Zeichenkette in einer relativen Schriftgröße zwischen 1 und 7, wobei 3 die Normalschriftgröße ist. Hat die gleiche Wirkung wie die HTML-Formatierung <font size=>... </font>. Erwartet als Parameter die gewünschte Größe der Schrift. Ein Beispiel:

```
<html><head><title>Test</title></head><body>
<script type="text/javascript">
<!-
 var Ausgabe = "Meine Homepage";
 document.write(Ausgabe.fontsize(7));
//->
</script></body></html>
```

Im Beispiel wird eine Variable namens Ausgabe mit einem Wert belegt. Mit Hilfe von document.write() wird der Wert von Ausgabe in die Datei geschrieben. Die Formatierung dabei entspricht der HTML-Formatierung <font size="7">...</font>.

form

HTML-Elementobjekt 

Objekt: document — Formular

HTML-Elemente <form>...</form> haben als DOM-Objekte für den Scriptsprachen-Zugriff Universaleigenschaften sowie die folgenden eigenen Eigenschaften und Methoden.

Eigenschaft	*Status*	*Bedeutung*
acceptCharset	Lesen Ändern	unterstützte Zeichensätze
action	Lesen Ändern	URI für die Verarbeitung der Formulardaten
elements	Lesen	Array für die zugehörigen Formularelemente
enctype	Lesen Ändern	Mime-Type für Formulardatenübertragung
length	Lesen	Anzahl Formularelemente
name	Lesen Ändern	Name des Formulars
method	Lesen Ändern	Übertragungsmethode für Formulardaten
target	Lesen Ändern	Fensternamen für Antwortausgaben

Methode	*Bedeutung*
reset()	Formular zurücksetzen
submit()	Formular absenden

Ein Beispiel:

```
<html><head><title>Test</title>
</head><body>
<form name="Formular" action="datei.htm" method="get">
<p>
 <input name="Text" type="text"><br>
 [<a href="javascript:document.getElementsByName('Formular')[0].submit()"><b>Absenden</b></a>]
 [<a href="javascript:document.getElementsByName('Formular')[0].reset()"><b>Abbrechen</b></a>]
</p>
</form>
</body></html>
```

Das Beispiel enthält ein Formular mit zwei Verweisen anstelle der sonst üblichen Submit- und Reset-Buttons. Der eine Verweis führt die submit()-Methode aus, der andere die reset()-Methode. Beide Verweise greifen dazu mit document.getElementsByName('Formular')[0] auf das erste Element mit dem Namen Formular zu.

Beachten Sie: Dieses Beispiel funktioniert auch in Opera 5.12. In lokaler Umgebung außerhalb des HTTP-Protokolls (file:) wird jedoch nach dem Absenden der Quellcode der Zieldatei angezeigt.

form

Eigenschaft — JS 1.0 | N 2.0 | 3.0 | Lesen

Objekt: elements — Übergeordnetes Formular des Formularelements

Speichert das Formular, innerhalb dessen sich das Element befindet. Hinter der Eigenschaft form können Sie nochmals alle Eigenschaften und Methoden des forms-Objekts notieren. Anwendbar auf: Klick-Buttons, Checkboxen, Felder für Datei-Upload, versteckte Elemente, Passwort-Felder, Radiobuttons, Abbrechen-Buttons, Absenden-Buttons, einzeilige Eingabefelder, mehrzeilige Eingabefelder. Das Beispiel enthält ein Formular mit einem Button. Beim Anklicken des Buttons wird der Name des Formulars ausgegeben:

```
<html><head><title>Test</title>
</head><body>
<form name="Testform" action="">
<input type="button" name="derButton" value="Test"
onClick="alert(document.Testform.derButton.form.name)">
</form>
</body></html>
```

forms

Objekt JS 1.0 N 2.0 3.0

Zugriff auf Formulare im Dokument

Mit dem Objekt forms, das in der JavaScript-Objekthierarchie unterhalb des document-Objekts liegt, haben Sie Zugriff auf Formulare, die in einer HTML-Datei definiert sind.

Eigenschaften

action	(Empfängeradresse bei Absenden)
encoding	(Kodierungstyp)
length	(Anzahl Formulare in Datei)
method	(Übertragungsmethode)
name	(Formularname)
target	(Zielfenster für CGI-Antworten)

Methoden

handleEvent()	(Ereignis verarbeiten)
reset()	(Formulareingaben löschen)
submit()	(Formular abschicken)

Unterobjekte

elements

forms: Allgemeines zur Verwendung

Es stehen folgende Arten zur Verfügung, mit JavaScript ein bestimmtes Formular anzusprechen:

Schema 1 / Beispiel 1:

```
document.forms[#].Eigenschaft
document.forms[#].Methode()

Ziel = document.forms[0].action;
document.forms[0].reset();
```

Schema 2 / Beispiel 2:

```
document.forms["FormularName"].Eigenschaft
document.forms["FormularName"].Methode

Ziel = document.forms["Testformular"].action;
document.forms["Testformular"].reset();
```

Schema 3 / Beispiel 3:

```
document.FormularName.Eigenschaft
document.FormularName.Methode()

Ziel = document.Testformular.action;
document.Testformular.reset();
```

Formulare können Sie auf drei Arten ansprechen:

- Mit einer Indexnummer (wie in Schema 1 / Beispiel 1): Bei Verwendung von Indexnummern geben Sie document.forms an und dahinter in eckigen Klammern, das wievielte Formular in der Datei Sie meinen. Beachten Sie, dass der Zähler bei 0 beginnt, d.h., das erste Formular sprechen Sie mit forms[0] an, das zweite Formular mit forms[1] usw. Beim Zählen gilt die Reihenfolge, in der die <form>-Tags in der Datei notiert sind.
- Mit Namen des Formulars als Indexnamen (wie in Schema 2 / Beispiel 2): Dabei notieren Sie wie beim Ansprechen mit Indexnummer hinter document.forms eckige Klammern. Innerhalb der eckigen Klammern notieren Sie in Anführungszeichen den Namen, den Sie bei der Definition des Formulars im einleitenden <form>-Tag im Attribut name= angegeben haben.
- Mit dem Namen des Formulars direkt (wie in Schema 3 / Beispiel 3): Dabei geben Sie mit document.FormularName den Namen an, den Sie bei der Definition des Formulars im einleitenden <form>-Tag im Attribut name= angegeben haben.

Die Eigenschaften und Methoden des forms-Objekts betreffen nur Bestandteile des gesamten Formulars, etwa die Kodiermethode. Um auf einzelne Eingabefelder, Buttons usw. zuzugreifen, steht das elements-Objekts mit seinen Unterobjekten zur Verfügung.

forward()

Methode JS 1.0 | N 2.0 | 3.0

Objekt: history Nächste besuchte Seite laden

Lädt die WWW-Seite, die als nächste besucht wurde, sofern zuvor ein Back-Vorgang stattfand. Erwartet keine Parameter. Das Beispiel definiert einen Verweis, bei dessen Anklicken die Seite aufgerufen wird, die aktiv war, bevor der Anwender einen Back-Vorgang auslöste.

```
<a href="javascript:history.forward()">wieder vor</a>
```

forward()

Methode JS 1.2 N 4.0

Objekt: window Nächste besuchte Seite aufrufen

Entspricht bei normalen WWW-Seiten einem Klick auf den [Vorwärts]-Button im Browser. Bei Frames wird jedoch die nächste besuchte Seite aufgerufen, die nicht zum Frameset gehört. Bei Frames also unterschiedlich zu history.forward()! Erwartet keine Parameter. Ein Beispiel:

```
<html><head><title>Test</title>
</head><body>
<a href="javascript:window.forward()">Vor</a>
</body></html>
```

Das Beispiel realisiert einen HTML-Verweis, bei dessen Anklicken die Seite aufgerufen wird, die beim Vorwärtsgehen in der History als nächste das gesamte Anzeigefenster ausfüllt.

frame

HTML-Elementobjekt DOM 1.0

Objekt: document Frame-Eigenschaften definieren

HTML-Elemente <frame> haben als DOM-Objekte für den Scriptsprachen-Zugriff Universaleigenschaften sowie die folgenden eigenen Eigenschaften.

Eigenschaft	*Status*	*Bedeutung*
frameBorder	Lesen Ändern	Rahmen sichtbar oder nicht sichtbar
longDesc	Lesen Ändern	URI für längere Beschreibung zum Inhalt des Frame-Fensters
marginHeight	Lesen Ändern	Anzahl Pixel für den Abstand des Fensterinhalts zum oberen und unteren Fensterrand
marginWidth	Lesen Ändern	Anzahl Pixel für den Abstand des Fensterinhalts zum linken und rechten Fensterrand
name	Lesen Ändern	Name für das Frame-Fenster
noResize	Lesen Ändern	Größe veränderbar oder nicht veränderbar
scrolling	Lesen Ändern	Scrolleisten oder keine Scrolleisten
src	Lesen Ändern	URI für den Inhalt des Frame-Fensters

Ein Beispiel:

```
<html><head><title>Test</title>
<script type="text/javascript">
<!-
```

```
function nullRand() {
  document.getElementById("F1").marginHeight = "0";
  document.getElementById("F1").marginWidth = "0";
}
-->
</script>
</head>
<frameset cols="50%,50%">
 <frame id="F1" src="frame1.htm" onLoad="nullRand()">
 <frame id="F2" src="frame2.htm">
</frameset>
</html>
```

Das Beispiel definiert ein Frameset mit zwei Frames. Beim ersten frame-Element ist der Event-Handler onLoad notiert. Nach dem Laden des Frame-Fensters wird die JavaScript-Funktion nullRand() aufgerufen, die im Dateikopf notiert ist. Die Funktion greift mit document.getElementById("F1") auf das erste frame-Element zu und setzt dessen Eigenschaften für marginHeight und marginWidth auf 0.

Beachten Sie: Das Beispiel war weder mit Netscape noch mit dem Internet Explorer nachvollziehbar.

frames

Objekt

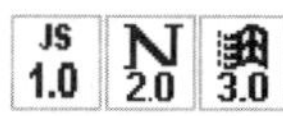

Zugriff auf Frameset und Frames

Mit dem Objekt frames haben Sie Zugriff auf Frames, also auf ein Frameset und seine Frame-Fenster, die in einer HTML-Datei definiert sind. Da jedes Frame-Fenster aus Sicht des Browsers ein eigenes Fenster darstellt, ist das frames-Objekt lediglich eine Variante des window-Objekts, also des allgemeinen Fenster-Objekts. Alle Eigenschaften und Methoden, die zum window-Objekt gehören, lassen sich auch auf das frames-Objekt, also auf einzelne Frame-Fenster anwenden.

Eigenschaft

length (Anzahl Frames)

Unterobjekte

document
event
history
location

frames: Allgemeines zur Verwendung

Das frames-Objekt stellt nur deshalb ein eigenes Objekt dar, weil es eine zusätzliche Eigenschaft enthält und weil bei der Adressierung von Frame-Fenstern in JavaScript ein paar Besonderheiten zu beachten sind:

Schema 1 / Beispiel 1:

```
parent.frames[#].Eigenschaft/Methode();
parent.frames[1].location.href = "sport.html";
```

Schema 2 / Beispiel 2:

```
parent.NameDesFrames.Eigenschaft/Methode();
parent.RechtesFenster.close();
```

parent ist ein reservierter Fenstername, den Sie zum Ansprechen von Fenstern innerhalb eines Framesets verwenden können. Anstelle von parent können Sie auch top verwenden. Mit parent sprechen Sie das Elternfenster des aktuellen Frame-Fensters an, mit top in jedem Fall das oberste Anzeigefenster des Browsers.

Frame-Fenster können Sie auf zwei Arten ansprechen:

- Mit einer Indexnummer (wie in Schema 1 / Beispiel 1):
  Bei Verwendung von Indexnummern geben Sie frames an und dahinter in eckigen Klammern, das wievielte Frame-Fenster im Frameset Sie meinen. Beachten Sie, dass der Zähler bei 0 beginnt, d.h. das erste Frame-Fenster sprechen Sie mit frames[0] an, das zweite Frame-Fenster mit frames[1] usw. Beim Zählen gilt die Reihenfolge, in der die <frame>-Befehle im Frameset definiert sind.
- Mit dem Namen des Frame-Fensters (wie in Schema 2 / Beispiel 2):
  Dabei geben Sie den Namen an, der bei der HTML-Definition des Frame-Fensters bei <frame ...> im Attribut name= definiert worden ist.

Da das frames-Objekt eigentlich eine Variante des window-Objekts ist, können Sie nicht nur alle Eigenschaften und Methoden des window-Objekts auf das frames-Objekt anwenden, sondern auch alle anderen, die in der Hierarchie unterhalb des window-Objekts stehen. Ebenso, wie Sie beispielsweise mit window.document.forms[0].elements[0].value = "Stefan" den Inhalt eines Formular-Eingabefelds in einer gewöhnlichen HTML-Datei ändern können, können Sie das Gleiche innerhalb eines Framesets etwa mit parent.frames[1].document.forms[0].elements[0].value = "Stefan" erreichen.

JS 1.0 N 2.0 3.0 Auf JavaScripts in anderen Frames zugreifen

Mit der gleichen Syntax, wie Sie auf HTML-Elemente in anderen Frame-Fenstern zugreifen können, können Sie auch auf JavaScripts zugreifen, die in einem anderen Frame-Fenster aktuell notiert sind. So können Sie Variablen des anderen Scripts auslesen und Funktionen des anderen Scripts aufrufen.

Das folgende Beispiel zeigt ein Frameset mit zwei Fenstern oben und unten. Das obere Fenster hat bei der Frameset-Definition den Namen oberesFenster erhalten. Aus dem unteren Frame-Fenster wird nun auf ein JavaScript im oberen Frame-Fenster zugegriffen. Beispieldatei im oberen Frame-Fenster:

```
<html><head><title>Test</title>
<script type="text/javascript">
<!-
```

```
var c = 0;

function gibaus_c() {
 alert(c);
}
function erhoehe_c() {
 c++;
 window.setTimeout("erhoehe_c()",100);
}
//->
</script>
</head><body onLoad="erhoehe_c()">
<p>Hier wird einfach nur 10 mal pro Sekunde die Variable <i>c</i> erh&ouml;ht!</p>
</body></html>
```

Beispieldatei im unteren Frame-Fenster:

```
<html><head><title>Test</title>
<script type="text/javascript">
<!-
function reset_c() {
  parent.oberesFenster.c = 0;
}
//->
</script>
</head><body>
<p>
<a href="javascript:parent.oberesFenster.gibaus_c()">Variable <i>c</i> anzeigen!</a><br>
<a href="javascript:reset_c()">Variable <i>c</i> auf 0 setzen!</a>
</p>
</body></html>
```

Im oberen Fenster ist ein Script mit zwei Funktionen namens gibaus_c() und erhoehe_c() notiert. Die Funktion erhoehe_c() wird mit dem Event-Handler onLoad im einleitenden <body>-Tag erstmals gestartet und ruft sich dann mit Hilfe der Methode setTimeout() alle 100 Millisekunden, also 10-mal pro Sekunde selber wieder auf. Dabei erhöht sie jedes Mal die Variable c um 1.

Im unteren Fenster sind zwei Verweise notiert. Der erste gibt den aktuellen Zählerstand von c aus. Dazu wird mit parent.oberesFenster.gibaus_c()" auf die Funktion gibaus_c() im anderen Frame-Fenster zugegriffen. Der zweite Verweis ruft eine Funktion reset_c() auf, die im Dateikopf des eigenen Dokuments notiert ist. Diese greift jedoch mit parent.oberesFenster.c auf die Variable c im anderen Frame-Fenster zu und setzt diese auf 0 zurück.

frameset

HTML-Elementobjekt DOM 1.0 | N 6.x | 5.x

Objekt: document Frame-Layout definieren

HTML-Elemente <frameset>...</frameset> haben als DOM-Objekte für den Scriptsprachen-Zugriff Universaleigenschaften sowie die folgenden eigenen Eigenschaften.

Eigenschaft	*Status*	*Bedeutung*
cols	Lesen Ändern	Breitenverhältnisse für spaltenartig angeordnete Frame-Fenster
rows	Lesen Ändern	Höhenverhältnisse für reihenartig angeordnete Frame-Fenster

Ein Beispiel:

```
<html><head><title>Test</title>
<script type="text/javascript">
<!-
function dreiFenster() {
  document.getElementById("Fenster").cols = "33%,34%,33%";
   var F3 = document.createElement("frame");
   F3.setAttribute("src","frame3.htm");
   document.getElementById("Fenster").appendChild(F3);
}
->
</script>
</head>
<frameset id="Fenster" cols="50%,50%" onLoad="dreiFenster()">
 <frame src="frame1.htm">
 <frame src="frame2.htm">
</frameset>
</head></html>
```

Das Beispiel definiert ein Frameset mit zwei Frames. Nachdem das Frameset geladen ist (Event-Handler onLoad im einleitenden <frameset>-Tag), wird die Funktion dreiFenster() aufgerufen. Diese Funktion greift mit document.getElementById("Fenster") auf das frameset-Element zu und setzt dessen Eigenschaft cols neu – und zwar so, dass nun drei Spalten definiert werden. Dann wird mit document.createElement() ein neues Element erzeugt, dem mit setAttribute() eine anzuzeigende Datei zugewiesen wird. Anschließend wird der neue Elementknoten mit appendChild() als letztes neues Kindelement in das frameset-Element eingefügt.

Beachten Sie: Das Beispiel war mit dem Internet Explorer 5.0 nur teilweise nachvollziehbar.

fromCharCode()

Methode — JS 1.2, N 4.0, MS 4.0

Objekt: string — Zeichencodes in Zeichenkette umwandeln

Interpretiert eine Reihe von numerischen Werten, die als Parameter übergeben werden, als Latin-1-Zeichensatzwerte. Erzeugt eine entsprechende Zeichenkette daraus.

Beispiel:

```
<html><head><title>Test</title></head><body>
<script type="text/javascript">
<!-
```

```
var Test = String.fromCharCode(65,66,67);
alert(Test);
//->
</script></body></html>
```

Im Beispiel wird mit String.fromCharCode() die Zeichenkette »ABC« erzeugt und in der Variablen Test gespeichert. Die Zeichenkette kommt dadurch zustande, dass 66 der dezimale Zeichensatzwert für A ist, 67 derjenige für B und 68 der für C. Im Beispiel wird das Ergebnis zur Kontrolle in einem Meldungsfenster ausgegeben. Wichtig ist, vor der Methode fromCharCode() immer das feste Schlüsselwort String (großgeschrieben) zu notieren.

Function

Objekt

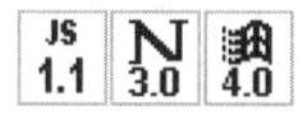

Zugriff auf Eigenschaften einer JavaScript-Funktion

Über das Objekt Function haben Sie Zugriff auf Eigenschaften einer JavaScript-Funktion. JavaScript-Funktionen werden dadurch also selbst Gegenstand von JavaScript-Anweisungen.

Eigenschaften

arguments	(Argumentnamen-Array)
arity	(Anzahl Argumente)
caller	(Namen der aufrufenden Funktion)

Function: Allgemeines zur Verwendung

Sinnvoll ist das Arbeiten mit dem Function-Objekt beispielsweise im Zusammenhang mit einer variablen Anzahl von Parametern in einer Funktion. Ein neues Objekt Function können Sie extra erzeugen. Ein Beispiel:

```
Farbe = new Function("NeueFarbe","document.bgColor=NeueFarbe;");
```

Beispielentsprechung in normaler Schreibweise:

```
function Farbe(NeueFarbe) {
 document.bgColor=NeueFarbe;
}
```

Beispielaufruf für beide Fälle:

```
<a href="javascript:Farbe('#FFCC99')">Neue Hintergrundfarbe</a>
```

Betrachten Sie in dem Beispiel zunächst den mittleren Teil (»Beispielentsprechung in normaler Schreibweise«). Das ist die normale Definition einer Funktion. Im Teil darüber wird die gleiche Funktion definiert, jedoch in Form eines Funktionsobjekts. Das Funktionsobjekt wird mit new Function(...) erzeugt. Der Rückgabewert wird in einer Variablen gespeichert, im Beispiel in der Variablen Farbe. Als Parameter erwartet die Function-Funktion eine beliebige Anzahl Parameter, die bis zum vorletzten als Parameter interpretiert werden, die die Funktion erwarten soll. Im Beispiel gibt es einen solchen Parameter, nämlich den Parameter NeueFarbe. Der letzte Parameter, der der Function-Funktion übergeben wird, ist eine Zeichenkette, die den gesamten Funktionsinhalt darstellt, also die JavaScript-Anweisungen innerhalb der Funktion.

Eine Variable, in der eine Funktion gespeichert ist, wie im Beispiel die Variable Farbe, können Sie genauso aufrufen wie eine Funktion. Der dritte Teil (»Beispielaufruf für beide Fälle«) gilt tatsächlich für beide Fälle, denn im einen Fall wird die Variable Farbe aufgerufen, in der eine ganze Funktion gespeichert ist, und im anderen Fall wird eine Funktion namens Farbe() aufgerufen.

Sie müssen jedoch kein neues Funktionsobjekt erzeugen, sondern können auch direkt Eigenschaften des Funktionsobjekts auf eine Funktion anwenden. Beispiel für direktes Verwenden von Funktionseigenschaften:

```
<html><head><title>Test</title>
</head><body>
<script type="text/javascript">
<!-
function HTMLListe(Typ) {
 document.write("<" + Typ + "l>");
 for (var i=1; i<HTMLListe.arguments.length; i++)
  document.write("<li>" + HTMLListe.arguments[i]+"</li>");
 document.write("</" + Typ + "l>");
}
HTMLListe("U","eins","zwei","drei");
//->
</script>
</body></html>
```

Das Beispiel schreibt dynamisch eine HTML-Liste, entweder als Aufzählungsliste oder als nummerierte Liste, in die Datei. Dies geschieht in einer Funktion namens HTMLListe(). Unterhalb der Funktion steht der Aufruf der Funktion. Dabei werden vier Parameter übergeben. Erwarten tut die Funktion HTMLListe() jedoch nur einen Parameter, nämlich den Parameter Typ. Dabei sollte man ein U oder ein O übergeben. Abhängig davon erzeugt die Funktion eine <ul>-Liste (Aufzählungsliste) oder eine <ol>-Liste (nummerierte Liste).

Innerhalb der Funktion wird jedoch mit HTMLListe.arguments.length die tatsächliche Anzahl der übergebenen Elemente abgefragt. Die Funktion nimmt an, dass alle Parameter ab dem zweiten Elemente der gewünschten Liste sind. Die Funktion schreibt mit document.write()-Befehlen die enstprechenden Listenpunkte und setzt dabei reihenweise die übergebenen Parameter ein, da diese Aktion innerhalb einer for-Schleife erfolgt.

getAttribute()

Methode 

Objekt: all — Wert eines Attributs

Ermittelt, ob ein Element in seinem HTML-Tag ein bestimmtes Attribut enthält oder nicht. Gibt den Wert zurück, den das Attribut hat, falls das Attribut gefunden wird, ansonsten die leere Zeichenkette "". Erwartet folgende Parameter:

- *Attribut* = Name des gesuchten Attributs im HTML-Tag.
- *Groß-/Kleinschreibung* = true übergeben, wenn bei dem Attribut Groß-/Kleinschreibung unterschieden werden soll, oder false, wenn es egal ist, wie das Attribut geschrieben ist.

Ein Beispiel:

```
<html><head><title>Test</title>
<script type="text/javascript">
<!-
function Test() {
 if(document.all.Absatz.getAttribute("align","false") == "center")
   document.all.Absatz.setAttribute("align","right","false");
}
//->
</script>
</head><body>
<p id="Absatz" align=center>Ein Text</p>
<a href="javascript:Test()">Test</a>
</body></html>
```

Das Beispiel enthält einen zentriert ausgerichteten Absatz mit dem id-Namen Absatz und einen Verweis. Beim Anklicken des Verweises wird die Funktion Test() aufgerufen. Diese Funktion ermittelt mit getAttribute(), ob das Element mit dem Namen Absatz ein Attribut align enthält. Außerdem wird abgefragt, ob der Wert dieser Angabe gleich center ist. Da dies im Beispiel der Fall ist, wird die abhängige Anweisung ausgeführt. Darin wird das Attribut align= mit Hilfe von setAttribute() dynamisch geändert, sodass der Absatz hinterher rechtsbündig ausgerichtet ist.

getAttribute()

Methode DOM 1.0 JS 1.5 N 6.x 5.x

Objekt: node Wert eines Attributs

Ermittelt den Wert eines bestimmten Attributs in einem Element. Ein Beispiel:

```
<html><head><title>Test</title>
<script type="text/javascript">
<!-
function Anzeigen(attr) {
 alert(document.getElementsByTagName("body")[0].getAttribute(attr));
}
//->
</script></head>
<body bgcolor="#FFFFCC" text="#E00000" link="#0000E0" alink="#000080"
vlink="#000000">
<a href="javascript:Anzeigen('bgcolor')">Hintergrundfarbe?</a><br>
<a href="javascript:Anzeigen('text')">Textfarbe?</a><br>
<a href="javascript:Anzeigen('link')">Linkfarbe noch nicht besuchte Seiten?</a><br>
<a href="javascript:Anzeigen('vlink')">Linkfarbe besuchte Seiten?</a><br>
<a href="javascript:Anzeigen('alink')">Linkfarbe aktivierte Links?</a>
</body></html>
```

Das Beispiel enthält mehrere Verweise. Alle Verweise rufen beim Anklicken die Funktion Anzeigen() auf, die im Dateikopf notiert ist. Übergeben wird der Funktion der gewünschte Attributname. Die Funktion greift mit document.getElementsByTagName("body")[0] auf das body-

Element zu. Mit getAttribute() lassen sich dann Atrributwerte des einleitenden <body>-Tags ermitteln. Die Methode erwartet den Namen des gewünschten Attributs und liefert dessen Wert zurück. Im Beispiel bekommt sie jeweils den der Funktion übergebenen Parameter attr weitergereicht.

Beachten Sie: Das obige Beispiel wird auch von Opera 5.12 interpretiert.

getAttribute()

Methode 

Objekt: style Stylesheet-Angabe zu einem Element

Ermittelt, ob ein HTML-Element eine bestimmte Stylesheet-Angabe enthält bzw. welchen Wert. Gibt den Wert zurück, den die Stylesheet-Angabe hat, falls sie gefunden wird, ansonsten die leere Zeichenkette "". Erwartet folgende Parameter:

- *Style-Angabe* = die gesuchte Stylesheet-Angabe.
- *Groß-/Kleinschreibung* = true übergeben, wenn bei der Style-Angabe Groß-/Kleinschreibung unterschieden werden soll, oder false, wenn es egal ist, wie die Style-Angabe geschrieben ist.

Ein Beispiel:

```
<html><head><title>Test</title>
<script type="text/javascript">
<!-
function Test() {
 var x
  if (document.all)
  x = document.all.Absatz.style.getAttribute("fontSize","false");
  else x=document.getElementById("Absatz").style.fontSize;
  alert(x);
}
//->
</script>
</head><body>
<p id="Absatz" style="font-size:18pt">Ein Text</p>
<a href="javascript:Test()">Test</a>
</body></html>
```

Das Beispiel enthält einen Absatz mit dem id-Namen Absatz und einen Verweis. Beim Anklicken des Verweises wird die Funktion Test() aufgerufen. Diese Funktion ermittelt mit getAttribute(), ob das Element mit dem Namen Absatz eine Stylesheet-Angabe font-size (CSS-Syntax) bzw. fontSize (JavaScript-Syntax) enthält. Da dies der Fall ist, wird der zugewiesene Wert (18pt) ermittelt. Dieser Wert wird in einem Meldungsfenster ausgegeben.

Beachten Sie: Wenn Sie nach DOM-Syntax programmieren, genügt es wie im else-Zweig des Beispieles, die CSS-Eigenschaft des obigen Absatzes mit folgender Anweisung abzufragen:

```
x = document.getElementById("Absatz").style.fontSize
```

Der MS Internet Explorer 5.0 Macintosh Edition interpretiert dieses Beispiel nicht.

getAttributeNode()

Methode DOM 1.0 JS 1.5 N 6.x

Objekt: node Zugriff auf Attributknoten

»Holt« einen Attributknoten. Liefert das Knotenobjekt des gewünschten Attributs zurück. Ein Beispiel:

```
<html><head><title>Test</title>
<script type="text/javascript">
<!-
function anpassen() {
var CSSKnoten = document.getElementsByTagName("h1")[0].getAttributeNode("style");
 for(i = 0; i < document.getElementsByTagName("p").length; i++)
   document.getElementsByTagName("p")[i].setAttributeNode(CSSKnoten);
}
//->
</script></head>
<body>
<h1 style="font-family:Tahoma; font-size:200%; color:red">Rot und Groß!</h1>
<p>ein Absatz</p>
<p>und noch einer</p>
<p>und einer mit einem <a href="javascript:anpassen()">Link zum Anpassen</a></p>
</body></html>
```

Das Beispiel enthält eine Überschrift mit einem style-Attribut sowie drei Textabsätze. Der letzte davon enthält einen Verweis, bei dessen Anklicken die Funktion anpassen() aufgerufen wird, die im Dateikopf notiert ist. Diese Funktion holt sich mit document.getElementsByTagName("h1")[0].getAttributeNode("style") das Knotenobjekt des style-Elements aus der Überschrift. Der Rückgabewert, also das Attributknoten-Objekt, wird in der Variablen CSSKnoten gespeichert. Anschließend wird in einer for-Schleife auf alle p-Elemente des Dokuments zugegriffen. Mit setattributeNode() wird dem jeweils aktuellen p-Element der gespeicherte style-Attributknoten hinzugefügt. Die p-Elemente »erben« auf diese Weise die CSS-Eigenschaften der Überschrift.

Beachten Sie: Der MS Internet Explorer 5.x interpretiert diese Methode noch nicht. Die Version 6.0 kennt diese Methode, jedoch wird sie nicht vollständig interpretiert.

getDate()

Methode JS 1.0 N 2.0 IE 3.0

Objekt: Date Monatstag des Datumsobjekts

Liefert den Monatstag des Objekts Objektname als Zahl zurück, beispielsweise 2, wenn in *Objektname* der 2.10.1991, 23:59:00 gespeichert ist. Ein Beispiel:

```
<html><head><title>Test</title>
</head><body>
<script type="text/javascript">
```

```
<!-
var jetzt = new Date();
var Tag = jetzt.getDate();
document.write('<table border bgcolor="#CCFFFF"><tr><td><font size="7">');
document.write(Tag + "<\/font><\/td><\/tr><\/table>");
//->
</script>
</body></html>
```

Das Beispiel erzeugt ein neues Datumobjekt mit dem aktuellen Zeitpunkt in dem Objektnamen jetzt. Mit jetzt.getDate() wird das aktuelle Tagesdatum innerhalb des Monats ermittelt. Der Rückgabewert des Aufrufs wird in der Variablen Tag gespeichert. Anschließend wird mit Hilfe von document.write() dynamisch eine kleine Tabelle in die Datei geschrieben, in der das aktuelle Tagesdatum formatiert ausgegeben wird. Damit ein Maskieren der " entfällt, wurde als Textbegrenzerzeichen das ' gewählt.

getDay()

Methode — JS 1.0 · N 2.0 · 3.0

Objekt: Date — Tag des Datumsobjekts

Liefert den Wochentag des Objekts Objektname als Zahl zurück, und zwar in Form von Zahlen zwischen 0 (für Sonntag), 1 (für Montag) usw. bis 6 (für Samstag), also beispielsweise 3, wenn in Objektname der 2.10.1991, 23:59:00, gespeichert ist, da der 2.10.1991 ein Mittwoch war. Ein Beispiel:

```
<html><head><title>Test</title>
</head><body>
<script type="text/javascript">
<!-
var jetzt = new Date();
var TagInWoche = jetzt.getDay();
var Wochentag = new
Array("Sonntag","Montag","Dienstag","Mittwoch","Donnerstag","Freitag","Samstag");
document.write('<table border bgcolor="#CCFFFF"><tr><td><b>');
document.write(Wochentag[TagInWoche] + "<\/b><\/td><\/tr><\/table>");
//->
</script>
</body></html>
```

Das Beispiel erzeugt ein neues Datumobjekt mit dem aktuellen Zeitpunkt in dem Objektnamen jetzt. Mit jetzt.getDay() wird der numerische Wert des aktuellen Wochentags ermittelt. Der Rückgabewert des Aufrufs wird in der Variablen TagInWoche gespeichert. Es soll jedoch ein richtiger Wochentagsname ausgegeben werden. Deshalb wird im Beispiel ein Array-Objekt mit deutschen Wochentagnamen erzeugt. Das erste Element ist dabei der Sonntag, da der Rückgabewert von getDay() ebenfalls intern mit Sonntag als erstem Wochentag rechnet.
Anschließend wird mit Hilfe von document.write() dynamisch eine kleine Tabelle in die Datei geschrieben, in der das aktuelle Tagesdatum formatiert ausgegeben wird. Beachten Sie, dass die Variable TagInWoche dabei als Index für die Ausgabe des richtigen Elements aus dem Array Wochentag benutzt wird.

getElementById()

Methode DOM 1.0 JS 1.5 N 6.x 5.x

Objekt: document Element per ID adressieren

Greift entsprechend der HTML-Variante des DOM auf ein HTML-Element zu, das ein id-Attribut besitzt. Ein Beispiel:

```
<html><head><title>Test</title>
<style type="text/css">
<!-
.normal { font-style:normal }
->
</style>
<script type="text/javascript">
<!-
 function Ausrichten(wie) {
 document.getElementById("unentschlossen").align = wie;
}
//->
</script>
</head><body>
<h1 id="unentschlossen">Wo gehöre ich eigentlich hin?</h1>
<a href="javascript:Ausrichten('left')">links?</a><br>
<a href="javascript:Ausrichten('center')">zentriert?</a><br>
<a href="javascript:Ausrichten('right')">rechts?</a><br>
</body></html>
```

Das Beispiel enthält eine Überschrift erster Ordnung mit dem Attribut id="unentschlossen". Unterhalb davon sind drei Verweise notiert. Jeder der Verweise ruft die Funktion Ausrichten() auf, die im Dateikopf notiert ist, und übergibt ihr jeweils einen anderen Wert. Innerhalb der Funktion Ausrichten() wird mit document.getElementById("unentschlossen") auf die Überschrift erster Ordnung zugegriffen. Die Funktion weist der Eigenschaft align den jeweils übergebenen Wert zu. Dadurch wird die Ausrichtung der Überschrift dynamisch geändert.

Beachten Sie: Die Methode getElementById() regelt lediglich den Zugriff auf HTML-Elemente. Um zu wissen, was Sie mit welchen HTML-Elementen überhaupt tun können, können Sie sich im Kapitel über die HTML-Elementobjekte einen Überblick verschaffen. Weitere Möglichkeiten, um HTML-Elemente dynamisch zu beeinflussen, bietet das node-Objekt an.

Sie können an diese Methode auch Variablen übergeben. Dazu notieren Sie einfach den Variablennamen ohne Anführungszeichen anstatt eines festen Wertes, z.B. getElementById (Variablenname). Voraussetzung ist jedoch, dass die Variable auch existiert. In Opera 5.12 kennt die Methode getElementById() zum Ansprechen von Elementen ebenfalls. Das obige Beispiel funktioniert jedoch in diesem Browser nicht.

getElementsByName()

Methode DOM 1.0 JS 1.5 N 6.x 5.x

Objekt: document Element per Name adressieren

Greift entsprechend der HTML-Variante des DOM auf ein HTML-Element zu, das ein name-Attribut besitzt. Ein Beispiel:

```
<html><head><title>Test</title>
<style type="text/css">
<!-
.normal { font-style:normal }
->
</style>
<script type="text/javascript">
<!-
 function Ankreuzen() {
 document.getElementsByName("Zutat")[0].checked = true;
}
//->
</script>
</head><body>
<form name="Formular" action="">
<input type="checkbox" name="Zutat" value="Salami"> Salami <br>
<input type="checkbox" name="Zutat" value="Pilze"> Pilze <br>
<input type="checkbox" name="Zutat" value="Oliven"> Oliven <br>
<input type="button" value="Test" onClick="Ankreuzen()">
</form>
</body></html>
```

Im Beispiel wird eine Gruppe von Checkboxen definiert, die alle den gleichen Namen, nämlich Zutat haben. Darunter ist ein Klick-Button notiert, bei dessen Anklicken die Funktion Ankreuzen() aufgerufen wird, die im Dateikopf notiert ist. Diese Funktion kreuzt die erste der drei Checkboxen an. Durch getElementsByName("Zutat")[0] greift sie auf das erste Element mit name="Zutat" zu. Auch wenn ein solcher Elementname nur einmal im Dokument vorkommt, muss stets mit Array-Syntax auf die Elemente zugegriffen werden. So wäre im Beispiel das Formularelement etwa über getElementsByName("Formular")[0] ansprechbar. Die zweite Checkbox mit dem Namen "Zutat" wäre über getElementsByName("Zutat")[1] ansprechbar usw.

Beachten Sie: Die Methode getElementsByName() regelt lediglich den Zugriff auf HTML-Elemente. Um zu wissen, was Sie mit welchen HTML-Elementen überhaupt tun können, können Sie sich im Kapitel über die HTML-Elementobjekte einen Überblick verschaffen. Weitere Möglichkeiten, um HTML-Elemente dynamisch zu beeinflussen, bietet das node-Objekt an. Sie können an diese Methode auch Variablen übergeben. Dazu notieren Sie einfach den Variablennamen ohne Anführungszeichen anstatt eines festen Wertes, z.B. getElementsByName(Variablenname). Voraussetzung ist jedoch, dass die Variable auch existiert. Opera 5.12 kennt diese Methode zum Ansprechen von Elementen ebenfalls.

getElementsByTagName()

Methode — DOM 1.0 | JS 1.5 | N 6.x | 5.x

Objekt: document — Element über Tag-Name adressieren

Greift entsprechend der **XML**-Variante des DOM auf ein beliebiges Element im Elementbaum des Dokuments zu. Maßgeblich ist dabei der Elementname, in HTML also beispielsweise

Namen wie h1, blockquote oder img. Für jeden HTML-Elementtyp wird im Dokument ein Array erzeugt, über den die einzelnen Elemente dann ansprechbar sind.

Leider ist diese Methode vom DOM nicht in der HTML-Variante vorgesehen, doch mit den JavaScript-Interpretern der neueren Browser funktioniert sie trotzdem. Deshalb wird sie hier – anders als die übrigen Eigenschaften und Methoden des document-Objekt in der XML-Variante des DOM – beschrieben. Ein Beispiel:

```
<html><head><title>Test</title>
<style type="text/css">
<!-
.normal { font-style:normal }
->
</style>
<script type="text/javascript">
<!-
 function neueTexte() {
 document.getElementsByTagName("p")[0].firstChild.data = "neuer erster";
 document.getElementsByTagName("p")[1].firstChild.data = "neuer zweiter";
 document.getElementsByTagName("p")[2].firstChild.data = "neuer dritter";
 document.getElementsByTagName("h1")[0].firstChild.data = "Alles anders";
}
//->
</script>
</head><body>
<h1>Dynamisch, sehr dynamisch</h1>
<p>Ein erster Absatz</p>
<p>Ein zweiter Absatz</p>
<p>Ein dritter Absatz</p>

<p><a href="javascript:neueTexte()">neue Texte</a></p>
</body></html>
```

Im Beispiel werden eine Überschrift erster Ordnung und drei Textabsätze notiert. Keines dieser Elemente enthält irgendein Attribut, über das es individuell angesprochen werden könnte. Unterhalb davon ist ein Verweis notiert, bei dessen Anklicken die Funktion neueTexte() aufgerufen wird, die im Dateikopf notiert ist. Diese Funktion ändert dynamisch die Texte aller drei Textabsätze und der Überschrift.

Über document.getElementsByTagName("p")[0] greift sie auf den ersten Textabsatz des Dokuments zu, über document.getElementsByTagName("p")[1] auf den zweiten, über document.getElementsByTagName("h1")[0] auf die erste Überschrift erster Ordnung usw.

Beachten Sie: Die Methode getElementsByTagName() regelt lediglich den Zugriff auf Elemente. Um zu wissen, was Sie mit welchen HTML-Elementen überhaupt tun können, können Sie sich im Kapitel über die HTML-Elementobjekte einen Überblick verschaffen. Weitere Möglichkeiten, um HTML-Elemente dynamisch zu beeinflussen, bietet das node-Objekt an. Die Eigenschaft firstChild.data, die im obigen Beispiel verwendet wird, um den im Element enthaltenen Text dynamisch zu ändern, gehört ebenfalls zum Komplex des node-Objekts. Opera Version 5.12 kennt die Methode getElementsByTagName() zum Ansprechen von Elementen. Das obige Beispiel funktioniert jedoch in diesem Browser nicht.

getFullYear()

Methode JS 1.3 N 4.x 5.0

Objekt: Date Volle Jahreszahl des Datumsobjekts

Liefert im Gegensatz zu getYear() beim Netscape-Browser das volle Jahr zurück. Beim Internet Explorer liefern beide Methoden den gleichen Wert. Ein Beispiel:

```
<html><head><title>Test</title>
</head><body>
<script type="text/javascript">
<!-
var jetzt = new Date();
var Jahr = jetzt.getFullYear();
document.write("Wir befinden uns im Jahr " + Jahr);
//->
</script>
</body></html>
```

Das Beispiel erzeugt ein neues Datumobjekt mit dem aktuellen Zeitpunkt in dem Objektnamen jetzt. Mit jetzt.getFullYear() wird das volle aktuelle Jahr ermittelt. Der Rückgabewert des Aufrufs wird in der Variablen Jahr gespeichert. Anschließend wird zur Kontrolle ein Text mit der Ausgabe dieser Variablen ins Dokumentfenster geschrieben.

getHours()

Methode JS 1.0 N 2.0 3.0

Objekt: Date Stundenzahl des Datumsobjekts

Liefert die Stunden der Uhrzeit des Objekts Objektname als Zahl zurück, beispielsweise 23, wenn in Objektname der 2.10.1991, 23:59:00, gespeichert ist. Ein Beispiel:

```
<html><head><title>Test</title>
<script type="text/javascript">
<!-
 var jetzt = new Date();
 var Std = jetzt.getHours();
 if(Std >= 5 && Std < 12) alert("Guten Morgen!");
 else if(Std >= 12 && Std < 18) alert("Guten Tag!");
 else if(Std >= 18 && Std <= 23) alert("Guten Abend!");
 else if(Std >= 0 && Std < 5) alert("Zeit, ins Bett zu gehen!");
//->
</script>
</head><body>
</body></html>
```

Das Beispiel erzeugt ein neues Datumobjekt mit dem aktuellen Zeitpunkt in dem Objektnamen jetzt. Mit jetzt.getHours() wird die Stunde des Tages ermittelt. Der Rückgabewert des Aufrufs wird in der Variablen Std gespeichert. Anschließend wird ein Meldungsfenster mit einem tageszeitabhängigen Text ausgegeben, je nachdem, in welchem Bereich der Wert von Std liegt.

getMilliseconds()

Methode | JS 1.3 | N 4.x | 5.0

Objekt: Date — Millisekundenzahl des Datumsobjekts

Ermittelt die Anzahl der Millisekunden seit der letzten vollen Sekunde. Das Beispiel enthält ein Formular mit einem Eingabefeld und einem Klick-Button. Beim Anklicken des Buttons wird die Funktion aktualisieren() aufgerufen, die im Dateikopf notiert ist. Diese Funktion erzeugt ein neues Datumobjekt mit dem aktuellen Zeitpunkt in dem Objektnamen zeit. Mit zeit.getMilliseconds() werden die Millisekunden seit der letzten vollen Sekunde ermittelt. Der Rückgabewert des Aufrufs wird in der Variablen ms gespeichert. Anschließend wird der Wert des Formulareingabefeldes mit dem ermittelten Wert belegt, um das Ergebnis anzuzeigen.

```
<html><head><title>Test</title>
<script type="text/javascript">
<!-
function aktualisieren() {
 var zeit = new Date();
 var ms = zeit.getMilliseconds();
 document.Formular.Ausgabe.value = ms;
}
//->
</script>
</head><body onLoad="document.Formular.Ausgabe.value='0'">
<form name="Formular" action="">
<input name="Ausgabe" type="text">
<input type="button" value="aktualisieren" onClick="aktualisieren()">
</form>
</body></html>
```

getMinutes()

Methode | JS 1.0 | N 2.0 | 3.0

Objekt: Date — Minutenzahl des Datumsobjekts

Liefert die Minuten der Uhrzeit des Objekts Objektname als Zahl zurück, beispielsweise 59, wenn in Objektname der 2.10.1991, 23:59:00 gespeichert ist. Ein Beispiel:

```
<html><head><title>Test</title>
<script type="text/javascript">
<!-
 var jetzt = new Date();
 var Std = jetzt.getHours();
 var Min = jetzt.getMinutes();
 var StdAusgabe  = ((Std < 10) ? "0" + Std : Std);
 var MinAusgabe  = ((Min < 10) ? "0" + Min : Min);
 alert("Bei Ihnen ist es jetzt " + StdAusgabe + "." + MinAusgabe + " Uhr");
//->
</script>
</head><body>
</body></html>
```

Das Beispiel erzeugt ein neues Datumobjekt mit dem aktuellen Zeitpunkt in dem Objektnamen jetzt. Mit jetzt.getHours() wird die Stunde des Tages ermittelt, mit jetzt.getMinutes() die Minutenzahl. Der Rückgabewert der Aufrufe wird in den Variablen Std und Min gespeichert. Dann wird die Stundenzahl und die Minutenzahl für die Ausgabe formatiert. Wenn die Anzahl der Stunden oder Minuten kleiner 10 ist, wird eine 0 davorgesetzt. Schließlich wird ein Meldungsfenster mit der aktuellen Uhrzeit ausgegeben.

getMonth()

Methode JS 1.0 N 2.0 3.0

Objekt: Date Monat des Datumsobjekts

Liefert den Monat des Objekts Objektname als Zahl zurück, beispielsweise 9, wenn in Objektname der 2.10.1991, 23:59:00, gespeichert ist. Beachten Sie, dass die Monatszählung bei 0 beginnt. 0 ist also Januar, 1 ist Februar usw. Ein Beispiel:

```
<html><head><title>Test</title>
</head><body>
<script type="text/javascript">
<!-
var jetzt = new Date();
var Jahresmonat = jetzt.getMonth();
var Monat = new
Array("Januar","Februar","M&auml;rz","April","Mai","Juni",
"Juli","August","September","Oktober","November","Dezember");
document.write('<table border bgcolor="#CCFFFF"><tr><td><b>');
document.write(Monat[Jahresmonat] + "<\/b><\/td><\/tr><\/table>");
//->
</script>
</body></html>
```

Das Beispiel erzeugt ein neues Datumobjekt mit dem aktuellen Zeitpunkt in dem Objektnamen jetzt. Mit jetzt.getMonth() wird der numerische Wert des aktuellen Monats ermittelt. Der Rückgabewert des Aufrufs wird in der Variablen Jahresmonat gespeichert. Es soll jedoch ein richtiger Monatsname ausgegeben werden. Deshalb wird im Beispiel ein Array-Objekt mit deutschen Monatsnamen erzeugt.

Anschließend wird mit Hilfe von document.write() dynamisch eine kleine Tabelle in die Datei geschrieben, in der der aktuelle Monat formatiert ausgegeben wird. Beachten Sie, dass die Variable Jahresmonat dabei als Index für die Ausgabe des richtigen Elements aus dem Array Monat benutzt wird. Da auch bei Arrays bei 0 zu zählen begonnen wird, wird beispielsweise »Januar« geschrieben, wenn in Jahresmonat der Wert 0 gespeichert ist, oder »Februar«, wenn in Jahresmonat 1 gespeichert ist.

getSeconds()

Methode JS 1.0 N 2.0 3.0

Objekt: Date Sekundenzahl des Datumsobjekts

Liefert die Sekunden der Uhrzeit des Objekts Objektname als Zahl zurück, beispielsweise 0, wenn in Objektname der 2.10.1991, 23:59:00, gespeichert ist. Ein Beispiel:

```
<html><head><title>Test</title>
<script type="text/javascript">
<!-
var Zaehler = 0;
function Anzeige() {
 var jetzt = new Date();
 var Sekunden = jetzt.getSeconds();
 alert(Sekunden);
 Zaehler = Zaehler + 1;
 if(Zaehler < 3) Anzeige();
}
Anzeige();
//->
</script>
</head><body>
</body></html>
```

Das Beispiel definiert eine Funktion Anzeige(). Darin wird ein neues Datumsobjekt mit dem aktuellen Zeitpunkt in dem Objektnamen jetzt erzeugt. Mit jetzt.getSeconds() wird die Sekundenzahl innerhalb der aktuellen Minute der Uhrzeit ermittelt. Der Rückgabewert des Aufrufs wird in der Variablen Sekunden gespeichert. Dann wird die Sekundenzahl ausgegeben. Nachdem der Anwender das Meldungsfenster mit der Anzeige bestätigt hat, wird die Variable Zaehler um 1 erhöht. Solange diese Variable kleiner 3 ist, wird die Funktion Anzeige() erneut aufgerufen. Dabei werden alle Anweisungen innerhalb der Funktion wiederholt.

getSelection()

Methode JS 1.2 N 4.0

Objekt: document Zugriff auf markierten Text der Seite

Ermittelt Text, der vom Anwender im Dokument selektiert wurde. Im Netscape 4 war diese Methode an das document-Objekt gebunden. Seit Netscape 6 ist sie dem window-Objekt zugeordnet. Ein Beispiel:

```
<html><head><title>Test</title>
<script type="text/javascript">
<!-
 function selektierterText()
 {
  if (window.getSelection) alert(window.getSelection());
  else if (document.getSelection) alert(document.getSelection());
      else if (document.selection) alert(document.selection.createRange().text);
 }
//->
</script>
</head><body>
viel Text zum Selektieren viel Text zum Selektieren
<form>
```

```
<input type="button" value="zeigen" onMouseDown="selektierterText();">
</form>
</body></html>
```

Das Beispiel ruft beim Klick auf den definierten Button die Funktion selektierterText() auf. Innerhalb dieser Funktion wird geprüft, ob der Browser die Methode window.getSelection() kennt. Tritt dieser Fall ein, so wird sie aufgerufen und der selektierte Text wird ausgegeben. Kennt der Browser diese Methode nicht, so wird geprüft, ob er die Methode document.getSelection() kennt, und gegebenenfalls der selektierte Text ausgegeben.

Der zweite else-if-Zweig des Beispiels behandelt einen Sonderfall für den MS Internet Explorer. Dieser kennt die Methode getSelection() nicht, jedoch ein selection-Objekt. Mit document.selection.createRange().text erhalten Sie hier den selektierten Text. Voraussetzung ist, dass zuvor Text selektiert wurde. Andernfalls liefert die Funktion selektierterText() eine leere Zeichenkette ("") als Ergebnis.

getTime()

Methode — JS 1.0 | N 2.0 | 3.0

Objekt: Date — Anzahl Millisekunden des Datumsobjekts seit 1. Januar 1970, 0:00:00

Liefert die Anzahl Millisekunden als Zahl zurück, die seit dem 1. Januar 1970, 0:00:00, bis zu dem in Objektname gespeicherten Zeitpunkt vergangen sind. Ein Beispiel:

```
<html><head><title>Test</title>
<script type="text/javascript">
<!-
 var jetzt = new Date();
 alert(jetzt.getTime());
//->
</script>
</head><body>
</body></html>
```

Das Beispiel erzeugt ein neues Datumobjekt mit dem aktuellen Zeitpunkt in dem Objektnamen jetzt. Mit alert(jetzt.getTime()) wird die aktuelle Anzahl von Millisekunden, die seit dem 1.1.1970 vergangen sind, in einem Meldungsfenster ausgegeben. Probieren Sie das ruhig mal aus, um ein Gefühl für die Größenordnung der Werte zu bekommen, die getTime() liefert.

getTimezoneOffset()

Methode — JS 1.0 | N 2.0 | 3.0

Objekt: Date — Unterschied zwischen Greenwich-Zeit und lokaler Zeit

Liefert den Unterschied zwischen lokaler Rechnerzeit und Greenwich Mean Time (GMT) in Anzahl Minuten zurück. Je nach lokaler Zeitzone, die in der Systemzeit des Anwenderrechners definiert ist, ist der Rückgabewert positiv oder negativ. Ein Beispiel:

```
<html><head><title>Test</title>
<script type="text/javascript">
<!-
```

```
var jetzt = new Date();
var Unterschied = jetzt.getTimezoneOffset() / 60;
alert("Unterschied zu Greenwich: " + Unterschied + " Stunde(n)");
//-->
</script>
</head><body>
</body></html>
```

Das Beispiel möchte den Unterschied zwischen Greenwich-Zeit und lokaler Zeit in Stunden ausgeben. Dazu erzeugt es ein neues Datumobjekt mit dem aktuellen Zeitpunkt in dem Objektnamen jetzt. Dann wird die Methode getTimezoneOffset() für dieses Datumobjekt aufgerufen. Um keine Minutenzahlen, sondern Stundenzahlen zu erhalten, wird der Rückgabewert gleich durch 60 geteilt. Das Ergebnis wird in der Variablen Unterschied gespeichert. In einem Meldungsfenster wird das Ergebnis anschließend ausgegeben.

Beachten Sie: Die Sommerzeit wird von dieser Methode nicht berücksichtigt.

getUTCDate()

Methode JS 1.3 N 4.x 5.0

Objekt: Date Datum im UTC-Format

Diese Methode ist funktional identisch mit getDate(), liefert ihren Wert jedoch nicht für die lokale Zeit, sondern für die Universal Coordinated Time (UTC), auch Greenwich Mean Time (GMT) genannt.

getUTCDay()

Methode JS 1.3 N 4.x 5.0

Objekt: Date Tag im UTC-Format

Diese Methode ist funktional identisch mit getDay(), liefert ihren Wert jedoch nicht für die lokale Zeit, sondern für die Universal Coordinated Time (UTC), auch Greenwich Mean Time (GMT) genannt.

getUTCFullYear()

Methode JS 1.3 N 4.x 5.0

Objekt: Date Volle Jahreszahl im UTC-Format

Diese Methode ist funktional identisch mit getFullYear(), liefert ihren Wert jedoch nicht für die lokale Zeit, sondern für die Universal Coordinated Time (UTC), auch Greenwich Mean Time (GMT) genannt.

getUTCHours()

Methode JS 1.3 N 4.x 5.0

Objekt: Date Stunden im UTC-Format

Diese Methode ist funktional identisch mit getHours(), liefert ihren Wert jedoch nicht für die lokale Zeit, sondern für die Universal Coordinated Time (UTC), auch Greenwich Mean Time (GMT) genannt.

getUTCMilliseconds()

Methode JS 1.3 N 4.x 5.0

Objekt: Date Sekunden im UTC-Format

Diese Methode ist funktional identisch mit getMilliseconds(), liefert ihren Wert jedoch nicht für die lokale Zeit, sondern für die Universal Coordinated Time (UTC), auch Greenwich Mean Time (GMT) genannt.

getUTCMinutes()

Methode JS 1.3 N 4.x 5.0

Objekt: Date Minuten im UTC-Format

Diese Methode ist funktional identisch mit getMinutes(), liefert ihren Wert jedoch nicht für die lokale Zeit, sondern für die Universal Coordinated Time (UTC), auch Greenwich Mean Time (GMT) genannt.

getUTCMonth()

Methode JS 1.3 N 4.x 5.0

Objekt: Date Monat im UTC-Format

Diese Methode ist funktional identisch mit getMonth(), liefert ihren Wert jedoch nicht für die lokale Zeit, sondern für die Universal Coordinated Time (UTC), auch Greenwich Mean Time (GMT) genannt.

getUTCSeconds()

Methode JS 1.3 N 4.x 5.0

Objekt: Date Sekunden im UTC-Format

Diese Methode ist funktional identisch mit getSeconds(), liefert ihren Wert jedoch nicht für die lokale Zeit, sondern für die Universal Coordinated Time (UTC), auch Greenwich Mean Time (GMT) genannt.

getYear()

Methode JS 1.0 N 2.0 3.0

Objekt: Date Jahreszahl im UTC-Format

Liefert das Jahr des Objekts Objektname als Zahl zurück, beispielsweise 1991, wenn in Objektname der 2.10.1991, 23:59:00, gespeichert ist.

Ein Beispiel:

```
<html><head><title>Test</title>
</head><body>
<script type="text/javascript">
<!-
var jetzt = new Date();
var Jahr = jetzt.getYear();
if(Jahr < 999) Jahr+=1900;
document.write("<h1>" + Jahr + "<\/h1>");
//->
</script>
</body></html>
```

Das Beispiel erzeugt ein neues Datumobjekt mit dem aktuellen Zeitpunkt in dem Objektnamen jetzt. Mit jetzt.getYear() wird das aktuelle Jahr ermittelt. Der Rückgabewert des Aufrufs wird in der Variablen Jahr gespeichert. Manche Browser geben die Jahreszahl noch zweistellig aus. Für diesen Fall wird die Jahreszahl um 1900 erhöht. Anschließend wird mit Hilfe von document.write() dynamisch eine Zeile in die Datei geschrieben, in der das aktuelle Jahr formatiert ausgegeben wird.

go()

Methode — JS 1.0 | N 2.0 | 3.0

Objekt: history — Besuchte Seiten direkt anspringen

Springt so viele Seiten in der gespeicherten History vor oder zurück wie gewünscht. Erwartet als Parameter die Anzahl der zu springenden Seiten. Ein negativer Wert springt rückwärts (so viele Back-Vorgänge wie angegeben), ein positiver Wert springt vorwärts (so viele Forward-Vorgänge wie angegeben). Das Beispiel definiert einen Verweis, bei dessen Anklicken drei Seiten in der gespeicherten History der besuchten Seiten zurückgesprungen wird:

```
<a href="javascript:history.go(-3)">3 Seiten zur&uuml;ck</a>
```

h1-h6

HTML-Elementobjekt — DOM 1.0 | JS 1.5 | N 6.x | 5.x

Objekt: document — Überschrift in sechs Stufen

HTML-Elemente <h1>...</h1> usw. haben als DOM-Objekte für den Scriptsprachen-Zugriff Universaleigenschaften sowie die folgende eigene Eigenschaft.

Eigenschaft	*Status*	*Bedeutung*
align	Lesen Ändern	Ausrichtung

Ein Beispiel:

```
<html><head><title>Test</title>
<script type="text/javascript">
<!-
function rechtslinks() {
  for(var i = 0; i < document.getElementsByTagName("h1").length; i++ ) {
    if(document.getElementsByTagName("h1")[i].align == "left")
      document.getElementsByTagName("h1")[i].align = "right";
    else
      document.getElementsByTagName("h1")[i].align = "left";
  }
}
->
</script></head><body>
<h1 align="left">Kapitel 1</h1>
<p>viel Text</p>
<h1 align="left">Kapitel 2</h1>
<p>viel Text</p>
<h1 align="left">Kapitel 3</h1>
<p>und ein <a href="javascript:rechtslinks()">Ausrichtungsverweis</a></p>
</body></html>
```

Das Beispiel enthält insgesamt drei Überschriften erster Ordnung. Ganz unten ist ein Verweis notiert, bei dessen Anklicken die JavaScript-Funktion rechtslinks() aufgerufen wird, die im Dateikopf steht. Diese greift in einer for-Schleife der Reihe nach mit document.getElementsByTagName("h1")[i] auf alle h1-Elemente des Dokuments zu. Für jedes dieser Elemente wird abgefragt, ob seine Eigenschaft align den Wert left hat. Wenn ja, wird er auf right gesetzt, wenn nein, wird er wieder auf left gesetzt. Bei jedem Anklicken des Verweises ändern also alle drei Überschriften ihre Ausrichtung.

Beachten Sie: Das Beispiel ist im Netscape 6.1 nicht nachvollziehbar.

handleEvent()

Methode 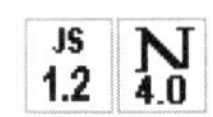

Objekt: document — Bearbeitung von Anwenderereignissen

Übergibt ein Ereignis an ein Element, das in der Lage ist, auf das Ereignis zu reagieren. Funktioniert genau so wie handleEvent() beim window-Objekt (nähere Informationen siehe dort). Der einzige Unterschied ist, dass document.handleEvent() nur Ereignisse übergeben kann, die mit document.captureEvents() überwacht werden.

handleEvent()

Methode 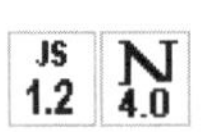

Objekt: elements — Bearbeitung von Anwenderereignissen

Übergibt ein Ereignis an ein Element, das in der Lage ist, auf das Ereignis zu reagieren. Funktioniert genau so wie handleEvent() beim window-Objekt.

handleEvent()

Methode JS 1.2 N 4.0

Objekt: forms Bearbeitung von Anwenderereignissen

Übergibt ein Ereignis an ein Element, das in der Lage ist, auf das Ereignis zu reagieren. Funktioniert genauso wie handleEvent() beim window-Objekt.

handleEvent()

Eigenschaft JS 1.2 N 4.0

Objekt: images Bearbeitung von Anwenderereignissen

Übergibt ein Ereignis an ein Element, das in der Lage ist, auf das Ereignis zu reagieren. Funktioniert genau so wie handleEvent() beim window-Objekt.

handleEvent()

Methode JS 1.2 N 4.0

Objekt: layers Bearbeitung von Anwenderereignissen

Übergibt ein Ereignis an ein Element, das in der Lage ist, auf das Ereignis zu reagieren. Funktioniert genauso wie handleEvent() beim window-Objekt. Der einzige Unterschied ist, dass window.document.Layername.handleEvent() nur Ereignisse übergeben kann, die mit window.document.Layername.captureEvents() überwacht werden.

handleEvent()

Methode JS 1.2 N 4.0

Objekt: window Bearbeitung von Anwenderereignissen

Übergibt ein Ereignis an ein Element, das in der Lage ist, auf das Ereignis zu reagieren. Ein Beispiel:

```
<html><head><title>Test</title>
<script type="text/javascript">
<!-
function clickHandler(Ereignis)
{ window.document.links[0].handleEvent(Ereignis); }
window.captureEvents(Event.CLICK);
window.onClick = clickHandler;
//->
</script>
</head><body>
<a href="datei.htm" onClick="location.href='datei.htm'">Verweis</a>
</body></html>
```

Das Beispiel enthält einen Verweis, bei dessen Anklicken – ganz normal durch die href-Angabe – die Datei *datei.htm* aufgerufen wird. Im Beispiel ist es jedoch so, dass *datei.htm* sofort aufgerufen wird, sobald der Anwender irgendwo im Browser-Fenster hinklickt. Dazu wird beim Einlesen der Datei mit der captureEvents()-Methode das Mausklick-Ereignis überwacht. Wenn das Ereignis eintritt, wird die Funktion ClickHandler() aufgerufen. Diese übergibt mit handleEvent() das Ereignis an den ersten im Dokument definierten Verweis weiter (document.links[0]). In dem entsprechenden Verweis ist dazu ein Event-Handler onClick= notiert. Dieser ist in der Lage, das übergebene Ereignis zu verarbeiten. Als Befehl wird mit location.href die gleiche Datei aufgerufen wie beim Anklicken des Verweises selbst.

Beachten Sie: Netscape 6.1 kennt diese Methode nicht (mehr).

hasChildNodes()

Methode	DOM 1.0 JS 1.5 N 6.x 5.x
Objekt: node	Status von Kindknoten

Ermittelt, ob ein Knoten Kindknoten unter sich hat. Gibt den booleschen Wert true zurück, wenn ja, und false, wenn nein. Ein Beispiel:

```
<html><head><title>Test</title></head>
<body>
<p></p>
<p>mit Inhalt</p>
<p></p>
<p>mit Inhalt</p>
<script type="text/javascript">
<!-
for(i = 0; i < document.getElementsByTagName("p").length; i++)
  if(document.getElementsByTagName("p")[i].hasChildNodes())
    document.write((i+1) + ". p-Element hat einen Inhalt!<br>");
//->
</script>
</body></html>
```

Das Beispiel enthält vier Textabsätze. Zwei davon haben einen Zeicheninhalt, zwei andere sind leer. Unterhalb der Textabsätze ist ein JavaScript notiert. Dieses greift in einer for-Schleife der Reihe nach mit document.getElementsByTagName("p") auf alle p-Elemente des Dokuments zu. Dabei wird mit if(document.getElementsByTagName("p")[i].hasChildNodes()) abgefragt, ob das jeweils aktuell in der Schleife behandelte p-Element Kindknoten hat. Wenn ja, wird mit document.write() ins Dokument geschrieben, beim wievielten Element ein Kindknoten gefunden wurde. Im Beispiel ist das beim zweiten und vierten Element der Fall, da diese beiden Elemente Textknoten enthalten.

hash

Eigenschaft	JS 1.0 N 2.0 3.0 Lesen Ändern
Objekt: location	Anker innerhalb eines URI

Speichert den Anker (Verweisziel) innerhalb des URI. Das Beispiel definiert zwei Verweise. Beim Anklicken des ersten Verweises wird zu dem Ziel a2 innerhalb der Datei gesprungen.

Dies ist selbst wieder ein Verweis. Beim Anklicken dieses zweiten Verweises wird die Funktion Zeige() aufgerufen, die den Ankernamen ausgibt. Beachten Sie, dass das Gatterzeichen # mit zu dem Wert gehört, den hash liefert. Wenn Sie diese Angabe ändern, bewirken Sie einen Verweis innerhalb der Datei zu dem angegebenen Anker. Auch dabei müssen Sie das Gatterzeichen vor dem Ankernamen hinzufügen.

```
<html><head><title>Test</title>
<script type="text/javascript">
<!-
function Zeigen() { alert(window.location.hash); }
//->
</script>
</head><body>
<a href="#a2">Gehe zu a2. Bitte zuerst klicken</a>
<p>
<a name="a2" href="javascript:Zeigen()">Hier a2 - bitte dann klicken</a>
</body></html>
```

Beachten Sie: Das vorliegende Beispiel wird von Opera 5.12 nicht interpretiert.

head

HTML-Elementobjekt DOM 1.0 JS 1.5 N 6.x MS 5.x

Objekt: document Dateikopf im Dokument

Das HTML-Element <head>...</head> hat als DOM-Objekt für den Scriptsprachen-Zugriff Universaleigenschaften sowie die folgende eigene Eigenschaft.

Eigenschaft	*Status*	*Bedeutung*
profile	Lesen Ändern	URI für Metadaten-Profil

Beispiel:

```
<html><head profile="http://localhost/profiles/mydocs"><title>Test</title>
</head><body>
<script type="text/javascript">
<!-
document.write("Verwendetes Profil: " + document.getElementsByTagName("head")[0].profile);
//->
</script>
</body></html>
```

Das Beispiel enthält im einleitenden <head>-Tag eine profile-Angabe. Innerhalb des Dokuments wird diese Angabe mit document.write() ins Dokument geschrieben. Dabei wird mit document.getElementsByTagName("head")[0] auf das head-Element zugegriffen.

Beachten Sie: Die Verwendung anderer Universaleigenschaften als dir und lang ist im HTML 4.0-Standard für das head-Element nicht vorgesehen. Deshalb sollten Sie bei diesem Element die Methode document.getElementsById() vermeiden.

height

Eigenschaft — JS 1.1 | N 3.0 | IE 5.0 | Lesen

Objekt: embeds — Höhe des Multimedia-Objekts

Speichert die Höhe eines eingebundenen Multimedia-Objekts. Das Beispiel enthält eine Multimedia-Referenz einer MIDI-Datei. Nachdem die HTML-Datei vollständig geladen ist, wird in einem Meldungsfenster die Höhe des referenzierten Objekts ausgegeben. Dazu ist im <body>-Tag der Event-Handler onLoad notiert:

```
<html><head><title>Test</title></head>
<body onLoad="alert('Objekthöhe: ' + document.embeds[0].height + ' Pixel')">
<embed src="breeze.mid" width="300" height="200"></embed><br>
</body></html>
```

height

Eigenschaft — JS 1.1 | N 3.0 | IE 4.0 | Lesen Ändern

Objekt: images — Höhe der Grafik

Speichert die Angabe zur Höhe einer Grafik, wie sie mit der Angabe height= im <img>-Tag möglich ist. Es wird auch dann ein Wert gespeichert, wenn die Angabe im HTML-Tag fehlt. Ein Beispiel:

```
<html><head><title>Test</title>
</head><body>
<img src="christa.gif" name="Christa" alt="Christa">
<script type="text/javascript">
<!-
document.write(document.Christa.name + "<br>");
document.write(document.Christa.width + " x " + document.Christa.height + " Pixel");
//->
</script>
</body></html>
```

Das Beispiel enthält eine Grafik. Unterhalb davon ist ein Script-Bereich notiert. Darin wird mit document.write() der Bildname und die Angaben zu Breite und Höhe der Grafik geschrieben.

Beachten Sie: Im Netscape 6.1 wird in der Eigenschaft height der Wert 0 gespeichert, wenn das height-Attribut im HTML-Tag fehlt. Das Ändern der Eigenschaft height ist bislang nur im MS Internet Explorer und im Netscape 6.1 möglich.

height

Eigenschaft — JS 1.2 N 4.0 4.0 Lesen

Objekt: Screen — Gesamthöhe des Anwenderbildschirms

Speichert die absolut verfügbare Höhe des Anwenderbildschirms in Pixeln, besser bekannt als Höhe der Bildschirmauflösung. Typische Werte sind 480, 600 und 768. Ein Beispiel:

```
<html><head><title>Test</title>
<script type="text/javascript">
<!-
if(screen.height >= 768)
 window.location.href = "datei1.htm"
else
 window.location.href = "datei2.htm"
//->
</script>
</head><body>
</body></html>
```

Das Beispiel fragt ab, ob die verfügbare Bildschirmhöhe größer oder gleich 768 ist. Wenn ja, wird automatisch *datei1.htm* geladen, wenn nicht (also wenn die Bildschirmhöhe kleiner ist), wird *datei2.htm* geladen.

history

Objekt

Zugriff auf bereits besuchte Webseiten

Über das Objekt history, das in der JavaScript-Objekthierarchie unterhalb des window-Objekts liegt, haben Sie Zugriff auf die besuchten WWW-Seiten des Anwenders. Maßgeblich ist dabei die Liste, wie sie in der History-Liste des Web-Browsers gespeichert ist.

Eigenschaften

length (Anzahl besuchter Seiten)

Methoden

back() (zurückspringen)
forward() (vorwärtsspringen)
go() (zu URI in History springen)

history: Allgemeines zur Verwendung

Mit diesem Objekt können Sie z.B. Verweise vom Typ »springe zur zuletzt besuchten Seite« konstruieren. Einige Beispiele:

```
history.back();
window.history.back();
Zweitfenster.history.back();
parent.frames[2].history.back();
```

Methoden des history-Objekts können Sie mit history aufrufen, die zuletzt besuchte Seite beispielsweise mit history.back(). Sie können auch window.history.back() notieren. Da es sich dabei aber um den Inhalt des aktuellen Fensters handelt, ist die Angabe des Fensternamens nicht zwingend erforderlich. Anders beim Zugriff auf andere Fenster oder Frame-Fenster. In diesen Fällen müssen Sie das Fenster korrekt adressieren. Lesen Sie für zusätzliche Fenster den Abschnitt zur *Verwendung des window-Objekts* und für Frame-Fenster den Abschnitt über die *Verwendung des frames-Objekts.*

Beachten Sie: JavaScript erlaubt zum Schutz der Seitenbesucher nur einen begrenzten Zugriff auf das history-Objekt. Das bedeutet, Sie erhalten keinen Zugriff auf die URIs der besuchten Seitenadressen, und Sie können die History auch nicht löschen. Neben der Bewegung in der History ist es lediglich erlaubt, mit der Methode location.replace() den history-Eintrag der zuletzt besuchten Seite zu überschreiben.

home()

Methode — JS 1.2 | N 4.0

Objekt: window — Startseite aufrufen

Entspricht einem Klick auf den [Home]-Button im Browser. Das Beispiel definiert einen Verweis, bei dessen Anklicken die Seite aufgerufen wird, die der Anwender als Start-Homepage eingestellt hat.

```
<html><head><title>Test</title>
</head><body>
<a href="javascript:home()">Nach hause</a>
</body></html>
```

host

Eigenschaft — JS 1.0 | N 2.0 | MS 3.0 | Lesen Ändern

Objekt: location — Host-Angabe innerhalb eines URI

Speichert den Namen des Server-Rechners innerhalb des aktuellen oder fensterspezifischen URI. Das Beispiel gibt beim Einlesen der Datei aus, auf welchem Host-Rechner sich der Anwender befindet. Wenn es eine Namensadresse wie etwa *www.teamone.de* ist, wird diese ausgegeben. Wenn es eine numerische IP-Adresse wie etwa 195.201.34.18 ist, wird diese ausgegeben. Sie können die Eigenschaft ändern. Sicherer ist es in diesem Fall jedoch, mit der Eigenschaft href zu arbeiten.

```
<html><head><title>Test</title>
<script type="text/javascript">
<!-
 alert("Sie befinden sich auf dem Host " + window.location.host);
//->
</script>
</head><body>
</body></html>
```

hostname

Eigenschaft — JS 1.0 | N 2.0 | IE 3.0 | Lesen Ändern

Objekt: location — Hostname innerhalb eines URI

Speichert den Namen des Server-Rechners innerhalb des aktuellen oder fensterspezifischen URI, im Unterschied zu host auch Sub-Domains und Portnummern. Ein Beispiel:

```
<html><head><title>Test</title>
<script type="text/javascript">
<!-
 alert("Sie befinden sich auf dem Host " + window.location.hostname);
//->
</script>
</head><body>
</body></html>
```

Das Beispiel gibt beim Einlesen der Datei aus, auf welchem Host-Rechner sich der Anwender befindet. Wenn es eine Namensadresse wie etwa *www.teamone.de* ist, wird diese ausgegeben. Wenn es eine numerische IP-Adresse wie etwa 195.201.34.18 ist, wird diese ausgegeben. Wenn beispielsweise eine Portnummer dazugehört, wie *www.xy.de:5080*, wird auch diese gespeichert. Sie können die Eigenschaft ändern. Sicherer ist es in diesem Fall jedoch, mit der Eigenschaft href zu arbeiten.

hr

HTML-Elementobjekt — DOM 1.0 | JS 1.5 | N 6.x | IE 5.x

Objekt: document — Waagrechte Trennlinie

HTML-Elemente <hr> haben als DOM-Objekte für den Scriptsprachen-Zugriff Universaleigenschaften sowie die folgenden eigenen Eigenschaften.

Eigenschaft	*Status*	*Bedeutung*
align	Lesen Ändern	Ausrichtung der Trennlinie
noShade	Lesen Ändern	Trennlinie wird flach und ohne 3-D-Effekt dargestellt
size	Lesen Ändern	Dicke der Trennlinie
width	Lesen Ändern	Länge der Trennlinie

Ein Beispiel:

```
<html><head><title>Test</title>
<script language="JavaScript" type="text/javascript">
<!-
var Dicke = 3;
```

```
function dicker() {
 Dicke += Dicke;
 document.getElementById("Linie").size = Dicke;
}
->
</script></head><body>
<hr id="Linie" noshade size="3" onClick="dicker()">
</body></html>
```

Das Beispiel enthält eine Trennlinie der Dicke 3 (size="3"). Das hr-Element enthält einen Event-Handler onClick. Beim Anklicken der Trennlinie wird die JavaScript-Funktion dicker() aufgerufen, die im Dateikopf notiert ist. Diese Funktion erhöht den Wert der Variablen Dicke um sich selbst und greift dann mit document.getElementById("Linie") auf das hr-Element zu, um dessen Eigenschaft size mit dem neuen Wert von Dicke zu belegen. Die Linie wird also bei jedem Anklicken deutlich dicker.

href

Eigenschaft	JS 1.0 · N 2.0 · MSIE 3.0 · Lesen Ändern
Objekt: location	URI des Dokuments

Speichert den vollständigen URI des aktuellen oder eines anderen Fensters. Das Beispiel enthält einen Verweis. Beim Anklicken des Verweises wird die Funktion Wunsch() aufgerufen. Diese Funktion blendet ein Dialogfenster ein, in dem der Anwender einen URI seiner Wahl eingeben kann. Der eingegebene Wert wird in der Variablen Ziel gespeichert. Anschließend wird durch Zuweisung von Ziel an window.location.href ein Verweis zu diesem URI ausgeführt. Es muss sich dabei nicht um einen vollständigen URI handeln. Ein Dateiname genügt, wenn der Sprung einfach nur zu einer anderen Projektdatei im gleichen Verzeichnis führen soll.

```
<html><head><title>Test</title>
<script type="text/javascript">
<!-
function Wunsch() {
 var Ziel = window.prompt("Ihr Wunsch-URI:","");
 window.location.href = Ziel;
}
//->
</script>
</head><body>
<a href="javascript:Wunsch()">Wunschverweis</a>
</body></html>
```

hspace

Eigenschaft	JS 1.1 · N 3.0 · MSIE 5.0 · Lesen
Objekt: embeds	Horizontaler Abstand zum Multimedia-Objekt

Speichert die Angabe zum horizontalen Abstand zwischen einer Multimedia-Referenz und ihren nebenliegenden Elementen, wie sie mit der Angabe hspace= im <embed>-Tag möglich ist. Ein Beispiel:

```
<html><head><title>Test</title></head><body>
<embed src="yippee.wav" width="200" height="100" hspace="30"
align="left"></embed><br>
<a href="javascript:alert(document.embeds[0].hspace)">hspace anzeigen!</a>
</body></html>
```

Das Beispiel enthält eine Multimedia-Referenz und einen Verweis. Beim Anklicken des Verweises wird mit alert() der Wert ausgegeben, der in der Angabe hspace= gespeichert ist.

hspace

Eigenschaft — JS 1.1 | N 3.0 | IE 4.0 | Lesen Ändern

Objekt: images — Horizontaler Abstand zur Grafik

Speichert die Angabe zum horizontalen Abstand zwischen einer Grafik und ihren nebenliegenden Elementen, wie sie mit der Angabe hspace= im <img>-Tag möglich ist. Wenn die Angabe im HTML-Tag fehlt, hat die Objekteigenschaft hspace den Wert 0. Ein Beispiel:

```
<html><head><title>Test</title>
</head><body>
<a href="javascript:alert(document.Dorian.hspace)">
<img src="dorian.jpg" hspace="30" name="Dorian" alt="Dorian">
</a>
</body></html>
```

Das Beispiel enthält eine Grafik, die in einen Verweis eingeschlossen ist. Beim Anklicken des Verweises wird mit alert() der Wert ausgegeben, der in der Angabe hspace= gespeichert ist.

Beachten Sie: Netscape 6.1 und Opera 5.12 interpretieren diese Angabe fehlerhaft. Im Netscape 6.1 ist stets -1 und in Opera 5.12 0 gespeichert. Das Ändern der Eigenschaft hspace ist bislang nur im MS Internet Explorer möglich. Im Netscape 6.1 wird der horizontale Abstand entfernt.

html

HTML-Elementobjekt — DOM 1.0 | JS 1.5 | N 6.x | IE 5.x

Objekt: document — Gesamtes Dokument

Das HTML-Element <html>...</html> hat als DOM-Objekt für den Scriptsprachen-Zugriff Universaleigenschaften sowie die folgenden eigenen Eigenschaften und Methoden.

Eigenschaft	*Status*	*Bedeutung*
version	Lesen Ändern	HTML-Sprachversion

Ein Beispiel:

```
<html version="-//W3C//DTD HTML 4.01 Transitional//EN">
<head><title>Test</title>
</head><body>
<script type="text/javascript">
<!-
document.write("Dies ist in HTML " + document.getElementsByTagName("html")[0].version + "
geschrieben!");
//->
</script>
</body></html>
```

Das Beispiel enthält im einleitenden <html>-Tag eine version-Angabe. Innerhalb des Dokuments wird diese Angabe mit document.write() ins Dokument geschrieben. Dabei wird mit document.getElementsByTagName("html")[0] auf das html-Element zugegriffen.

Beachten Sie: Die Verwendung anderer Universaleigenschaften als dir und lang ist im HTML-4.0-Standard für das html-Element nicht vorgesehen. Deshalb sollten Sie bei diesem Element die Methode document.getElementsById() vermeiden.

i

HTML-Elementobjekt

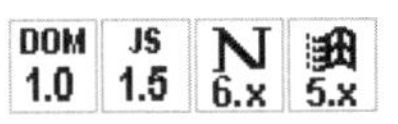

Objekt: document

Kursiver Text

HTML-Elemente <i>...</i> haben als DOM-Objekte für den Scriptsprachen-Zugriff Universaleigenschaften. Ein Beispiel:

```
<html><head><title>Test</title>
<style type="text/css">

</style>
<script type="text/javascript">
<!-
 function set_normal() {
 document.getElementById("schief").className = "normal";
}
//->
</script>
</head><body>
<i id="schief">schiefe Aussage!</i><br>
<a href="javascript:set_normal()">gerade machen!</a>
</body></html>
```

Das Beispiel enthält einen mit <i>...</i> formatierten Text und darunter einen Verweis. Beim Anklicken des Verweises wird die JavaScript-Funktion set_normal() aufgerufen, die im Dateikopf notiert ist. Diese Funktion greift mit document.getElementById("schief") auf das i-Element zu und setzt dessen Universaleigenschaft className neu. Die entsprechende Klasse normal ist im Dateikopf in einem Style-Bereich definiert.

id

Eigenschaft — JS 4.0 Lesen

Objekt: all — ID eines Elements

Speichert den Namen eines Elements. Im Beispiel wird ein Absatz definiert, der mit id= den Namen "meinAbsatz" zugewiesen bekommt. In einem Script wird der vergebene Name mit document.write() zur Kontrolle in die Datei geschrieben:

```
<html><head><title>Test</title>
</head><body>
<p id="meinAbsatz">Text</p>
<script type="text/javascript">
<!-
 document.write("<br>Name des Absatzes: " + document.all.meinAbsatz.id);
//->
</script>
</body></html>
```

iframe

HTML-Elementobjekt — DOM 1.0 JS 1.5 N 6.x 5.x

Objekt: document — Inline-Frame definieren

HTML-Elemente <iframe> haben als DOM-Objekte für den Scriptsprachen-Zugriff Universaleigenschaften sowie die folgenden eigenen Eigenschaften.

Eigenschaft	*Status*	*Bedeutung*
align	Lesen Ändern	Ausrichtung
frameBorder	Lesen Ändern	Rahmen sichtbar oder nicht sichtbar
height	Lesen Ändern	Anzeigehöhe
longDesc	Lesen Ändern	URI für längere Beschreibung zum Inhalt des Frame-Fensters
marginHeight	Lesen Ändern	Anzahl Pixel für den Abstand des Fensterinhalts zum oberen und unteren Fensterrand
marginWidth	Lesen Ändern	Anzahl Pixel für den Abstand des Fensterinhalts zum linken und rechten Fensterrand
name	Lesen Ändern	Name für das Frame-Fenster
scrolling	Lesen Ändern	Scroll-Leisten oder keine Scroll-Leisten
src	Lesen Ändern	URI für den Inhalt des Frame-Fensters
width	Lesen Ändern	Anzeigebreite

Ein Beispiel:

```
<html><head><title>Test</title>
<script type="text/javascript">
<!-
function groesser() {
 document.getElementById("Frame").width = "600";
 document.getElementById("Frame").height = "400";
}
//->
</script></head><body>
<iframe id="Frame" src="frame1.htm" width="400" height="300"></iframe>
<p><a href="javascript:groesser()">Anzeigefenster erweitern</a></p>
</body></html>
```

Das Beispiel definiert einen eingebetteten Frame. Unterhalb davon ist ein Verweis notiert. Beim Anklicken des Verweises wird die JavaScript-Funktion groesser() aufgerufen, die im Dateikopf notiert ist. Diese greift mit document.getElementById("Frame") auf das iframe-Element zu und ändert dessen Eigenschaften width und height. Das eingebettete Frame-Fenster wird dadurch dynamisch vergrößert.

indexOf()

Methode 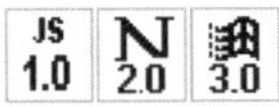

Objekt: string Zeichen innerhalb Zeichenkette ermitteln

Ermittelt das erste Vorkommen eines Zeichens oder einer Zeichenkette innerhalb einer Zeichenkette und gibt zurück, an wievielter Stelle das Zeichen in der Zeichenkette steht. Die Zählung beginnt bei 0. Wenn die Suche erfolglos ist, wird -1 zurückgegeben. Optional ist es möglich, die Funktion in einem zweiten Parameter anzuweisen, ab der wievielten Stelle in der Zeichenkette sie mit der Suche beginnen soll.

Ein Beispiel:

```
<html><head><title>Test</title></head><body>
<script type="text/javascript">
<!-
 var Aussage = "Der Mensch ist dem Mensch sein Feind";
 var Suche = Aussage.indexOf("Mensch");
 alert("gefunden bei Position: " + Suche);
//->
</script></body></html>
```

Das Beispiel belegt eine Variable Aussage mit einem Wert. Anschließend wird der Wert dieser Variablen mit indexOf() nach dem ersten Vorkommen von Mensch innerhalb der Zeichenkette gesucht. In der Variablen Suche wird der Rückgabewert von indexOf() gespeichert. Im Beispiel wird 4 zurückgegeben, da die Zeichenfolge Mensch in der durchsuchten Zeichenkette zum ersten Mal an 5. Stelle der Zeichenkette beginnt. Vergleiche auch: lastIndexOf().

images

Objekt

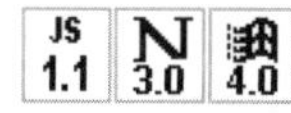

Zugriff auf Grafiken

Mit dem Objekt images, das in der JavaScript-Objekthierarchie unterhalb des document-Objekts liegt, haben Sie Zugriff auf alle Grafiken, die in einer HTML-Datei definiert sind. Dabei können Sie auch vorhandene Grafiken dynamisch durch andere ersetzen.

Eigenschaften

border	(Rahmen)
complete	(Ladezustand)
height	(Höhe)
hspace	(horizontaler Abstand)
length	(Anzahl Grafiken)
lowsrc	(Vorschaugrafik)
name	(Name)
src	(Grafikdatei)
vspace	(vertikaler Abstand)
width	(Breite)

Methode

handleEvent()	(Ereignis verarbeiten)

images: Allgemeines zur Verwendung

Ein neues Grafik-Objekt wird automatisch erzeugt, wenn der Web-Browser eine Grafik in der HTML-Datei vorfindet. Es stehen folgende Arten zur Verfügung, mit JavaScript eine bestimmte Grafik anzusprechen:

Schema 1 / Beispiel 1:

```
document.images[#].Eigenschaft
document.images[#].Methode()

Hoehe = document.images[0].height;
```

Schema 2 / Beispiel 2:

```
document.BildName.Eigenschaft
document.BildName.Methode()

Hoehe = document.Portrait.height;
```

Grafikobjekte können Sie auf zwei Arten ansprechen:

- Mit einer Indexnummer (wie in Schema 1 / Beispiel 1): Bei Verwendung von Indexnummern geben Sie document.images an und dahinter in eckigen Klammern, die wievielte Grafik in der Datei Sie meinen. Jede Grafik, die in HTML mit dem <img>-Tag notiert wurde, zählt. Beachten Sie, dass der Zähler bei 0 beginnt, d.h., die erste Grafik sprechen Sie mit images[0] an, die zweite Grafik mit images[1] usw. Beim Zählen gilt die Reihenfolge, in der die <img>-Tags in der Datei notiert sind.

- Mit dem Namen der Grafik (wie in Schema 2 / Beispiel 2): Dabei geben Sie mit document.BildName den Namen an, den Sie bei der Definition der Grafik im einleitenden <img>-Tag im Attribut name= angegeben haben.

Für Grafiken, die Sie nachträglich mit JavaScript anzeigen möchten, müssen Sie jedoch eigene neue Grafikobjekte in JavaScript erzeugen. Das ist besonders dann wichtig, wenn Sie Grafiken dynamisch durch andere Grafiken ersetzen wollen. Ein Beispiel:

```
<html><head><title>Test</title>
</head><body>
<script type="text/javascript">
<!-
 Zweitbild =new Image(104,102)
 Zweitbild.src="cow2.gif";
 document.write('<img src="'+Zweitbild.src+'" border="0" alt="Kuh">');
 alert("Weite: "+Zweitbild.width+"\nHoehe: "+Zweitbild.height);
//->
</script>
</body></html>
```

Ein neues Grafik-Objekt speichern Sie in einem selbst vergebenen Objektnamen, im obigen Beispiel in dem Namen Zweitbild. Hinter dem Namen folgt ein Gleichheitszeichen. Dahinter folgt das reservierte Wort new und der Aufruf der Objektfunktion Image() (erster Buchstabe großgeschrieben!).

Anschließend können Sie mit der neu erzeugten Instanz arbeiten. So können Sie der Instanz über die Objekteigenschaft src eine Grafikdatei zuordnen, im Beispiel die Datei blau.gif. Die dritte Zeile im obigen Beispiel zeigt eine Anweisung, wie Sie dynamisch eine vorhandene Grafik ersetzen können. Angenommen, in der HTML-Datei wurde als erste Grafik in der Datei mit <img src="rot.gif"> ein rotes Bild eingebunden. Mit Hilfe von JavaScript können Sie nun, beispielsweise in Abhängigkeit vom Klicken auf einen Verweis, dieses rote Bild durch ein anderes, blaues Bild ersetzen.

- Die Objektfunktion Image() kennt die zwei optionalen Parameter.
- *width* = Breite des Bildes
- *height* = Höhe des Bildes
- Diese Parameter können Sie beim Erzeugen des image-Objektes mit angeben. Zur Demonstration wird im Beispiel die Höhe und die Breite der Grafik mit ausgegeben. Netscape 6.1 und Opera 5.12 interpretieren diese optionalen Parameter nicht und speichern jeweils den Wert 0 für die Höhe und Breite der Grafik.

img

HTML-Elementobjekt — DOM 1.0 | JS 1.5 | N 6.x | 5.x

Objekt: document — Grafik einbinden

HTML-Elemente <img> haben als DOM-Objekte für den Scriptsprachen-Zugriff Universaleigenschaften sowie die folgenden eigenen Eigenschaften.

Eigenschaft	*Status*	*Bedeutung*
align	Lesen Ändern	Ausrichtung der Grafik
alt	Lesen Ändern	Alternativtext
border	Lesen Ändern	Rahmendicke um Grafik
height	Lesen Ändern	Anzeigehöhe
hspace	Lesen Ändern	horizontaler Abstand zwischen Grafik und umfließendem Text
isMap	Lesen Ändern	Grafik benutzt ein serverseitiges Handling für verweissensitive Flächen
longDesc	Lesen Ändern	URI für Langbeschreibung zur Grafik
lowSrc	Lesen Ändern	URI einer Vorabgrafik
name	Lesen Ändern	Name der Grafik
src	Lesen Ändern	URI der Grafik
useMap	Lesen Ändern	Verweis zu einem map-Bereich
vspace	Lesen Ändern	vertikaler Abstand zwischen Grafik und umfließendem Text
width	Lesen Ändern	Anzeigebreite

Ein Beispiel:

```
<html><head><title>Test</title>
<script type="text/javascript">
<!-
function neuesBild() {
if(document.getElementById("Bild").src.indexOf("iso8859_1.gif") > -1) {
  document.getElementById("Bild").src = "../../../inter/iso8859_2.gif";
  document.getElementById("Bild").title = "Bild 2";
  return;
 }
if(document.getElementById("Bild").src.indexOf("iso8859_2.gif") > -1) {
  document.getElementById("Bild").src = "../../../inter/iso8859_3.gif";
  document.getElementById("Bild").title = "Bild 3";
  return;
 }
if(document.getElementById("Bild").src.indexOf("iso8859_3.gif") > -1) {
  document.getElementById("Bild").src = "../../../inter/iso8859_1.gif";
```

```
 document.getElementById("Bild").title = "Bild 1";
 return;
 }
}
//-->
</script></head><body>
<img id="Bild" src="../../../inter/iso8859_1.gif" width="289" height="302" alt="Bild 1"
title="Bild 1"><br>
<a href="javascript:neuesBild()">neues Bild</a>
</body></html>
```

Das Beispiel enthält eine Grafikreferenz für eine Ressource namens *8859_1.gif.* Unterhalb davon ist ein Verweis notiert. Bei Anklicken des Verweises wird die JavaScript-Funktion neuesBild() aufgerufen, die im Dateikopf notiert ist. Diese Funktion fragt mit document.getElementById("Bild"). src.indexOf(...) ab, welches Bild gerade angezeigt wird (siehe auch indexOf). Abhängig davon werden die beiden Eigenschaften src und title mit neuen Werten belegt. Das Beispiel bewirkt, dass bei jedem Anklicken des Verweises ein neues Bild angezeigt wird.

Beachten Sie: In der Eigenschaft src ist der vollständige URI des Bildes gespeichert, und nicht die eventuell relative Angabe, die bei <img src=> zugewiesen wurde. Deshalb muss der Inhalt von src auch mit einer Zeichenkettenmethode wie indexOf() durchsucht werden, um nach einem Dateinamen zu suchen. In Netscape 6.x sind die Eigenschaften hspace, vspace und border fehlerhaft implementiert. Opera 5.12 interpretiert dieses Beispiel auch.

innerHeight

Eigenschaft

Objekt: window — Höhe des Anzeigebereichs im Fenster

Speichert die Höhe des Anzeigebereichs eines Fensters. Sehr gut geeignet in Verbindung mit absolutem Positionieren von Elementen. Ein Beispiel:

```
<html><head><title>Test</title>
<script type="text/javascript">
<!-
window.innerHeight = 300;
//->
</script>
</head><body>
</body></html>
```

Das Beispiel setzt beim Einlesen der Datei den Anzeigebereich des Fensters auf eine Höhe von 300 Pixel fest. Beachten Sie beim Neufestsetzen der Fensterhöhe die Bildschirmgröße. Diese können Sie mit dem Screen-Objekt ermitteln. Beachten Sie auch, dass der Anzeigebereich eines Fensters um einiges kleiner sein muss als das Fenster selbst, da das Fenster in der Regel noch Elemente wie Titelleiste, Menüleiste usw. enthält. Die absolute Höhe eines Fensters können Sie mit outerHeight auslesen bzw. setzen.

Beachten Sie: Unter Opera 5.12 können Sie die Eigenschaft innerHeight nur auslesen, jedoch nicht setzen. Im MS Internet Explorer können Sie mit document.body.offsetHeight die innere

Fensterhöhe annähernd bestimmen. Zu diesem Zeitpunkt muss jedoch das Body-Element bereits vorhanden sein, d.h. es ist sinnvoll, die Ermittlung dieser Eigenschaft vom Event-Handler onLoad abhängig zu machen.

innerHTML

Eigenschaft — JS 4.0 Lesen Ändern

Objekt: all — Inhalt eines Elements

Speichert den Inhalt eines HTML-Elements. Wenn Sie beim dynamischen Ändern des gespeicherten Inhalts HTML-Tags notieren, werden diese bei der Aktualisierung des Elementinhalts interpretiert. Ein Beispiel:

```
<html><head><title>Test</title>
<script type="text/javascript">
<!-
var Neu = "neuer <b>fetter<\/b> Text";
function Aendern() { document.all.meinAbsatz.innerHTML = Neu; }
//->
</script>
</head><body>
<p id="meinAbsatz">Text</p>
<a href="javascript:Aendern()">Anderer Text</a>
</body></html>
```

Das Beispiel enthält einen Textabsatz und einen Verweis. Beim Anklicken des Verweises wird die Funktion Aendern() aufgerufen. Diese Funktion weist dem Absatz mit der id="meinAbsatz" für die Eigenschaft innerHTML den Wert der zuvor definierten Variablen Neu zu. Der Inhalt des Absatzes ändert sich dann dynamisch und berücksichtigt dabei auch die HTML-Formatierung <b>...</b> beim neuen Inhalt des Elements.

Die Eigenschaft innerHTML sollten Sie nicht direkt beim Einlesen der HTML-Datei anwenden, sondern immer erst abhängig von Aktionen wie Verweisklicks oder Button-Klicks oder mit einem setTimeout() von einigen Sekunden davor. Bei Anwendung direkt beim Einlesen der Datei meldet der MS Internet Explorer 4.0 einen Laufzeitfehler.

innerText

Eigenschaft — JS 4.0 Lesen Ändern

Objekt: all — Textinhalt eines Elements

Speichert den Textinhalt eines HTML-Elements. Sie können den Inhalt dynamisch ändern. Ein Beispiel:

```
<html><head><title>Test</title>
<script type="text/javascript">
<!-
var Neu = "neuer Text";
function Aendern() { document.all.meinAbsatz.innerText = Neu; }
//->
```

```
</script>
</head><body>
<p id="meinAbsatz">Text</p>
<a href="javascript:Aendern()">Anderer Text</a>
</body></html>
```

Das Beispiel enthält einen Textabsatz und einen Verweis. Beim Anklicken des Verweises wird die Funktion Aendern() aufgerufen. Diese Funktion weist dem Absatz mit der id="meinAbsatz" für die Eigenschaft innerText den Wert der zuvor definierten Variablen Neu zu. Der Inhalt des Absatzes ändert sich dann dynamisch.

Die Eigenschaft innerText sollten Sie nicht direkt beim Einlesen der HTML-Datei anwenden, sondern immer erst abhängig von Aktionen wie Verweisklicks oder Button-Klicks oder mit einem setTimeout() von einigen Sekunden davor. Bei Anwendung direkt beim Einlesen der Datei meldet der MS Internet Explorer 4.0 einen Laufzeitfehler.

innerWidth

Eigenschaft — JS 1.2 | N 4.0 | Lesen Ändern

Objekt: window — Breite des Anzeigebereichs im Fenster

Speichert die Breite des Anzeigebereichs eines Fensters. Sehr gut geeignet in Verbindung mit absolutem Positionieren von Elementen. Ein Beispiel:

```
<html><head><title>Test</title>
<script type="text/javascript">
<!-
function BreiteFestlegen() {
 window.innerWidth = document.Eingabe.Feld.value;
}
//->
</script>
</head><body>
<form name="Eingabe" action="">
<input type="text" name="Feld">
<input type="button" value="Test" onClick="BreiteFestlegen()">
</form>
</body></html>
```

Das Beispiel erlaubt es, in einem Eingabefeld einen Wert einzugeben. Beim Klicken auf einen ebenfalls definierten Button wird die Funktion BreiteFestlegen() aufgerufen, die die Fensterbreite auf den eingegebenen Wert setzt. Beachten Sie beim Neufestsetzen der Fensterbreite die Bildschirmgröße. Diese können Sie mit dem Screen-Objekt ermitteln. Beachten Sie auch, dass der Anzeigebereich eines Fensters um einiges kleiner sein muss als das Fenster selbst, da das Fenster in der Regel noch Elemente wie Titelleiste, Menüleiste usw. enthält. Die absolute Breite eines Fensters können Sie mit outerWidth auslesen bzw. setzen.

Beachten Sie: Unter Opera 5.12 können Sie die Eigenschaft innerWidth nur auslesen, jedoch nicht setzen. Im MS Internet Explorer können Sie mit document.body.offsetWidth die innere Fensterbreite annähernd bestimmen. Zu diesem Zeitpunkt muss jedoch das Body-Element bereits vorhanden sein, d.h. es ist sinnvoll, die Ermittlung dieser Eigenschaft vom Event-Handler onLoad abhängig zu machen.

input

HTML-Elementobjekt — DOM 1.0 | JS 1.5 | N 6.x | 5.x

Objekt: document — Eingabefeld im Formular

HTML-Elemente <input> haben als DOM-Objekte für den Scriptsprachen-Zugriff Universaleigenschaften sowie die folgenden eigenen Eigenschaften und Methoden.

Eigenschaft	*Status*	*Bedeutung*
accept	Lesen Ändern	bei type="file" erlaubte Mime-Typen für File-Upload
accessKey	Lesen Ändern	Hotkey für das Element
align	Lesen Ändern	Ausrichtung
alt	Lesen Ändern	Alternativtext bei type="image"
checked	Lesen Ändern	Auswählen bei type="radio" oder type="checkbox"
defaultValue	Lesen Ändern	vorbelegter Wert
defaultChecked	Lesen Ändern	per Vorbelegung ausgewählt oder nicht
disabled	Lesen Ändern	Element kann nicht geändert werden
form	Lesen	zugehöriges Formular
maxLength	Lesen Ändern	maximale Anzahl eingebbarer Zeichen
name	Lesen Ändern	Name des Elements
readOnly	Lesen Ändern	Wert des Elements kann nicht verändert werden
size	Lesen Ändern	Anzeigebreite bei type="text"
src	Lesen Ändern	URI der Grafik bei type="image"
tabIndex	Lesen Ändern	Tabulatorreihenfolge
type	Lesen	Typ des Formularelements
useMap	Lesen Ändern	Verweis zu einem map-Bereich bei type="image"
value	Lesen Ändern	Wert des Elements

Methode	*Bedeutung*
blur()	Fokus vom Element entfernen
focus()	Fokus auf Element setzen
select()	Wert selektieren
click()	Element anklicken

Ein Beispiel:

```
<html><head><title>Test</title>
<script type="text/javascript">
<!-
var Breite = 3;
function erweitern() {
  Breite += 1;
  document.getElementsByName("Eingabe")[0].size = Breite;
}
//->
</script></head><body>
<form name="Formular">
Geben Sie Text ein:<br>
<input size="3" name="Eingabe" onKeyPress="erweitern()">
</form>
</body></html>
```

In der Beispieldatei ist ein Formular mit einem zunächst ziemlich kleinen Eingabefeld (size="3") notiert. Das Eingabefeld enthält den Event-Handler onKeyPress. Bei jedem Tastendruck, der erfolgt, während das Eingabefeld den Fokus hat, wird darum die JavaScript-Funktion erweitern() aufgerufen, die im Dateikopf notiert ist. Diese greift mit document.getElementsByName("Eingabe")[0] auf das erste Element mit dem Namen Eingabe zu, also das Eingabefeld, und ändert dessen Eigenschaft size mit dem aktuellen Wert der Variablen Breite. Diese wird bei jedem Aufruf der Funktion um 1 erhöht. Das Beispiel bewirkt, dass das Eingabefeld um so größer wird, je mehr Text eingegeben wird.

ins

HTML-Elementobjekt — DOM 1.0 | N 6.x | 5.x

Objekt: document — Eingefügter Text

HTML-Elemente <ins>...</ins> haben als DOM-Objekte für den Scriptsprachen-Zugriff Universaleigenschaften sowie die folgenden eigenen Eigenschaften.

Eigenschaft	*Status*	*Bedeutung*
cite	Lesen Ändern	URI für Gründe der Löschung
dateTime	Lesen Ändern	Datum und Uhrzeit der Löschung

Ein Beispiel:

```
<html><head><title>Test</title>
</head><body>
<p>Text <ins id="hinzugekommen"
onMouseOver="document.getElementById('hinzugekommen').title='das ist hinzugekommener
Text'">mit weiterem Text</ins></p>
</body></html>
```

Das Beispiel enthält einen Absatz, von dessen Text ein Teil mit <ins>...</ins> ausgezeichnet ist. Beim Überfahren dieses Textes mit der Maus (onMouseOver) wird dynamisch die Universaleigenschaft title mit einem Wert belegt. Dazu wird mit document.getElementById('hinzugekommen') auf das ins-Element zugegriffen.

Beachten Sie: Mit Netscape 6.1 war dieses Beispiel nicht nachvollziehbar. Das Beispiel wird auch von Opera 5.12 interpretiert.

insertAdjacentHTML()

Methode 

Objekt: all — Fügt HTML-Code ein

Fügt zusätzlichen HTML-Code vor oder nach einem Element ein. Erwartet folgende Parameter:

- *Position* = Angabe, wo genau der HTML-Code hinzugefügt werden soll. Übergeben Sie BeforeBegin, wenn der Code vor dem einleitenden HTML-Tag des Elements eingefügt werden soll, AfterBegin, wenn der Code nach dem einleitenden Tag vor dem Inhalt eingefügt werden soll, BeforeEnd, wenn der Code am Ende des Inhalts vor dem abschließenden Tag eingefügt werden soll, oder AfterEnd, wenn der Code hinter dem abschließenden HTML-Tag eingefügt werden soll.
- *Code* = HTML-Code, der eingefügt werden soll.

Ein Beispiel:

```
<html><head><title>Test</title>
<script type="text/javascript">
<!-
var i = 0;
var Nummerierung = "";
function Nummerieren() {
  Nummerierung = "<b>" + (i+1) + ".<\/b> ";
  if(i < document.all.tags("p").length)
   document.all.tags("p")[i].insertAdjacentHTML("AfterBegin",Nummerierung);
  i = i + 1;
}
//->
</script>
</head><body>
<p>Ein Absatz</p>
<p>Ein anderer Absatz</p>
```

```
<p>Noch ein Absatz</p>
<a href="javascript:Nummerieren()">Nummerieren</a>
</body></html>
```

Das Beispiel enthält drei Absätze und einen Verweis. Bei jedem Klick auf den Verweis wird der jeweils nächste Absatz dynamisch durchnummeriert. Dazu wird beim Klick auf den Verweis die Funktion Nummerieren() aufgerufen. Diese Funktion verwaltet die beiden global definierten Variablen i (Zähler für die Nummerierung) und Nummerierung (HTML-formatierte Zeichenkette, die die Nummerierung hinzufügt). Solange der Zähler für die Nummerierung kleiner ist als die Anzahl der verfügbaren Absätze, wird im jeweils nächsten Absatz mit insertAdjacentHTML() hinter dem einleitenden <p>-Tag dynamisch der aktuelle Wert der Variablen Nummerierung eingefügt.

insertAdjacentText()

Methode 

Objekt: all — Fügt Text ein

Fügt zusätzlichen Text vor oder nach einem Element ein. Erwartet folgende Parameter:

- *Position* = Angabe, wo genau der Text hinzugefügt werden soll. Übergeben Sie BeforeBegin, wenn der Text vor dem einleitenden HTML-Tag des Elements eingefügt werden soll, AfterBegin, wenn der Text nach dem einleitenden Tag vor dem Inhalt eingefügt werden soll, BeforeEnd, wenn der Text am Ende des Inhalts vor dem abschließenden Tag eingefügt werden soll, oder AfterEnd, wenn der Text hinter dem abschließenden HTML-Tag eingefügt werden soll.
- *Text* = Text, der eingefügt werden soll.

Ein Beispiel:

```
<html><head><title>Test</title>
<script type="text/javascript">
<!-
function Ergaenzen() {
 document.all.DynText.insertAdjacentText("BeforeEnd"," wird dynamisch!");
}
//->
</script>
</head><body>
<p id="DynText">HTML</p>
<a href="javascript:Ergaenzen()">Ergaenzen</a>
</body></html>
```

Das Beispiel enthält einen Absatz mit dem id-Namen DynText, der nur das Wort »HTML« enthält. Beim Anklicken des Verweises unterhalb wird die Funktion Ergaenzen() aufgerufen. Diese Funktion fügt vor dem abschließenden Tag den Text »wird dynamisch« ein.

insertBefore()

Methode DOM 1.0 JS 1.5 N 6.x 5.x

Objekt: node Fügt neuen Kindknoten vor anderen Kindknoten ein

Fügt innerhalb eines Knotens einen Kindknoten vor einem anderen Kindknoten ein. Ein Beispiel:

```
<html><head><title>Test</title></head>
<body>
<p id="derText">Text <i id="derKursiveText">und mit kursivem Text</i></p>
<script type="text/javascript">
<!-
var neuB = document.createElement("b");
var neuBText = document.createTextNode("mit fettem Text ");
neuB.appendChild(neuBText);
document.getElementById("derText").insertBefore(neuB,
document.getElementById("derKursiveText"));
//->
</script>
</body></html>
```

Das Beispiel enthält einen Textabsatz mit Text und einem Kindelement <i>...</i>. Unterhalb des Absatzes ist ein JavaScript-Bereich notiert. Darin wird zunächst mit document.createElement() ein neues Element des Typs b für fetten Text erzeugt. Anschließend wird mit document.createTextNode() ein Textknoten erzeugt, der dann mit appendChild() als Inhalt des neu erzeugten b-Elements eingefügt wird. Der ganze Komplex aus b-Element mit Inhalt ist dann in der Variablen neuB gespeichert. Mit document.getElementById("derText") greift das Script sodann auf das p-Element zu und fügt mit insertBefore() das neue Element vor dem anderen Kindelement ein, das die Id "derKursiveText" hat. Am Ende lautet der komplette Inhalt des p-Elements dann:

```
Text <b>mit fettem Text </b><i>und mit kursivem Text</i>
```

Die Methode insertBefore() erwartet also zwei Parameter:

- das neu einzufügende Kindelement,
- ein Kindelement, vor dem das neue Kindelement eingefügt werden soll.

insertData()

Methode DOM 1.0 JS 1.5 N 6.x

Objekt: node Fügt Daten in einen Textknoten ein

Fügt Zeichendaten in einem Textknoten ab einer bestimmten Zeichenposition ein. Ein Beispiel:

```
<html><head><title>Test</title>
<script type="text/javascript">
<!-
function italiano() {
```

```
document.getElementsByTagName("h1")[0].firstChild.insertData(7, "duemilauno");
}
//->
</script></head>
<body>
<h1>2001 = oder zweitausendeins</h1>
<a href="javascript:italiano()">sag es in italienisch!</a>
</body></html>
```

Das Beispiel enthält eine Überschrift erster Ordnung, in der noch irgendetwas fehlt an Text. Unterhalb davon ist ein Verweis notiert, bei dessen Anklicken die Funktkion italiano() aufgerufen wird, die im Dateikopf notiert ist. Diese Funktion greift mit document.getElementsByTagName("h1")[0].firstChild auf den Textknoten der Überschrift zu und fügt mit insertData() ab dem 8. Zeichen (Zeichenposition 7, zu zählen begonnen wird bei 0) die Zeichenkette duemilauno ein. Der dahinter stehende Text oder zweitausendeins wird – wie beim Einfügemodus in der Textverarbeitung – einfach nach hinten geschoben.

Beachten Sie: Der MS Internet Explorer 5.x interpretiert diese Methode noch nicht. Im MS Internet Explorer 6.0 und im MS Internet Explorer 5.0 Macintosh Edition wird die Methode dagegen unterstützt.

isFinite()

Methode 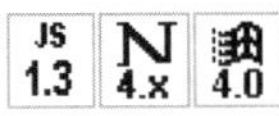

objektunabhängig Zahl innerhalb des Wertebereichs von JavaScript

Ermittelt, ob ein Wert sich innerhalb des Zahlenbereichs befindet, den JavaScript verarbeiten kann, also aus Sicht von JavaScript eine gültige Zahl darstellt. Gibt true zurück, wenn der Wert eine gültige Zahl ist, und false, wenn es keine Zahl ist bzw. die Zahl sich außerhalb des Wertebereiches von JavaScript befindet. Sowohl ganze Zahlen als auch Kommazahlen werden als gültige Zahlen erkannt. Bei Kommazahlen muss das Dezimalzeichen ein Punkt sein. Ein Beispiel:

```
<html><head><title>Test</title>
<script type="text/javascript">
<!-
 var Zahl=Number.MAX_VALUE;
 if (!isFinite(Zahl*2)) alert("Die Zahl ist nicht zu verarbeiten.");
//->
</script>
</head><body>
</body></html>
```

Das Beispiel definiert eine Variable Zahl, der als Wert Number.MAX_VALUE die größte mögliche Zahl zugewiesen wird. In der anschließenden Abfrage wird geprüft, ob das Produkt dieser Zahl mit 2 sich innerhalb des verarbeitbaren Zahlenbereiches befindet. Ist dies nicht der Fall, so wird eine entsprechende Warnmeldung ausgegeben.

isindex

HTML-Elementobjekt — DOM 1.0 | JS 1.5 | N 6.x | IE 5.x

Objekt: document — Dokument ist durchsuchbar

Das HTML-Element <isindex> hat als DOM-Objekte für den Scriptsprachen-Zugriff Universaleigenschaften sowie die folgenden eigenen Eigenschaften.

Eigenschaft	*Status*	*Bedeutung*
form	Lesen	zugehöriges Formular
prompt	Lesen Ändern	Labeltext

Ein Beispiel:

```
<html><head><title>Test</title>
</head><body>
<isindex title="selten angewendetes HTML-Element" id="Eingabe"
onMouseOver="alert(document.getElementById('Eingabe').title)">
</body></html>
```

Das Beispiel enthält ein isindex-Element. Beim Überfahren des Elements mit der Maus wird ein Meldungsfenster ausgegeben, das den Wert des title-Attributs ausgibt, das im Element notiert ist. Dazu wird mit document.getElementById('Eingabe') auf das Element zugegriffen.

Beachten Sie: Der Event-Handler onMouseOver kann zwar auf dieses Element angewendet werden, ist jedoch kein Bestandteil der Standards. Das vorliegende Beispiel wird auch von Opera 5.12, jedoch nicht vom MS Internet Explorer 5.0 Macintosh Edition interpretiert.

isNaN()

Methode — JS 1.1 | N 3.0 | IE 4.0

objektunabhängig — Prüft auf ungültige Zahlenwerte

Ermittelt, ob ein zu übergebender Wert eine ungültige Zahl ist (NaN = Not a Number). Gibt true zurück, wenn der Wert **keine** Zahl ist, und false, wenn es eine Zahl ist. Sowohl ganze Zahlen als auch Kommazahlen werden als gültige Zahlen anerkannt. Bei Kommazahlen muss das Dezimalzeichen ein Punkt sein. Ein Beispiel:

```
<html><head><title>Test</title>
<script type="text/javascript">
<!-
function CheckZahl(Wert)
{
 if(isNaN(Wert) == true)
 {
  alert(Wert + " ist keine Zahl!");
```

```
  return false;
 }
 else return true;
}
//->
</script>
</head><body>
<form action="">
<input size="30" name="Eingabe">
<input type="button" value="Check"
onClick="CheckZahl(this.form.Eingabe.value)">
</form>
</body></html>
```

Das Beispiel enthält ein Formular mit einem Eingabefeld und einem Button. Beim Klick auf den Button wird die Funktion CheckZahl() aufgerufen. Der Funktion wird der Wert aus dem Eingabefeld des Formulars als Parameter übergeben. CheckZahl() prüft, ob der übergebene Wert eine Zahl ist. Dazu wird isNaN() auf den übergebenen Wert angewendet. Wenn es keine Zahl ist, wird eine Fehlermeldung ausgegeben.

Beachten Sie: Für diese Methode sind auch Zahlen, die außerhalb des Zahlenbereichs von JavaScript liegen, gültige Zahlen. Zur Überprüfung der Größe von Zahlen müssen Sie die Methode isFinite() verwenden.

isTextEdit

Eigenschaft 

Objekt: all — Editierstatus des Elements

Speichert die Information, ob ein Element editierbar ist oder nicht. Wenn editierbar, hat die Eigenschaft den Wert true, wenn nicht editierbar, hat sie den Wert false. Derzeit sind nur bestimmte Formularelemente editierbar. Ein Beispiel:

```
<html><head><title>Test</title>
<script type="text/javascript">
<!-
function Ausgabe() {
 var Ausgabetext = "";
 for(var i=0;i<document.Testform.length;++i)
  Ausgabetext = Ausgabetext + "<br>" + document.all.tags("input")[i].isTextEdit;
 document.all.Ausgabe.innerHTML = Ausgabetext;
}
//->
</script>
</head><body>
<form name="Testform" action="">
<input type="text" size="30"><br>
<input type="radio"><br>
<input type="button" value="Test" onClick="Ausgabe()">
</form>
<p id="Ausgabe"></p>
</body></html>
```

Das Beispiel definiert ein Formular mit einigen verschiedenen Elementen. Das letzte Element ist ein Button. Beim Anklicken des Buttons wird die Funktion Ausgabe() aufgerufen. Diese Funktion ermittelt in einer Schleife für jedes Element des Formulars, ob es editierbar ist oder nicht. Die Werte werden in einer Variablen Ausgabetext gesammelt und HTML-formatiert. Am Ende wird dem Textabsatz, der in der Datei am Ende definiert ist, mit der Eigenschaft innerHTML der gespeicherte Wert von Ausgabetext zugewiesen. Auf diese Weise steht hinterher in der Datei, welche der Formularfelder als editierbar gelten und welche nicht.

italics()

Methode — JS 1.0, N 2.0, 3.0

Objekt: string — Zeichenkette kursiv formatieren

Formatiert eine Zeichenkette kursiv, genau wie die HTML-Formatierung <i>...</i>. Ein Beispiel:

```
<html><head><title>Test</title></head><body>
<script type="text/javascript">
<!-
 var Zeit = new Date;
 var Uhrzeit = Zeit.getHours()+":"+Zeit.getMinutes();
 document.write(Uhrzeit.italics());
//->
</script></body></html>
```

Das Beispiel erzeugt mit Hilfe des Date-Objekts die aktuelle Uhrzeit und speichert diese in der Variablen Uhrzeit. Mit Hilfe von document.write() wird der Wert von Uhrzeit in die Datei geschrieben. Die Formatierung dabei entspricht der HTML-Formatierung <i>...</i>.

javaEnabled()

Methode

Objekt: navigator — Status der Java-Unterstützung

Testet, ob Java auf dem Browser des Anwenders verfügbar ist oder nicht. Liefert true zurück, wenn Java verfügbar ist, und false, wenn nicht. Ein Beispiel:

```
<html><head><title>Test</title>
</head><body>
<script type="text/javascript">
<!-
 if(navigator.javaEnabled())
  {
 document.write("<applet code=\"zticker.class\" width=\"150\" height=\"25\">");
   document.write("<\/applet>");
  }
//->
</script>
</body></html>
```

Das Beispiel fragt mit if(navigator.javaEnabled()) ab, ob Java verfügbar ist. Wenn ja, wird mit der write()-Methode der HTML-Code für die Platzierung eines Java-Applets geschrieben.

join()

Methode JS 1.1 N 3.0 IE 4.0

Objekt: Array Array in Zeichenkette umwandeln

Verwandelt einen Array in eine Zeichenkette. Erwartet als Parameter ein oder mehrere Trennzeichen, durch das/die die Array-Einträge in der Zeichenkette voneinander getrennt sein sollen. Ein Beispiel:

```
<html><head><title>Test</title>
<script type="text/javascript">
<!-
 var Zahlen = new Array(1,2,4,8,16,32,64,128,256);
 var Zahlenkette = Zahlen.join(" ");
 alert(Zahlenkette);
//->
</script>
</head><body>
</body></html>
```

Das Beispiel definiert einen Array mit 9 Zahlen. Dann wird die Methode join auf die Variable Zahlen angewendet, in der der Array gespeichert ist. Dabei wird im Beispiel ein Leerzeichen als Parameter übergeben. Der Rückgabewert der Prozedur wird in der Variablen Zahlenkette gespeichert. Der Effekt ist, dass in Zahlenkette alle definierten Zahlen stehen, und zwar durch Leerzeichen voneinander getrennt. Zur Kontrolle wird das Ergebnis als Meldungsfenster ausgegeben.

kbd

HTML-Elementobjekt DOM 1.0 JS 1.5 N 6.x IE 5.x

Objekt: document Tastatureingaben im Text

HTML-Elemente <kbd>...</kbd> haben als DOM-Objekte für den Scriptsprachen-Zugriff Universaleigenschaften. Ein Beispiel:

```
<html><head><title>Test</title>
<script type="text/javascript">
<!-
function Hinweis() {
 document.getElementById("Keyboard").title = "Sie haben es geschafft!";
 alert(document.getElementById("Keyboard").title);
}
//->
</script></head><body onKeyPress="Hinweis()">
<kbd id="Keyboard">Taste drücken</kbd>:
</body></html>
```

Das Beispiel enthält die Aufforderung eine Taste zu drücken, die sinnigerweise in <kbd>... </kbd> eingeschlossen ist. Das einleitende <body>-Tag der Datei enthält den Event-Handler onKeyPress. Wenn das Dokument den Fokus hat und der Anwender irgendeine Taste drückt, wird die JavaScript-Funktion Hinweis() aufgerufen, die im Dateikopf definiert ist. Diese Funktion greift mit document.getElementById("Keyboard") auf das kbd-Element zu und weist dessen Universaleigenschaft title einen Wert zu. Anschließend wird zur Kontrolle genau diese Universaleigenschaft in einem Meldungsfenster ausgegeben.

Beachten Sie: Das Beispiel wird auch von Opera 5.12 interpretiert.

keyCode

Eigenschaft — JS 4.0 Lesen

Objekt: event — Code der gedrückten Taste

Microsoft-Syntax. Speichert bei Tastaturereignissen den dezimalen Code (ASCII/ANSI-Wert) der gedrückten Taste. Das Beispiel überwacht, ob bei aktivem Dokument eine Taste gedrückt wurde. Wenn ja, wird deren Wert in einem Meldungsfenster ausgegeben.

```
<html><head><title>Test</title>
<script for="document" event="onmousedown()" language="JScript" type="text/jscript">
<!-
{
 alert(window.event.keyCode);
}
//->
</script>
</head><body>
</body></html>
```

label

HTML-Elementobjekt — DOM 1.0, JS 1.5, N 6.x, 5.x

Objekt: document — Beschriftung für Formularelement

HTML-Elemente <label>...</label> haben als DOM-Objekte für den Scriptsprachen-Zugriff Universaleigenschaften sowie die folgenden eigenen Eigenschaften.

Eigenschaft	*Status*	*Bedeutung*
accessKey	Lesen Ändern	Hotkey für das zugehörige Element
form	Lesen	zugehöriges Formular
htmlFor	Lesen Ändern	Id des Elements, zu dem das Label gehört

Ein Beispiel:

```
<html><head><title>Test</title>
</head><body>
<form name="Formular" action="">
<table>
 <tr>
  <td><label id="VN" for="Vorname">Ihr Vorname:</label></td>
  <td><input type="text" id="Vorname"></td>
 </tr><tr>
  <td><label id="ZN" for="Zuname">Ihr Zuname:</label></td>
  <td><input type="text" id="Zuname"></td>
 </tr>
</table>
</form>
<script type="text/javascript">
<!-
document.getElementById("Vorname").value = document.getElementById("VN").htmlFor;
document.getElementById("Zuname").value = document.getElementById("ZN").htmlFor;
//->
</script>
</body></html>
```

Das Beispiel enthält ein Formular mit zwei Eingabefeldern. Die Beschriftungen der Eingabefelder sind jeweils mit einem label-Element ausgezeichnet. Unterhalb des Formulars ist ein Script-Bereich notiert. Dort werden die beiden Eingabefelder mit Werten vorbelegt, und zwar mit den Werten, die den id-Attributen der zugehörigen label-Elemente zugewiesen sind. Dazu wird mit document.getElementById("VN") und document.getElementById("ZN") auf die label-Elemente zugegriffen. Ihre Eigenschaft htmlFor wird den Formularfeldern zugewiesen, auf die ebenfalls mit getElementById() zugegriffen wird.

lang

Eigenschaft

Objekt: all — Sprache eines Elements

Speichert die Sprache eines HTML-Tags, wie sie im Attribut lang= definierbar ist. Ein Beispiel:

```
<html><head><title>Test</title>
</head><body>
<p id="Absatz" lang="it">mi chiamo Stefan</p>
<script type="text/javascript">
<!-
 alert(document.all.Absatz.lang);
//->
</script>
</body></html>
```

Im Beispiel wird ein Textabsatz definiert, dem mit lang= die Sprache Italienisch (it) zugewiesen wird. Unterhalb davon steht ein kleines JavaScript, das mit alert() den vergebenen Wert für die Sprache ausgibt.

language

Eigenschaft — JS 4.0 — Lesen

Objekt: all — Sprache des Skripts

Speichert, welche Script-Sprache in einem aktuellen Script verwendet wird. Ein Beispiel:

```
<html><head><title>Test</title>
<script language="JScript" type="text/jscript">
<!-
 alert(alert(document.all.tags("script")[0].language);
//->
</script>
</head><body>
</body></html>
```

Das Beispiel gibt mit alert() aus, welche Script-Sprache für die Ausgabe bewirkt hat. Das ist derjenige Wert, der im <script>-Tag beim Attribut language= vergeben wurde. Da der MS Internet Explorer mehrere Script-Sprachen beherrscht, kann dieser Befehl in manchen Fällen für Gewissheit sorgen, etwa wenn man ihn in eine If-Abfrage einbettet.

language

Eigenschaft — JS 1.2 — N 4.0 — Lesen

Objekt: navigator — Sprache des Browsers

Speichert die Sprache der Benutzerführung des Browsers, den der Anwender verwendet. Die Sprache wird dabei mit den international üblichen Abkürzungen gespeichert, z.B. en für englisch oder de für deutsch. Ein Beispiel:

```
<html><head><title>Test</title>
</head><body>
<script type="text/javascript">
<!-
if(navigator.language.indexOf("en")>-1)
 document.write("dear vistor, welcome on our pages");
if(navigator.language.indexOf("de")>-1)
 document.write("Sehr geehrter Besucher, willkommen auf unseren Seiten");
//->
</script>
</body></html>
```

Das Beispiel ermittelt, welche Benutzersprache der Browser des Anwenders verwendet. Wenn es englisch ist, wird mit der write()-Methode ein englischer Begrüßungstext in die HTML-Datei geschrieben, wenn es deutsch ist, ein deutscher Begrüßungstext.

Beachten Sie: Im MS Internet Explorer heißt diese Eigenschaft navigator.userLanguage.

lastChild

Eigenschaft

DOM	JS	N	IE	Lesen
1.0	1.5	6.x	5.x	

Objekt: node — Letzter Kindknoten

Speichert das Objekt des letzten Kindknotens eines Knotens. Ein Beispiel:

```
<html><head><title>Test</title>
</head><body>
<ul><li>erster Punkt</li><li>zweiter Punkt</li></ul>
<script type="text/javascript">
<!-
var LetzterPunkt = document.getElementsByTagName("ul")[0].lastChild;
document.write(LetzterPunkt.firstChild.data + " und ");
document.write(LetzterPunkt.lastChild.data);
//->
</script>
</body></html>
```

Das Beispiel enthält eine Aufzählungsliste mit zwei Listenpunkten. Unterhalb davon ist ein JavaScript-Bereich notiert. Dort wird mit document.getElementsByTagName("ul")[0] auf das erste ul-Element im Dokument zugegriffen. mit lastChild wird dessen letzter Kindknoten angesprochen. Im Beispiel ist dies das zweite und letzte li-Element. In der Variablen LetzterPunkt ist also anschließend das Knotenobjekt des zweiten li-Elements gespeichert, aber nicht sein Textinhalt. Dieser wird jedoch anschließend mit document.write() ausgegeben, und zwar gleich zweimal. Da der Textinhalt aus Sicht des li-Elementknotens wieder einen Unterknoten darstellt, und zwar den einzigen, kann er mit LetzterPunkt.firstChild.data, aber ebenso gut mit LetzterPunkt.lastChild.data angesprochen werden.

Berücksichtigen Sie beim Nachvollziehen dieses Beispiels die Besonderheit des Netscape 6.1 und des MS Internet Explorer 5.0 Macintosh Edition im Umgang mit Kindknoten (siehe childNodes).

lastIndexOf()

Methode

JS	N	IE
1.0	2.0	3.0

Objekt: string — Zeichen in Zeichenkette von hinten ermitteln

Ermittelt das letzte Vorkommen eines Zeichens oder einer Zeichenkette innerhalb einer Zeichenkette und gibt zurück, an wievielter Stelle das Zeichen in der Zeichenkette steht. Die Zählung beginnt bei 0. Wenn die Suche erfolglos ist, wird -1 zurückgegeben. Optional ist es möglich, die Funktion in einem zweiten Parameter anzuweisen, ab der wievielten Stelle in der Zeichenkette sie mit der Suche beginnen soll.

Ein Beispiel:

```
<html><head><title>Test</title></head><body>
<script type="text/javascript">
<!-
 var Aussage = "Der Mensch ist dem Mensch sein Feind";
 var Suche = Aussage.lastIndexOf("Mensch");
```

```
 alert("gefunden bei Position: " + Suche);
//->
</script></body></html>
```

Das Beispiel belegt eine Variable Aussage mit einem Wert. Anschließend wird der Wert dieser Variablen mit lastIndexOf() nach dem letzten Vorkommen von Mensch innerhalb der Zeichenkette gesucht. In der Variablen Suche wird der Rückgabewert von lastIndexOf() gespeichert. Im Beispiel wird 19 zurückgegeben, da die Zeichenfolge Mensch in der durchsuchten Zeichenkette zum letzten Mal an 20. Stelle der Zeichenkette beginnt. Vergleiche auch: indexOf().

lastModified

Eigenschaft — JS 1.0 | N 2.0 | 3.0 | Lesen

Objekt: document — Datum und Uhrzeit der letzten Dateiänderung

Speichert Datum und Uhrzeit der letzten Änderung der Datei, und zwar im internationalen Format nach GMT (Greenwich-Zeit). Das Beispiel schreibt mit der Methode write() den Zeitpunkt der letzten Änderung dynamisch in die HTML-Datei:

```
<html><head><title>Test</title>
</head><body>
<script type="text/javascript">
<!-
document.write("letzter Update: " + document.lastModified);
//->
</script>
</body></html>
```

Beachten Sie: Die Formatierung der Zeichenkette ist stark abhängig vom Browser und dem verwendeten Betriebssystem. Berücksichtigen Sie insbesondere bei der Weiterverarbeitung dieser Eigenschaft mit dem Date-Objekt, dass einige Versionen des Netscape 4 eine zweistellige Jahreszahl an das Date-Objekt übergeben. Dies führt unter anderem dazu, dass ein falscher Wochentag und ein falsches Jahr zurückgegeben werden.

layerX, layerY

Eigenschaft — JS 1.2 | N 4.0 | Lesen

Objekt: event — Breite und Höhe eines Objekts

Netscape-Syntax. Speichert die aktuelle Breite (layerX) und Höhe (layerY) eines Objekts, wenn das Ereignis onresize überwacht wird, oder die horizontalen Pixel (layerX) und die vertikalen Pixel (layerY) der Cursor-Position relativ zur oberen linken Ecke eines Layer-Bereichs, wenn z.B. Mausereignisse überwacht werden. Ein Beispiel:

```
<html><head><title>Test</title>
<script type="text/javascript">
<!-
function wResize(Ereignis)
{
 window.status = Ereignis.layerX + "x" + Ereignis.layerY; return true;
```

```
}
window.onresize = wResize;
//->
</script>
</head><body>
</body></html>
```

Das Beispiel überwacht, ob der Anwender das Anzeigefenster des Browsers verändert. Beim Verändern der Größe des Anzeigefensters wird so oft wie möglich die Handler-Funktion wResize aufgerufen. Diese schreibt in die Statuszeile des Browsers die aktuelle Fenstergröße.

Beachten Sie: Netscape 6.1 interpretiert zwar den Event-Handler, jedoch ist in den Eigenschaften layerX und layerY jeweils der Wert 0 gespeichert.

layers

Objekt — JS 1.2 | N 4.0

Ebenen (Netscape 4.x)

Mit dem Objekt layers, das in der JavaScript-Objekthierarchie unterhalb des document-Objekts liegt, haben Sie Zugriff auf alle Layer, die in einer HTML-Datei definiert sind. Dieses Objekt ist – ebenso wie die entsprechenden HTML-Tags – Netscape 4-spezifisch. Es ist die Grundlage für Dynamisches Positionieren bei Netscape 4.x.

Eigenschaften

above	(oberhalb liegender Layer)
background	(Hintergrundbild eines Layers)
bgColor	(Hintergrundfarbe eines Layers)
below	(unterhalb liegender Layer)
clip	(Anzeigebereich eines Layers)
document	(document-Objekt eines Layers)
left	(Links-Wert der linken oberen Ecke relativ)
length	(Anzahl Layer)
name	(Name eines Layers)
pageX	(Links-Wert der linken oberen Ecke absolut)
pageY	(Oben-Wert der linken oberen Ecke absolut)
parentLayer	(Objekt des Eltern-Layers)
siblingAbove	(Objekt des oberhalb liegenden Layers)
siblingBelow	(Objekt des unterhalb liegenden Layers)
src	(externe Datei eines Layers)
top	(Oben-Wert der linken oberen Ecke relativ)
visibility	(Sichtbarkeit eines Layers)
zIndex	(Schichtposition eines Layers)

Methoden

captureEvents()	(Ereignisse überwachen)
handleEvent()	(Ereignisse behandeln)
load()	(externe Datei laden)

moveAbove()	(über einen anderen Layer legen)
moveBelow()	(unter einen anderen Layer legen)
moveBy()	(Bewegen um Anzahl Pixel)
moveTo()	(Bewegen zu Position relaitv)
moveToAbsolute()	(Bewegen zu Position absolut)
releaseEvents()	(Ereignisüberwachung beenden)
resizeBy()	(Breite und Höhe verändern um Anzahl Pixel)
resizeTo()	(Breite und Höhe auf Anzahl Pixel setzen)
routeEvent()	(Event-Handler-Hierarchie durchlaufen)

layers: Allgemeines zur Verwendung

Wichtig: Das layers-Objekt wird von Netscape ab Version 6.0 nicht mehr unterstützt. Es sollte also nur noch aus Gründen der Rückwärtskompatibilität zu Netscape 4.x Verwendung finden.

Mit dem *layers*-Objekt arbeiten

Ein neues Layer-Objekt wird automatisch erzeugt, wenn der Web-Browser einen Layer in der HTML-Datei vorfindet. Es stehen folgende Arten zur Verfügung, mit JavaScript einen bestimmten Layer anzusprechen:

Schema 1 / Beispiel 1:

```
document.layers[#].Eigenschaft
document.layers[#].Methode()
```

```
Farbe = document.layers[0].bgColor;
```

Schema 2 / Beispiel 2:

```
document.LayerName.Eigenschaft
document.LayerName.Methode()
```

```
Farbe = document.Kopfbereich.bgColor;
```

Layer können Sie auf zwei Arten ansprechen:

- Mit einer Indexnummer (wie in Schema 1 / Beispiel 1): Bei Verwendung von Indexnummern geben Sie document.layers an und dahinter in eckigen Klammern, den wievielten Layer in der Datei Sie meinen. Jeder Layer, der in HTML mit dem <layer>-Tag oder mit dem <ilayer>-Tag notiert wurde, zählt. Beachten Sie, dass der Zähler bei 0 beginnt, d.h. den ersten Layer sprechen Sie mit layers[0] an, den zweiten mit layers[1] usw. Beim Zählen gilt die Reihenfolge, in der die <layer>/<ilayer>-Tags in der Datei notiert sind.
- Mit dem Namen des Layers (wie in Schema 2 / Beispiel 2): Dabei geben Sie mit document.LayerName den Namen an, den Sie bei der Definition der Grafik im einleitenden <layer>/<ilayer>-Tag im Attribut name= angegeben haben.

left

Eigenschaft	JS 1.2 | N 4.0 | Lesen Ändern
Objekt: layers	Position linke obere Layer-Ecke

Speichert den Pixelwert für links von der linken oberen Ecke eines Layers. Bezug ist dabei das übergeordnete Dokument. Das kann entweder das globale Dokument sein oder ein Layer, innerhalb dessen der aktuelle Layer definiert ist. Für absoluten Bezug siehe pageX. Ein Beispiel:

```
<html><head><title>Test</title>
</head><body>
<layer name="SuperLayer" left="100">
  <layer name="Layerchen" left="200" width="300" bgcolor="#FFFFE0">
  <a href="javascript:alert(document.SuperLayer.document.Layerchen.left)">Links-Wert?</a>
  </layer>
</layer>
</body></html>
```

Das Beispiel enthält einen Layer innerhalb eines anderen Layers, beginnend bei Pixelposition 200 von links, mit einem Verweis. Beim Anklicken des Verweises wird der Linkswert des inneren Layers ausgegeben. Der beträgt 200, obwohl der Layer optisch gesehen bei Position 300 beginnt, weil der übergeordnete Layer ja schon bei 100 beginnt und die 200 des inneren Layers dazu addiert werden.

legend

HTML-Elementobjekt — DOM 1.0, JS 1.5, N 6.x, IE 5.x

Objekt: document — Gruppenüberschrift in Formularen

HTML-Elemente <legend>...</legend> haben als DOM-Objekte für den Scriptsprachen-Zugriff Universaleigenschaften sowie die folgenden eigenen Eigenschaften.

Eigenschaft	*Status*	*Bedeutung*
accessKey	Lesen Ändern	Hotkey für das Element
align	Lesen Ändern	Ausrichtung
form	Lesen	zugehöriges Formular

Ein Beispiel:

```
<html><head><title>Test</title>
</head><body>
<form name="Formular" action="">
<fieldset>
<legend id="L1">Absender</legend>
<input type="text" size="50" name="Absendername"
      onFocus="document.getElementById('L1').align='right'"
      onBlur="document.getElementById('L1').align='left'">
</fieldset>
<fieldset>
<legend id="L2">Mitteilung</legend>
```

```
<input type="text" size="50" name="Mitteilungstext"
    onFocus="document.getElementById('L2').align='right'"
    onBlur="document.getElementById('L2').align='left'">
</fieldset>
</form>
</body></html>
```

Das Beispiel enthält ein Formular, bei dem für jedes der beiden Eingabefelder ein fieldset-Bereich mitsamt legend-Element definiert ist. Sobald eines der Eingabefelder den Fokus erhält (onFocus), wird der zugehörige Legendentext rechtsbündig ausgerichtet. Sobald das Eingabefeld den Fokus wieder verliert (onBlur), wird der Legendentext wieder linksbündig ausgerichtet. Dazu wird mit document.getElementById('L1') bzw. document.getElementById('L2') auf die legend-Elemente zugegriffen. Neu gesetzt wird jeweils ihre Eigenschaft align.

Beachten Sie: Im Netscape 6 erfolgt die Ausrichtung ausgehend vom rechten Rand des Eingabefeldes. Im MS Internet Explorer 5.0 war dieses Beispiel nicht nachvollziehbar.

length

Eigenschaft | JS | 4.0 | Lesen

Objekt: all — Anzahl Tags im Dokument

Speichert die Anzahl HTML-Tags einer HTML-Datei. Tags, die aus einem einleitenden und einem abschließenden Tag bestehen, werden als ein Tag gezählt. Ein Beispiel:

```
<html><head><title>Test</title>
</head><body>
<p>Ein Absatz</p>
<p>Noch ein Absatz</p>
<script type="text/javascript">
<!-
alert("Diese Datei hat " + document.all.length + " HTML-Tags");
//->
</script>
</body></html>
```

Das Beispiel zeigt eine vollständige HTML-Datei mit Grundgerüst, zwei Textabsätzen und einem Script. Innerhalb des Scripts wird mit alert() ausgegeben, wie viele HTML-Tags die Datei enthält.

length

Eigenschaft | DOM 1.0 | JS 1.0 | N 2.0 | 3.0 | Lesen

Objekt: anchors — Anzahl Verweisanker im Dokument

Speichert die Information, wie viele Verweisanker eine HTML-Datei enthält. Mit document.anchors.length können Sie die Anzahl der Verweisanker in einer HTML-Datei ermitteln. Das Beispiel enthält zunächst HTML-Text mit einigen Ankern und schreibt am Ende mit document.write() dazu, wie viele Anker in der Datei gefunden wurden.

```
<html><head><title>Test</title>
</head><body>
<h1><a name="oben">Anfang</a></h1>
Am Anfang war, naja, seien wir ehrlich, wir wissen es nicht.
<h2><a name="mitte">Weisheit</a></h2>
Wem das Wasser bis zum Halse steht, der darf den Kopf nicht haengen lassen.
<h2><a name="unten">Ende</a></h2>
<script type="text/javascript">
<!-
 document.write("Gefunden wurden " + document.anchors.length + " Anker")
//->
</script>
</body></html>
```

length

Eigenschaft — DOM 1.0 | JS 1.0 | N 2.0 | 3.0 | Lesen

Objekt: applets — Anzahl Java-Applets im Dokument

Speichert die Information, wie viele Java-Applets eine HTML-Datei enthält. Mit document.applets.length können Sie die Anzahl der Java-Applets in einer HTML-Datei ermitteln. Das Beispiel enthält zunächst HTML-Text mit einem Java-Applet und schreibt am Ende mit document.write() dazu, wie viele Applets in der Datei gefunden wurden.

```
<html><head><title>Test</title>
</head><body>
<applet code="HelloWorld.class" name="Hallo" width="150" height="25">
</applet>
<script type="text/javascript">
<!-
 document.write("Gefunden wurden " + document.applets.length + " Java-Applets")
//->
</script>
</body></html>
```

length

Eigenschaft — JS 1.0 | N 2.0 | 3.0 | Lesen

Objekt: Array — Anzahl Elemente im Array

Speichert die Anzahl der Elemente in einem Array. Beachten Sie, dass alle JavaScript-Objekte, die eine Eigenschaft length besitzen, wie zum Beispiel die Objekte forms oder elements, aus Sicht von JavaScript Arrays darstellen. Ein Beispiel:

```
<html><head><title>Test</title>
<script type="text/javascript">
<!-
 var Zahlen = new Array(1,2,4,8,16,32,64,128,256);
 alert(Zahlen.length + " Zahlen sind definiert");
//->
```

```
</script>
</head><body>
</body></html>
```

Das Beispiel definiert einen Array, bestehend aus 9 Zahlen. Anschließend wird zur Kontrolle ausgegeben, wie viele Elemente der Array enthält.

length

Eigenschaft — JS 1.1 | N 3.0 | IE 5.0 | Lesen

Objekt: embeds — Anzahl Multimedia-Objekte im Dokument

Speichert die Anzahl der eingebetteten Objekte im Dokument. Das Beispiel enthält eine Multimedia-Referenz. Nach dem Laden des Dokumentes wird mit alert() die Anzahl der Multimedia-Elemente ausgegeben.

```
<html><head><title>Test</title></head>
<body onLoad="alert(document.embeds.length)">
<embed src="breeze.mid" width="300" height="200" type="audio/x-midi"></embed>
</body></html>
```

length

Eigenschaft — DOM 1.0 | JS 1.0 | N 2.0 | IE 3.0 | Lesen

Objekt: forms — Anzahl Formulare im Dokument

Speichert die Anzahl der Formulare, die in einer Datei definiert sind. Im Beispiel werden zwei kleine Formulare definiert. Am Ende wird mit Hilfe von document.write() zum Testen in die Datei geschrieben, wie viele Formulare darin definiert sind.

```
<html><head><title>Test</title>
</head><body>
<form name="Testform" action="mailto:duselbst@deine.com">
<input type="hidden" value="Guildo">
<input type="submit" value="Guildo">
</form>
<form name="Testform" action="mailto:duselbst@deine.com">
<input type="hidden" value="Heino">
<input type="submit" value="Heino">
</form>
<script type="text/javascript">
<!-
 document.write(document.forms.length + " Formulare");
//->
</script>
</body></html>
```

length

Eigenschaft — JS 1.0 | N 2.0 | IE 3.0 | Lesen

Objekt: frames — Anzahl Frames im Fenster

Speichert, wie viele Frame-Fenster ein übergeordnetes Fenster enthält. Ein Beispiel:

```
<html><head><title>Test</title>
<script type="text/javascript">
<!-
for(var i=0; i < parent.frames.length; i++)
 alert(parent.frames[i].name);
//->
</script>
</head><body>
</body></html>
```

Mit parent.frames.length oder top.frames.length können Sie die Anzahl der Frame-Fenster ermitteln. Im Beispiel wird angenommen, dass die HTML-Datei innerhalb eines Framesets aufgerufen wird. Beim Einlesen der Datei gibt die Datei mit der Methode alert() nacheinander die Namen aller Frame-Fenster im Frameset aus. Dazu dient die for-Schleife. Die Eigenschaft parent.frames.length dient als Abbruchbedingung für die Schleife. Da der Schleifenzähler i bei jedem Schleifendurchlauf um 1 erhöht wird, wird mit parent.frames[i] jeweils das nächste Frame-Fenster angesprochen.

length

Eigenschaft — JS 1.0 | N 2.0 | IE 3.0 | Lesen

Objekt: history — Anzahl Einträge in der History

Speichert die Anzahl der Einträge in der History für ein Fenster. Das Beispiel definiert einen Verweis, bei dessen Anklicken die Anzahl der besuchten Seiten mit alert() ausgegeben wird.:

```
<a href="javascript:alert(history.length)">Anzahl besuchter Seiten;</a>
```

length

Eigenschaft — JS 1.1 | N 3.0 | IE 4.0 | Lesen

Objekt: images — Anzahl Grafiken im Dokument

Speichert die Anzahl der Grafiken in einer Datei. Das Beispiel enthält mehrere Grafiken. Am Ende steht ein Script-Bereich. Darin wird mit document.write() die Anzahl der Grafiken in die Datei geschrieben:

```
<html><head><title>Test</title>
</head><body>
<img src="anna.jpg" alt="Anna"><br>
<img src="dorian.gif" alt="Dorian"><br>
<img src="christa.gif" alt="Christa"><br>
<script type="text/javascript">
```

```
<!-
document.write("<hr>Seite enthält " + document.images.length + " Grafiken");
//->
</script>
</body></html>
```

length

Eigenschaft	JS 1.2	N 4.0	Lesen

Objekt: layers — Anzahl Layer im Dokument

Speichert die Anzahl der Layer in einer Datei. Das Beispiel enthält ein paar Layer zu Testzwecken und schreibt dann mit document.write() die Anzahl der definierten Layer in die Datei.

```
<html><head><title>Test</title>
</head><body>
<layer></layer>
<layer></layer>
<layer></layer>
<layer></layer>
<script type="text/javascript">
<!-
 document.write("Auf dieser Seite gibt es " + document.layers.length + " Layer");
//->
</script>
</body></html>
```

length

Eigenschaft	DOM 1.0	JS 1.0	N 2.0	IE 3.0	Lesen

Objekt: links — Anzahl Verweise im Dokument

Speichert, wie viele Verweise eine HTML-Datei enthält. Mit document.links.length können Sie die Anzahl der Verweise in einer HTML-Datei ermitteln. Das Beispiel enthält zunächst HTML-Text mit diversen Verweisen und schreibt am Ende mit document.write() dazu, wie viele Verweise in der Datei gefunden wurden. Beachten Sie, dass dabei (seit Netscape 3.0) auch Verweise berücksichtigt werden, die in verweissensitiven Grafiken mit Hilfe des <area>-Tags definiert werden.

```
<html><head><title>Test</title>
</head><body>
<a href="http://www.yahoo.de/">Yahoo</a><br>
<a href="http://www.lycos.de/">Lycos</a><br>
<map name="Testbild">
<area shape="rect" coords="1,1,249,49" href="#Ziel_1" alt="">
<area shape="rect" coords="1,51,149,299" href="#Ziel_2" alt="">
</map>
<img src="hypgraf.gif" width="400" height="400" usemap="#Testbild" alt="">
<script type="text/javascript">
<!-
```

```
document.write("<p>Die Datei hat " + document.links.length + " Verweise<\/p>");
//->
</script>
</body></html>
```

length

Eigenschaft — JS 1.1 | N 3.0 | Lesen

Objekt: mimeTypes — Anzahl registrierter Mime-Typen

Speichert die Anzahl der Mime-Type-Einträge, die der Browser kennt. Das Beispiel fragt in einer for-Schleife ab, ob für den jeweils aktuellen Mime-Type ein Plug-In installiert ist. Wenn ja, wird eine Zeile mit der Kurzbeschreibung des Mime-Types geschrieben. So werden am Ende alle installierten Plug-Ins mit sprechenden Beschreibungen aufgelistet. Bei der Definition der for-Schleife dient die Eigenschaft navigator.mimeTypes.length als Abbruchbedingung.

```
<html><head><title>Test</title>
</head><body>
<b>Folgende Plug-Ins sind installiert:</b>
<script type="text/javascript">
<!-
for(var i=0; i<navigator.mimeTypes.length; ++i)
 if(navigator.mimeTypes[i].enabledPlug-In != null)
  document.write("<br>" + navigator.mimeTypes[i].description);
//->
</script>
</body></html>
```

Beachten Sie: Der MS Internet Explorer 5.0 Macintosh Edition interpretiert dieses Beispiel auch.

length

Eigenschaft — JS 1.0 | N 2.0 | IE 3.0 | Lesen

Objekt: options — Anzahl Einträge in Auswahlliste

Speichert die Anzahl der Einträge einer Auswahlliste. Sie können die Anzahl der Einträge sowohl mit document.Formularname.Listenname.length als auch mit document.Formularname.Listenname.options.length bestimmen. Beide Angaben enthalten die gleichen Werte. Ein Beispiel:

```
<html><head><title>Test</title>
</head><body>
<form name="Testform" action="">
<select name="Auswahl" size="8">
<option>Augsburg</option>
<option>Berlin</option>
<option>Chemnitz</option>
<option>Dortmund</option>
<option>Essen</option>
<option>Frankfurt</option>
```

```
<option>Giessen</option>
<option>Hamburg</option>
</select>
</form>
<script type="text/javascript">
<!-
document.write("Waehlen Sie einen der " + document.Testform.Auswahl.length + " Eintraege aus");
//->
</script>
</body></html>
```

Das Beispiel enthält ein Formular mit einer Auswahlliste. Unterhalb des Formulars ist ein Script-Bereich notiert. Unterhalb deshalb, weil die Anweisung in diesem Bereich sofort beim Einlesen der Datei ausgeführt wird und das Formular zu diesem Zeitpunkt bereits bekannt sein muss. Mit document.write() wird dynamisch die Anzahl der Auswahlmöglichkeiten der Auswahlliste in die Datei geschrieben.

length

Eigenschaft — JS 1.1 | N 3.0 | Lesen

Objekt: plugins — Anzahl installierter Plg-Ins

Speichert die Anzahl der Plug-Ins, die der Anwender zu seinem Browser installiert hat. Ein Beispiel:

```
<html><head><title>Test</title>
</head><body>
<b>Folgende Plug-In-Dateien sind auf dem Rechner:</b>
<script type="text/javascript">
<!-
for(var i=0; i<navigator.plugins.length; ++i)
 document.write("<br>" + navigator.plugins[i].filename);
//->
</script>
</body></html>
```

Das Beispiel klappert in einer for-Schleife alle installierten Plug-Ins ab und schreibt für jedes Plug-In eine Zeile mit dem Dateinamen des Plug-In. So werden am Ende die verantwortlichen Dateien aller installierten Plug-Ins aufgelistet. Bei der Definition der for-Schleife dient die Eigenschaft navigator.plugins.length als Abbruchbedingung.

Beachten Sie: Der MS Internet Explorer 5.0 Macintosh Edition interpretiert dieses Beispiel auch.

length

Eigenschaft — JS 1.0 | N 2.0 | 3.0 | Lesen

Objekt: string — Anzahl Zeichen in einer Zeichenkette

Speichert die Anzahl Zeichen einer Zeichenkette, bei der Zeichenkette »Guten Abend« beispielsweise 11. Ein Beispiel:

```
<html><head><title>Test</title></head><body>
<script type="text/javascript">
<!-
var Eingabe = window.prompt("Irgendetwas eingeben","");
 alert("Eingegebene Zeichen: " + Eingabe.length);
//->
</script></body></html>
```

Das Beispiel blendet ein Dialogfenster ein, in dem der Anwender irgendetwas eingeben kann. Der eingegebene Wert wird in der Variablen Eingabe gespeichert. Nach Beenden des Dialogfensters wird ein Meldungsfenster ausgegeben, das mit Eingabe.length ausgibt, wie viele Zeichen eingegeben wurden.

li (HTML-Elementobjekt)

HTML-Elementobjekt — DOM 1.0, JS 1.5, N 6.x, IE 5.x

Objekt: document — Listenpunkt definieren

HTML-Elemente <li>...</li> haben als DOM-Objekte für den Scriptsprachen-Zugriff Universaleigenschaften sowie die folgenden eigenen Eigenschaften.

Eigenschaft	*Status*	*Bedeutung*
type	Lesen Ändern	Aufzählungszeichen oder der Nummerierungstyp
value	Lesen Ändern	Wert der laufenden Nummerierung neu setzen

Ein Beispiel:

```
<html><head><title>Test</title>
<style type="text/css">
<!-
.hinterlegt { background-color:yellow }
->
</style>
<script type="text/javascript">
<!-
function Aendern() {
 for(var i = 0; i < document.getElementsByTagName("li").length; i++)
   if(i % 2 != 0) {
     document.getElementsByTagName("li")[i].className = "hinterlegt";
     document.getElementsByTagName("li")[i].type = "I";
   }
}
//->
</script>
</head><body>
<ol>
<li>Ein ungerader Listenpunkt</li>
```

```
<li>Ein gerader Listenpunkt</li>
<li>Ein ungerader Listenpunkt</li>
<li>Ein gerader Listenpunkt</li>
<li>Ein ungerader Listenpunkt</li>
<li>Ein gerader Listenpunkt</li>
<li>Ein ungerader Listenpunkt</li>
<li>Ein gerader Listenpunkt</li>
</ol>
<a href="javascript:Aendern()">gerade Listenpunkte hinterlegen!</a>
</body></html>
```

Das Beispiel enthält eine nummerierte Liste mit einigen Listenpunkten. Unterhalb davon ist ein Verweis notiert. Bei Anklicken des Verweises wird die JavaScript-Funktion Aendern() aufgerufen, die im Dateikopf notiert ist. Diese Funktion geht in einer for-Schleife der Reihe nach alle li-Elemente durch, wobei sie mit document.getElementsByTagName("li") darauf zugreift. Bei geraden Listenpunkten werden zwei Änderungen durchgeführt: Erstens erhalten diese Listenpunkte eine oben im Style-Bereich definierte CSS-Klasse zugewiesen, die dem Element eine andere Hintergrundfarbe zuweist, und zweitens wird der Nummerierungstyp dieser Listenpunkte auf »römisch großgeschrieben« gesetzt.

link

HTML-Elementobjekt DOM 1.0 5.x

Objekt: document Logischer Dateiverweis

HTML-Elemente <link> haben als DOM-Objekte für den Scriptsprachen-Zugriff Universaleigenschaften sowie die folgenden eigenen Eigenschaften.

Eigenschaft	*Status*	*Bedeutung*
charset	Lesen Ändern	Zeichensatz des Verweisziels
disabled	Lesen Ändern	als Button anklickbar oder nicht
href	Lesen Ändern	Verweisziel
hreflang	Lesen Ändern	Landessprache des Verweisziels
media	Lesen Ändern	Ausgabemedium
rel	Lesen Ändern	Verweisziel als »Vorwärtsverknüpfung«
rev	Lesen Ändern	Verweisziel als »Rückwärtsverknüpfung«
target	Lesen Ändern	Fensternamen des Verweisziels
type	Lesen Ändern	Mime-Type des Verweisziels

Ein Beispiel:

```
<html><head><title>Test</title>
<link id="CSS" rel="stylesheet" href="styles_1.css">
<script type="text/javascript">
<!-
function CSS_Wechsel() {
 document.getElementById("CSS").href = "styles_2.css";
}
//->
</script>
</head><body>
<h1>Dies und das</h1>
<a href="javascript:CSS_Wechsel()">anderes Stylesheet!</a>
</body></html>
```

Das Beispiel enthält im Dateikopf ein HTML-Tag zum Einbinden eines CSS-Stylesheets. Innerhalb des sichtbaren Dokumentbereichs ist ein Verweis notiert, bei dessen Anklicken die JavaScript-Funktion CSS_Wechsel() aufgerufen wird, die im Dateikopf notiert ist. Diese Funktion greift mit document.getElementById("CSS") auf das link-Element zu, das die CSS-Datei einbindet, und weist der Eigenschaft href einen neuen Wert zu, nämlich die neue CSS-Datei. Dadurch wird die neue CSS-Datei relevant für alle Formatierungen innerhalb der HTML-Datei.

Beachten Sie: Mit Netscape 6.1 und dem MS Internet Explorer 5.0 Macintosh Edition war dieses Beispiel nicht nachvollziehbar.

link()

Methode 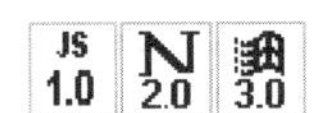

Objekt: string — Zeichenkette als Verweis formatieren

Formatiert eine Zeichenkette als Verweis. Hat den gleichen Effekt wie die HTML-Formatierung <a href=>...</a>. Erwartet als Parameter einen URI für das Verweisziel. Ein Beispiel:

```
<html><head><title>Test</title></head><body>
<script type="text/javascript">
<!-
 var Homepage = "zu meiner Homepage";
 document.write(Homepage.link("home.htm"))
//->
</script>
<br>
<script type="text/javascript">
<!-
 var document.write(document.referrer.link(document.referrer));
//->
</script></body></html>
```

Das Beispiel im ersten Script belegt zunächst eine Variable Homepage mit einem Wert. Daran anschließend wird mit document.write() ein Verweis geschrieben. Dazu wird die Methode link()

auf die Variable Homepage angewendet. Der Wert von Homepage wird dabei der Verweistext. Als Parameter wird das gewünschte Verweisziel übergeben, im Beispiel die Datei *home.htm.*

Das Beispiel im zweiten Script erzeugt dynamisch einen Verweis zu der Adressse, von wo aus der Anwender die aktuelle Seite aufgerufen hat. Dabei liefert die Eigenschaft document.referrer die Adresse der Herkunftsseite. Das Beispiel ist so konstruiert, dass hinterher die Adresse von document.referrer sowohl das Verweisziel als auch der Verweistext ist.

links

Objekt

Zugriff auf Verweise

Mit dem Objekt links, das in der JavaScript-Objekthierarchie unterhalb des document-Objekts liegt, haben Sie Zugriff auf Verweise, die in einer HTML-Datei definiert sind.

Eigenschaft

name	(Name des Verweises)
length	(Anzahl Verweise)
target	(Zielfenster des Verweises)
text	(Text des Verweises)
x	(horizontale Position des Verweises)
y	(vertikale Position des Verweises)

links: Allgemeines zur Verwendung

In JavaScript 1.0 ist es lediglich möglich, die Anzahl der Verweise in einer Datei auszulesen. Seit JavaScript 1.2 stehen jedoch weitere Eigenschaften zur Verfügung.

JS 1.1 N 3.0 4.0 **Zugriff auf Verweisziele**

Sie können mit JavaScript die Verweisziele von Verweisen in HTML ermitteln. Ein Beispiel:

```
<html><head><title>Test</title>
</head><body>
<a href="http://www.yahoo.de/">Yahoo</a><br>
<a href="http://www.google.de/">Google</a><br>
<a href="http://www.teamone.de/">TeamOne</a><br>
<script type="text/javascript">
<!-
for(var i=0; i < document.links.length; ++i)
 document.write("<br>" + document.links[i]);
//->
</script>
</body></html>
```

Im Beispiel werden ein paar Verweise notiert. Unterhalb davon steht ein JavaScript, das mit document.write() in einer for-Schleife für jeden Verweis das Verweisziel in die Datei schreibt. Es handelt sich um denjenigen Wert, der bei den Verweisen hinter href= notiert ist.

Der Zugriff auf die Verweise erfolgt mit Indexnummern. Dabei geben Sie document.links an und dahinter in eckigen Klammern, den wievielten Verweis in der Datei Sie meinen. Beachten Sie, dass der Zähler bei 0 beginnt, d.h., den ersten Verweis sprechen Sie mit links[0] an, den zweiten Verweis mit links[1] usw. Beim Zählen gilt die Reihenfolge, in der die Verweise in der Datei notiert sind. Dabei werden auch Verweise innerhalb von verweissensitiven Grafiken (<area>-Tag) berücksichtigt.

linkColor

Eigenschaft	JS 1.0 · N 2.0 · IE 3.0 · Lesen Ändern
Objekt: document	Farbe für Links

Speichert die Farbe für Verweise, wie beim Attribut link= im <body>-Tag oder vom Anwender in seinen Browser-Einstellungen festlegbar. Ein Beispiel:

```
<html><head><title>Test</title>
<script type="text/javascript">
<!-
 document.linkColor = parent.frames[0].document.linkColor;
//->
</script>
</head><body>
<a href="#">Ein Verweis</a>
</body></html>
```

Das Beispiel nimmt an, dass sich die aktuelle Datei innerhalb eines Framesets befindet. Beim Einlesen der Datei wird die Verweisfarbe der aktuellen Datei auf die gleiche Farbe gesetzt wie die Verweisfarbe der Datei, die sich in einem anderen (dem ersten) Frame-Fenster befindet.

Beachten Sie, dass Farbänderungen für die Verweisfarbe in Netscape bis einschließlich Version 4 nur Wirkung haben, **bevor** irgendwelcher HTML-Text eingelesen wurde. Ein gegebenenfalls im <body>-Tag gesetztes Attribut überschreibt die Farbzuweisung, falls diese zuvor im Dateikopf mit JavaScript gesetzt wurde. Beachten Sie bei den Farbangaben, dass Farben entweder hexadezimal notiert werden oder in Form erlaubter Farbnamen. Der Wert muss in jedem Fall in Anführungszeichen stehen.

Beachten Sie: Diese klassische, im herkömmlichen JavaScript gültige Implementierung von linkColor als direkte Eigenschaft des document-Objekts wird vom DOM missbilligt. Laut DOM soll das HTML-Elementobjekt body diese Eigenschaft besitzen. Opera 5.12 interpretiert diese Eigenschaft noch nicht.

LN2

Eigenschaft	JS 1.0 · N 2.0 · IE 3.0 · Lesen
Objekt: Math	Natürlicher Logarithmus von 2

Der natürliche Logarithmus von 2 – Konstante mit einem Wert von ca. 0,693. Das Beispiel schreibt dynamisch den Wert der Eigenschaft an die aktuelle Stelle der HTML-Datei.

```
<html><head><title>Test</title>
</head><body>
<script type="text/javascript">
<!-
document.write(Math.LN2);
//->
</script>
</body></html>
```

LN10

Eigenschaft — JS 1.0 | N 2.0 | 3.0 | Lesen

Objekt: Math — Natürlicher Logarithmus von 10

Der natürliche Logarithmus von 10 – Konstante mit einem Wert von ca. 2,302. Das Beispiel schreibt dynamisch den Wert der Eigenschaft an die aktuelle Stelle der HTML-Datei.

```
<html><head><title>Test</title>
</head><body>
<script type="text/javascript">
<!-
document.write(Math.LN10);
//->
</script>
</body></html>
```

location

Objekt — JS 1.0 | N 2.0 | 3.0

Zugriff auf URI der Webseite

Über das Objekt location, das in der JavaScript-Objekthierarchie unterhalb des window-Objekts liegt, haben Sie Zugriff auf den vollständigen URI der aktuell angezeigten Web-Seite.

Eigenschaften

hash	(Ankername innerhalb eines URI)
host	(Domain-Name innerhalb eines URI)
hostname	(Domain-Name innerhalb eines URI)
href	(URI / Verweis zu URI)
pathname	(Pfadname innerhalb eines URI)
port	(Portangabe innerhalb eines URI)
protocol	(Protokollangabe innerhalb eines URI)
search	(Parameter innerhalb eines URI)

Methoden

reload()	(neu laden)
replace()	(History-Eintrag überschreiben)

location: Allgemeines zur Verwendung

Sie können den URI oder Teile davon zur Weiterverarbeitung abfragen und ändern. Beim Ändern führt der Web-Browser einen Sprung zu einem neuen URI aus, genauso wie bei einem Verweis. Einige Beispiele:

```
window.location.href = "datei2.htm";
MeineDomain = location.host;

parent.frames[1].location.href = "datei2.htm";
Zweitfenster.host = "www.teamone.de";
```

Methoden des location-Objekts können Sie mit location aufrufen. Sie können auch window. davor notieren. Da es sich dabei aber um die Adresse des aktuellen Fensters handelt, ist die Angabe des Fensternamens nicht zwingend erforderlich. Anders beim Zugriff auf andere Fenster oder Frame-Fenster. In diesen Fällen müssen Sie das Fenster korrekt adressieren. Lesen Sie für zusätzliche Fenster den Abschnitt zur *Verwendung des window-Objekts* und für Frame-Fenster den Abschnitt über die *Verwendung des frames-Objekts.*

location

Eigenschaft — JS 1.1 | N 3.0 | MS 4.0

Objekt: links — URI des Verweisziels

Neben den verweisspezifischen Eigenschaften kennt das Links-Objekt auch alle Eigenschaften des location-Objekts. Ein Beispiel:

```
<html><head><title>Test</title>
</head><body>
<a target="_top" href="http://www.teamone.de/">TeamOne</a><br>
<script type="text/javascript">
<!-
document.links[0].port="8081";
//->
</script>
</body></html>
```

Über das Objekt location haben Sie Zugriff auf den vollständigen URI eines angezeigten Verweises. Sie können den URI oder Teile davon zur Weiterverarbeitung abfragen und ändern. Notieren Sie dazu das Links-Objekt, also z.B. document.links[0], dahinter einen Punkt und anschließend die gewünschte Eigenschaft des locaction-Objekts. Im Beispiel ist ein Verweis definiert. Mit document.links[0].port= wird die Eigenschaft port geändert.

Beachten Sie: Im Netscape 6.1 und in Opera 5.12 können Sie die Eigenschaften des location-Objekts (mit Ausnahme der href-Eigenschaft) nur lesen, jedoch nicht ändern.

locationbar

Eigenschaft — JS 1.2 | N 4.0 | Lesen

Objekt: window — Status der Adresszeile

Speichert die Information, ob ein Fenster eine eigene Adresszeile hat. Stellt selbst ein Objekt dar, das eine Eigenschaft hat, nämlich die Eigenschaft visible (= *sichtbar*). Enthält für diese Eigenschaft den Wert true, wenn das Fenster eine Adresszeile hat, und den Wert false, wenn es keine hat. Ein Beispiel:

```
<html><head><title>Test</title>
<script type="text/javascript">
<!-
Fensterchen = window.open("datei.htm", "Zweitfenster", "width=300,height=200");
function Adress_Zeile() {
 if(Fensterchen.locationbar && Fensterchen.locationbar.visible == false) {
  Fensterchen.close();
  Neufenster = window.open("datei.htm", "Zweitfenster", "width=300,height=200,location");
  Neufenster.focus();
 }
}
//->
</script>
</head><body>
<a href="javascript:Adress_Zeile()">Adresszeile?</a>
</body></html>
```

Das Beispiel öffnet zunächst ein Zweitfenster ohne Adresszeile. Beim Klicken auf den Verweis wird die Funktion Adress_Zeile() aufgerufen. Diese Funktion prüft, ob der Browser das Objekt locationbar kennt und ob das Fenster keine Adresszeile hat. Wenn es keine hat, wird es geschlossen. Stattdessen wird ein neues Fenster geöffnet, wieder mit den gleichen Werten wie das alte, jedoch zusätzlich mit der Angabe location. Näheres dazu siehe open().

log()

Methode 

Objekt: Math Natürlicher Logarithmus

Erwartet als Parameter eine Zahl. Liefert die Anwendung des natürlichen Logarithmus auf diese Zahl zurück. Achten Sie darauf, dass Sie sinnvolle Werte größer als 0 übergeben.

Ein Beispiel:

```
<html><head><title>Test</title>
</head><body>
<form name="Test" action=""><input name="Ein"><input name="Aus">
<input type="button" value="=" onClick="Test.Aus.value=Math.log(Test.Ein.value)">
</form>
</body></html>
```

Das Beispiel definiert ein Formular mit zwei Eingabefeldern und einem Button. Nach Eingabe einer Zahl im ersten Eingabefeld und Klick auf den Button wird im zweiten Eingabefeld das Ergebnis ausgegeben. Das Ergebnis ist die Anwendung von log() auf den Wert aus dem ersten Eingabefeld.

LOG2E

Eigenschaft JS 1.0 N 2.0 3.0 Lesen

Objekt: Math Logarithmus von 2

Logarithmus von 2 – Konstante mit einem Wert von ca. 1,442. Das Beispiel schreibt dynamisch den Wert der Eigenschaft an die aktuelle Stelle der HTML-Datei.

```
<html><head><title>Test</title>
</head><body>
<script type="text/javascript">
<!-
document.write(Math.LOG2E);
//->
</script>
</body></html>
```

LOG10E

Eigenschaft JS 1.0 N 2.0 3.0 Lesen

Objekt: Math Logarithmus von 10

Logarithmus von 10 – Konstante mit einem Wert von ca. 0,434. Das Beispiel schreibt dynamisch den Wert der Eigenschaft an die aktuelle Stelle der HTML-Datei.

```
<html><head><title>Test</title>
</head><body>
<script type="text/javascript">
<!-
document.write(Math.LOG10E);
//->
</script>
</body></html>
```

lowsrc

Eigenschaft JS 1.1 N 3.0 4.0 Lesen

Objekt: images Dateinamen der Vorab-Grafik

Speichert die Angabe zur Vorab-Grafik, wie sie mit der Angabe lowsrc= im <img>-Tag möglich ist. Wenn die Angabe im HTML-Tag fehlt, enthält die Objekteigenschaft lowsrc keinen Wert. Wenn eine Angabe zu lowsrc= vorhanden ist, enthält die Objekteigenschaft bei Netscape den vollständigen URI, beim MS Internet Explorer, Netscape 6 und Opera 5.12 dageben genau die Angabe, die in der Wertzuweisung an das HTML-Attribut steht. Ein Beispiel:

```
<html><head><title>Test</title>
</head><body>
<a href="javascript:alert(document.images[0].lowsrc)">
<img src="franz.jpg" lowsrc="fraenzchen.jpg" alt="Fraenzschen und Franz">
</a>
</body></html>
```

Das Beispiel enthält eine Grafik, die mit lowsrc= eine vorab anzuzeigende Grafik definiert und in einen Verweis eingeschlossen ist. Beim Anklicken des Verweises wird mit alert() der Wert ausgegeben, der in der Angabe lowsrc= gespeichert ist.

map

HTML-Elementobjekt — DOM 1.0 | N 6.x | 5.x

Objekt: document — Klicksensitive Grafik definieren

HTML-Elemente <map>...</map> haben als DOM-Objekte für den Scriptsprachen-Zugriff Universaleigenschaften sowie die folgenden eigenen Eigenschaften.

Eigenschaft	*Status*	*Bedeutung*
areas	Lesen Ändern	Array der area-Definitionen
name	Lesen Ändern	Ankername des Definitionsbereichs

Ein Beispiel:

```
<html><head><title>Test</title>
<script type="text/javascript">
<!-
function zeigCoords() {
 alert(document.getElementsByName("Testbild")[0].areas[0].coords);
}
//->
</script>
</head><body>
<map name="Testbild">
<area id="Verweis" shape="rect" coords="1,1,249,49"
     href="javascript:zeigCoords()" alt="Verweis">
</map>
<img src="hypgraf.gif" width="400" height="400" usemap="#Testbild" alt="verweissensitive Grafik">
</body></html>
```

Das Beispiel enthält eine Grafik, die auf einen ebenfalls enthaltenen verweissensitiven Bereich verweist. Dort wird ein verweissensitives Rechteck für die Grafik definiert. Beim Anklicken dieses Bereichs wird die JavaScript-Funktion zeigCoords() aufgerufen, die im Dateikopf notiert ist. Die Funktion gibt die Koordinaten des verweissensitiven Bereichs aus, indem sie mit document.getElementsByName("Testbild")[0].areas[0].coords auf den areas-Array des map-Elements zugreift und die Eigenschaft coords von dessen erstem Element anspricht.

match()

Methode — JS 1.2 | N 4.0 | 4.0

Objekt: string — Zeichenkette mit regulärem Ausdruck durchsuchen

Durchsucht eine Zeichenkette mit Hilfe eines regulären Ausdrucks. Liefert Zeichenfolgen zurück, auf die der reguläre Ausdruck passt. Erwartet als Parameter den regulären Ausdruck. Ein Beispiel:

```
<html><head><title>Test</title></head><body>
<script type="text/javascript">
<!-
 var Aussage = "Der Mensch ist des Menschen sein Feind";
 var Ergebnis = Aussage.match(/ Mensch.[+^\S] /);
 alert(Ergebnis);
//->
</script>
<script type="text/javascript">
<!-
 Aussage = "Der Mensch ist des Menschen sein Feind";
 Ergebnis = Aussage.match(/ \bMensch\b | \bMenschen\b /g);
 if(Ergebnis)
  for(i=0;i<Ergebnis.length;++i)
   alert(Ergebnis[i]);
//->
</script>
<script type="text/javascript">
<!-
 Aussage = "Wir wollen weisse Waesche waschen";
 Ergebnis = Aussage.match(/w/gi);
 if(Ergebnis)
  alert(Ergebnis.length + " gefunden");
//->
</script>
</body></html>
```

Das erste Script im Beispiel belegt eine Variable Aussage mit einem Wert. Auf den gespeicherten Wert dieser Variablen wird mit match() ein regulärer Ausdruck angewendet. Dieser findet die Zeichenfolge »Mensch«, wenn noch zwei weitere Zeichen folgen, aber nicht, wenn ein Leerzeichen dabei ist. Auf diese Weise wird nur das hintere Wort »Menschen« gefunden. Das Ergebnis wird in einem Meldungsfenster ausgegeben.

Das zweite Script im Beispiel wendet auf den gespeicherten Wert der Variablen Aussage mit match() ein anderen regulären Ausdruck an. Dieser findet die Zeichenfolge »Mensch«, aber auch die Zeichenfolge »Mensch«. Hinter dem Ausdruck ist außerdem mit g markiert, dass global gesucht werden soll. Dadurch werden alle Fundstellen zurückgegeben. Da es sich um mehrere Fundstellen handeln kann, ist der zurückgegebene Wert kein einfacher Wert, sondern ein Array aus Werten. Die Variable Ergebnis, in der der Rückgabewert im Beispiel gespeichert wird, muss deshalb anschließend als Array behandelt werden. Das Array-Objekt wird jedoch nur erzeugt, wenn es Suchtreffer gibt. Deshalb ist es sicherer, folgende Anweisungen von der Abfrage abhängig zu machen, ob das Objekt existiert. Mit if(Ergebnis) ist eine solche Abfrage möglich. Im Beispiel werden dann in einer for-Schleife alle Suchtreffer ausgegeben. Dieses Script wird von Opera 5.12 nicht interpretiert.

Das dritte Script im Beispiel belegt die Variable Aussage mit einem neuen Wert, in dem der Buchstabe w oft vorkommt, mal klein- und mal großgeschrieben. Auf den gespeicherten Wert dieser Variablen wird mit match() ein regulärer Ausdruck angewendet. Dieser sucht nach dem Vorkommen von w, und zwar wieder, wie im zweiten Script, global. Es werden also alle Fundstellen als Array zurückgegeben. Im Beispiel sollen jedoch sowohl klein- als auch großgeschriebene w gefunden werden. Deshalb wird hinter dem regulären Ausdruck noch zusätzlich ein kleines i notiert. Dies bewirkt, dass Groß-/Kleinschreibung nicht beachtet wird. Zur Kontrolle wird im Beispiel die Anzahl der Fundstellen ausgegeben.

Näheres über reguläre Ausdrücke finden Sie beim RegExp-Objekt. Näheres über Arrays wird beim Array-Objekt beschrieben. Um nicht gefundene Zeichenfolgen, sondern nur Positionen gefundener Ausdrücke zu ermitteln, können Sie die Methode search() verwenden.

Math

Objekt

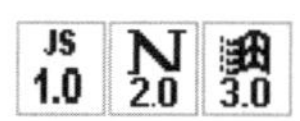

Mathematische Berechnungen

Mit dem Objekt Math können Sie Berechnungen, auch komplexe wissenschaftlicher oder kaufmännischer Art, durchführen. Dazu stehen Ihnen verschiedene mächtige Methoden und Funktionen sowie einige Eigenschaften zur Verfügung.

Eigenschaften

E	(Eulersche Konstante)
LN2	(natürlicher Logarithmus von 2)
LN10	(natürlicher Logarithmus von 10)
LOG2E	(konstanter Logarithmus von 2)
LOG10E	(konstanter Logarithmus von 10)
PI	(Konstante PI)
SQRT1_2	(Konstante für Quadratwurzel aus 0,5)
SQRT2	(Konstante für Quadratwurzel aus 2)

Methoden

abs()	(positiver Wert)
acos()	(Arcus Cosinus)
asin()	(Arcus Sinus)
atan()	(Arcus Tangens)
ceil()	(nächsthöhere ganze Zahl)
cos()	(Cosinus)
exp()	(Exponentialwert)
floor()	(nächstniedrigere ganze Zahl)
log()	(Anwendung des natürlichen Logarithmus)
max()	(größere von zwei Zahlen)
min()	(kleinere von zwei Zahlen)
pow()	(Zahl hoch Exponent)
random()	(0 oder 1 per Zufall)
round()	(kaufmännische Rundung einer Zahl)
sin()	(Sinus)

sqrt() (Quadratwurzel)
tan() (Tangens)

Math: Allgemeines zur Verwendung

Eine Instanz von Math brauchen Sie nicht eigens erzeugen. Sie können Eigenschaften und Methoden von Math direkt verwenden.

Schema:

```
x = Math.Eigenschaft;
x = Math.Methode(Parameter);
```

Mit Zahl = 10 * Math.PI beispielsweise steht in der Variablen Zahl hinterher das Produkt aus der Zahl PI und 10. Mit Wurzel = Math.sqrt(10) steht in der Variablen Wurzel hinterher das Ergebnis der Quadratwurzel aus 10. Notieren Sie vor jedem Aufruf einer Eigenschaft oder Methode des Math-Objekts Math (großgeschrieben).

Bei jedem Zahlenparameter, den Sie einer Methode von Math übergeben, kann es sich um eine feste Zahl (z.B. 25 oder 0.123) handeln, um eine numerische Variable (z.B. *x*) oder um einen Rechenausdruck (z.B. 7 * 5+ 0.3). Auch Rechenausdrücke mit Variablen sind erlaubt (z.B. x * i + 1).

Beachten Sie, dass die Anzahl der Nachkommastellen in Programmiersprachen wie JavaScript systembedingt beschränkt ist (auf den heutigen Systemen haben solche Zahlen normalerweise 32 Bit Länge). JavaScript unterscheidet nicht wie manche andere Programmiersprachen zwischen verschiedenen Typen numerischer Werte (Integer, Float usw.). Eventuell erforderliche Typumwandlungen erfolgen automatisch.

max()

Methode JS 1.0 N 2.0 3.0

Objekt: Math Größere von zwei Zahlen

Erwartet zwei Zahlen als Parameter. Gibt die größere der beiden Zahlen zurück. Ein Beispiel:

```
<html><head><title>Test</title>
</head><body>
<form name="Test" action="">
<input name="z1"><input name="z2"><input name="Aus">
<input type="button" value="="
onClick="Test.Aus.value=Math.max(Test.z1.value,Test.z2.value)">
</form>
</body></html>
```

Das Beispiel definiert ein Formular mit drei Eingabefeldern und einem Button. Nach Eingabe je einer Zahl im ersten und im zweiten Eingabefeld und Klick auf den Button wird im dritten Eingabefeld das Ergebnis ausgegeben. Das Ergebnis ist die Anwendung von max() auf die Werte aus den beiden ersten Eingabefeldern.

MAX_VALUE

Eigenschaft — JS 1.1 | N 3.0 | 4.0 | Lesen

Objekt: Number — Größte in JavaScript erlaubte Zahl

Speichert die größte erlaubte Zahl. Das Beispiel definiert eine Variable namens groessteZahl. Dieser Variablen wird die Eigenschaft Number.MAX_VALUE zugewiesen. Anschließend steht in groessteZahl die größte Zahl, die JavaScript verarbeiten kann. Das Ergebnis wird zur Kontrolle ausgegeben.

```
<html><head><title>Test</title>
<script type="text/javascript">
<!-
 var groessteZahl = Number.MAX_VALUE;
 alert(groessteZahl);
//->
</script>
</head><body>
</body></html>
```

menu

HTML-Elementobjekt — DOM 1.0

Objekt: document — Menüliste definieren

HTML-Elemente <menu>...</menu> haben als DOM-Objekte für den Scriptsprachen-Zugriff Universaleigenschaften sowie die folgende eigene Eigenschaft.

Eigenschaft	*Status*	*Bedeutung*
compact	Lesen Ändern	Darstellung in enger Schrift

Ein Beispiel:

```
<html><head><title>Test</title>
<script type="text/javascript">
<!-
function zeigKompakt() {
 document.getElementsByTagName("menu")[0].compact = true;
}
//->
</script>
</head><body>
<menu onMouseOver="zeigKompakt()">
<li>Datei</li>
<li>Bearbeiten</li>
<li>Ansicht</li>
```

```
<li>Format</li>
</menu>
</body></html>
```

Das Beispiel enthält eine Menüliste. Beim Überfahren der Liste mit der Maus (onMouseOver) wird die JavaScript-Funktion zeigKompakt() aufgerufen, die im Dateikopf notiert ist. Die Funktion greift mit document.getElementsByTagName("menu")[0] auf das erste menu-Element in der Datei zu und setzt seine Eigenschaft compact auf den Wert true (»wahr«). Dadurch wird die gesamte Liste in kompakter Schrift dargestellt.

Beachten Sie: Weder Netscape noch Internet Explorer interpretieren das HTML-Attribut compact.

menubar

Eigenschaft — JS 1.2 | N 4.0 | Lesen

Objekt: window — Status der Menüleiste

Speichert die Information, ob ein Fenster eine eigene Menüleiste mit den Browser-Menübefehlen hat. Stellt selbst ein Objekt dar, das eine Eigenschaft hat, nämlich die Eigenschaft visible (= *sichtbar*). Enthält für diese Eigenschaft den Wert true, wenn das Fenster eine Adresszeile hat, und den Wert false, wenn es keine hat. Ein Beispiel:

```
<html><head><title>Test</title>
<script type="text/javascript">
<!-
function Hinweis() {
 if(window.menubar && window.menubar.visible == true)
   alert("Um die Seite zu editieren, aus dem Menue File den Befehl Edit Page waehlen");
}
//->
</script>
</head><body>
<a href="javascript:Hinweis()">Diese Seite editieren</a>
</body></html>
```

Das Beispiel enthält einen Verweis, das dem Anwender anbietet, die angezeigte Seite zu editieren. Wenn er den Verweis anklickt, wird eine Funktion Hinweis() aufgerufen. Diese prüft, ob der Browser das Objekt menubar kennt und ob für das aktuelle Fenster eine Menüleiste verfügbar ist. Wenn ja, wird mit alert() ein Hinweis ausgegeben, was der Anwender tun muss, um die Seite zu editieren.

meta

HTML-Elementobjekt — DOM 1.0

Objekt: document — Meta-Information im Dateikopf

HTML-Elemente <meta>...</meta> haben als DOM-Objekte für den Scriptsprachen-Zugriff Universaleigenschaften sowie die folgenden eigenen Eigenschaften.

Eigenschaft	*Status*	*Bedeutung*
content	Lesen Ändern	Wert/Inhalt der Meta-Angabe
httpEquiv	Lesen Ändern	Eigenschaft für Meta-Informationen (für HTTP-Kopfdaten)
name	Lesen Ändern	Eigenschaft für Meta-Informationen
scheme	Lesen Ändern	Schema für den Wert der Eigenschaft

Ein Beispiel:

```
<html><head><title>Test</title>
<meta http-equiv="content-type" content="text/html; charset=iso-8859-1">
<script type="text/javascript">
<!-
function Arabisch() {
 document.getElementsByTagName("meta")[0].content="text/html; charset=iso-8859-6";
}
//->
</script>
</head><body>
<p style="font-
size:24pt">&#200;&#201;&#202;&#203;&#204;&#205;&#206;&#207;&#208;&#209;</p>
<p><a href="javascript:Arabisch()">Arabisch</a></p>
</body></html>
```

Das Beispiel enthält einen Textabsatz, der mit numerischen Entities Zeichenwerte von 200 bis 209 erzeugt. Unterhalb davon ist ein Verweis notiert. Beim Anklicken wird die JavaScript-Funktion Arabisch() aufgerufen, die im Dateikopf notiert ist. Diese Funktion greift mit document.getElementsByTagName("meta")[0] auf das meta-Tag zu, das ebenfalls im Dateikopf notiert ist, und ändert dessen Eigenschaft content so, dass der arabische Zeichensatz (iso-8859-6) angegeben wird.

Beachten Sie: Weder Netscape noch Internet Explorer interpretieren diese Veränderung.

method

Eigenschaft — JS 1.0 | N 2.0 | IE 3.0 | Lesen Ändern

Objekt: forms — Inhalt des method-Attributs

Speichert den Wert, der bei der Definition des Formulars im Attribut method= steht, normalerweise »get« oder »post«. Ein Beispiel:

```
<html><head><title>Test</title>
<script type="text/javascript">
<!-
function Methode() {
 if(document.Testform.action.indexOf("@") > 0)
```

```
 document.Testform.method = "post";
 else
 document.Testform.method = "get";
 return true;
}
//->
</script>
</head><body>
<form name="Testform" action="mailto:duselbst@deine.com"
onSubmit="return Methode()">
<input type="text" size="40" name="Eingabe">
<input type="submit" value="Absenden">
</form>
</body></html>
```

Das Beispiel enthält ein Formular. Wenn der Anwender das Formular durch Anklicken das [Submit]-Buttons abschickt, wird die Funktion Methode() aufgerufen. Innerhalb der Funktion Methode() wird ermittelt, ob in der action-Angabe des Formulars das Zeichen @ vorkommt, das eine E-Mail-Adresse verrät. Wenn ja, wird die Versandmethode auf post gesetzt, ansonsten auf get. Die Funktion Methode() gibt true zurück, denn der aufrufende Event-Handler onSubmit im einleitenden <form>-Tag erwartet einen solchen Rückgabewert. Das Formular wird nur abgeschickt, wenn der Rückgabewert true ist. Um in einer Zeichenkette nach einem oder mehreren Zeichen zu suchen wie im Beispiel mit der Methode indexOf(), lesen Sie den Abschnitt über das string-Objekt.

Beachten Sie: Die Verwendung von mailto: als Zieladresse eines Formulares verursacht häufig Probleme. Lesen Sie hierzu das Kapitel 10.12.1 *Formulare als E-Mail.*

mimeTypes

Objekt JS 1.1 N 3.0

Informationen zu Mime-Types

Über das Objekt mimeTpyes, das in der JavaScript-Objekthierarchie unterhalb des navigator-Objekts liegt, können Sie ermitteln, welche Dateitypen der Browser des Anwenders kennt, und ob ein Plug-In zum Anzeigen oder Abspielen eines Dateityps vorhanden ist.

Eigenschaften

description	(Beschreibung eines Mime-Types)
enabledPlug-In	(Plug-In vorhanden)
length	(Anzahl Mime-Typen)
suffixes	(Dateiendungen)
type	(Mime-Type)

mimeTypes: Allgemeines zur Verwendung

Lesen Sie zum besseren Verständnis von Mime-Typen gegebenenfalls im Anhang nach. Um einen Mime-Type anzusprechen, stehen folgende Möglichkeiten zur Verfügung:

Schema 1:

navigator.mimeTypes[#].Eigenschaft

Schema 2:

navigator.mimeTypes["MimeType"].Eigenschaft

Mime-Typen können Sie auf zwei Arten ansprechen:

- Mit einer Indexnummer (wie in Schema 1): Bei Verwendung von Indexnummern geben Sie navigator.mimeTypes an und dahinter in eckigen Klammern eine Zahl. Sie können allerdings nicht wissen, welche Mime-Typen an welcher Stelle gespeichert sind. Die Verwendung von Indexnummern ist deshalb nur sinnvoll, wenn Sie beispielsweise in einer Schleife alle verfügbaren Mime-Typen ermitteln.
- Mit dem Namen eines Mime-Typen als Indexnamen (wie in Schema 2): Dabei notieren Sie wie beim Ansprechen mit Indexnummer hinter navigator.mimeTypes eckige Klammern. Innerhalb der eckigen Klammern notieren Sie in Anführungszeichen den Mime-Type-Namen. Dabei gilt die übliche Notation für Mime-Typen, also die Form »Kategorie/Unterkategorie«. Als Indexnamen sind zum Beispiel Werte möglich, die Sie mit der Objekteigenschaft type ermitteln können.

Beispiel für das Objekt insgesamt:

```
<html><head><title>Test</title>
</head><body>
<script type="text/javascript">
<!-
document.writeln("<table border=\"1\">");
for(var i=0; i<navigator.mimeTypes.length; i++)
{
 document.writeln("<tr>");
 document.writeln("<td>" + navigator.mimeTypes[i].type + "<\/td>");
 document.writeln("<td>" + navigator.mimeTypes[i].suffixes + "<\/td>");
 document.writeln("<td>" + navigator.mimeTypes[i].description + "<\/td>");
if (navigator.mimeTypes[i].enabledPlug-In)
 document.writeln("<td>" + navigator.mimeTypes[i].enabledPlug-In + "<\/td>");
else document.writeln("<td>kein Plug-In<\/td>");
 document.writeln("<\/tr>");
}
document.writeln("<\/table>");
 //->
</script>
</body></html>
```

Das Beispiel schreibt mit Hilfe der Methode writeln() dynamisch eine Tabelle in die HTML-Datei. In der Tabelle werden alle verfügbaren Plug-Ins aufgelistet. In der linken Spalte steht der Mime-Type Typ, also die Kategorie/Unterkategorie, wie Sie sie auch zur Mime-Type-Adressierung mit Hilfe von Indexnamen verwenden können. In der Spalte daneben stehen die zugehörigen Dateiendungen. Daneben steht eine Kurzbeschreibung des Mime-Type, und in der letzten Spalte steht, ob der Browser ein Plug-In besitzt, um Dateien des entsprechenden Typs zu verarbeiten.

Beachten Sie: Welche Eigenschaften im Objekt mimeTypes gespeichert sind, ist stark abhängig vom verwendeten Browser. So speichert der Netscape 6 nur tatsächlich vorhandene Plug-Ins als eigene Objekteigenschaft, während Opera 5.12 und Netscape 4 z.B. auch den Type image/jpeg mit angeben. Im MS Internet Explorer existiert dieses Objekt nur aus Kompatibilitätsgründen und enthält keinen Inhalt.

min()

Methode — JS 1.0 | N 2.0 | 3.0

Objekt: Math — Kleinere von zwei Zahlen

Erwartet zwei Zahlen als Parameter. Gibt die kleinere der beiden Zahlen zurück. Ein Beispiel:

```
<html><head><title>Test</title>
</head><body>
<form name="Test" action="">
<input name="z1"><input name="z2"><input name="Aus">
<input type="button" value="="
onClick="Test.Aus.value=Math.min(Test.z1.value,Test.z2.value)">
</form>
</body></html>
```

Das Beispiel definiert ein Formular mit drei Eingabefeldern und einem Button. Nach Eingabe je einer Zahl im ersten und im zweiten Eingabefeld und Klick auf den Button wird im dritten Eingabefeld das Ergebnis ausgegeben. Das Ergebnis ist die Anwendung von min() auf die Werte aus den beiden ersten Eingabefeldern.

MIN_VALUE

Eigenschaft — JS 1.1 | N 3.0 | 4.0 | Lesen

Objekt: Number — Kleinste in JavaScript erlaubte Zahl

Speichert die kleinste (negative) erlaubte Zahl. Das Beispiel definiert eine Variable namens kleinsteZahl. Dieser Variablen wird die Eigenschaft Number.MIN_VALUE zugewiesen. Anschließend steht in kleinsteZahl die »größte« negative Zahl, die JavaScript verarbeiten kann. Das Ergebnis wird zur Kontrolle ausgegeben.

```
<html><head><title>Test</title>
<script type="text/javascript">
<!-
 var kleinsteZahl = Number.MIN_VALUE;
 alert(kleinsteZahl);
//->
</script>
</head><body>
</body></html>
```

modifiers

Eigenschaft — JS 1.2 | N 4.0 | Lesen

Objekt: event — Status der Zusatztasten

Netscape-Syntax. Speichert, ob Zusatztasten wie die [Alt]-Taste oder die [⇧]-Taste gemeinsam mit einer anderen Taste oder einem Mausklick gedrückt wurden. Ein Beispiel:

```
<html><head><title>Test</title>
<script type="text/javascript">
<!-
function ALT_Wert(Ereignis)
{
 if(Ereignis.modifiers & Event.ALT_MASK)
  alert("Maus geklickt und ALT-Taste gedrueckt!")
}
document.onmouseup = ALT_Wert;
//->
</script>
</head><body>
</body></html>
```

Im Beispiel wird das Meldungsfenster dann angezeigt, wenn der Anwender mit der Maus in das Dokument geklickt hat und gleichzeitig die [Alt]-Taste gedrückt hält. Die verwendete Syntax benutzt Bit-Operatoren. Fragen Sie einfach so ab wie in dem Beispiel. Folgende Ausdrücke sind erlaubt:

- Ereignis.modifiers & Event.ALT_MASK, um die [Alt]-Taste abzufragen;
- Ereignis.modifiers & Event.CONTROL_MASK, um die [Ctrl]-Taste ([Strg]-Taste) abzufragen;
- Ereignis.modifiers & Event.SHIFT_MASK, um die [⇧]-Taste (Großschreibung) abzufragen;
- Ereignis.modifiers & Event.META_MASK, um die [AltGr]-Taste abzufragen.

Diese Angaben sind natürlich abhängig davon, ob die verwendete Tastatur eine solche Taste überhaupt enthält.

Beachten Sie: Netscape 6.1 interpretiert dieses Beispiel nicht.

moveAbove()

Methode — JS 1.2 | N 4.0

Objekt: layers — Positioniert Layer über anderen Layer

Legt einen Layer über einen anderen Layer. Erwartet als Parameter den Layer, der überdeckt werden soll. Die Schichtposition des veränderten Layers ändert sich dabei abhängig von der des Layers, der überdeckt werden soll. Diese Methode hat nichts mit dem Bewegen von Layern zu tun. Ein Beispiel:

```
<html><head><title>Test</title>
</head><body>
<layer name="GelberLayer" top="150" left="100" width="200" height="200" bgColor="#FFFFE0">
```

```
Gelber Layer<br>
<a href="javascript:window.document.GelberLayer.moveAbove(window.document.LilaLayer)">
nach vorne</a>
</layer>
<layer name="LilaLayer" top="50" left="250" width="200" height="200" bgColor="#FFE0FF">
Lila Layer<br>
<a href="javascript:window.document.LilaLayer.moveAbove(window.document.GelberLayer)">
nach vorne</a>
</layer>
</body></html>
```

Im Beispiel werden zwei positionierte Layer definiert, die sich zum Teil überlappen. Beide enthalten jeweils einen Verweis, um den eigenen Layer über den anderen zu legen.

moveBelow()

Methode — JS 1.2 N 4.0

Objekt: layers — Positioniert Layer unter ein anderes Layer

Legt einen Layer unter einen anderen Layer. Erwartet als Parameter den Layer, der den aktuellen überdecken soll. Die Schichtposition des veränderten Layers ändert sich dabei abhängig von der des Layers, der den aktuellen Layer überdecken soll. Diese Methode hat nichts mit dem Bewegen von Layern zu tun. Ein Beispiel:

```
<html><head><title>Test</title>
</head><body>
<layer name="GelberLayer" top="150" left="100" width="200" height="200" bgColor="#FFFFE0">
Gelber Layer<br>
<a href="javascript:window.document.GelberLayer.moveBelow(window.document.LilaLayer)">
nach hinten</a>
</layer>
<layer name="LilaLayer" top="50" left="250" width="200" height="200" bgColor="#FFE0FF">
Lila Layer<br>
<a href="javascript:window.document.LilaLayer.moveBelow(window.document.GelberLayer)">
nach hinten</a>
</layer>
</body></html>
```

Im Beispiel werden zwei positionierte Layer definiert, die sich zum Teil überlappen. Beide enthalten jeweils einen Verweis, um den eigenen Layer von dem jeweils anderen überdecken zu lassen.

moveBy()

Methode — JS 1.2 N 4.0

Objekt: layers — Layer pixelweise verschieben

Verschiebt einen Layer um so viele Pixel wie angegeben. Erwartet folgende Parameter:

- *x-Wert* = Anzahl Pixel, um die der Layer nach links/rechts verschoben werden soll. Negative Werte verschieben nach links, positive nach rechts.

- *y-Wert* = Anzahl Pixel, um die der Layer nach oben/unten verschoben werden soll. Negative Werte verschieben nach oben, positive nach unten.

Ein Beispiel:

```
<html><head><title>Test</title>
<script type="text/javascript">
<!-
 function Springen()
 {
  var x = parseInt(document.Springer.document.Eingabe.hr.value);
  var y = parseInt(document.Springer.document.Eingabe.vr.value);
  document.Springer.moveBy(x,y);
 }
//->
</script>
</head><body>
<layer name="Springer" top="150" left="100" width="200" height="200" bgColor="#FFFFE0">
<form name="Eingabe" action="">
Springe um <input size="5" name="hr"> Pixel horizontal<br>
Springe um <input size="5" name="vr"> Pixel vertikal<br>
<input type="button" value="Springe" onClick="Springen()">
</form>
</body></html>
```

Im Beispiel wird ein Layer definiert, der ein Formular enthält. Das Formular stellt zwei kleine Eingabefelder bereit, in denen der Anwender eingeben kann, um wie viele Pixel der Layer horizontal und vertikal verschoben werden soll. Beim Anklicken des Buttons, der auch zu dem Formular gehört, wird die Funktion Springen() aufgerufen, die im Dateikopf notiert ist. Diese Funktion ermittelt zunächst die eingegebenen Werte. Da es sich um Zeichenketten handelt, die Methode moveBy() aber Zahlen erwartet, wird die Funktion parseInt() zum Umwandeln der Formulareingaben in eine Zahl angewendet. Anschließend wendet die Funktion die Methode moveBy() mit den ermittelten Werten auf den Layer an.

moveBy()

Methode JS 1.2 N 4.0 4.0

Objekt: window Fenster pixelweise verschieben

Verschiebt ein Fenster um so viele Pixel wie angegeben. Erwartet folgende Parameter:
1. *x-Wert* = um wie viele Pixel das Fenster nach links/rechts verschoben werden soll. Negative Werte verschieben nach links, positive nach rechts.
2. *y-Wert* = um wie viele Pixel das Fenster nach oben/unten verschoben werden soll. Negative Werte verschieben nach oben, positive nach unten.

Ein Beispiel:

```
<html><head><title>Test</title>
<script type="text/javascript">
<!-
Fenster = window.open("datei.htm","Zweitfenster","width=200,height=200");
```

```
function Bewege() {
 Fenster.moveBy(200,100);
 Fenster.focus();
}
//->
</script>
</head><body>
<a href="javascript:Bewege()">Fenster bewegen</a>
</body></html>
```

Das Beispiel lädt beim Einlesen der Datei ein kleines Zweitfenster mit einer anderen Datei. Das Hauptfenster enthält einen Verweis. Beim Anklicken des Verweises wird die Funktion Bewege() aufgerufen, die das kleine Fenster um 200 Pixel nach rechts und um 100 Pixel nach unten verschiebt.

moveTo()

Methode — JS 1.2, N 4.0

Objekt: layers — Layer an feste Position verschieben

Verschiebt einen Layer auf die anzugebende Position. Erwartet folgende Parameter:

- *x-Wert* = Links-Wert für die neue obere linke Ecke des Fensters.
- *y-Wert* = Oben-Wert für die neue obere linke Ecke des Fensters.

Ein Beispiel:

```
<html><head><title>Test</title>
<script type="text/javascript">
<!-
 function Springen()
 {
  var x = parseInt(document.Springer.document.Eingabe.hr.value);
  var y = parseInt(document.Springer.document.Eingabe.vr.value);
  document.Springer.moveTo(x,y);
 }
//->
</script>
</head><body>
<layer name="Springer" top="150" left="100" width="200" height="200" bgColor="#FFFFE0">
<form name="Eingabe" action="">
links oben neu: <input size="5" name="hr"> (von links)<br>
links oben neu: <input size="5" name="vr"> (von oben)<br>
<input type="button" value="Springe" onClick="Springen()">
</form>
</body></html>
```

Im Beispiel wird ein Layer definiert, der ein Formular enthält. Das Formular stellt zwei kleine Eingabefelder bereit, in denen der Anwender die x- und y-Werte der neuen gewünschten oberen linken Ecke des Layers eingeben kann. Beim Anklicken des Buttons, der auch zu dem Formular gehört, wird die Funktion Springen() aufgerufen, die im Dateikopf notiert ist. Diese

Funktion ermittelt zunächst die eingegebenen Werte. Da es sich um Zeichenketten handelt, die Methode moveTo() aber Zahlen erwartet, wird die Funktion parseInt() zum Umwandeln der Formulareingaben in eine Zahl angewendet. Anschließend wendet die Funktion die Methode moveTo() mit den ermittelten Werten auf den Layer an.

Beachten Sie: Wenn sich der Layer, auf den Sie die moveTo()-Methode anwenden, innerhalb eines anderen Layers befindet, beziehen sich die Angaben relativ zu dem äußeren Layer. Eine Angabe wie moveTo(0,0) springt also zur linken oberen Ecke des äußeren Layers.

moveTo()

Methode JS 1.2 N 4.0 MS 4.0

Objekt: window Fenster an feste Position verschieben

Verschiebt ein Fenster auf die anzugebende Position. Erwartet folgende Parameter:
1. *x-Wert* = Links-Wert für die neue obere linke Ecke des Fensters.
2. *y-Wert* = Oben-Wert für die neue obere linke Ecke des Fensters.

Ein Beispiel:

```
<html><head><title>Test</title>
<script type="text/javascript">
<!-
Fenster = window.open("datei.htm","Zweitfenster","width=200,height=200");
function Bewege() {
 Fenster.moveTo(screen.width-200,screen.height-200);
 Fenster.focus();
}
//->
</script>
</head><body>
<a href="javascript:Bewege()">Fenster bewegen</a>
</body></html>
```

Das Beispiel lädt beim Einlesen der Datei ein kleines Zweitfenster mit einer anderen Datei. Das Zweitfenster hat eine Breite und eine Höhe von 200 Pixeln. Das Hauptfenster enthält einen Verweis. Beim Anklicken des Verweises wird die Funktion Bewege() aufgerufen, die das kleine Fenster in die rechte untere Ecke des Bildschirms verschiebt. Die Pixelangaben für die neue linke obere Ecke des Fensters werden dabei mit Hilfe des screen-Objekts gewonnen, das mit screen.width die Bildschirmbreite und mit screen.height die Bildschirmhöhe liefert.

moveToAbsolute()

Methode JS 1.2 N 4.0

Objekt: layers Layer an feste Position relativ zum Fenster verschieben

Funktioniert genauso wie moveTo(), mit dem Unterschied, dass die x- und y-Werte absolut zum Anzeigefenster interpretiert werden, falls sich der Layer innerhalb eines anderen Layers befindet.

name

Eigenschaft	DOM 1.0	JS 1.2	N 4.0	IE 4.0	Lesen Ändern

Objekt: anchors — Name eines Verweisankers

Speichert den Namen eines Verweisankers. Mit document.anchors[0].name können Sie den Namen eines Verweisankers in einer HTML-Datei ermitteln. Das Beispiel enthält zunächst HTML-Text mit einem Anker und einen Verweis. Beim Anklicken wird mit alert() der Name des Verweises ausgegeben.

```
<html><head><title>Test</title>
</head><body>
<h1><a name="goethe">Meine Wahl</a></h1>
<pre>Ich liebe mir den heiteren Mann
Am meisten unter meinen Gästen:
Wer sich nicht selbst zum besten haben kann,
der ist gewiss nicht von den Besten.</pre>
<p><a href="javascript:alert(document.anchors[0].name)">Der Ankername</a></p>

</body></html>
```

Beachten Sie: Gegenwärtig ist es nur im Netscape 6.1 möglich, den Namen eines Ankers zu ändern.

name

Eigenschaft	JS 1.0	N 2.0	IE 3.0	Lesen Ändern

Objekt: elements — Name des Formularelements

Speichert den Namen des Formularelements, wie er in HTML bei der Definition des Elements mit dem Attribut name= zugewiesen wurde. Anwendbar auf: Klick-Buttons, Checkboxen, Felder für Datei-Upload, versteckte Elemente, Passwort-Felder, Radiobuttons, Abbrechen-Buttons, Absenden-Buttons, einzeilige Eingabefelder, mehrzeilige Eingabefelder. Das Beispiel enthält ein Formular mit einem Button. Beim Anklicken des Buttons wird der Name des Buttons ausgegeben:

```
<html><head><title>Test</title>
</head><body>
<form name="Testform" action="">
<input type="button" name="derButton" value="Test"
onClick="alert(document.Testform.derButton.name)">
</form>
</body></html>
```

name

Eigenschaft	JS 1.1	N 3.0	IE 5.0	Lesen

Objekt: embeds — Name des Multimedia-Objekts

Speichert den Namen eines eingebetteten Objektes, wie er mit der Angabe name= im einleitenden <embed>-Tag vergeben worden ist. Wenn die Angabe im HTML-Tag fehlt, enthält die Objekteigenschaft name keinen Wert. Ein Beispiel:

```
<html><head><title>Test</title></head>
<body>
<embed autostart="false" name="Musik" src="breeze.mid" width="300"
height="200"></embed>
<a href="javascript:document.embeds['Musik'].play()">Starten</a>
</body></html>
```

Das Beispiel enthält eine Multimedia-Referenz und einen Verweis. Nach Anklicken des Verweises wird mit document.embeds['Musik'] das Multimedia-Element angesprochen und unter Verwendung der Methode play() der Abspielvorgang gestartet.

name

Eigenschaft — JS 1.0 | N 2.0 | IE 3.0 | Lesen Ändern

Objekt: forms — Name des Formulars

Speichert den Namen eines Formulars. Das Beispiel enthält ein Formular mit einem Eingabefeld. Unterhalb des Formulars steht ein Script, das in das Eingabefeld zur Kontrolle den Namen des Formulars schreibt. Im Beispiel ist das der Name Testform.

```
<html><head><title>Test</title>
</head><body>
<form name="Testform" action="mailto:duselbst@deine.com">
<input type="text" size="40" name="Eingabe">
<input type="submit" value="Absenden">
</form>
<script type="text/javascript">
<!-
 document.Testform.Eingabe.value = document.Testform.name;
//->
</script>
</body></html>
```

name

Eigenschaft — JS 1.1 | N 3.0 | IE 4.0 | Lesen

Objekt: images — Name der Grafik

Speichert den Namen einer Grafik, wie er mit der Angabe name= im <img>-Tag möglich ist. Wenn die Angabe im HTML-Tag fehlt, enthält die Objekteigenschaft name keinen Wert. Ein Beispiel:

```
<html><head><title>Test</title>
</head><body>
<img name="Anna" src="anna.jpg" width="271" height="265" border="0" alt="">
<script type="text/javascript">
<!-
```

```
 document.write("<br>" + document.images[0].name);
//->
</script>
</body></html>
```

Das Beispiel enthält eine Grafik. Unterhalb davon ist ein Script-Bereich notiert. Darin wird mit document.write() der Bildname der Grafik in die Datei geschrieben.

Beachten Sie: Im Netscape 6.1 können Sie die Eigenschaft name auch ändern.

name

Eigenschaft	JS 1.2 · N 4.0 · Lesen Ändern
Objekt: layers	Name des Layer

Speichert den Namen eines Layers. Das Beispiel enthält einen Layer mit einem Verweis. Beim Anklicken des Verweises wird der Name des Layers in einem Meldungsfenster ausgegeben. Es ist derjenige Name, der in HTML bei dem Attribut name= angegeben ist.

```
<html><head><title>Test</title>
</head><body>
<layer name="Layerchen" bgcolor="#FFFFE0">
<a href="javascript:alert(document.Layerchen.name)">Wie heisse ich denn?</a>
</layer>
</body></html>
```

name

Eigenschaft	DOM 1.0 · N 6.x · MS 4.0 · Lesen Ändern
Objekt: links	Name des Verweises

Speichert den Namen eines Verweises. Durch Verwendung des Attributes name= wird der Verweis gleichzeitig zu einem Bestandteil des anchors-Objektes. Ein Beispiel:

```
<html><head><title>Test</title>
</head><body>
<a name="katalog" href="http://www.yahoo.de/">Yahoo</a><br>
<a name="suchmaschine" href="http://www.google.de/">Google</a><br>
<a name="redaktion" href="http://www.teamone.de/">TeamOne</a><br>
<script type="text/javascript">
<!-
 for(var i=0; i < document.links.length; ++i)
 document.write("<br>" + document.links[i].name);
//->
</script>
</body></html>
```

Mit document.links[0].name können Sie den Namen eines Verweises in einer HTML-Datei ermitteln. Das Beispiel enthält zunächst HTML-Text mit diversen Verweisen und schreibt am Ende mit document.write() die Namen der Verweise ins Dokument.

Beachten Sie: Gegenwärtig ist es nur im Netscape 6.1 möglich, den Namen eines Verweises zu ändern.

name

Eigenschaft	JS 1.1 · N 3.0 · Lesen
Objekt: plugins	Name des Plug-Ins

Speichert den Produktnamen eines Plug-In. Das Beispiel klappert in einer for-Schleife alle installierten Plug-Ins ab und schreibt für jedes Plug-In eine Zeile mit dem Namen des Plug-In. So werden am Ende alle installierten Plug-Ins aufgelistet.

```
<html><head><title>Test</title>
</head><body>
<b>Folgende Plug-Ins sind installiert:</b>
<script type="text/javascript">
<!-
for(i=0; i<navigator.plugins.length; ++i)
 document.write("<br>" + navigator.plugins[i].name);
//->
</script>
</body></html>
```

Beachten Sie: Der MS Internet Explorer 5.0 Macintosh Edition interpretiert dieses Beispiel auch.

name

Eigenschaft	JS 1.0 · N 2.0 · MS IE 3.0 · Lesen Ändern
Objekt: window	Name des Fensters

Speichert den Namen eines Fensters. Bei Netscape 2.0 nur auslesbar, ab späteren Versionen auch änderbar. Ein Beispiel:

```
<html><head><title>Test</title>
<script type="text/javascript">
<!-
Fenster = window.open("datei.htm","KleinesFenster","width=200,height=200");
function Fenstername() {
 alert("Name des kleinen Fensters: " + Fenster.name);
 neu = prompt("Vergeben Sie einen neuen Fensternamen","Name");
 Fenster.name = neu;
 alert("Der Name des Fensters lautet jetzt: " + Fenster.name);
}
//->
</script>
</head><body>
<a href="javascript:Fenstername()">Name des Fensters</a>
</body></html>
```

Das Beispiel lädt beim Einlesen der Datei ein zweites kleines Fenster. Der Name dieses Fensters lautet KleinesFenster. Beachten Sie, dass die Eigenschaft name sich auf diesen Namen bezieht,

nicht etwa auf den Variablennamen, in dem die Fensterinstanz gespeichert wird (im Beispiel die Variable Fenster). Beim Klicken auf einen Verweis wird die Funktion Fenstername() aufgerufen. Darin wird dem Anwender zunächst mit alert() der aktuelle Fenstername des kleinen Fensters ausgegeben. Dann kann er einen neuen Namen eingeben. Abschließend wird der neue Name angezeigt.

Beachten Sie: Ein mit JavaScript gesetzter Fenstername bleibt so lange erhalten, wie das Fenster geöffnet ist bzw. bis er erneut geändert wird. Sie können aus diesem Grund den Fensternamen zum Speichern von Variableninhalten verwenden, z.B., um Variablen von einer Datei an eine später aufgerufene Datei zu übergeben. Berücksichtigen Sie dabei jedoch, dass der Fenstername in vielen Browsern lediglich Buchstaben, Zahlen und den Unterstrich enthalten darf. Sonderzeichen und Umlaute dagegen sind nicht erlaubt. Eine Ausnahme bildet Opera 5. Hier bleibt ein mit JavaScript gesetzter Fenstername nur so lange gültig, wie das ändernde Dokument in diesem Fenster geladen ist. Lesen Sie zu dem Thema auch im Online-Angebot von SELFHTML (*selfhtml.teamone.de*) aktuell den Feature-Artikel *Javascript-Wertübergabe zwischen verschiedenen HTML-Dokumenten* von Hatto von Hatzfeld.

NaN

Eigenschaft	JS 1.1	N 3.0	IE 4.0	Lesen

Objekt: Number — Konstante für eine ungültige Zahl

NaN ist ein vordefinierter Wert (*keine gültige Zahl*). Dieser Wert kann z.B. als Rückgabewert für ungültige Zahlen verwendet werden. Ein Beispiel:

```
<html><head><title>Test</title>
<script type="text/javascript">
<!-
var Zahl_1 = "3a";
var Zahl_2 = "3";
if(Zahl_1 != 3) Zahl_1 = Number.NaN;
if(Zahl_2 != 3) Zahl_2 = Number.NaN;
alert(Zahl_1);
alert(Zahl_2);
//->
</script>
</head><body>
</body></html>
```

Das Beispiel definiert zwei Variablen Zahl_1 und Zahl_2. Dabei wird Zahl_1 mit dem Wert 3a vorbelegt, Zahl_2 mit dem Wert 3. Anschließend wird für beide Variablen abgefragt, ob die Variable ungleich der Zahl 3 ist. Wenn ja, also wenn der Wert nicht 3 ist, wird der entsprechenden Variablen die Eigenschaft Number.NaN *(keine gültige Zahl)* zugewiesen. Abschließend werden beide Variableninhalte ausgegeben. Zahl_1 hat nun den Wert NaN, weil es ungleich 3 war und deshalb die Eigenschaft NaN zugewiesen bekam. Zahl_2 dagegen speichert den Wert 3, da es als gültige Zahl 3 anerkannt wurde – obwohl sie bei der Initialisierung die 3 als Zeichenkette zugewiesen bekam: Hier greift die interne automatische Typumwandlung in JavaScript.

Beachten Sie: Mit der Eigenschaft Number.NaN können Sie nicht die Gültigkeit einer Zahl prüfen, sondern ihr nur die Eigenschaft *keine gültige Zahl* zuweisen. Die Gültigkeit einer Zahl können Sie mit der Methode isNaN() prüfen.

navigator

Objekt | JS 1.0 | N 2.0 | 3.0

Zugriff auf Browser-Informationen

Über das Objekt navigator können Sie in einem JavaScript Informationen darüber ermitteln, welchen Web-Browser der Anwender verwendet, sowie einige nähere Spezifikationen dazu. Das kann zum Beispiel interessant sein, um die Ausführung von JavaScript-Anweisungen davon abhängig zu machen, welchen Browser der Anwender benutzt. So lassen sich Fehlermeldungen bei Anwendern vermeiden, die einen Browser verwenden, der bestimmte JavaScript-Befehle nicht kennt.

Eigenschaften

appCodeName	(Spitzname des Browsers)
appName	(offizieller Name des Browsers)
appVersion	(Browser-Version)
cookieEnabled	(Cookies erlaubt)
language	(Browser-Sprache)
platform	(Plattform, auf der der Browser läuft)
userAgent	(HTTP-Identifikation des Browsers)

Methode

javaEnabled()	(Java-Verfügbarkeit überprüfen)

Unterobjekte

mimeTypes
plugins

navigator: Allgemeines zur Verwendung

Eigenschaften und Methoden von navigator können Sie direkt ansprechen. Beispiel: navigator.appName.

NEGATIVE_INFINITY

Eigenschaft | JS 1.1 | N 3.0 | 4.0 | Lesen

Objekt: Number — Konstante für zu kleine Zahlen

Dies ist ein vordefinierter Wert (Ausgabewert: -Infinity). Er gibt an, ob eine (negative) Zahl zu klein ist für JavaScript, also außerhalb des Bereichs liegt, dessen Grenze durch MIN_VALUE markiert ist. Der Wert kann z.B. als Rückgabewert für zu kleine Zahlen verwendet werden. Ein Beispiel:

```
<html><head><title>Test</title>
<script type="text/javascript">
```

```
<!-
var Zahl = Number.MAX_VALUE * -2;
alert(Zahl);
var Monat=-1;
if (Monat<1) Monat=Number.NEGATIVE_INFINITY;
alert(Monat);
//->
</script>
</head><body>
</body></html>
```

Das Beispiel definiert eine Variable Zahl, der als Wert das Produkt aus Number.MAX_VALUE, also der größten möglichen Zahl, und -2 zugewiesen wird. Die Multiplikation erzeugt eine negative Zahl, die kleiner ist als die kleinste erlaubte Zahl. Dadurch erhält die Variable Zahl den Wert -Infinity. Dieser bedeutet, dass der erlaubte Wertebereich unterschritten wurde. Im ersten Teil des Beispiels weist JavaScript automatisch dem Ergebnis den Wert von Number.NEGATIVE_INFINITY zu. Im zweiten Teil wird eine Variable Monat deklariert. Diese erhält den ungültigen Wert -1. In der nachfolgenden Abfrage wird geprüft, ob Monat kleiner als 1 ist, und ihr wird in diesem Fall die Eigenschaft Number.NEGATIVE_INFINITY zugewiesen.

Beachten Sie: Mit der Eigenschaft Number.NEGATIVE_INFINITY können Sie **nicht** prüfen, ob eine Zahl zu klein für JavaScript ist. Die Gültigkeit einer Zahl können Sie mit der Methode isFinite() prüfen.

nextSibling

Eigenschaft	DOM 1.0	JS 1.5	N 6.x	IE 5.x	Lesen

Objekt: node — Nachfolgender Knoten im Baum

Speichert aus Sicht eines Knotens den unmittelbar nächstfolgenden Knoten im Strukturbaum. Wenn kein Knoten mehr folgt, wird null gespeichert. Ein Beispiel:

```
<html><head><title>Test</title>
</head><body>
<ul>
<li>erster Punkt</li>
<li>zweiter Punkt</li>
</ul>
<script type="text/javascript">
<!-
document.write("Das ul-Element hat folgende Knoten unter sich:<br>");
var Knoten = document.getElementsByTagName("ul")[0].firstChild;
while (Knoten!=null) {
  document.write("Einen Knoten mit dem Namen <b>" + Knoten.nodeName + "<\/b><br>");
  Knoten = Knoten.nextSibling;
}
//->
</script>
</body></html>
```

Das Beispiel enthält eine Aufzählungsliste mit zwei Listenpunkten. Unterhalb davon ist ein JavaScript-Bereich notiert. Dort wird mit document.getElementsByTagName("ul")[0].firstChild auf das erste ul-Element im Dokument zugegriffen. In der nachfolgenden while-Schleife wird geprüft, ob der Knoten verschieden von null ist, und der nodeName des Knotens wird ausgegeben. Anschließend ist die Variable Knoten mit dem nachfolgenden Knoten (Knoten = Knoten.nextSibling;) belegt. Wenn der Strukturbaum durchlaufen ist, ist in der Eigenschaft nextSilbing der Wert null gespeichert, was zum Abbruch der Schleife führt.

Die Eigenschaft nextSibling arbeitet jeweils den nächsten Knoten eines Strukturbaumes ab. Sie verfolgt jedoch nicht die Kindknoten, die in einem Knoten enthalten sein können.

node

Objekt — DOM 1.0 | JS 1.5 | N 6.x | 5.x

Zugriff auf alle Elemente eines Dokuments

Das node-Objekt ist das zentrale Objekt des Document Object Model (DOM) (*node = Knoten*). Hintergrund ist das Modell, dass ein Auszeichnungssprachen-Dokument, egal ob in HTML oder einer anderen XML-basierten Auszeichnungssprache geschrieben, aus einem Baum von Knoten besteht.

Eigenschaften

attributes	(Attribute)
childNodes	(Kindknoten)
data	(Zeichendaten)
firstChild	(erster Kindknoten)
lastChild	(letzter Kindknoten)
nextSibling	(nächster Knoten eines Typs)
nodeName	(Name des Knotens)
nodeType	(Knotentyp)
nodeValue	(Wert/Inhalt des Knotens)
parentNode	(Elternknoten)
previousSibling	(vorheriger Knoten eines Typs)

Methoden

appendChild()	(Kindknoten hinzufügen)
appendData()	(Zeichendaten hinzufügen)
cloneNode()	(Knoten kopieren)
deleteData()	(Zeichendaten löschen)
getAttribute()	(Wert eines Attributknotens ermitteln)
getAttributeNode()	(Attributknoten ermitteln)
hasChildNodes()	(auf Kindknoten prüfen)
insertBefore()	(Knoten einfügen)
insertData()	(Zeichendaten einfügen)
removeAttribute()	(Wert eines Attributknotens löschen)
removeAttributeNode()	(Attributknoten löschen)
removeChild()	(Knoten löschen)

replaceChild() (Kindknoten ersetzen)
replaceData() (Zeichendaten ersetzen)
setAttribute() (Wert eines Attributknotens setzen)
setAttributeNode() (Attributknoten erzeugen)

node: Allgemeines zur Verwendung

Jedes Element, jedes Attribut und alle Zeichendaten stellen eigene Knoten dar. Diese Knoten bilden die Baumstruktur. Das node-Objekt stellt Eigenschaften und Methoden bereit, um auf die einzelnen Knoten zuzugreifen, egal, wie tief diese Knoten in der Baumstruktur liegen.

Das node-Objekt stellt damit die allgemeinere und für alle XML-gerechten Sprachen gültige Variante dessen dar, was die HTML-Elementobjekte speziell für HTML darstellen. Sie können in JavaScripts, die in HTML-Dateien notiert oder eingebunden sind, sowohl mit den HTML-Elementobjekten als auch mit dem node-Objekt arbeiten. Manches ist über die HTML-Elementobjekte bequemer zu lösen, für andere Aufgaben eignet sich wiederum das node-Objekt besser. Das node-Objekt gilt unter Puristen allerdings als das »reinere« DOM, eben weil es nicht auf HTML beschränkt ist.

Um auf die Eigenschaften und Methoden des node-Objekts zugreifen zu können, benötigen Sie einen Knoten. Um auf vorhandene Knoten im Dokument zuzugreifen, werden die Methoden des document-Objekts getElementById, getElementsByName und getElementsByTagName verwendet. Ausgehend davon können Sie die Attributknoten, Textknoten und weitere Element-Kindknoten eines Elements ansprechen. Ein Beispiel:

```
<html><head><title>Test</title>
</head><body>
<h1 id="Ueberschrift" align="center">Knoten in der <i>Baumstruktur</i></h1>
<script type="text/javascript">
<!-
 Elementknoten = document.getElementById("Ueberschrift");
 WertErsterKindknoten = Elementknoten.firstChild.nodeValue;
 document.write("Der Wert ihres ersten Kindknotens lautet: <b>" + WertErsterKindknoten +
"<\/b>");
//->
</script>
</body></html>
```

Die Beispieldatei enthält eine Überschrift erster Ordnung mit Text, von dem ein Teil wiederum als kursiv ausgezeichnet ist. In dem JavaScript, das unterhalb davon notiert ist, wird zunächst mit document.getElementById("Ueberschrift") (ohne weitere Eigenschaft oder Methode dahinter) auf das h1-Element der Überschrift zugegriffen. Der Rückgabewert von getElementById() ist das Knotenobjekt der Überschrift. Der Rückgabewert wird im Beispiel in der Variablen Elementknoten gespeichert. Diese Variable speichert also einen gültigen Knoten des Dokuments, und auf die Variable sind daher die Eigenschaften und Methoden des node-Objekts anwendbar. Im Beispiel wird mit Elementknoten.firstChild.nodeValue der Wert des ersten Kindknotens der Überschrift ermittelt. Dessen Wert wird schließlich mit document.write() ins Dokument geschrieben.

Die Verwendung von Variablen ist nicht zwingend erforderlich. Das obige Beispiel funktioniert genauso, wenn Sie notieren:

```
document.write("Der Wert ihres ersten Kindknotens lautet: <b>" +
document.getElementById("Ueberschrift").firstChild.nodeValue + "<\/b>");
```

Der geschriebene Wert lautet im Beispiel: Knoten in der ..., der erste Kindknoten der Überschrift ist also ihr Zeicheninhalt. Das Wort Baumstruktur gehört nicht dazu, da es ja durch ein i-Element ausgezeichnet ist, das selbst wieder einen eigenen, weiteren Kindknoten der Überschrift darstellt.

Die beiden Attribute, die im einleitenden Überschriften-Tag notiert sind, zählen übrigens **nicht** als Kindknoten. Das W3-Konsortium ist der Auffassung, dass Attribute hierarchisch gesehen keine »Unterobjekte« von Elementen sind, sondern »assoziierte Objekte«. Um auf Attributknoten zuzugreifen, bietet das node-Objekt eigene Eigenschaften und Methoden an. Zum Verständnis ist es jedoch wichtig, dass die Attribute eines Elements nicht als dessen Kindknoten betrachtet werden, weshalb etwa eine Objekteigenschaft wie firstChild die Attribute übergeht.

nodeName

Eigenschaft	DOM 1.0 · JS 1.5 · N 6.x · IE 5.x · Lesen
Objekt: node	Name eines Knotens

Speichert den Namen eines Knotens. Ein Beispiel:

```
<html><head><title>Test</title>
</head><body><script id="dasScript" type="text/javascript">
<!-
Knoten = document.getElementById("dasScript");
var Knoten = document.getElementsByTagName("body")[0].firstChild;
document.write("Dieses Script-Element hat folgende Knotennamen: <b>" + Knoten.nodeName +
"</b>")
//->
</script>
</body></html>
```

Das Beispiel enthält im sichtbaren Dokumentbereich nichts weiter als ein JavaScript, das den Knotennamen des eigenen script-Elements ausgibt, also SCRIPT. Dazu greift das Script mit document.getElementsByTagName("body")[0].firstChild auf das script-Element zu. Dessen Knoten wird in der Variablen Knoten gespeichert. Mit Knoten.nodeName wird dann der Name dieses Knotens ermittelt. Elementknoten und Attributknoten haben Namen, Textknoten jedoch nicht. Beim Versuch, den Namen eines Textknotens zu ermitteln, wird der Wert #text gespeichert.

Berücksichtigen Sie beim Nachvollziehen dieses Beispiels die Besonderheit des Netscape 6.1 im Umgang mit Kindknoten (siehe childNodes).

nodeType

Eigenschaft

DOM 1.0	JS 1.5	N 6.x	IE 5.x	Lesen

Objekt: node — Knotentyp

Speichert den Typ eines Knotens in Form einer Nummer. Das W3-Konsortium hat dazu folgende Zuordnungen festgelegt – einige davon sind XML-spezifisch:

Nummer	*Knotentyp*
1	Elementknoten
2	Attributknoten
3	Textknoten
4	Knoten für CDATA-Bereich
5	Knoten für Entity-Referenz
6	Knoten für Entity
7	Knoten für Verarbeitungsanweisung
8	Knoten für Kommentar
9	Dokumentknoten
10	Dokumenttyp-Knoten
11	Dokumentfragment-Knoten
12	Knoten für Notation

Ein Beispiel:

```
<html><head><title>Test</title>
</head><body>
<p align="center">ein kleiner Text</p>
<script type="text/javascript">
<!-
var Element = document.getElementsByTagName("p")[0];
var Ausrichtung = Element.getAttributeNode("align");
alert(Ausrichtung.nodeType);
//->
</script>
</body></html>
```

Das Beispiel enthält einen Textabsatz mit einem Attribut align= zur Ausrichtung. Unterhalb des Textabsatzes ist ein JavaScript-Bereich notiert. Dort wird mit document.getElementsByTagName("p")[0] auf das p-Element zugegriffen. Mit Element.getAttributeNode("align") wird auf dessen Attributknoten zugegriffen. In der Variablen Ausrichtung steht anschließend das Objekt des Attributknotens. Ein Meldungsfenster gibt dann im Beispiel den Knotentyp dieses Knotens mit Ausrichtung.nodeType aus. Der Wert beträgt 2, da es sich um einen Attributknoten handelt.

Beachten Sie: Der MS Internet Explorer 5.x interpretiert die Eigenschaft nodeType zwar, in Version 5.5 aber nicht das obige Beispiel. Grund ist, dass er die Methode getAttibuteNode()

nicht unterstützt. Im MS Internet Explorer 6.0beta und im MS Internet Explorer 5.0 Macintosh Edition ist das Beispiel dagegen nachvollziehbar.

nodeValue

Eigenschaft — DOM 1.0 | JS 1.5 | N 6.x | 5.x | Lesen Ändern

Objekt: node — Inhalt eines Knotens

Speichert den Wert oder Inhalt eines Knotens. Bei Textknoten ist dies der Text, bei Attributknoten der zugewiesene Attributwert. Bei Elementknoten hat diese Eigenschaft den Wert null. Ein Beispiel:

```
<html><head><title>Test</title>
<script type="text/javascript">
<!-
function TextAendern() {
 document.getElementById("derText").firstChild.nodeValue = document.Formular.neuerText.value;
}
//->
</script>
</head><body>
<p id="derText">Hier steht ein Text</p>
<form name="Formular" action="">
<input type="text" size="40" name="neuerText">
<input type="button" value=" OK " onClick="TextAendern()">
</form>
</body></html>
```

In dem Beispiel ist ein Textabsatz notiert und unterhalb davon ein Formular mit einem Eingabefeld und einem Klick-Button. Beim Anklicken des Buttons wird die Funktion TextAendern() aufgerufen, die im Dateikopf notiert ist. Diese Funktion greift mit document.getElementById ("derText") auf das p-Element zu, weiterhin mit firstChild auf den ersten Kindknoten dieses Elements, also den Textinhalt, und weist dessen Eigenschaft nodeValue den Inhalt aus dem Eingabefeld des Formulars zu.

Beachten Sie: Das Beispiel zeigt, dass nodeValue eine ähnliche Funktionalität hat wie die Eigenschaft all.innerText beim klassischen DHTML nach Microsoft-Syntax. Dennoch gibt es Unterschiede: Wenn beispielsweise notiert wäre:

```
<p>Text mit <b>fettem Text</b></p>
```

dann würde firstChild.nodeValue aus Sicht des p-Elements nur den Wert Text mit liefern und auch nur diesen Teil ändern können, da dahinter durch das innere b-Element ein neuer Knoten beginnt.

Eine direkte Entsprechung zu all.innerHTML gibt es erst recht nicht im DOM. »Inneres HTML« muss im DOM mit Hilfe geeigneter Methoden wie document.createElement(), document.createAttribute() und document.createTextNode() erzeugt werden.

noframes

HTML-Elementobjekt DOM 1.0

Objekt: document Bereich für Browser ohne Frame-Unterstützung

HTML-Elemente <noframes>...</noframes> haben als DOM-Objekte für den Scriptsprachen-Zugriff Universaleigenschaften.

Ein Beispiel:

```
<html><head><title>Test</title>
</head>
<frameset cols="50%,50%">
 <frame id="F1" src="frame1.htm">
 <frame id="F2" src="frame2.htm">
 <noframes title="Das ist aber ein doofer Browser!">
  Ihr Browser kann keine Frames anzeigen!
  <a href="javascript:alert(document.getElementsByTagName('noframes')[0].title)">weitere
Infos</a>
 </noframes>
</frameset>
</html>
```

Das Beispiel enthält eine Frameset-Definition und einen alternativen noframes-Bereich. Innerhalb davon ist ein Verweis notiert, bei dessen Anklicken der Wert der Universaleigenschaft title des einleitenden <noframes>-Tags in einem Meldungsfenster ausgegeben wird.

Beachten Sie: Leider ist dieses Beispiel mit den gängigen Browsern nicht nachvollziehbar, da diese Frames unterstützen und auch kein Abschalten von Frames ermöglichen. Eine Ausnahme bildet hier Opera, der ein Abschalten von Frames zulässt und das Beispiel auch interpretiert.

noscript

HTML-Elementobjekt DOM 1.0

Objekt: document Bereich für Browser ohne Skriptunterstützung

HTML-Elemente <noscript>...</noscript> haben als DOM-Objekte für den Scriptsprachen-Zugriff Universaleigenschaften. Ein Beispiel:

```
<html><head><title>Test</title>
<meta http-equiv="content-type" content="text/html; charset=iso-8859-1">
 </head><body>
<script language="tcl" type="text/tcl">
<!-
 proc square {i} {
   document write "The call passed $i to the function.<BR>"
   return [expr $i * $i]
  }
  document write "The function returned [square 5]."
# ->
```

```
</script>
<noscript id="tcl" title="Ich verstehe kein tcl.">
 <p onmouseover="alert(document.getElementById('tcl').title)">Ein Browser der kein tcl
kann.</p>
 </noscript>
</body></html>
```

Im Beispiel wurde ein Script-Bereich in der Sprache **tcl** dargestellt. Browser, die diese Sprache nicht interpretieren, interpretieren den zugehörigen noscript-Bereich und zeigen den alternativen Text an. Da es sich um eine andere Sprache als JavaScript handelt, können Sie auf das Scriptelement mit JavaScript zugreifen. Wenn die Maus über den Absatz bewegt wird, wird der Titel des noscript-Elementes angezeigt.

Beachten Sie: Der MS Internet Explorer und Netscape interpretieren diesen Tag nur bei ausgeschalteten JavaScript. In Opera 5.12 können Sie das Beispiel jedoch nachvollziehen.

Number

Objekt

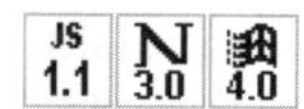

Eigenschaften numerischer Werte

Über das Objekt Number haben Sie Zugriff auf Eigenschaften numerischer Werte. So können Sie ermitteln, ob ein Wert eine gültige Zahl ist oder welches die maximale positive oder negative Zahl ist, die in einer numerischen Variablen gespeichert werden kann.

Eigenschaften

MAX_VALUE	(größte speicherbare Zahl)
MIN_VALUE	(kleinste speicherbare Zahl)
NaN	(keine gültige Zahl)
NEGATIVE_INFINITY	(Zahl zu klein)
POSITIVE_INFINITY	(Zahl zu groß)

Methoden

toExponential()	(Typkonvertierung)
toFixed()	(Typkonvertierung)
toPrecision()	(Typkonvertierung)
toString()	(Typkonvertierung)

Number: Allgemeines zur Verwendung

Eigenschaften des Number-Objekts können Sie direkt ansprechen, indem Sie Number davor notieren.

Ein Beispiel:

```
<html><head><title>Test</title>
<script type="text/javascript">
<!-
var groessteZahl = Number.MAX_VALUE;
alert(groessteZahl);
```

```
var Monat = 13;
if (Monat < 1 || Monat > 12)
{
 Monat = Number.NaN;
 alert(Monat);
}
//->
</script>
</head><body>
</body></html>
```

Das Beispiel definiert zunächst eine Variable namens groessteZahl. Dieser Variablen wird die Eigenschaft Number.MAX_VALUE zugewiesen. Anschließend steht in groessteZahl die größte Zahl, die JavaScript verarbeiten kann. Die Zahl wird zur Kontrolle ausgegeben. Da die Zahl viel zu groß ist, um sie direkt darzustellen, wird sie von JavaScript automatisch in Exponentialschreibweise dargestellt.

Dann definiert das Beispiel eine Variable namens Monat und weist dieser Variablen den Wert 13 zu. Danach wird abgefragt, ob der Wert von Monat, wie es sich für Monate gehört, zwischen 1 und 12 liegt. Wenn nicht (und das ist im Beispiel ja der Fall), wird der Variablen Monat die Eigenschaft Number.NaN zugewiesen. Der Wert von Monat ist danach NaN. Das bedeutet so viel wie: auf jeden Fall keine bzw. eine ungültige Zahl. Zur Kontrolle wird der neue Wert von Monat ausgegeben.

Number()

Methode 

objektunabhängig Objektinhalt in Zahl umwandeln

Konvertiert den Inhalt eines Objekts in eine Zahl und gibt die Zahl zurück. Erwartet den Objektinhalt als Parameter. Wenn sich der übergebene Parameter nicht als Zahl interpretieren lässt, wird NaN (Not a Number) zurückgegeben. Vor allem brauchbar in Verbindung mit dem Date-Objekt. Ein Beispiel:

```
<html><head><title>Test</title>
</head><body>
<script type="text/javascript">
<!-
 var d = new Date ("March 15, 1998 08:27:00");
 document.write(Number(d));
//->
</script></body></html>
```

Das Beispiel definiert ein neues Datumobjekt und initialisiert es mit einem Wert im GMT-Format. Das Datumobjekt wird in der Variablen d gespeichert. Anschließend wird diese Variable der Funktion Number() als Parameter übergeben. Die Funktion Number() hat dabei die gleiche Wirkung wie die Objektmethode d.getTime(), d.h. es wird die Anzahl Millisekunden zwischen dem 1.1.1970 und dem in d gespeicherten Zeitpunkt errechnet. Im Beispiel wird das Ergebnis zur Kontrolle in die Datei geschrieben.

object (HTML-Elementobjekt)

HTML-Elementobjekt DOM 1.0 JS 1.5 N 6.x IE 5.x

Objekt: document Multimedia-Objekt einbinden

HTML-Elemente <object>...</object> haben als DOM-Objekte für den Scriptsprachen-Zugriff Universaleigenschaften sowie die folgenden eigenen Eigenschaften.

Eigenschaft	*Status*	*Bedeutung*
align	Lesen Ändern	Ausrichtung des Objekts
archive	Lesen Ändern	kommaseparierte Liste mit Archivdateien für das Objekt
border	Lesen Ändern	Rahmendicke um Objekt
code	Lesen Ändern	Klassendatei bei Java-Applets
codeBase	Lesen Ändern	Basis-URI für Angaben zu data und archive
codeType	Lesen Ändern	Mime-Type der Datenquelle
data	Lesen Ändern	URI der Datenquelle
declare	Lesen Ändern	Objekt wird geladen, aber nicht initialisiert
form	Lesen	zugehöriges Formularelement
height	Lesen Ändern	Anzeigehöhe
hspace	Lesen Ändern	horizontaler Abstand zwischen Objekt und umfließendem Text
name	Lesen Ändern	Name der Grafik
standBy	Lesen Ändern	Meldungstext, der angezeigt wird, während das Objekt geladen wird
tabIndex	Lesen Ändern	Tabulatorreihenfolge für Objekte
type	Lesen Ändern	Mime-Type der Datenquelle
useMap	Lesen Ändern	Verweis zu einem map-Bereich
vspace	Lesen Ändern	vertikaler Abstand zwischen Objekt und umfließendem Text
width	Lesen Ändern	Anzeigebreite

Ein Beispiel:

```
<html><head><title>Test</title>
<script language="JavaScript" type="text/javascript">
<!-
function groesser() {
 document.getElementById("TXT").width="640";
 document.getElementById("TXT").height="480";
}
//->
</script>
</head><body>
<p><object id="TXT" data="html.txt" type="text/plain" width="320"
height="240"></object></p>
<p><a href="javascript:groesser()">mehr sehen!</a></p>
</body></html>
```

Das Beispiel enthält die Objektdefinition einer TXT-Datei. Unterhalb davon ist ein Verweis notiert. Beim Anklicken des Verweises wird die JavaScript-Funktion groesser() aufgerufen, die im Dateikopf notiert ist. Die Funktion greift mit document.getElementById("TXT") auf das object-Element zu und ändert dessen Eigenschaften für width und height. Das Objekt wird dadurch dynamisch vergrößert.

Beachten Sie: Im Netscape 6.1 war dieses Beispiel nicht nachvollziehbar.

offsetHeight

Eigenschaft — JS 4.0 Lesen

Objekt: all — Höhe des Elements

Speichert die Höhe eines Elements. Das Beispiel gibt mit alert() die reale Höhe des <body>-Tags der Datei aus. Das Ergebnis ist die tatsächliche Anzeigehöhe des Fensters, in dem das Dokument angezeigt wird. Die Eigenschaft lässt sich aber ebenso gut auf HTML-Elemente innerhalb der angezeigten Inhalte anwenden:

```
<html><head><title>Test</title>
</head><body id="DieseDatei">
<script type="text/javascript">
<!-
 alert(document.all.DieseDatei.offsetHeight);
//->
</script>
</body></html>
```

offsetLeft

Eigenschaft — JS 4.0 Lesen

Objekt: all — Abstand des Elements vom linken Rand des Elternelements

Speichert den Abstand eines Elementes zum linken Rand des in der Eigenschaft offsetParent gespeicherten Offset-Elternelementes.

Ein Beispiel:

```
<html><head><title>Test</title>
</head><body>
<div id="Bereich" style="padding:20px">
<p id="Absatz">Hier etwas Text</p>
</div>
<script language="JavaScript" type="text/javascript">
<!-
 alert(document.all.Bereich.offsetLeft);
 alert(document.all.Absatz.offsetLeft);
//->
</script>
</body></html>
```

Im Beispiel wird ein <div>-Tag mit einem <p>-Tag innerhalb davon definiert. Damit ein wenig innerer Abstand in die Sache kommt, wird beim <div>-Tag mit Hilfe einer Stylesheet-Angabe ein Innenabstand definiert. Unterhalb dieser Befehle steht ein JavaScript, das die Abstände der beiden Elemente zum jeweiligen linken Rand des Offset-Elternelementes mit alert() ausgibt. Das Offset-Elternelement des Elementes Bereich ist das Body-Element. Für dieses Element wird der Abstand zwischen Body und Bereich in der Eigenschaft offsetLeft gespeichert. Das Offset-Elternelement des Elementes Absatz ist das Element Bereich selbst. In der Eigenschaft offsetLeft ist jetzt der Abstand vom linken Rand vom Element Bereich bis zum Element gespeichert.

Beachten Sie: Besitzt ein Element einen Innenabstand (padding), so ist im MS Internet Explorer 5.0 die Eigenschaft offsetLeft fehlerhaft, da der gesetzte Innenabstand in die Angabe mit einfließt. Das gilt auch für Padding-Angaben, die in einem inneren Element definiert sind.

offsetParent

Eigenschaft

Objekt: all — Elternelement, das die Positionierung bestimmt

Speichert dasjenige Elternelement eines Elements, von dessen Positionierung die Positionierung des Elements abhängt. offsetParent ist dabei eine Art Zeiger auf das übergeordnete Element. Hinter der Eigenschaft lassen sich wiederum alle Eigenschaften und Methoden des all-Objekts notieren. Diese gelten dann für das Element, auf das der Zeiger zeigt. Existiert kein Offset-Elternelement, so hat die Eigenschaft offsetParent den Wert null. Ein Beispiel:

```
<html><head><title>Test</title>
</head><body>
<table><tr><td><div>
<a><b id="Fett">Hier etwas Text</b></a>
</div></td></tr></table>

<script type="text/javascript">
<!-

var Eltern=document.all.Fett.offsetParent;
while (Eltern) {
```

```
document.write(Eltern.tagName+"<br>");
Eltern=Eltern.offsetParent;
}
//->
</script>
</body></html>
```

Im Beispiel ist eine Tabelle notiert, in deren einziger Zelle weitere Elemente enthalten sind. Das innerste Element ist das Element <b>..</b> mit dem id-Namen Fett. Im nachfolgenden JavaScript-Bereich wird der Variablen Eltern das Offset-Elternelement des Elementes Fett mit Hilfe von offsetParent zugewiesen. Die nachfolgende while-Schleife gibt zu jedem Offset-Elternelement den Namen des Tags aus. Anschließend wird der Variablen Eltern das Offset-Elternelement des gerade angesprochenen Elementes zugewiesen. Die Schleife bricht ab, wenn kein Offset-Elternelement mehr existiert. So wie im Beispiel die all-Objekteigenschaft tagName auf offsetParent angewendet wird, lassen sich auch alle anderen Eigenschaften und Methoden des all-Objekts auf das Element anwenden.

Im Unterschied zur Eigenschaft parentElement wird in der Eigenschaft offsetParent immer dasjenige Element gespeichert, das die Position des Elements im Fenster festlegt.

Beachten Sie: Im MS Internet Explorer 4.0 ist das Offset-Elternelement von einer Tabellenzelle immer die Tabellenzeile. Ab dem MS Internet Explorer 5.0 wird die Tabelle selbst als Offset-Elternelement einer Zelle angesehen.

offsetTop

Eigenschaft

Objekt: all

Abstand zum oberen Rand des Elternelements

Speichert den Abstand eines Elements zum oberen Rand des in der Eigenschaft offsetParent gespeicherten Offset-Elternelements. Ein Beispiel:

```
<html><head><title>Test</title>
</head><body>
<div id="Bereich" style="padding:20px">
<p id="Absatz">Hier etwas Text</p>
</div>
<script type="text/javascript">
<!-
 alert(document.all.Bereich.offsetTop);
 alert(document.all.Absatz.offsetTop);
//->
</script>
</body></html>
```

Im Beispiel wird ein <div>-Tag mit einem <p>-Tag innerhalb davon definiert. Damit ein wenig innerer Abstand in die Sache kommt, wird beim <div>-Tag mit Hilfe einer Stylesheet-Angabe ein Innenabstand definiert. Unterhalb dieser Elemente ist ein JavaScript notiert, das mit alert() die Abstände der beiden Elemente zum oberen Rand des Offset-Elternelementes ausgibt.

Beachten Sie: Im MS Internet Explorer 5.0 wird in einem untergeordneten Element eine bestehende Padding-Angabe des übergeordneten Elementes nicht berücksichtigt, sofern sich kein Element vor dem abgefragten Element befindet.

offsetWidth

Eigenschaft — JS 4.0 Lesen

Objekt: all — Breite des Elements

Speichert die Breite eines Elements. Das Beispiel gibt mit alert() die reale Breite des <body>-Tags der Datei aus. Das Ergebnis ist die tatsächliche Anzeigebreite des Fensters, in dem das Dokument angezeigt wird. Die Eigenschaft lässt sich aber ebenso gut auf HTML-Elemente innerhalb der angezeigten Inhalte anwenden.

```
<html><head><title>Test</title>
</head><body id="DieseDatei">
<script type="text/javascript">
<!-
 alert(document.all.DieseDatei.offsetWidth);
//->
</script>
</body></html>
```

offsetX, offsetY

Eigenschaft 

Objekt: event — Position des Mauszeigers

Microsoft-Syntax. Speichert die horizontalen Pixel (clientX) und die vertikalen Pixel (clientY) der Cursor-Position relativ zur oberen linken Ecke des Elements, das ein Ereignis ausgelöst hat. Ein Beispiel:

```
<html><head><title>Test</title>
<script language="JScript" type="text/jscript">
<!-
function Coords()
 {
  alert("Stelle im Button: " + window.event.offsetX + "/" + window.event.offsetY);
 }
//->
</script>
</head><body>
<form action="">
<input type="button" value="Klick doch mal auf mich drauf" onClick="Coords()">
</form>
</body></html>
```

Das Beispiel enthält ein Formular mit einem Button. Beim Anklicken des Buttons wird die Funktion Coords() aufgerufen. Diese gibt die Pixelkoordinaten des Mausklicks relativ zur oberen linken Ecke des Elements, also des Buttons, aus.

ol

HTML-Elementobjekt DOM 1.0 JS 1.5 N 6.x 5.x

Objekt: document Numerierte Liste

HTML-Elemente <ol>...</ol> haben als DOM-Objekte für den Scriptsprachen-Zugriff Universaleigenschaften sowie die folgenden eigenen Eigenschaften.

Eigenschaft	*Status*	*Bedeutung*
compact	Lesen Ändern	Darstellung in enger Schrift
start	Lesen Ändern	Startwert für die Nummerierung
type	Lesen Ändern	Art der Nummerierung

Ein Beispiel:

```
<html><head><title>Test</title>
<script type="text/javascript">
<!-
function roemisch() {
 document.getElementById("Liste").type="I";
}
function normal() {
 document.getElementById("Liste").type="1";
}
//->
</script>
</head><body>
<ol id="Liste">
<li>eins</li>
<li>zwei</li>
<li>drei</li>
<li>vier</li>
<li>fünf</li>
</ol>
<a href="javascript:roemisch()">römisch</a><br>
<a href="javascript:normal()">normal</a>
</body></html>
```

Das Beispiel enthält eine nummerierte Liste. Unterhalb davon sind zwei Verweise notiert. Der eine ruft eine JavaScript-Funktion roemisch() auf, der andere eine Funktion normal(). Beide Funktionen greifen jeweils mit document.getElementById("Liste") auf das Start-Tag der nummerierten Liste zu und ändern dessen Eigenschaft type. Im einen Fall wird die Nummerierung dynamisch durch römische Ziffern ersetzt, im andern Fall werden wieder arabische Ziffern benutzt.

open()

Methode — DOM 1.0 | JS 1.0 | N 2.0 | IE 3.0

Objekt: document — Fensterinhalt zum beschreiben öffnen

Öffnet ein Dokument zum Schreiben. Dabei wird kein Fenster geöffnet, sondern der Fensterinhalt zum Neubeschreiben freigegeben. Falls das Dokument vorher einen Inhalt hatte, zum Beispiel eine zunächst geladene HTML-Datei, sollten Sie zuerst die close()-Methode aufrufen.

Kann ohne, mit einem oder mit zwei Parametern aufgerufen werden. Folgende Parameter sind möglich:
1. *Mime-Type* = Eine Bezeichnung des Mime-Types für die Art der Daten, die in das Dokumentfenster geschrieben werden sollen. So können Sie das Dokumentfenster beispielsweise durch Angabe von "x-world/x-vrml" zum Schreiben von VRML-Code öffnen. Mit write()- und writeln()-Befehlen können Sie dann dynamisch VRML-Code schreiben.
2. *replace* = mit document.open("text/html","replace") öffnen Sie das Dokument zum Schreiben von HTML und bewirken, dass der neue Dokumentinhalt die gleiche Stelle in der History der besuchten Seiten einnimmt wie das Dokument, in dem der open()-Befehl steht.
Ein Beispiel:

```
<html><head><title>Test</title>
</head><body>
<script type="text/javascript">
<!-
function Wechsel() {
 document.open();
 document.write("<a href=\"datei.htm\">Und jetzt steh ich hier</a>");
 document.close();
}
document.open();
document.write("<a href=\"javascript:Wechsel()\">Noch steh ich hier</a>");
document.close();
//->
</script>
</body></html>
```

Das Beispielscript führt zunächst den unteren Teil des Codes aus, da der obere in die Funktion Wechsel() eingebunden ist, die erst bei Aufruf ausgeführt wird. Im unteren Teil wird mit JavaScript dynamisch ein Verweis in das Dokumentfenster geschrieben. Wenn der Anwender den Verweis anklickt, wird die Funktion Wechsel() aufgerufen. Diese Funktion öffnet das Dokumentfenster zum neuen Schreiben und schreibt dynamisch einen Verweis auf die aktuelle Datei (im Beispiel wird angenommen, dass diese Datei *datei.htm* heißt). Klickt der Anwender auf den Verweis, wird die Datei erneut geladen, und dadurch wird wieder der erste Verweis geschrieben.

Beachten Sie: Das Beispiel funktioniert erst ab Netscape 3.x so wie beschrieben. Netscape 2.x kennt die document.open() zwar auch schon, doch leert dabei das Dokumentfenster nicht. Opera 5.12 kennt laut Dokumentation die Methode open() und wendet sie in vielen Fällen richtig an. Das vorliegende Beispiel wird jedoch vom Browser nicht abgeschlossen und nur ohne Verwendung von document.open() richtig ausgeführt. Als Alternative können Sie die Funktion mit <a href="#" onclick="Wechsel();return false"> aufrufen.

open()

Methode JS 1.0 N 2.0 3.0

Objekt: window Fenster öffnen

Öffnet ein neues Fenster. Erwartet mindestens zwei, optional auch drei Parameter:

1. *URI* = Zieladresse einer Datei, die in das neue Fenster geladen werden soll. Wenn sich die Datei im gleichen Verzeichnis befindet, genügt der Dateiname. Ansonsten relative Pfadnamen oder absolute http-Adressen angeben. Bei Netscape darf dies auch eine leere Zeichenkette sein (öffnet ein leeres Fenster), was beim MS Internet Explorer 4 und Opera 5.12 allerdings zu einer Fehlermeldung führt. Anstelle eines URI können Sie auch mit about:blank eine leere Datei in das Fenster laden.

2. *Fenstername* = Ein Name, der aus Buchstaben, Ziffern und Unterstrich bestehen darf. Unter diesem Namen können beispielsweise Verweise ihre Ziele mit <a href="ziel.htm" target= "NameDesFensters"> in das erzeugte Fenster laden. Gültige Fensternamen sind auch _blank, _parent, _self und _top. Opera 5.12 öffnet jedoch in jedem Fall die Datei im gleichen Fenster. Netscape 6.x interpretiert die Angabe _parent nicht.

3. (optional) *Angaben zum Aussehen des Fensters* = Eine Zeichenkette, in der Sie die Größe und die Eigenschaften des Fensters festlegen können. Mehrere Angaben sind durch Kommata zu trennen. Folgende Angaben sind möglich:

Eigenschaft	*Wertzuweisung*	*Status*	*Bedeutung*
dependent=	yes|no	JS 1.2 N 4.0	Wenn ja (yes), wird das Fenster geschlossen, wenn sein Elternfenster geschlossen wird. Wenn nein (no = Voreinstellung), bleibt das Fenster erhalten, wenn sein Elternfenster geschlossen wird.
height=	[Pixel]	JS 1.0 N 2.0 3.0	Höhe des neuen Fensters in Pixeln, z.B. height=200.
hotkeys=	yes|no	JS 1.2 N 4.0	Wenn nein (no), werden Tastaturbefehle zum Steuern des Browsers in dem Fenster deaktiviert. Wenn ja (yes = Voreinstellung), bleiben Tastaturbefehle des Browsers in dem Fenster gültig.
innerHeight=	[Pixel]	JS 1.2 N 4.0	Höhe des Anzeigebereichs des neuen Fensters in Pixeln, z.B. innerHeight=200.
innerWidth=	[Pixel]	JS 1.2 N 4.0	Breite des Anzeigebereichs des neuen Fensters in Pixeln, z.B. innerWidth=200.

Eigenschaft	*Wertzuweisung*	*Status*	*Bedeutung*
left=	[Pixel]	JS 1.2 N 4.0 IE 4.0	Horizontalwert der linken oberen Ecke des neuen Fensters in Pixeln, z.B. left=100.
location=	yes|no	JS 1.0 N 2.0 IE 3.0	Wenn ja (yes), erhält das Fenster eine eigene Adresszeile. Wenn nein (no), erhält es keine Adresszeile. Voreinstellung ist no, beim Internet Explorer jedoch nur, wenn die Optionenzeichenkette mindestens eine Option enthält. Netscape 6.1 interpretiert diese Angabe nicht.
menubar=	yes|no	JS 1.0 N 2.0 IE 3.0	Wenn ja (yes), erhält das Fenster eine eigene Menüleiste mit Browser-Befehlen. Wenn nein (no), erhält es keine Menüleiste. Voreinstellung ist no, beim Internet Explorer jedoch nur, wenn die Optionenzeichenkette mindestens eine Option enthält.
resizable=	yes|no	JS 1.0 N 2.0 IE 3.0	Wenn ja (yes), kann der Anwender das Fenster in der Größe verändern. Wenn nein (no), kann er die Fenstergröße nicht ändern. Voreinstellung ist no, beim Internet Explorer jedoch nur, wenn die Optionenzeichenkette mindestens eine Option enthält.
screenX=	[Pixel]	JS 1.2 N 4.0	Horizontalwert der linken oberen Ecke des neuen Fensters in Pixeln, z.B. screenX=100.
screenY=	[Pixel]	JS 1.2 N 4.0	Vertikalwert der linken oberen Ecke des neuen Fensters in Pixeln, z.B. screenY=30.
scrollbars=	yes|no	JS 1.0 N 2.0 IE 3.0	Wenn ja (yes), erhält das Fenster Scroll-Leisten. Wenn nein (no), kann der Anwender in dem Fenster nicht scrollen. Voreinstellung ist no, beim Internet Explorer jedoch nur, wenn die Optionenzeichenkette mindestens eine Option enthält.
status=	yes|no	JS 1.0 N 2.0 IE 3.0	Wenn ja (yes), erhält das Fenster eine eigene Statuszeile. Wenn nein (no), erhält es keine Statuszeile. Voreinstellung ist no, beim Internet Explorer jedoch nur, wenn die Optionenzeichenkette mindestens eine Option enthält.
toolbar=	yes|no	JS 1.0 N 2.0 IE 3.0	Wenn ja (yes), erhält das Fenster eine eigene Werkzeugleiste. Wenn nein (no), erhält es keine Werkzeugleiste. Voreinstellung ist no, beim Internet Explorer jedoch nur, wenn die Optionenzeichenkette mindestens eine Option enthält.

Eigenschaft	*Wertzuweisung*	*Status*	*Bedeutung*
top=	[Pixel]	JS 1.2 N 4.0 MSIE 4.0	Vertikalwert der linken oberen Ecke des neuen Fensters in Pixeln, z.B. top=100.
width=	[Pixel]	JS 1.0 N 2.0 MSIE 3.0	Breite des neuen Fensters in Pixeln, z.B. width=400.

Ein Beispiel:

```
<html><head><title>Test</title>
<script type="text/javascript">
<!-
F1 = window.open("datei.htm","Fenster1","width=310,height=400,left=0,top=0");
F2 = window.open("datei.htm","Fenster2","width=310,height=400,left=320,top=0");
self.focus();
self.close();
//->
</script>
</head><body>
</body></html>
```

Das Beispiel öffnet beim Einlesen der Datei zwei weitere Fenster so, dass sie nebeneinander angeordnet sind. Anschließend schließt sich das Hauptfenster selbst. Angenommen, in *datei.htm* (wird ins erste Fenster geladen) steht ein Verweis, dessen Ziel im zweiten Fenster angezeigt werden soll. Dazu können Sie notieren:

```
<a href="datei.htm" target="Fenster2">Verweistext</a>
```

Wichtig ist dabei die Angabe target=. Dort müssen Sie den Fensternamen angeben, den Sie bei der Definition des gewünschten Zielfensters vergeben haben – im Beispiel "Fenster2".

Beachten Sie: Die meisten Browser erlauben keine Fensterhöhe oder -breite, die kleiner als 100px ist. Je nach Betriebssystem und Browser wird bei kleineren Fenstern eine Fehlermeldung (Zugriff verweigert) ausgegeben bzw. die jeweiligen Minimalwerte verwendet.

opener

Objekt

Zugriff auf das Elternfenster

Genau so, wie Sie vom Hauptfenster auf ein mit open() erzeugtes Zweitfenster zugreifen können, können Sie von einem solchen Zweitfenster auf das Hauptfenster zugreifen. Dazu gibt es das Fenster-Objekt opener. Damit wird das Fenster angesprochen, von dem aus das aktuelle Fenster geöffnet wurde. Über das Objekt opener können Sie alle Eigenschaften und Methoden des öffnenden Fensters ansprechen.

Testbeispiel (im Zweitfenster):

```
<a href="javascript:opener.close()">Hauptfenster zumachen</a>
```

Notieren Sie nach opener einen Punkt und danach die gewünschte Methode oder Eigenschaft.

optgroup

HTML-Elementobjekt — DOM 1.0 | JS 1.5 | N 6.x | IE 5.x

Objekt: document — Verschachtelte Auswahlliste definieren

HTML-Elemente <optgroup>...</optgroup> haben als DOM-Objekte für den Scriptsprachen-Zugriff Universaleigenschaften sowie die folgenden eigenen Eigenschaften.

Eigenschaft	*Status*	*Bedeutung*
disabled	Lesen Ändern	Gruppe von Einträgen kann nicht ausgewählt werden
label	Lesen Ändern	Text des Gruppeneintrags

Ein Beispiel:

```
<html><head><title>Test</title>
</head><body>
<form name="Auswahl" action="">
<select name="Namen" size="1" onChange="alert(document.getElementById('A').label)">
 <optgroup label="Namen mit A" id="A">
  <option label="Anna"> Anna</option>
  <option label="Anke"> Anke</option>
 </optgroup>
</select>
</form>
</body></html>
```

Das Beispiel definiert eine Menüstruktur. Sobald ein Eintrag ausgewählt ist (onChange), wird in einem Meldungsfenster der Wert der Eigenschaft label des optgroup-Elements mit dem id-Wert A ausgegeben.

Beachten Sie: Weder Netscape noch Internet Explorer interpretieren Menüstrukturen bis auf den heutigen Tag korrekt – Netscape 6.x zwar ansatzweise, aber noch nicht so wie es gedacht ist. Dennoch interpretieren beide Browser das obige JavaScript.

option

HTML-Elementobjekt — DOM 1.0 | JS 1.5 | N 6.x | IE 5.x

Objekt: document — Eintrag in Auswahlliste definieren

HTML-Elemente <option>...</option> haben als DOM-Objekte für den Scriptsprachen-Zugriff Universaleigenschaften sowie die folgenden eigenen Eigenschaften.

Eigenschaft	*Status*	*Bedeutung*
defaultSelected	Lesen Ändern	vorausgewählter Auswahllisteneintrag
disabled	Lesen Ändern	Auswahllisteneintrag kann nicht ausgewählt werden
form	Lesen	zugehöriges Formular
index	Lesen	Indexnummer des Auswahllisteneintrags (erster Eintrag hat Nummer 0, zweiter Nummer 1 usw.)
label	Lesen Ändern	Text des Eintrags im Zusammenhang mit Menüstrukturen
selected	Lesen Ändern	Auswahllisteneintrag wird ausgewählt
text	Lesen	Text des Auswahllisteneintrags
value	Lesen Ändern	Absendewert des Auswahllisteneintrags

Ein Beispiel:

```
<html><head><title>Test</title>
</head><body>
<form name="Auswahl" action="">
<select name="Zutaten" size="1">
  <option value="Z_101">Salami</option>
  <option value="Z_102">Pilze</option>
  <option value="Z_103">Schinken</option>
  <option value="Z_104">Oliven</option>
  <option value="Z_105">Paprika</option>
</select>
</form>
<script language="JavaScript" type="text/javascript">
<!-
document.write("<table border=\"1\">");

for(i = 0; i < document.getElementsByTagName("option").length; i++) {
 document.write("<tr><td><b>Zutat:<\/b><\/td><td>");
 document.write(document.getElementsByTagName("option")[i].text);
 document.write("<\/td><td><b>interner Absendewert:<\/b><\/td><td>");
 document.write(document.getElementsByTagName("option")[i].value);
 document.write("<\/td><\/tr>");
}

document.write("<\/table>");

//->
</script>
</body></html>
```

Das Beispiel enthält ein Formular mit einer Auswahlliste. Unterhalb davon ist ein Script notiert, das dynamisch eine Tabelle ins Dokument schreibt. Dazu geht es in einer for-Schleife der Reihe nach alle option-Elemente durch und greift mit document.getElementsByTagName ("option") auf die einzelnen option-Elemente zu. Für jedes Element werden der interne Absendewert (value) und der Auswahltext (text) in die Tabelle geschrieben.

Beachten Sie: Das vorliegende Beispiel wird auch von Opera 5.12 interpretiert.

options

Objekt

JS 1.0 | N 2.0 | 3.0

Zugriff auf Auswahllisten in Formularen

Mit dem Objekt options, das in der JavaScript-Objekthierarchie unterhalb des elements-Objekts liegt, haben Sie Zugriff auf Auswahllisten innerhalb eines Formulars. Sie können dabei auf jede einzelne Auswahlmöglichkeit der Auswahlliste zugreifen.

Eigenschaften

defaultSelected	(voreingestellte Auswahl)
length	(Anzahl der Auswahlmöglichkeiten)
selected	(aktuelle Auswahl)
selectedIndex	(Index der aktuellen Auswahl)
text	(Auswahltext)
value	(Auswahlwert)

option: Allgemeines zur Verwendung

Es stehen folgende Arten zur Verfügung, mit JavaScript auf die Optionen einer Auswahlliste zuzugreifen:

Schema 1 / Beispiel 1:

```
document.forms[#].elements[#].options[#].Eigenschaft
document.forms[#].elements[#].Eigenschaft

document.forms[0].elements[0].options[4].text = "Unsinn";
document.forms[0].elements[0].selectedIndex = 2;
```

Schema 2 / Beispiel 2:

```
document.FormularName.Elementname.options[#].Eigenschaft
document.FormularName.Elementname.options.Eigenschaft

document.Testformular.Auswahl.options[4].text = "Unsinn";
document.Testformular.Auswahl.selectedIndex = 2;
```

Auswahllisten sind ganz normale Formularelemente. Auswahllisten sprechen Sie also an wie andere Formularelemente auch:

- Mit einer Indexnummer (wie in Schema 1 / Beispiel 1): Bei Verwendung von Indexnummern geben Sie document.forms an und dahinter in eckigen Klammern, das wievielte Formular in der Datei Sie meinen. Beachten Sie, dass der Zähler bei 0 beginnt, d.h. das erste

Formular sprechen Sie mit forms[0] an, das zweite Formular mit forms[1] usw. Beim Zählen gilt die Reihenfolge, in der die <form>-Tags in der Datei notiert sind. Dann folgt die Angabe elements. Auch dahinter notieren Sie wieder eine Indexnummer in eckigen Klammern. Auch dabei wird wieder bei 0 zu zählen begonnen, d.h. das erste Element innerhalb eines Formulars hat die Indexnummer 0, das zweite die Indexnummer 1 usw. Sie müssen dabei die Indexnummer der gewünschten Auswahlliste ermitteln.

- Mit Namen (wie in Schema 2 / Beispiel 2): Dabei geben Sie mit document.FormularName.ElementName den Namen des Formulars und der Auswahlliste an, den Sie in HTML mit <form name=> und <select name=> vergeben.

Hinzu kommt bei Auswahllisten in einigen Fällen die Angabe options für einzelne Auswahlmöglichkeiten der Auswahlliste. Es gibt Objekteigenschaften von options, bei denen Sie diese Angabe, gefolgt von einer Indexnummer der gewünschten Auswahloption, angeben müssen. Die erste Auswahlmöglichkeit der Liste hat die Indexnummer 0, die zweite die Indexnummer 1 usw. Andere Objekteigenschaften benötigen keine Angabe von options. Bei den Beispielen auf dieser Seite wird jeweils gezeigt, wie Sie eine Eigenschaft des options-Objekts genau ansprechen.

JS 1.0 N 2.0 4.0 Neue Elemente in Auswahlliste einfügen

Sie können innerhalb eines JavaScripts neue Elemente zu einer Auswahlliste hinzufügen oder vorhandene Einträge durch neue ersetzen. Dazu müssen Sie mit Hilfe von JavaScript ein neues option-Objekt erzeugen und es einer Auswahlliste zuordnen. Ein Beispiel:

```
<html><head><title>Test</title>
<script type="text/javascript">
<!-
function Hinzufuegen() {
 NeuerEintrag = new
Option(document.Testform.neu.value,document.Testform.neu.value,false,true);
 document.Testform.Auswahl.options[document.Testform.Auswahl.length] = NeuerEintrag;
 document.Testform.neu.value = "";
}
//->
</script>
</head><body>
<form name="Testform" action="">
<select name="Auswahl" size="8">
<option>Ein Eintrag</option>
</select>
<br>
<input type="text" name="neu">
<input type="button" value="Hinzu" onClick="Hinzufuegen()">
</form>
</body></html>
```

Im Beispiel wird ein Formular definiert, das eine Auswahlliste mit einem Eintrag, ein Eingabefeld und einen Button enthält. In dem Eingabefeld kann der Anwender Einträge eingeben, die er der Auswahlliste hinzufügen möchte. Beim Klick auf den Button wird der eingegebene Wert als Eintrag in die Auswahlliste übernommen.

Dazu wird die Funktion Hinzufuegen() aufgerufen, die im Dateikopf notiert ist. Mit der ersten Anweisung in dieser Funktion wird mit new Option ein neues option-Objekt erzeugt. Als Parameter wird unter anderem der Text übergeben, der bei dem neuen Listeneintrag angezeigt werden soll. Im Beispiel ist das der Wert des Eingabefeldes, das der Anwender ausgefüllt hat (document.Testform.neu.value). Anschließend müssen Sie angeben, an welcher Stelle in der Auswahlliste der neu erzeugte Eintrag eingefügt werden soll. Im obigen Beispiel soll der neue Eintrag jeweils ans Ende der Liste angehängt werden. Dazu wird der neue Eintrag einer Indexnummer der Auswahlliste zugeordnet, die mit der Eigenschaft length ermittelt wird. Diese Syntax können Sie stets benutzen, um Listeneinträge ans Ende einer Liste einzufügen. Doch wenn Sie, im obigen Beispiel den ersten Eintrag der Liste mit dem neuen Eintrag überschreiben wollten, dann müsste innerhalb der Funktion Hinzufuegen() dieser Befehl:

```
document.Testform.Auswahl.options[document.Testform.Auswahl.length] = NeuerEintrag;
```

wie folgt lauten:

```
document.Testform.Auswahl.options[0] = NeuerEintrag;
```

- Durch Angabe einer Indexnummer, die in der Liste schon vorkommt, überschreiben Sie also einen Eintrag. new Option() kennt vier Parameter, von denen die drei letzten Parameter optional sind.
- *text* = angezeigter Text in der Liste.
- *value* = zu übertragender Wert der Liste (optional).
- *defaultSelected* = true übergeben, wenn der Eintrag der defaultmäßig vorselektierte Eintrag sein soll, sonst false (optional).
- *selected* = true übergeben, wenn der Eintrag selektiert werden soll (optional). Opera 5.12 interpretiert die beiden letzten Parameter und Netscape 6.1 den letzten Parameter nicht.

Beachten Sie: Im Internet Explorer 5.0 können Sie nicht fensterübergreifend eine Auswahlliste ändern. Der Browser reagiert darauf mit einer Fehlermeldung bzw. mit einem Absturz. Notieren Sie deshalb die ändernde Funktion immer im gleichen Dokument wie die Liste und rufen Sie die Funktion gegebenenfalls fensterübergreifend auf.

JS 1.0 | N 2.0 | IE 4.0 Elemente aus Auswahlliste löschen

Elemente können Sie löschen, indem Sie ihnen den Wert null zuordnen. Alternativ ist es auch möglich, dem Option-Array eine neue Länge zuzuweisen. Ein Beispiel:

```
<html><head><title>Test</title>
<script type="text/javascript">
<!-
function Loeschen() {
 document.Testform.Auswahl.options[document.Testform.Auswahl.length-1] = null;
}
//->
</script>
</head><body>
<form name="Testform" action="">
<select name="Auswahl" size="8">
<option>Auswahl 1</option>
```

```
<option>Auswahl 2</option>
<option>Auswahl 3</option>
<option>Auswahl 4</option>
<option>Auswahl 5</option>
</select>
<br>
<input type="button" value="Loeschen" onClick="Loeschen()">
</form>
</body></html>
```

Das Beispiel enthält ein Formular mit einer Auswahlliste mit einem Button. Beim Anklicken des Buttons wird der jeweils letzte Eintrag aus der Auswahlliste gelöscht. Dazu wird die Funktion Loeschen() aufgerufen. Die erste Anweisung in der Funktion löscht einen Listeneintrag. Zum Löschen eines Eintrags geben Sie die Indexnummer des zu löschenden Eintrags an. Im Beispiel wird dabei document.Testform.Auswahl.length-1 angegeben – das ist die Indexnummer des jeweils letzten Eintrags. Genauso gut können Sie aber auch 0 angeben, um den ersten Listeneintrag zu löschen, 1, um den zweiten zu löschen usw. Der Löschvorgang kommt zustande, indem Sie dem Listeneintrag den Wert null zuweisen.

outerHeight

Eigenschaft — JS 1.2 | N 4.0 | Lesen Ändern

Objekt: window — Gesamthöhe des Fensters

Speichert die Gesamthöhe eines Fensters, inklusive Titelleiste, Menüleiste, Statuszeile usw. Ein Beispiel:

```
<html><head><title>Test</title>
<script type="text/javascript">
<!-
 alert("Gesamthoehe dieses Fensters: " + window.outerHeight + "  Pixel");
 window.outerHeight = 300;
 alert("Gesamthoehe jetzt: " + window.outerHeight + "  Pixel");
//->
</script>
</head><body>
</body></html>
```

Das Beispiel gibt beim Einlesen zunächst die Höhe des aktuellen Fensters aus. Dann setzt es die Höhe neu fest, und zwar auf 300 Pixel. Anschließend wird die neue Fensterhöhe zur Kontrolle mit alert() nochmals ausgegeben.

Beachten Sie: Unter Opera 5.12 können Sie die Eigenschaft outerHeight nur auslesen, jedoch nicht setzen.

outerHTML

Eigenschaft — JS | 4.0 | Lesen Ändern

Objekt: all — Inhalt eines Elements plus HTML-Tags

Speichert den Inhalt eines HTML-Tags plus das Anfangs- und End-Tag mit allen Angaben. Ein Beispiel:

```
<html>
<head>
<title>Test</title>
</head>
<body>
<a id="Verweis" href="javascript:alert(this.Verweis.outerHTML)">Verweis</a>
</body></html>
```

Das Beispiel enthält einen Verweis, der beim Anklicken seinen eigenen vollständigen HTML-Konstrukt mit alert() ausgibt. Die Eigenschaft outerHTML sollten Sie nicht direkt beim Einlesen der HTML-Datei anwenden, sondern immer erst abhängig von Aktionen wie Verweisklicks oder Button-Klicks oder mit einem setTimeout() von einigen Sekunden davor. Bei Anwendung direkt beim Einlesen der Datei meldet der MS Internet Explorer 4.0 einen Laufzeitfehler.

outerText

Eigenschaft

Objekt: all — Textinhalt eines Elements inklusive HTML-Tags

Speichert den gleichen Wert wie innerText, kann jedoch beim Ändern umgebende HTML-Tags entfernen und durch Text ersetzen. Ein Beispiel:

```
<html><head><title>Test</title>
<script type="text/javascript">
<!-
function Test() {
 document.all.fett.outerText = document.all.fett.innerText;
}
//->
</script>
</head><body>
<p>Text mit <b id="fett" onclick="Test()">fetter Schrift</b></p>
</body></html>
```

Das Beispiel enthält einen Text mit einem als fett markierten Teil. Beim Anklicken des fetten Teils wird die Funktion Test() aufgerufen. Diese Funktion ersetzt den Wert von outerText des fetten Elements durch den Wert von innerText des gleichen Elements. Der Effekt ist, dass die Formatierung mit <b>...</b> verloren geht, weil outerText intern die umgebende HTML-Formatierung mit speichert, innerText aber nicht.

Die Eigenschaft outerText sollten Sie nicht direkt beim Einlesen der HTML-Datei anwenden, sondern immer erst abhängig von Aktionen wie Verweisklicks oder Button-Klicks oder mit einem setTimeout() von einigen Sekunden davor. Bei Anwendung direkt beim Einlesen der Datei meldet der MS Internet Explorer 4.0 einen Laufzeitfehler.

outerWidth

Eigenschaft JS 1.2 N 4.0 Lesen Ändern

Objekt: window Gesamtbreite des Fensters

Speichert die Gesamtbreite eines Fensters, inklusive Fensterränder. Das Beispiel fragt beim Einlesen der Datei ab, ob die Breite des aktuellen Fensters mehr als 640 Pixel beträgt. Wenn ja, wird die Breite auf 640 Pixel festgesetzt.

```
<html><head><title>Test</title>
<script type="text/javascript">
<!-
if(window.outerWidth > 640)
 window.outerHeight = 640;
//->
</script>
</head><body>
</body></html>
```

Beachten Sie: Unter Opera 5.12 können Sie die Eigenschaft outerWidth nur auslesen, jedoch nicht setzen.

p

HTML-Elementobjekt DOM 1.0 JS 1.5 N 6.x IE 5.x

Objekt: document Absatz

HTML-Elemente <p>...</p> haben als DOM-Objekte für den Scriptsprachen-Zugriff Universaleigenschaften sowie die folgende eigene Eigenschaft.

Eigenschaft	*Status*	*Bedeutung*
align	Lesen Ändern	Ausrichtung

Ein Beispiel:

```
<html><head><title>Test</title>
<script type="text/javascript">
<!-
function Ausrichten(wie) {
 for(var i = 0; i < document.getElementsByTagName("p").length; i++) {
  document.getElementsByTagName("p")[i].align = wie;
 }
}
//->
</script>
</head><body>
<p>Der erste</p>
```

```
<p>Der zweite</p>
<p>Der dritte</p>
<form name="Formular" action="">
<input type="button" value="links" onClick="Ausrichten('left')">
<input type="button" value="zentriert" onClick="Ausrichten('center')">
<input type="button" value="rechts" onClick="Ausrichten('right')">
</form>
</body></html>
```

Das Beispiel enthält drei Textabsätze. Unterhalb davon ist ein Formular mit drei Klick-Buttons notiert. Jeder Button ruft beim Anklicken die JavaScript-Funktion Ausrichten() auf, die im Dateikopf notiert ist, und übergibt ihr einen Wunschwert für die Ausrichtung (left, center und right). Die Funktion Ausrichten() geht in einer for-Schleife mit document.getElementsByTagName ("p") der Reihe nach alle p-Elemente des Dokuments durch und weist ihren Eigenschaften align den übergebenen Parameter für die Ausrichtung zu. Dadurch bewirkt der Klick auf einen der Buttons die dynamische Ausrichtung aller Textabsätze.

pageX

Eigenschaft	JS 1.2	N 4.0	Lesen
Objekt: event	Position des Mauszeigers		

Netscape-Syntax. Speichert die horizontalen Pixel (pageX) und die vertikalen Pixel (pageY) der Cursor-Position relativ zur oberen linken Ecke der Seite, wenn z.B. Mausereignisse überwacht werden. Ein Beispiel:

```
<html><head><title>Test</title>
<script type="text/javascript">
<!-
function LayerPos(Ereignis)
{
 if (document.layers) {
        document.layers[0].left = Ereignis.pageX;
        document.layers[0].top = Ereignis.pageY;
                     }
 else if (window.netscape) {
    document.getElementsByTagName("div")[0].style.left = Ereignis.pageX;
    document.getElementsByTagName("div")[0].style.top = Ereignis.pageY;
 }
}
document.onmouseup = LayerPos;
//->
</script>
</head><body>
<div style="position:absolute;top:50px;left:50px;width:100px;height:100px;
      background-color:#FFE0FF;border:solid 1px #000000;">
Ein Layer<br><br>
</div>

</body></html>
```

Das Beispiel enthält einen simulierten Layer. Wenn der Anwender mit der Maus in das Fenster klickt und die Maustaste dann wieder loslässt, wird der Layer an die Position verschoben, an der die Maus losgelassen wurde.

Da die Eigenschaften pageX und pageY auch von Netscape 6 interpretiert werden, wurde das Beispiel entsprechend kompatibel gestaltet. Statt eines Layers (Netscape 6 kennt keine Layer mehr) wird mit einem absolut positionierten div-Bereich ein Layer ohne layer-Element simuliert. Wenn die Maustaste gedrückt und wieder losgelassen wird, wird die Funktion LayerPos() aufgerufen. Innerhalb dieser Funktion wird geprüft, ob der Browser das Objekt layer kennt. Ist das der Fall, erfolgt die Zuweisung des Wertes über das layer-Objekt. Diesem Zweig der Anweisung folgt Netscape 4.x. Kennt der Browser das Objekt dagegen nicht, dann wird im else-Zweig geprüft, ob er das Objekt window.netscape kennt. Da dieses Objekt nur einem Netscape-basierten Browser bekannt ist, werden der MS Internet Explorer und Opera ausgeschlossen. Anschließend erfolgt die Zuweisung der Eigenschaft an das Element entsprechend der DOM-Syntax. Beide Zweige der if/-else-Anweisung verwenden jedoch die gleichen Event-Eigenschaften.

pageX

Eigenschaft	JS 1.2	N 4.0	Lesen Ändern
Objekt: layers	X-Position der linken oberen Layer-Ecke		

Speichert den Pixelwert für links von der linken oberen Ecke eines Layers. Bezug ist dabei das globale Dokument, auch wenn der aktuelle Layer innerhalb eines anderen Layers definiert ist. Ein Beispiel:

```
<html><head><title>Test</title>
<script type="text/javascript">
<!-
 function NachLinks()
 {
  document.Layerchen.pageX = 0;
 }
//->
</script>
</head><body>
<layer name="Layerchen" left="300" width="300" bgcolor="#FFFFE0">
<a href="javascript:NachLinks()">Nach links mit diesem Layer</a>
</layer>
</body></html>
```

Das Beispiel enthält einen Layer, beginnend bei Pixelposition 300 von links, mit einem Verweis. Beim Anklicken des Verweises wird die Funktion NachLinks() aufgerufen, die im Dateikopf in einem Script-Bereich notiert ist. Diese Funktion ändert den Links-Wert des Layers auf 0, sodass der Layer anschließend ganz links beginnt.

pageXOffset

Eigenschaft | JS 1.1 | N 3.0 | Lesen

Objekt: window — Horizontale Position gemessen ab linkem Fensterrand

Speichert die aktuelle horizontale Position innerhalb der Seite, gemessen am linken Fensterrand. So lässt sich ermitteln, wie weit der Anwender bereits nach rechts gescrollt hat. Sinnvoll in Verbindung der Verwendung mit scrollBy() oder scrollTo(). Ein Beispiel:

```
<html><head><title>Test</title>
<script type="text/javascript">
<!-
function Set0() {
 if(parent.frames[1].pageXOffset > 0)
   parent.frames[1].scrollTo(0,parent.frames[1].pageYOffset);
}
//->
</script>
</head><body>
<a href="javascript:Set0()">nach links</a>
</body></html>
```

Im Beispiel wird angenommen, es gibt ein anderes Frame-Fenster, das einen überbreiten Inhalt hat, sodass der Anwender nach rechts scrollen muss, um alles zu sehen. Mit dem Verweis, der in der aktuellen Datei notiert ist, lässt sich das andere Frame-Fenster wieder ganz nach links scrollen. Dazu wird die aktuelle horizontale Scroll-Position der Eigenschaft pageXOffset abgefragt. Wenn sie größer 0 ist, hat der Anwender nach rechts gescrollt. In diesem Fall wird die Methode scrollTo() aufgerufen, um wieder ganz nach links zu scrollen. Die vertikale Position bleibt dabei erhalten, da als Parameter die Eigenschaft pageYOffset übergeben wird. Zur Adressierung von Frame-Fenstern in JavaScript lesen Sie den Abschnitt über das Objekt frames.

Beachten Sie: Im MS Internet Explorer ab Version 4 ist die horizontale Scroll-Position in der Eigenschaft document.body.scrollLeft gespeichert.

pageY

Eigenschaft | JS 1.2 | N 4.0 | Lesen

Objekt: event — y-Position des Mauszeigers

Netscape-Syntax. Speichert die horizontalen Pixel (pageX) und die vertikalen Pixel (pageY) der Cursor-Position relativ zur oberen linken Ecke der Seite, wenn z.B. Mausereignisse überwacht werden. Ein Beispiel:

```
<html><head><title>Test</title>
<script type="text/javascript">
<!-
function LayerPos(Ereignis)
{
 if (document.layers) {
```

```
            document.layers[0].left = Ereignis.pageX;
            document.layers[0].top = Ereignis.pageY;
                    }
  else if (window.netscape) {
      document.getElementsByTagName("div")[0].style.left = Ereignis.pageX;
      document.getElementsByTagName("div")[0].style.top = Ereignis.pageY;
  }
}
document.onmouseup = LayerPos;
//->
</script>
</head><body>
<div style="position:absolute;top:50px;left:50px;width:100px;height:100px;
      background-color:#FFE0FF;border:solid 1px #000000;">
Ein Layer<br><br>
</div>

</body></html>
```

Das Beispiel enthält einen simulierten Layer. Wenn der Anwender mit der Maus in das Fenster klickt und die Maustaste dann wieder loslässt, wird der Layer an die Position verschoben, an der die Maus losgelassen wurde.

Da die Eigenschaften pageX und pageY auch von Netscape 6 interpretiert werden, wurde das Beispiel entsprechend kompatibel gestaltet. Statt eines Layers (Netscape 6 kennt keine Layer mehr) wird mit einem absolut positionierten div-Bereich ein Layer ohne layer-Element simuliert. Wenn die Maustaste gedrückt und wieder losgelassen wird, wird die Funktion LayerPos() aufgerufen. Innerhalb dieser Funktion wird geprüft, ob der Browser das Objekt layer kennt. Ist das der Fall, erfolgt die Zuweisung des Wertes über das layer-Objekt. Diesem Zweig der Anweisung folgt Netscape 4.x. Kennt der Browser das Objekt dagegen nicht, dann wird im else-Zweig geprüft, ob er das Objekt window.netscape kennt. Da dieses Objekt nur einem Netscape-basierten Browser bekannt ist, werden der MS Internet Explorer und Opera ausgeschlossen. Anschließend erfolgt die Zuweisung der Eigenschaft an das Element entsprechend der DOM-Syntax. Beide Zweige der if/-else-Anweisung verwenden jedoch die gleichen Event-Eigenschaften.

pageY

Eigenschaft	JS 1.2	N 4.0	Lesen Ändern

Objekt: layers — Y-Position der linken oberen Layer-Ecke

Speichert den Pixelwert für oberhalb der linken oberen Ecke eines Layers. Bezug ist dabei das globale Dokument, auch wenn der aktuelle Layer innerhalb eines anderen Layers definiert ist. Ein Beispiel:

```
<html><head><title>Test</title>
<script type="text/javascript">
<!-
 function NachOben()
 {
  document.Layerchen.pageY = 0;
```

```
 }
//->
</script>
</head><body>
<layer name="Layerchen" top="300" width="300" bgcolor="#FFFFE0">
<a href="javascript:NachOben()">Nach oben mit diesem Layer</a>
</layer>
</body></html>
```

Das Beispiel enthält einen Layer, beginnend bei Pixelposition 300 von oben, mit einem Verweis. Beim Anklicken des Verweises wird die Funktion NachOben() aufgerufen, die im Dateikopf in einem Script-Bereich notiert ist. Diese Funktion ändert den Links-Wert des Layers auf 0, sodass der Layer anschließend ganz links beginnt.

pageYOffset

Eigenschaft — JS 1.2 | N 4.0 | Lesen

Objekt: window — Vertikale Position innerhalb der Seite ab oberem Fensterrand

Speichert die aktuelle vertikale Position innerhalb der Seite, gemessen am Dokumentanfang. So lässt sich ermitteln, wie weit der Anwender bereits nach unten gescrollt hat. Sinnvoll ist die Verwendung in Verbindung mit scrollBy() oder scrollTo(). Ein Beispiel:

```
<html><head><title>Test</title>
</head><body>
<script type="text/javascript">
<!-
for(var i=0;i<100;i++)
 document.write("Viel Text<br>");
function Position() {
 alert("pageYOffset: " + window.pageYOffset + " Pixel");
}
//->
</script>
<a href="javascript:Position()">Y-Position</a>
</body></html>
```

Im Beispiel schreibt ein JavaScript zu Testzwecken 100-mal eine HTML-Zeile mit dem Text Viel Text in das Dokumentfenster. Das veranlasst den Browser, entsprechend weit nach unten mit zu scrollen. Am Ende wird ein Verweis notiert. Bei dessen Anklicken wird die Funktion Position() aufgerufen. Sie gibt mit alert() aus, wie weit die aktuelle Scroll-Position vom Dokumentanfang entfernt ist.

Beachten Sie: Im MS Internet Explorer ab Version 4 ist die vertikale Scroll-Position in der Eigenschaft document.body.scrollTop gespeichert.

param

HTML-Elementobjekt — DOM 1.0 | JS 1.5 | N 6.x | 5.x

Objekt: document — Parameter für Applets und Objekte

HTML-Elemente <param>...</param> haben als DOM-Objekte für den Scriptsprachen-Zugriff Universaleigenschaften sowie die folgenden eigenen Eigenschaften.

Eigenschaft	*Status*	*Bedeutung*
name	Lesen Ändern	Name des Parameters
type	Lesen Ändern	Mime-Type des Wertes
value	Lesen Ändern	Initialisierungswert für den Parameter
valueType	Lesen Ändern	Informationen zum Attribut type

Ein Beispiel:

```
<html><head><title>Test</title>
</head><body>
<applet id="Ticker" code="zticker.class" width="600" height="60">
 <param name="msg" value="Die Energie des Verstehens">
 <param name="speed" value="5">
 <param name="bgco" value="255,255,255">
 <param name="txtco" value="000,000,255">
 <param name="hrefco" value="255,255,255">
</applet>
<script type="text/javascript">
<!-
 document.write("<table>");
 for(var i = 0; i < document.getElementsByTagName("param").length; i++) {
  document.write("<tr><td><b>Parameter:<\/b><\/td><td>");
  document.write(document.getElementsByTagName("param")[i].name);
  document.write("<\/td><td><b>Wert:<\/b><\/td><td>");
  document.write(document.getElementsByTagName("param")[i].value);
  document.write("<\/td><\/tr>");
 }
 document.write("<\/table>");
//->
</script>
</body></html>
```

Das Beispiel enthält ein Java-Applet mit verschiedenen Parametern. Unterhalb davon ist ein Script notiert, das dynamisch eine Tabelle ins Dokument schreibt. Dazu geht es in einer for-Schleife der Reihe nach alle param-Elemente durch und greift mit document.getElementsByTagName("param") auf die einzelnen param-Elemente zu. Für jedes Element werden der Parametername (name) und der zugehörige Wert (value) in die Tabelle geschrieben.

Beachten Sie: Im MS Internet Explorer bis Version 5.5 lässt sich dieses Beispiel merkwürdigerweise nur nachvollziehen, wenn sich die param-Elemente nicht innerhalb eines gültigen Elternelementes befinden. Das vorliegende Beispiel wird dagegen auch von Opera 5.12 und dem MS Internet Explorer 5.0 Macintosh Edition interpretiert.

parentElement

Eigenschaft | JS | 4.0 | Lesen

Objekt: all | Elternelement des Elements

Speichert das Elternelement eines Elements. parentElement ist dabei eine Art Zeiger auf das übergeordnete Element. Hinter der Eigenschaft lassen sich wiederum alle Eigenschaften und Methoden des all-Objekts notieren. Diese gelten dann für das Element, auf das der Zeiger zeigt. Existiert kein Elternelement, so hat die Eigenschaft parentElement den Wert null. Ein Beispiel:

```
<html><head><title>Test</title>
</head><body>
<table><tr><td><div>
<a><b id="Fett">Hier etwas Text</b></a>
</div></td></tr></table>

<script type="text/javascript">
<!-
 var Eltern=document.all.Fett.parentElement;
 while (Eltern) {
 document.write(Eltern.tagName+"<br>");
 Eltern=Eltern.parentElement;
 }
//->
</script>
</body></html>
```

Im Beispiel ist eine Tabelle notiert, in deren einziger Zelle weitere Elemente enthalten sind. Das innerste Element ist das Element <b>..</b> mit dem Namen Fett. Im JavaScript-Bereich wird der Variablen Eltern das Elternelement des Elementes Fett mit der Eigenschaft parentElement zugewiesen. Die nachfolgende while-Schleife gibt von jedem Elternelement den Namen des Tags aus. Anschließend wird der Variablen Eltern das Elternelement des gerade angesprochenen Elementes zugewiesen. Die Schleife bricht ab, wenn kein Elternelement mehr existiert. So wie im Beispiel die all-Objekteigenschaft tagName auf parentElement angewendet wird, lassen sich auch alle anderen Eigenschaften und Methoden des all-Objekts auf das Element anwenden.

Im Unterschied zur Eigenschaft offsetParent wird in der Eigenschaft parentElement immer das unmittelbar übergeordnete Element gespeichert.

parentLayer

Eigenschaft | JS 1.2 | N 4.0

Objekt: layers | Elternobjekt des Layer

Speichert das Eltern-Objekt eines Layers. Das kann entweder das window-Objekt sein, oder, falls der Layer innerhalb eines anderen Layers definiert ist, dieser übergeordnete Layer.

Ein Beispiel:

```
<html><head><title>Test</title>
</head><body>
<layer name="SuperLayer">
  <layer name="Layerchen" bgcolor="#FFFFE0">
  <a href="javascript:alert(document.SuperLayer.document.Layerchen.parentLayer.name)">
    Super-Name?</a>
  </layer>
</layer>
</body></html>
```

Das Beispiel enthält einen Layer innerhalb eines anderen Layers. Beim Anklicken des Verweises im inneren Layer wird der Name des Eltern-Objekts ausgegeben. Da das Elternobjekt in diesem Fall der übergeordnete Layer ist, wird dessen Name, also SuperLayer, ausgegeben.

parentNode

Eigenschaft	DOM 1.0 · JS 1.5 · N 6.x · MS 5.x · Lesen
Objekt: node	Elternknoten des aktuellen Knotens

Speichert den Elternknoten eines Knotens. Ein Beispiel:

```
<html><head><title>Test</title>
</head><body>
<ul>
<li>ein Punkt</li>
<li>ein zweiter</li>
</ul>
<script type="text/javascript">
<!-
 alert(document.getElementsByTagName("li")[0].parentNode.parentNode.tagName);
//->
</script>
</body></html>
```

Das Beispiel enthält eine Aufzählungsliste. Unterhalb davon ist ein JavaScript-Bereich notiert. Dort wird der Name des Großelternelements des ersten li-Elements in einem Meldungsfenster ausgegeben. Dazu wird mit document.getElementsByTagName("li")[0] auf das erste li-Element zugegriffen. Das erste parentNode dahinter greift auf dessen Elternelement zu, und das zweite parentNode auf das Elternelement des Elternelements. Von diesem Element wird mit tagName der Name des Elementes ermittelt und ausgegeben. Das Attribut tagName kennen alle Knoten der Art *Element*. Ausgegeben wird im Beispiel BODY.

Beachten Sie: Das vorliegende Beispiel wird auch von Opera 5.12 interpretiert.

parentTextEdit

Eigenschaft	MS JS · MS 4.0 · Lesen
Objekt: all	Elternelement (nur Texteditierung)

Speichert das nächsthöhere Element in der Elementhierarchie, das Editieren von Text erlaubt. Ein Beispiel:

```
<html><head><title>Test</title>
<script type="text/javascript">
<!-
function Test() {
 alert(document.all.Verweis.parentTextEdit.tagName);
}
//->
</script>
</head><body>
<a id="Verweis" href="javascript:Test()">Editieren?</a>
</body></html>
```

Das Beispiel enthält einen Verweis. Beim Anklicken des Verweises wird die Funktion Test() aufgerufen. Diese Funktion gibt mit alert() den Namen desjenigen HTML-Tags aus, das aus Sicht des Verweises das nächsthöhere Element darstellt, das Editieren von Text erlaubt. Im Beispiel ist dies das <body>-Tag. Der Inhalt dieses Tags ist zwar nicht editierbar, aber es ist dasjenige nächsthöhere Tag, unterhalb dessen eidierbare Elemente wie Formular-Eingabefelder notiert werden können.

Beachten Sie: MS Internet Explorer 5.0 Macintosh Edition interpretiert dieses Beispiel nicht.

parse()

Methode 

Objekt: Date Millisekunden seit dem 1.1.1970 0:00:00

Ermittelt aus einer als Parameter zu übergebenden Zeichenkette Zeitpunkt die Anzahl Millisekunden, die zwischen dem 1.1.1970 0:00:00, und dem übergebenen Zeitpunkt verstrichen sind. Beachten Sie, dass Sie zum Aufrufen dieser Methode kein neues Date-Objekt erzeugen müssen, sondern direkt mit Date arbeiten können. Ein Beispiel:

```
<html><head><title>Test</title>
<script type="text/javascript">
<!-
 var DreissigJahre = Date.parse("Tue, 1 Jan 2000 00:00:00 GMT");
 alert(DreissigJahre);
//->
</script>
</head><body>
</body></html>
```

Das Beispiel ermittelt die Anzahl Millisekunden zwischen dem 1.1.1970 und dem 1.1.2000. Das Ergebnis wird in der Variablen DreissigJahre gespeichert. Zur Kontrolle wird die Zahl in einem Meldungsfenster ausgegeben.

parseFloat()

Methode

objektunabhängig Zeichenkette in Zahl umwandeln

Wandelt eine zu übergebende Zeichenkette in eine Zahl um und gibt diese als numerischen Wert zurück. Wenn sich die Zahl als Kommazahl interpretieren lässt, wird dies berücksichtigt. Als Dezimalzeichen wird jedoch nur der Punkt interpretiert. Sinnvoll, um z.B. Anwendereingaben in Zahlen umzuwandeln, mit denen man anschließend rechnen kann.

Gibt NaN (Not a Number) zurück, wenn die Zeichenkette mit Zeichen beginnt, die sich nicht als Teil einer Zahl interpretieren lassen. Wenn die Zeichenkette weiter hinten ungültige Zeichen enthält, wird die Zahl bis zum ersten ungültigen Zeichen interpretiert und der interpretierte Teil zurückgegeben. Ein Beispiel:

```
<html><head><title>Test</title>
</head><body>
<script type="text/javascript">
<!-
var Elemente = new Array("18","18.1","18,9","abc","1a");
document.write("<h1>Anwendung von <i>parseFloat()<\/i><\/h1>");
for(var i=0;i<Elemente.length;++i)
 document.write(Elemente[i] + " = <b> " + parseFloat(Elemente[i]) + "<\/b><br>");
//->
</script></body></html>
```

Das Beispiel definiert einen Array mit verschiedenen Elementen, die teils ganze, teils Kommazahlen, teils gar keine Zahlen darstellen. Dann werden in einer for-Schleife alle Elemente des Arrays mit der write()-Methode dynamisch in die Datei geschrieben. Dabei wird jedoch die Funktion parseFloat() auf das jeweilige Array-Element angewendet.

parseInt()

Methode 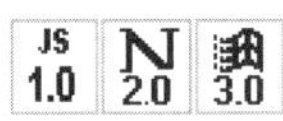

objektunabhängig Zeichenkette in Ganzzahl umwandeln

Wandelt eine zu übergebende Zeichenkette in eine Ganzzahl um und gibt diese als Ergebnis zurück. Sinnvoll, um z.B. Anwendereingaben in Zahlen umzuwandeln, mit denen man anschließend rechnen kann. Gibt NaN (Not a Number) zurück, wenn die Zeichenkette mit Zeichen beginnt, die sich nicht als Teil einer Zahl interpretieren lassen. Wenn die Zeichenkette weiter hinten ungültige Zeichen enthält, wird die Zahl bis zum ersten ungültigen Zeichen interpretiert und der interpretierte Teil zurückgegeben. Das gilt bei parseInt() auch für den Punkt. Ein Beispiel:

```
<html><head><title>Test</title>
</head><body>
<script language="JavaScript" type="text/javascript">
<!-
var Elemente = new Array("18","18.1","18.9","abc","1a");
document.write("<h1>Anwendung von <i>parseInt()<\/i><\/h1>");
```

```
for(var i=0;i<Elemente.length;++i)
 document.write(Elemente[i] + " = <b> " + parseInt(Elemente[i]) + "<\/b><br>");
//->
</script></body></html>
```

Das Beispiel definiert einen Array mit verschiedenen Elementen, die teils ganze, teils Kommazahlen, teils gar keine Zahlen darstellen. Dann werden in einer for-Schleife alle Elemente des Arrays mit der write()-Methode dynamisch in die Datei geschrieben. Dabei wird jedoch die Funktion parseInt() auf das jeweilige Array-Element angewendet.

Beachten Sie: Die Methode parseInt() erlaubt einen zweiten, optionalen Parameter *radix*. Dieser Parameter enthält die Basis des verwendeten Zahlensystems. Der Aufruf parseInt (string,radix) ermittelt aus dem String, der eine Zahl eines anderen Zahlensystems darstellt, die dazugehörige Dezimalzahl. Die Methode parseInt() kann damit gleichzeitig als Umrechner von Zahlen anderer Zahlensysteme in das dezimale Zahlensystem verwendet werden. So ergibt z.B. der Aufruf parseInt("11111",2) die Zahl 31. Der optionale Parameter kann Werte zwischen 2 und 36 annehmen. Mit der Methode toString() des Number-Objektes können Sie umgekehrt Dezimalzahlen in Zeichenketten von Zahlen anderer Zahlensysteme konvertieren. Dabei ist – im Gegensatz zur Methode parseInt() – auch das Umwandeln von Kommazahlen möglich.

Besonders im Bereich der Datumsberechnung werden häufig Zahlen mit führender Null benutzt. Einfache Aufgaben wie alert(08*60) liefern dann scheinbar falsche Ergebnisse oder gar Fehlermeldungen. Des Rätsels Lösung dafür ist, dass JavaScript Zahlen mit führender 0 als Oktalzahlen interpretiert, nicht als Dezimalzahlen. Mit einer Anweisung wie alert(parseInt ("08",10)*60) können Sie das Problem vermeiden und erzwingen, dass der Wert dezimal interpretiert wird.

pathname

Eigenschaft — JS 1.0 | N 2.0 | 3.0 | Lesen Ändern

Objekt: location — Pfadname des URI

Speichert den Pfadnamen innerhalb des aktuellen oder fensterspezifischen URI. Bei lokaler Verwendung (ohne HTTP-Protokoll) wird die vollständige lokale Adresse gespeichert. Ein Beispiel:

```
<html><head><title>Test</title>
<script type="text/javascript">
<!-
 alert("Aktueller Pfad: " + window.location.pathname);
//->
</script>
</head><body>
</body></html>
```

Das Beispiel gibt beim Einlesen der Datei in einem Meldungsfenster den Pfadnamen des URI der Datei aus. Sie können die Eigenschaft ändern. Sicherer ist es in diesem Fall jedoch, mit der Eigenschaft href zu arbeiten.

personalbar

Eigenschaft JS 1.2 N 4.0 Lesen

Objekt: window Status der Personal-Leiste

Speichert die Information, ob ein Fenster eine eigene »Personal«-Leiste hat. Das ist bei Netscape 4.x die Leiste unterhalb der Adresszeile, die den Direktzugriff auf persönliche Lieblingsadressen ermöglicht. Stellt selbst ein Objekt dar, das eine Eigenschaft hat, nämlich die Eigenschaft visible (= *sichtbar*). Enthält für diese Eigenschaft den Wert true, wenn das Fenster eine Personal-Leiste hat, und den Wert false, wenn es keine hat. Ein Beispiel:

```
<html><head><title>Test</title>
<script type="text/javascript">
<!-
function PersonalCheck() {
 if (window.personalbar)
  if(window.personalbar.visible == false)
    alert("Haben Sie denn keine Lieblings-Adressen?");
  else
    alert("Aha, Sie nutzen also die Personal Bar!");
}
//->
</script>
</head><body>
<a href="javascript:PersonalCheck()">Persoenlichkeitstest</a>
</body></html>
```

Das Beispiel enthält einen Verweis. Wenn der Anwender den Verweis anklickt, wird eine Funktion PersonalCheck() aufgerufen. Diese prüft, ob der Browser das Objekt personalbar kennt und ob für das aktuelle Fenster eine Personal-Leiste verfügbar ist. Je nach Ergebnis wird dem Anwender mit alert() eine »persönliche« Meldung ausgegeben.

PI

Eigenschaft

Objekt: Math Konstante Pi

Konstante Pi für Kreisberechnungen mit einem Wert von ca. 3,14159. Das Beispiel schreibt dynamisch den Wert der Eigenschaft an die aktuelle Stelle der HTML-Datei.

```
<html><head><title>Test</title>
</head><body>
<script type="text/javascript">
<!-
document.write(Math.PI);
//->
</script>
</body></html>
```

pixelDepth

Eigenschaft — JS 1.2 | N 4.0 | Lesen

Objekt: Screen — Verfügbare Farbtiefe in Bit/Pixel

Speichert die Farbtiefe des Anwenderbildschirms in Bit pro Pixel. Diese Eigenschaft hat dann einen Wert, wenn der Anwenderbildschirm intern eine Farbpalette benutzt. Andernfalls wird undefined (Netscape) oder null (MS Internet Explorer) gespeichert, und Sie müssen die Eigenschaft colorDepth abfragen. Ein Beispiel:

```
<html><head><title>Test</title>
<script language="JavaScript" type="text/javascript">
<!-
if(screen.pixelDepth)
 alert(screen.pixelDepth);
//->
</script>
</head><body>
</body></html>
```

Das Beispiel ermittelt, ob für screen.pixelDepth ein Wert verfügbar ist. Wenn ja, wird der Wert in einem Meldungsfenster ausgegeben.

platform

Eigenschaft — JS 1.2 | N 4.0 | Lesen

Objekt: navigator — Betriebssystem des Browser-Computers

Speichert, auf welchem Betriebssystemtyp der Browser läuft, den der Anwender verwendet. Das Beispiel gibt beim Einlesen der Datei in einem Meldungsfenster aus, auf welcher Plattform der Browser beim Anwender läuft. Bei Windows 95 gibt Netscape beispielsweise »Win32« aus.

```
<html><head><title>Test</title>
<script type="text/javascript">
<!-
 alert(navigator.platform);
//->
</script>
</head><body>
</body></html>
```

play()

Methode — JS 1.1 | N 3.0 | 5.0

Objekt: embeds — Abspielen des Multimedia-Objekts starten

Startet das Abspielen einer Multimedia-Referenz. Der Befehl spricht eine Schnittstelle des Abspielgerätes an. Seine Wirkungsweise ist deshalb immer abhängig vom verwendeten Plug-In und steht nicht in jedem Fall zur Verfügung.

Ein Beispiel:

```
<html><head><title>Test</title></head>
<body>
<embed type="audio/x-midi" autostart="false" src="breeze.mid" width="300"
height="200"></embed><br>
<a href="javascript:document.embeds[0].play()">Starten</a>
</body></html>
```

Das Beispiel enthält eine Multimedia-Referenz und einen Verweis. Nach Anklicken des Verweises wird mit document.embeds[0].play() das Multimedia-Element angesprochen und der Abspielvorgang gestartet.

plugins

Objekt

Zugriff auf installierte Plug-Ins

Über das Objekt plugins, das in der JavaScript-Objekthierarchie unterhalb des navigator-Objekts liegt, können Sie ermitteln, welche Plug-Ins im Sinne der Netscape-Plug-In-Technik des Anwenders installiert hat.

Eigenschaften

description	(Beschreibung eines Plug-In)
filename	(Dateiname eines Plug-In)
length	(Anzahl Plug-In)
name	(Produktname eines Plug-In)

plugins: Allgemeines zur Verwendung

Um ein Plug-In anzusprechen, stehen folgende Möglichkeiten zur Verfügung:

Schema 1:

navigator.plugins[#].Eigenschaft

Schema 2:

navigator.plugins["Name"].Eigenschaft

Plug-Ins können Sie auf zwei Arten ansprechen:

- Mit einer Indexnummer (wie in Schema 1): Bei Verwendung von Indexnummern geben Sie navigator.plugins an und dahinter in eckigen Klammern eine Zahl. Sie können allerdings nicht wissen, welche Plug-Ins an welcher Stelle gespeichert sind. Die Verwendung in Verbindung mit Indexnummern ist deshalb nur sinnvoll, wenn Sie beispielsweise in einer Schleife alle verfügbaren Plug-Ins ermitteln.
- Mit dem Namen eines Plug-In als Indexnamen (wie in Schema 2): Dabei notieren Sie wie beim Ansprechen mit Indexnummer hinter navigator.plugins eckige Klammern. Innerhalb der eckigen Klammern notieren Sie in Anführungszeichen den Namen des Plug-In. Als Namen sind zum Beispiel Werte möglich, die Sie mit der Objekteigenschaft name ermitteln können.

Beispiel für das Objekt insgesamt:

```
<html><head><title>Test</title>
</head><body>
<script type="text/javascript">
<!-
document.writeln("<table border=\"1\">");
for(var i=0; i<navigator.plugins.length; i++)
{
 document.writeln("<tr>");
 document.writeln("<td>" + navigator.plugins[i].name + "<\/td>");
 document.writeln("<td>" + navigator.plugins[i].description + "<\/td>");
 document.writeln("<td>" + navigator.plugins[i].filename + "<\/td>");
 document.writeln("<\/tr>");
}
document.writeln("<\/table>");
 //->
</script>
</body></html>
```

Das Beispiel schreibt mit Hilfe der Methode writeln() dynamisch eine Tabelle in die HTML-Datei. In der Tabelle werden alle verfügbaren Plug-Ins aufgelistet. In der linken Spalte steht der Name des Plug-In, wie Sie ihn auch bei Plug-In-Adressierungen mit Indexnamen benutzen können. In der Spalte daneben steht eine Kurzbeschreibung, und in der letzten Spalte steht, welche Datei auf dem Rechner des Anwenders das Plug-In repräsentiert.

Beachten Sie: Der MS Internet Explorer 5.0 Macintosh Edition interpretiert dieses Beispiel auch.

pop()

Methode

Objekt: Array — Letztes Element im Array entfernen

Entfernt das letzte Element aus einem Array und ändert dadurch die Anzahl der Elemente im Array. Der Rückgabewert der Methode ist der Inhalt des gelöschten Elementes. Ein Beispiel:

```
<html><head><title>Test</title>
<script type="text/javascript">
<!-
 var Zahlen = new Array(1,2,3,4,5);
 alert(Zahlen.length + " Zahlen im Array");
 function Entfernen()
 {
  Zahlen.pop();
  alert(Zahlen.length + " Zahlen im Array");
 }
//->
</script>
</head><body>
<a href="javascript:Entfernen()">Zahl entfernen</a>
</body></html>
```

Das Beispiel definiert beim Einlesen der Datei einen Array Zahlen mit 5 Elementen. Zur Kontrolle wird in einem Meldungsfenster die Elementanzahl ausgegeben. Im Dateikörper enthält das Beispiel einen Verweis. Bei jedem Anklicken des Verweises wird die Funktion Entfernen() aufgerufen, die mit der pop()-Methode jeweils das letzte Element aus dem Zahlen-Array entfernt. Zur Kontrolle wird die neue Länge des Arrays ausgegeben.

Beachten Sie: Bei Browsern, die pop() nicht kennen, können Sie das letzte Element entfernen, indem Sie dem Array eine neue Länge zuweisen, z.B. mit Zahlen.length=Zahlen.length-1.

port

Eigenschaft — JS 1.0 | N 2.0 | 3.0 | Lesen Ändern

Objekt: location — Portnummer des URI

Speichert den Port innerhalb des aktuellen oder fensterspezifischen URI. Eine Adresse mit Ports ist etwa *http://www.xy.de:5080/* – die Eigenschaft port enthält nur dann einen Wert, wenn im aktuellen URI tatsächlich eine Portangabe enthalten ist. Ein Beispiel:

```
<html><head><title>Test</title>
<script type="text/javascript">
<!-
if(window.location.port != "")
 alert(window.location.port);
//->
</script>
</head><body>
</body></html>
```

Das Beispiel ermittelt beim Einlesen der Datei, ob eine Portangabe vorhanden ist. Wenn ja, wird sie in einem Meldungsfenster ausgegeben. Sie können die Eigenschaft ändern. Dies kann jedoch zu Fehlermeldungen führen, wenn der Server den Port nicht kennt. Der »Normal-Port« für HTTP-Adressen ist 80.

POSITIVE_INFINITY

Eigenschaft — JS 1.1 | N 3.0 | 4.0 | Lesen

Objekt: Number — Konstante für zu große Zahlen

Dies ist ein vordefinierter Wert (Ausgabewert: Infinity). Er gibt an, ob eine Zahl zu groß ist für JavaScript, also außerhalb des Bereichs liegt, dessen Grenze durch MAX_VALUE markiert ist. Der Wert kann z.B. als Rückgabewert für zu große Zahlen verwendet werden. Ein Beispiel:

```
<html><head><title>Test</title>
<script type="text/javascript">
<!-
 Zahl = Number.MAX_VALUE * 2;
 alert(Zahl);
 var Monat=13;
 if (Monat>12) Monat=Number.POSITIVE_INFINITY;
 alert(Monat);
```

```
//->
</script>
</head><body>
</body></html>
```

Das Beispiel definiert eine Variable Zahl, der als Wert das Produkt aus Number.MAX_VALUE, also der größten möglichen Zahl, und 2 zugewiesen wird. Die Multiplikation erzeugt eine Zahl, die größer ist als die größte erlaubte Zahl. Dadurch erhält die Variable Zahl den Wert Infinity. Dieser bedeutet, dass der erlaubte Wertebereich überschritten wurde. Im ersten Teil des Beispieles weist JavaScript dem Ergebnis den Wert von Number.NEGATIVE_INFINITY zu. Im zweiten Teil wird eine Variable Monat deklariert. Diese erhält den ungültigen Wert 13. In der nachfolgenden Abfrage wird geprüft, ob Monat größer als 12 ist. In diesem Fall wird ihr die Eigenschaft Number.POSITIVE_INFINITY zugewiesen.

Beachten Sie: Mit der Eigenschaft Number.POSITIVE_INFINITY können Sie **nicht** prüfen, ob eine Zahl zu groß für JavaScript ist. Die Gültigkeit einer Zahl können Sie mit der Methode isFinite() prüfen.

pow()

Methode JS 1.0 N 2.0 3.0

Objekt: Math Exponentialwert

Erwartet zwei Zahlen als Parameter. Die erste Zahl wird als Basis interpretiert, die zweite als Exponent. Liefert den Wert von »Zahl« hoch »Exponent« zurück. Ein Beispiel:

```
<html><head><title>Test</title>
</head><body>
<form name="Test" action="">
<input name="z1"><input name="z2"><input name="Aus">
<input type="button" value="="
onClick="Test.Aus.value=Math.pow(Test.z1.value,Test.z2.value)">
</form>
</body></html>
```

Das Beispiel definiert ein Formular mit drei Eingabefeldern und einem Button. Nach Eingabe je einer Zahl im ersten und im zweiten Eingabefeld und Klick auf den Button wird im dritten Eingabefeld das Ergebnis ausgegeben. Das Ergebnis ist die Anwendung von pow() auf die Werte aus den beiden ersten Eingabefeldern. Wird im ersten Eingabefeld beispielsweise 2 (Basis) und im zweiten Eingabefeld 3 (Exponent) eingegeben, erscheint im dritten Feld als Ausgabe 8.

pre (HTML-Elementobjekt)

HTML-Elementobjekt DOM 1.0

Objekt: document Präformatierter Text (inkl. Umbrüche)

HTML-Elemente <pre>...</pre> haben als DOM-Objekte für den Scriptsprachen-Zugriff Universaleigenschaften sowie die folgenden eigenen Eigenschaften.

Eigenschaft	*Status*	*Bedeutung*
width	Lesen Ändern	feste Breite für Inhalt

Ein Beispiel:

```
<html><head><title>Test</title>
<script type="text/javascript">
<!-
 function Breite() {
  document.getElementById("x").width = "15";
 }
//->
</script>
</head><body>
<pre id="x">
xxxxxxxxxxxxxxxxxxxxxxxxxxxxxx
xxxxxxxxxxxxxxxxxxxxxxxxxxxxxx
xxxxxxxxxxxxxxxxxxxxxxxxxxxxxx
</pre>
<a href="javascript:Breite()">Breite auf 15 setzen</a>
</body></html>
```

Das Beispiel enthält einen pre-Bereich mit 30 x-Zeichen pro Zeile. Unterhalb davon ist ein Verweis notiert. Beim Anklicken des Verweises wird die JavaScript-Funktion Breite() aufgerufen, die im Dateikopf notiert ist. Diese Funktion greift mit document.getElementById("x") auf das pre-Element zu und weist ihm für die Eigenschaft width den Wert 15 zu.

Beachten Sie: Weder Netscape noch Internet Explorer interpretieren das Attribut width im Zusammenhang mit pre-Elementen.

previousSibling

Eigenschaft — DOM 1.0 | JS 1.5 | N 6.x | IE 5.x | Lesen

Objekt: node — Vorhergehender Knoten im Baum

Speichert aus Sicht eines Knotens den unmittelbar vorhergehenden Knoten im Strukturbaum. Wenn kein Knoten vorausgeht, wird null gespeichert. Ein Beispiel:

```
<html><head><title>Test</title></head>
<body id="Dokumentinhalt"
onLoad="alert(document.getElementById('Dokumentinhalt').previousSibling.nodeName)">
</body></html>
```

Das Beispiel gibt, nachdem das Dokument geladen ist (onLoad), in einem Meldungsfenster den Knotennamen des Vorgängerknotens vom body-Element aus. Dazu wird mit document.getElementById('Dokumentinhalt') auf das body-Element zugegriffen. Ausgegeben wird dann HEAD, da das head-Element im Sinne des Strukturbaums das unmittelbare Vorgängerelement des body-Elements ist.

Berücksichtigen Sie bei der Verwendung dieser Eigenschaft die Besonderheit des Netscape 6.1 und des MS Internet Explorer 5.0 Macintosh Edition im Umgang mit Kindknoten (siehe childNodes).

print()

Methode JS 1.2 N 4.0 5.0

Objekt: window Druckfunktion des Browsers aufrufen

Druckt den Inhalt einer Seite aus. Entspricht dem Menübefehl zum Drucken im Browser. Erwartet keine Parameter. Das Beispiel definiert einen Verweis, mit dessen Hilfe der Anwender die Seite ausdrucken kann:

```
<html><head><title>Test</title>
</head><body>
<a href="javascript:window.print()">Diese Seite drucken</a>
</body></html>
```

Beachten Sie: Der MS Internet Explorer 5 unter Macintosh und Opera 5.12 interpretieren diese Methode nicht. Für den Internet Explorer 4.x gibt es einen Workaround, um das Ausdrucken mit JavaScript anzustoßen. Dazu muss ein ActiveX-Control eingebunden werden. Der JavaScript-Code dazu sieht folgendermaßen aus (Beispiel):

```
if(document.all && navigator.appVersion.substring(22,23)==4) {
 self.focus();
 var OLECMDID_PRINT = 6;
 var OLECMDEXECOPT_DONTPROMPTUSER = 2;
 var OLECMDEXECOPT_PROMPTUSER = 1;
 var WebBrowser = '<object id="WebBrowser1" width="0" height="0"
classid="CLSID:8856F961-340A-11D0-A96B-00C04FD705A2"></object>';
 document.body.insertAdjacentHTML('beforeEnd',WebBrowser);
 WebBrowser1.ExecWB(OLECMDID_PRINT,OLECMDEXECOPT_DONTPROMPTUSER);
 WebBrowser1.outerHTML = '';
}
```

prompt()

Methode JS 1.0 N 2.0 3.0

Objekt: window Eingabedialog anzeigen

Zeigt ein Dialogfenster mit einem Eingabefeld, einem [OK]-Button und einem [Abbrechen]-Button an. Der Anwender kann in dem Eingabefeld etwas eingeben. Die Methode prompt() gibt diesen eingegebenen Wert zurück. So lassen sich Anwendereingaben im Script weiterverarbeiten. Erwartet zwei Parameter:

1. *Aufforderungstext* = Text, der beschreibt, was der Anwender eingeben soll.
2. *Feldvorbelegung* = Text, mit dem das Eingabefeld vorbelegt wird. Wenn Sie ein leeres Eingabefeld wollen, übergeben Sie dafür eine leere Zeichenkette "".

Ein Beispiel:

```
<html><head><title>Test</title>
<script type="text/javascript">
<!-
Check = prompt("Geben Sie Ihr Passwort fuer diese Seite ein","");
if(Check != "Rumpelstielz") history.back();
else alert("Sie haben Zutritt");
//->
</script>
</head><body>
</body></html>
```

Das Beispiel bringt vor dem Anzeigen der HTML-Datei mit prompt() ein Dialogfenster auf den Bildschirm. Darin muss der Anwender ein Passwort eingeben. Die Eingabe wird in der Variablen Check gespeichert. Wenn der Wert dieser Variablen nach dem Beenden des Dialogfensters nicht gleich "Rumpelstielz" ist, wird der Anwender mit history.back() zu der Seite zurückgeschickt, von der er kam. Wenn das eingegebene Wort stimmt, erhält er mit alert() die Meldung, dass er Zutritt hat, und die Seite wird geladen.

protocol

Eigenschaft	JS 1.0	N 2.0	3.0	Lesen Ändern

Objekt: location — Protokoll des URI

Speichert das verwendete Protokoll innerhalb des aktuellen oder fensterspezifischen URI. Bei HTTP-Adressen wird http: gespeichert. Bei lokaler Verwendung (ohne HTTP-Protokoll) wird file: gespeichert. Ein Beispiel:

```
<html><head><title>Test</title>
<script type="text/javascript">
<!-
 alert(window.location.protocol);
//->
</script>
</head><body>
</body></html>
```

Das Beispiel gibt beim Einlesen der Datei das Protokoll aus, das zum aktuellen URI gehört. Sie können die Eigenschaft ändern. Dies kann jedoch zu Fehlermeldungen führen, wenn das angegebene Protokoll mit der gleichen sonstigen Adresse nicht unterstützt wird.

push()

Methode	JS 1.2	N 4.0	5.x

Objekt: Array — Element an Array anhängen

Hängt ein oder mehrere Elemente an das Ende eines Arrays an. Erwartet als Parameter ein oder mehrere anzuhängende Elemente. Gibt in der JavaScript-Version 1.2 das letzte (neueste) Element zurück, in neueren JavaScript-Versionen dagegen die Länge des Arrays.

Ein Beispiel:

```
<html><head><title>Test</title>
</head><body>
<script type="text/javascript">
<!-
 var Orte = new Array("Augsburg");
 document.write(Orte.join(",") + '<p>');
 var NeuestesElement = Orte.push("Berlin");
 document.write(Orte.join(",") + '<br>');
 document.write('Neu dabei: ' + NeuestesElement + '<p>');
 var NeuestesElement = Orte.push("Chemnitz","Dortmund","Essen","Frankfurt");
 document.write(Orte.join(",") + '<br>');
 document.write('Neuestes Element: ' + NeuestesElement);
//->
</script>
</body></html>
```

Das Beispiel erzeugt in einem JavaScript, das im Dateikörper steht, einen Array Orte, in dem zunächst nur ein Wert, nämlich Augsburg, gespeichert wird. Zur Kontrolle wird der Inhalt mit der write()-Methode in die Datei geschrieben. Anschließend wird dem Array mit der push()-Methode ein Element angehängt, nämlich Berlin. Der Rückgabewert der Operation wird in der Variablen NeuestesElement gespeichert. Zur Kontrolle wird dann der erweiterte Array und der Rückgabewert in die Datei geschrieben. Der Array besteht jetzt aus den Elementen Augsburg und Berlin. Das neueste Element ist Berlin. Dann werden nach dem gleichen Schema gleich vier neue Elemente an den Array angehängt. Der Array besteht hinterher aus den zwei bisherigen Städten plus den vier neuen. In der Variablen NeuestesElement wird jedoch nur das letzte, neueste Element gespeichert. Im Beispiel ist das Frankfurt. Zur Kontrolle werden auch diese Vorgänge in die Datei geschrieben.

Beachten Sie: Bei Browsern, welche die Methode push() nicht kennen, können Sie ein neues Element anhängen, indem Sie z.B. mit Zahlen[Zahlen.length]="Wert" das Array erweitern.

q

HTML-Elementobjekt — DOM 1.0 | JS 1.5 | N 6.x | 5.x

Objekt: document — Zitat mit Quellenangabe

HTML-Elemente <q>...</q> haben als DOM-Objekte für den Scriptsprachen-Zugriff Universaleigenschaften sowie die folgende eigene Eigenschaft.

Eigenschaft	*Status*	*Bedeutung*
cite	Lesen Ändern	URI für die Quelle des Zitats

Ein Beispiel:

```
<html><head><title>Test</title>
</head><body>
<p>Wie sagte Goethe doch?
<q id="Faustzitat" cite="aus Faust"
onMouseOver="alert(document.getElementById('Faustzitat').cite)">Habe, ach,
Philsosophie studiert ...</q></p>
</body></html>
```

Das Beispiel enthält ein Zitat, in dessen einleitendem Tag ein Event-Handler onMouseOver notiert ist. Beim Überfahren mit der Maus wird ein Meldungsfenster ausgegeben, das den Wert des Attributs cite= ausgibt. Dazu wird mit document.getElementById('Faustzitat').cite auf die entsprechende Elementeigenschaft zugegriffen.

Beachten Sie: Netscape 6. Opera 5.12 und der MS Internet Explorer 5.0 Macintosh Edition schließen das Zitat in "..." ein. Opera 5.12 interpretiert zwar den Event-Handler, gibt aber als Eigenschaft des Attributes cite= den Wert undefined zurück.

random()

Methode	JS 1.0 · N 2.0 · 3.0
Objekt: Math	Zufallszahl

Gibt eine Zufallszahl zwischen 0 und 1 zurück. Es handelt sich um eine Bruchzahl, z.B. 0.3834417857195922. Ein Beispiel:

```
<html><head><title>Test</title>
</head><body>
<form action="">
<input type="button" value="Button" onClick="alert(Math.random())">
</form>
</body></html>
```

Das Beispiel definiert ein Formular mit einem Button. Beim Klicken auf den Button wird eine Zufallszahl zwischen 0 und 1 ausgegeben. Es handelt sich dabei um eine Pseudo-Zufallszahl, wie sie auf heute üblichen EDV-Systemen realisierbar ist. Erst seit Netscape 3.x auf allen Plattformen verfügbar. Bei Netscape 2.x nur unter Unix.

recordNumber

Eigenschaft	JS · 4.0 · Lesen
Objekt: all	Nummer des angezeigten Datensatzes

Speichert die Information, der wievielte Datensatz angezeigt wird. Dies bezieht sich auf das Konzept der Datenanbindung. Ein Beispiel:

```
<tr>
<td><b>Vorname:</b></td>
<td><span id="Test" datafld="vorname">
</span><input type="button" value="Test"
```

```
onClick="alert(document.all.Test.recordNumber)">
</td>
</tr>
```

Das Beispiel stellt eine Tabellenzeile dar, in der ein Datenfeld ausgegeben wird (die übrigen Befehle zur Datenanbindung fehlen hier). Zu Testzwecken ist ein Button eingefügt, bei dessen Anklicken die Datensatznummer des aktuell angezeigten Datensatzes ausgegeben wird.

referrer

Eigenschaft — DOM 1.0 | JS 1.0 | N 2.0 | 3.0 | Lesen

Objekt: document — URI der zuletzt angezeigten Seite

Speichert den URI, von dem aus die aktuelle Datei aufgerufen wurde. Voraussetzung ist, dass er die aktuelle Datei über einen Verweis aufgerufen hat. Wenn er die Adresse der Datei stattdessen etwa als Lesezeichen ausgewählt oder direkt in die Adresszeile des Browsers eingegeben hat, ist in document.referrer nichts gespeichert. Beim MS Internet Explorer und in Netscape 6 wird in document.referrer nur dann etwas gespeichert, wenn der Aufruf der aktuellen Datei über das HTTP-Protokoll erfolgte, also mit einem Verweis vom Typ http://.... Das Beispiel gibt im HTML-Text mit der Methode write() aus, von woher der Anwender die aktuelle Datei aufgerufen hat:

```
<html><head><title>Test</title>
</head><body>
<script type="text/javascript">
<!-
 document.write("<h1>Lieber Besucher<\/h1>");
 document.write("Du hast also von " + document.referrer + " hierher gefunden");
//->
</script>
</body></html>
```

Beachten Sie: Opera 5.12 interpretiert diese Eigenschaft noch nicht.

RegExp

Objekt

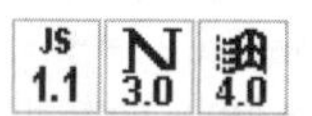

Zeichenketten mit regulären Ausdrücken bearbeiten

Reguläre Ausdrücke dienen dazu, Suchausdrücke zu formulieren, um in Zeichenketten danach zu suchen und um gefundene Stellen durch andere zu ersetzen.

Eigenschaften

$[1..9] (geklammerte Unterausdrücke)

Methoden

exec() (regulären Ausdruck anwenden)
test() (regulären Ausdruck probehalber anwenden)

RegExp: Allgemeines zur Verwendung

Reguläre Ausdrücke können Sie in JavaScript direkt innerhalb entsprechender Methoden des string-Objekts anwenden, nämlich in den Methoden:

- match()
- replace()
- search()
- Dort wird beschrieben, wie und wo Sie den regulären Ausdruck genau verwenden können, um Zeichenketten zu durchsuchen und Teile darin zu ersetzen. Das RegExp-Objekt von JavaScript brauchen Sie dagegen nur, wenn Sie reguläre Ausdrücke zur Laufzeit des Scripts dynamisch erzeugen und ändern wollen. Dazu können Sie eine Instanz eines RegExp-Objekts definieren. Auf diese Instanz können Sie anschließend die Eigenschaften und Methoden des RegExp-Objekts anwenden, die hier beschrieben werden. Ein Beispiel:

```
<html><head><title>Test</title>
<script type="text/javascript">
<!-
function Ausgabe(Wert)
{
 var Ausdruck = /(\w.+)\s(\w.+)/;
 Ausdruck.exec(Wert);
 alert(RegExp.$2 + ", " + RegExp.$1);
}
//->
</script>
</head><body>
<form action="">
<input name="User" value="Vorname Zuname">
<input type="button" value="Ausgabe" onClick="Ausgabe(this.form.User.value)">
</form>
</body></html>
```

Das Beispiel zeigt, wie sich ein Name des Schemas »Vorname Name« unter Verwendung eines regulären Ausdrucks in das Schema »Name, Vorname« verwandeln lässt. Das Beispiel enthält ein Formular mit einem Eingabefeld und einem Button. In dem Eingabefeld soll der Anwender seinen Namen in der Form »Vorname Name« eingeben. Deshalb ist das Feld auch schon so vorbelegt. Beim Anklicken des Buttons wird die Funktion Ausgabe() aufgerufen, die im Dateikopf definiert ist. Als Parameter bekommt die Funktion den Inhalt des Eingabefeldes übergeben.

Innerhalb der Funktion wird ein regulärer Ausdruck (Suchausdruck) definiert, der in der Variablen Ausdruck gespeichert wird. Solche regulären Ausdrücke werden in einfache Schrägstriche /.../ eingeschlossen. Der reguläre Ausdruck im obigen Beispiel ist so zu lesen: Suche nach einer beliebigen Anzahl von aneinander gereihten Buchstaben ohne Ziffern und Satzzeichen und merke dir das Ergebnis = (\w.+). Suche dann nach einem einzelnen Leerzeichen = \s. Suche dann noch mal nach einer beliebigen Buchstabenreihenfolge und merke dir das Ergebnis = (\w.+). Auf diese Weise wird das Schema »Vorname Name« gefunden. Die beiden Klammern um das (\w.+) führen dazu, dass die beiden einzelnen Buchstabenreihenfolgen als einzelne Teile intern gemerkt werden. Später sind diese einzelnen gemerkten Teile separat ansprechbar.

Im Beispiel wird mit dem nächsten Befehl die eine wichtige Methode des RegExp-Objekts auf den zuvor definierten regulären Ausdruck angewendet, nämlich die Methode exec(). Dadurch wird der Ausdruck »ausgeführt« und direkt dem RegExp-Objekt zugewiesen. Im Beispiel wird mit RegExp.$2 direkt auf den zweiten, zuvor intern gemerkten Klammerausdruck zugegriffen, und mit RegExp.$1 auf den ersten dieser Ausdrücke. Durch die Anordnung mit dem Komma dazwischen bei der Ausgabe mit alert() erscheint der zuvor eingegebene »Vorname, Name« dann in dem anderen Schema »Name, Vorname«. Die folgende Übersicht zeigt, aus welchen Bestandteilen Sie einen regulären Ausdruck zusammensetzen können.

Bestandteil	*Beispiel*	*Beschreibung*
	/aus/	Findet »aus«, und zwar in »aus«, »Haus«, »auserlesen« und »Banause«.
^	/^aus/	Findet »aus« am Anfang des zu durchsuchenden Wertes, also in »aus« und »auserlesen«, sofern das die ersten Wörter im Wert sind.
$	/aus$/	Findet »aus« am Ende des zu durchsuchenden Wertes, also in »aus« und »Haus«, sofern das die letzten Wörter im Wert sind.
*	/aus*/	Findet »aus«, »auss« und »aussssss«, also das letzte Zeichen vor dem Stern 0 oder beliebig oft hintereinander wiederholt.
+	/aus+/	Findet »auss« und »aussssss«, also das letzte Zeichen vor dem Stern mindestens einmal oder beliebig oft hintereinander wiederholt.
.	/.aus/	Findet »Haus« und »Maus«, also ein beliebiges Zeichen an einer bestimmten Stelle.
.+	/.+aus/	Findet »Haus« und »Kehraus«, also eine beliebige Zeichenfolge an einer bestimmten Stelle. Zusammensetzung aus beliebiges Zeichen und beliebig viele davon.
\b	/\baus\b/	Findet »aus« als einzelnes Wort. \b bedeutet eine Wortgrenze.
\B	/\Baus\B/	Findet »aus« nur innerhalb von Wörtern, z.B. in »hausen« oder »Totalausfall«. \B bedeutet keine Wortgrenze.
\d	/\d.+\B/	Findet eine beliebige ganze Zahl. \d bedeutet eine Ziffer (0 bis 9).
\D	/\D.+/	Findet »-fach« in »3-fach«, also keine Ziffer.
\f	/\f/	Findet ein Seitenvorschubzeichen.
\n	/\n/	Findet ein Zeilenvorschubzeichen.
\r	/\r/	Findet ein Wagenrücklaufzeichen.
\t	/\t/	Findet ein Tabulatorzeichen.
\v	/\v/	Findet ein vertikales Tabulatorzeichen.
\s	/\s/	Findet jede Art von white space, also \f\n\t\v und Leerzeichen.
\S	/\S.+/	Findet ein beliebiges einzelnes Zeichen, das kein white space ist, also kein \f\n\t\v und kein Leerzeichen.
\w	/\w.+/	Findet alle alphanumerischen Zeichen und den Unterstrich (typische Bedingung etwa für programmiersprachengerechte selbst vergebene Namen).

Bestandteil	*Beispiel*	*Beschreibung*
\W	/\W/	Findet ein Zeichen, das nicht alphanumerisch und auch kein Unterstrich ist (typisch zum Suchen nach illegalen Zeichen bei programmiersprachengerechten selbst vergebenen Namen).
\()	/(aus)/	Findet »aus« und merkt es sich intern. Bis zu 9 solcher Klammern (Merkplätze) sind in einem regulären Ausdruck erlaubt.
/.../g	/aus/g	Findet »aus« so oft, wie es in dem gesamten zu durchsuchenden Bereich vorkommt. Die Fundstellen werden intern in einem Array gespeichert.
/.../i	/aus/i	Findet »aus«, »Aus« und »AUS«, also unabhängig von Groß-/Kleinschreibung.
/.../gi	/aus/gi	Findet »aus«, so oft, wie es in dem gesamten zu durchsuchenden Bereich vorkommt (g) und unabhängig von Groß-/Kleinschreibung (i).

releaseEvents()

Methode — JS 1.2 | N 4.0

Objekt: document — Überwachung von Anwenderereignissen beenden

Beendet die Überwachung von Anwenderereignissen. Funktioniert genau so wie releaseEvents() beim window-Objekt (nähere Informationen siehe dort). Der einzige Unterschied ist, dass document.releaseEvent() nur Ereignisüberwachungen beenden kann, die mit document.captureEvents() gestartet wurden.

Beachten Sie: Netscape 6 interpretiert diese Methode nicht (mehr).

releaseEvents()

Methode — JS 1.2 | N 4.0

Objekt: layers — Überwachung von Anwenderereignissen beenden

Beendet die Überwachung von Anwenderereignissen. Funktioniert genau so wie releaseEvents() beim window-Objekt (nähere Informationen siehe dort). Der einzige Unterschied ist, dass document.Layername.releaseEvents() nur Ereignisüberwachungen beenden kann, die mit document.Layername.captureEvents() gestartet wurden.

releaseEvents()

Methode — JS 1.2 | N 4.0

Objekt: window — Überwachung von Anwenderereignissen beenden

Beendet die Überwachung von Anwenderereignissen. Gegenstück zu captureEvents(). Erwartet als Parameter eine Folge von Ereignissen, die nicht mehr überwacht werden sollen. Gleiche Syntax wie bei captureEvents(). Ein Beispiel:

```
<html><head><title>Test</title>
<script type="text/javascript">
<!-
var i = 0;
window.captureEvents(Event.KEYPRESS);
window.onkeypress = Ausgabe;
function Ausgabe(Ereignis)
{
 alert("Sie haben die Taste mit dem Wert " + Ereignis.which + " gedrueckt");
 i = i + 1;
 if(i > 2)
  window.releaseEvents(Event.KEYPRESS);
}
//->
</script>
</head><body>
Druecken Sie 3 mal irgendwelche Tasten!
</body></html>
```

Im Beispiel wird der Event KEYPRESS (*Taste gedrückt*) überwacht. Wenn der Anwender eine Taste drückt, wird die Funktion Ausgabe() aufgerufen, die mit alert() ausgibt, welche Taste gedrückt wurde. Die Funktion ruft sich bei Eintritt des Ereignisses selbst wieder auf, jedoch nur, solange der Zähler i kleiner als 3 ist. Danach wird das Überwachen der Tastaturereignisse mit der Methode releaseEvents(Event.KEYPRESS) beendet.

Beachten Sie: Netscape 6 interpretiert diese Methode nicht (mehr).

reload()

Methode

Objekt: location — Dokument erneut laden

Lädt eine WWW-Seite neu. Hat den gleichen Effekt wie der Reload-Button im Browser. Das Beispiel definiert einen Verweis, bei dessen Anklicken die aktuelle Seite noch einmal neu geladen wird:

```
<html><head><title>Test</title>
</head><body>
<a href="javascript:location.reload()">Reload</a>
</body></html>
```

removeAttribute()

Methode

Objekt: all — Attribut entfernen

Entfernt ein bestimmtes Attribut aus einem bestimmten HTML-Tag. Erwartet folgende Parameter:

- *Attribut* = Name des gesuchte Attributs im HTML-Tag.
- *Groß-/Kleinschreibung* = true übergeben, wenn bei dem Attribut Groß-/Kleinschreibung unterschieden werden soll, oder false, wenn es egal ist, wie das Attribut geschrieben ist.

Ein Beispiel:

```
<html><head><title>Test</title>
<script type="text/javascript">
<!-
function Test() {
document.all.Absatz.removeAttribute("align","false");
}
//->
</script>
</head><body>
<p id="Absatz" align=center>Ein Text</p>
<a href="javascript:Test()">Test</a>
</body></html>
```

Das Beispiel enthält einen zentriert ausgerichteten Absatz mit dem id-Namen Absatz und einen Verweis. Beim Anklicken des Verweises wird die Funktion Test() aufgerufen. Diese Funktion entfernt aus dem Absatz das Attribut align, sodass der Absatz hinterher linksbündig ausgerichtet ist, weil das die Normaleinstellung für das <p>-Tag ist.

Beachten Sie: Der MS Internet Explorer 5.0 Macintosh Edition interpretiert dieses Beispiel nicht.

removeAttribute()

Methode 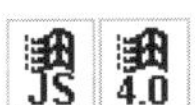

Objekt: style — Entfernt Attribut aus Stylesheet-Angabe

Entfernt ein bestimmtes Attribut aus Stylesheet-Angaben. Erwartet folgende Parameter:

- *Attribut* = die gewünschte Stylesheet-Angabe im HTML-Tag.
- *Groß-/Kleinschreibung* = true übergeben, wenn bei der Stylesheet-Angabe Groß-/Kleinschreibung unterschieden werden soll, oder false, wenn es egal ist, wie die Stylesheet-Angabe geschrieben ist.

Ein Beispiel:

```
<html><head><title>Test</title>
<script type="text/javascript">
<!-
function Test() {
 if (document.all)
 document.all.Absatz.style.removeAttribute("color","false");
 else document.getElementById("Absatz").style.color = "";
```

```
}
//->
</script>
</head><body>
<p id="Absatz" style="color:red">Ein Text</p>
<a href="javascript:Test()">Test</a>
</body></html>
```

Das Beispiel enthält einen Absatz mit dem id-Namen Absatz und einen Verweis. Beim Anklicken des Verweises wird die Funktion Test() aufgerufen. Diese Funktion entfernt aus dem Absatz die Stylesheet-Angabe color, sodass der Absatz hinterher die rote Farbe verliert und die Standardfarbe für Text erhält.

Beachten Sie: Wenn Sie nach DOM-Syntax programmieren, genügt es wie im else-Zweig des Beispieles, die CSS-Eigenschaft des obigen Absatzes mit folgender Anweisung zu entfernen:

```
document.getElementById("Absatz").style.color = ""
```

Durch Zuweisung einer leeren Zeichenkette wird die Style-Eigenschaft dynamisch entfernt. Der MS Internet Explorer 5.0 Macintosh Edition interpretiert dieses Beispiel nicht.

removeAttribute()

Methode — DOM 1.0, JS 1.5, N 6.x, 5.x

Objekt: node — Löscht den Wert eines Attributknotens

Löscht aus einem Element die Wertzuweisung an ein Attribut. Ein Beispiel:

```
<html><head><title>Test</title>
<script type="text/javascript">
<!-
function wegMitAusrichtung() {
 document.getElementById("rechts").removeAttribute("align");
}
//->
</script></head>
<body>
<p id="rechts" align="right"><a href="javascript:wegMitAusrichtung()">Weg mit der
Ausrichtung!</a></p>
</body></html>
```

Das Beispiel enthält einen mit align="right" rechtsbündig ausgerichteten Textabsatz, der einen Verweis enthält. Beim Anklicken des Verweises wird die Funktion wegMitAusrichtung() aufgerufen, die im Dateikopf notiert ist. Diese Funktion greift mit document.getElementById("rechts") auf das p-Element zu und löscht mit removeAttribute("align") den Wert des align-Attributs. Der Absatz wird dadurch dynamisch neu ausgerichtet (per Voreinstellung linksbündig).

Wichtig ist aber, dass nicht das Attribut gelöscht wird, sondern nur dessen Wert. Im Beispiel ist der Effekt so, als wenn in HTML notiert wäre: <p id="rechts" align="">...</p>

Beachten Sie: Der MS Internet Explorer 5.0 Macintosh Edition interpretiert dieses Beispiel nicht.

removeAttributeNode()

Methode — DOM 1.0 | JS 1.5 | N 6.x

Objekt: node — Löscht Attributknoten

Löscht aus einem Element einen Attributknoten mitsamt Wertzuweisung. Ein Beispiel:

```
<html><head><title>Test</title></head>
<script language="JavaScript" type="text/javascript">
<!-
function wegMitAusrichtung() {
 document.getElementById("rechts").removeAttributeNode(document.getElementById("rechts").
attributes[1]);
}
//->
</script>
<body>
<p id="rechts" align="right"><a href="javascript:wegMitAusrichtung()">Weg mit der
Ausrichtung!</a></p>
</body></html>
```

Das Beispiel tut das Gleiche wie das Beispiel bei der Beschreibung zu removeAttribute(). Der Unterschied ist nur, dass mit removeAttributeNode() das komplette Attribut gelöscht wird und nicht nur dessen Wertzuweisung. Als Parameter erwartet diese Methode das Objekt des gewünschten Attributknotens. Im Beispiel wird document.getElementById("rechts").attributes[1] übergeben, da das align-Attribut, das es zu entfernen gilt, das 2. Attribut im attributes-Array des p-Elements ist.

Beachten Sie: Der MS Internet Explorer 5.x interpretiert diese Methode noch nicht.

removeChild()

Methode — DOM 1.0 | JS 1.5 | N 6.x | 5.x

Objekt: node — Löscht Kindknoten

Löscht aus einem Element einen Kindknoten. Ein Beispiel:

```
<html><head><title>Test</title>
<script type="text/javascript">
<!-
function wegMitEintrag() {
var Knoten=document.getElementsByTagName("ol")[0].firstChild;
verschwunden = document.getElementsByTagName("ol")[0].removeChild(Knoten);
alert(verschwunden.firstChild.nodeValue)
}
//->
</script></head>
<body>
<ol start="1" type="I"><li>Element 1</li><li>Element 2</li><li>Element 3</li></ol>
<p><a href="javascript:wegMitEintrag()">Lösche das erste Element</a></p>
</body></html>
```

Das Beispiel enthält eine nummerierte Liste. Unterhalb davon ist ein Verweis notiert. Beim Anklicken des Verweises wird die Funktion wegMitEintrag() aufgerufen, die im Dateikopf notiert ist. In dieser Funktion wird auf den ersten Kindknoten mit document.getElementsByTagName("ol")[0].firstChild zugegriffen. Der Wert wird in der Variablen Knoten gespeichert. Mit removeChild(Knoten) wird der Listenpunkt gelöscht. Dabei wird der Methode als Parameter der zu löschende Knoten übergeben. Die Methode removeChild() gibt als Rückgabewert das gelöschte Element zurück. Dieser Wert ist im Beispiel in der globalen Variablen verschwunden gespeichert. Über diese Variable können Sie weiterhin auf die Eigenschaften des Knotens zugreifen. So wird im Beispiel noch einmal der Inhalt des ersten Kindknotens des gelöschten Elements ausgegeben.

Berücksichtigen Sie beim Nachvollziehen dieses Beispiels die Besonderheit des Netscape 6.1 und des MS Internet Explorer 5.0 Macintosh Edition im Umgang mit Kindknoten (siehe childNodes).

replace()

Methode — JS 1.1 | N 3.0 | 4.0

Objekt: location — Aktuelles Dokument austauschen

Lädt einen anderen URI über den aktuellen Eintrag in der Liste der besuchten Seiten (History). Hat dadurch einen ähnlichen Effekt wie die Eigenschaft href. Der Unterschied ist, dass der aktuelle URI anschließend in der Liste der besuchten Seiten nicht mehr vorkommt. Ein Beispiel:

```
<html><head><title>Test</title>
</head><body>
<a href="javascript:location.replace('datei2.htm')">Datei 2</a>
</body></html>
```

Das Beispiel definiert einen Verweis, bei dessen Anklicken *datei2.htm* geladen wird. Der aktuelle URI verschwindet dabei aus der Liste der besuchten Seiten.

replace()

Methode — JS 1.2 | N 4.0 | 4.0

Objekt: string — Sucht und ersetzt in Zeichenkette mit regulärem Ausdruck

Durchsucht eine Zeichenkette mit Hilfe eines regulären Ausdrucks. Ersetzt Zeichenfolgen, auf die der reguläre Ausdruck passt. Erwartet folgende Parameter:

- *reg. Ausdruck* = Ein regulärer Ausdruck, der Suchtreffer liefern kann.
- *Ersetzen durch* = Eine Zeichenkette, durch die gefundene Stellen ersetzt werden sollen.

Ein Beispiel:

```
<html><head><title>Test</title></head><body>
<script type="text/javascript">
<!–
 var vormals = "Elke Hinz";
```

```
var jetzt = vormals.replace(/Hinz/,"Kunz, geb. Hinz");
 document.write(jetzt);
//->
</script></body></html>
```

Das Script im Beispiel belegt eine Variable vormals mit einem Namen. Auf den gespeicherten Namen wird mit replace() ein Suche-Ersetze-Vorgang angewendet. Der erste Parameter, der replace() übergeben wird, ist ein regulärer Ausdruck. Dieser findet die Zeichenfolge »Hinz«. Ein Suchtreffer bewirkt das Ersetzen dieser Zeichenfolge durch »Kunz, geb. Hinz«. Das Ergebnis wird zur Kontrolle in die Datei geschrieben. Näheres über reguläre Ausdrücke und weitere Beispiele für diese Methode finden Sie beim RegExp-Objekt.

replaceChild()

Methode DOM 1.0 | JS 1.5 | N 6.x | 5.x

Objekt: node Ersetzt Kindknoten

Ersetzt aus Sicht eines Knotens einen seiner Kindknoten durch einen anderen. Ein Beispiel:

```
<html><head><title>Test</title>
<script type="text/javascript">
<!-
function andereAntwort() {
 var Textknoten = document.createTextNode("Du darfst!");
 document.getElementById("z2").replaceChild(Textknoten,
document.getElementById("z2").firstChild);
}
//->
</script></head>
<body>
<table border="1" bgcolor="#FFFFC0" width="30%">
<tr><td id="z1">Darf ich?</td><td id="z2">keine Ahnung!</td></tr>
</table>
<p><a href="javascript:andereAntwort()">andere Antwort!</a></p>
</body></html>
```

Das Beispiel enthält eine Tabelle mit zwei Zellen. Unterhalb der Tabelle ist ein Verweis notiert. Beim Anklicken des Verweises wird die Funktion andereAntwort() aufgerufen, die im Dateikopf notiert ist. Diese Funktion erzeugt zunächst mit document.createTextNode() einen neuen Textknoten für die Antwort. Die Antwort wird in Form eines Knotenobjekts benötigt, weil die Methode replaceChild() sowohl den neuen Knoten als auch den zu ersetzenden in Form eines Knotenobjekts erwartet. Im Beispiel wird mit document.getElementById("z2") auf die zweite Tabellenzelle zugegriffen, um deren Inhalt, also den Textknoten, der ihren Kindknoten darstellt, durch den neu erzeugten Textknoten zu ersetzen. Dazu wird replaceChild() angewendet. Als erster Parameter wird der neue Knoten übergeben, als zweiter der zu ersetzende. Der neue Knoten ist im Beispiel in der Variablen Textknoten gespeichert. Auf den zu ersetzenden Knoten wird mit document.getElementById("z2").firstChild zugegriffen.

replaceData()

Methode DOM 1.0 JS 1.5 N 6.x

Objekt: node Ersetzt Zeichendaten

Ersetzt Zeichendaten im Inhalt eines Elements oder in der Wertzuweisung an ein Attribut. Ein Beispiel:

```
<html><head><title>Test</title>
<script type="text/javascript">
<!-
function andereAntwort() {
 var Text = "Du darfst!";
 var rd_Start = 0;
 var rd_Laenge = document.getElementById("z2").firstChild.nodeValue.length;
 document.getElementById("z2").firstChild.replaceData(rd_Start,rd_Laenge,Text);
}
//->
</script></head>
<body>
<table border="1" bgcolor="#FFFFC0" width="30%">
<tr><td id="z1">Darf ich?</td><td id="z2">keine Ahnung!</td></tr>
</table>
<p><a href="javascript:andereAntwort()">andere Antwort!</a></p>
</body></html>
```

Das Beispiel tut das Gleiche wie das Beispiel bei der Beschreibung zu replaceChild(). Der Unterschied ist nur, dass mit replaceData() auf Textebene gearbeitet wird und dass diese Methode auch gezieltes Ersetzen ab einer bestimmten Zeichenposition und für eine bestimmte Länge erlaubt. Als Parameter erwartet replaceData() zuerst die Startposition in der Zeichenkette, ab der ersetzt werden soll. Im Beispiel wird dazu die Variable rd_Start übergeben, der zuvor 0 zugewiesen wurde. Damit wird ab dem ersten Zeichen ersetzt. Als zweiter Parameter wird übergeben, wieviele Zeichen ersetzt werden sollen. Im Beispiel wird die Variable rd_Laenge übergeben. Dieser wurde zuvor mit document.getElementById("z2").firstChild.nodeValue.length die Zeichenanzahl des gesamten Textknotens der zweiten Tabellenzelle zugewiesen. Im Beispiel wird auf diese Weise der komplette Inhalt der zweiten Tabellenzelle ersetzt. Mit einer Angabe wie 0,1 würden Sie beispielsweise nur das erste Zeichen ersetzen.

Als dritten Parameter erwartet replaceData() eine Zeichenkette, mit der die zuvor im Textknoten markierte Zeichenkette ersetzt werden soll. Im Beispiel wird die Variable Text übergeben, der zuvor ein Wert zugewiesen wurde.

Beachten Sie: Der MS Internet Explorer 5.x interpretiert diese Methode noch nicht. Im MS Internet Explorer 6.0beta und im MS Internet Explorer 5.0 Macintosh Edition wird die Methode dagegen unterstützt.

reset()

Methode JS 1.1 N 3.0 4.0

Objekt: forms Formulareingaben löschen

Löscht alle Eingaben in einem Formular und hat die gleiche Wirkung wie ein Button, der in HTML mit type="reset" definiert wurde. Das Beispiel enhält ein Formular mit zwei Eingabefeldern. Unterhalb des Formulars steht ein Verweis. Beim Anklicken des Verweises werden alle Eingaben in dem Formular gelöscht.

```
<html><head><title>Test</title>
</head><body>
<form name="Testform" action="">
<input type="text" size="40" name="Feld1"><br>
<input type="text" size="40" name="Feld2"><br>
</form>
<a href="javascript:document.Testform.reset()">Formular leeren</a>
</body></html>
```

resizeBy()

Methode JS 1.2 N 4.0

Objekt: layers Layer-Größe ändern

Verändert die Größe eines Layers um so viele Pixel unten und rechts wie angegeben. Erwartet folgende Parameter:

- *x-Wert* = Anzahl Pixel, um die der Layer rechts verkleinert/vergrößert werden soll. Negative Werte verkleinern, positive vergrößern.
- *y-Wert* = Anzahl Pixel, um die der Layer unten verkleinert/vergrößert werden soll. Negative Werte verkleinern, positive vergrößern.

Ein Beispiel:

```
<html><head><title>Test</title>
<script type="text/javascript">
<!-
function MachKleiner() {
 document.MeinLayer.resizeBy(-20,-10);
}
function MachGroesser() {
 document.MeinLayer.resizeBy(20,10);
}
//->
</script>
</head><body>
<layer name="MeinLayer" top="50" left="50" width="200" height="100"
bgColor="#FFFFE0">
<a href="javascript:MachKleiner()">Kleiner</a><br>
<a href="javascript:MachGroesser()">Groesser</a><br>
</layer>
</body></html>
```

Im Beispiel ist ein Layer definiert. Mit Hilfe von zwei Verweisen lässt sich im Beispiel der sichtbare Anzeigebereich des Layers verkleinern und wieder vergrößern. Die Verweise rufen die Funktionen MachKleiner() bzw. MachGroesser() auf, die in einem Script-Bereich im Dateikopf notiert sind. Die Funktion MachKleiner() verringert die Breite des Layers um 20 Pixel und die Höhe um 10 Pixel, die Funktion MachGroesser() tut das Umgekehrte.

resizeBy()

Methode JS 1.2 | N 4.0 | MS 4.0

Objekt: window — Fenstergröße pixelweise ändern

Verändert die Größe eines Fensters um so viele Pixel unten und rechts wie angegeben. Erwartet folgende Parameter:
1. *x-Wert* = um wie viele Pixel das Fenster rechts verkleinert/vergrößert werden soll. Negative Werte verkleinern, positive vergrößern.
2. *y-Wert* = um wie viele Pixel das Fenster unten verkleinert/vergrößert werden soll. Negative Werte verkleinern, positive vergrößern.

Ein Beispiel:

```
<html><head><title>Test</title>
<script type="text/javascript">
<!-
function Kleiner() { window.resizeBy(-10,-10); }
//->
</script>
</head><body>
<a href="javascript:Kleiner()">Mach kleiner</a>
</body></html>
```

Das Beispiel enthält einen Verweis. Beim Anklicken des Verweises wird die Funktion Kleiner() aufgerufen. Diese Funktion verkleinert das dateieigene Fenster um 10 Pixel in der Breite und in der Höhe.

resizeTo()

Methode JS 1.2 | N 4.0

Objekt: layers — Layer-Größe festlegen

Legt die Breite und Höhe eines Layers neu fest. Erwartet folgende Parameter:

- *x-Wert* = neue Breite des Layers.
- *y-Wert* = neue Höhe des Layers.

Ein Beispiel:

```
<html><head><title>Test</title>
<script type="text/javascript">
<!-
 function Aendern()
 {
  var x = parseInt(document.L.document.Eingabe.hr.value);
  var y = parseInt(document.L.document.Eingabe.vr.value);
  document.L.resizeTo(x,y);
```

```
}
//->
</script>
</head><body>
<layer name="L" top="50" left="50" width="200" height="200" bgColor="#FFFFE0">
<form name="Eingabe" action="">
neue <input size="5" name="hr"> Breite<br>
neue <input size="5" name="vr"> Hoehe<br>
<input type="button" value="Aendern" onClick="Aendern()">
</form>
</body></html>
```

Im Beispiel wird ein Layer definiert, der ein Formular enthält. Das Formular stellt zwei kleine Eingabefelder bereit, in denen der Anwender die x- und y-Werte der neuen gewünschten Breite und Höhe des Layers eingeben kann. Beim Anklicken des Buttons, der auch zu dem Formular gehört, wird die Funktion Aendern() aufgerufen, die im Dateikopf notiert ist. Diese Funktion ermittelt zunächst die eingegebenen Werte. Da es sich um Zeichenketten handelt, die Methode resizeTo() aber Zahlen erwartet, wird die Funktion parseInt() zum Umwandeln der Formulareingaben in eine Zahl angewendet. Anschließend wendet die Funktion die Methode resizeTo() mit den ermittelten Werten auf den Layer an.

resizeTo()

Methode — JS 1.2 | N 4.0 | 4.0

Objekt: window — Fenstergröße auf festen Wert ändern

Verändert die Größe eines Fensters absolut. Erwartet folgende Parameter:
1. *x-Wert* = neue Breite des Fensters.
2. *y-Wert* = neue Höhe des Fensters.

Ein Beispiel:

```
<html><head><title>Test</title>
</head><body onLoad="window.resizeTo(580,420)">
</body></html>
```

Das Beispiel setzt die Fenstergröße beim Einlesen der Datei auf eine Breite von 580 Pixeln und auf eine Höhe von 420 Pixeln.

reverse()

Methode — JS 1.1 | N 3.0 | 4.0

Objekt: Array — Elementreihenfolge im Array umdrehen

Kehrt die Elementreihenfolge innerhalb eines Arrays um. Das erste Element ist hinterher das letzte, das letzte das erste. Ein Beispiel:

```
<html><head><title>Test</title>
</head><body>
<script type="text/javascript">
<!-
```

```
var Name = new Array("S","T","E","F","A","N");
Name.reverse();
document.write(Name.join(""));
//->
</script>
</body></html>
```

Das Beispiel definiert einen Array Name, dessen Elemente aus den einzelnen Buchstaben des Namens Stefan bestehen. Anschließend wird auf diesen Array die Methode reverse() angewendet. Mit Hilfe der join()-Methode wird der Array mit seiner neuen Elementreihenfolge anschließend so in die Datei geschrieben, dass keine Zeichen zwischen den Elementen stehen (das wird durch die leere Zeichenkette "" bei join() erreicht). Als Effekt erscheint der Name Stefan rückwärts geschrieben in der Datei.

round()

Methode — JS 1.0, N 2.0, 3.0

Objekt: Math — Rundung

Erwartet als Parameter eine Zahl. Liefert die kaufmännisch gerundete Ganzzahl dieser Zahl zurück. Wenn die übergebene Zahl eine Ganzzahl ist, bleibt sie unverändert. Ein Beispiel:

```
<html><head><title>Test</title>
</head><body>
<form name="Test" action=""><input name="Ein"><input name="Aus">
<input type="button" value="=" onClick="Test.Aus.value=Math.round(Test.Ein.value)">
</form>
</body></html>
```

Das Beispiel definiert ein Formular mit zwei Eingabefeldern und einem Button. Nach Eingabe einer Zahl im ersten Eingabefeld und Klick auf den Button wird im zweiten Eingabefeld das Ergebnis ausgegeben. Das Ergebnis ist die Anwendung von round() auf den Wert aus dem ersten Eingabefeld. Bei Eingabe von Bruchzahlen im ersten Eingabefeld steht im zweiten Feld anschließend die kaufmännisch gerundete Ganzzahl.

routeEvent()

Methode — JS 1.2, N 4.0

Objekt: document — Anwendereignis weiterleiten

Übergibt ein Anwenderereignis an das document-Objekt. Von dort aus wird das Ereignis immer weiter nach unten durchgereicht, bis sich ein Event-Handler findet, der das Ereignis verarbeitet. Funktioniert genau so wie routeEvent() beim window-Objekt (nähere Informationen siehe dort). Der einzige Unterschied ist, dass document.routeEvent() nicht auf Fenster-Ebene ansetzt, sondern auf Dokumentebene.

Beachten Sie: Netscape 6 interpretiert diese Methode nicht (mehr).

routeEvent()

Methode JS 1.2 N 4.0

Objekt: layers Anwenderereignis weiterleiten

Übergibt ein Anwenderereignis an das document-Objekt. Von dort aus wird das Ereignis immer weiter nach unten durchgereicht, bis sich ein Event-Handler findet, der das Ereignis verarbeitet. Funktioniert genauso wie routeEvent() beim window-Objekt (nähere Informationen siehe dort). Der einzige Unterschied ist, dass document.Layername.routeEvent() nicht auf Fensterebene ansetzt, sondern auf Layerebene.

routeEvent()

Methode JS 1.2 N 4.0

Objekt: window Anwenderereignis weiterleiten

Übergibt ein Anwenderereignis an das oberste Objekt der Objekthierarchie, also an das window-Objekt. Vor dort aus wird das Ereignis immer weiter nach unten durchgereicht, bis sich ein Event-Handler findet, der das Ereignis verarbeitet. Ein Beispiel:

```
<html><head><title>Test</title>
<script type="text/javascript">
<!-
function Click1() {
 alert("Sie haben auf den Button geklickt");
}
function Click2(Ereignis)
{
 alert("Sie haben ins Fenster geklickt");
 window.routeEvent(Ereignis);
}
window.captureEvents(Event.CLICK);
window.onClick = Click2;
//->
</script>
</head><body>
<form action="">
<input type="button" value="Button" onClick="Click1()">
</form>
</body></html>
```

Das Beispiel enthält einen Button, bei dessen Anklicken die Funktion Click1() aufgerufen wird. Diese Funktion gibt zur Kontrolle mit alert() aus, dass der Button angeklickt wurde. Im Beispiel ist es jedoch so, dass beim Einlesen der Datei mit der captureEvents()-Methode das Mausklick-Ereignis überwacht wird. Wenn das Ereignis eintritt, wird in jedem Fall die Funktion Click2() aufgerufen. Diese gibt zur Kontrolle aus, dass in das Fenster geklickt wurde. Anschließend übergibt sie mit routeEvent() das Ereignis an die Objekthierarchie. Wenn der Klick auf ein anderes Objekt erfolgt, das ebenfalls das Klick-Ereignis überwacht, wird die entsprechende Aktion ebenfalls ausgeführt. Im Beispiel hat dies zur Folge, dass der Anwender beim Klick auf den Button zwei Meldungen erhält: nämlich zuerst die, dass ins Fenster geklickt wurde, und danach die, dass auf den Button geklickt wurde. Ohne die routeEvent()-Methode würde er die zweite Meldung gar nicht erhalten, da das Klick-Ereignis vorher abgefangen worden wäre.

Beachten Sie: Netscape 6 interpretiert diese Methode nicht (mehr).

s

HTML-Elementobjekt — DOM 1.0 | JS 1.5 | N 6.x | 5.x

Objekt: document — Durchgestrichener text

HTML-Elemente <s>...</s> haben als DOM-Objekte für den Scriptsprachen-Zugriff Universaleigenschaften. Ein Beispiel:

```
<html><head><title>Test</title>
<style type="text/css">
<!-
.rot { color:red }
->
</style>
<script type="text/javascript">
<!-
 function deutlicher() {
  document.getElementById("schweinisch").className = "rot";
 }
//->
</script>
</head><body>
<h1><s id="schweinisch">Es tut so gut ein Schwein zu sein</s></h1>
<a href="javascript:deutlicher()">deutlicher!</a>
</body></html>
```

Das Beispiel enthält eine Überschrift mit durchgestrichenem Text. Unterhalb davon steht ein Verweis, bei dessen Anklicken die JavaScript-Funktion deutlicher() aufgerufen wird. Mit document.getElementById("schweinisch") greift diese Funktion auf das s-Element zu und weist ihm für die Universaleigenschaft className den Klassennamen rot zu, für den im Dateikopf in einem Style-Bereich CSS-Definitionen exisiteren. Der durchgestrichene Text wird dadurch rot.

samp

HTML-Elementobjekt — DOM 1.0 | JS 1.5 | N 6.x | 5.x

Objekt: document — Beispiel im Text

HTML-Elemente <samp>...</samp> haben als DOM-Objekte für den Scriptsprachen-Zugriff Universaleigenschaften. Ein Beispiel:

```
<html><head><title>Test</title>
</head><body>
<p>Ich sage zum Beispiel immer <samp id="zumbeispiel"
onMouseOver="alert(document.getElementById('zumbeispiel').id)">zum
Beispiel</samp></p>
</body></html>
```

Das Beispiel enthält einen mit <samp>...</samp> ausgezeichneten Text. Im Einleitungs-Tag ist der Event-Handler onMouseOver notiert. Beim Überfahren des Textes mit der Maus wird in einem Meldungsfenster der Id-Wert des Elements ausgegeben. Dazu wird mit document. getElementById('zumbeispiel').id auf die entsprechende Eigenschaft zugegriffen.

Beachten Sie: Das vorliegende Beispiel wird auch von Opera 5.12 interpretiert.

Screen

Objekt — JS 1.2 | N 4.0 | IE 4.0

Informationen zum Bildschirm des Browser-PC

Mit dem Objekt screen können Sie Angaben zum Bildschirm des Anwenders ermitteln. Diese Angaben zu kennen ist wichtig, wenn Sie professionelles »Screendesign« mit HTML und JavaScript betreiben wollen.

Eigenschaften

availHeight	(verfügbare Höhe)
availWidth	(verfügbare Breite)
colorDepth	(Farbtiefe)
height	(Höhe)
pixelDepth	(Farbauflösung)
width	(Breite)

screen: Allgemeines zur Verwendung

Das screen-Objekt ist bei Netscape und beim MS Internet Explorer ab den 4er Versionen verfügbar. Eigenschaften des screen-Objekts können Sie direkt ansprechen, indem Sie screen davor notieren. Ein Beispiel:

```
<html><head><title>Test</title>
<script type="text/javascript">
<!-
 alert(screen.width + "x" + screen.height);
//->
</script>
</head><body>
</body>
</html>
```

Das Beispiel gibt beim Einlesen der Datei Breite (screen.width) mal Höhe (screen.height) des Anwenderbildschirms aus. Es handelt sich dabei um die Angabe in Pixeln, Ergebnisse sind also etwa 800x600 oder 1024x768.

screenX, screenY

Eigenschaft — JS 1.2 | N 4.0 | Lesen

Objekt: events — Position des Mauszeigers

Netscape-Syntax. Speichert die horizontalen Pixel (layerX) und die vertikalen Pixel (layerY) der Cursor-Position absolut gesehen zum Bildschirm, wenn z.B. Mausereignisse überwacht werden. Ein Beispiel:

```
<html><head><title>Test</title>
<script type="text/javascript">
<!-
function Position(Ereignis)
{
 alert("x-Wert: " + Ereignis.screenX + " / y-Wert: " + Ereignis.screenY);
}
document.onmousedown = Position;
//->
</script>
</head><body>
</body></html>
```

Das Beispiel überwacht, ob der Anwender die Maustaste drückt. Wenn ja, werden in einem Meldungsfester die absoluten Bildschirmkoordinaten ausgegeben, an denen die Maustaste gedrückt wurde.

Beachten Sie: Das vorliegende Beispiel wird auch vom Netscape 6 interpretiert.

script

HTML-Elementobjekt DOM 1.0 N 6.x 5.x

Objekt: document Bereich für Skripte

HTML-Elemente <script>...</script> haben als DOM-Objekte für den Scriptsprachen-Zugriff Universaleigenschaften sowie die folgenden eigenen Eigenschaften.

Eigenschaft	*Status*	*Bedeutung*
charset	Lesen Ändern	Zeichensatz der bei src angegebenen Script-Datei
defer	Lesen Ändern	Script kann keine Inhalte im Dokumentfenster ändern oder erzeugen
event	Lesen Ändern	Ereignis für Script-Ausführung
htmlFor	Lesen Ändern	Element, für das das Script ausgeführt wird
src	Lesen Ändern	URI einer Script-Datei
text	Lesen Ändern	Inhalt des Scripts
type	Lesen Ändern	Mime-Type der Script-Sprache

Beispiel: JavaScript-Datei *hallo_deutsch.js:*

```
function hallo()
{
alert("Hallo Welt");
}
```

Beispiel: JavaScript-Datei *hallo_englisch.js:*

```
function hallo()
{
alert("hello world");
}
```

Beispiel: HTML-Datei

```
<html><head><title>Test</title>
<script src="hallo_deutsch.js" type="text/javascript">
</script>
<script type="text/javascript">
<!-
 function englisch() {
 if (document.getElementsByTagName("script")[0].src!="hallo_englisch.js")
 document.getElementsByTagName("script")[0].src="hallo_englisch.js";
 hallo();
  }
 function deutsch() {
 if (document.getElementsByTagName("script")[0].src!="hallo_deutsch.js")
 document.getElementsByTagName("script")[0].src="hallo_deutsch.js";
 hallo();
  }

//->
</script>
</head><body>
<a href="javascript:englisch()">englisches Hallo-Welt</a><br>
<a href="javascript:deutsch()">deutsches Hallo-Welt</a>
</body></html>
```

Für dieses Beispiel wurden zwei externe JavaScript-Dateien definiert. Beide Dateien enthalten die gleiche Funktion Hallo(). Sie unterscheiden sich jedoch darin, dass in der Datei *hallo_deutsch.js*, die Ausgabe in Deutsch erfolgt und in der Datei *hallo_englisch.js* in Englisch.

Im Beispiel gibt es zwei Script-Bereiche. Im ersten Bereich wird unter Verwendung der src-Eigenschaft das externes JavaScript *hallo_deutsch.js* geladen. Im zweiten Bereich sind die Funktionen englisch() und deutsch() notiert. Der Verweis *englisches Hallo-Welt* ruft die Funktion englisch() auf. Innerhalb der Funktion wird geprüft, ob dem ersten script-Element die Datei hallo_englisch.js als src-Eigenschaft zugewiesen ist. Ist dies nicht der Fall, so erhält dieses Element die Datei hallo_englisch.js zugewiesen und die Datei wird geladen. Die Funktion hallo() gibt jetzt die englische Meldung aus. Wird umgekehrt auf den Verweis *deutsches Hallo-Welt* geklickt, so wird geprüft, ob die Datei hallo_deutsch.js zugewiesen wurde und die Eigenschaft gegebenenfalls geändert. Die Ausgabe erfolgt dann in deutscher Sprache.

Beachten Sie: In Opera 5.12 und Netscape 6.1 ist dieses Beispiel nicht nachzuvollziehen, da beide Browser die neu zugewiesene Datei nicht interpretieren. Die Verwendung von Universaleigenschaften ist im HTML-4.0-Standard für das script-Element nicht vorgesehen. Deshalb sollten Sie bei diesem Element die Methode document.getElementsById() vermeiden. Der MS Internet Explorer 5.0 Macintosh Edition reagiert mit einer Fehlermeldung bei der Verwendung dieses Beispieles, da er auf dieses Element offenbar nicht mit document.getelementsByTagName() zugreifen kann. Opera 5.12 interpretiert das Attribut type nicht. Möchten Sie zum Beispiel einen Script-Bereich in *VB-Script* einfügen, so ist hier das missbilligte language-Attribut zur Sprachangabe zwingend erforderlich, da der Browser sonst Fehlermeldungen erzeugt, weil er als Default-Sprache JavaScript verwendet.

scrollbars

Eigenschaft — JS 1.2 | N 4.0 | Lesen

Objekt: window — Status der Rollbalken im Fenster

Speichert die Information, ob ein Fenster Scroll-Leisten hat. Stellt selbst ein Objekt dar, das eine Eigenschaft hat, nämlich die Eigenschaft visible (= *sichtbar*). Enthält für diese Eigenschaft den Wert true, wenn das Fenster Scroll-Leisten hat, und den Wert false, wenn es keine hat. Ein Beispiel:

```
<html><head><title>Test</title>
<script type="text/javascript">
<!-
var Neufenster = window.open("datei.htm", "AnderesFenster","width=400,height=250");
function Test() {
 if(Neufenster.scrollbars && Neufenster.scrollbars.visible == false)
  Neufenster.close();
}
//->
</script>
</head><body>
<a href="javascript:Test()">Kleiner Scroll-Test</a>
</body></html>
```

Das Beispiel lädt beim Einlesen der Datei ein zweites, kleineres Fenster, das anschließend unter Neufenster ansprechbar ist. Die Datei selbst enthält einen Verweis. Wenn der Anwender den Verweis anklickt, wird eine Funktion Test() aufgerufen. Diese prüft, ob der Browser das Objekt scrollbars kennt und ob für das zweite Fenster Scroll-Leisten verfügbar sind. Wenn nicht, wird das Fenster mit close() geschlossen.

scrollBy()

Methode — JS 1.2 | N 4.0 | IE 4.0

Objekt: window — Seite pixelweise scrollen

Scrollt eine Seite automatisch um so viele Pixel nach oben oder unten oder links oder rechts wie angegeben. Erwartet folgende Parameter:

1. *x-Wert* = um wie viele Pixel nach rechts links/rechts gescrollt werden soll. Negative Werte scrollen nach links, positive nach rechts.
2. *y-Wert* = um wie viele Pixel nach oben/unten gescrollt werden soll. Negative Werte scrollen nach oben, positive nach unten.
Ein Beispiel:

```
<html><head><title>Test</title>
</head><body>
<script type="text/javascript">
<!-
for(var i=1; i<=100; i++)
 document.write("<br>Zeile " + i);
function NachOben() {
 var y=0;
 if (window.pageYOffset)
 else if (document.body && document.body.scrollTop) y=document.body.scrollTop;
 while(y > 0) {
  setTimeout("window.scrollBy(0,-10)",10);
  y = y - 10;
 }
}
//->
</script>
<a href="javascript:NachOben()">nach oben scrollen</a>
</body></html>
```

Das Beispiel schreibt zu Testzwecken in einer Schleife mit document.write() 100 Zeilen in die Datei. Unterhalb davon wird ein HTML-Verweis notiert. Um zu diesem Verweis zu gelangen, muss der Anwender wegen der 100 voranstehenden Zeilen erst mal nach unten scrollen. Wenn er auf den Verweis klickt, wird automatisch langsam zum Seitenanfang zurückgescrollt. Dazu wird die Funktion NachOben() aufgerufen. Diese Funktion ermittelt mit pageYOffset bzw. im MS Internet Explorer mit document.body.offsetTop zunächst die vertikale Position innerhalb der Seite. Dann wird innerhalb einer while-Schleife so lange nach oben gescrollt, bis die Scrollposition bei 0 angelangt ist.

In dem Beispiel wird dazu nur der y-Wert jeweils um -10 Pixel verändert. So wird die Seite bei jedem Scroll-Befehl um 10 Pixel nach oben gescrollt. Der Verzögerungseffekt beim Scrollen kommt im Beispiel dadurch zustande, dass die Scroll-Befehle in die Methode setTimeout() eingebunden sind.

scrollIntoView()

Methode 

Objekt: all — Positioniert Seite im Browserfenster

Positioniert den Inhalt im Anzeigefenster des Browsers so, dass ein bestimmtes Element angezeigt wird. Erwartet einen Parameter. Übergeben Sie true, wenn der Inhalt so positioniert werden soll, dass das Element oben im Anzeigefenster erscheint, oder false, wenn das Element unten im Anzeigefenster platziert sein soll.

Ein Beispiel:

```
<html><head><title>Test</title>
<script type="text/javascript">
<!-
function Test() {
document.all.Absatz.scrollIntoView("true");
}
//->
</script>
</head><body>
<p id="Absatz">Ein Text</p>
<script type="text/javascript">
<!-
for(i=1;i<100;i++)
 document.write("<br>Zeile " + i);
//->
</script>
<p><a href="javascript:Test()">Test</a></p>
</body></html>
```

Das Beispiel enthält einen Textabsatz mit dem id-Namen Absatz. Dann schreibt das Beispiel in einem Script-Bereich mit der write()-Methode 100 Zeilen in die Datei, damit die Datei zu Testzwecken schön lang ist. Unterhalb davon ist dann ein Verweis notiert. Beim Anklicken des Verweises wird die Funktion Test() aufgerufen. Diese Funktion positioniert den Inhalt des Anzeigefensters neu, und zwar so, dass der Textabsatz Absatz am oberen Fensterrand angezeigt wird.

scrollTo()

Methode — JS 1.1 | N 3.0 | 4.0

Objekt: window — Seite zu einer festen Position scrollen

Scrollt zu einer bestimmten Position. Erwartet folgende Parameter:
1. *x-Wert* = Links-Wert für Position der linken oberen Ecke des Anzeigefensters.
2. *y-Wert* = Oben-Wert für Position der linken oberen Ecke des Anzeigefensters.

Ein Beispiel:

```
<html><head><title>Test</title>
</head><body>
<script type="text/javascript">
<!-
function Pos100() { window.scrollTo(100,100) }
var Zeile = "<nobr>Zeile";
for(var i=1; i<=100; i++)
{
 Zeile = Zeile + " Zeile";
 document.write("<br>Zeile " + Zeile);
}
document.write("<a href='javascript:Pos100()'> Test<\/a><\/nobr>");
```

```
//->
</script>
</body></html>
```

Das Beispiel schreibt zu Testzwecken in einer Schleife mit document.write() 100 Zeilen, wobei die Zeilen immer länger werden. Ganz am Ende wird ein Verweis notiert. Um dort hin zu gelangen, muss der Anwender nach unten und nach rechts scrollen. Wenn er auf den Verweis klickt, wird die Funktion Pos100() aufgerufen. Diese Funktion setzt die Scroll-Position neu, und zwar auf 100 Pixel von links und 100 Pixel von oben, bezogen auf den Dokumentanfang.

search

Eigenschaft — JS 1.0 | N 2.0 | 3.0 | Lesen Ändern

Objekt: location — Frageanteil des URI (nach ?)

Speichert eine Zeichenkette, die, durch ein Fragezeichen getrennt, zum aktuellen URI gehört, zum Beispiel: *http://www.xy.de/index.htm?Browser=Netscape.* In diesem Fall enthält die Eigenschaft den Wert *?Browser=Netscape.* Ein Beispiel:

```
<html><head><title>Test</title>
<script type="text/javascript">
<!-
if(window.location.search != "")
 alert(window.location.search);
//->
</script>
</head><body>
</body></html>
```

Das Beispiel ermittelt beim Einlesen der Datei, ob der URI einen Teil hinter einem Fragzeichen enthält. Wenn ja, wird sie in einem Meldungsfenster ausgegeben. Sie können (funktioniert nur mit Netscape) mit href eine andere Datei aufrufen und an den URI, durch ein Fragezeichen getrennt, Informationen anhängen, zum Beispiel solche, die Sie mit JavaScript ermittelt haben – Formulareingaben oder dergleichen. Die aufgerufene Datei kann solche Informationen auslesen und weiterverarbeiten. Auf diese Weise ist »Kommunikation« zwischen Dateien möglich.

Beachten Sie: Opera 5.12 zeigt im Protokoll file: den HTML-Quelltext einer Datei an, sobald diese einen Parameter erhält.

search()

Methode — JS 1.2 | N 4.0 | 4.0

Objekt: string — Zeichenkette mit regulärem Ausdruck durchsuchen

Durchsucht eine Zeichenkette mit Hilfe eines regulären Ausdrucks. Liefert -1 zurück, wenn der reguläre Ausdruck nicht passt. Wenn er passt, wird die Position des ersten Vorkommens zurückgeliefert. Erwartet als Parameter den regulären Ausdruck. Ein Beispiel:

```
<html><head><title>Test</title>
</head><body>
<script type="text/javascript">
```

```
<!-
 var Aussage = "Wir wollen weisse Waesche waschen";
 var Ergebnis = Aussage.search(/weiss.+/);
 if(Ergebnis != -1)
  alert("gefunden");
//->
</script>
</body></html>
```

Das Beispiel belegt die Variable Aussage mit einem Wert. Auf den gespeicherten Wert dieser Variablen wird mit search() ein regulärer Ausdruck angewendet. Dieser sucht nach dem Vorkommen von »weiss«, gefolgt von einem beliebigen Inhalt. Der Rückgabewert von search() wird in der Variablen Ergebnis gespeichert. Wenn diese am Ende ungleich -1 ist, gab es zu dem regulären Ausdruck Suchtreffer. Im Beispiel wird in diesem Fall einfach eine entsprechende Meldung ausgegeben. Näheres über reguläre Ausdrücke finden Sie beim RegExp-Objekt. Um nicht Positionen gefundener Ausdrücke als Rückgabewerte zu erhalten, sondern die Ausdrücke selbst, können Sie die Methode match() verwenden.

select

HTML-Elementobjekt — DOM 1.0 | JS 1.5 | N 6.x | IE 5.x

Objekt: document — Auswahlliste definieren

HTML-Elemente <select>...</select> haben als DOM-Objekte für den Scriptsprachen-Zugriff Universaleigenschaften sowie die folgenden eigenen Eigenschaften und Methoden.

Eigenschaft	*Status*	*Bedeutung*
disabled	Lesen Ändern	Auswahlliste kann nicht benutzt werden
form	Lesen	zugehöriges Formularelement
length	Lesen	Anzahl der option-Elemente
multiple	Lesen Ändern	Mehrfachauswahl setzen oder nicht setzen
name	Lesen Ändern	Name der Auswahlliste
options	Lesen	Array der option-Elemente der Auswahlliste
selectedIndex	Lesen Ändern	Index des ausgewählten Eintrags
size	Lesen Ändern	Anzahl der sichtbaren Einträge
tabIndex	Lesen Ändern	Tabulatorenreihenfolge
type	Lesen	Typ der Auswahlliste: entweder select-multiple oder select-one
value	Lesen Ändern	Aktueller Auswahlwert

Methode	*Bedeutung*
add()	Eintrag zur Auswahlliste hinzufügen
blur()	Fokus aus der Auswahlliste entfernen
focus()	Fokus auf die Auswahlliste setzen
remove()	Eintrag aus der Auswahlliste löschen

Ein Beispiel:

```
<html><head><title>Test</title>
<script type="text/javascript">
<!-
 var Wert = 1;
 function hinzu() {
 var position=null;
 if (document.all) position=position=document.getElementsByName("Auswahl")[0].length;
 var Eintrag = document.createElement("option");
 Eintrag.text = document.getElementsByName("Eingabe")[0].value;
 Eintrag.value = Wert;
 Wert += 1;

 document.getElementsByName("Auswahl")[0].add(Eintrag,position);
 }
//->
</script>
</head><body>
<form name="Formular" action="">
<select name="Auswahl" size="10">
<option value="0">Liste</option>
</select><br>
Eintrag: <input name="Eingabe" size="30">
<input type="button" value="hinzufügen" onClick="hinzu()">
</form>
</body></html>
```

Das Beispiel enthält ein Formular mit einer Auswahlliste, einem Eingabefeld und einem Klick-Button. Klickt der Anwender auf den Button, wird der im Eingabefeld eingegebene Wert dynamisch der Auswahlliste als Eintrag hinzugefügt. Dazu wird die JavaScript-Funktion hinzu() aufgerufen, die im Dateikopf notiert ist. Bevor der Eintrag mit der Objektmethode add() hinzugefügt werden kann, muss zunächst mit document.createElement() ein neues option-Element erzeugt werden. Das Element wird in der Variablen Eintrag gespeichert. Seinen sichtbaren Text bekommt es mit Eintrag.text zugewiesen. Dabei wird mit document.getElementsByName ("Eingabe")[0].value auf den Wert des Eingabefeldes zugegriffen. Auch einen Absendewert value erhält der Eintrag. Dazu wird die Variable Wert zugewiesen, die anschließend um 1 erhöht wird, sodass jeder neue Eintrag eine höhere Nummer als Absendewert erhält. Schließlich wird mit document.getElementsByName("Auswahl")[0] auf die Auswahlliste zugegriffen und der neue Eintrag am Ende der Liste hinzugefügt. Die Methode add() erwartet als ersten Parameter den Eintrag für das neue Listenelement und als zweiten Parameter die Position, vor der das Element eingefügt werden soll.

Beachten Sie: Innerhalb dieses Beispiels ist es erforderlich, zwischen den Browsern zu unterscheiden. Netscape 6.1 interpretiert die Methode add() nur dann, wenn ihr als Position null übergeben wird. Der Parameter null bedeutet übrigens: Eintrag am Ende einfügen.
Im MS Internet Explorer dagegen führt dieser Aufruf der Methode zu einem Typenkonflikt. Diesen können Sie vermeiden, indem Sie, wie im Beispiel, als Parameter die Länge der zu ergänzenden Liste übergeben oder alternativ den Parameter position weglassen.
Netscape 6.1 interpretiert die Angabe zur Position noch nicht wie vorgesehen. Um für beide Browser zu programmieren, müssen Sie also eine »Browser-Weiche« einfügen, z.B. mit Hilfe des navigator-Objekts.

select()

Methode — JS 1.0 | N 2.0 | 3.0

Objekt: elements — Markiert den Textinhalt des Formularelements

Selektiert den gesamten in dem Feld enthaltenen Text. Erwartet keine Parameter. Anwendbar auf: Passwort-Felder, einzeilige Eingabefelder, mehrzeilige Eingabefelder. Ein Beispiel:

```
<html><head><title>Test</title>
</head><body>
<form name="Testform" action="">
Kopieren Sie den folgenden Code in die Adresszeile Ihres Browsers:<br>
<input type="text" size="40" name="Code" value="javascript:top.close()">
</form>
<script type="text/javascript">
<!-
 document.Testform.Code.focus();
 document.Testform.Code.select();
//->
</script>
</body></html>
```

Das Beispiel enthält ein Formular mit einem einzigen Feld. Das Feld wird mit dem Wert "javascript:top.close()" vorbelegt (wohlgemerkt: das ist keine JavaScript-Anweisung, sondern nur ein Feldinhalt). Unterhalb des Formulars ist ein Script-Bereich notiert. Der Script-Bereich steht unterhalb, weil der darin enthaltene Code sofort ausgeführt und die Existenz des Formulars aber bereits vorausgesetzt wird. Dort wird zunächst mit document.Testform.Code.focus() auf das Formularfeld positioniert. Denn das Selektieren von Text ist nur möglich, wenn das Feld den Fokus hat. Der vorbelegte Text des Formularfeldes wird dann mit document.Testform.Code.select() selektiert.

selected

Eigenschaft — JS 1.0 | N 2.0 | 3.0 | Lesen Ändern

Objekt: options — Eintrag in Auswahlliste markiert

Speichert, ob oder dass ein bestimmter Eintrag einer Auswahlliste selektiert ist.

Ein Beispiel:

```
<html><head><title>Test</title>
<script type="text/javascript">
<!-
function CheckAuswahl() {
 if(document.Testform.Auswahl.options[2].selected == true)
 {
  alert("Diese Auswahl gilt nicht");
  return false;
 }
 return true;
}
//->
</script>
</head><body>
<form name="Testform" onSubmit="return CheckAuswahl()" action="">
<select name="Auswahl" size="5">
<option>Goethe</option>
<option>Schiller</option>
<option>Guildo Horn</option>
<option>Homer</option>
<option>Fontane</option>
</select>
<br>
<input type="submit">
</form>
</body></html>
```

Das Beispiel enthält ein Formular mit einer Auswahlliste und einem Submit-Button zum Absenden des Formulars. Beim Absenden wird jedoch über den Event-Handler onSubmit= im einleitenden <form>-Tag die Funktion CheckAuswahl() aufgerufen. Das Formular wird nur abgeschickt, wenn diese Funktion den Wert true zurückgibt. Die Funktion überprüft, ob der Anwender etwa auf die Idee gekommen ist, den Eintrag mit der Indexnummer 2 (Guildo Horn) auszuwählen. In diesem Fall wird eine Meldung ausgegeben und es wird false zurückgegeben, wodurch das Formular nicht abgeschickt wird. Der Anwender kann eine neue Auswahl treffen.

Beachten Sie: Die Eigenschaft selected unterscheidet sich von selectedIndex durch die Adressierung des gewünschten Listeneintrags. Ansonsten haben beide Eigenschaften die gleiche Aufgabe.

selectedIndex

Eigenschaft

Objekt: options — Eintrag in Auswahlliste markiert

Speichert, ob oder dass ein bestimmter Eintrag einer Auswahlliste selektiert ist. Wenn nichts ausgewählt ist, dann ist in der Eigenschaft der Wert -1 gespeichert.

Ein Beispiel:

```
<html><head><title>Test</title>
<script type="text/javascript">
<!-
function CheckAuswahl() {
 if(document.Testform.Auswahl.selectedIndex == 2)
  document.Testform.Auswahl.selectedIndex = 0;
}
//->
</script>
</head><body>
<form name="Testform" action="">
<select name="Auswahl" size="5" onChange="CheckAuswahl()">
<option>Goethe</option>
<option>Schiller</option>
<option>Guildo Horn</option>
<option>Homer</option>
<option>Fontane</option>
</select>
</form>
</body></html>
```

Das Beispiel enthält ein Formular mit einer Auswahlliste. Im einleitenden <select>-Tag ist der Event-Handler onChange= notiert. Dadurch wird jedes Mal, wenn der Anwender eine Auswahl in der Auswahlliste trifft, die Funktion CheckAuswahl() aufgerufen. Die Funktion überprüft, ob der Anwender etwa den Eintrag mit der Indexnummer 2 ausgewählt hat (Guildo Horn). Wenn ja, wählt die Funktion selbstständig den Eintrag mit der Indexnummer 0 aus (Goethe). Das heißt, hinterher steht der Auswahlbalken auf diesem Eintrag. Der Anwender kann natürlich eine neue Auswahl treffen.

Beachten Sie: Die Eigenschaft selectedIndex unterscheidet sich von selected durch die Adressierung des gewünschten Listeneintrags. Ansonsten haben beide Eigenschaften die gleiche Aufgabe.

setAttribute()

Methode

Objekt: all — Fügt eine Attribut hinzu

Fügt in einem bestimmten HTML-Tag ein bestimmtes Attribut hinzu. Erwartet folgende Parameter:

- *Attribut* = Name des gewünschten Attributs.
- *Wert* = die gewünschte Wertzuweisung für die Zusatzangabe.
- *Groß-/Kleinschreibung* = true übergeben, wenn bei dem Attribut Groß-/Kleinschreibung unterschieden werden soll, oder false, wenn es egal ist, wie das Attribut geschrieben wird.

Ein Beispiel:

```
<html><head><title>Test</title>
<script type="text/javascript">
<!-
function Test() {
document.all.Absatz.setAttribute("align","center","false");
}
//->
</script>
</head><body>
<p id="Absatz">Ein Text</p>
<a href="javascript:Test()">Test</a>
</body></html>
```

Das Beispiel enthält einen zentriert ausgerichteten Absatz mit dem id-Namen Absatz und einen Verweis. Beim Anklicken des Verweises wird die Funktion Test() aufgerufen. Diese Funktion fügt in dem Absatz das Attribut align hinzu, und zwar mit der Wertzuweisung center. Dadurch wird der Absatz hinterher zentriert ausgerichtet.

setAttribute()

Methode — DOM 1.0 | JS 1.5 | N 6.x | 5.x

Objekt: node — Attributwert setzen

Setzt in einem Element einen Attributwert neu. Ist das Attribut bereits vorhanden, wird sein alter Wert durch den neuen ersetzt. Ist es noch nicht vorhanden, wird es neu angelegt und mit dem neuen Wert belegt. Ein Beispiel:

```
<html><head><title>Test</title>
<script type="text/javascript">
<!-
function setzen() {
 document.getElementsByTagName("body")[0].setAttribute("bgColor",
document.Formular.bgcolor.value);
 document.getElementsByTagName("body")[0].setAttribute("text", document.Formular.text.value);
}
//->
</script></head>
<body bgcolor="#FFFFCC" text="#E00000">
<form name="Formular" action=""><pre>
Hintergrundfarbe:     <input type="text" name="bgcolor">
Textfarbe:            <input type="text" name="text">
Werte:                <input type="button" value="setzen" onClick="setzen()">
</pre></form>
</body></html>
```

Das Beispiel enthält ein Formular mit zwei Eingabefeldern, in denen der Anwender neue Werte für die beiden Attribute bgcolor und text des body-Elements eingeben kann. Beim Anklicken des Buttons unterhalb davon wird die Funktion setzen() aufgerufen, die im Dateikopf notiert ist. Diese Funktion greift mit document.getElementsByTagName("body")[0] auf das body-Element zu und weist ihm mit setAttribute() die neuen Attribute zu. Als erster Parameter wird der Name des zu erzeugenden oder zu ersetzenden Attributs übergeben, als zweiter Parameter der gewünschte Wert. Im Beispiel wird als zweiter Parameter jeweils der Wert aus den Formulareingabefeldern übergeben.

Beachten Sie: Der MS Internet Explorer ist empfindlich, was den ersten Parameter, also den gewünschten Attributnamen betrifft. Mit bgColor funktionierte das obige Beispiel, mit bgcolor dagegen nicht. Offenbar vermengt der Internet Explorer die erforderliche Syntax für das HTML-Elementobjekt body mit dem hier geforderten Wert. Im MS Internet Explorer 5.0 Macintosh Edition ist das Beispiel zwar nachvollziehbar, jedoch mit sehr seltsamen Ergebnissen.

setAttributeNode()

Methode DOM 1.0 | JS 1.5 | N 6.x

Objekt: node — Attributknoten einfügen

Fügt in ein Element einen neuen Attributknoten ein. Ist der Attributknoten bereits vorhanden, wird der alte Knoten durch den neuen ersetzt. Ist er noch nicht vorhanden, wird er neu angelegt. Ein Beispiel:

```
<html><head><title>Test</title></head>
<body>
<h1>Element ohne Eigenschaften?</h1>
<script type="text/javascript">
<!-
 var Ausrichtung = document.createAttribute("align");
 Ausrichtung.nodeValue = "center";
 document.getElementsByTagName("h1")[0].setAttributeNode(Ausrichtung);
//->
</script>
</body></html>
```

Das Beispiel enthält eine Überschrift erster Ordnung – ohne Attribute. Unterhalb davon ist ein JavaScript notiert. Dort wird zunächst mit document.createAttribute() ein neuer Attributknoten für ein Attribut namens align erzeugt. Der Knoten wird in der Variablen Ausrichtung gespeichert. Durch Ausrichtung.nodeValue lässt sich dem erzeugten Knoten dann ein Wert zuweisen. Mit document.getElementsByTagName("h1")[0] greift das Script schließlich auf das Überschriftenelement zu und weist ihm mit setAttributeNode(Ausrichtung) den zuvor erzeugten und in Ausrichtung gespeicherten Attributknoten zu.

Beachten Sie: Der MS Internet Explorer 5.x interpretiert diese Methode noch nicht. Im MS Internet Explorer 6.0beta und im MS Internet Explorer 5.0 Macintosh Edition wird die Methode dagegen unterstützt.

setAttribute()

Methode JS | 4.0

Objekt: style — Fügt Stylesheet-Angabe ein

Fügt in einem bestimmten HTML-Tag eine bestimmte Stylesheet-Angabe hinzu. Erwartet folgende Parameter:

- *Style-Angabe* = die gewünschte Stylesheet-Angabe.
- *Wert* = die gewünschte Wertzuweisung für die Stylesheet-Angabe.
- *Groß-/Kleinschreibung* = true übergeben, wenn bei der Stylesheet-Angabe Groß-/Kleinschreibung unterschieden werden soll, oder false, wenn es egal ist, wie die Stylesheet-Angabe geschrieben wird.

Ein Beispiel:

```
<html><head><title>Test</title>
<script type="text/javascript">
<!-
function Test() {
if (document.all)
document.all.Absatz.style.setAttribute("border","thin solid red","false");
else document.getElementById("Absatz").style.border = "thin solid red";
}
//->
</script>
</head><body>
<p id="Absatz">Ein Text</p>
<a href="javascript:Test()">Test</a>
</body></html>
```

Das Beispiel enthält einen Absatz mit dem id-Namen Absatz und einen Verweis. Beim Anklicken des Verweises wird die Funktion Test() aufgerufen. Diese Funktion fügt in dem Absatz die Stylesheet-Angabe border hinzu, und zwar mit der Wertzuweisung thin solid red. Dadurch erhält der Absatz einen dünnen roten Rahmen.

Beachten Sie: Wenn Sie nach DOM-Syntax programmieren, genügt es wie im else-Zweig des Beispieles, die CSS-Eigenschaft des obigen Absatzes mit folgender Anweisung zu setzen:

```
document.getElementById("Absatz").style.border = "thin solid red"
```

Der MS Internet Explorer 5.0 Macintosh Edition interpretiert dieses Beispiel nicht.

setDate()

Methode 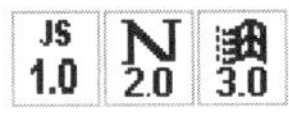

Objekt: Date Monatstag ändern

Ändert den Monatstag, der in Objektname gespeichert ist. Der neue Monatstag ist als Parameter zu übergeben. Achten Sie darauf, dass Sie sinnvolle Werte zwischen 1 und 31 übergeben. Ein Beispiel:

```
<html><head><title>Test</title>
<script type="text/javascript">
<!-
var Zeit = new Date("March 10, 1998 22:48:00");
```

```
var Tag = Zeit.getDate();
alert(Tag);
Zeit.setDate(1);
Tag = Zeit.getDate();
alert(Tag);
//->
</script>
</head><body>
</body></html>
```

Das Beispiel erzeugt ein neues Datumobjekt Zeit mit einem bestimmten Zeitpunkt, der im GMT-Format angegeben wird. Zur Kontrolle ermittelt das Beispiel den aktuellen Tag im Monat aus dem definierten Zeitpunkt und gibt ihn in einem Meldungsfenster aus. Dann wird die Methode setDate() auf den Objektnamen Zeit angewendet. Im Beispiel wird der Tag des Monats auf 1 gesetzt. Anschließend wird zur Kontrolle der neue Tag im Monat ermittelt und anschließend ausgegeben.

setFullYear()

Methode 

Objekt: Date Jahreszahl ändern

Ändert die Jahreszahl, die in Objektname gespeichert ist. Das neue Jahr ist als Parameter zu übergeben. Ein Beispiel:

```
<html><head><title>Test</title>
</head><body>
<script type="text/javascript">
<!-
 var zeit = new Date();
 var zukunft = zeit.setFullYear(2037);
 document.write("irgendwann schreiben wir das Jahr " + zeit.getUTCFullYear());
//->
</script>
</body></html>
```

Das Beispiel erzeugt ein neues Datumobjekt zeit. Dann wird die Methode setFullYear() auf den Objektnamen zeit angewendet. Im Beispiel wird das Jahr auf 2037 gesetzt. Anschließend wird das Ergebnis zur Kontrolle ins Dokument geschrieben.

setHours()

Methode

Objekt: Date Stundenzahl ändern

Ändert die Stunden der Uhrzeit, die in Objektname gespeichert sind. Die Stundenzahl ist als Parameter zu übergeben. Achten Sie darauf, dass Sie sinnvolle Werte zwischen 0 und 23 übergeben. Ein Beispiel:

```
<html><head><title>Test</title>
<script type="text/javascript">
```

```
<!-
var Zeit = new Date();
var Std = Zeit.getHours();
alert(Std);
Zeit.setHours(23);
Std = Zeit.getHours();
alert(Std);
//->
</script>
</head><body>
</body></html>
```

Das Beispiel erzeugt ein neues Datumobjekt Zeit mit dem aktuellen Zeitpunkt. Zur Kontrolle ermittelt das Beispiel die Stundenzahl aus der Tageszeit und gibt sie in einem Meldungsfenster aus. Dann wird die Methode setHours() auf den Objektnamen Zeit angewendet. Im Beispiel wird die Stundenzahl der Uhrzeit auf 23 gesetzt. Anschließend wird zur Kontrolle der neue Stundenanteil an der Uhrzeit ermittelt und anschließend ausgegeben.

setInterval()

Methode 

Objekt: window Funktion wiederholt aufrufen

Führt eine Anweisung oder den Aufruf einer Funktion in einem festgelegten Rhythmus immer wieder aus, solange, bis der Vorgang mit clearInterval() beendet wird. Erwartet zwei Parameter:
1. *Code* = Eine JavaScript-Anweisung, die wiederholt werden soll. Meistens ein Funktionsaufruf.
2. *Pause* = Wert in Millisekunden bis zum nächsten Ausführen.

Ein Beispiel:

```
<html><head><title>Test</title>
</head><body>
<script type="text/javascript">
<!-
var aktiv = window.setInterval("Farbe()",1000);
var i = 0, farbe = 1;
function Farbe() {
  if(farbe==1)
  { document.bgColor="yellow"; farbe=2; }
  else
  { document.bgColor="aqua"; farbe=1; }
  i = i + 1;
  if(i >= 10)
   window.clearInterval(aktiv);
}
//->
</script>
</body></html>
```

Das Beispiel definiert mit setInterval(), dass die Funktion Farbe() alle 1000 Millisekunden, also jede Sekunde einmal aufgerufen wird. Wichtig ist, dass der Aufruf in einer Variablen gespeichert wird, im Beispiel in der Variablen aktiv. Diese Variable wird bei der Methode clearInterval() benötigt, um den Vorgang zu stoppen. Im Beispiel wechselt die Funktion Farbe() bei jedem Aufruf die Hintergrundfarbe der Datei (document.bgColor). Gleichzeitig wird ein Zähler hochgezählt. Wenn er größer/gleich 10 ist, wird die Methode clearInterval() aufgerufen, die den Endlosvorgang stoppt. Dabei wird die zuvor definierte Variable aktiv als Parameter übergeben.

setMilliseconds()

Methode — JS 1.3 | N 4.x | 5.0

Objekt: Date — Millisekunden ändern

Ändert die Millisekunden des Zeitpunkts, der in Objektname gespeichert ist. Die Millisekundenzahl ist als Parameter zu übergeben. Achten Sie darauf, dass Sie sinnvolle Werte zwischen 0 und 999 übergeben. Ein Beispiel:

```
<html><head><title>Test</title>
<script type="text/javascript">
<!-
function set0() {
 zeit = new Date();
 zeit.setMilliseconds(0);
}
function getNow() {
 zeit = new Date();
 alert(zeit.getMilliseconds() + " ms sind zwischen den Klicks vergangen");
}
//->
</script>
</head><body>
<p>Klicken Sie auf den ersten Verweis und dann ganz schnell auf den zweiten!</p>
<p><a href="javascript:set0()">erster</a>
<a href="javascript:getNow()">zweiter</a></p>
</body></html>
```

Das Beispiel enthält zwei Verweise. Der Anwender soll zunächst den ersten anklicken und dann innerhalb einer Sekunde den zweiten. Beide Verweise rufen jeweils eine Funktion auf, die im Dateikopf notiert ist. Der erste Verweis ruft set0() auf. Darin wird ein neues Datumobjekt zeit mit dem aktuellen Zeitpunkt erzeugt. Anschließend wird mit zeit.setMilliseconds(0) die Anzahl der Millisekunden auf 0 gesetzt. Die Funktion getNow(), die der andere Verweis aufruft, erzeugt ebenfalls ein Datumobjekt mit dem aktuellen Zeitpunkt, gibt dann aber mit zeit.getMilliseconds() die verstrichenen Millisekunden seit dem Setzen auf 0 aus.

setMinutes()

Methode — JS 1.0 | N 2.0 | 3.0

Objekt: Date — Minuten ändern

Ändert die Minuten der Uhrzeit, die in Objektname gespeichert sind. Die Minutenzahl ist als Parameter zu übergeben. Achten Sie darauf, dass Sie sinnvolle Werte zwischen 0 und 59 übergeben. Ein Beispiel:

```
<html><head><title>Test</title>
<script type="text/javascript">
<!-
function Andersrum() {
 var Zeit = new Date();
 var Min = Zeit.getMinutes();
 var MinNeu = Zeit.setMinutes(60-Min);
 var Min = Zeit.getMinutes();
 return(Min);
}
//->
</script>
</head><body>
<a href="javascript:alert(Andersrum())">Test</a>
</body></html>
```

Das Beispiel enthält einen Verweis. Beim Anklicken des Verweises wird der Rückgabewert der Funktion Andersrum() ausgegeben, die in einem Script-Bereich im Dateikopf notiert ist. Dort wird ein neues Datumobjekt Zeit mit dem aktuellen Zeitpunkt erzeugt. Aus dem Zeitpunkt wird die Minutenzahl aus der Uhrzeit ermittelt. Mit der Methode setMinutes() wird die Minutenzahl innerhalb der Stunde umgekehrt. War es vorher beispielsweise 18.12 Uhr, ist es anschließend 18.48 Uhr. Der neue Minutenanteil an der Uhrzeit wird noch mal ermittelt und anschließend zurückgegeben. Eine solche Funktion könnte etwa als Teil einer rückwärts gehenden Uhr Sinn machen.

setMonth()

Methode 

Objekt: Date — Monat ändern

Ändert den Monat, der in Objektname gespeichert ist. Der gewünschte Wert ist als Parameter zu übergeben. Achten Sie darauf, dass Sie sinnvolle Werte zwischen 0 und 11 übergeben. Ein Beispiel:

```
<html><head><title>Test</title>
<script type="text/javascript">
<!-
function andererMonat() {
 var Zeit = new Date();
 var Tag = Zeit.getDate();
 Zeit.setMonth(Math.round(Math.random() * 11));
 var Monat = Zeit.getMonth();
 return(Tag + "." + (Monat+1) + ".");
}
//->
</script>
```

```
</head><body>
<a href="javascript:alert(andererMonat())">Test</a>
</body></html>
```

Das Beispiel enthält einen Verweis. Beim Anklicken des Verweises wird der Rückgabewert der Funktion andererMonat() ausgegeben, die in einem Script-Bereich im Dateikopf notiert ist. Dort wird ein neues Datumobjekt Zeit mit dem aktuellen Zeitpunkt erzeugt. Mit der Methode setMonth() wird ein neuer Monat gesetzt – und zwar per Zufall. Dazu wird mit Hilfe von Math.round() und Math.random() eine zufällige Ganzzahl zwischen 0 und 11 ermittelt. Diese Zahl wird der setMonth()-Methode als Parameter übergeben. Die neue Monatszahl wird noch mal ermittelt und anschließend so formatiert zurückgegeben, dass ein sinnvolles Tagesdatum angezeigt wird.

setSeconds()

Methode 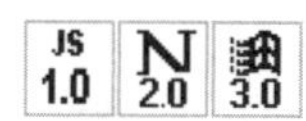

Objekt: Date Sekunden ändern

Ändert die Sekunden der Uhrzeit, die in Objektname gespeichert sind. Die Sekundenzahl ist als Parameter zu übergeben. Achten Sie darauf, dass Sie sinnvolle Werte zwischen 0 und 59 übergeben. Ein Beispiel:

```
<html><head><title>Test</title>
<script type="text/javascript">
<!-
function Uhrzeit() {
 var Zeit = new Date();
 var Std = Zeit.getHours();
 var Min = Zeit.getMinutes();
 var Sek = Zeit.getSeconds();
 var SekNeu = Zeit.setSeconds(Math.floor(Sek / 10));
 Sek = Zeit.getSeconds();
 return(Std + ":" + Min + ":" + Sek + "0");
}
//->
</script>
</head><body>
<a href="javascript:alert(Uhrzeit())">Uhrzeit</a>
</body></html>
```

Das Beispiel enthält einen Verweis. Beim Anklicken des Verweises wird der Rückgabewert der Funktion Uhrzeit() ausgegeben, die in einem Script-Bereich im Dateikopf notiert ist. Das ist die aktuelle Uhrzeit, jedoch so ausgegeben, dass Sekunden immer nur in 10er-Scrhitten ausgegeben werden. Eine Ausgabe wie 18.10:37 ist also nicht möglich, die Funktion macht 18:10:30 daraus. Zu diesem Zweck wird in der Funktion ein neues Datumobjekt Zeit mit dem aktuellen Zeitpunkt erzeugt. Aus dem Zeitpunkt werden die Bestandteile der Uhrzeit ermittelt. Mit der Methode setSeconds() wird die Sekundenzahl behandelt. Durch eine kleine mathematische Operation wird aus der möglichen Sekundenzahl zwischen 0 und 59 eine Zahl zwischen 0 und 5. Der neue Sekundenanteil an der Uhrzeit wird noch mal ermittelt. Beim Zurückgeben der

Uhrzeit wird an die einstellige Sekundenzahl eine 0 angehängt, denn »in Wirklichkeit« stellt die einstellige Zahl ja den Zehneranteil an den Sekunden dar.

setTime()

Methode JS 1.0 N 2.0 3.0

Objekt: Date Komplette Datums- und Zeitangabe ändern

Ändert den kompetten Inhalt von Objektname auf einmal, erlaubt also das Setzen eines beliebigen neuen Zeitpunkts in Objektname. Erwartet als Parameter eine Zahl, die den neuen Zeitpunkt markiert. Die Zahl wird als Anzahl Millisekunden seit dem 1.1.1970 0:00:00 interpretiert. Ein Beispiel:

```
<html><head><title>Test</title>
<script type="text/javascript">
<!-
 var Zeit = new Date();
 var AbsolutJetzt = Zeit.getTime();
 var AbsolutDann = AbsolutJetzt + (100*24*60*60*1000);
 Zeit.setTime(AbsolutDann);
 var Jahr = Zeit.getYear();
 var Monat = Zeit.getMonth() + 1;
 var Tag = Zeit.getDate();
 alert("in 100 Tagen ist der " + Tag + "." + Monat + "." + Jahr);
//->
</script>
</head><body>
</body></html>
```

Das Beispiel gibt aus, welches Datum von jetzt an in 100 Tagen aktuell sein wird. Zu diesem Zweck wird ein neues Datumobjekt Zeit mit dem aktuellen Zeitpunkt erzeugt. Mit getTime() wird zunächst die absolute Anzahl Millisekunden seit dem 1.1.1970 für den aktuellen Zeitpunkt ermittelt und in der Variablen AbsolutJetzt gespeichert. Anschließend wird zu dieser gespeicherten Zahl das Produkt aus 100*24*60*60*1000 hinzuaddiert. Das ist die Anzahl Millisekunden für 100 Tage. Das Ergebnis wird in der Variablen AbsolutDann gespeichert. Dieser Wert wird der Methode setTime() übergeben. Dadurch wird die Zeit auf einen Zeitpunkt in 100 Tagen gesetzt. Mit Hilfe entsprechender Befehle werden dann aus dem neu gesetzten Zeitpunkt die Werte für den Monatstag, den Monat und das Jahr ermittelt. Das Ergebnis wird in einem Meldungsfenster ausgegeben.

setTimeout()

Methode JS 1.0 N 2.0 3.0

Objekt: window Timer einrichten

Führt eine Anweisung nach einer bestimmten Verzögerungszeit aus. Erwartet zwei Parameter:
1. *Code* = Eine JavaScript-Anweisung, die wiederholt werden soll. Meistens ein Funktionsaufruf.
2. *Pause* = Wert in Millisekunden bis zum Ausführen.

Ein Beispiel:

```
<html><head><title>Test</title>
<script type="text/javascript">
<!-
function Hinweis() {
var x = confirm("Sie sind jetzt schon 10 Minuten auf dieser Seite. Fortfahren?");
 if(x == false) top.close();
}
window.setTimeout("Hinweis()",600000);
//->
</script>
</head><body>
</body></html>
```

Das Beispiel ruft nach 600000 Millisekunden, also nach 10 Minuten, eine Funktion Hinweis() auf, sofern der Anwender nach dieser Zeit immer noch auf der Seite ist. Die Funktion fragt ihn mit der confirm()-Methode, ob er noch länger auf der Seite bleiben möchte. Wenn nicht, wird das Hauptfenster geschlossen. Dazu dient der Befehl top.close(), der die close()-Methode auf die oberste Fenster-Instanz des Browsers anwendet.

Beachten Sie: An setTimeout() gekoppelte Funktionsaufrufe können auch Parameter enthalten. Berücksichtigen Sie dabei, dass lokale Variablen dann nicht mehr zur Verfügung stehen. Eine Übergabe der Werte mittels Zeichenkettenverknüpfung ist jedoch jederzeit möglich.

setUTCDate()

Methode — JS 1.3 | N 4.x | 5.0

Objekt: Date — UTC-Datum ändern

Diese Methode ist funktional identisch mit setDate(). Der gesetzte Wert bedeutet jedoch nicht die lokale Zeit, sondern die Universal Coordinated Time (UTC), auch Greenwich Mean Time (GMT) genannt.

setUTCDay()

Methode — JS 1.3 | N 4.x | 5.0

Objekt: Date — Tag im UTC-Format ändern

Diese Methode ist funktional identisch mit setDay(). Der gesetzte Wert bedeutet jedoch nicht die lokale Zeit, sondern die Universal Coordinated Time (UTC), auch Greenwich Mean Time (GMT) genannt.

setUTCFullYear()

Methode — JS 1.3 | N 4.x | 5.0

Objekt: Date — Volle Jahreszahl im UTC-Format ändern

Diese Methode ist funktional identisch mit setFullYear(). Der gesetzte Wert bedeutet jedoch nicht die lokale Zeit, sondern die Universal Coordinated Time (UTC), auch Greenwich Mean Time (GMT) genannt.

setUTCHours()

Methode JS 1.3 N 4.x IE 5.0

Objekt: Date Stunde im UTC-Format ändern

Diese Methode ist funktional identisch mit setHours(). Der gesetzte Wert bedeutet jedoch nicht die lokale Zeit, sondern die Universal Coordinated Time (UTC), auch Greenwich Mean Time (GMT) genannt.

setUTCMilliseconds()

Methode JS 1.3 N 4.x IE 5.0

Objekt: Date Millisekunden im UTC-Format ändern

Diese Methode ist funktional identisch mit setMilliseconds(). Der gesetzte Wert bedeutet jedoch nicht die lokale Zeit, sondern die Universal Coordinated Time (UTC), auch Greenwich Mean Time (GMT) genannt.

setUTCMinutes()

Methode JS 1.3 N 4.x IE 5.0

Objekt: Date Minuten im UTC-Format ändern

Diese Methode ist funktional identisch mit setMinutes(). Der gesetzte Wert bedeutet jedoch nicht die lokale Zeit, sondern die Universal Coordinated Time (UTC), auch Greenwich Mean Time (GMT) genannt.

setUTCMonth()

Methode JS 1.3 N 4.x IE 5.0

Objekt: Date Monat im UTC-Format ändern

Diese Methode ist funktional identisch mit setMonth(). Der gesetzte Wert bedeutet jedoch nicht die lokale Zeit, sondern die Universal Coordinated Time (UTC), auch Greenwich Mean Time (GMT) genannt.

setUTCSeconds()

Methode JS 1.3 N 4.x IE 5.0

Objekt: Date Sekunden im UTC-Format ändern

Diese Methode ist funktional identisch mit setSeconds(). Der gesetzte Wert bedeutet jedoch nicht die lokale Zeit, sondern die Universal Coordinated Time (UTC), auch Greenwich Mean Time (GMT) genannt.

setYear()

Methode — JS 1.0, N 2.0, IE 3.0

Objekt: Date — Jahreszahl ändern

Ändert das Jahr, das in Objektname gespeichert ist. Die Jahreszahl ist als Parameter zu übergeben. Ein Beispiel:

```
<html><head><title>Test</title>
<script type="text/javascript">
<!-
 var Zeit = new Date();
 var AbsolutJetzt = Zeit.getTime();
 var Jahr = Zeit.getYear();
 Zeit.setYear(Jahr+1);
 var AbsolutDann = Zeit.getTime();
 var Differenz = AbsolutDann - AbsolutJetzt;
 alert("bis zur gleichen Zeit in einem Jahr sind es " + Differenz + "ms");
//->
</script>
</head><body>
</body></html>
```

Das Beispiel gibt die Anzahl der Millisekunden vom aktuellen Zeitpunkt bis zum gleichen Zeitpunkt in einem Jahr aus. Zu diesem Zweck wird ein neues Datumobjekt Zeit mit dem aktuellen Zeitpunkt erzeugt. Der Absolutzeitpunkt in Millisekunden wird mit getTime() ermittelt und in der Variablen AbsolutJetzt gespeichert. Mit getYear() wird das aktuelle Jahr ermittelt. Dann wird der Zeitpunkt mit setYear() um ein Jahr in die Zukunft verschoben. Der neue Zeitpunkt in Millisekunden wird wieder mit getTime() ermittelt. Das Ergebnis wird in der Variablen AbsolutDann gespeichert. Durch die Differenz zwischen den gespeicherten Werten von AbsolutDann und AbsolutJetzt wird die Anzahl der Millisekunden bis zum gleichen Zeitpunkt in einem Jahr ermittelt. Das Ergebnis wird in einem Meldungsfenster ausgegeben.

shift()

Methode — JS 1.2, N 4.0, IE 5.x

Objekt: Array — Erstes Element aus Array entfernen

Entfernt das erste Element aus einem Array. Die nachfolgenden Elemente rücken entsprechend nach vorne. Das bisher zweite Element wird das neue erste usw. Gibt das entfernte Element zurück. Ein Beispiel:

```
<html><head><title>Test</title>
<script type="text/javascript">
<!-
 var Zahlen = new Array(1,2,3,4,5);
```

```
alert("Erste Zahl im Array: " + Zahlen[0]);
function Entfernen()
{
 var geloeschtesElement = Zahlen.shift();
 alert("Erste Zahl im Array: " + Zahlen[0]);
}
//->
</script>
</head><body>
<a href="javascript:Entfernen()">Zahl entfernen</a>
</body></html>
```

Das Beispiel definiert beim Einlesen der Datei einen Array Zahlen mit 5 Elementen. Zur Kontrolle wird in einem Meldungsfenster der Wert des ersten Elements ausgegeben, im Beispiel 1. Im Dateikörper enthält das Beispiel einen Verweis. Bei jedem Anklicken des Verweises wird die Funktion Entfernen() aufgerufen, die mit der shift()-Methode jeweils das erste Element aus dem Zahlen-Array entfernt. Zur Kontrolle wird das neue erste Element ausgegeben.

shiftKey

Eigenschaft

Objekt: event — Status der Taste [⇧]

Microsoft-Syntax. Speichert, ob die Zusatztaste [⇧] gemeinsam mit einer anderen Taste oder einem Mausklick gedrückt wurde. Ein Beispiel:

```
<html><head><title>Test</title>
<script for="document" event="onkeypress()" language="JScript" type="text/jscript">
<!-
 {
  if(window.event.shiftKey)
   alert("eine Taste plus Umschalttaste gedrueckt!");
 }
//->
</script>
</head><body>
</body></html>
```

Im Beispiel wird überwacht, ob der Anwender eine Taste drückt (onkeypress). Wenn ja, wird abgefragt, ob zusätzlich die Umschalttaste gedrückt wurde. In diesem Fall wird eine entsprechende Meldung ausgegeben.

siblingAbove

Eigenschaft — JS 1.2 N 4.0

Objekt: layers — Layer über dem aktuellen Layer

Speichert denjenigen Layer, der aufgrund der Schichtposition, die z.B. mit z-index= in HTML festgelegt wird, über dem angesprochenen Layer liegt. Es handelt sich dabei um ein Layer-Objekt, für das seinerseits alle verfügbaren Eigenschaften und Methoden gelten.

Ein Beispiel:

```
<html><head><title>Test</title>
</head><body>
<layer name="L1" left="100" top="100" z-index="3" bgcolor="#FFFFE0">Layerinhalt
L1</layer>
<layer name="L2" left="120" top="120" z-index="1" bgcolor="#FFFFD0">Layerinhalt
L2</layer>
<layer name="L3" left="140" top="140" z-index="4" bgcolor="#FFFFC0">Layerinhalt
L3</layer>
<layer name="L4" left="140" top="140" z-index="2" bgcolor="#FFFFB0">Layerinhalt
L4</layer>
<layer name="L5" left="100" top="180">
<a href="javascript:alert(document.L1.siblingAbove.name)">L1 siblingAbove</a><br>
<a href="javascript:alert(document.L2.siblingAbove.name)">L2 siblingAbove</a><br>
<a href="javascript:alert(document.L3.siblingAbove.name)">L3 siblingAbove</a><br>
<a href="javascript:alert(document.L4.siblingAbove.name)">L4 siblingAbove</a><br>
</layer>
</body></html>
```

Das Beispiel definiert insgesamt fünf Layer. Der zuletzt definierte Layer enthält vier Verweise. Jeder Verweis gibt für einen der ersten vier Layer den Namen desjenigen Layers aus, der aufgrund der z-index-Ordnung über dem angesprochenen Layer liegt. Klickt man beispielsweise auf den ersten Verweis, wird für den Layer mit dem Namen L1 der Name des Layers ausgegeben, der darüber liegt. Das ist in dem Fall der Layer mit dem Namen L3, da der Layer L1 den z-index-Wert 3 hat und der Layer L3 den nächsthöheren z-index-Wert, nämlich 4.

siblingBelow

Eigenschaft JS 1.2 N 4.0

Objekt: layers Layer unter dem aktuellen Layer

Speichert denjenigen Layer, der aufgrund der Schichtposition, die z.B. mit z-index= in HTML festgelegt wird, unter dem angesprochenen Layer liegt. Es handelt sich dabei um ein Layer-Objekt, für das seinerseits alle verfügbaren Eigenschaften und Methoden gelten. Ein Beispiel:

```
<html><head><title>Test</title>
</head><body>
<layer name="L1" left="100" top="180">
<a href="javascript:alert(document.L2.siblingBelow.name)">L2 siblingBelow</a><br>
<a href="javascript:alert(document.L3.siblingBelow.name)">L3 siblingBelow</a><br>
<a href="javascript:alert(document.L4.siblingBelow.name)">L4 siblingBelow</a><br>
<a href="javascript:alert(document.L5.siblingBelow.name)">L5 siblingBelow</a><br>
</layer>
<layer name="L2" left="100" top="100" z-index="3" bgcolor="#FFFFE0">Layerinhalt L2</layer>
<layer name="L3" left="120" top="120" z-index="1" bgcolor="#FFFFD0">Layerinhalt L3</layer>
<layer name="L4" left="140" top="140" z-index="4" bgcolor="#FFFFC0">Layerinhalt L4</layer>
<layer name="L5" left="140" top="140" z-index="2" bgcolor="#FFFFB0">Layerinhalt L5</layer>
</body></html>
```

Das Beispiel definiert insgesamt fünf Layer. Der erste Layer enthält vier Verweise. Jeder Verweis gibt für einen der folgenden vier Layer den Namen desjenigen Layers aus, der aufgrund der z-index-Ordnung unter dem angesprochenen Layer liegt. Klickt man beispielsweise auf den ersten Verweis, wird für den Layer mit dem Namen L2 der Name des Layers ausgegeben, der darunter liegt. Das ist in dem Fall der Layer mit dem Namen L5, da der Layer L1 den z-index-Wert 3 hat und der Layer L2 den nächstniedrigeren z-index-Wert, nämlich 2.

sin()

Methode JS 1.0 N 2.0 3.0

Objekt: Math Sinus

Erwartet als Parameter eine Zahl. Liefert den Sinus dieser Zahl zurück. Das Beispiel definiert ein Formular mit zwei Eingabefeldern und einem Button. Nach Eingabe einer Zahl im ersten Eingabefeld und Klick auf den Button wird im zweiten Eingabefeld das Ergebnis ausgegeben. Das Ergebnis ist die Anwendung von sin() auf den Wert aus dem ersten Eingabefeld:

```
<html><head><title>Test</title>
</head><body>
<form name="Test" action=""><input name="Ein"><input name="Aus">
<input type="button" value="=" onClick="Test.Aus.value=Math.sin(Test.Ein.value)">
</form>
</body></html>
```

Beachten Sie: Diese Methode erwartet Zahlen in der Einheit *Radiant* (rad) als Parameter.

slice()

Methode

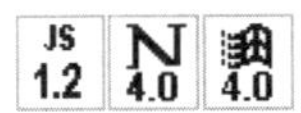

Objekt: Array Teil des Array extrahieren

Extrahiert einen Teil aus einem Array. Erwartet als Parameter die Indexnummer des ersten und des letzten zu extrahierenden Elements. Als Indexnummer für das letzte Element kann auch ein negativer Wert übergeben werden. Dies bedeutet so viel wie »das soundsovielte Element von hinten«, wobei auch dort bei 0 zu zählen begonnen wird. Ein Wert von -1 bedeutet also das vorletzte Element. Die Methode gibt die extrahierten Elemente als neuen Array zurück. Ein Beispiel:

```
<html><head><title>Test</title>
<script type="text/javascript">
<!-
 var Zahlen = new Array(1,2,3,4,5);
 for(var i = 0; i < Zahlen.length; ++i)
 {
  var NeueZahlen = Zahlen.slice(i,Zahlen.length);
  alert(NeueZahlen.join(","));
 }
//->
</script>
</head><body>
</body></html>
```

Das Beispiel definiert einen Array Zahlen mit 5 Elementen. Anschließend ist eine for-Schleife notiert. Die Schleife zählt von 0 bis 4. Innerhalb der Schleife wird bei jedem Schleifendurchgang das Ergebnis von Zahlen.slice(i,Zahlen.length) in einem neuen Array namens NeueZahlen gespeichert. Der Schleifenzähler i ist dabei die Indexnummer des ersten zu extrahierenden Elements. Das letzte zu extrahierende Element wird im Beispiel durch Zahlen.length angegeben (was allerdings eigentlich nicht ganz korrekt ist, da die Anzahl der Elemente 1 höher ist als der Index des letzten Elements – Netscape interpretiert es jedoch auf diese Weise korrekt, der MS Internet Explorer 4 interpretiert es dagegen eher wie erwartet. Dort muss man mit Zahlen.length-1 arbeiten). Durch die Angaben werden alle Elemente von Element i bis zum letzten Element extrahiert. Da i bei jedem Schleifendurchgang höher wird, werden im Beispiel immer weniger Zahlen extrahiert, und zwar immer die hinteren des Arrays.

Beachten Sie: Die Methode slice() erzeugt unterschiedliche Referenzen auf die ihr übergebenen Arrays. Ist in den miteinander zu verknüpfenden Arrays ein Objekt gespeichert, so ist in dem neu erzeugten Array eine Art Zeiger auf dieses Objekt gespeichert. Das bedeutet: Wird das Objekt geändert, so ändert sich auch der von der Methode slice() erzeugte Array. Sind in den verknüpften Arrays dagegen Zahlen und Zeichenketten enthalten, so wird eine Kopie erzeugt. Nachträgliche Änderungen haben dann keinen Einfluss auf den von slice() erzeugten Array. In ihrer Referenzierung verhält sich die Methode slice() genauso wie die Methode concat().

slice()

Methode — JS 1.2 | N 4.0 | MS IE 4.0

Objekt: string — Teilzeichenkette extrahieren

Extrahiert aus einer Zeichenkette eine Teilzeichenkette. Gibt die extrahierte Zeichenkette zurück. Erwartet folgende Parameter:

- *Index Anfang* = Position des ersten zu extrahierenden Zeichens in der Zeichenkette, wobei bei 0 zu zählen begonnen wird.
- *Index Ende* = Position des ersten nicht mehr zu extrahierenden Zeichens in der Zeichenkette, wobei bei 0 zu zählen begonnen wird.

Sie können den zweiten Parameter auch weglassen. Dann wird bis zum Ende der Zeichenkette extrahiert. Ein Beispiel:

```
<html><head><title>Test</title></head><body>
<script type="text/javascript">
<!-
 var Begriff = "Garnele";
 var Extrakt = Begriff.slice(0,4);
 alert(Extrakt);
//->
</script></body></html>
```

Das Beispiel belegt die Variable Aussage mit einem Wert. Aus dem Wert dieser Variablen werden mit slice() die ersten vier Zeichen, also die Zeichen mit den Positionswerten 0, 1, 2 und 3, extrahiert. Der Rückgabewert der Funktion, die extrahierte Zeichenkette, wird im Beispiel in der Variablen Extrakt gespeichert. Diese wird zur Kontrolle als Meldung ausgegeben.

small

HTML-Elementobjekt DOM 1.0 JS 1.5 N 6.x IE 5.x

Objekt: document — Text in kleinerer Schrift

HTML-Elemente <small>...</small> haben als DOM-Objekte für den Scriptsprachen-Zugriff Universaleigenschaften. Ein Beispiel:

```
<html><head><title>Test</title>
<style type="text/css">
<!-
.mini { font-family:Small Fonts; font-size:5pt }
->
</style>
<script type="text/javascript">
<!-
 function ganzklein() {
  document.getElementsByTagName("small")[0].className = "mini";
 }
//->
</script>
</head><body>
<small onClick="ganzklein()">winzigweich!</small>
</body></html>
```

Das Beispiel enthält einen Text, der mit <small>...</small> ausgezeichnet ist. Beim Anklicken des Textes (onClick) wird die JavaScript-Funktion ganzklein() aufgerufen, die im Dateikopf notiert ist. Diese Funktion greift mit document.getElementsByTagName("small")[0] auf das erste small-Element im Dokument zu und weist ihm die className-Eigenschaft mit dem Wert mini zu. Dahinter verbirgt sich die CSS-Klasse, die im Dateikopf im Style-Bereich definiert ist.

small()

Methode 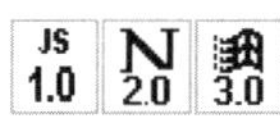

Objekt: string — Zeichenkette mit kleiner Schrift formatieren

Formatiert eine Zeichenkette als kleingeschriebenen Text, genau wie die HTML-Formatierung <small>...</small>. Ein Beispiel:

```
<html><head><title>Test</title></head><body>
<script type="text/javascript">
<!-
 var update = document.lastModified;
 document.write(update.small());
//->
</script></body></html>
```

Im Beispiel ermittelt ein JavaScript mit Hilfe von document.lastModified, wann die Datei zuletzt geändert wurde. In der Variablen update steht dann eine entsprechende Zeichenkette. Mit Hilfe von document.write() wird der Wert von update in die Datei geschrieben. Die Formatierung dabei entspricht der HTML-Formatierung <small>...</small>.

sort()

Methode JS 1.1 N 3.0 4.0

Objekt: Array Elemente im Array sortieren

Sortiert die Elemente eines Arrays. Wenn Sie keinen Parameter übergeben, wird lexikalisch sortiert, numerische Werte werden also intern in Zeichenketten verwandelt und wie Zeichenketten sortiert. Dabei kommt beispielsweise die Zahl 13 vor der Zahl 7, weil »13« als Zeichenkette lexikalisch vor »7« kommt. Wenn Sie numerische Werte sortieren wollen, können Sie eine Vergleichsfunktion definieren und deren Namen als Parameter übergeben. Ein Beispiel:

```
<html><head><title>Test</title>
</head><body>
<script type="text/javascript">
<!-
function Numsort(a,b)
{ return a-b; }

var Namen = new Array("Ina","Bettina","Tina","Martina");
Namen.sort();

var Zahlen = new Array(27,2,10,4);
Zahlen.sort(Numsort);

var Namenausgabe = Namen.join(",");
var Zahlenausgabe = Zahlen.join(",");
document.write("sortierte Namen: " + Namenausgabe + "<br>");
document.write("sortierte Zahlen: " + Zahlenausgabe);
//->
</script>
</body></html>
```

Das Beispiel zeigt, wie Sie Zeichenketten und numerische Werte sortieren können. Im Beispiel wird ein Array Namen definiert, dessen Elemente Zeichenketten darstellen. Um einen solchen Array zu sortieren, genügt es, die Methode sort() einfach auf den Array anzuwenden. Die Elemente des Arrays werden dann neu angeordnet, nämlich lexikalisch aufsteigend sortiert. Um Zahlen zu sortieren, brauchen Sie eine einfache Vergleichsfunktion. Sie können dazu die im Beispiel definierte Funktion Numsort() verwenden. Das Beispiel definiert einen Array Zahlen und wendet die sort()-Methode auf diesen Array so an, dass der Funktionsname Numsort als Parameter übergeben wird. Dadurch werden die Elemente des Arrays numerisch sortiert.

Die Funktion Numsort() regelt, wie zwei Elemente sortiert werden. Sie besitzt die Parameter a und b. Während des Sortiervorganges wird die Funktion mit jeweils 2 Array-Elementen aufgerufen. Ein erwarteter Rückgabewert ist eine Zahl, die entweder kleiner, gleich oder größer als 0 ist. Eine solche Zahl entsteht durch die Differenz der beiden Parameter. Ist der Rückgabewert von Numsort() größer als 0, so bedeutet das, der Parameter a hat einen höheren Index als der Parameter b. In der Sortierreihenfolge kommt damit b vor a. Ist der Rückgabewert von Numsort() kleiner als 0, so bedeutet das, der Parameter a hat einen niedrigeren Index als der Parameter b. In der Sortierreihenfolge kommt damit a vor b. Tritt der Rückgabewert 0 ein, so sind beide Elemente gleich und brauchen in ihrer Reihenfolge nicht verändert werden.

Wenn Sie eine umgekehrte Sortierreihenfolge wünschen, wenden Sie nach der sort()-Methode die reverse()-Methode an.

sourceIndex

Eigenschaft — JS 4.0 Lesen

Objekt: all — Position des Elements im Dokument

Speichert die Information, das wievielte HTML-Element ein Element innerhalb einer HTML-Datei ist. Das Beispiel enthält verschiedene Elemente, unter anderem einen Absatz mit dem id-Namen "Absatz". Außerdem enthält das Beispiel einen Verweis. Beim Anklicken des Verweises wird mit alert() ausgegeben, das wievielte Element der Absatz mit besagtem Namen innerhalb der HTML-Datei ist. Im Beispiel ist es das 7. Element, denn es werden alle einleitenden und allein stehenden HTML-Tags der gesamten HTML-Datei gezählt. Ein Beispiel:

```
<html><head><title>Test</title>
</head><body>
<p>Etwas Text mit<br>Zeilenumbruch</p>
<p id="Absatz">HTML-Element, aber das wie vielte?</p>
<a href="javascript:alert(document.all.Absatz.sourceIndex)">Test</a>
</body></html>
```

span

HTML-Elementobjekt — DOM 1.0, JS 1.5, N 6.x, 5.x

Objekt: document — Bereich definieren (inline, kein Absatz)

HTML-Elemente <span>...</span> haben als DOM-Objekte für den Scriptsprachen-Zugriff Universaleigenschaften. Ein Beispiel:

```
<html><head><title>Test</title>
<style type="text/css">
<!-
#diesesFormat { font-family:Arial; font-size:18pt }
#anderesFormat { font-family:Algerian; font-size:36pt }
->
</style>
<script type="text/javascript">
<!-
 function aendern() {
  document.getElementById("diesesFormat").id = "anderesFormat";
 }
//->
</script>
</head><body>
<span id="diesesFormat" onClick="aendern()">Das individuelle Format</span>
</body></html>
```

Das Beispiel enthält einen Text, der mit <span>...</span> ausgezeichnet ist. Das span-Element enthält außerdem eine CSS-Bindung, da es die id mit dem Wert diesesFormat hat, für das im Dateikopf ein individuelles Format definiert ist. Beim Anklicken des span-Textes (onClick) wird die JavaScript-Funktion aendern() aufgerufen, die im Dateikopf notiert ist. Diese Funktion greift mit document.getElementById("diesesFormat") auf das span-Element zu und weist ihm für die id-Eigenschaft den neuen Wert anderesFormat zu. Auch für diesen Id-Wert ist im Style-Bereich eine CSS-Definition notiert. Das Beispiel bewirkt also ein einmaliges dynamisches Austauschen der CSS-Eigenschaften beim span-Element.

splice()

Methode JS 1.2 | N 4.0 | 5.x

Objekt: Array Element(e) in Array einfügen

Fügt ein oder mehrere neue Elemente in einen Array ein, und zwar an einer bestimmten gewünschten Stelle. Überschreibt dabei vorhandene Elemente. Erwartet folgende Parameter:

- *Startindex* = Indexnummer im Array, an der das oder die neuen Elemente eingefügt werden sollen.
- *Anzahl* = Anzahl der einzufügenden Elemente.
- ... *Element[e]* = neue Elemente.
- Der 3. und die folgenden Parameter sind optional. Wenn Sie nur die ersten beiden Parameter angeben, werden leere Elemente eingefügt. Ein Beispiel:

```
<html><head><title>Test</title>
<script type="text/javascript">
<!-
 var Zahlen = new Array(1,2,3);
 Zahlen.splice(1,3,4,5,6);
 alert(Zahlen.join(","));
//->
</script>
</head><body>
</body></html>
```

Das Beispiel definiert einen Array Zahlen, bestehend aus 5 Elementen mit den Zahlen 1 bis 3. Anschließend wird auf diesen Array die splice()-Methode angewendet, und zwar so: An Indexnummer 1, also bei der 2. Zahl im Array, werden 3 neue Elemente eingefügt, nämlich die Elemente mit den Werten 4, 5 und 6. Die ehemaligen Elemente mit den Werten 2 und 3 werden dabei mit den Werten 4 und 5 überschrieben. Das Element mit dem Wert 6 kommt neu hinzu. Hinterher enthält der Array also 4 Elemente mit folgenden Werten: 1,4,5,6.

split()

Methode JS 1.1 | N 3.0 | 4.0

Objekt: string Zeichenkette in mehrere Teilzeichenketten zerlegen

Zerlegt Zeichenketten in mehrere Teilzeichenketten. Die erzeugten Teilzeichenketten werden in einem Array gespeichert. Erwartet als Parameter ein Begrenzerzeichen oder eine Begrenzerzeichenfolge, die als Trennmerkmal für die Teilzeichenketten verwendet werden soll. Optional kann als zweiter Parameter noch übergeben werden, wie viele Split-Vorgänge maximal erzeugt werden sollen. Ein Beispiel:

```
<html><head><title>Test</title></head><body>
<script type="text/javascript">
<!-
 var Satz = "Wer nicht vom rechten Weg abkommt bleibt auf der Strecke";
 var Woerter = Satz.split(" ");
 document.write("Ein Satz mit " + Woerter.length + " W&ouml;rtern.<br>");
 document.write("Das 5. Wort ist " + Woerter[4]);
//->
</script></body></html>
```

Das Beispiel belegt die Variable Satz mit einem Wert. Aus dem Wert dieser Variablen werden mit split() die einzelnen Wörter extrahiert. Dazu wird der Methode als Parameter ein Leerzeichen übergeben. Bei jedem Leerzeichen im Satz wird dadurch eine neue Teilzeichenkette erzeugt.

Der Rückgabewert der Funktion, die extrahierte Zeichenkette, wird im Beispiel in der Variablen Woerter gespeichert. Dies ist keine gewöhnliche Variable, sondern ein Array. Zu Testzwecken schreibt das Beispiel in die Datei, wie viele Elemente der Array hat (Woerter.length) und welches das 5. Wort ist. Dies ist das Wort mit dem Array-Index 4, da auch in diesem Fall bei 0 zu zählen begonnen wird. Näheres über Arrays finden Sie beim Array-Objekt.

sqrt()

Methode	JS 1.0 · N 2.0 · 3.0
Objekt: Math	Quadratwurzel

Erwartet als Parameter eine Zahl. Liefert die Quadratwurzel dieser Zahl zurück. Das Beispiel definiert ein Formular mit zwei Eingabefeldern und einem Button. Nach Eingabe einer Zahl im ersten Eingabefeld und Klick auf den Button wird im zweiten Eingabefeld das Ergebnis ausgegeben. Das Ergebnis ist die Anwendung von sqrt() auf den Wert aus dem ersten Eingabefeld.

```
<html><head><title>Test</title>
</head><body>
<form name="Test" action=""><input name="Ein"><input name="Aus">
<input type="button" value="=" onClick="Test.Aus.value=Math.sqrt(Test.Ein.value)">
</form>
</body></html>
```

SQRT1_2

Eigenschaft	JS 1.0 · N 2.0 · 3.0 · Lesen
Objekt: Math	Quadratwurzel aus 0,5

Konstante für Quadratwurzel aus 0,5 – Wert von ca. 0,707. Das Beispiel schreibt dynamisch den Wert der Eigenschaft an die aktuelle Stelle der HTML-Datei.

```
<html><head><title>Test</title>
</head><body>
<script type="text/javascript">
<!-
document.write(Math.SQRT1_2);
//->
</script>
</body></html>
```

SQRT2

Eigenschaft	JS 1.0	N 2.0	IE 3.0	Lesen

Objekt: Math — Quadratwurzel aus 2

Konstante für Quadratwurzel aus 2 – Wert von ca. 1,414. Das Beispiel schreibt dynamisch den Wert der Eigenschaft an die aktuelle Stelle der HTML-Datei.

```
<html><head><title>Test</title>
</head><body>
<script type="text/javascript">
<!-
document.write(Math.SQRT2);
//->
</script>
</body></html>
```

src

Eigenschaft	JS 1.1	N 3.0	IE 5.0	Lesen

Objekt: embeds — Datenquelle des Multimedia-Objekts

Datenquelle des Multimedia-Objektes. Im Beispiel ist eine Multimedia-Referenz definiert. Im nachfolgenden JavaScript-Bereich wird mit der Methode link() ein Verweis ins Dokument geschrieben. Der Methode wird dabei als Verweisziel die Quelldatei der Multimedia-Referenz durch Auslesen der src-Eigenschaft mit document.embeds["Musik"].src übergeben.

```
<html><head><title>Test</title></head>
<body>
<embed src="breeze.mid" autostart="true" name="Musik" width="300"
height="200"></embed> <br>
<script type="text/javascript">
<!-
  document.write("Download".link(document.embeds["Musik"].src));
//->
</script>
</body></html>
```

src

Eigenschaft | JS 1.1 | N 3.0 | 4.0 | Lesen Ändern

Objekt: images | Dateiname der Grafik

Speichert die Angabe, welche Grafikdatei angezeigt wird, wie sie mit der Angabe src= im <img>-Tag möglich ist. Diese Eigenschaft lässt sich ändern. Dadurch können Sie Grafiken dynamisch durch andere ersetzen. Beachten Sie jedoch, dass Breite und Höhe ursprünglich in HTML-notierten Grafiken für alle dynamisch folgenden Grafiken übernommen werden. Um verzerrungsfreie Effekte zu erzielen, sollten also alle Grafiken, die einander dynamisch ersetzen, die gleiche Höhe und Breite haben. Ein Beispiel:

```
<html><head><title>Test</title>
</head><body>
<img src="hans.gif" width="400" height="300" alt="Hans">
<script type="text/javascript">
<!-
 var b = new Array();
 b[0] = new Image(); b[0].src = "holger.gif";
 b[1] = new Image(); b[1].src = "hilmar.gif";
 b[2] = new Image(); b[2].src = "heiner.gif";
 b[3] = new Image(); b[3].src = "hans.gif";
 var i = 0;
 function Animation()
 {
  if(i > 3) i = 0;
  document.images[0].src = b[i].src;
  i = i + 1;
  window.setTimeout("Animation()",1000);
 }
 window.setTimeout("Animation()",1000);
//->
</script>
</body></html>
```

Das Beispiel enthält eine Grafik namens *ingo.gif.* Unterhalb davon ist ein Script-Bereich notiert, der dafür sorgt, dass die Grafik sich automatisch jede Sekunde in eine andere Grafik verwandelt. Dazu wird zunächst ein Array namens b notiert. Danach werden vier Elemente des Arrays b bestimmt. In allen vier Fällen handelt es sich um neue Grafikobjekte. Jedem der neuen Grafikobjekte wird mit der Eigenschaft src eine Grafikdatei zugewiesen. Beachten Sie, dass auch die Datei *hans.gif* wieder dabei ist, obwohl diese bereits angezeigt wird. Da sie in die Animation integriert werden soll, muss für sie aber trotzdem noch mal ein eigenes neues Grafikobjekt erzeugt werden.

Innerhalb der Funktion Animation(), die unterhalb der Funktion zum ersten Mal aufgerufen wird. wird das jeweils aktuelle Bild durch ein anderes ersetzt. Das geschieht durch Zuweisng von b[i].src an document.images[0].src. Da b[i] abhängig von der Variablen i ist, die bei jedem Funktionsaufruf verändert wird, wird jedes Mal ein anderes der vier Bilder angezeigt. Am Ende ruft sich die Funktion Animation() selbst wieder auf. So entsteht der Endlos-Effekt. Der Aufruf ist in einen setTimeout()-Aufruf eingebunden, der den nächsten Aufruf jeweils um 1000 Millisekunden, also um eine Sekunde, verzögert.

Beachten Sie: Im Internet Explorer und im Netscape 6 können Sie auch unterschiedlich große Grafiken verwenden. In diesem Fall sollten Sie die Angaben zur Größe der Grafik weglassen bzw. für die Höhe die Eigenschaft height und für die Weite die Eigenschaft width dynamisch ändern.

src

Eigenschaft — JS 1.2 | N 4.0 | Lesen Ändern

Objekt: layers — URI der externen Datei zur Anzeige im Layer

Speichert die externe Datei, die in einen Layer eingebunden ist. Ein Beispiel:

```
<html><head><title>Test</title>
</head><body>
<layer name="extern" left="50" top="30" width="600" height="200" src="news.htm">
</layer>
<layer left="50" top="250">
<script type="text/javascript">
<!-
document.write("<hr><b>Eingebunden wurde die Datei: <\/b>" + window.document.extern.src);
//->
</script>
</layer>
</body></html>
```

Das Beispiel enthält zwei positionierte Layer. Der Inhalt des ersten Layers ist eine externe Datei namens *news.htm*. Im zweiten Layer wird mit Hilfe von document.write() die genaue Adresse der externen Datei in den Layerbereich geschrieben. Beachten Sie, dass in diesem Fall window.document.extern.src zur Adressierung des anderen Layers verwendet werden muss, da document.extern.src sich sonst nur auf den aktuellen Layer beziehen würde und dieser kein Element namens extern enthält.

status

Eigenschaft — JS 1.0 | N 2.0 | IE 3.0 | Lesen Ändern

Objekt: window — Inhalt der Statuszeile

Speichert oder setzt den aktuellen Inhalt der Statuszeile. Das Beispiel zeigt einen Verweis. Beim Überfahren des Verweistextes mit der Maus erscheint in der Statuszeile der Text: das ist ein Verweis. Wichtig ist bei solchen Konstrukten die Anweisung return true am Ende.

```
<html><head><title>Test</title>
</head><body>
<a href="datei.htm" onmouseover="status='Das ist ein Verweis';return true;">Verweis</a>
</body></html>
```

statusbar

Eigenschaft JS 1.2 N 4.0 Lesen

Objekt: window Sichtbarkeit der Statuszeile

Speichert die Information, ob ein Fenster eine eigene Statuszeile hat. Stellt selbst ein Objekt dar, das eine Eigenschaft hat, nämlich die Eigenschaft visible (= *sichtbar*). Enthält für diese Eigenschaft den Wert true, wenn das Fenster eine Statuszeile hat, und den Wert false, wenn es keine hat. Ein Beispiel:

```
<html><head><title>Test</title>
<script type="text/javascript">
<!-
function Statustext(Text)
{
 if(window.statusbar && window.statusbar.visible == true) window.defaultStatus = Text;
 else alert(Text);
}
//->
</script>
</head><body>
<form name="Eingabe" action="">
<input type="text" name="Feld">
<input type="button" value="Start" onClick="Statustext(document.Eingabe.Feld.value)">
</form>
</body></html>
```

Im Beispiel wird ein Formular definiert. Der Anwender kann einen Text eingeben. Beim Klick auf den Button wird die Funktion Statustext() aufgerufen. Die Funktion ermittelt, ob der Browser das Objekt scrollbars kennt und ob das aktuelle Fenster eine Statuszeile hat. Wenn ja, wird der im Eingabefeld eingegebene Text als Standardtext der Statuszeile gesetzt. Wenn nein, wird der eingegebene Text nur mit alert() angezeigt.

stop()

Methode 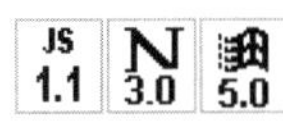

Objekt: embeds Abspielen des Multimedia-Objekts anhalten

Beendet das Abspielen einer Multimedia-Referenz. Der Befehl spricht eine Schnittstelle des Abspielgerätes an. Seine Wirkungsweise ist deshalb immer abhängig vom verwendeten Plug-In und steht nicht in jedem Fall zur Verfügung. Ein Beispiel:

```
<html><head><title>Test</title></head>
<body>
<embed type="audio/x-midi" autostart="true" src="breeze.mid" width="300"
height="200"></embed><br>
<a href="javascript:document.embeds[0].stop()">Stoppen</a>
</body></html>
```

Das Beispiel enthält eine Multimedia-Referenz und einen Verweis. Nach Anklicken des Verweises wird mit document.embeds[0].stop() das Multimedia-Element angesprochen und der Abspielvorgang beendet.

stop()

Methode JS 1.2 N 4.0

Objekt: window Ladevorgang abbrechen

Entspricht einem Klick auf den [Stop]-Button im Browser. Der Ladevorgang einer Seite wird dadurch abgebrochen. Das Beispiel definiert einen Verweis, bei dessen Anklicken der Ladevorgang einer Seite abgebrochen wird:

```
<html><head><title>Test</title>
</head><body>
Diese Seite hat einen Umfang von 300 Kilobyte:<br>
<a href="javascript:stop()">abbrechen</a>
</body></html>
```

string

Objekt JS 1.0 N 2.0 IE 3.0

Zeichenketten bearbeiten

Die Eigenschaften und Methoden des Objektes string können Sie auf alle Zeichenketten anwenden. So können Sie in einer Zeichenkette z.B. alle darin enthaltenen Kleinbuchstaben in Großbuchstaben umwandeln oder HTML-Formatierungen auf die Zeichenkette anwenden.

Eigenschaften

length	(Anzahl Zeichen)

Methoden

anchor()	(Verweisanker erzeugen)
big()	(großen Text erzeugen)
blink()	(blinkenden Text erzeugen)
bold()	(fetten Text erzeugen)
charAt()	(Zeichen an einer Position ermitteln)
charCodeAt()	(Latin-1-Codewert an einer Position)
concat()	(Zeichenketten zusammenfügen)
fixed()	(Teletyper-Text erzeugen)
fontcolor()	(Schriftfarbe erzeugen)
fontsize()	(Schriftgröße erzeugen)
fromCharCode()	(Latin-1-Zeichenkette erzeugen)
indexOf()	(Position eines Zeichens ermitteln)
italics()	(kursiven Text erzeugen)
lastIndexOf()	(letzte Position eines Zeichens ermitteln)
link()	(Verweis erzeugen)

match() (regulären Ausdruck anwenden)
replace() (regulären Ausdruck anwenden und ersetzen)
search() (Suchen mit regulärem Ausdruck)
slice() (Teil aus Zeichenkette extrahieren)
small() (kleinen Text erzeugen)
split() (Zeichenkette aufsplitten)
strike() (durchgestrichenen Text erzeugen)
sub() (tiefgestellten Text erzeugen)
substr() (Teilzeichenkette ab Position ermitteln)
substring() (Teilzeichenkette ermitteln)
sup() (hochgestellten Text erzeugen)
toLowerCase() (alles klein schreiben)
toUpperCase() (alles groß schreiben)

Allgemeines zur Verwendung

Ein Beispiel:

```
<html><head><title>Test</title>
<script type="text/javascript">
<!-
var Ort = "Friedrichshafen"
alert(Ort + " hat " + Ort.length + " Buchstaben")
//->
</script>
</head>
<body>
</body></html>
```

Im Beispiel wird eine Variable Ort definiert, der ein Wert zugewiesen wird, nämlich der Wert Friedrichshafen. Anschließend wird in einem Meldungsfenster ausgegeben: Friedrichshafen hat 15 Buchstaben. Dies geschieht durch einen Aufruf der Objekteigenschaft length. Vor dem Punkt kann also eine Variable oder auch irgendeine andere JavaScript-Objekteigenschaft stehen, in der eine Zeichenkette gespeichert ist. Hinter dem Punkt folgt die gewünschte Eigenschaft oder Methode des string-Objekts. Zeichenketten in JavaScript werden als eine Kette von Einzelzeichen betrachtet. Jedes Einzelzeichen hat seine Position in der Zeichenkette. Ein Beispiel:

```
<html><head><title>Test</title>
<script type="text/javascript">
<!-
 var Name = "Hans";
 alert(Name[0] + Name[1] + Name[2] + Name[3]);
//->
</script>
</head>
<body>
</body></html>
```

Das Beispiel, das in dieser Form allerdings nur mit Netscape, nicht mit dem MS Internet Explorer und Opera 5.12 funktioniert, definiert eine Variable mit dem Namen Name. Diese Variable erhält den Wert "Hans". In einem Meldungsfenster wird anschließend zeichenweise dieser Wert der Variablen Name ausgegeben. Das Ergebnis ist das gleiche, wie wenn einfach alert(Name) notiert würde. Aber an dieser Notationsform können Sie erkennen, wie Zeichenketten funktionieren: Name[0] ist das H, Name[1] das a, Name[2] das n und Name[3] das s. Es wird also immer bei 0 zu zählen begonnen.

string()

Methode	JS 1.2, N 4.0, IE 4.0
objektunabhängig	Objektinhalt in Zeichenkette umwandeln

Konvertiert den Inhalt eines Objekts in eine Zeichenkette und gibt die Zeichenkette zurück. Vor allem brauchbar in Verbindung mit dem Date-Objekt. Ein Beispiel:

```
<html><head><title>Test</title>
</head><body>
<script type="text/javascript">
<!-
 var d = new Date ();
 document.write(String(d));
//->
</script></body></html>
```

Das Beispiel definiert ein neues Datumobjekt mit dem aktuellen Zeitpunkt. Das Datumobjekt wird in der Variablen d gespeichert. Anschließend wird diese Variable der Funktion String() als Parameter übergeben. Die Funktion erzeugt daraus eine Zeichenkette, die den gespeicherten Zeitpunkt im GMT-Format darstellt. Im Beispiel wird das Ergebnis zur Kontrolle in die Datei geschrieben.

strike (HTML-Elementobjekt)

HTML-Elementobjekt	DOM 1.0, JS 1.5, N 6.x, IE 5.x
Objekt: document	Durchgestrichener Text

HTML-Elemente <strike>...</strike> haben als DOM-Objekte für den Scriptsprachen-Zugriff Universaleigenschaften. Ein Beispiel:

```
<html><head><title>Test</title>
</head><body>
<strike id="strike" onMouseOver="alert(document.getElementById('strike').title)" title="NICHT,
weil es 'deprecated' ist">Benutzen Sie dieses Element!</strike>
</body></html>
```

Das Beispiel enthält einen Text, der mit <strike>...</strike> ausgezeichnet ist. Im einleitenden Tag ist der Event-Handler onMouseOver notiert. Beim Überfahren des durchgestrichenen Textes mit der Maus wird eine Meldung ausgegeben, und zwar der Text, der beim Element im title-Attribut notiert ist. Dazu wird mit document.getElementById('strike').title auf das Element zugegriffen. Der id-Name strike lautet nur zufällig genauso wie der Elementname, um zu demonstrieren, dass dies durchaus erlaubt ist.

Beachten Sie: Das vorliegende Beispiel wird auch von Opera 5.12 interpretiert.

strike()

Methode JS 1.0 N 2.0 3.0

Objekt: string Zeichenkette durchgestrichen formatieren

Formatiert eine Zeichenkette als durchgestrichenen Text, genau wie die HTML-Formatierung <strike>...</strike>. Im Beispiel schreibt ein JavaScript mit document.write() den URI der aktuellen Datei. Die Formatierung dabei entspricht der HTML-Formatierung <strike>...</strike>.

```
<html><head><title>Test</title></head><body>
<script type="text/javascript">
<!-
 document.write(window.location.href.strike());
//->
</script></body></html>
```

strong

HTML-Elementobjekt DOM 1.0 JS 1.5 N 6.x 5.x

Objekt: document Stark betonter Text

HTML-Elemente <strong>...</strong> haben als DOM-Objekte für den Scriptsprachen-Zugriff Universaleigenschaften. Ein Beispiel:

```
<html><head><title>Test</title>
<style type="text/css">
<!-
.normal { font-size:20pt; color:blue; }
.extra { font-size:20pt; color:red; background-color:yellow; }
->
</style>
<script type="text/javascript">
<!-
function wechseln() {
 if(document.getElementById("stark").className == "normal")
  document.getElementById("stark").className = "extra";
 else
  document.getElementById("stark").className = "normal";
}
//->
</script>
</head><body>
<p><strong id="stark" class="normal" onMouseOver="wechseln()"
onMouseOut="wechseln()">ganz stark!</strong></p>
</body></html>
```

Das Beispiel enthält Text, der mit <strong>...</strong> ausgezeichnet ist. Das einleitende Tag enthält eine CSS-Klassenangabe, eine eindeutige Id-Angabe und die Event-Handler onMouse-Over und onMouseOut, die jeweils die JavaScript-Funktion wechseln() aufgerufen, die im Dateikopf notiert ist. Diese Funktion fragt ab, ob der zugewiesene Klassenname normal lautet. Wenn ja, wird er auf extra geändert, wenn nein, wird er auf normal geändert. Dadurch ergibt sich der Effekt, dass sich beim Überfahren des Textes mit der Maus die CSS-Eigenschaften dynamisch ändern.

style

Objekt

Zugriff auf Stylesheet-Angaben

Das Objekt style liegt in der JavaScript-Objekthierarchie nach dem Objektmodell des MS Internet Explorers ab Version 4.0 unterhalb des all-Objekts und regelt den Zugriff auf Stylesheet-Angaben, die für ein HTML-Element definiert sind.

Methoden

getAttribute() (Stylesheet-Angabe ermitteln)
removeAttribute() (Stylesheet-Angabe entfernen)
setAttribute() (Stylesheet-Angabe einfügen)

style: Allgemeines zur Verwendung

Sie können alle Sheet-Angaben auslesen und dynamisch ändern. So können Sie HTML-Elemente mit Hilfe von Scripts nach Belieben umformatieren. Der Zugriff auf HTML-Elemente erfolgt dabei genau so wie beim all-Objekt (lesen Sie dazu beim all-Objekt vor allem die Passagen *HTML-Elemente ansprechen* und *HTML-Elemente mit Namen ansprechen*, Kapitel 23.7). Beim style-Objekt wird lediglich zusätzlich style notiert und dahinter die gewünschte Stylesheet-Angabe.

Auch im Document Object Model (DOM) der Version 2.0 gibt es das style-Objekt. Um auf die Eigenschaften und Methoden des style-Objekts nach DOM-Syntax zugreifen zu können, benötigen Sie einen Elementknoten. Um auf vorhandene Elementknoten im Dokument zuzugreifen, werden die Methoden des document-Objekts getElementById, getElementsByName und getElementsByTagName verwendet. Ausgehend davon können Sie angesprochene Elemente mit Hilfe von Scripts umformatieren.

JS 4.0 Beispiel für ältere Microsoft-Syntax (all):

```
<html><head><title>Test</title>
<script type="text/javascript">
<!-
function MachGelb() {
 document.all.DynText.style.backgroundColor = "yellow";
 document.all.DynText.style.fontSize = "24pt";
 document.all.DynText.style.padding = "5mm";
}
//->
</script>
</head><body>
<p id="DynText">Das ist der Text</p>
<a href="javascript:MachGelb()">gelb</a>
</body></html>
```

Das Beispiel enthält einen Textabsatz mit dem id-Namen DynText. Beim Anklicken des Verweises unterhalb wird die Funktion MachGelb() aufgerufen. Diese Funktion weist dem Textabsatz verschiedende Stylesheet-Angaben zu, zum Beispiel die Angabe für die Hintergrundfarbe (backgroundColor), und dabei den Wert für gelb (yellow). Der Textabsatz erhält dadurch beim Anklicken des Verweises dynamisch eine gelbe Hintergrundfarbe und die übrigen Atribute. Es ist egal, ob das betreffende HTML-Element vorher bereits Stylesheet-Angaben enthält oder nicht. Im Beispiel enthält es keine.

Nach dem gleichen Schema können Sie alle CSS Stylesheet-Angaben behandeln, die der MS Internet Explorer kennt. Die Tabelle Style-Eigenschaften listet Stylesheet-Angaben auf. Beachten Sie dabei die Hinweise zur besonderen Schreibweise der Stylesheet-Angaben in JavaScript.

DOM 2.0 | JS 1.5 | N 6.x | 5.x **Beispiel für DOM-Syntax:**

```
<html><head><title>Test</title>
<script type="text/javascript">
<!-
function setCSS() {
 for(var i = 0; i < document.getElementsByTagName("p").length; i++) {
  document.getElementsByTagName("p")[i].style.border = "solid red 10px";
  document.getElementsByTagName("p")[i].style.backgroundColor = "#FF9933";
  document.getElementsByTagName("p")[i].style.color = "#FFFFFF";
  document.getElementsByTagName("p")[i].style.fontSize = "36pt";
 }
}
//->
</script>
</head><body>
<p>Absatz</p>
<p>zweiter Absatz</p>
<p>dritter Absatz</p>
<p><a href="javascript:setCSS()">Stylesheet-Power!</a></p>
</body></html>
```

Das Beispiel enthält vier Textabsätze. Im letzten davon ist ein Verweis notiert, bei dessen Anklicken die Funktion setCSS() aufgerufen wird, die im Dateikopf notiert ist. Diese Funktion greift in einer for-Schleife der Reihe nach mit document.getElementsByTagName("p")[i] auf alle p-Elemente im Dokument zu. Mit style dahinter wird auf die CSS-Eigenschaften des Elements zugegriffen. Dahinter folgt die gewünschte CSS-Eigenschaft. Dieser wird jeweils ein gültiger Wert zugewiesen. Es ist egal, ob das betreffende HTML-Element vorher bereits Stylesheet-Angaben enthält oder nicht. Im Beispiel enthält es keine.

Nach dem gleichen Schema können Sie alle CSS Stylesheet-Angaben behandeln, die CSS 2.0 kennt. Die Tabelle zu Style-Eigenschaften listet im folgenden Abschnitt Stylesheet-Angaben auf. Beachten Sie dabei die Hinweise zur besonderen Schreibweise der Stylesheet-Angaben in JavaScript.

Style-Eigenschaften

Eine wichtige Regel müssen Sie kennen: Wenn in einem Script eine CSS-Stylesheet-Angabe ausgelesen oder verändert werden soll, entfällt der Bindestrich, und der erste Buchstabe des

Wortes hinter dem Bindestrich wird großgeschrieben. Die CSS-Stylesheet-Angabe background-color wird innerhalb eines JavaScripts also zu backgroundColor.

Die folgende Tabelle listet Style-Eigenschaften auf. Die Tabelle enthält links die Stylesheet-Angabe, wie Sie sie in JavaScript im Zusammenhang mit dem Style-Objekt notieren müssen. In der mittleren Spalte steht eine Kurzbeschreibung, was die Angabe bewirkt.

JavaScript-Angabe	*Kurzbeschreibung*
background	Hintergrundbild
backgroundAttachment	Wasserzeichen-Effekt
backgroundColor	Hintergrundfarbe
backgroundImage	Hintergrundbild
backgroundPosition	Position des Hintergrundbilds
backgroundRepeat	Wallpaper-Effekt
border	Rahmen
borderBottom	Rahmen unten
borderBottomColor	Rahmenfarbe unten
borderBottomStyle	Rahmenart unten
borderBottomWidth	Rahmendicke unten
borderColor	Rahmenfarbe unten
borderLeft	Rahmen links
borderLeftColor	Rahmenfarbe links
borderLeftStyle	Rahmenart links
borderLeftWidth	Rahmendicke links
borderRight	Rahmen rechts
borderRightColor	Rahmenfarbe rechts
borderRightStyle	Rahmenart rechts
borderRightWidth	Rahmendicke rechts
borderStyle	Rahmenart
borderTop	Rahmen oben
borderTopColor	Rahmenfarbe oben
borderTopStyle	Rahmenart oben
borderTopWidth	Rahmendicke oben
borderWidth	Rahmendicke
bottom	Position von unten
captionSide	Tabellenbeschriftung
clear	Fortsetzung bei Textumfluss
clip	Anzeigebereich eingrenzen
color	Textfarbe
cursor	Mauscursor
direction	Schreibrichtung
display	Sichtbarkeit (ohne Platzhalter)
emptyCells	Darstellung leerer Tabellenzellen
float	Textumfluss

JavaScript-Angabe	*Kurzbeschreibung*
font	Schrift
fontFamily	Schriftart
fontSize	Schriftgröße
fontStretch	Schriftlaufweite
fontStyle	Schriftstil
fontVariant	Schriftvariante
fontWeight	Schriftgewicht
height	Höhe eines Elements
left	Position von links
letterSpacing	Zeichenabstand
lineHeight	Zeilenhöhe
listStyle	Listendarstellung
listStyleImage	Grafik für Aufzählungslisten
listStylePosition	Listeneinrückung
listStyleType	Darstellungstyp der Liste
margin	Abstand/Rand
marginBottom	Abstand/Rand unten
marginLeft	Abstand/Rand links
marginRight	Abstand/Rand rechts
marginTop	Abstand/Rand oben
maxHeight	Maximalhöhe
maxWidth	Maximalbreite
minHeight	Mindexthöhe
minWidth	Mindestbreite
overflow	übergroßer Inhalt- CSS-Beschreibung
padding	Innenabstand
paddingBottom	Innenabstand unten
paddingLeft	Innenabstand links
paddingRight	Innenabstand rechts
paddingTop	Innenabstand oben
pageBreakAfter	Seitenumbruch danach
pageBreakBefore	Seitenumbruch davor
position	Positionsart
right	Position von rechts
scrollbar3dLightColor	Farbe für 3-D-Effekte (Scrollbars)
scrollbarArrowColor	Farbe für Verschiebepfeile (Scrollbars)
scrollbarBaseColor	Basisfarbe der Scroll-Leiste (Scrollbars)
scrollbarDarkshadowColor	Farbe für Schatten (Scrollbars)
scrollbarFaceColor	Farbe für Oberfläche (Scrollbars)
scrollbarHighlightColor	Farbe für oberen und linken Rand (Scrollbars)
scrollbarShadowColor	Farbe für unteren und rechten Rand (Scrollbars)
scrollbarTrackColor	Farbe für freibleibenden Verschiebeweg (Scrollbars)

JavaScript-Angabe	*Kurzbeschreibung*
tableLayout	Tabellentyp
textAlign	Ausrichtung
textDecoration	Textdekoration
textIndent	Texteinrückung
textTransform	Texttransformation
top	Position von oben
verticalAlign	vertikale Ausrichtung
visibility	Sichtbarkeit (mit Platzhalter)
width	Breite eines Elements
wordSpacing	Wortabstand
zIndex	Schichtposition bei Überlappung

style

HTML-Elementobjekt — DOM 1.0 | JS 1.5 | N 6.x | 5.x

Objekt: document — Bereich für Stylesheet-Angaben

HTML-Elemente <style>...</style> haben als DOM-Objekte für den Scriptsprachen-Zugriff Universaleigenschaften sowie die folgenden eigenen Eigenschaften.

Eigenschaft	*Status*	*Bedeutung*
disabled	Lesen Ändern	Stylesheet verwenden oder nicht verwenden
media	Lesen Ändern	Ausgabemedium für das Stylesheet
type	Lesen Ändern	Mime-Type der Stylesheet-Sprache

Ein Beispiel:

```
<html><head><title>Test</title>
<style type="text/css">
<!-
h1 { font-size:36pt; color:red; }
->
</style>
<script type="text/javascript">
<!-
function ohneCSS() {
  document.getElementsByTagName("style")[0].disabled = true;
}
//->
</script>
```

```
</head><body>
<h1>Mit CSS!</h1>
<a href="javascript:ohneCSS()"><b>ohne CSS!</b></a>
</body></html>
```

Das Beispiel enthält eine Überschrift und einen Verweis. Beim Anklicken des Verweises wird die JavaScript-Funktion ohneCSS() aufgerufen, die im Dateikopf notiert ist. Die Funktion greift mit document.getElementsByTagName("style")[0] auf das erste style-Element zu und setzt dessen Eigenschaft disabled auf den booleschen Wert true (»wahr«). Dadurch werden alle in dem Style-Bereich definierten Formate für das Dokument ungültig. Die Überschrift verliert dynamisch ihre CSS-Eigenschaften.

sub

HTML-Elementobjekt — DOM 1.0, JS 1.5, N 6.x, IE 5.x

Objekt: document — Tiefgestellter Text

HTML-Elemente _{...} haben als DOM-Objekte für den Scriptsprachen-Zugriff Universaleigenschaften. Ein Beispiel:

```
<html><head><title>Test</title>
</head><body>
<a href="javascript:alert(document.getElementsByTagName('sub')[0].title)">Tief</a> und <sub
title="ganz tief">tiefer</sub>
</body></html>
```

Das Beispiel enthält ein Wort, das mit _{...} ausgezeichnet ist, und einen Verweis. Beim Anklicken des Verweises wird in einem Meldungsfenster der Wert des title-Attributs aus dem sub-Element ausgegeben. Dazu wird mit document.getElementsByTagName('sub')[0] auf das erste sub-Element der Datei zugegriffen.

Beachten Sie: Das vorliegende Beispiel wird auch von Opera 5.12 interpretiert.

sub()

Methode — JS 1.0, N 2.0, IE 3.0

Objekt: string — Zeichenkette tieferstellen

Formatiert eine Zeichenkette als tiefgestellten Text, genau wie die HTML-Formatierung _{...}. Ein Beispiel:

```
<html><head><title>Test</title></head><body>
<script type="text/javascript">
<!-
  var Tief0 = "0";
  document.write("ISDN und S" + Tief0.sub() + "-Bus");
//->
</script></body></html>
```

Im Beispiel wird eine Variable Tief0 definiert, die das Zeichen 0 speichert. Mit Hilfe von document.write() wird dann ein Text in die Datei geschrieben. Die Formatierung der 0 entspricht dabei der HTML-Formatierung _{...}.

submit()

Methode — JS 1.0, N 2.0, 3.0

Objekt: forms — Formular absenden

Sendet ein Formular ab und hat die gleiche Wirkung wie ein Button, der in HTML mit type="submit" definiert wurde. Die JavaScript-Methode funktioniert seit Netscape 3.0 jedoch nur noch, wenn das Formular von einem Programm weiterverarbeitet wird, d.h. wenn im einleitenden <form>-Tag bei der Angabe action= zum Beispiel ein CGI-Programm aufgerufen wird. Wenn bei action= eine E-Mail-Adresse oder eine Newsgroup angegeben wird, funktioniert sie nicht. Ein Beispiel:

```
<html><head><title>Test</title>
</head><body>
<form name="Testform" action="/cgi-bin/auswert.pl" method="get">
<input type="text" size="40" name="Feld1"><br>
<input type="text" size="40" name="Feld2"><br>
</form>
<script type="text/javascript">
<!-
 function AbGehts()
 {
  document.Testform.submit();
 }
 window.setTimeout("AbGehts()",60000);
//->
</script>
</body></html>
```

Das Beispiel enthält ein Formular mit Eingabefeldern. Unterhalb davon steht ein JavaScript. Darin wird mit der setTimeout()-Methode ein Countdown gestartet. Nach 60000 Millisekunden, also nach einer Minute, wird die Funktion AbGehts() aufgerufen. Diese schickt das Formular mit submit() ab.

substr()

Methode — JS 1.0, N 2.0, 3.0

Objekt: string — Teilzeichenkette mit Position und Länge extrahieren

Extrahiert aus einer Zeichenkette eine Teilzeichenkette ab einer bestimmten Zeichenposition und mit einer bestimmten Länge. Gibt die extrahierte Zeichenkette zurück. Erwartet folgende Parameter:

- *Index Anfang* = Position des ersten zu extrahierenden Zeichens in der Zeichenkette, wobei bei 0 zu zählen begonnen wird.

- *Anzahl Zeichen* = Anzahl Zeichen, die extrahiert werden sollen.

Ein Beispiel:

```
<html><head><title>Test</title></head><body>
<script type="text/javascript">
<!-
 var Begriff = "Donaudampfschifffahrt";
 var Teil = Begriff.substr(5,11);
 alert(Teil);
//->
</script></body></html>
```

Das Beispiel belegt die Variable Begriff mit einem Wert. Aus dem Wert dieser Variablen wird mit substr() ein Teil extrahiert, nämlich ab Zeichen 6 (Index 5), und dann die folgenden 11 Zeichen. Der Rückgabewert der Funktion, die extrahierte Zeichenkette, wird im Beispiel in der Variablen Teil gespeichert. Zur Kontrolle wird diese Variable als Meldungsfenster ausgegeben. Sie enthält den Wert dampfschiff.

substring()

Methode

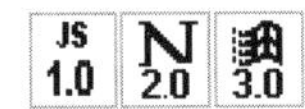

Objekt: string — Teilzeichenkette zwischen zwei Positionen extrahieren

Extrahiert aus einer Zeichenkette eine Teilzeichenkette ab einer bestimmten Zeichenposition und bis zu einer bestimmten Zeichenposition. Gibt die extrahierte Zeichenkette zurück. Erwartet folgende Parameter:

- *Index Anfang* = Position des ersten zu extrahierenden Zeichens in der Zeichenkette, wobei bei 0 zu zählen begonnen wird.
- *Index Ende* = Position des ersten nicht mehr zu extrahierenden Zeichens in der Zeichenkette, wobei bei 0 zu zählen begonnen wird.

Ein Beispiel:

```
<html><head><title>Test</title></head><body>
<script type="text/javascript">
<!-
 var Begriff = "Donaudampfschifffahrt";
 var Teil = Begriff.substring(5,16);
 alert(Teil);
//->
</script></body></html>
```

Das Beispiel belegt die Variable Begriff mit einem Wert. Aus dem Wert dieser Variablen wird mit substring() ein Teil extrahiert, nämlich ab Zeichen 6 (Index 5), und bis vor Zeichen 17 (Index 16). Der Rückgabewert der Funktion, die extrahierte Zeichenkette, wird im Beispiel in der Variablen Teil gespeichert. Zur Kontrolle wird diese Variable als Meldungsfenster ausgegeben. Sie enthält den Wert dampfschiff.

suffixes

Eigenschaft JS 1.1 | N 3.0 | Lesen

Objekt: mimeTypes Dateiendungen eines Mime-Type

Speichert die typischen Dateiendungen, die zu einem Mime-Type gehören. Das Beispiel prüft, ob der Browser den Mime-Type kennt, und gibt in einem Meldungsfenster aus, welche Dateiendungen unter den Mime-Type image/jpeg fallen.

```
<html><head><title>Test</title>
<script language="JavaScript" type="text/javascript">
<!-
if (navigator.mimeTypes["image/jpeg"])
 alert(navigator.mimeTypes["image/jpeg"].suffixes);
//->
</script>
</head><body>
</body></html>
```

Beachten Sie: Im Netscape 6 ist dieses Beispiel nicht nachvollziehbar, da dieser nur die Mime-Typen als eigene Objekteigenschaft speichert, zu denen tatsächlich ein Plug-In vorliegt. Der MS Internet Explorer 5.0 Macintosh Edition interpretiert dieses Beispiel auch.

sup

HTML-Elementobjekt DOM 1.0 | JS 1.5 | N 6.x | 5.x

Objekt: document Hochgestellter Text

HTML-Elemente ^{...} haben als DOM-Objekte für den Scriptsprachen-Zugriff Universaleigenschaften. Ein Beispiel:

```
<html><head><title>Test</title>
<script type="text/javascript">
<!-
function Vertauschen() {
 var swap = document.getElementById("Basis").firstChild.nodeValue;
 document.getElementById("Basis").firstChild.nodeValue =
   document.getElementById("Exponent").firstChild.nodeValue;
 document.getElementById("Exponent").firstChild.nodeValue = swap;
}
//->
</script>
</head><body><span style="font-size:200%">
<a id="Basis" href="javascript:Vertauschen()">x</a><sup id="Exponent">y</sup>
</span></body></html>
```

Das Beispiel stellt einen Text »x hoch y« dar. Das »x« ist dabei in einen Verweis eingeschlossen, bei dessen Anklicken die JavaScript-Funktion Vertauschen() aufgerufen wird, die im Dateikopf notiert ist. Diese Funktion greift sowohl auf das Verweis-Element (document.getElementById ("Basis")) als auch auf das sup-Element (document.getElementById("Exponent")) zu und vertauscht deren Inhalte. Der Zugriff auf die Inhalte erfolgt mit node.nodeValue (firstChild ist ein bestimmter Knotentyp).

sup()

Methode — JS 1.0, N 2.0, 3.0

Objekt: string — Zeichenkette hochstellen

Formatiert eine Zeichenkette als hochgestellten Text, genau wie die HTML-Formatierung ^{...}. Ein Beispiel:

```
<html><head><title>Test</title></head><body>
<script type="text/javascript">
<!-
  var Hoch2 = "2";
  document.write("10" + Hoch2.sup() + " = " + Math.pow(10,2));
//->
</script></body></html>
```

Im Beispiel wird eine Variable Hoch2 definiert, die das Zeichen 2 speichert. Mit Hilfe von document.write() wird dann ein Text in die Datei geschrieben. Die Formatierung der 2 entspricht dabei der HTML-Formatierung ^{...}.

table

HTML-Elementobjekt — DOM 1.0, JS 1.5, N 6.x, 5.x

Objekt: document — Tabellen definieren

HTML-Elemente <table>...</table> haben als DOM-Objekte für den Scriptsprachen-Zugriff Universaleigenschaften sowie die folgenden eigenen Eigenschaften und Methoden.

Eigenschaft	*Status*	*Bedeutung*
align	Lesen Ändern	Ausrichtung der Tabelle
border	Lesen Ändern	Rahmendicke der Tabelle
bgColor	Lesen Ändern	Hintergrundfarbe der Tabelle
caption	Lesen Ändern	Tabellenüberschrift-Element vorhanden oder nicht vorhanden
cellPadding	Lesen Ändern	Abstand zwischen Zellenrand und Zellinhalt
cellSpacing	Lesen Ändern	Abstand zwischen den Zellen untereinander
frame	Lesen Ändern	Angabe, welche Rahmen der Tabelle sichtbar sein sollen

Eigenschaft	*Status*	*Bedeutung*
rows	Lesen	Array aller Tabellenzeilen
rules	Lesen Ändern	Angabe, welche Gitternetzlinien innerhalb der Tabelle sichtbar sein sollen
summary	Lesen Ändern	Text, der Sehbehinderten die Tabelle im Fall von Sprachausgabe erläutert
tBodies	Lesen	Array aller tbody-Elemente der Tabelle
tFoot	Lesen Ändern	Tabellenfuß-Element oder null
tHead	Lesen Ändern	Tabellenkopf-Element oder null
width	Lesen Ändern	Breite der Tabelle

Methode	*Bedeutung*
createCaption()	Tabellenüberschrift-Element caption erzeugen
createTFoot()	Tabellenfuß-Element tfoot erzeugen
createTHead()	Tabellenkopf-Element thead erzeugen
deleteCaption()	Tabellenüberschrift-Element caption löschen
deleteTFoot()	Tabellenfuß-Element tfoot löschen
deleteTHead()	Tabellenkopf-Element thead löschen
deleteRow()	Tabellenzeile löschen
insertRow()	Tabellenzeile hinzufügen

Ein Beispiel:

```
<html><head><title>Test</title>
<script type="text/javascript">
<!-
var Zeile = 0;
function ZeileEinfuegen() {
 if (Zeile==0) document.getElementById("Tabelle").deleteRow(0);
 var TR = document.getElementById("Tabelle").insertRow(Zeile);
 Zeile += 1;
 var TD1 = document.createElement("td");
 var TD1text = document.createTextNode(document.Formular.linkerText.value);
 TD1.appendChild(TD1text);
 var TD2 = document.createElement("td");
 var TD2text = document.createTextNode(document.Formular.rechterText.value);
 TD2.appendChild(TD2text);
 TR.appendChild(TD1);
 TR.appendChild(TD2);
 document.Formular.linkerText.value = "";
 document.Formular.rechterText.value = "";
}
```

```
function Rahmen() {
 if(document.getElementsByName("Option")[0].checked == true)
   document.getElementById("Tabelle").border = "2";
 else
   document.getElementById("Tabelle").border = "0";
}
function Farbe() {
 if(document.getElementsByName("Option")[1].checked == true)
   document.getElementById("Tabelle").bgColor = "#CCCCFF";
 else
   document.getElementById("Tabelle").bgColor = "";
}
//->
</script>
</head><body>
<form name="Formular" action="">
<input type="text" name="linkerText">
<input type="text" name="rechterText">
<input type="button" value=" OK " onClick="ZeileEinfuegen()"><br>
<input type="checkbox" name="Option" onClick="Rahmen()"> Rahmen
<input type="checkbox" name="Option" onClick="Farbe()"> Hintergrund
</form>
<table id="Tabelle">
<tr><td>Eine Tabelle</td></tr>
</table>
</body></html>
```

Das Beispiel enthält ein Formular und unterhalb davon eine einzeilige Tabelle. Das Formular besteht aus zwei Eingabefeldern, einem Klick-Button und zwei Checkboxen. Die beiden Eingabefelder dienen dazu, um die Tabelle mit neuem Inhalt zu füllen. Gibt der Anwender in beiden Feldern etwas ein und klickt dann auf den Klick-Button, wird die JavaScript-Funktion ZeileEinfuegen() aufgerufen, die im Dateikopf notiert ist. Beim ersten Aufruf der Funktion – die Variable Zeile ist hier noch 0 – wird mit document.getElementById("Tabelle").deleteRow(0) die vorhandene Tabellenzeile gelöscht.

Mit document.getElementById("Tabelle").insertRow(Zeile) greift die Funktion auf die Tabelle zu und fügt ihr mit insertRow() eine neue Zeile ein. Der übergebene Wert Zeile bestimmt, an welcher Stelle der Tabelle die neue Zeile eingefügt werden soll. Da die Variable Zeile anschließend um 1 erhöht wird, wird beim nächsten Aufruf der Funktion die Zeile unterhalb der letzten Zeile hinzugefügt.

Der Rückgabewert von insertRow() ist das neu erzeugte tr-Element für die Tabellenzeile. Das Element wird in der Variablen TR gespeichert. Um die Tabellenzeile mit Inhalt zu füllen, werden zwei Tabellenzellen erzeugt. Die Elemente werden mit document.createElement() erzeugt. Für die Inhalte der Tabellenzellen werden mit document.createTextNode() zwei Textknoten erzeugt, die als Wert die Inhalte der beiden Eingabefelder des Formulars zugewiesen bekommen.

Mit der Methode node.appendChild() werden die Textknoten als Kindknoten zu den Tabellenzellen hinzugefügt, und anschließend wird mit der gleichen Methode die Tabellenzelle als Kindknoten zu der Tabellenzeile hinzugefügt.

Die beiden Checkboxen rufen beim Anklicken (onClick) die Funktionen Rahmen() bzw. Farbe() auf. Dort wird jeweils überprüft, ob die Checkboxen angekreuzt sind (checked) oder nicht. Dann wird mit document.getElementById("Tabelle") auf die Tabelle zugegriffen und abhängig davon, ob die Checkbox angekreuzt ist oder nicht, werden deren Eigenschaften für border bzw. bgColor dynamisch geändert.

tagName

Eigenschaft — JS 4.0 Lesen

Objekt: all — HTML-Tagname des Elements

Speichert den HTML-Tagnamen eines Elements. Das Beispiel enthält einen Verweis. Beim Anklicken des Verweises wird mit alert() der HTML-Tagname desjenigen Elements ausgegeben, das den id-Namen "DieseDatei" hat. Im Beispiel ist es das <body>-Tag. Ein Beispiel:

```
<html><head><title>Test</title>
</head><body id="DieseDatei">
<a href="javascript:alert(document.all.DieseDatei.tagName)">Test</a>
</body></html>
```

tan()

Methode — JS 1.0 N 2.0 3.0

Objekt: Math — Tangens

Erwartet als Parameter eine Zahl. Liefert den Tangens dieser Zahl zurück. Das Beispiel definiert ein Formular mit zwei Eingabefeldern und einem Button. Nach Eingabe einer Zahl im ersten Eingabefeld und Klick auf den Button wird im zweiten Eingabefeld das Ergebnis ausgegeben. Das Ergebnis ist die Anwendung von tan() auf den Wert aus dem ersten Eingabefeld.

```
<html><head><title>Test</title>
</head><body>
<form name="Test" action=""><input name="Ein"><input name="Aus">
<input type="button" value="=" onClick="Test.Aus.value=Math.tan(Test.Ein.value)">
</form>
</body></html>
```

Beachten Sie: Diese Methode erwartet Zahlen in der Einheit *Radiant* (rad) als Parameter.

target

Eigenschaft — JS 1.0 N 2.0 3.0 Lesen Ändern

Objekt: forms — Zielfenster des Formulars

Speichert, welches Fenster im Falle eines Framesets nach dem Absenden aktiv werden soll. Das kann etwa bei Frame-Fenstern oder bei separaten Zweitfenstern interessant sein. Falls ein CGI-Programm HTML-Code an den Browser zurückschickt, zum Beispiel mit einem »Danke für das Absenden des Formulars«, dann erscheint die Ausgabe in dem Fenster mit dem angegebenen Namen.

Ein Beispiel:

```
<html><head><title>Test</title>
<script type="text/javascript">
<!-
function Ziel() {
 document.Testform.target = "unten";
 return true;
}
//->
</script>
</head><body>
<form name="Testform" action="datei.htm"
onSubmit="return Ziel()">
<input type="text" size="40" name="Eingabe">
<input type="submit" value="Absenden">
</form>
</body></html>
```

Das Beispiel nimmt an, dass sich die Datei mit dem Formular in einem Frameset befindet, in dem es noch ein anderes Frame-Fenster gibt, und zwar eines mit dem Namen unten. Die Beispieldatei enthält ein Formular. Wenn der Anwender das Formular durch Anklicken das Submit-Buttons abschickt, wird die Funktion Ziel() aufgerufen. Innerhalb der Funktion Ziel() wird bestimmt, dass die HTML-Ausgabe das action-Ziels im Frame-Fenster unten erfolgt.

target

Eigenschaft	DOM 1.0	JS 1.1	N 3.0	4.0	Lesen Ändern
Objekt: links	Zielfenster des Objekts				

Speichert das Zielfenster eines Verweises. Mit document.links[0].target können Sie das Zielfenster eines Verweises ermitteln. Das Beispiel enthält einen Verweis, der sein Verweisziel im obersten Fenster öffnet. Im nachfolgenden JavaScript-Bereich wird diesem Verweis mit document.links[0].target="_blank" ein anderes Zielfenster zugewiesen. Das führt dazu, dass sich das Ziel des Verweises in einem neuen Fenster öffnet.

```
<html><head><title>Test</title>
</head><body>
<a href="http://www.teamone.de/" target="_top">TeamOne</a><br>
<script type="text/javascript">
<!-
 document.links[0].target="_blank";
//->
</script>
</body></html>
```

Beachten Sie: Der MS Internet Explorer 5.0 Macintosh Edition interpretiert dieses Beispiel nicht.

tbody

HTML-Elementobjekt DOM 1.0 5.x

Objekt: document Tabellenkörper definieren

HTML-Elemente <tbody>...</tbody> haben als DOM-Objekte für den Scriptsprachen-Zugriff Universaleigenschaften sowie die folgenden eigenen Eigenschaften.

Eigenschaft	*Status*	*Bedeutung*
align	Lesen Ändern	Ausrichtung der Zellen des Tabellenbereichs
ch	Lesen Ändern	Ausrichtungszeichen für Zellen des Tabellenbereichs
chOff	Lesen Ändern	Position des Ausrichtungszeichens in Zellen des Tabellenbereichs
rows	Lesen	Array aller Tabellenzeilen des Tabellenbereichs
vAlign	Lesen Ändern	vertikale Ausrichtung der Zellen im Tabellenbereich

Methode	*Bedeutung*
deleteRow()	Tabellenzeile aus Tabellenbereich löschen
insertRow()	Tabellenzeile im Tabellenbereich hinzufügen

Ein Beispiel:

```
<html><head><title>Test</title>
<script type="text/javascript">
<!-
function rechts() {
 document.getElementById("Tabellendaten").align = "right";
}
//->
</script>
</head><body>
<table border="1">
<tr><th width="200">Name</th><th width="200">Alter</th></tr>
<tbody id="Tabellendaten">
<tr><td>Hans</td><td>18</td></tr>
<tr><td>Flora</td><td>17</td></tr>
</tbody>
</table>
<a href="javascript:rechts()">rechts ausrichten</a>
</body></html>
```

Das Beispiel enthält eine Tabelle mit ausgewiesenem tbody-Bereich. Unterhalb der Tabelle ist ein Verweis notiert, bei dessen Anklicken die JavaScript-Funktion rechts() aufgerufen wird, die im Dateikopf notiert ist. Diese Funktion greift mit document.getElementById("Tabellendaten") auf das tbody-Element zu und ändert dessen Eigenschaft align auf den Wert right. Dadurch werden alle Tabellenzellen im tbody-Bereich rechtsbündig ausgerichtet.

Beachten Sie: Mit Netscape 6.1 und dem MS Internet Explorer 5.0 Macintosh Edition war dieses Beispiel nicht nachvollziehbar.

td

HTML-Elementobjekt — DOM 1.0 | JS 1.5 | N 6.x | IE 5.x

Objekt: document — Datenzelle in Tabellen

HTML-Elemente <td>...</td> haben als DOM-Objekte für den Scriptsprachen-Zugriff Universaleigenschaften sowie die folgenden eigenen Eigenschaften.

Eigenschaft	*Status*	*Bedeutung*
abbr	Lesen Ändern	Hinweistext für die Zuordnung der Tabellenzelle, die z.B. bei der Sprachausgabe dem Zelleninhalt vorangesprochen wird
align	Lesen Ändern	Ausrichtung
axis	Lesen Ändern	Liste von Kategorien, zu der die Zelle gehört
bgColor	Lesen Ändern	Hintergrundfarbe
cellIndex	Lesen	Indexnummer der Zelle innerhalb der Tabellenzeile (Start bei 0)
ch	Lesen Ändern	Ausrichtungszeichen
chOff	Lesen Ändern	Position des Ausrichtungszeichens
colSpan	Lesen Ändern	Anzahl Spalten, über die sich die Zelle erstreckt
headers	Lesen Ändern	Liste von ID-Namen von Zeilen- oder Spaltenüberschriften, zu denen die Zelle gehört
height	Lesen Ändern	Zellenhöhe (Zeilenhöhe)
noWrap	Lesen Ändern	Automatischer Zeilenumbruch oder kein automatischer Zeilenumbruch
rowSpan	Lesen Ändern	Anzahl Tabellenzeilen, über die sich die Zelle erstreckt
scope	Lesen Ändern	restliche Zeilen oder Spalten, für die aktuelle Zelle Überschriftencharakter hat
vAlign	Lesen Ändern	vertikale Ausrichtung
width	Lesen Ändern	Zellenbreite (Spaltenbreite)

Ein Beispiel:

```
<html><head><title>Test</title>
</head><body>
<table cellspacing="2" border="2">
<tr><td>Hans</td><td>18</td></tr>
<tr><td>Flora</td><td>17</td></tr>
</table>
<script type="text/javascript">
<!-
var Farben = new Array("#CCFFCC","#CCCCFF","FFCCCC","FFCCFF","FFFFCC");
for(var i = 0; i < document.getElementsByTagName("td").length; i++) {
  var index = parseInt((Math.random() * 100) % (Farben.length - 1));
  document.getElementsByTagName("td")[i].bgColor = Farben[index];
}
//->
</script>
</body></html>
```

Das Beispiel enthält eine Tabelle. Unterhalb davon ist ein JavaScript-Bereich notiert. Dort wird in einer for-Schleife der Reihe nach mit document.getElementsByTagName("td") auf alle td-Elemente der Datei zugegriffen. Durch Aufruf von Math.random() werden Zufallszahlen ermittelt, die mit Hilfe von Multiplikation mit 100, Modulodivision und Anwendung der Funktion parseInt() so getrimmt werden, dass es ganzzahlige Zufallszahlen werden, die sich als Index für den zuvor definierten Array Farben eignen. Mit document.getElementsByTagName("td")[i]. bgColor wird schließlich die Hintergrundfarbe der jeweils aktuellen Tabellenzelle auf einen zufällig ermittelten Farbwert gesetzt. Die Tabelle wird auf diese Weise schön bunt, und jede Zelle erhält eine per Zufall ausgesuchte Hintergrundfarbe.

test()

Methode 

Objekt: RegExp — Ergebnis des regulären Ausdrucks testen

Testet vorab, ob ein regulärer Ausdruck zu Suchtreffern führt oder nicht. Gibt true zurück, wenn etwas gefunden wurde, und false, wenn nichts gefunden wurde. Ein Beispiel:

```
<html><head><title>Test</title>
</head><body>
<script type="text/javascript">
<!-
 var derSatz = "Auf der Mauer";
 var Suche = /(sonstwas)/g;
 var Ergebnis = Suche.test(derSatz);
 if(Ergebnis == false)
 document.write("nichts gefunden");
//->
</script>
</body></html>
```

Das Beispiel definiert einen regulären Ausdruck namens Suche und wendet ihn mit Hilfe der Methode test() auf die Variable derSatz an. Der Rückgabewert wird in der Variablen Ergebnis gespeichert. Wenn nichts gefunden wird, wird ein entsprechender Hinweis geschrieben. Im Beispiel ist das der Fall.

text

Eigenschaft	DOM 1.0	JS 1.2	N 4.0	Lesen
Objekt: anchors	Text eines Verweisankers			

Speichert den Text eines Verweisankers. Mit document.anchors['mitte'].text können Sie den Text eines Verweisankers zwischen <a> und </a> ermitteln. Das Beispiel enthält zunächst HTML-Text mit einigen Ankern und einen Verweis. Beim Anklicken des Verweises wird mit alert() der Text des Ankers ausgegeben.

```
<html><head><title>Test</title>
</head><body>
<h1><a name="oben">Steuer</a></h1>
Der Mensch im gesellschaftlichen Leben kann sein Gut nicht genießen,
ohne es mit dem Staat zu teilen.
<h2><a name="mitte">Einsicht</a></h2>
Das Werk eines Philosophen ist viel leichter zu verbrennen, als zu widerlegen.
<h2><a name="unten">Ende</a></h2>
<p><a href="javascript:alert(document.anchors['mitte'].text)">mittlerer Ankertext</a></p>

</body></html>
```

text

Eigenschaft	DOM 1.0	JS 1.2	N 4.0	Lesen
Objekt: links	Text des Verweises			

Speichert den Text eines Verweises. Mit document.anchors[0].text können Sie den Text eines Verweises zwischen <a> und </a> ermitteln. Das Beispiel enthält zunächst einige Verweise. Unterhalb davon steht ein JavaScript, das mit document.write() in einer for-Schleife für jeden Verweis den Verweistext in die Datei schreibt.

```
<html><head><title>Test</title>
</head><body>
<a href="http://www.yahoo.de/">Yahoo</a><br>
<a href="http://www.google.de/">Google</a><br>
<a href="http://www.teamone.de/">TeamOne</a><br>
<script type="text/javascript">
<!-
for(var i=0; i < document.links.length; ++i)
 document.write("<br>" + document.links[i].text);
//->
</script>
</body></html>
```

text

Eigenschaft JS 1.0 | N 2.0 | IE 3.0 | Lesen Ändern

Objekt: options Angezeigter Menütext der Auswahlliste

Speichert den angezeigten Text eines Eintrags in einer Auswahlliste. Ein Beispiel:

```
<html><head><title>Test</title>
<script type="text/javascript">
<!-
function CheckAuswahl() {
 if(document.Testform.Auswahl.selectedIndex == 2)
  document.Testform.Auswahl.options[2].text = "Thomas Mann";
}
//->
</script>
</head><body>
<form name="Testform" action="">
<select name="Auswahl" size="5" onChange="CheckAuswahl()">
<option>Goethe</option>
<option>Schiller</option>
<option>Guildo Horn</option>
<option>Homer</option>
<option>Fontane</option>
</select>
</form>
</body></html>
```

Das Beispiel enthält ein Formular mit einer Auswahlliste. Im einleitenden <select>-Tag ist der Event-Handler onChange= notiert. Dadurch wird jedes Mal, wenn der Anwender eine Auswahl in der Auswahlliste trifft, die Funktion CheckAuswahl() aufgerufen. Die Funktion überprüft, ob der Anwender etwa den Eintrag mit der Indexnummer 2 ausgewählt hat (Guildo Horn). Wenn ja, ändert die Funktion den angezeigten Text dieses Eintrags gemeinerweise auf »Thomas Mann«. Die Auswahlmöglichkeit bleibt selektiert.

Beachten Sie: Das Ändern der Objekteigenschaft text – so wie im obigen Beispiel – ist erst seit JavaScript 1.1 möglich (Netscape 3.x, MS Internet Explorer 4.x), das Auslesen dagegen wie ausgezeichnet seit JavaScript 1.0.

textarea

HTML-Elementobjekt DOM 1.0 | JS 1.5 | N 6.x | IE 5.x

Objekt: document Mehrzeiliges Texteingabefeld im Formular

HTML-Elemente <textarea>...</textarea> haben als DOM-Objekte für den Scriptsprachen-Zugriff Universaleigenschaften sowie die folgenden eigenen Eigenschaften und Methoden.

Eigenschaft	*Status*	*Bedeutung*
accessKey	Lesen Ändern	Hotkey für das Element
cols	Lesen	Zeichen pro Zeile (Anzeigebreite)
defaultValue	Lesen Ändern	vorbelegter Wert
disabled	Lesen Ändern	Element kann nicht geändert werden
form	Lesen	zugehöriges Formular
name	Lesen Ändern	Name des Elements
readOnly	Lesen Ändern	Wert des Elements kann nicht verändert werden
rows	Lesen	Zeilen (Anzeigehöhe)
tabIndex	Lesen Ändern	Tabulatorreihenfolge
type	Lesen	Typ des Formularelements
value	Lesen Ändern	Wert des Elements

Methode	*Bedeutung*
blur()	Fokus vom Element entfernen
focus()	Fokus auf Element setzen
select()	Inhalt selektieren

Ein Beispiel:

```
<html><head><title>Test</title>
<script type="text/javascript">
<!-
function setText() {
 document.getElementById("Text").firstChild.nodeValue =
document.getElementById("Eingabe").value;
}
//->
</script>
</head><body>
<form name="Formular" action="">
Text:<br>
<textarea id="Eingabe" rows="10" cols="50"
onKeyPress="setText()"></textarea>
</form>
<div id="Text" style="font-size:16pt; background-color:#FFFFCC; padding:10px;
border:solid 1px red"> </div>
</body></html>
```

Das Beispiel enthält ein Formular mit einem textarea-Eingabebereich. Unterhalb des Formulars ist ein schick formatierter div-Bereich notiert, der als Inhalt aber zunächst nur ein erzwungenes Leerzeichen   enthält. Im einleitenden <textarea>-Tag ist der Event-Handler onKeyPress notiert. Wenn der Anwender in dem Feld etwas eingibt, wird bei jedem Loslassen eines Tastendrucks die JavaScript-Funktion setText() aufgerufen, die im Dateikopf notiert ist. Diese Funktion greift mit document.getElementById("Text").firstChild.nodeValue auf den Inhalt des div-Elements zu und weist diesem den Wert des Eingabefeldes (document.getElementById ("Eingabe").value) zu. Somit wird in den div-Bereich dynamisch der Text geschrieben, den der Anwender im Textfeld eingibt.

tfoot

HTML-Elementobjekt — DOM 1.0 | JS 1.5 | N 6.x | IE 5.x

Objekt: document — Fußzeile in einer Tabelle

HTML-Elemente <tfoot>...</tfoot> haben als DOM-Objekte für den Scriptsprachen-Zugriff Universaleigenschaften sowie die folgenden eigenen Eigenschaften.

Eigenschaft	*Status*	*Bedeutung*
align	Lesen Ändern	Ausrichtung der Zellen des Tabellenbereichs
ch	Lesen Ändern	Ausrichtungszeichen für Zellen des Tabellenbereichs
chOff	Lesen Ändern	Position des Ausrichtungszeichens in Zellen des Tabellenbereichs
rows	Lesen	Array aller Tabellenzeilen des Tabellenbereichs
vAlign	Lesen Ändern	vertikale Ausrichtung der Zellen im Tabellenbereich

Methode	*Bedeutung*
deleteRow()	Tabellenzeile aus Tabellenbereich löschen
insertRow()	Tabellenzeile im Tabellenbereich hinzufügen

Ein Beispiel:

```
<html><head><title>Test</title>
</head><body>
<table border="1">
<tfoot id="Fuss" valign="top">
<tr><td colspan="2" height="40">
Angaben ohne Gewähr!
</td></tr></tfoot>
<tr><td>Hans</td><td>18</td></tr>
<tr><td>Flora</td><td>17</td></tr>
</table>
```

```
<script type="text/javascript">
<!-
 var Ausrichtung = document.getElementById("Fuss").vAlign;
 document.write("Angaben ohne Gewähr haben die Ausrichtung: " + Ausrichtung);
//->
</script>
</body></html>
```

Das Beispiel enthält eine Tabelle mit einem ausgewiesenen tfoot-Bereich. Unterhalb der Tabelle ist ein JavaScript-Bereich notiert. Darin wird mit document.getElementById("Fuss").vAlign auf das tfoot-Element zugegriffen und der Wert von dessen Eigenschaft vAlign ausgelesen. Anschließend wird das Ergebnis ins Dokument geschrieben.

Beachten Sie: Das vorliegende Beispiel wird auch von Opera 5.12 interpretiert.

th

HTML-Elementobjekt DOM 1.0 JS 1.5 N 6.x 5.x

Objekt: document Kopfzeile in einer Tabelle

HTML-Elemente <th>...</th> haben als DOM-Objekte für den Scriptsprachen-Zugriff Universaleigenschaften sowie die folgenden eigenen Eigenschaften.

Eigenschaft	*Status*	*Bedeutung*
abbr	Lesen Ändern	Hinweistext für die Zuordnung der Tabellenzelle, die z.B. bei der Sprachausgabe dem Zelleninhalt vorangesprochen wird
align	Lesen Ändern	Ausrichtung
axis	Lesen Ändern	Liste von Kategorien, zu der die Zelle gehört
bgColor	Lesen Ändern	Hintergrundfarbe
cellIndex	Lesen	Indexnummer der Zelle innerhalb der Tabellenzeile (Start bei 0)
ch	Lesen Ändern	Ausrichtungszeichen
chOff	Lesen Ändern	Position des Ausrichtungszeichens
colSpan	Lesen Ändern	Anzahl Spalten, über die sich die Zelle erstreckt
headers	Lesen Ändern	Liste von ID-Namen von Zeilen- oder Spaltenüberschriften, zu denen die Zelle gehört
height	Lesen Ändern	Zellenhöhe (Zeilenhöhe)
noWrap	Lesen Ändern	automatischer Zeilenumbruch oder kein automatischer Zeilenumbruch

Eigenschaft	*Status*	*Bedeutung*
rowSpan	Lesen Ändern	Anzahl Tabellenzeilen, über die sich die Zelle erstreckt
scope	Lesen Ändern	restliche Zeilen oder Spalten, für die aktuelle Zelle Überschriften-charakter hat
vAlign	Lesen Ändern	vertikale Ausrichtung
width	Lesen Ändern	Zellenbreite (Spaltenbreite)

Ein Beispiel:

```
<html><head><title>Test</title>
</head><body>
<table border="1">
<tr><th width="200">Name</th><th width="200">Alter</th></tr>
<tr><td>Hans</td><td>18</td></tr>
<tr><td>Flora</td><td>17</td></tr>
</table>
<script type="text/javascript">
<!-
for(var i = 0; i < document.getElementsByTagName("th").length; i++)
 document.getElementsByTagName("th")[i].align = "left";
//->
</script>
</body></html>
```

Das Beispiel enthält eine Tabelle und unterhalb davon einen JavaScript-Bereich. Dort werden in einer for-Schleife der Reihe nach alle th-Elemente des Dokuments ermittelt. Ihnen wird für die Eigenschaft align der Wert left zugewiesen.

Beachten Sie: Der MS Internet Explorer 5.0 Macintosh Edition interpretiert dieses Beispiel nicht.

thead

HTML-Elementobjekt — DOM 1.0, 5.x

Objekt: document — Kopfbereich in einer Tabelle

HTML-Elemente <thead>...</thead> haben als DOM-Objekte für den Scriptsprachen-Zugriff Universaleigenschaften sowie die folgenden eigenen Eigenschaften.

Eigenschaft	*Status*	*Bedeutung*
align	Lesen Ändern	Ausrichtung der Zellen des Tabellenbereichs
ch	Lesen Ändern	Ausrichtungszeichen für Zellen des Tabellenbereichs
chOff	Lesen Ändern	Position des Ausrichtungszeichens in Zellen des Tabellenbereichs
rows	Lesen	Array aller Tabellenzeilen des Tabellenbereichs
vAlign	Lesen Ändern	vertikale Ausrichtung der Zellen im Tabellenbereich

Methode	*Bedeutung*
deleteRow()	Tabellenzeile aus Tabellenbereich löschen
insertRow()	Tabellenzeile im Tabellenbereich hinzufügen

Ein Beispiel:

```
<html><head><title>Test</title>
</head><body>
<table border="1">
<thead id="Kopf">
<tr><th width="200">Name</th><th width="200">Alter</th></tr>
</thead>
<tr><td>Hans</td><td>18</td></tr>
<tr><td>Flora</td><td>17</td></tr>
</table>
<script type="text/javascript">
<!-
 var Zeilen = document.getElementById("Kopf").rows.length;
 document.write("Tabellenkopf hat " + Zeilen + " Zeilen");
//->
</script>
</body></html>
```

Das Beispiel enthält eine Tabelle und unterhalb davon einen JavaScript-Bereich. Dort wird mit document.getElementById("Kopf").rows.length die Anzahl der Tabellenzeilen im Bereich des thead-Elements ermittelt und anschließend ins Dokument geschrieben.

title

HTML-Elementobjekt DOM 1.0 JS 1.5 N 6.x 5.x

Objekt: document Titel des Dokuments

HTML-Elemente <title>...</title> haben als DOM-Objekte für den Scriptsprachen-Zugriff Universaleigenschaften sowie die folgende eigenen Eigenschaft.

Eigenschaft	*Status*	*Bedeutung*
text	Lesen Ändern	Inhalt des Titels

Ein Beispiel:

```
<html><head><title>Ein ganz besonderer Tag</title>
</head><body>
<script type="text/javascript">
<!-
document.write("<h1>" + document.getElementsByTagName('title')[0].text + "<\/h1>");
//->
</script>
</body></html>
```

Das Beispiel enthält einen JavaScript-Bereich, in dem dynamisch eine Überschrift erster Ordnung ins Dokument geschrieben wird. Als Überschriftentext wird der Inhalt des title-Elements geschrieben. Dazu wird mit document.getElementsByTagName('title')[0] auf das title-Element zugegriffen.

title

Eigenschaft — JS, 4.0 — Lesen Ändern

Objekt: all — Titel des Dokuments

Speichert den Wert, der im Attribut title= eines Elements vergeben wurde. Dieses Attribut ist beim MS Internet Explorer bei allen sichtbaren Elementen erlaubt und bewirkt beim Darüberfahren mit der Maus, dass eine Art Tooltip (Hilfetext-Popup) zu dem Element angezeigt wird. Ein Beispiel:

```
<html><head><title>Test</title>
</head><body>
<p id="Absatz" title="Hilfe zum Text" onClick="alert(document.all.Absatz.title)">Text</p>
</body></html>
```

Das Beispiel enthält einen Textabsatz. Dieser Textabsatz erhält mit dem Attribut title= einen Tooltip-Text. Beim Darüberfahren mit der Maus erscheint der Tooltip als kleines Popup-Fenster. Beim Anklicken des Absatzes wird der gleiche Text mit alert() ausgegeben.

title

Eigenschaft — DOM 1.0, JS 1.0, N 2.0, 3.0 — Lesen

Objekt: document — Titel der Seite

Speichert den Titel einer HTML-Datei, wie er bei <title>...</title> vergeben wurde. Das Beispiel schreibt mit der Methode write() den Titel der HTML-Datei dynamisch als Inhalt in eine Überschrift 1. Ordnung (<h1>...</h1>):

```
<html><head><title>Test</title>
</head><body>
<h1>
<script type="text/javascript">
<!-
 document.write(document.title);
//->
</script>
</h1>
</body></html>
```

Beachten Sie: Im MS Internet Explorer und im Netscape Navigator können Sie diese Eigenschaft auch ändern.

toLowerCase()

Methode — JS 1.0, N 2.0, IE 3.0

Objekt: string — Zeichenkette in Kleinbuchstaben umwandeln

Wandelt alle Großbuchstaben, die in einer Zeichenkette enthalten sind, in Kleinbuchstaben um. Erwartet die Zeichenkette, die so behandelt werden soll, als Parameter. Gibt die neue Zeichenkette zurück. Ein Beispiel:

```
<html><head><title>Test</title>
<script type="text/javascript">
<!-
function MachKlein() {
 var neu = document.Test.Eingabe.value.toLowerCase();
 document.Test.Eingabe.value = neu;
}
//->
</script>
</head><body>
<form name="Test" action="">
<input name="Eingabe">
<input type="button" value="klein machen" onClick="MachKlein()">
</form>
</body></html>
```

Im Beispiel wird ein Formular mit einem Eingabefeld und einem Button definiert. Wenn der Anwender auf den Button klickt, wird die Funktion MachKlein() aufgerufen. Diese Funktion wendet die Methode toLowerCase() auf das Eingabefeld des Formulars an. Das Ergebnis wird in der Variablen neu gespeichert. Anschließend wird dem Formulareingabefeld der Wert von neu zugewiesen. Dadurch werden alle eventuell eingegebenen Großbuchstaben in dem Eingabefeld zu Kleinbuchstaben.

toExponential()

Methode — JS 1.5, N 6.0, IE 5.x

Objekt: Number — Darstellung in exponentialer Schreibweise

Erzwingt die Exponentialschreibweise einer Zahl. Das Beispiel definiert einen Wert und schreibt das Ergebnis der Anwendung von toExponential() auf diesen Wert ins Dokument. Geschrieben wird 1.300012345e+1.

```
<html><head><title>Test</title>
</head><body>
<script type="text/javascript">
<!-
var Wert = 13.000012345;
document.write(Wert.toExponential());
//->
</script>
</body></html>
```

toFixed()

Methode — JS 1.5 | N 6.0 | 5.x

Objekt: Number — Anzahl Nachkommastellen

Erzwingt eine bestimmte Anzahl Nachkommastellen. Das Beispiel definiert einen Wert und schreibt das Ergebnis der Anwendung von toFixed(2) auf diesen Wert ins Dokument. Geschrieben wird 7123.20, weil der an die Methode im Beispiel übergebene Wert 2 so viel bedeutet wie: schneide nach 2 Nachkommastellen ab.

```
<html><head><title>Test</title>
</head><body>
<script type="text/javascript">
<!-
var Wert = 7123.203848;
document.write(Wert.toFixed(2));
//->
</script>
</body></html>
```

Beachten Sie: Diese Methode rundet automatisch kaufmännisch. Würde der Wert im Beispiel 7123.209848 lauten, dann würde 7123.21 ermittelt. Um diese Automatik zu verhindern, können Sie toPrecision() verwenden.

toGMTString()

Methode — JS 1.0 | N 2.0 | 3.0

Objekt: Date — Wandelt Datum in Zeichenkette um

Wandelt die in Objektname gespeicherten Daten in eine Zeichenkette nach dem IETF-Standard um. Wenn beispielsweise in Objektname der 2.10.1991 23:59:00 gespeichert ist, liefert diese Methode zurück: »Wed, 2 Oct 1991 23:59:00 GMT«, sofern sich der Benutzer in der entsprechenden Zeitzone befindet. Andernfalls wird die Zeitzonenverschiebung berücksichtigt.

Ein Beispiel:

```
<html><head><title>Test</title>
<script type="text/javascript">
<!-
 var Jetzt = new Date();
 alert(Jetzt.toGMTString());
//->
</script>
</head><body>
</body></html>
```

Das Beispiel erzeugt ein neues Datumobjekt Jetzt mit dem aktuellen Zeitpunkt. Dann gibt es das Ergebnis der Methode Jetzt.toGMTString() als Meldungsfenster aus. Beispiel einer Ausgabe:
Wed, 11 Mar 1998 18:17:28 GMT (Netscape)
Wed, 11 Mar 1998 18:17:28 UTC (MS Internet Explorer)

Beachten Sie: Die Sommerzeit wird von dieser Methode nicht berücksichtigt.

toLocaleString()

Methode	JS 1.0 · N 2.0 · 3.0
Objekt: Date	Datum (lokale Uhrzeit) als Zeichenkette

Wandelt die in Objektname gespeicherten Daten in eine Zeichenkette um. Die zurückgegebene Zeichenkette berücksichtigt die lokale Uhrzeit. Wenn beispielsweise in Objektname der 2.10.1991 23:59:00 gespeichert ist, liefert diese Methode zurück: »10/2/91 23:59«. Ein Beispiel:

```
<html><head><title>Test</title>
<script type="text/javascript">
<!-
 var Jetzt = new Date();
 alert(Jetzt.toLocaleString());
//->
</script>
</head><body>
</body></html>
```

Das Beispiel erzeugt ein neues Datumobjekt Jetzt mit dem aktuellen Zeitpunkt. Dann gibt es das Ergebnis der Methode Jetzt.toLocaleString() als Meldungsfenster aus. Beispiel einer Ausgabe: 03/11/1998 19:21:22

toolbar

Eigenschaft	JS 1.2 · N 4.0 · 4.0 · Lesen
Objekt: window	Status der Symbolleiste im Fenster

Speichert die Information, ob ein Fenster eine eigene Button-Leiste (mit Buttons für »Vor«, »Zurück« usw.) hat. Stellt selbst ein Objekt dar, das eine Eigenschaft hat, nämlich die Eigenschaft visible (= *sichtbar*). Enthält für diese Eigenschaft den Wert true, wenn das Fenster eine Button-Leiste hat, und den Wert false, wenn es keine hat.

Ein Beispiel:

```
<html><head><title>Test</title>
</head><body>
<script type="text/javascript">
<!-
if(self.toolbar && self.toolbar.visible == false)
 document.write("<a href='javascript:history.back()'>Back<\/a>");
//->
</script>
</body></html>
```

Das Beispiel enthält innerhalb des Dateikörpers einen Script-Bereich. Darin wird überprüft, ob das Fenster eine eigene Button-Leiste hat. Wenn nicht, wird mit document.write() ein HTML-Konstrukt an die Stelle im Dokument geschrieben, die den Button »Zurück« als HTML-Verweis schreibt (siehe auch history.back).

top

Eigenschaft JS 1.2 N 4.0 Lesen Ändern

Objekt: layers Position der linken oberen Layer-Ecke

Speichert den Pixelwert für oberhalb der linken oberen Ecke eines Layers. Bezug ist dabei das übergeordnete Dokument. Das kann entweder das globale Dokument sein oder ein Layer, innerhalb dessen der aktuelle Layer definiert ist. Für absoluten Bezug siehe pageY. Ein Beispiel:

```
<html><head><title>Test</title>
</head><body>
<layer name="SuperLayer" top="100">
 <layer name="Layerchen" top="200" width="300" bgcolor="#FFFFE0">
 <a href="javascript:alert(document.SuperLayer.document.Layerchen.top)">Oben-Wert?</a>
 </layer>
</layer>
</body></html>
```

Das Beispiel enthält einen Layer innerhalb eines anderen Layers, beginnend bei Pixelposition 200 von oben, mit einem Verweis. Beim Anklicken des Verweises wird der Oben-Wert des inneren Layers ausgegeben. Der beträgt 200, obwohl der Layer optisch gesehen bei Position 300 beginnt, weil der übergeordnete Layer ja schon bei 100 beginnt und die 200 des inneren Layers dazu addiert werden.

toPrecision()

Methode JS 1.5 N 6.0 5.x

Objekt: Number Genauigkeit bei der Zahlendarstellung

Erzwingt eine bestimmte Genauigkeit bei der Darstellung einer Zahl. Ein Beispiel:

```
<html><head><title>Test</title>
</head><body>
<script type="text/javascript">
<!-
```

```
Wert = 7123.209;
document.write("precision(1) = " + Wert.toPrecision(1) + "<br>");
document.write("precision(2) = " + Wert.toPrecision(2) + "<br>");
document.write("precision(3) = " + Wert.toPrecision(3) + "<br>");
document.write("precision(4) = " + Wert.toPrecision(4) + "<br>");
document.write("precision(5) = " + Wert.toPrecision(5) + "<br>");
document.write("precision(6) = " + Wert.toPrecision(6) + "<br>");
document.write("precision(7) = " + Wert.toPrecision(7) + "<br>");
document.write("precision(8) = " + Wert.toPrecision(8) + "<br>");
//->
</script>
</body></html>
```

Das Beispiel definiert einen Wert und schreibt dann mehrfach das Ergebnis der unterschiedlichen Anwendung von toPrecision(x) auf diesen Wert ins Dokument. Geschrieben wird:

```
precision(1) = 7e+3
precision(2) = 7.1e+3
precision(3) = 7.12e+3
precision(4) = 7123
precision(5) = 7123.2
precision(6) = 7123.21
precision(7) = 7123.209
precision(8) = 7123.2090
```

toUpperCase()

Methode 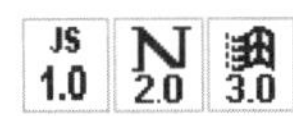

Objekt: string Zeichenkette in Großbuchstaben umwandeln

Wandelt alle Kleinbuchstaben, die in einer Zeichenkette enthalten sind, in Großbuchstaben um. Erwartet die Zeichenkette, die so behandelt werden soll, als Parameter. Gibt die neue Zeichenkette zurück. Ein Beispiel:

```
<html><head><title>Test</title>
<script type="text/javascript">
<!-
function MachGross() {
 neu = document.Test.Eingabe.value.toUpperCase();
 document.Test.Eingabe.value = neu;
}
//->
</script>
</head><body>
<form name="Test" action="">
<input name="Eingabe">
<input type="button" value="gross machen" onClick="MachGross()">
</form>
</body></html>
```

Im Beispiel wird ein Formular mit einem Eingabefeld und einem Button definiert. Wenn der Anwender auf den Button klickt, wird die Funktion MachGross() aufgerufen. Diese Funktion wendet die Methode toUpperCase() auf das Eingabefeld des Formulars an. Das Ergebnis wird in der Variablen neu gespeichert. Anschließend wird dem Formulareingabefeld der Wert von neu zugewiesen. Dadurch werden alle eventuell eingegebenen Kleinbuchstaben in dem Eingabefeld zu Großbuchstaben.

tostring()

Methode — JS 1.1, N 3.0, IE 4.0

Objekt: Number — Zahl in Zeichenkette umwandeln

Wandelt eine Zahl in eine Zeichenkette (String) um. Diese Methode ist dann notwendig, wenn Sie Methoden des String-Objekts auf eine Zahl anwenden wollen. Die Methode toString() besitzt einen optionalen Parameter. Der Parameter gibt die Basis des gewünschten Zahlensystems an (z.B. 10 für das Dezimalsystem, oder 16 für das Hexadezimalsystem). Der optionale Parameter kann Werte zwischen 2 und 36 annehmen. Wird kein Parameter angegeben, so wird die Zahl als Dezimalzahl behandelt. Ein Beispiel:

```
<html><head><title>Test</title>
</head><body>
<script type="text/javascript">
<!-
var Dezimalzahl = 15.5;
var Dualzahl=Dezimalzahl.toString(2);
alert(Dualzahl);

//->
</script>
</body></html>
```

Das Beispiel definiert eine Variable namens Dezimalzahl. Diese Variable enthält die Dezimalzahl 15.5. Anschließend wird der Variablen Dualzahl der Rückgabewert der Methode toString() mit dem Parameter 2 zugewiesen. In der Variablen Dualzahl ist jetzt die Zahl 15.5 als Dualzahl-Zeichenkette gespeichert. Im Beispiel wird im Meldungsfenster 1111.1 ausgegeben. Damit fungiert die Methode toString() gleichzeitig als Umrechner von Zahlen des dezimalen Zahlensystems in Zahlen anderer Zahlensysteme. Mit der Methode parseInt() können Sie umgekehrt Zeichenketten von Zahlen anderer Zahlensysteme in das dezimale Zahlensystem konvertieren.

tr

HTML-Elementobjekt — DOM 1.0, JS 1.5, N 6.x, IE 5.x

Objekt: document — Zeile in einer Tabelle

HTML-Elemente <tr>...</tr> haben als DOM-Objekte für den Scriptsprachen-Zugriff Universaleigenschaften sowie die folgenden eigenen Eigenschaften und Methoden.

Eigenschaft	*Status*	*Bedeutung*
align	Lesen Ändern	Ausrichtung der Zellen der Tabellenzeile
bgColor	Lesen Ändern	Hintergrundfarbe der Zellen der Tabellenzeile
cells	Lesen	Array der Tabellenzellen dieser Tabellenzeile
ch	Lesen Ändern	Ausrichtungszeichen für Zellen der Tabellenzeile
chOff	Lesen Ändern	Position des Ausrichtungszeichens in Zellen der Tabellenzeile
rowIndex	Lesen	Indexnummer der Tabellenzeile (startend bei 0) relativ zur Tabelle
sectionRowIndex	Lesen	Indexnummer der Tabellenzeile (startend bei 0) relativ zum Tabellenbereich (thead, tbody oder tfoot)
vAlign	Lesen Ändern	vertikale Ausrichtung der Zellen im Tabellenbereich

Methode	*Bedeutung*
deleteCell()	Tabellenzelle aus Tabellenzeile löschen
insertCell()	Tabellenzelle in Tabellenzeile hinzufügen

Ein Beispiel:

```
<html><head><title>Test</title>
<script type="text/javascript">
<!-
 var Zelle = 0;
 function neueZelle() {
  if (Zelle==0) document.getElementById("Zeile").deleteCell(0);
  var Text = document.createTextNode(document.Formular.Eingabe.value);
  var TD = document.getElementById("Zeile").insertCell(Zelle);
  Zelle += 1;
  TD.appendChild(Text);
  document.Formular.Eingabe.value = "";
 }
//->
</script>
</head><body>
<table border="1">
<tr id="Zeile"><td>Zelle</td></tr>
</table>
<form name="Formular" action="">
<input type="text" name="Eingabe">
<input type="button" value=" OK " onClick="neueZelle()">
</form>
</body></html>
```

Das Beispiel enthält eine Tabelle mit einer einspaltigen Tabellenzeile und unterhalb der Tabelle ein Formular mit einem Eingabefeld und einem Klick-Button. Beim Anklicken des Buttons wird die JavaScript-Funktion neueZelle() aufgerufen, die im Dateikopf notiert ist. Beim ersten Aufruf der Funktion – die Variable Zelle ist hier noch 0 – wird mit document.getElementById("Zeile").deleteCell(0) die vorhandene Tabellenzelle gelöscht. Die Funktion erzeugt zunächst mit document.createTextNode() einen Textknoten, der als Wert den Inhalt des Formular-Eingabefeldes erhält. Anschließend wird mit document.getElementById("Zeile") auf die Tabellenzeile zugegriffen und mit der Methode insertCell() eine neue Tabellenzelle eingefügt. Der übergebene Parameter bestimmt, an wievielter Stelle die Zelle in der Zeile eingefügt wird. Im Beispiel wird dazu die Variable Zelle benutzt, die bei jedem Funktionsaufruf um 1 erhöht wird. So ist sichergestellt, dass neue Zellen immer ans Ende der Zeile angehängt werden.

Der Rückgabewert von insertCell() ist das neu erzeugte td-Element. Es wird in der Variablen TD gespeichert. Mit der Methode node.appendChild() wird der zuvor erzeugte Textknoten in das td-Element als Kindknoten hinzugefügt. Die Tabellenzeile ist damit dynamisch um das neue Zellenelement erweitert worden.

tt

HTML-Elementobjekt | DOM 1.0 | JS 1.5 | N 6.x | 5.x

Objekt: document | Text in nichtproportionaler Schrift (z.B. Courier)

HTML-Elemente <tt>...</tt> haben als DOM-Objekte für den Scriptsprachen-Zugriff Universaleigenschaften. Ein Beispiel:

```
<html><head><title>Test</title>
</head><body>
<tt title="ein Teletyper!"
onMouseover="alert(document.getElementsByTagName('tt')[0].title)">Was bin ich?</tt>
</body></html>
```

Das Beispiel enthält mit <tt>...</tt> ausgezeichneten Text, der den Event-Handler onMouseOver enthält. Beim Überfahren des Textes mit der Maus wird in einem Meldungsfenster der Wert des title-Attributs des Elements ausgegeben. Dazu wird mit document.getElementsByTagName('tt')[0] auf das Element zugegriffen.

Beachten Sie: Das vorliegende Beispiel wird auch von Opera 5.12 interpretiert.

type

Eigenschaft | JS 1.0 | N 2.0 | 3.0 | Lesen

Objekt: elements | Typ des Formularelements

Speichert den Elementtyp eines Formularelements. Anwendbar auf: Klick-Buttons, Checkboxen, Felder für Datei-Upload, versteckte Elemente, Passwort-Felder, Radiobuttons, Abbrechen-Buttons, Absenden-Buttons, einzeilige Eingabefelder, mehrzeilige Eingabefelder. Ein Beispiel:

```
<html><head><title>Test</title>
</head><body>
<form name="Testform" action="">
```

```
<input type="radio" name="Auto" value="Porsche"> Porsche<br>
<input type="radio" name="Auto" value="Mercedes"> Mercedes<br>
Name: <input size="30" name="Name"><br>
<input type="submit" name="Absendebutton" value="Absenden">
</form>
<script type="text/javascript">
<!-
for(var i=0;i<document.Testform.length;++i)
 {
  document.write("<br>Elementname: " + document.forms[0].elements[i].name);
  document.write(", Elementtyp: " + document.forms[0].elements[i].type);
 }
//->
</script>
</body></html>
```

Das Beispiel enthält ein Formular mit verschiedenen Elementen. Zu Testzwecken ist unterhalb des Formulars ein Script-Bereich notiert. Der Script-Bereich steht unterhalb, weil der darin enthaltene Code sofort ausgeführt und die Existenz des Formulars aber bereits vorausgesetzt wird. In dem Script wird für alle Elemente des Formulars mit document.write() der Elementname und der Elementtyp in die Datei geschrieben.

type

Eigenschaft	JS 1.1 · N 3.0 · IE 5.0 · Lesen
Objekt: embeds	Mime-Type des Multimedia-Objekts

Gibt den Mime-Type der Multimedia-Referenz an, so wie er im Attribut type= definiert wurde. Wurde diese Eigenschaft nicht definiert, so enthält die Eigenschaft null bzw. undefinied im MS Internet Explorer. Ein Beispiel:

```
<html><head><title>Test</title></head>
<body onLoad="alert('Objekttyp: ' + document.embeds[0].type)">
<embed src="breeze.mid" width="300" height="200" type="audio/x-midi"></embed><br>
</body></html>
```

Das Beispiel enthält eine Multimedia-Referenz einer MIDI-Datei. Nachdem die HTML-Datei vollständig geladen ist, wird in einem Meldungsfenster der Typ des referenzierten Objekts ausgegeben. Dazu ist im <body>-Tag der Event-Handler onLoad notiert.

type

Eigenschaft	JS 1.2 · N 4.0 · Lesen
Objekt: event	Code eingetretener Ereignisse

Netscape-Syntax. Speichert die Information, welches Ereignis eingetreten ist. Der gespeicherte Wert ist der Name des Events ohne das Präfix on, also beispielsweise mouseup oder keypress oder select.

Ein Beispiel:

```
<html><head><title>Test</title>
<script type="text/javascript">
<!-
function Auswertung(Ereignis)
{
 alert("Ereignis: " + Ereignis.type);
}
document.onmouseup = Auswertung;
document.onkeyup = Auswertung;
//->
</script>
</head><body>
</body></html>
```

Das Beispiel überwacht zwei Ereignisse, nämlich, ob der Anwender die Maustaste drückt und ob er eine Taste drückt. In beiden Fällen wird die gleiche Handler-Funktion Auswertung aufgerufen. Sie gibt in einem Meldungsfester aus, welches der Ereignisse eingetreten ist.

Beachten Sie: Das vorliegende Beispiel wird auch vom Netscape 6 interpretiert.

type

Eigenschaft — JS 1.1 | N 3.0 | Lesen

Objekt: mimeTypes — Bezeichnung des Mime-Type

Speichert die eigentliche Mime-Type-Bezeichnung nach dem Schema »Kategorie/Unterkategorie«. Das Beispiel klappert in einer for-Schleife alle dem Browser bekannten Mime-Typen ab und schreibt jeweils eine Zeile mit der Mime-Type-Bezeichnung. So werden am Ende alle dem Browser bekannten Mime-Types aufgelistet.

```
<html><head><title>Test</title>
</head><body>
<b>Folgende Mime-Typen sind dem Browser bekannt:</b>
<script type="text/javascript">
<!-
for(var i=0; i<navigator.mimeTypes.length; ++i)
 document.write("<br>" + navigator.mimeTypes[i].type);
//->
</script>
</body></html>
```

Beachten Sie: Der MS Internet Explorer 5.0 Macintosh Edition interpretiert dieses Beispiel auch.

u

HTML-Elementobjekt — DOM 1.0 | JS 1.5 | N 6.x | IE 5.x

Objekt: document — Unterstrichener Text

HTML-Elemente <u>...</u> haben als DOM-Objekte für den Scriptsprachen-Zugriff Universaleigenschaften. Ein Beispiel:

```
<html><head><title>Ein ganz besonderer Tag</title>
<style type="text/css">
<!-
.so { text-decoration:overline; }
->
</style>
<script type="text/javascript">
<!-
function anders() {
 document.getElementById("uText").className = "so";
}
//->
</script>
</head><body>
<u id="uText" onClick="anders()">das ist der Text</u>
</body></html>
```

Das Beispiel enthält unterstrichenen Text. Im einleitenden <u>-Tag ist der Event-Handler onClick notiert. Beim Anklicken des Textes dieses Elements wird die JavaScript-Funktion anders() aufgerufen. Diese greift mit document.getElementById("uText") auf das u-Element zu und weist ihm die im Dateikopf in einem Style-Bereich definierte Klasse so zu. Der Text wird dadurch überstrichen statt unterstrichen dargestellt.

Beachten Sie: Im MS Internet Explorer 5.0 wird als Ergebnis des Funktionsaufrufes der Text sowohl unterstrichen als auch überstrichen dargestellt. Netscape 6.1 und der MS Internet Explorer 5.5 verhalten sich dagegen wie im Beispiel beschrieben.

ul

HTML-Elementobjekt DOM 1.0 JS 1.5 N 6.x

Objekt: document Ungeordnete Liste (ohne Zählung)

HTML-Elemente <ul>...</ul> haben als DOM-Objekte für den Scriptsprachen-Zugriff Universaleigenschaften sowie die folgenden eigenen Eigenschaften.

Eigenschaft	*Status*	*Bedeutung*
compact	Lesen Ändern	Darstellung in enger Schrift
type	Lesen Ändern	Art des Aufzählungszeichens

Ein Beispiel:

```
<html><head><title>Test</title>
<script type="text/javascript">
<!-
```

```
function Bullet(Symbol) {
 document.getElementById("Liste").type = Symbol;
}
//->
</script>
</head><body>
<ul id="Liste">
<li>ein Punkt</li>
<li>und noch ein Punkt</li>
</ul>
<a href="javascript:Bullet('disc')">Disc-Symbol</a>
<a href="javascript:Bullet('square')">Square-Symbol</a>
</body></html>
```

Das Beispiel enthält eine Aufzählungsliste. Unterhalb davon sind zwei Verweise notiert. Bei Anklicken der Verweise wird jeweils die JavaScript-Funktion Bullet() aufgerufen, die im Dateikopf notiert ist. Diese Funktion greift mit document.getElementById("Liste") auf das ul-Element der Liste zu und weist seiner Eigenschaft type den Wert zu, den die Funktion beim Aufruf von den Verweisen übergeben bekommen hat.

unescape()

Methode 

objektunabhängig Zeichenkette dekodieren (in ASCII umwandeln)

Wandelt alle Zeichen der zu übergebenden Zeichenkette in normale ASCII-Zeichen um und gibt die so erzeugte Zeichenkette zurück. Die zu übergebende Zeichenkette muss für jedes umzuwandelnde Zeichen ein Prozentzeichen (%) und den Hexadezimalwert des Zeichens in der ASCII-Zeichentabelle enthalten. Ein Beispiel:

```
<html><head><title>Test</title>
</head><body>
<script language="JavaScript" type="text/javascript">
<!-
var Beispiel = "%53%74%65%66%61%6E";
document.write(unescape(Beispiel));
//->
</script></body></html>
```

Das Beispiel definiert eine Variable namens Beispiel und weist ihr eine Zeichenkette zu. Die Zeichenkette besteht aus einer Reihenfolge von hexadezimal kodierten Zeichen. Jedes Zeichen beginnt mit einem Prozentzeichen, dahinter folgt der Hexadezimalwert des Zeichens. Diese Variable wird der Funktion unescape() als Parameter übergeben. Das Ergebnis wird zur Kontrolle in die Datei geschrieben. Im Beispiel wird das Wort »Stefan« erzeugt.

Beachten Sie: Diese Funktion wird in Zukunft durch decodeURI() ersetzt!

unshift()

Methode JS 1.2 N 4.0 5.x

Objekt: Array Am Array-Anfang Element(e) einfügen

Fügt am Anfang eines Arrays ein oder mehrere neue Elemente ein. Erwartet als Parameter die einzufügenden Elemente. Gibt die neue Elementzahl des Arrays zurück. Ein Beispiel:

```
<html><head><title>Test</title>
<script type="text/javascript">
<!-
var Zahlen = new Array(5,6,7,8,9);
var NeueAnzahl = Zahlen.unshift(1,2,3,4);
alert(NeueAnzahl);
alert(Zahlen.join(","));
//->
</script>
</head><body>
</body></html>
```

Das Beispiel definiert einen Array Zahlen mit 5 Elementen, nämlich den Zahlen von 5 bis 9. Anschließend werden dem Array mit Hilfe der unshift()-Methode am Anfang 4 neue Zahlen hinzugefügt, nämlich die Zahlen von 1 bis 4. Der Rückgabewert der Operation wird in der Variablen NeueAnzahl gespeichert. Zur Kontrolle wird anschließend zunächst der Wert von NeueAnzahl ausgegeben und danach der komplette neue Array. Die Anzahl der Elemente ist nun 9, und der Array besteht aus den Elementen 1,2,3,4,5,6,7,8,9.

URL

Eigenschaft DOM 1.0 JS 1.0 N 2.0 3.0 Lesen

Objekt: document URI der aktuellen Seite

Speichert den vollständigen URI des aktuellen Dokuments. Das Beispiel schreibt mit der Methode write() die eigene vollständige Adresse in den Text. So etwas kann durchaus Sinn machen, beispielsweise, wenn die Datei Teil eines Framesets ist. Anwender können sich dann auf die genaue Adresse beziehen, wenn Sie zu dem angezeigten Frame-Inhalt etwas mitteilen wollen.

```
<html><head><title>Test</title>
</head><body>
<script type="text/javascript">
<!-
 document.write("Diese Datei: " + document.URL);
//->
</script>
</body></html>
```

userAgent

Eigenschaft — JS 1.0 | N 2.0 | 3.0 | Lesen

Objekt: navigator — Informationen zum Browser

Speichert alle wichtigen Informationen über den Browser, den der Anwender verwendet, und zwar in der Form, die der Browser auch bei jeder HTTP-Anforderung einer Datei im WWW sendet. Ein Beispiel:

```
<html><head><title>Test</title>
</head><body>
Diese Daten sendet Ihr Browser, wenn er Dateien im WWW anfordert:<br>
<script type="text/javascript">
<!-
 document.write(navigator.userAgent);
//->
</script>
</body></html>
```

Das Beispiel schreibt in die HTML-Datei, mit welchen Daten sich der verwendete Browser im WWW ausgibt. Im Anhang finden Sie eine Übersicht bekannter Ausgaben, die in dieser Eigenschaft enthalten sein können. Die Übersicht kann helfen, wenn Sie Abfragen nach bestimmten Browsern, Versionen oder Plattformen durchführen wollen.

Beachten Sie: Unter Opera kann der Anwender frei wählen, wie sich der Browser identifiziert. Damit sind je nach Nutzereinstellung in dieser Eigenschaft verschiedene Werte gespeichert. Unabhängig von den Nutzereinstellungen ist jedoch in dieser Eigenschaft immer das Wort Opera enthalten, wenn auch an verschiedenen Positionen.

UTC()

Methode

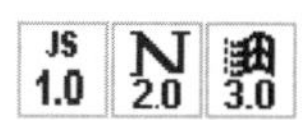

Objekt: Date — Anzahl Sekunden seit dem 1.1.1970 im UTC-Format

Liefert die Anzahl Millisekunden zurück, die zwischen dem 1.1.1970 und einem gewünschten Zeitpunkt verstrichen sind. Der Zeitpunkt ist in Form von Parametern zu übergeben. Alle Parameter sind als Zahlenwerte zu übergeben. Die Angabe der Datumswerte ist zwingend, die der Uhrzeitwerte optional. Die Parameter im Einzelnen:

- *Jahr* = Jahreszahl
- *Monat* = Monatszahl zwischen 0 und 11
- *Tag* = Tageszahl zwischen 1 und 31
- *Stunden* = (optional) Stunde der Uhrzeit zwischen 0 und 23
- *Minuten* = (optional) Minuten der Uhrzeit zwischen 0 und 59
- *Sekunden* = (optional) Sekunden der Uhrzeit zwischen 0 und 59

Ein Beispiel:

```
<html><head><title>Test</title>
</head><body>
<script type="text/javascript">
<!-
 document.write(Date.UTC(1998,2,11,19,26,00));
//->
</script>
</body></html>
```

Das Beispiel schreibt mit document.write() die Anzahl der Millisekunden in die Datei, die zwischen dem 1.1.1970, 0.00 Uhr, und dem 11.3.1998, 19.26 Uhr vergangen sind.

value

Eigenschaft — JS 1.0 | N 2.0 | 3.0 | Lesen Ändern

Objekt: elements — Wert eines Formularelements (Benutzereingabe)

Speichert den Wert, der in einem Formularelement eingegeben wurde bzw. diesem zugewiesen ist. Anwendbar auf: Klick-Buttons, Checkboxen, Felder für Datei-Upload, versteckte Elemente, Passwort-Felder, Radiobuttons, Abbrechen-Buttons, Absenden-Buttons, einzeilige Eingabefelder, mehrzeilige Eingabefelder. Ein Beispiel:

```
<html><head><title>Test</title>
</head><body>
<form name="Testform" action="">
Name: <input size="30" name="Name">
<input type="submit" name="Absendebutton" value="Absenden">
<input type="hidden" name="Browser" value="">
</form>
<script type="text/javascript">
<!-
 document.Testform.Browser.value = navigator.userAgent;
 document.write(document.Testform.Browser.value);
//->
</script>
</body></html>
```

Das Beispiel enthält ein Formular, unter anderem mit einem versteckten Feld (<input type="hidden">). Unterhalb des Formulars ist ein Script-Bereich notiert. Der Script-Bereich steht unterhalb, weil der darin enthaltene Code sofort ausgeführt und die Existenz des Formulars aber bereits voraussetzt. In dem Script wird dem Wert des versteckten Formularfeldes (document.Testform.Browser.value) der Browser-Typ des Anwenders (navigator.userAgent) zugewiesen. Dieser dynamisch erzeugte Formularinhalt wird mit übertragen, wenn der Anwender das Formular abschickt. In obigen Beispiel wird zur Demonstration der Wert des versteckten Feldes mit der Methode document.write() in das Dokument geschrieben.

value

Eigenschaft | JS 1.0 | N 2.0 | 3.0 | Lesen

Objekt: options | Absendewert des Listeneintrags

Speichert den internen Absendewert eines Eintrags in einer Auswahlliste. Ein Beispiel:

```
<html><head><title>Test</title>
<script type="text/javascript">
<!-
function CheckAuswahl() {
 for(i=0;i<document.Testform.Auswahl.length;++i)
  if(document.Testform.Auswahl.options[i].selected == true)
   alert(document.Testform.Auswahl.options[i].value);
}
//->
</script>
</head><body>
<form name="Testform" action="">
<select name="Auswahl" size="5" onChange="CheckAuswahl()">
<option value="Idiot!">Blindauswahl 1</option>
<option value="Dummkopf!">Blindauswahl 2</option>
<option value="Bratze!">Blindauswahl 3</option>
<option value="Schlampe!">Blindauswahl 4</option>
<option value="Bingo - gewonnen!">Blindauswahl 5</option>
</select>
</form>
</body></html>
```

Das Beispiel enthält ein Formular mit einer Auswahlliste. In den einzelnen <option>-Tags sind mit value= interne Absendewerte notiert. Im einleitenden <select>-Tag ist außerdem der Event-Handler onChange= notiert. Dadurch wird jedes Mal, wenn der Anwender eine Auswahl in der Auswahlliste trifft, die Funktion CheckAuswahl() aufgerufen. Die Funktion ermittelt in einer for-Schleife für alle Auswahlmöglichkeiten der Auswahlliste, ob die jeweilige Auswahl selektiert wurde. Wenn ja, wird der interne Absendewert der Auswahlmöglichkeit in einem Meldungsfenster ausgegeben.

var

HTML-Elementobjekt | DOM 1.0 | JS 1.5 | N 6.x | 5.x

Objekt: document | Variable im Text

HTML-Elemente <var>...</var> haben als DOM-Objekte für den Scriptsprachen-Zugriff Universaleigenschaften. Ein Beispiel:

```
<html><head><title>Test</title>
</head><body>
Datei: <var id="datei"
title="/usr/docs/web/projekte/dateiname.html">dateiname.html</var><br>
genauer:
<script type="text/javascript">
<!-
```

```
document.write("<var>" + document.getElementById('datei').title + "<\/var>");
-->
</script>
</body></html>
```

Das Beispiel enthält einen mit <var>...</var> ausgezeichneten Text. Unterhalb ist ein Java-Script-Bereich notiert. Dort wird mit document.getElementById('datei') auf das var-Element zugegriffen und der Wert von dessen Eigenschaft title dynamisch ins Dokument geschrieben.

Beachten Sie: Das vorliegende Beispiel wird auch von Opera 5.12 interpretiert.

visibility

Eigenschaft — JS 1.2 | N 4.0 | Lesen Ändern

Objekt: layers — Sichtbarkeit des Layer

Speichert die Information, ob bzw. dass ein Layer sichtbar ist oder nicht. Im Beispiel werden zwei positionierte Layer definiert. Jeder der beiden Layer enthält einen Verweis, bei dessen Anklicken der jeweils andere Layer aus- und wieder eingeblendet wird. Dazu wird jeweils die Funktion EinAus() aufgerufen, die im Dateikopf notiert ist. Als Parameter wird die Indexnummer des jeweils anderen Layers übergeben. Die Eigenschaft visibility kann die drei Werte hide (*verstecken*), show (*anzeigen*) und inherit (*wie vom Eltern-Layer vererbt*) haben.

```
<html><head><title>Test</title>
<script type="text/javascript">
<!--
 function EinAus(Nummer)
 {
  if(window.document.layers[Nummer].visibility == "show")
   { window.document.layers[Nummer].visibility = "hide"; return; }
  if(window.document.layers[Nummer].visibility == "hide")
   { window.document.layers[Nummer].visibility = "show"; return; }
 }
//-->
</script>
</head><body>
<layer name="GelberLayer" left="50" top="30" width="200" height="200"
 visibility="show" bgcolor="#FFFFE0">
<a href="javascript:EinAus(1)">anderer Layer ein/aus</a>
</layer>
<layer name="LilaLayer" left="250" top="30" width="200" height="200"
 visibility="show" bgcolor="#FFE0FF">
<a href="javascript:EinAus(0)">anderer Layer ein/aus</a>
</layer>
</body></html>
```

vlinkColor

Eigenschaft — JS 1.0 | N 2.0 | MS 3.0 | Lesen Ändern

Objekt: document — Farbe besuchter Links

Speichert die Farbe für Verweise zu bereits besuchten Seiten, wie beim Attribut vlink= im <body>-Tag oder vom Anwender in seinen Browser-Einstellungen festlegbar. Ein Beispiel:

```
<html><head><title>Test</title>
<script type="text/javascript">
<!-
 document.vlinkColor = parent.frames[0].document.vlinkColor;
//->
</script>
</head><body>
<a href="../document.htm">Verweis</a>
</body></html>
```

Das Beispiel nimmt an, dass sich die aktuelle Datei innerhalb eines Framesets befindet. Beim Einlesen der Datei wird die Farbe für Verweise zu besuchten Seiten in der aktuellen Datei auf die gleiche Farbe gesetzt wie bei der Datei, die sich in einem anderen (dem ersten) Frame-Fenster befindet. Beachten Sie, dass Farbänderungen für die Verweisfarbe in Netscape bis einschließlich Version 4 nur Wirkung haben, **bevor** irgendwelcher HTML-Text eingelesen wurde. Ein gegebenenfalls im <body>-Tag gesetztes Attribut überschreibt die Farbzuweisung, falls diese zuvor im Dateikopf mit JavaScript gesetzt wurde. Beachten Sie bei den Farbangaben, dass Farben entweder hexadezimal notiert werden oder in Form erlaubter Farbnamen. Der Wert muss in jedem Fall in Anführungszeichen stehen.

Beachten Sie: Diese klassische, im herkömmlichen JavaScript gültige Implementierung von vlinkColor als direkte Eigenschaft des document-Objekts wird vom DOM missbilligt. Laut DOM soll das HTML-Elementobjekt body diese Eigenschaft besitzen. Opera 5.12 interpretiert diese Eigenschaft noch nicht.

vspace

Eigenschaft	JS 1.1	N 3.0	IE 5.0	Lesen

Objekt: embeds — Vertikaler Abstand zum Mutlimedia-Objekt

Speichert die Angabe zum vertikalen Abstand zwischen einer Multimedia-Referenz und ihren darüber bzw. darunter liegenden Elementen, wie sie mit der Angabe vspace= im <embed>-Tag möglich ist. Ein Beispiel:

```
<html><head><title>Test</title></head><body>
Eine Multimedia-Element<br>
<embed type="audio/x-wav" src="yippee.wav" width="200" height="100" vspace="30"
align="left"></embed><br>
<a href="javascript:alert(document.embeds[0].vspace)">Vertikalen Abstand anzeigen!</a>
</body></html>
```

Das Beispiel enthält eine Multimedia-Referenz und einen Verweis. Beim Anklicken des Verweises wird mit alert() der Wert ausgegeben, der in der Angabe vspace= gespeichert ist.

vspace

Eigenschaft | JS 1.1 | N 3.0 | IE 4.0 | Lesen Ändern

Objekt: images | Vertikaler Abstand zur Grafik

Speichert die Angabe zum vertikalen Abstand zwischen einer Grafik und den Elementen oberhalb und unterhalb davon, wie sie mit der Angabe vspace= im <img>-Tag möglich ist. Wenn die Angabe im HTML-Tag fehlt, hat die Objekteigenschaft vspace den Wert 0. Ein Beispiel:

```
<html><head><title>Test</title>
</head><body>
<a href="javascript:alert(document.Ina.vspace)">
<img src="ina.jpg" vspace="8" name="Ina" alt="Ina">
</a>
</body></html>
```

Das Beispiel enthält eine Grafik, die in einen Verweis eingeschlossen ist. Beim Anklicken des Verweises wird mit alert() der Wert ausgegeben, der in der Angabe vspace= gespeichert ist.

Beachten Sie: Netscape 6.1 und Opera 5.12 interpretieren diese Angabe fehlerhaft. Im Netscape 6.1 ist stets -1 und in Opera 5.12 0 gespeichert. Das Ändern der Eigenschaft vspace ist bislang nur im MS Internet Explorer möglich. Im Netscape 6.1 wird der vertikale Abstand entfernt.

which

Eigenschaft | JS 1.2 | N 4.0 | Lesen

Objekt: events | Code von Tasten- und Mausereignissen

Netscape-Syntax. Speichert bei Tastaturereignissen den dezimalen Code (ASCII/ANSI-Wert) der gedrückten Taste und bei Mausereignissen, welche Maustaste gedrückt wurde. Ein Beispiel:

```
<html><head><title>Test</title>
<script type="text/javascript">
<!-
function Position(Ereignis)
{
 alert("Maustaste: " + Ereignis.which);
}
document.onmousedown = Position;
//->
</script>
</head><body>
</body></html>
```

Das Beispiel überwacht, ob der Anwender die Maustaste drückt. Wenn ja, wird in einem Meldungsfester ausgegeben, welche Maustaste gedrückt wurde. Die linke Maustaste hat den Wert 1, die mittlere (sofern vorhanden) den Wert 2 und die rechte (sofern vorhanden) den Wert 3.

Beachten Sie: Das vorliegende Beispiel wird auch vom Netscape 6 interpretiert.

width

Eigenschaft JS 1.1 N 3.0 IE 5.0 Lesen

Objekt: embeds Breite des Multimedia-Objekts

Speichert die Breite eines eingebundenen Multimedia-Objekts. Das Beispiel enthält eine Multimedia-Referenz einer MIDI-Datei. Nachdem die HTML-Datei vollständig geladen ist, wird in einem Meldungsfenster die Breite des referenzierten Objekts ausgegeben. Dazu ist im <body>-Tag der Event-Handler onLoad notiert.

```
<html><head><title>Test</title></head>
<body onLoad="alert('Objektbreite: ' + document.embeds[0].width + ' Pixel')">
<embed src="breeze.mid" width="300" height="200"></embed><br>
</body></html>
```

width

Eigenschaft JS 1.1 N 3.0 IE 4.0 Lesen Ändern

Objekt: images Breite der Grafik

Speichert die Angabe zur Breite einer Grafik, wie sie mit der Angabe width= im <img>-Tag möglich ist. Es wird auch dann ein Wert gespeichert, wenn die Angabe im HTML-Tag fehlt. Ein Beispiel:

```
<html><head><title>Test</title>
</head><body>
<img src="jochen.jpg" name="Jochen" alt="Jochen">
<script language="JavaScript" type="text/javascript">
<!-
document.write(document.Jochen.name + "<br>");
document.write(document.Jochen.width + " x " + document.Jochen.height + " Pixel");
//->
</script>
</body></html>
```

Das Beispiel enthält eine Grafik. Unterhalb davon ist ein Script-Bereich notiert. Darin wird mit document.write() der Bildname und die Angaben zu Breite und Höhe der Grafik geschrieben.

Beachten Sie: Im Netscape 6.1 wird in der Eigenschaft width der Wert 0 gespeichert, wenn diese Angabe im HTML-Tag fehlt. Das Ändern der Eigenschaft width ist bislang nur im MS Internet Explorer und im Netscape 6.1 möglich.

width

Eigenschaft JS 1.2 N 4.0 IE 4.0 Lesen

Objekt: Screen Gesamtbreite des Anwenderbildschirms

Speichert die absolut verfügbare Breite des Anwenderbildschirms in Pixeln, besser bekannt als Breite der Bildschirmauflösung. Typische Werte sind 640, 800 und 1024.

Ein Beispiel:

```
<html><head><title>Test</title>
<script type="text/javascript">
<!-
if(screen.width >= 1024)
 window.location.href = "datei1.htm"
else
 window.location.href = "datei2.htm"
//->
</script>
</head><body>
</body></html>
```

Das Beispiel fragt ab, ob die verfügbare Bildschirmbreite größer oder gleich 1024 ist. Wenn ja, wird automatisch *datei1.htm* geladen, wenn nicht (also wenn die Bildschirmbreite kleiner ist), wird *datei2.htm* geladen.

window

Objekt

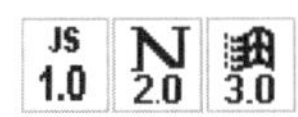

Übergeordnetes Objekt für alle Inhalte im Browser-Fenster

Das Objekt window (*Fenster*) ist das oberste Objekt der Objektfamilie für alles, was im Browser-Fenster angezeigt wird. Über das Objekt window können Sie das Dokumentfenster abfragen und kontrollieren. Ferner können Sie neue Fenster definieren. Dabei können Sie auch die Fenstereigenschaften frei bestimmen.

Eigenschaften

closed	(geschlossenes Fenster)
defaultStatus	(Normalanzeige in der Statuszeile)
innerHeight	(Höhe des Anzeigebereichs)
innerWidth	(Breite des Anzeigebereichs)
locationbar	(Adresszeile)
menubar	(Menüleiste)
name	(Fenstername)
outerHeight	(Höhe des gesamten Fensters)
outerWidth	(Breite des gesamten Fensters)
pageXOffset	(Fensterstartposition von links)
pageYOffset	(Fensterstartposition von oben)
personalbar	(Zeile für Lieblingsadressen)
scrollbars	(Scroll-Leisten)
statusbar	(Statuszeile)
status	(Inhalt der Statuszeile)
toolbar	(Werkzeugleiste)

Methoden

alert()	(Dialogfenster mit Infos)
back()	(zurück in History)

blur()	(Fenster verlassen)
captureEvents()	(Ereignisse überwachen)
clearInterval()	(zeitliche Anweisungsfolge abbrechen)
clearTimeout()	(Timeout abbrechen)
close()	(Fenster schließen)
confirm()	(Dialogfenster zum Bestätigen)
disableExternalCapture()	(Fremdüberwachung verhindern)
enableExternalCapture()	(Fremdüberwachung erlauben)
find()	(Text suchen)
focus()	(Fenster aktiv machen)
forward()	(vorwärts in History)
handleEvent()	(Ereignis übergeben)
home()	(Startseite aufrufen)
moveBy()	(Bewegen mit relativen Angaben)
moveTo()	(Bewegen mit absoluten Angaben)
open()	(neues Fenster öffnen)
print()	(ausdrucken)
prompt()	(Dialogfenster für Werteingabe)
releaseEvents()	(Ereignisse abschließen)
resizeBy()	(Größe verändern mit relativen Angaben)
resizeTo()	(Größe verändern mit absoluten Angaben)
routeEvent()	(Event-Handler-Hierarchie durchlaufen)
scrollBy()	(Scrollen um Anzahl Pixel)
scrollTo()	(Scrollen zu Position)
setInterval()	(zeitliche Anweisungsfolge setzen)
setTimeout()	(Timeout setzen)
stop()	(abbrechen)

Unterobjekte

document
event
history
location

window: Allgemeines zur Verwendung

Das aktuelle Fenster des Web-Browsers können Sie über die Objekte window oder self ansprechen. Auf die Objekte window und self lassen sich alle Eigenschaften und Methoden des window-Objekts anwenden. Ein Beispiel:

```
<html><head><title>Test</title>
<script type="text/javascript">
<!-
window.defaultStatus = "Meine Homepage";
//->
</script>
</head><body>
</body></html>
```

Das Beispiel belegt die ständige Anzeige der Statuszeile des aktuellen Anzeigefensters mit dem Wert "Meine Homepage". Dazu wird die Fenstereigenschaft defaultStatus aufgerufen. window oder self können auch weggelassen werden. So hat window.moveTo(200,100) die gleiche Wirkung wie moveTo(200,100). Der Übersichtlichkeit halber ist es jedoch besser, den vordefinierten Objektnamen mit anzugeben. Auch Frame-Fenster innerhalb eines Framesets stellen aus Sicht von JavaScript eigene Fenster dar. Lesen Sie dazu jedoch den Abschnitt über das Objekt frames. Sie können mit Hilfe von JavaScript nicht nur vorhandene Fenster ansprechen, sondern auch neue Fenster erzeugen und diese mit Hilfe von Variablen ansprechen. Ein Beispiel:

```
<html><head><title>Test</title>
<script type="text/javascript">
<!-
function NeuFenster() {
 MeinFenster =
 window.open("datei2.htm", "Zweitfenster", "width=300,height=200,scrollbars");
 MeinFenster.focus();
}
//->
</script>
</head><body>
<a href="javascript:NeuFenster()">Neues Fenster</a>
</body></html>
```

Die Beispieldatei enthält einen Verweis. Beim Anklicken dieses Verweises wird die JavaScript-Funktion NeuFenster() aufgerufen. Diese Funktion öffnet ein neues, kleines Browser-Fenster und zeigt darin die Datei *datei2.htm* an. Einzelheiten zum Öffnen neuer Fenster werden bei der Methode open() beschrieben. Ein solches Fenster ist nach dem Erzeugen mit der Variablen ansprechbar, in der die Fensterinstanz gespeichert ist. Im Beispiel ist das die Variable MeinFenster. Über diesen Instanznamen können Sie alle Eigenschaften und Methoden des erzeugten Fensters ansprechen. Ein Beispiel:

```
<a href="javascript:MeinFenster.close()">Fenster zumachen</a>
```

Im Beispiel wird das zuvor geöffnete Fenster beim Klicken auf den Verweis wieder geschlossen. Zuständig dafür ist die Methode close(). Das Fenster wird dabei mit seinem Instanznamen angesprochen, im Beispiel also mit dem Namen der Variablen MeinFenster, mit der es zuvor erzeugt wurde.

Bei der Variablen MeinFenster handelt es sich um eine globale Variable. Diese wurde erzeugt durch eine Deklaration der Variablen ohne das Schlüsselwort var. Die Deklaration als globale Variable ermöglicht es Ihnen, dieses Fenster auch außerhalb der erzeugenden Funktion anzusprechen.

Genau so, wie Sie vom Hauptfenster auf ein mit open() erzeugtes Zweitfenster zugreifen können, können Sie von einem solchen Zweitfenster auf das Hauptfenster zugreifen. Dazu gibt es das Fenster-Objekt opener. Damit wird das Fenster angesprochen, von dem aus das aktuelle Fenster geöffnet wurde. Über das Objekt opener können Sie alle Eigenschaften und Methoden des öffnenden Fensters ansprechen.

Testbeispiel (im Zweitfenster):

```
<a href="javascript:opener.close()">Hauptfenster zumachen</a>
```

Notieren Sie nach opener einen Punkt und danach die gewünschte Methode oder Eigenschaft.

write()

Methode — DOM 1.0 | JS 1.0 | N 2.0 | 3.0

Objekt: document — Schreiben ins aktuelle Fenster

Gibt Text im Dokument aus. Erwartet eine Zeichenkette oder einen JavaScript-Ausdruck als Parameter. Ein Beispiel:

```
<html><head><title>Test</title>
</head><body>
<script type="text/javascript">
<!-
DeinName = prompt("Bitte Deinen Namen angeben:","Name");
document.write("<b>Hallo " + DeinName + "<\/b>");
//->
</script>
</body></html>
```

Das Beispiel zeigt beim Einlesen der Datei mit prompt() ein Dialogfenster an, in dem der Anwender seinen Namen eingeben soll. Der eingegebene Wert wird in der Variablen DeinName gespeichert. Anschließend wird mit document.write() das Wort »Hallo« mit einem Leerzeichen dahinter geschrieben. An die Zeichenkette angehängt wird die Variable DeinName. Dadurch steht hinterher beispielsweise »Hallo Susi« im Text, wenn in dem Dialogfenster »Susi« als Name angegeben wurde. Damit die Ausgabe in Fettschrift erfolgt, wird sie in das entsprechende HTML-Element gesetzt.

Es ist auch erlaubt, mehrere Zeichenketten oder Ausdrücke durch Kommata getrennt innerhalb von document.write() zu verwenden, zum Beispiel:

```
document.write("Sie benutzen ", document.layers ? "Netscape ab V4" : "nicht Netscape ab V4");
```

Dieses Beispiel enthält zunächst eine Zeichenkette und dann, durch ein Komma getrennt, einen komplexen Ausdruck, in dem ermittelt wird, ob der Anwender einen Browser benutzt, der das layers-Objekt kennt.

Beachten Sie: Der Schrägstrich / in schließenden HTML-Tags muss bei der Ausgabe mit dem Zeichen \ maskiert werden. Das gilt besonders dann, wenn Sie dynamisch weiteren JavaScript-Code in der Form document.write("<script>...</script>") schreiben möchten. Maskiert <script>... <\/script> geschrieben, wird der dynamisch geschriebene Script-Bereich als eigenständiger Block interpretiert, und das aktuelle Script wird unabhängig davon weiter ausgeführt.

writeln()

Methode — DOM 1.0 | JS 1.0 | N 2.0 | 3.0

Objekt: document — Schreiben ins aktuelle Fenster

Wie write() – fügt jedoch am Ende automatisch ein Zeilenumbruchzeichen ein. Dadurch ist diese Methode vor allem zum Schreiben von Inhalten interessant, bei denen Zeilenumbrüche wichtig sind. Ein Beispiel:

```
<html><head><title>Test</title>
</head><body>
<script type="text/javascript">
<!-
document.write("<pre>kein Umbruch ");
document.writeln("erste Zeile");
document.writeln("zweite Zeile <\/pre>");
document.writeln("dritte Zeile");
document.writeln("vierte Zeile");
//->
</script>
</body></html>
```

In der ersten Zeile wird mit document.write() ein präformatierter Text eingeleitet. Dieser dient im Beispiel dazu, die Zeilenumbrüche sichtbar zu machen. Die Methode document.write() erzeugt keinen Zeilenumbruch. Der Inhalt der nachfolgenden Zeile (»erste Zeile«) wird deshalb in der gleichen Zeile ausgegeben. Da diese Zeichenkette jedoch mit document.writeln() ausgegeben wird, entsteht im Quelltext am Ende ein Zeilenumbruch. Die nächste Zeile (»zweite Zeile«) wird deshalb in einer neuen Zeile ausgegeben. Zugleich wird im Beispiel in dieser Zeile der präformatierte Abschnitt beendet. Die dritte und die vierte Zeile werden ebenfalls mit document.writeln() geschrieben. Intern entstehen Zeilenumbrüche im Quelltext. Bei der Ausgabe im Browser sind diese jedoch nur als Leerzeichens sichtbar, getreu der HTML-Regel, dass Zeilenumbrüche in Leerzeichen umgewandelt werden.

x

Eigenschaft — JS 1.2 | N 4.0 | Lesen

Objekt: anchors — Horizontale Position des Verweisankers

Mit document.anchors[0].x können Sie die horizontale Position eines Verweisankers in einer HTML-Datei ermitteln. Das Beispiel enthält einen Verweisanker und einen Verweis. Beim Anklicken wird die Position des Ankers vom linken Fensterrand aus gesehen ausgegeben.

```
<html><head><title>Test</title>
</head><body>
<a name="oben">ein Anker</a>
<p><a href="javascript:alert(document.anchors[0].x)">Position von links</a></p>

</body></html>
```

x

Eigenschaft — JS | 4.0

Objekt: event — Position des Mauszeigers relativ zum Elternelement

Speichert die horizontalen Pixel (x) und die vertikalen Pixel (y) der Cursor-Position relativ zur oberen linken Ecke des Eltern-Elements von dem Element, das ein Ereignis ausgelöst hat. Wenn ein absolut positionierter Bereich das Eltern-Element ist, ist dessen obere linke Ecke der Bezugspunkt. Wenn das auslösende Element sonst kein Eltern-Element hat, gilt die linke obere Ecke des Dokuments als Bezug. Ein Beispiel:

```
<html><head><title>Test</title>
<script language="JScript" type="text/jscript">
<!-
function Coords()
{
 alert("x = " + window.event.x + "/ y = " + window.event.y);
}
//->
</script>
</head><body>
<div style="position:relative; left:50px; top:140px;
background-color:#FFFFE0; width:100px">
<p onClick="Coords()">Klick mich</p>
</div>
</body></html>
```

Das Beispiel enthält einen absolut positionierten Bereich (<div>...</div>) und innerhalb davon einen gewöhnlichen Textabsatz. Beim Anklicken des Absatzes wird die Funktion Coords() aufgerufen. Diese gibt die Pixelkoordinaten des Mausklicks aus. Eigentlich sollten sich die Werte dabei auf die linke obere Ecke des <div>-Bereichs beziehen.

Beachten Sie: Versionen des MS Internet Explorer vor der Version 5 speichern in diesen Eigenschaften die Position relativ zum Fenster. Ab dem MS Internet Explorer 5.0 ist in dieser Eigenschaft die Position zu einem relativ positionierten Elternelement (z.B. Tabellenzellen) gespeichert. Für absolut positionierte Elternelemente dagegen enthält die Eigenschaft wieder die Position relativ zum Fenster.

x

Eigenschaft	JS 1.2	N 4.0	Lesen
Objekt: links	Horizontale Position des Verweises		

Speichert die horizontale Position eines Verweises gemessen vom Fensterrand. Mit document.links[0].x können Sie die horizontale Position eines Verweises in einer HTML-Datei ermitteln. Das Beispiel enthält einen kleinen Text, in dem ein Verweis definiert ist. Beim Anklicken des Verweises wird mit alert() die Position des Verweises vom linken Fensterrand aus gesehen ausgegeben.

```
<html><head><title>Test</title>
</head><body>
Hier ein Text und dann ein <a href="javascript:alert(document.links[0].x)">Verweis</a><br>
</body></html>
```

y

Eigenschaft JS 1.2 | N 4.0 | Lesen

Objekt: anchors Vertikale Position des Verweisankers

Mit document.anchors[0].y können Sie die vertikale Position eines Verweisankers in einer HTML-Datei ermitteln. Das Beispiel enthält einen Verweisanker und einen Verweis. Beim Anklicken wird die Position des Ankers vom oberen Fensterrand aus gesehen ausgegeben.

```
<html><head><title>Test</title>
</head><body>
<a name="oben">ein Anker</a>
<p><a href="javascript:alert(document.anchors[0].y)">Position von oben</a></p>

</body></html>
```

y

Eigenschaft 

Objekt: event Position des Mauszeigers relativ zum Elternelement

Speichert die horizontalen Pixel (x) und die vertikalen Pixel (y) der Cursor-Position relativ zur oberen linken Ecke des Eltern-Elements von dem Element, das ein Ereignis ausgelöst hat. Wenn ein absolut positionierter Bereich das Eltern-Element ist, ist dessen obere linke Ecke der Bezugspunkt. Wenn das auslösende Element sonst kein Eltern-Element hat, gilt die linke obere Ecke des Dokuments als Bezug. Ein Beispiel:

```
<html><head><title>Test</title>
<script language="JScript" type="text/jscript">
<!-
function Coords()
 {
  alert("x = " + window.event.x + "/ y = " + window.event.y);
 }
//->
</script>
</head><body>
<div style="position:relative; left:50px; top:140px;
background-color:#FFFFE0; width:100px">
<p onClick="Coords()">Klick mich</p>
</div>
</body></html>
```

Das Beispiel enthält einen absolut positionierten Bereich (<div>...</div>) und innerhalb davon einen gewöhnlichen Textabsatz. Beim Anklicken des Absatzes wird die Funktion Coords() aufgerufen. Diese gibt die Pixelkoordinaten des Mausklicks aus. Eigentlich sollten sich die Werte dabei auf die linke obere Ecke des <div>-Bereichs beziehen.

Beachten Sie: Versionen des MS Internet Explorer vor der Version 5 speichern in diesen Eigenschaften die Position relativ zum Fenster. Ab dem MS Internet Explorer 5.0 ist in dieser Eigenschaft die Position zu einem relativ positionierten Elternelement (z.B. Tabellenzellen)

gespeichert. Für absolut positionierte Elternelemente dagegen enthält die Eigenschaft wieder die Position relativ zum Fenster.

y

Eigenschaft	JS 1.2 · N 4.0 · Lesen
Objekt: links	Vertikal Position des Verweises

Speichert die vertikale Position eines Verweises gemessen vom Fensterrand. Mit document.links[0].y können Sie die horizontale Position eines Verweises in einer HTML-Datei ermitteln. Das Beispiel enthält einen kleinen Text, in dem ein Verweis definiert ist. Beim Anklicken des Verweises wird mit alert() die Position des Verweises vom oberen Fensterrand aus gesehen ausgegeben.

```
<html><head><title>Test</title>
</head><body>
Hier ein Text und dann ein <a href="javascript:alert(document.links[0].x)">Verweis</a><br>
</body></html>
```

zIndex

Eigenschaft	JS 1.2 · N 4.0 · Lesen Ändern
Objekt: layers	Schichtposition des Layer

Speichert die Schichtposition eines Layers. Im Beispiel wird ein Layer definiert, der per HTML-Attribut einen z-index-Wert von 527 erhält. Innerhalb des Layers ist ein Verweis notiert. Beim Anklicken des Verweises wird der z-Index-Wert des Layers in einem Meldungsfenster ausgegeben.

```
<html><head><title>Test</title>
</head><body>
<layer z-index="527" name="EinLayer">
<a href="javascript:alert(window.document.EinLayer.zIndex)">z-index?</a>
</layer>
</body></html>
```

A Anhang

A.1 Mime-Typen

A.1.1 Allgemeines zu Mime-Typen

Mime steht für **M**ultipurpose **I**nternet **M**ail **E**xtensions. Aus dem Namen geht hervor, dass das, was da spezifiert wird, ursprünglich für E-Mails gedacht war – und zwar für E-Mails mit Attachments (englisch für *Anhang*). Solche so genannten Multipart-Mails enthalten die gesamten zu übertragenden Daten in einer Datei. Innerhalb der Datei musste eine Konvention gefunden werden, wie die einzelnen Teile (z.B. Text der Mail und angehängte ZIP-Datei) voneinander zu trennen seien. Dabei wurde auch ein Schema entwickelt, das der interpretierenden Software mitteilt, um welchen Datentyp es sich bei dem jeweils nächsten Teil der Mail handelt.

Das Schema erwies sich nicht nur für E-Mails als nützlich. Fast immer, wenn entfernte Programme (z.B. Web-Browser und Web-Server) wegen einer bevorstehenden Datenübertragung miteinander kommunizieren, geht es auch um die Art der zu übertragenden Daten. Dabei hat sich im gesamten Internet das Schema der Mime-Typen durchgesetzt. Auch im Web stößt man an verschiedenen Stellen auf Mime-Typen::

- Verschiedene HTML-Elemente haben Attribute, die als Wertzuweisung die Angabe eines Mime-Typen erwarten, nämlich a (type=), form (accept= und enctype=), input (accept=), link (type=), object (codetype= und type=), param (type=), script (type=) und style (type=)
- Wenn ein CGI-Script an den aufrufenden Browser einen HTTP-Header sendet, muss es den Mime-Type der nachfolgenden Daten senden.
- In JavaScript gibt es ein eigenes Objekt MimeTypes, das es erlaubt, in JavaScript die verfügbaren Mime-Typen des Browsers zu ermitteln.

Sowohl jeder Web-Browser als auch jeder Web-Server führen eine Liste mit ihnen bekannten Mime-Typen. Bei der Kommunikation müssen sie sich darauf einigen, ob der Empfänger den Mime-Type akzeptiert, den der Sender senden will. Moderne Browser akzeptieren zwar in der Regel jeden Mime-Type und bieten dem Anwender einfach an, falls sie den Mime-Typ nicht kennen, die zu empfangenden Daten als Download-Datei abzuspeichern. Web-Server sind dagegen meist empfindlicher. Mime-Typen, die sie nicht kennen, verarbeiten sie nicht. Gerade wenn auf dem Server-Rechner nicht alltägliche Dateiformate bereitgestellt werden, ist es wichtig, den Mime-Type dafür in der Konfiguration des Web-Servers zu notieren.

Bei Standard-Dateiformaten sollten Sie unbedingt die Mime-Type-Angaben verwenden, die dafür etabliert sind. Die Übersicht auf dieser Seite weiter unten listet viele bekannte Mime-

Typen auf. Wenn Sie trotz Recherchen, zum Beispiel im IANA-Verzeichnis der Media-Typen (*www.isi.edu/in-notes/iana/assignments/media-types/*) keinerlei Anhaltspunkte dafür finden, ob es zu einem Dateiformat einen bereits etablierten Mime-Type gibt, können Sie selber einen festlegen. Gleiches gilt für völlig eigene Dateiformate.

Dazu müssen Sie das Schema der Mime-Typen kennen. Ein Mime-Type besteht aus zwei Teilen: der Angabe eines Medientyps und der Angabe eines Subtyps. Beide Angaben werden durch einfachen Schrägstrich voneinander getrennt. Beispiele: text/html, image/gif.

Bei den Medientypen gibt es folgende:

Medientyp	*Bedeutung*
text	für Textdateien
image	für Grafikdateien
video	für Videodateien
audio	für Sounddateien
application	für Dateien, die an ein bestimmtes Programm gebunden sind
multipart	für mehrteilige Daten
message	für Nachrichten
model	für Dateien, die mehrdimensionale Strukturen repräsentieren

Subtypen für server-eigene Dateiformate, d.h. Dateitypen, die auf dem Server ausgeführt werden können, werden meist mit x- eingeleitet. Das Schema der Mime-Types wird in den Requests for Comments (RFCs) mit den Nummern 2045, 2046 und 2077 festgelegt.

A.1.2 Übersicht von Mime-Typen

Die Auswahl ist alphabetisch sortiert und erhebt keinen Anspruch auf Vollständigkeit.

Mime-Typ	*Dateiendung(en)*	*Bedeutung*
application/acad	*.dwg	AutoCAD-Dateien (nach NCSA)
application/applefile		AppleFile-Dateien
application/astound	**.asd *.asn*	Astound-Dateien
application/dsptype	**.tsp*	TSP-Dateien
application/dxf	**.dxf*	AutoCAD-Dateien (nach CERN)
application/futuresplash	**.spl*	Flash Futuresplash-Dateien
application/gzip	**.gz*	GNU Zip-Dateien
application/listenup	**.ptlk*	Listenup-Dateien
application/mac-binhex40	**.hqx*	Macintosh Binär-Dateien

Mime-Typ	*Dateiendung(en)*	*Bedeutung*
application/mbedlet	*.mbd	Mbedlet-Dateien
application/mif	*.mif	FrameMaker Interchange Format Dateien
application/msexcel	*.xls *.xla	Microsoft Excel Dateien
application/mshelp	*.hlp *.chm	Microsoft Windows Hilfe Dateien
application/mspowerpoint	*.ppt *.ppz *.pps *.pot	Microsoft Powerpoint Dateien
application/msword	*.doc *.dot	Microsoft Word Dateien
application/octet-stream	*.bin *.exe *.com *.dll *.class	Ausführbare Dateien
application/oda	*.oda	Oda-Dateien
application/pdf	*.pdf	Adobe PDF-Dateien
application/postscript	*.ai *.eps *.ps	Adobe Postscript-Dateien
application/rtc	*.rtc	RTC-Dateien
application/rtf	*.rtf	Microsoft RTF-Dateien
application/studiom	*.smp	Studiom-Dateien
application/toolbook	*.tbk	Toolbook-Dateien
application/vocaltec-media-desc	*.vmd	Vocaltec Mediadesc-Dateien
application/vocaltec-media-file	*.vmf	Vocaltec Media-Dateien
application/x-bcpio	*.bcpio	BCPIO-Dateien
application/x-compress	*.z	Z-Dateien
application/x-cpio	*.cpio	CPIO-Dateien
application/x-csh	*.csh	C-Shellscript-Dateien
application/x-director	*.dcr *.dir *.dxr	X-Director-Dateien
application/x-dvi	*.dvi	DVI-Dateien
application/x-envoy	*.evy	Envoy-Dateien
application/x-gtar	*.gtar	GNU tar-Archiv-Dateien
application/x-hdf-*.hdf-HDF-Dateien		
application/x-httpd-php	*.php *.phtml	PHP-Dateien
application/x-javascript	*.js	serverseitige JavaScript-Dateien
application/x-latex	*.latex	Latex-Quelldateien
application/x-macbinary	*.bin	Macintosh Binärdateien
application/x-mif	*.mif	FrameMaker Interchange Format Dateien
application/x-netcdf	*.nc *.cdf	Unidata CDF-Dateien
application/x-nschat	*.nsc	NS Chat-Dateien
application/x-sh	*.sh	Bourne Shellscript-Dateien
application/x-shar	*.shar	Shell-Archiv-Dateien
application/x-shockwave-flash	*.swf *.cab	Flash Shockwave-Dateien
application/x-sprite	*.spr *.sprite	Sprite-Dateien
application/x-stuffit	*.sit	Stuffit-Dateien
application/x-supercard	*.sca	Supercard-Dateien

Mime-Typ	*Dateiendung(en)*	*Bedeutung*
application/x-sv4cpio	**.sv4cpio*	CPIO-Dateien
application/x-sv4crc	**.sv4crc*	CPIO-Dateien mit CRC
application/x-tar	**.tar*	tar-Archivdateien
application/x-tcl	**.tcl*	TCL Scriptdateien
application/x-tex	**.tex*	TEX-Dateien
application/x-texinfo	**.texinfo *.texi*	TEXinfo-Dateien
application/x-troff	**.t *.tr *.roff*	TROFF-Dateien (Unix)
application/x-troff-man	**.man *.troff*	TROFF-Dateien mit MAN-Makros (Unix)
application/x-troff-me	**.me *.troff*	TROFF-Dateien mit ME-Makros (Unix)
application/x-troff-ms	**.me *.troff*	TROFF-Dateien mit MS-Makros (Unix)
application/x-ustar	**.ustar*	tar-Archivdateien (Posix)
application/x-wais-source	**.src*	WAIS Quelldateien
application/x-www-form-urlencoded		HTML-Formulardaten an CGI
application/zip	**.zip*	ZIP-Archivdateien
audio/basic	**.au *.snd*	Sound-Dateien
audio/echospeech	**.es*	Echospeed-Dateien
audio/tsplayer	**.tsi*	TS-Player-Dateien
audio/voxware	**.vox*	Vox-Dateien
audio/x-aiff	**.aif *.aiff *.aifc*	AIFF-Sound-Dateien
audio/x-dspeeh	**.dus *.cht*	Sprachdateien
audio/x-midi	**.mid *.midi*	MIDI-Dateien
audio/x-mpeg	**.mp2*	MPEG-Dateien
audio/x-pn-realaudio	**.ram *.ra*	RealAudio-Dateien
audio/x-pn-realaudio-plugin	**.rpm*	RealAudio-Plugin-Dateien
audio/x-qt-stream	**.stream*	QuickTime-Dateien
audio/x-wav	**.wav*	Wav-Dateien
drawing/x-dwf	**.dwf*	Drawing-Dateien
image/cis-cod	**.cod*	CIS-Cod-Dateien
image/cmu-raster	**.ras*	CMU-Raster-Dateien
image/fif	**.fif*	FIF-Dateien
image/gif	**.gif*	GIF-Dateien
image/ief	**.ief*	IEF-Dateien
image/jpeg	**.jpeg *.jpg *.jpe*	JPEG-Dateien
image/tiff	**.tiff *.tif*	TIFF-Dateien
image/vasa	**.mcf*	Vasa-Dateien
image/vnd.wap.wbmp	**.wbmp*	Bitmap-Dateien (WAP)
image/x-freehand	**.fh4 *.fh5 *.fhc*	Freehand-Dateien
image/x-portable-anymap	**.pnm*	PBM Anymap Dateien
image/x-portable-bitmap	**.pbm*	PBM Bitmap Dateien

Mime-Typ	*Dateiendung(en)*	*Bedeutung*
image/x-portable-graymap	*.pgm	PBM Graymap Dateien
image/x-portable-pixmap	*.ppm	PBM Pixmap Dateien
image/x-rgb	*.rgb	RGB-Dateien
image/x-windowdump	*.xwd	X-Windows Dump
image/x-xbitmap	*.xbm	XBM-Dateien
image/x-xpixmap	*.xpm	XPM-Dateien
message/external-body		Nachricht mit externem Inhalt
message/http		HTTP-Headernachricht
message/news		Newsgroup-Nachricht
message/partial		Nachricht mit Teilinhalt
message/rfc822		Nachricht nach RFC 1822
model/vrml	*.wrl	Visualisierung virtueller Welten
multipart/alternative		mehrteilige Daten gemischt
multipart/byteranges		mehrteilige Daten mit Byte-Angaben
multipart/digest		mehrteilige Daten / Auswahl
multipart/encrypted		mehrteilige Daten verschlüsselt
multipart/form-data		mehrteilige Daten aus HTML-Formular (z.B. File-Upload)
multipart/mixed		mehrteilige Daten gemischt
multipart/parallel		mehrteilige Daten parallel
multipart/related		mehrteilige Daten / verbunden
multipart/report		mehrteilige Daten / Bericht
multipart/signed		mehrteilige Daten / bezeichnet
multipart/voice-message		mehrteilige Daten / Sprachnachricht
text/comma-separated-values	*.csv	komma-separierte Datendateien
text/css	*.css	CSS Stylesheet-Dateien
text/html	*.htm *.html *.shtml	HTML-Dateien
text/javascript	*.js	JavaScript-Dateien
text/plain	*.txt	reine Textdateien
text/richtext	*.rtx	Richtext-Dateien
text/rtf	*.rtf	Microsoft RTF-Dateien
text/tab-separated-values	*.tsv	tabulator-separierte Datendateien
text/vnd.wap.wml	*.wml	WML-Dateien (WAP)
application/vnd.wap.wmlc	*.wmlc	WMLC-Dateien (WAP)
text/vnd.wap.wmlscript	*.wmls	WML-Scriptdateien (WAP)
application/vnd.wap.wmlscriptc	*.wmlsc	WML-Script-C-dateien (WAP)
text/xml-external-parsed-entity		extern geparste XML-Dateien
text/x-setext	*.etx	SeText-Dateien
text/x-sgml	*.sgm *.sgml	SGML-Dateien

Mime-Typ	Dateiendung(en)	Bedeutung
text/x-speech	*.talk *.spc	Speech-Dateien
video/mpeg	*.mpeg *.mpg *.mpe	MPEG-Dateien
video/quicktime	*.qt *.mov	Quicktime-Dateien
video/vnd.vivo	*viv *.vivo	Vivo-Dateien
video/x-msvideo	*.avi	Microsoft AVI-Dateien
video/x-sgi-movie	*.movie	Movie-Dateien
workbook/formulaone	*.vts *.vtts	FormulaOne-Dateien
x-world/x-3dmf	*.3dmf *.3dm *.qd3d *.qd3	3DMF-Dateien
x-world/x-vrml	*.wrl	VRML-Dateien

A.2 Sprachenkürzel

A.2.1 Sprachenkürzel nach RFC 1766

Die in den W3-Spezifikationen immer wieder erwähnte »Angabe von Sprachenkürzeln« wird in der RFC 1766 definiert. Diese Sprachenkürzel basieren auf den Normen ISO 639-1 zur Kurzbezeichnung von Sprachen und ISO 3166-1 zur Kurzbezeichnung von Länder. Diese von den beiden ISO-Normen vordefinierten Kürzel erlauben solche Angaben wie de für Deutsch, en für Englisch oder en-US für US-Englisch. Die RFC 1766 erlaubt darüber hinaus, feinere Abstufungen für schriftkulturelle, dialektale oder andere lokale Ausprägungen der gleichen Sprache registrieren zu lassen, so z.B. die beiden norwegischen Schriftsprachenvarianten, notiert durch no-nyn und no-bok (wobei diese – in Langform no-nynorsk und no-bokmaal in der RFC 1766 beispielhaft aufgezählten – Kürzel zwischenzeitlich veraltet sind, da es mittlerweile die zweibuchstabigen Kürzel nn und nb gibt). Für Sprachen, die in mehreren Ländern oder von bestimmten Gruppen gesprochen werden, und bei denen die Länderzuordnung deshalb problematisch ist, wird das einbuchstabige Startkürzel i reserviert. Die Reservierung erfolgt durch die Internet-Behörde IANA (*www.iana.org/*). So werden Bezeichnungen wie i-mingo (Eine Sprache der Irokesen) möglich. Bei der Reservierung beweist IANA Humor: Auch das Sprachkürzel x-klingon (für »Klingonisch« – aus dem Kultserie »Startrek«) wurde registriert. Außerdem wird ein Startkürzel x für den privaten Gebrauch reserviert, wodurch Sprachenkürzel wie x-selfhtml (für »SELFHTMLisch«) bezeichnet werden können.

Mittlerweile gibt es die RFC 3066, nach der auch dreibuchstabige Sprachenkürzel nach der Norm ISO 639-2 erlaubt sind, etwa nds für Niederdeutsch. Die HTML- und CSS-Spezifikationen des W3-Konsortiums beziehen sich an den relevanten Stellen jedoch noch auf die ältere RFC 1766. Für XML gilt die RFC 3066. Ebenso gibt es eine neuere Norm ISO 3166-2, die mehrbuchstabige Ländercodes enthält. Maßgeblich für Internet-Belange sind aber in den meisten Fällen noch die älteren, zweibuchstabigen Kürzel.

Für Web-Autoren haben die Sprachenkürzel an folgenden Stellen Bedeutung:

- Verschiedene HTML-Elemente haben Attribute, die als Wertzuweisung die Angabe einer Sprache erwarten. So gibt es das Universalattribut lang=, und ebenfalls erwartet wird eine Sprachangabe bei den Elementen (Attributen) a (hreflang=) und link (hreflang=).
- In JavaScript haben die Sprachenkürzel beispielsweise bei der Eigenschaft navigator. language Bedeutung.
- Im Zusammenhang mit der CGI-Schnittstelle gibt es die Umgebungsvariable HTTP_ ACCEPT_LANGUAGE, in der solche Sprachenkürzel verwendet werden.

Länderkürzel nach ISO 3166 werden auch noch an anderen Stellen eingesetzt, so etwa bei den landesspezifischen Top-Level-Domains, wie sie beispielsweise in den Statistiken zu einem Web-Projekt auftauchen können.

A.2.2 Übersicht zu Sprachenkürzeln nach ISO 639-1

Die folgenden Sprachenkürzel können Sie auch überall dort verwenden, wo Angaben nach RFC 1766 gefordert sind. In den meisten Fällen reichen die Original-Sprachenkürzel nach ISO 639-1 zur Bezeichnung der Sprache auch vollkommen aus. Die Tabelle ist nach Kürzeln alphabetisch sortiert und erhebt keinen Anspruch auf aktuelle Vollständigkeit. Streichungen, Ergänzungen, Neueinträge von Sprachenkürzeln notiert die Library of Congress (dokumentiert auf der SeiteISO 639-2/RA Change Notice, *lcweb.loc.gov/standards/iso639-2/codechanges.html*).

Kürzel	*Bedeutung*	*Kürzel*	*Bedeutung*	*Kürzel*	*Bedeutung*
aa	Afar	ab	Abchasisch	af	Afrikaans
am	Amharisch	ar	Arabisch	as	Assamesisch
ay	Aymara	az	Aserbaidschanisch	ba	Baschkirisch
be	Belorussisch	bg	Bulgarisch	bh	Biharisch
bi	Bislamisch	bn	Bengalisch	bo	Tibetanisch
br	Bretonisch	ca	Katalanisch	co	Korsisch
cs	Tschechisch	cy	Walisisch	da	Dänisch
de	Deutsch	dz	Dzongkha, Bhutani	el	Griechisch
en	Englisch	eo	Esperanto	es	Spanisch
et	Estnisch	eu	Baskisch	fa	Persisch
fi	Finnisch	fj	Fiji	fo	Faröisch
fr	Französisch	fy	Friesisch	ga	Irisch
gd	Schottisches Gälisch	gl	Galizisch	gn	Guarani
gu	Gujaratisch	ha	Haussa	he	Hebräisch
hi	Hindi	hr	Kroatisch	hu	Ungarisch
hy	Armenisch	ia	Interlingua	id	Indonesisch
ie	Interlingue	ik	Inupiak	is	Isländisch
it	Italienisch	iu	Inuktitut (Eskimo)	iw	Hebräisch (veraltet, nun: he)

Kürzel	*Bedeutung*	*Kürzel*	*Bedeutung*	*Kürzel*	*Bedeutung*
ja	Japanisch	ji	Jiddish (veraltet, nun: yi)	jv	Javanisch
ka	Georgisch	kk	Kasachisch	kl	Kalaallisut (Grönländisch)
km	Kambodschanisch	kn	Kannada	ko	Koreanisch
ks	Kaschmirisch	ku	Kurdisch	ky	Kirgisisch
la	Lateinisch	ln	Lingala	lo	Laotisch
lt	Litauisch	lv	Lettisch	mg	Malagasisch
mi	Maorisch	mk	Mazedonisch	ml	Malajalam
mn	Mongolisch	mo	Moldavisch	mr	Marathi
ms	Malaysisch	mt	Maltesisch	my	Burmesisch
na	Nauruisch	ne	Nepalisch	nl	Holländisch
no	Norwegisch	oc	Okzitanisch	om	Oromo
or	Orija	pa	Pundjabisch	pl	Polnisch
ps	Paschtu	pt	Portugiesisch	qu	Quechua
rm	Rätoromanisch	rn	Kirundisch	ro	Rumänisch
ru	Russisch	rw	Kijarwanda	sa	Sanskrit
sd	Zinti	sg	Sango	sh	Serbokroatisch (veraltet)
si	Singhalesisch	sk	Slowakisch	sl	Slowenisch
sm	Samoanisch	sn	Schonisch	so	Somalisch
sq	Albanisch	sr	Serbisch	ss	Swasiländisch
st	Sesothisch	su	Sudanesisch	sv	Schwedisch
sw	Suaheli	ta	Tamilisch	te	Tegulu
tg	Tadschikisch	th	Thai	ti	Tigrinja
tk	Turkmenisch	tl	Tagalog	tn	Sezuan
to	Tongaisch	tr	Türkisch	ts	Tsongaisch
tt	Tatarisch	tw	Twi	ug	Uigur
uk	Ukrainisch	ur	Urdu	uz	Usbekisch
vi	Vietnamesisch	vo	Volapük	wo	Wolof
xh	Xhosa	yi	Jiddish	yo	Joruba
za	Zhuang	zh	Chinesisch	zu	Zulu

A.2.3 Übersicht zu Länderkürzeln nach ISO 3166

Falls Sie solche Länderkürzel für zusammengesetzte Sprachenkürzel benutzen, um Ländervarianten von Sprachen zu bezeichnen, also etwa en-US oder de-CH, dann notieren Sie das Länderkürzel in Großbuchstaben. In anderen Zusammenhängen, etwa bei Toplevel-Domains, werden die Länderkürzel dagegen klein geschrieben.

Die Tabelle ist nach Kürzeln alphabetisch sortiert und erhebt keinen Anspruch auf aktuelle Vollständigkeit. Das Sekretariat dieser ISO-Norm hat das Deutsche Institut für Normung e.V.

(DIN) übernommen. Dort finden Sie auch eine aktuelle Liste mit *English country names and code elements* (*www.din.de/gremien/nas/nabd/iso3166ma/codlstp1/en_listp1.html*).

Kürzel	*Bedeutung*	*Kürzel*	*Bedeutung*	*Kürzel*	*Bedeutung*
AD	Andorra	AE	Vereinigte Arabische Emirate	AF	Afghanistan
AG	Antigua und Barbuda	AI	Anguilla	AL	Albanien
AM	Armenien	AN	Niederländische Antillen	AO	Angola
AQ	Antarktis	AR	Argentinien	AS	Samoa
AT	Österreich	AU	Australien	AW	Aruba
AZ	Aserbaidschan	BA	Bosnien-Herzegowina	BB	Barbados
BD	Bangladesh	BE	Belgien	BF	Burkina Faso
BG	Bulgarien	BH	Bahrain	BI	Burundi
BJ	Benin	BM	Bermudas	BN	Brunei
BO	Bolivien	BR	Brasilien	BS	Bahamas
BT	Bhutan	BV	Bouvet Inseln	BW	Botswana
BY	Weißrußland	BZ	Belize	CA	Kanada
CC	Kokosinseln	CF	Zentralafrikanische Republik	CG	Kongo
CH	Schweiz	CI	Elfenbeinküste	CK	Cook Inseln
CL	Chile	CM	Kamerun	CN	China
CO	Kolumbien	CR	Costa Rica	CS	Tschechoslowakei (obsolet)
CU	Kuba	CV	Kap Verde	CX	Christmas Island
CY	Zypern	CZ	Tschechische Republik	DE	Deutschland
DJ	Djibuti	DK	Dänemark	DM	Dominika
DO	Dominikanische Republik	DZ	Algerien	EC	Ecuador
EE	Estland	EG	Ägypten	EH	Westsahara
ER	Eritrea	ES	Spanien	ET	Äthiopien
FI	Finnland	FJ	Fidschi Inseln	FK	Falkland Inseln
FM	Mikronesien	FO	Färöer Inseln	FR	Frankreich
FX	Frankreich (nur Europa)	GA	Gabun	GB	Großbritannien (UK)
GD	Grenada	GE	Georgien	GF	französisch Guyana
GH	Ghana	GI	Gibraltar	GL	Grönland

Kürzel	*Bedeutung*	*Kürzel*	*Bedeutung*	*Kürzel*	*Bedeutung*
GM	Gambia	GN	Guinea	GP	Guadeloupe
GQ	Äquatorial Guinea	GR	Griechenland	GS	South Georgia und South Sandwich Islands
GT	Guatemala	GU	Guam	GW	Guinea Bissau
GY	Guyana	HK	Hong Kong	HM	Heard und McDonald Islands
HN	Honduras	HR	Kroatien	HT	Haiti
HU	Ungarn	ID	Indonesien	IE	Irland
IL	Israel	IN	Indien	IO	Britisch-Indischer Ozean
IQ	Irak	IR	Iran	IS	Island
IT	Italien	JM	Jamaika	JO	Jordanien
JP	Japan	KE	Kenia	KG	Kirgisistan
KH	Kambodscha	KI	Kiribati	KM	Komoren
KN	St. Kitts Nevis Anguilla	KP	Nord Korea	KR	Süd Korea
KW	Kuwait	KY	Kaiman Inseln	KZ	Kasachstan
LA	Laos	LB	Libanon	LC	Saint Lucia
LI	Liechtenstein	LK	Sri Lanka	LR	Liberia
LS	Lesotho	LT	Litauen	LU	Luxenburg
LV	Lettland	LY	Libyen	MA	Marokko
MC	Monaco	MD	Moldavien	MG	Madagaskar
MH	Marshall Inseln	MK	Mazedonien	ML	Mali
MM	Birma	MN	Mongolei	MO	Macao
MP	Marianen	MQ	Martinique	MR	Mauretanien
MS	Montserrat	MT	Malta	MU	Mauritius
MV	Malediven	MW	Malawi	MX	Mexiko
MY	Malaysia	MZ	Mocambique	NA	Namibia
NC	Neukaledonien	NE	Niger	NF	Norfolk Inseln
NG	Nigeria	NI	Nicaragua	NL	Niederlande
NO	Norwegen	NP	Nepal	NR	Nauru
NU	Niue	NZ	Neuseeland	OM	Oman
PA	Panama	PE	Peru	PF	französisch Polynesien
PG	Papua Neuguinea	PH	Philippinen	PK	Pakistan
PL	Polen	PM	St. Pierre und Miquelon	PN	Pitcairn
PR	Puerto Rico	PT	Portugal	PW	Palau
PY	Paraguay	QA	Qatar	RE	Reunion
RO	Rumänien	RU	Russland	RW	Ruanda
SA	Saudi Arabien	SB	Solomon Inseln	SC	Seychellen

Kürzel	*Bedeutung*	*Kürzel*	*Bedeutung*	*Kürzel*	*Bedeutung*
SD	Sudan	SE	Schweden	SG	Singapur
SH	St. Helena	SI	Slowenien	SJ	Svalbard und Jan Mayen Islands
SK	Slowakei (slowakische Republik)	SL	Sierra Leone	SM	San Marino
SN	Senegal	SO	Somalia	SR	Surinam
ST	Sao Tome	SU	Sowjet- Union (obsolet)	SV	El Salvador
SY	Syrien	SZ	Swasiland	TC	Turks und Kaikos Inseln
TD	Tschad	TF	Französisches Süd-Territorium	TG	Togo
TH	Thailand	TJ	Tadschikistan	TK	Tokelau
TM	Turkmenistan	TN	Tunesien	TO	Tonga
TP	Timor	TR	Türkei	TT	Trinidad Tobago
TV	Tuvalu	TW	Taiwan	TZ	Tansania
UA	Ukraine	UG	Uganda	UK	Großbritannien
UM	US kleinere Inseln außerhalb	US	Vereinigte Staaten von Amerika	UY	Uruguay
UZ	Usbekistan	VA	Vatikan	VC	St. Vincent
VE	Venezuela	VG	Virgin Island (Brit.)	VI	Virgin Island (USA)
VN	Vietnam	VU	Vanuatu	WF	Wallis et Futuna
WS	Samoa	YE	Jemen	YT	Mayotte
YU	Jugoslawien (obsolete)	ZA	Südafrika	ZM	Sambia
ZR	Zaire	ZW	Zimbabwe		

A.2.4 Beispiele für zusammengesetzte Sprachenkürzel

Die folgenden Beispiele zeigen ein paar Beispiele für zusammengesetzte Sprachenkürzel, wie sie nach RFC 1766 erlaubt sind:

Kürzel	*Bedeutung*
de-CH	Schweizerdeutsch
de-AT	österreichisches Deutsch
en-US	amerikanisches Englisch
en-CA	kanadisches Englisch
en-AU	australisches Englisch

Kürzel	*Bedeutung*
en-GB	britisches Englisch
en-UK	königlich-britisches Englisch
cel-gaulish	Gallisch
fr-CA	kanadisches Französisch
zh-TW	Taiwan-Chinesisch
zh-guoyu	Mandarin-Chinesisch
zh-min-nan	Min-Nan-Chinesisch
zh-xiang	Xiang-Chinesisch

A.3 Client-Identifikationen

A.3.1 Allgemeines zu Client-Identifikationen

Wenn ein Web-Browser oder ein Suchrobot oder der Agent eines Proxy-Servers bei einem Web-Server Daten anfordert, schickt er immer auch eine Zeichenkette mit, mit der er sich dem Web-Server gegenüber »namentlich vorstellt«. Ein einheitliches oder standardisiertes Schema dafür ist in der Spezifikation zu HTTP 1.1 definiert worden. Nach der Ankündigung der Vorstellung eines »User-Agents« (das ist der Oberbegriff für die anfangs genannten Programme, die Daten anfordern können) wird wenigstens ein Hinweis auf das Produkt oder ein Kommentar übersandt. Nicht definiert ist die für die Praxis notwendige Unterscheidung zwischen verschiedenen Produktversionen oder -typen. Das ist bedauerlich. In der Praxis hat sich eine gewisse Regel herausgeschält: Produktname und Produktversion werden in dieser Reihenfolge und durch Schrägstrich getrennt dargestellt. Es halten sich allerdings nicht alle Browser an dieses Schema. Einige Browsertypen geben sich als andere aus, und wieder andere erlauben es auch dem Anwender an der Programmoberfläche, eine beliebige Identifikation einzustellen. Wenn der Anwender dann seinen Namen oder irgendeinen Unsinn eingibt, meldet sich der Browser damit beim Server an.

Dennoch wird die Client-Identifikation an verschiedenen Stellen gespeichert und kann in manchen Situationen zu nützlichen Zwecken dienen:

- In JavaScript gibt es das navigator-Objekt, das es beispielsweise erlaubt, so genannte »Browserweichen« zu programmieren, um bestimmte JavaScript-Anweisungen nur auszuführen, wenn bestimmte Browsertypen am Werk sind.
- Ein CGI-Script kann die CGI-Umgebungsvariable HTTP_USER_AGENT auslesen, um herauszufinden, von welcher Client-Software es aufgerufen wurde. Auch dabei kann die Information dazu genutzt werden, um bestimmte Anweisungen abhängig auszuführen oder nicht auszuführen.
- Bei Statistiken zu einem Web-Projekt gibt es in der Regel auch eine Statistiksorte, die Zugriffszahlen nach Browser-Typen sortiert aufschlüsselt. Grundlage dafür sind ebenfalls die Client-Identifikationen, die der Web-Server bei den Aufrufen erhalten hat.

A.3.2 Client-Identifikationen von Netscape-Browsern

Netscape gibt sich seit jeher mit dem Namen Mozilla aus. Eindeutig erkennbar ist er daran allerdings überhaupt nicht, denn der Internet Explorer gibt sich beispielsweise ebenfalls als Mozilla aus. Die folgenden Beispiele zeigen einige typische Identifikationen, die jedoch nur für Netscape typisch sind.

- Mozilla/2.0(Macintosh;I;PPC)
- Mozilla/2.0(Win16;I)
- Mozilla/3.01Gold[de](Win16;I)
- Mozilla/4.03 [en] (X11; I; Linux 2.0.30 i686)
- Mozilla/4.01 [en] (Win95; I)
- Mozilla/4.01 [en]C-CCK-MCD (WinNT; I)
- Mozilla/4.01 [en]C-FedExIntl (Win95; I)
- Mozilla/4.5 [en] (X11; I; SunOS 5.6 sun4d)
- Mozilla/4.6 [en] (X11; I; FreeBSD 3.2-RELEASE i386)
- Mozilla/5.0 [en] (WinNT; I)
- Mozilla/5.0b1 [en] (X11; N; Linux 2.2.0 alpha; Nav)

Das grundsätzliche Schema für Produktname und Version wird also eingehalten – die Identifikation startet immer mit Mozilla/[Versionsangabe]. Damit ist er allerdings noch nicht von vielen anderen Browser unterscheidbar! Die Versionsangabe kann auch Zusatzangaben enthalten wie 5.0b1 (was eigentlich für Version 6.0 steht, da Version 5.0 übersprungen wurde, und b1 steht für »Betaversion 1«). Auch andere Zusätze wie 3.01Gold können vorkommen (Gold stand seinerzeit für die erste Variante des Netscape-Browsers, die zugleich Wysiwyg-Editieren erlaubte, also ein Vorläufer des Netscape Composer).

Hinter der Versionsangabe kann in eckigen Klammern ein Sprachenkürzel folgen, das die Sprache der Browser-Bedienelemente angibt. Das Sprachenkürzel ist bei neueren Versionen zwar Standard, aber es kann auch mal fehlen. In runden Klammern folgen anschießend weitere Informationen. Mehrere davon werden durch Semikolon voneinander getrennt. Zunächst wird die verwendete Plattform genannt. Dabei sind Abkürzungen wie Win95, Win98 oder WinNT für entsprechende Windows-Versionen möglich. Bei allen Unix-basierten Systemen wird an der Stelle meistens X11 angegeben, was für X-Windows steht, und bei Mac-Rechnern Macintosh.

An zweiter Stelle innerhalb der runden Klammern folgt ein Großbuchstabe, der das Sicherheits-Level des Browsers bezeichnet (Länge von Schlüsseln). Ein U steht für »US-konform«, ein I für »international«. Wofür das N im letzten der obigen Beispiele steht, war nicht zu ermitteln. Hinter dem Sicherheitskennzeichen folgen dann noch beschreibende Informationen zum verwendeten Prozessortyp und/oder nähere Angaben zum Betriebssystem. Alle Teile können Leerzeichen dazwischen haben, aber zwingend ist dies nicht.

A.3.3 Client-Identifikationen des MS Internet Explorers

Der Internet Explorer gibt sich in seiner Browser-Identifikation deutlich weniger selbstbewusst als sonst. Er versteckt sich stets hinter dem gleichen Codenamen wie die Netscape-Browser, gibt zunächst eine Versionsnummer an, die sich auf Netscape bezieht und rückt dann, durch das Schlüsselwort compatible eingeleitet, mit den Informationen über sich selber heraus. Die folgenden Beispiele zeigen einige typische Identifikationen des Internet Explorers.

- Mozilla/1.22(compatible;MSIE2.01;WindowsNT)
- Mozilla/2.0(compatible;MSIE3.0;AK;Windows95)
- Mozilla/2.0(compatible;MSIE3.02;Updatea;AK;AOL3.0;Windows95)
- Mozilla/4.0 (compatible; MSIE 4.0; Windows 95;BPH01)
- Mozilla/4.0 (compatible; MSIE 4.0; Mac_68000)
- Mozilla/4.0 (compatible; MSIE 4.0; Mac_PowerPC; e412354MCICDV4.0)
- Mozilla/4.0 (compatible; MSIE 4.0b2; Windows 95)
- Mozilla/4.0 (compatible; MSIE 5.0; AOL 4.0; Windows 95)
- Mozilla/4.0 (compatible; MSIE 5.0; MSN 2.5; Windows 98)
- Mozilla/4.0 (compatible; MSIE 5.0; Windows 95)

Das grundsätzliche Schema für Produktname und Version folgt dem von Netscape und wird also eingehalten – die Identifikation startet immer mit Mozilla/[Versionsangabe]. Die Versionsangabe dahinter bedeutet, zu welcher Netscape-Browserversion sich der ausgewiesene Internet Explorer voll kompatibel hält. Das ist natürlich immer mit gewissen Vorbehalten zu genießen, denn ein Internet Explorer hat beispielsweise zu keinem Zeitpunkt je das layer-Element in HTML interpretiert, also ist die Behauptung der Kompatibilität zu Netscape 4.0 nicht unbedingt haltbar. Von daher bringt die Versionsangabe hinter dem Mozilla/ beim Internet Explorer keine wirkliche Erkenntnis.

Seine eigentliche Identität verrät der Internet Explorer erst in den runden Klammern. Diese enthalten normalerweise mehrere Angaben, durch Semikolon getrennt. Der erste Teil ist stets das Schlüsselwort compatible. Dahinter folgen die vier Großbuchstaben MSIE, die eigentlich den Bezug zum Internet Explorer herstellen. Dahinter folgt die genaue Versionsangabe.

Alle weiteren Angaben können differieren und eine unterschiedliche Reihenfolge haben. Bei Betriebssystembezeichnungen fällt auf, dass Windows durchweg ausgeschrieben ist, während Macintosh-Versionen des Internet Explorers sich üblicherweise mit Mac plus Unterstrich plus nähere Bezeichnung ausgeben. Wenn es sich um eine Browser-Distribution eines Online-Dienstes wie AOL oder MSN handelt, wird dies in einem Zusatzeintrag wie AOL 4.0 verzeichnet. Alle Teile können Leerzeichen dazwischen haben, aber zwingend ist dies nicht, besonders bei älteren Versionen nicht.

A.3.4 Client-Identifikationen anderer Browser

Die folgenden Beispiele zeigen typische Identifikationen einiger anderer Browsertypen.

- Mozilla/1.2 (Opera/2.02)
- Mozilla/3.0 (compatible; Opera/3.0; Windows 95) 3.51
- Mozilla/3.0 (Windows 4.10;US) Opera 3.60 [en]
- DosLynx/0.8a
- Lynx 2.4-FM
- Lynx 2.5 libwww-FM/2.14
- Lynx 2.9 (compatible Interactive Tcl/Tk News Ticker v0.06)
- Lynx/2-4-2 MU-MODS
- Lynx_ALynx/2.4 AmigaPort/1.29
- amaya/V2.0a libwww/5.2.1
- AIR_Mosaic(16bit)/v3.10.198.18
- IBM WebExplorer DLL /v1.1
- IBrowse/1.2 (AmigaOS 3.1)
- iCab/Pre1.4 (Macintosh; I; PPC)

Die Beispiele zeigen, wie uneinheitlich die unterschiedlichen Browsertypen sich identifizieren, was die Auswertung nicht gerade erleichtert. In der Regel hilft beim Analysieren beispielsweise mit einem Script nur, im ersten Schritt nach einschlägigen Schlüsselwörtern wie Opera, Mosaic, amaya, Lynx oder ICab zu suchen. Im zweiten Schritt können Sie dann versuchen, durch Suchen nach Teilausdrücken wie Win, Mac, Amiga usw. das Betriebssystem herauszufinden.

A.3.5 Client-Identifikationen von Such-Robots und Proxy-Agenten

Es gibt kein Patentrezept, um »menschliche Seitenbesucher« von Software-Programmen zu unterscheiden, die beim Aufrufen der Web-Seiten im Batchbetrieb arbeiten und beispielsweise die Daten für ihre Suchmaschine indizieren oder Dateien an einen Proxy-Rechner übertragen. Die folgenden Beispiele zeigen ein paar typische Identifikationen solcher Programme.

- Eule Robot v3.00 (www.eule.de)
- FAST-WebCrawler/0.3 (crawler@fast.no)
- Googlebot/1.0 (googlebot@googlebot.com http://googlebot.com/)
- JCrawler/0.3 (robot; webmaster@netimages.com)
- Netscape-Proxy/3.52 (Batch update)

- Openfind Robot/1.1A2
- W3CRobot/4.0D
- WebCrawler/2.0
- Lycos_Spider_(T-Rex)/3.0
- Aladin/3.324
- taz.northernlight.com Gulliver/1.3
- Openfind Robot/1.1A2
- KIT-Fireball/2.0
- URL-Minder/2.4.5

Bei Suchmaschinen-Robots gibt es zumindest einige Anhaltspunkte, nach denen sich eine Identifikationszeichenkette durchsuchen lässt. Solche Robots identifizieren sich oft mit Schlüsselwörtern wie Robot, Spider oder Crawler. Viele von ihnen tragen im Namen auch den Namen des zugehörigen Suchdienstes. In den obigen Beispielen sind etwa Google, Fireball, Lycos, Eule, Northernlight und Aladin erkennbar. Generell sind Robots und auch Agenten von Proxy-Servern häufig daran erkennbar, dass sie bei der Identifikation einen Domain-Namen, einen URI oder eine E-Mail-Adresse angeben.

Stichwortverzeichnis

- 43
-- 43
!= 42
!== 42
" 40
$[1..9] 80
% 43
& 44
&& 44
* 43
*/ 24
.java 98
.js 19
/ 43
/* 24
// 16, 24
^ 44
{ 22, 36
| 44
|| 44
} 22, 36
+ 43, 44
++ 43
< 42
<< 44
<= 42
<a> 81
<abbr> 83
<acronym> 85
<address> 86
<applet> 95
<area> 100
<b> 108
<base> 109
<basefont> 110
<bdo> 111
<big> 114
<blockquote> 116
<body> 118

 121
<button> 122
<caption> 123
<center> 126
<cite> 131
<code> 139
<col> 139
<colgroup> 141
<dd> 157
<del> 162
<dfn> 165
<dir> 165
<div> 167
<dl> 167
<dt> 171
<em> 175
<fieldset> 185
<font> 190
<form> 192
<frame> 196
  name 198
<frameset> 199
<h1> 217
<head> 221
<hr> 225
<html> 227
<i> 228
<iframe> 229
<img> 233
<input> 237
<ins> 238
<isindex> 243
<kbd> 246
<label> 247
<legend> 254
<li> 262
<link> 263
<map> 271
<menu> 275
<meta> 276
<noframes> 298
<noscript> 17, 298
<object> 301
<ol> 306
<optgroup> 311
<option> 311
<p> 318
<param> 324
<pre> 335
<q> 339
<s> 357
<samp> 357
<script> 15, 359
  language 16
  src 18
  type 16
<select> 365

<small> 386
<span> 388
<strike> 397
<strong> 398
<style> 403
<sub> 404
<sup> 407
<table> 408
<tbody> 413
<td> 414
<textarea> 417
<tfoot> 419
<th> 420
<thead> 421
<title> 422
<tr> 429
<tt> 431
<u> 434
<ul> 434
<var> 439
= 41
== 42
=== 42
> 42
>= 42
>> 44

A

a 81
abbr 83
about
  blank 308
above 82
abs() 84
acos() 84
acronym 85
action 85
address 86
Adresszeile 269
Aladin 468
alert() 87
alinkColor 87
all 88
  className 131
  click() 133
  contains() 146
  dataFld 153
  dataFormatAs 153
  dataPageSize 153
  dataSrc 154
  getAttribute() 202
  id 229
  innerHTML 235
  innerText 235
  insertAdjacentHTML() 239
  insertAdjacentText() 240
  isTextEdit 244
  lang 248
  language 249
  length 255
  offsetHeight 302
  offsetLeft 302
  offsetParent 303
  offsetTop 304
  offsetWidth 305
  outerHTML 317
  outerText 317
  parentElement 325
  parentTextEdit 327
  recordNumber 340
  removeAttribute() 346
  scrollIntoView() 362
  setAttribute() 369
  sourceIndex 388
  tagName 411
  title 423
altKey 91
amaya 467
anchor() 92
anchors 92
  length 255
  name 286
  text 416
  x 448
  y 450
Anweisungsblock 22
appCodeName 93
appendChild() 94, 200, 241, 410
appendData() 95
applet 95
applets 97
  length 256
application 454
application/x-javascript 20
appName 99
appVersion 99
Arcus Cosinus 84
Arcus Sinus 105
Arcus Tangens 106
area 100
arguments 101
arity 102
Array 102, 113
  concat() 143
  join() 246
  length 256
  pop() 333
  push() 338
  reverse() 354
  shift() 381
  slice() 384
  sort() 387

splice() 389
unshift() 436
asin() 105
atan() 106
attributes 106
audio 454
Auswahllisten 313
availHeight 107
availWidth 107

B

b 108
back() 108
background 109
base 109
basefont 110
bdo 111
below 112
Benutzereingabe 337
Berechnungen 273
bgColor 112, 114
big 114
big() 115
Bilder 231
Bit-Operator 44
blink() 115
blockquote 116
blur() 117
body 118
bold() 119
boolean 46
Boolean 119
Boole'sches Objekt 119
border 120
br 121
break 50, 55
button 122
Buttonleiste 426

C

caller 123
caption 123
captureEvents() 124, 125
case 50
ceil() 126
center 126
charAt() 127
charCodeAt() 127
charset 128
checked 128
childNodes 129
cite 131
className 131
clearInterval() 132
clearTimeout() 132
click() 133, 134
Client-Identifikation 464
clientX 134
clientY 134
clip 135
cloneNode() 136
close() 34, 137, 446
closed 138
code 139
col 139
colgroup 140
colorDepth 142
compatible 466
complete 142
concat() 143, 144
confirm() 145, 379
contains() 146
continue 56
cookie 146
cookieEnabled 148
Cookies 146, 148
cookies.txt 146
cos() 149
Cosinus 149
Crawler 468
createAttribute() 149, 297
createElement() 150, 200, 241, 297, 410
createTextNode() 151, 241, 297
ctrlKey 151

D

data 152
dataFld 153
dataFormatAs 153
dataPageSize 153
dataSrc 154
Date 29, 154, 300
getDate() 205
getDay() 206
getFullYear() 210
getHours() 210
getMilliseconds() 211
getMinutes() 211
getMonth() 212
getSeconds() 213
getTime() 214
getTimezoneOffset() 214
getUTCDate() 215
getUTCDay() 215
getUTCFullYear() 215
getUTCHours() 216
getUTCMilliseconds() 216
getUTCMinutes() 216
getUTCMonth() 216
getUTCSeconds() 216
getYear() 216
parse() 327

setDate() 372
setFullYear() 373
setHours() 373
setMilliseconds() 375
setMinutes() 376
setMonth() 376
setSeconds() 377
setTime() 378
setUTCDate() 379
setUTCDay() 379
setUTCFullYear() 380
setUTCHours() 380
setUTCMilliseconds() 380
setUTCMinutes() 380
setUTCMonth() 380
setUTCSeconds() 381
setYear() 381
toGMTString() 425
toLocaleString() 426
UTC() 437
Datum 154
dd 157
decodeURI() 80, 157, 435
decodeURIComponent() 80, 158
default 50
defaultCharset 158
defaultChecked 159
defaultSelected 160
defaultStatus 161, 446
defaultValue 161
Dekrement 43
del 162
deleteData() 163
description 164
dfn 165
Dialogfenster 145, 337
dir 165
disableExternalCapture() 166
div 166
dl 167
do while 53
document 34, 168, 170
alinkColor 88
bgColor 113
captureEvents() 124
charset 128
close() 137
cookie 146
createAttribute() 149
createElement() 150
createTextNode() 151
defaultCharset 158
fgColor 185
getElementById() 207
getElementsByName() 208
getElementsByTagName() 208
getSelection() 213
handleEvent() 218
lastModified 251
linkColor 266
open() 307
referrer 341
releaseEvents() 344
routeEvent() 355
title 423
URL 436
vlinkColor 441
write() 447
writeln() 448
Document Object Model 12
DOM 12
Drucken 337
dt 171
Dynamisches HTML 88

E

e 41
E 41, 172
ECMA 11
ECMA-262 11
ECMAScript 11
Elementbaum 78, 149, 150
elements 173
blur() 117
checked 128
click() 134
defaultChecked 159
defaultValue 161
handleEvent() 218
name 286
select() 367
type 431
value 438
em 175
embeds 176
height 222
hspace 227
length 257
name 287
play() 331
src 391
stop() 394
type 432
vspace 441
width 443
enabledPlug-In 177
enableExternalCapture() 177
encodeURI() 80, 178
encodeURIComponent() 80, 179
encoding 179
Ereignisüberwachung 181
escape() 80, 180

Eule 468
Eulersche Konstante 172
European Computer Manufacturers Association 11
eval() 40, 80, 180
event 65, 68, 181
altKey 91, 151, 382
clientX 134
clientY 134
ctrlKey 91, 151, 382
keyCode 247
layerX 251
layerY 251
modifiers 281
offsetX 305
offsetY 305
pageX 319, 321
pageY 319, 321
screenX 359
screenY 359
shiftKey 91, 151, 382
type 432
which 442
x 449, 450
y 449, 450
Event-Handler 18, 57, 124, 181, 356
überwachen 125
exec() 183
exp() 184

F

false 119
Farbe für Text 185
Fenster öffnen 308
Fenster schließen 138
Fenster verschieben 283, 285
Fenstergröße ändern 353, 354
fgColor 184
fieldset 185
filename 186
find() 187
Fireball 468
firstChild 82, 187, 209
fixed() 188
floor() 188
focus() 189, 190
font 190
fontcolor() 191
fontsize() 192
for 51
for in 53
form 192, 193
forms 194
action 85
encoding 179
focus() 189
form 194
handleEvent() 219
length 257
method 277
name 287
reset() 352
submit() 405
target 411
Formular
Auswahllisten 313
Formulare 194
Formularelemente 173
forward() 195, 196
frame 196
frames 197
length 258
Frames 197
frameset 199
fromCharCode() 200
function 36, 46
Function 201
arguments 101
arity 102
caller 123
Funktion 35

G

getAttribute() 202, 203, 204
getAttributeNode() 205
getDate() 205
getDay() 206
getElementById() 207
getElementsByName() 207
getElementsByTagName() 208
getFullYear() 210
getHours() 210
getMilliseconds() 211
getMinutes() 211
getMonth() 212
getSeconds() 212
getSelection() 213
getTime() 147, 214
getTimezoneOffset() 214
getUTCDate() 215
getUTCDay(215
getUTCFullYear() 215
getUTCHours() 215
getUTCMilliseconds() 216
getUTCMinutes() 216
getUTCMonth() 216
getUTCSeconds() 216
getYear() 216
Globale Variablen 25
GMT 155, 251
go() 217
Google 468
Grafik 231

Greenwich Mean Time 155
Greenwich-Zeit 251

H

h1-h6 217
handleEvent() 218, 219
hasChildNodes() 220
hash 220
head 221
height 222, 223
history 223
  back() 108
  forward() 195
  go() 217
  length 258
home() 224
host 224
hostname 225
hr 225
href 226
hspace 226, 227
html 227
HTTP_USER_AGENT 464
Hyperlinkfarbe 88, 266
  besuchte Seiten 441

I

i 228
IANA 458
ICab 467
id 229
if 47
iframe 229
image 454
images 231
  border 121
  complete 142
  handleEvent() 219
  height 222
  hspace 227
  length 258
  lowsrc 270
  name 287
  src 392
  vspace 442
  width 443
img 232
indexOf() 230
Inkrement 43
innerHeight 234
innerHTML 69, 235
innerText 235, 297
innerWidth 236
input 237
ins 238
insertAdjacentHTML() 239
insertAdjacentText() 240
insertBefore() 241
insertData() 241
Internet Explorer
  Identifikation 466
Intervall
  abbrechen 132
  einrichten 374
isFinite() 80, 242
isindex 243
isNaN() 80, 243
ISO 3166-1 458
ISO 639-1 458
ISO 639-2 458
isTextEdit 244
italics() 245

J

javaEnabled() 245
JavaScript 9
  bedingte Anweisungen 47
  Event-Handler 57
  Funktion 35, 201
  in HTML-Tags 18
  Kommentar 24
  Mathematik 273
  Notationsregeln 21
  Objekt 27
  Operatoren 41
  reservierte Wörter 56
  Schleifen 50
  selbst vergebene Namen 23
  separate Dateien 18
  Steuerzeichen 40
  Variablen 24
javascript: 66, 73
JavaScript-Bereiche 15
join() 246
JScript 11, 182

K

kbd 246
keyCode 247

L

label 247
Label 55
lang 248
language 249
lastChild 250
lastIndexOf() 230, 250
lastModified 147, 151, 251
Layer 252
layers 252
  above 83
  background 109

below 112
bgColor 114
captureEvents() 125
clip 135
document 170
handleEvent() 219
left 254
length 259
moveAbove() 281
moveBelow() 282
moveBy() 282
moveTo() 284
moveToAbsolute() 285
name 288
pageX 320
pageY 322
parentLayer 325
releaseEvents() 344
resizeBy() 352
resizeTo() 353
routeEvent() 356
siblingAbove 382
siblingBelow 383
src 393
top 427
visibility 440
zIndex 451
layerX 251
layerY 251
left 253
legend 254
length 97, 255, 256, 257, 258, 259, 260, 261
li 262
link 263
link() 264
linkColor 266
links 265
length 259
location 268
name 288
target 412
text 416
x 449
y 451
LiveWire 98
LN10 267
LN2 266
location 267, 268
hash 220
host 224
hostname 225
href 226
pathname 329
port 334
protocol 338
reload() 345
replace() 349
search 364
locationbar 268
log() 269
LOG10E 270
LOG2E 270
Logarithmus 266, 270
Logischer Operator 43
Lokale Variablen 25
lowsrc 270
Lycos 468
Lynx 467

M

mailto: 86
map 271
match() 271
Math 273
abs() 84
acos() 84
asin() 105
atan() 106
ceil() 126
cos() 149
E 172
exp() 184
floor() 188
LN10 267
LN2 266
log() 269
LOG10E 270
LOG2E 270
max() 274
min() 280
PI 330
pow() 335
random() 340
round() 355
sin() 384
sqrt() 390
SQRT1_2 390
SQRT2 391
tan() 411
max() 274
MAX_VALUE 275
Medientyp 454
menu 275
menubar 276
Menüleiste 276
message 454
meta 276
method 277
Methoden 27
Mime 453
Mime-Typen 453
mimeTypes 278

description 164
enabledPlug-In 177
length 260
suffixes 407
type 433
min() 280
MIN_VALUE 280
model 454
modifiers 281
Modulo-Division 43
Mosaic 467
moveAbove() 281
moveBelow() 282
moveBy() 282, 283
moveTo() 284, 285
moveToAbsolute() 285
Mozilla 465
MSIE 466
Multimedia-Objekt 176
multipart 454
Multipurpose Internet Mail Extensions 453

N

n 40
name 286, 287, 288, 289
NaN 290
navigator 32, 291, 464
appCodeName 93
appName 99
appVersion 99
cookieEnabled 148
javaEnabled() 245
language 249
platform 331
userAgent 437
NEGATIVE_INFINITY 291
nextSibling 292
node 293
appendChild() 94
appendData() 95
attributes 106
childNodes 129
cloneNode() 136
data 152
deleteData() 163
firstChild 187
getAttribute() 203
getAttributeNode() 205
hasChildNodes() 220
insertBefore() 241
insertData() 241
lastChild 250
nextSibling 292
nodeName 295
nodeType 296
nodeValue 297
parentNode 326
previousSibling 336
removeAttribute() 347
removeAttributeNode() 348
removeChild() 348
replaceChild() 350
replaceData() 351
setAttribute() 370
setAttributeNode() 371
nodeName 295
nodeType 296
nodeValue 82, 87, 150, 297
noframes 298
Northernlight 468
noscript 298
Noscript-Bereich 16
number 46
Number 299
MAX_VALUE 275
MIN_VALUE 280
NaN 290
NEGATIVE_INFINITY 291
POSITIVE_INFINITY 334
to_string() 429
toExponential() 425
toFixed() 425
toPrecision() 427
Number() 80, 300

O

object 46, 301
Objekt 27
eigenes Objekt definieren 29
Eigenschaften 31
Existenz prüfen 32
Objekt löschen 46
Objektunabhängige Funktionen 80
offsetHeight 302
offsetLeft 302
offsetParent 303
offsetTop 304
offsetWidth 305
offsetX 305
offsetY 305
ol 306
onBlur 59
onChange 60
onClick 61
onClick= 35, 37
onDblClick 61
onError 62
onFocus 63
onKeyDown 63
onKeyPress 64, 238
onKeyup 65
onLoad 66

onLoad= 47
onMousedown 67
onMousemove 67
onMouseout 68
onMouseover 69
onMouseUp 70
onSelect 71
onSubmit 71
onUnload 72
open() 34, 307, 308, 446
opener 310, 446
Opera 467
Operator
  Rangfolge 44
Operatoren 41
optgroup 311
option 311
options 313
  defaultSelected 160
  length 260
  selected 367
  selectedIndex 368
  text 417
  value 439
outerHeight 316
outerHTML 316
outerText 317
outerWidth 318

P

p 318
pageX 319, 320
pageXOffset 321
pageY 321, 322
pageYOffset 323
param 323
parentElement 304, 325
parentLayer 325
parentNode 326
parentTextEdit 326
parse() 327
parseFloat() 80, 328
parseInt() 80, 191, 328
pathname 329
personalbar 330
PI 330
pixelDepth 331
platform 331
play() 331
plugins 332
  description 164
  filename 186
  length 261
  name 289
pop() 333
port 334
POSITIVE_INFINITY 334
pow() 335
pre 335
previousSibling 336
print() 337
Produktname 465
prompt() 47, 337, 447
protocol 338
Proxy-Agent 467
push() 338

Q

q 339
Quadratwurzel 390, 391

R

r 40
Radiant 85
random() 191, 340, 415
recordNumber 340
referrer 265, 341
RegExp 341
  $[1..9] 80
  exec() 183
  test() 415
Reguläre Ausdrücke 341
releaseEvents() 344
reload() 345
removeAttribute() 345, 346, 347
removeAttributeNode() 348
removeChild() 348
replace() 349
replaceChild() 350, 351
replaceData() 351
reservierte Wörter 56
reset() 351
resizeBy() 352, 353
resizeTo() 353, 354
reverse() 354
Robot 467
Rollbalken 361
round() 355
routeEvent() 355, 356
Rundung 355

S

s 357
samp 357
Schleifen 50
  abbrechen 54
Screen 358
  availHeight 107
  availWidth 107
  colorDepth 142
  height 223
  pixelDepth 331

width 443
screenX 358
screenY 358
script 359
scrollbars 361
scrollBy() 361
scrollIntoView() 362
scrollTo() 363
search 364
search() 364
Seitenleiste 330
select 365
select() 367
selected 367
selectedIndex 368
setAttribute() 200, 203, 369, 370, 371
setAttributeNode() 371
setDate() 372
setFullYear() 373
setHours() 373
setInterval() 374
setMilliseconds() 375
setMinutes() 375
setMonth() 376
setSeconds() 377
setText() 419
setTime() 148, 378
setTimeout() 113, 199, 236, 378
setUTCDate() 379
setUTCDay() 379
setUTCFullYear() 379
setUTCHours() 380
setUTCMilliseconds() 380
setUTCMinutes() 380
setUTCMonth() 380
setUTCSeconds() 380
setYear() 381
shift() 381
shiftKey 382
siblingAbove 382
siblingBelow 383
sin() 384
Sinus 384
slice() 384, 385
small 386
small() 386
Sondertasten 181
sort() 387
sourceIndex 388
span 388
Spider 467
splice() 389
split() 389
Sprachenkürzel 458
sqrt() 390
SQRT1_2 390
SQRT2 391
src 391, 392, 393
Statistik 464
status 393
statusbar 394
Statuszeile 394
Steuerzeichen 40
stop() 394, 395
strike 397
strike() 398
string 46, 395
anchor() 92
big() 115
blink() 115
bold() 119
charAt() 127
charCodeAt() 127
concat() 145
fixed() 188
fontcolor() 192
fontsize() 192
fromCharCode() 200
indexOf() 230
italics() 245
lastIndexOf() 250
length 261
link() 264
match() 272
replace() 349
search() 364
slice() 385
small() 386
split() 389
strike() 398
sub() 404
substr() 405
substring() 406
sup() 408
toLowerCase() 424
toUpperCase() 428
String() 80, 397
style 399, 403
getAttribute() 204
removeAttribute() 346
setAttribute() 372
sub 404
sub() 404
submit() 405
substr() 405
substring() 406
Subtyp 454
Suchfunktion 187
Suchmaschine 467
suffixes 407
sup 407
sup() 408

switch 49
Symbolleiste 426

T

t 40
table 408
Tabulator 40
tagName 325, 411
tan() 411
Tangens 411
target 411, 412
Tastaturüberwachung 181
tbody 413
td 414
test() 415
text 416, 417, 454
textarea 417
Textfarbe 185
tfoot 419
th 420
thead 421
this 30, 34
Timeout
  abbrechen 132
  einrichten 378
Titel 423
title 422, 423
to_string() 429
toExponential() 424
toFixed() 425
toGMTString() 147, 425
toLocaleString() 426
toLowerCase() 424
toolbar 426
top 427
top.close() 379
toPrecision() 427
toString() 329
toUpperCase() 428
tr 429
true 119
tt 431
type 431, 432, 433
type= 16
typeof 45

U

u 433
Uhrzeit 154
ul 434
undefined 46, 87
unescape() 80, 435
Universal Coordinated Time 154
Universaleigenschaften 79
unshift() 436
URI
  zuletzt besuchte Seite 341
URL 436
userAgent 437, 438
User-Agents 464
userLanguage 249
UTC 154
UTC() 437

V

value 438, 439
var 439
Variablen 24
  global und lokal 25
Vergleichsoperatoren 41
Version 465
video 454
visibility 440
vlinkColor 440
void 46, 67, 73
vspace 441, 442

W

Webseite drucken 337
which 442
while 50
width 443
window 444
  alert() 87
  back() 108
  blur() 117
  captureEvents() 125
  clearInterval() 132
  clearTimeout() 132
  close() 138
  closed 138
  confirm() 145
  defaultStatus 161
  disableExternalCapture() 166
  enableExternalCapture() 178
  find() 187
  focus() 117, 190
  forward() 196
  handleEvent() 219
  home() 224
  innerHeight 234
  innerWidth 236
  locationbar 269
  menubar 276
  moveBy() 283
  moveTo() 285
  name 289
  open() 308
  outerHeight 316
  outerWidth 318
  pageXOffset 321
  pageYOffset 323

personalbar 330
print() 337
prompt() 337
releaseEvents() 345
resizeBy() 353
resizeTo() 354
routeEvent() 356
scrollbars 361
scrollBy() 361
scrollTo() 363
setInterval() 374
setTimeout() 378
status 393
statusbar 394
stop() 395
toolbar 426
Windows Scripting Host 11
with 34
write() 34, 447
writeln() 447
Wurzel 390

X

x 448, 449

Y

y 450, 451

Z

Zeichenketten 395
Zeichenkettenverknüpfung 44
Zeichensatz 128, 158
Zeilenumbruch 40
zIndex 451
Zuweisungsoperator 41